Morgenroth · Kozuschek, Pankreatitis

Konrad Morgenroth · Waldemar Kozuschek

Pankreatitis

unter Mitarbeit von Jürgen Hotz

Zeichnungen von Gerhard Pucher

Walter de Gruyter
Berlin · New York 1989

Prof Dr. med. Konrad Morgenroth
Ruhr-Universität Bochum
Institut für Pathologie
Universitätsstraße 150
4630 Bochum-Querenburg

Prof. Dr. med. Waldemar Kozuschek
Chirurgische Klinik
Knappschaftskrankenhaus
Bochum-Langendreer-Universitätsklinik
In der Schornau
4630 Bochum

Prof. Dr. med. Jürgen Hotz
Allgemeines Krankenhaus Celle
Siemens-Platz 4
3100 Celle

Dieses Buch enthält 71 Abbildungen.
Zeichnungen von Gerhard Pucher,
Skizzen S. 104/105 von Helmut Holtermann

CIP-Titelaufnahme der Deutschen Bibliothek

Morgenroth, Konrad:
Pankreatitis / Konrad Morgenroth ; Waldemar Kozuschek. Unter Mitarb. von Jürgen Hotz. Zeichn. von Gerhard Pucher. - Berlin ; New York : de Gruyter, 1989
ISBN 3-11-011799-1
NE: Kozuschek, Waldemar

Reproduktionen: Haußmann-Reprotechnik GmbH, Darmstadt
Umschlagentwurf: Rudolf Hübler, Berlin.
Satz und Druck: Appl, Wemding.
Bindung: Lüderitz & Bauer GmbH, Berlin.

Vorwort

Die Zahl der Fälle mit einer akuten oder chronischen Pankreatitis nimmt ständig zu. Andererseits konnten durch die technische Entwicklung der letzten Jahre die Möglichkeiten zur Diagnose und Therapie der Pankreatitis wesentlich erweitert werden, so daß diese Erkrankungsgruppe zu einer interdisziplinären Betrachtung herausfordert, die fast jede medizinische Fachrichtung berührt.

Im vorliegenden Buch wird der Versuch einer klinisch-pathomorphologischen Synopse unternommen, bei der durch die Darstellung der licht- und elektronenmikroskopisch faßbaren Veränderungen ein visueller Eindruck vom formal pathogenetischen Ablauf der Erkrankung in Beziehung zur klinischen Symptomatik vermittelt werden soll. Sie bildet das Ergebnis einer engen Kooperation zwischen Gastroenterologen, Radiologen, Chirurgen und Pathologen.

Die Wiedergabe der licht- und elektronenmikroskopischen Befunde werden durch eine Anzahl von dreidimensionalen Reproduktionen ergänzt, die weitgehend die funktionellen Parameter berücksichtigen. Sie wurden von dem Maler und Graphiker, Gerhard Pucher, in einer hervorragenden Technik und mit viel Einfühlungsvermögen in die Problematik ausgeführt. Wir sind ihm für seine Mitarbeit, auch an diesem Buch und seine Kooperationsbereitschaft, die sich in vielen Jahren bewährt hat, sehr dankbar.

Wir danken unseren ehemaligen Doktoranden, Herrn Dr. M. Luka, Dr. W. Raupach und Dr. Rogenwallner, für die gute Zusammenarbeit. Herrn Dr. P. Schlichting (Radiologische Klinik des Knappschaftskrankenhauses Bochum-Langendreer - Universitätsklinik -) gilt unser Dank für die Überlassung und Auswahl der Röntgenbilder und der Computertomogramme.

Ein besonderer Dank gilt dem Walter de Gruyter Verlag und seinen Mitarbeitern für die Unterstützung bei der Realisierung und die hervorragende Ausstattung des Buches, bei der alle unsere Wünsche berücksichtigt wurden.

Bochum, Oktober 1988

K. Morgenroth
W. Kozuschek

Inhalt

1 Einleitung

Obwohl den Ärzten des Altertums das Pankreas bereits bekannt war, sie bezeichneten es als πάν κρεασ ganz aus Fleisch (Schirmer 1893), ist die anatomische Struktur und die Physiologie dieses Organs erst relativ spät entdeckt worden. Der Ausführungsgang wurde beim Menschen 1772 von Johann Georg Wirsung beschrieben. Nach nahezu vollständiger Entfernung des Pankreas beim Hund durch Johann Konrad Brunner (1688) bestand lange Zeit die Meinung, daß das Pankreas ein nicht lebensnotwendiges Organ sei (Schirmer 1893).

Erst durch die experimentellen Untersuchungen von Claude Bernard (1856), der erstmals eine Pankreatitis beim Hund erzeugte und die Wirkung der Lipase entdeckte, wurde das Interesse für dieses Organ geweckt. Die akute Pankreasnekrose mit Fettgewebsnekrosen wurde erstmals von Balser (1882) beschrieben und von Körte (1894) erfolgreich chirurgisch behandelt. Chiari (1883) führte die akute Pankreatitis auf die intrapankreatische Aktivierung der proteolytischen Enzyme zurück und begründete damit die Lehre von der tryptischen Autodigestion des Organs, die sich auch nach einer Vielzahl von experimentellen und klinischen Untersuchungen bis in die jüngste Zeit als entscheidendes pathogenetisches Prinzip bestätigen ließ.

Beobachtungen der letzten Jahrzehnte haben gezeigt, daß die Zahl der Fälle mit akuter und chronischer Pankreatitis wächst (Hoefler 1979). Dabei haben die Einführung neuer diagnostischer Verfahren, wie die endoskopisch-retrograde Cholangiopankreatographie (ERCP), die Sonographie und die Computertomographie, neue Möglichkeiten zur Beobachtung dieses Organs und seiner Erkrankungen erbracht. Das Verständnis der formalen und kausalen Pathogenese der akuten und chronischen Entzündung konnte in den letzten Jahren durch neue Erkenntnisse der Mikromorphologie, der pathologischen Anatomie und klinischen Chemie mit der Ermittlung der Wechselbeziehung zwischen Struktur und Funktion belegt und wesentlich erweitert werden. Auf der Basis dieser Erkenntnisse wurden wirksame konservative und operative Therapiekonzepte erarbeitet.

Neben der Darstellung der Klinik, der Diagnostik und der Therapie der akuten und chronischen Pankreatitis soll durch die Gegenüberstellung von mit verschiedenen Methoden erarbeiteten morphologischen Befunden der normalen und gestörten Struktur des Pankreas ein möglichst umfassender visueller Eindruck von der formalen Pathogenese der entzündlichen Erkrankungen des Pankreas vermittelt werden.

2 Normale Struktur und Funktion des exokrinen Pankreas
(Abb. 1-17)

Beim Menschen entwickelt sich das Pankreas aus einer größeren dorsalen und kleineren ventralen Anlage, die sich bei einer Embryonallänge von 12 mm durch Verschiebung der ventralen Anlage vereinigen. Diese Anlagen entstehen in einer gürtelartigen Formation, dem hepatopankreatischen Ring, aus dem Darmepithel des Duodenalbereiches. Der Ausführungsgang der dorsalen Anlage entwickelt sich zum Ductus pancreaticus major oder Ductus Wirsungianus. Aus dem Gang der ventralen Anlage entsteht der Ductus pancreaticus minor oder Ductus Santorini, der zusammen mit dem Ductus Wirsungianus oder von diesem getrennt, an der Papilla duodenalis münden kann (Langmann 1979, Ferner 1979).

Die am Pankreas seltenen auftretenden Fehlbildungen in Form des Pankreas anulare oder divisum, sind aus der zunächst getrennten ventralen oder dorsalen Anlage zu erklären. Die häufig auftretenden Heterotopien des Pankreasgewebe ergeben sich aus der im gesamten Mitteldarm angelegten Fähigkeit zur Bildung von Pankreasparenchym (Ferner 1979, Remmele 1984).

Die Bauchspeicheldrüse hat beim Erwachsenen ein Gewicht von 70 bis 90 g und eine Länge von 13 bis 15 cm. Sie liegt retroperitoneal in Höhe des 2. Lendenwirbels. Sie erstreckt sich von der Konvexität des Duodenum bis zum Milzhilus. Der Kopfteil der Drüse (Caput pancreatis) wird vom Körper und vom Schwanzteil (Cauda pancreatis) unterschieden. Der etwa 12 cm lange Ductus pankreaticus major verläuft der Hinterwand des Organs mehr genähert als der Vorderfläche. Er nimmt kleinere Zuflüsse auf und mündet gemeinsam mit dem Ductus choledochus an der Papilla duodenalis major (Ferner 1979). Aus der Entwicklungsgeschichte des Organs wird verständlich, daß eine erhebliche Variationsbreite bei den Mündungsverhältnissen des Gangsystems der Drüse bestehen können. Dabei können 3 Grundformen unterschieden werden. Bei 60 bis 70% besteht eine Y-förmige Mündung mit gemeinsamer Endstrecke zwischen Ductus pancreaticus und choledochus, in 20 bis 30% eine V-förmige Mündung der benachbarten Gänge und in 10 bis 20% eine U-förmige, getrennte Mündung an der Papille. Das Endstück des Ductus choledochus verläuft in 40% durch eine Rinne im Pankreaskopf und in 15% vollständig von Pankreasparenchym umgeben, so daß bei der Pankreatitis eine Stenose des Ductus choledochus entstehen kann (Borchard 1987).

Die arterielle Versorgung des Pankreaskopfes erfolgt über einen Anastomosenkranz. Die Arteriae pancreatico-duodenalis superiores entstammen der Arteria hepatica communis. Die Arteria pancreatico-duodenalis inferior entspringt aus der Arteria mesenterica superior. Corpus und Cauda der Drüse werden von den Rami pancreatici der Arteria lienalis versorgt. Die mit den Arterien verlaufenden Venen münden in die Pfortader (Ferner 1979).

Das Pankreas ist reich innerviert. Die Nerven sind in perivaskulären, periazinären und periinsulären Geflechten angeordnet (Radke et. al. 1985). An den Nervenendigungen und den den Azinuszellen am nächsten gelegenenen Gebieten der Axone liegen leere, synaptische Bläschen oder Bläschen mit dichtem Inhalt. Enzymhistochemische und immunhistochemische Befunde lassen annehmen, daß viele dieser Nerven cholinerg sind (Schiebler 1987). Daneben sind Nervenfasern nachgewiesen worden, die vasoaktives Polipeptid oder Gastrin releasing Polipeptid enthalten (Schiebler 1987). Außerdem sind Nervenfasern zu ermitteln, die Substanz P, Cholezystokinin, Cholezystokinin releated Peptid, Neuropeptid Y oder Katecholamin enthalten.

Es ist anzunehmen, daß die exokrine Pankreassekretion einer nervalen Kontrolle unterliegt (Schiebler 1987), weil an den basolateralen Zellmembranen der Azinuszellen Rezeptoren für zahlreiche Neurotransmitter angeordnet sind.

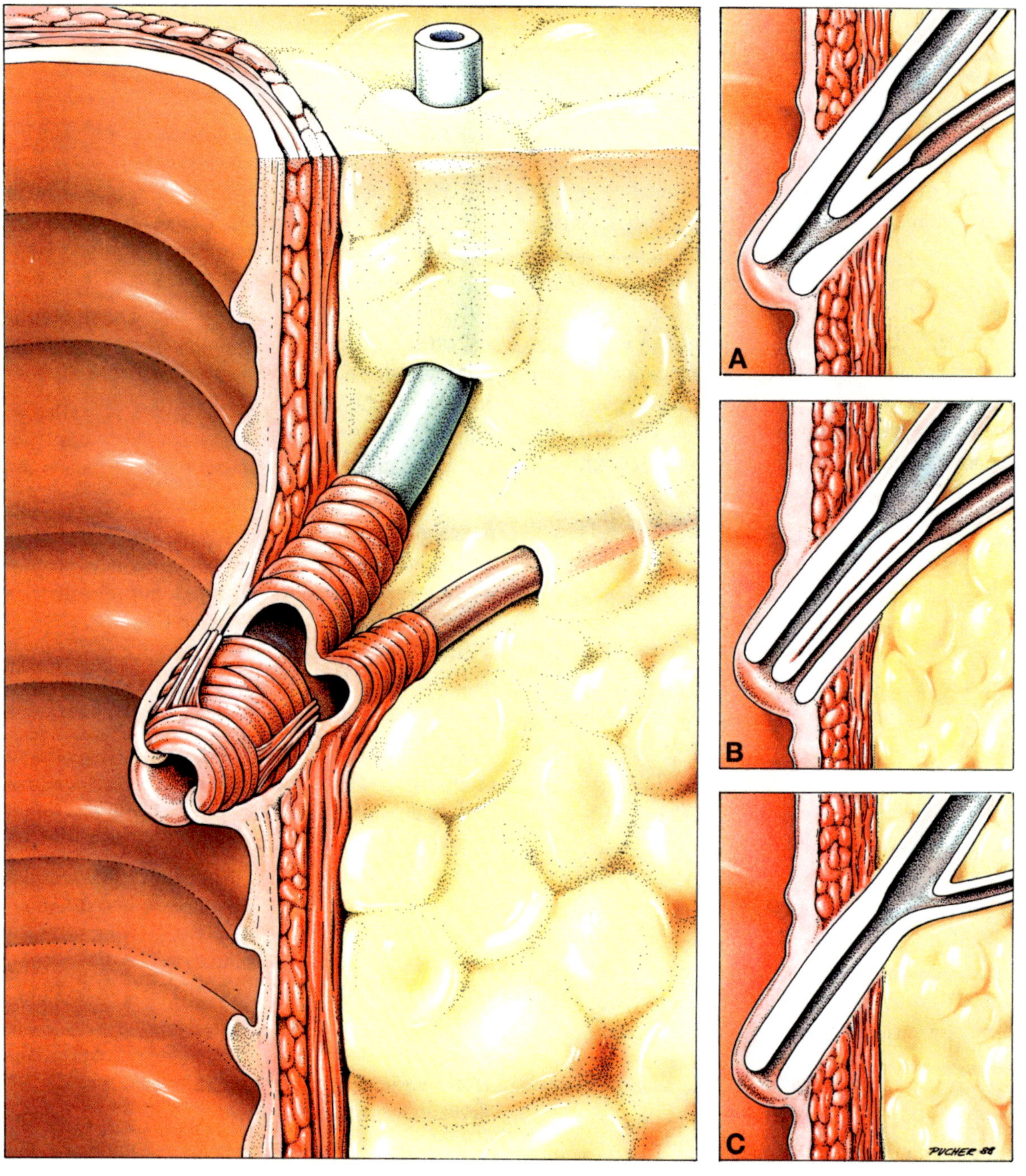

Abb. 1
Schematische Darstellung der Mündungsverhältnisse des Gangsystems des Pankreas, des Ductus choledochus und ihre Variationen. Es können 3 Grundformen unterschieden werden. A = V-förmige Mündung der benachbarten Gänge (20–30%) B = U-förmige, getrennte Mündung an der Papille (10–20%) C = Y-förmige Mündung mit gemeinsamer Endstrecke zwischen Ductus pancreaticus und Ductus choledochus (60–79%)

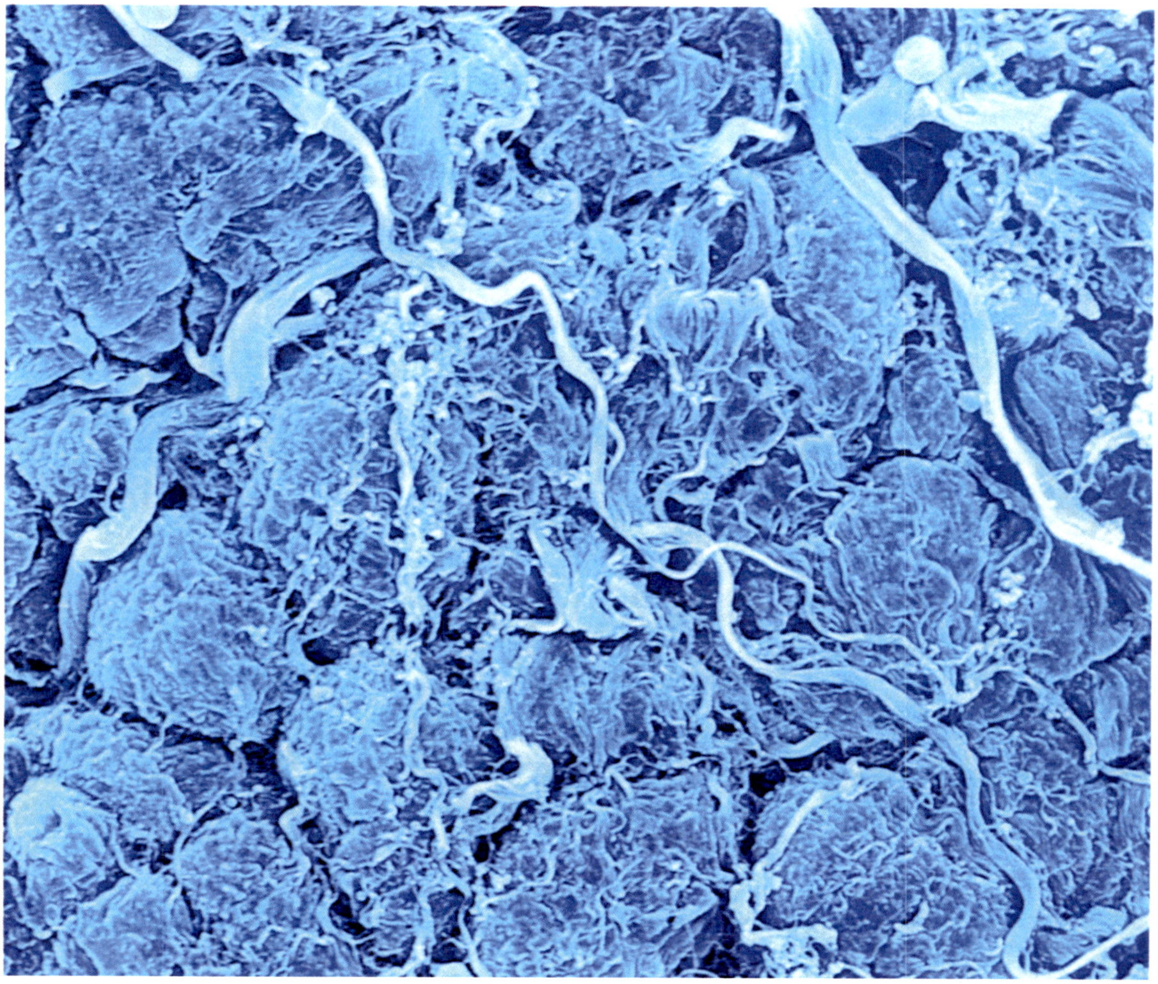

Abb. 2
Läppchen und Azinusstruktur des Pankreas. Die einzelnen Azini sind in eine lockere bindegewebige Grundstruktur eingebettet, in der die Gefäße und die Nerven verlaufen
Rasterelektronenmikroskopische Aufnahme
Vergrößerung: 800 ×

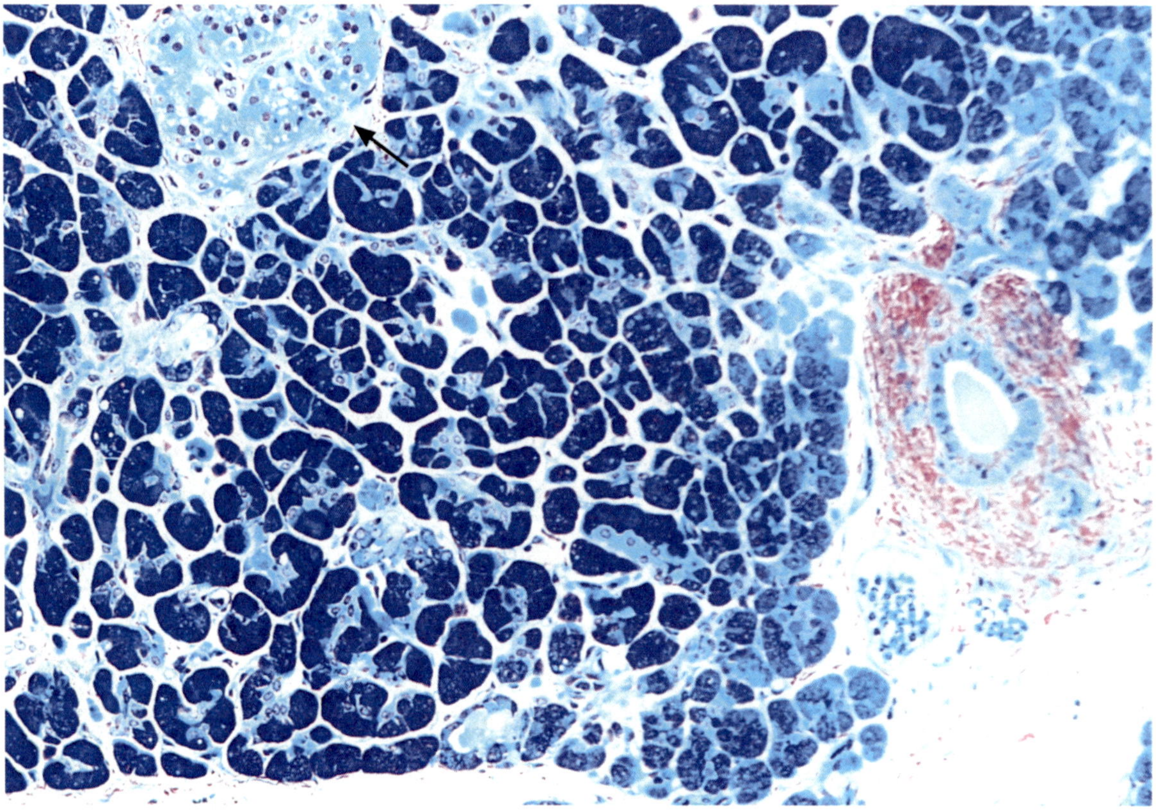

Abb. 3
Läppchen und Azinusstruktur des Pankreas. Die Läppchen werden durch eine lockere Bindegewebszone abgegrenzt. Zwischen den einzelnen Azini eine lockere Faserstruktur, in der die Kapillaren für die Versorgung der Azini verlaufen. Am oberen Bildrand (Pfeil) Pankreasinsel. Am rechten Bildrand quergetroffener Ausführungsgang mit periduktaler Faserzone.

Lichtmikroskopische Aufnahme
Semidünnschnitt
Färbung: Basisches Fuchsin und Methylenblau
Vergrößerung: 220 ×

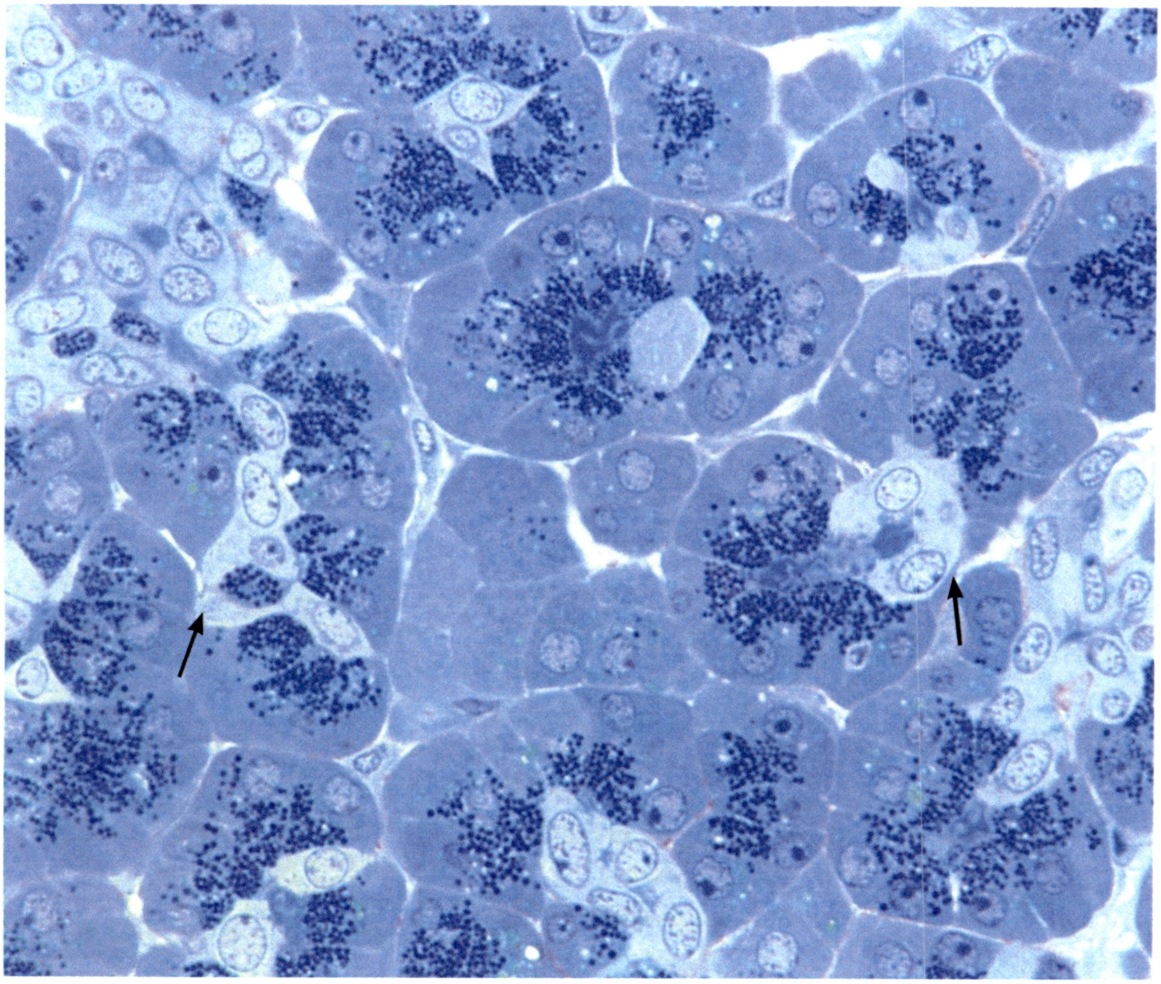

Abb. 4
Exokrines Pankreas. Die einzelnen Azini bestehen aus pyramidenförmigen Epithelzellen mit in den zentralen Abschnitten angeordneten Zellkern mit zumeist deutlich erkennbarem Nukleolus. In den apikalen Anteilen der Epithelzellen in dichter Anordnung zymogene Granula. In den zentralen Abschnitten der einzelnen Azini zentro-azinäre Zellen mit hellem Zytoplasma und ovalem, lockerem Zellkern (Pfeile).
Lichtmikroskopische Aufnahme
Semidünnschnitt
Färbung: Basisches Fuchsin und Methylenblau
Vergrößerung: 740 ×

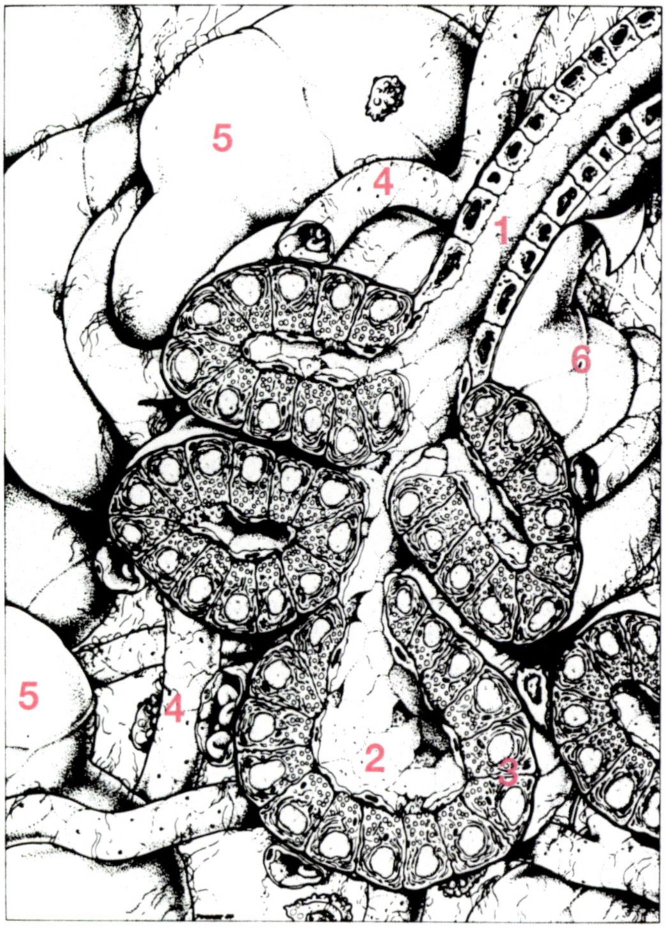

Abb. 5
Dreidimensionale Reproduktion des Azinussystems des exokrinen Pankreas. Die Azinuslichtungen werden von zentroazinären Zellen ausgekleidet. An die Azinuslichtungen anschließend Endaufzweigungen des Gangsystems. Zwischen den Azini lockere bindegewebige Grundstruktur mit Kapillarnetz und Nervenendigungen.

1 = Ausführungsgang
2 = Zentroazinäre Zellen in einer Azinuslichtung
3 = Pyramidenförmige Azinusepithelzellen mit zymogenen Granula
4 = Kapillarnetz
5 = Benachbarte Azini
6 = Nervenendigungen

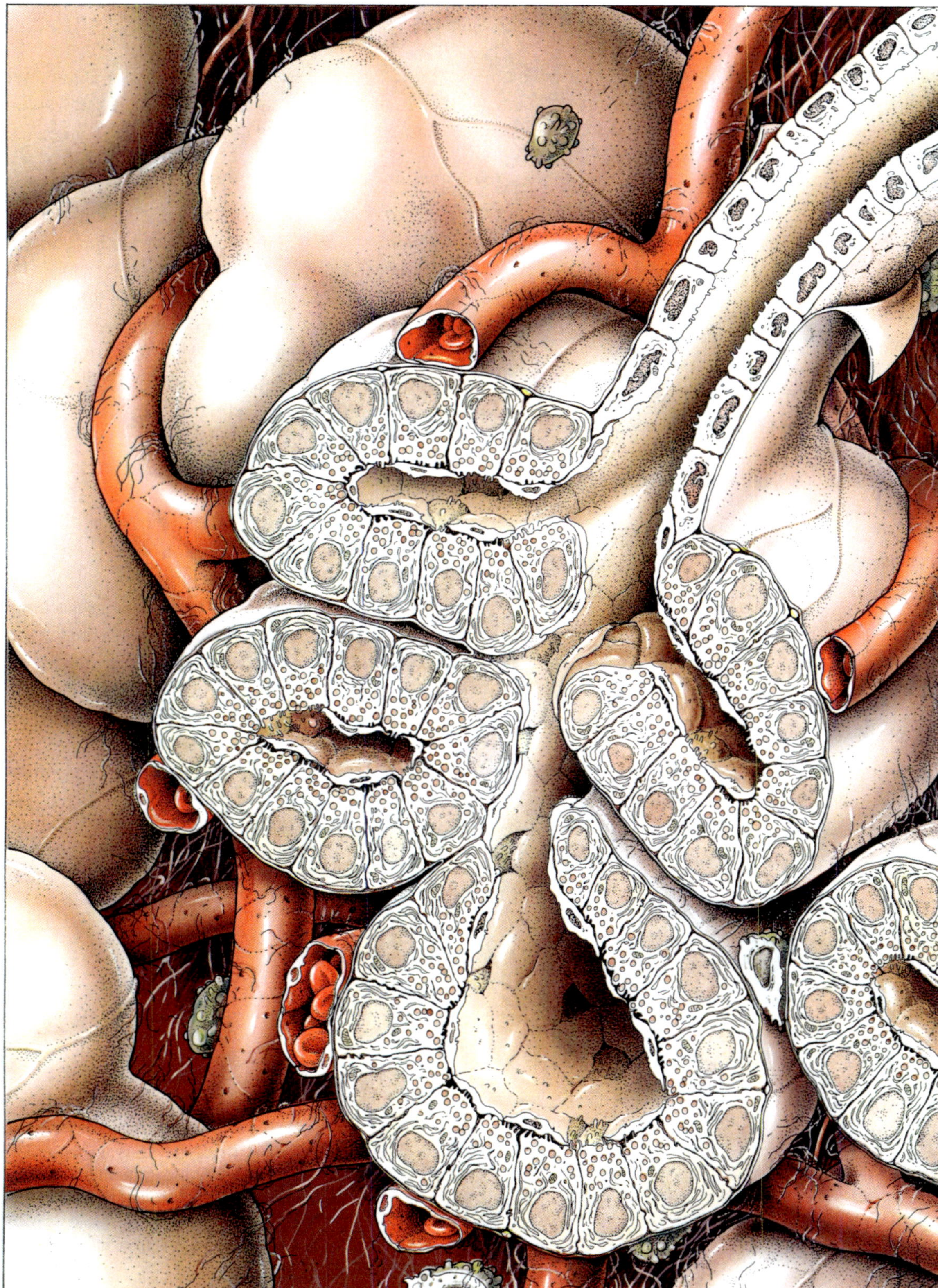

2.1 Azini (Abb. 2-11)

Die Läppchen des exokrinen Pankreas bestehen aus nicht immer kugeligen und nicht nur endständig am Gangsystem angeordneten Azini (Schiebler 1987). Sie bilden am Ende des Gangsystems traubenförmige Strukturen. Zwischen den Azini und den einzelnen Läppchen liegt Bindegewebe, in dem die Gefäße und die Nerven verlaufen. Vereinzelt sind perivaskulär Mastzellen angeordnet.

Die Azini werden von prismatischen Epithelzellen gebildet, die ein schmales Lumen begrenzen. Auf der Zelloberfläche sind einzelne schmale Mikrovilli angeordnet. Zwischen den Zellmembranen benachbarter Azinuszellen bestehen Kontaktzonen mit einer filamentären Verdichtung des angrenzenden Zytoplasmas. Darunter liegen einzelne Desmosomen. In den Epithelzellen sind in den mittleren Abschnitten des Zytoplasmas gleichmäßig große, runde Zellkerne angeordnet. In den apikalen Anteilen liegen runde, gleichmäßig dichte Sekretgranula. Das Zytoplasma ist reich an endoplasmatischem Retikulum, das z.T. die Sekrettropfen umschließt. Im Zytoplasma sind daneben Mitochondrien vom Cristae-Typ nachzuweisen. Im perinukleärem Zytoplasma liegen größere Golgifelder.

Die Synthese des Sekretes erfolgt an den Ribosomen des endoplasmatischen Retikulums (Palade 1975), das den größten Teil des Zytoplasmas einnimmt. Der zisternale Raum des endoplasmatischen Retikulums ist ein durchgehender Raum, der mit einem Gemisch aus neusynthetisierten Proteinen ausgefüllt ist (Kern 1987).

Aus autoradiographischen Untersuchungen ist bekannt, daß das Gemisch innerhalb von 15 bis 20 Minuten zum Golgiapparat transportiert und an ihn abgegeben wird. Der Golgiapparat bildet das zweite Organellensystem der Epithelzellen, in dem die synthetisierten Substanzen gesammelt und weiterverarbeitet werden (Rothman 1987). Der Transport zwischen dem endoplasmatischen Retikulum und dem Golgiapparat erfolgt in sog. Transportvesikeln, die von den ribosomenfreien Anteilen des endoplasmatischen Retikulums abknospen und nach Anlagerung mit den Membranen des Golgiapparates fusionieren. Im Golgiapparat werden die Proteine als Gruppen sortiert und ihrer funktionellen Bestimmung zugeführt (Farquhar 1985). Die Proteine werden in eine Hüllmembran eingeschlossen. Die Sekretgranula machen danach wahrscheinlich einen weiteren Reifungsprozeß durch, der im einzelnen jedoch noch nicht bekannt ist (Mellmann et. al. 1986). Die zymogenen Granula wandern zur apikalen Zellmembran, die das Azinuslumen begrenzt. Die Membranen der zymogenen Granula verschmelzen mit der Zellmembran, die sich anschließend zum Lumen öffnet und die Exozytose des Inhaltes in die Lichtung ermöglicht.

Abb. 6
Aufbau des Azinussystems des Pankreas. Pyramidenförmige Azinusepithelzellen mit dicht angeordneten zymogenen Granula in den apikalen Abschnitten. Im Zytoplasma in dichter Anordnung rauhes endoplasmatisches Retikulum. Daneben einzelne Mitochondrien. Im Zentrum getroffen Endaufzweigung eines Ausführungsganges mit Übergang in die zentroazinären Abschnitte (Pfeil).
Transmissionselektronenmikroskopische Aufnahme
Vergrößerung: 5600 X

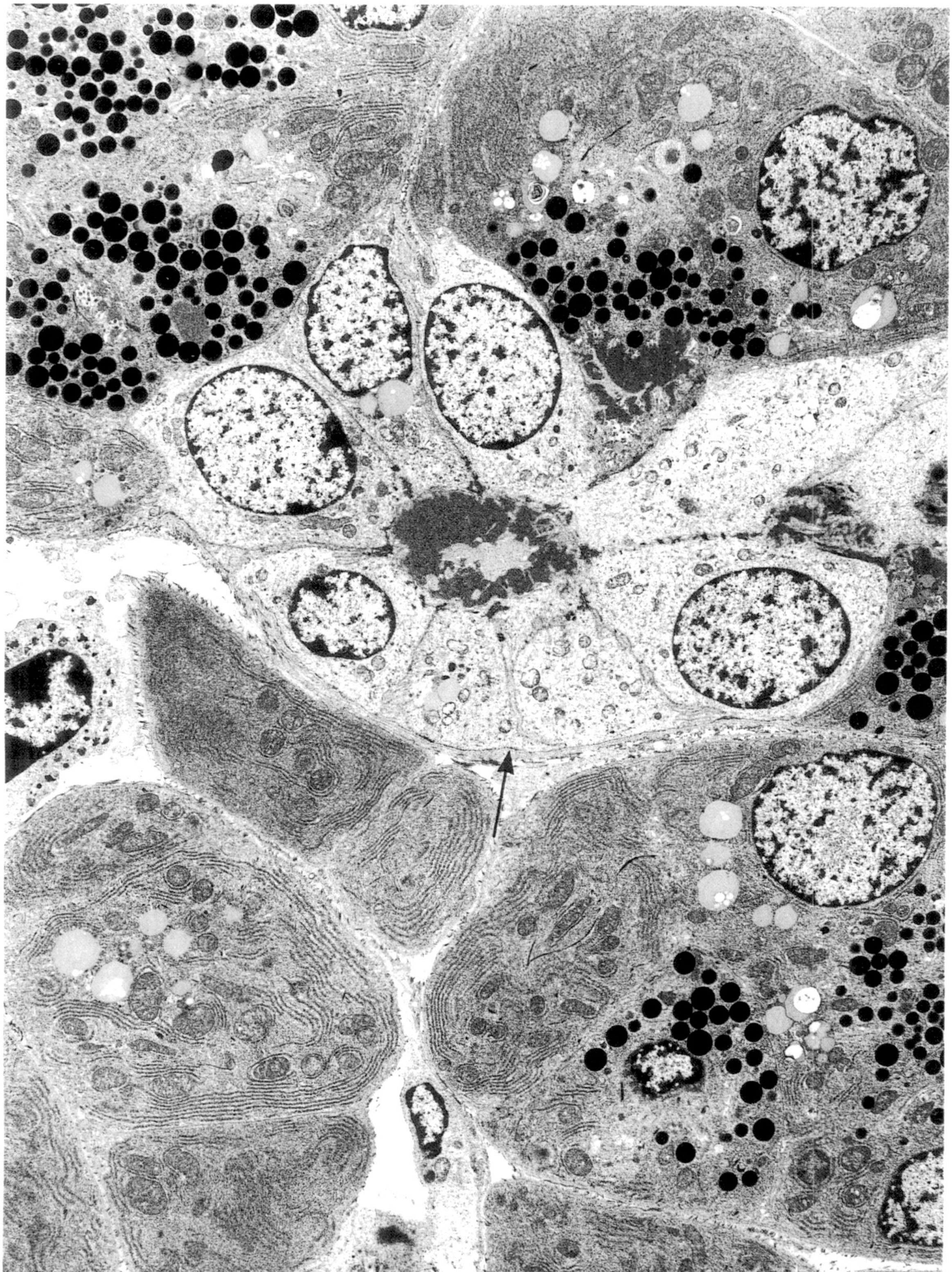

2.2 Epithel des Gangsystems (Abb. 1, 12-17)

Die Gänge der Bauchspeicheldrüse werden von zylindrischen Epithelzellen ausgekleidet. Die Epithelzellen haben einschließlich der zum Gangepithel gehörenden zentroazinären Zellen ein helles, relativ organellenarmes Zytoplasma. Auf der Oberfläche der Zellen ist ein gleichmäßig ausgebildetes System von Mikrovilli nachweisbar, dem möglicherweise eine Rezeptorfunktion zukommt. In den apikalen Zellanteilen sind zwischen den Zellmembranen benachbarter Zellen Zonulae occludentes (tight junctions) und darunter Zonulae adhaerentes und darunter folgend Desmosomen ausgebildet. Die Zellmembranen zeigen in den Interzellularspalten schmale Zytoplasmaausläufer und basale Einfaltungen.

Über das Membransystem des Gangepithels findet, vor allem in den intralobulären Abschnitten ein Transport von Ionen und Wasser statt (Schiebler 1987). Wahrscheinlich kommt dem Gangepithel eine besondere Bedeutung bei der Sekretion von Bikarbonat zu.

In allen Abschnitten des Gangsystems ist eine Schleimsekretion nachweisbar. Es sind bereits in den intralobulären Gängen einzelne kubische, schleimsezernierende Zellen im Epithel angeordnet. Die Schleimsekretion ist vor allem in den größeren intralobulären Abschnitten und in den Hauptausführungsgängen ausgebildet. In den sekretbildenden Zellen sind vor allem in den apikalen Zytoplasmaanteilen Prosekretgranula angeordnet, die feinflockiges Material enthalten. Der Schleim bedeckt die Epitheloberfläche. Es wird angenommen (Schiebler 1987), daß der Schleim eine wichtige Schutzfunktion am Gangepithel gegen die Einwirkung des azinär gebildeten Pankreassaftes darstellt.

Die Regulation der Funktion der Gangepithelien ist bisher noch nicht geklärt. Wahrscheinlich ist die Funktion rezeptorabhängig und wird über die Substanzen der Sekretingruppe und z. B. durch Azetylcholin, Cholezystokinin und Serotonin gesteuert.

Abb. 7
Interstitium des Azinussystems des Pankreas. In einem lockeren Fasergerüst sind Aufzweigungen von Nervenendigungen angeordnet (Pfeil). Daneben eine Mastzelle mit typischen Granula mit z. T. granulärem, z. T. lamellärem Inhalt.
Transmissionselektronenmikroskopische Aufnahme
Vergrößerung: 21 000 ×

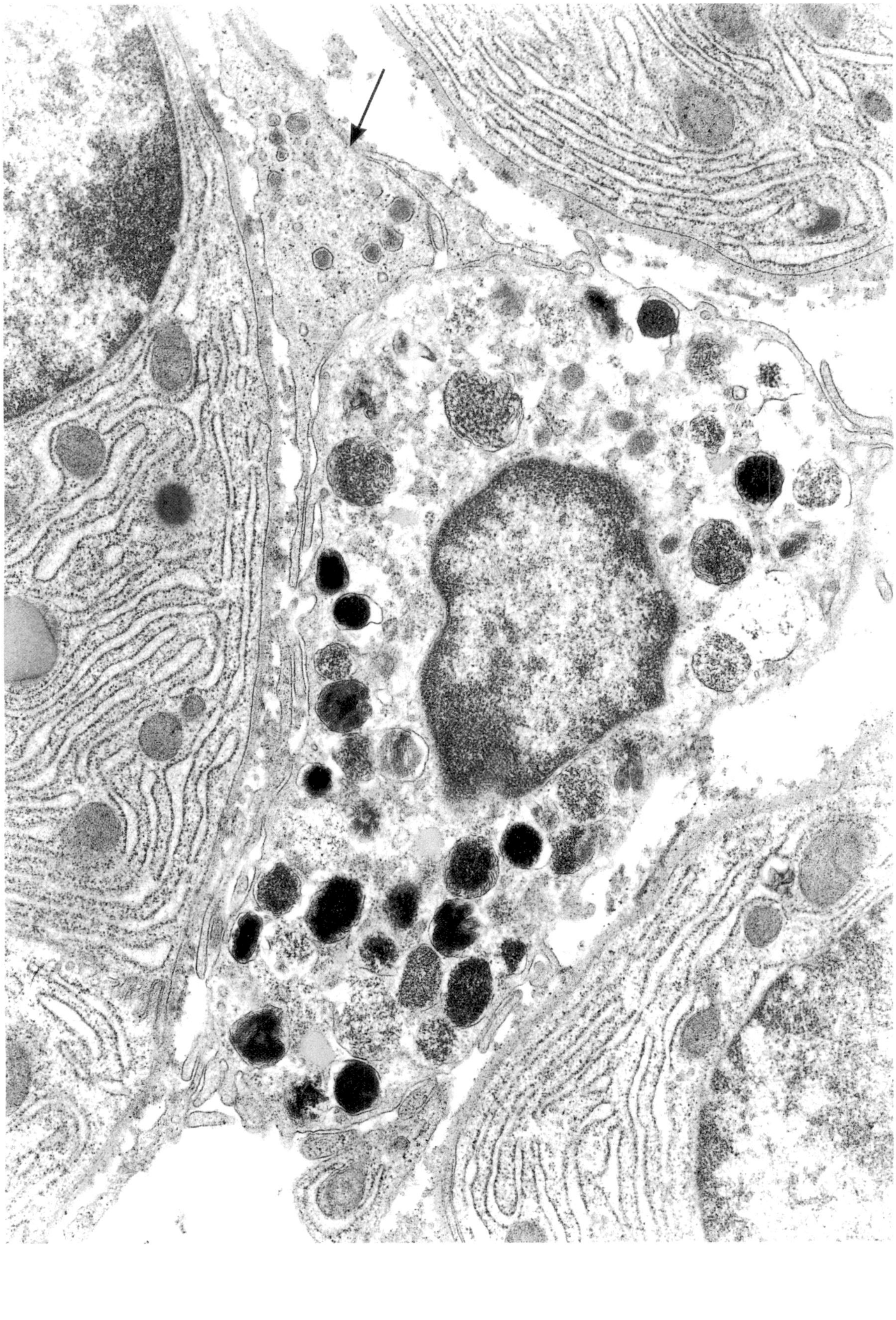

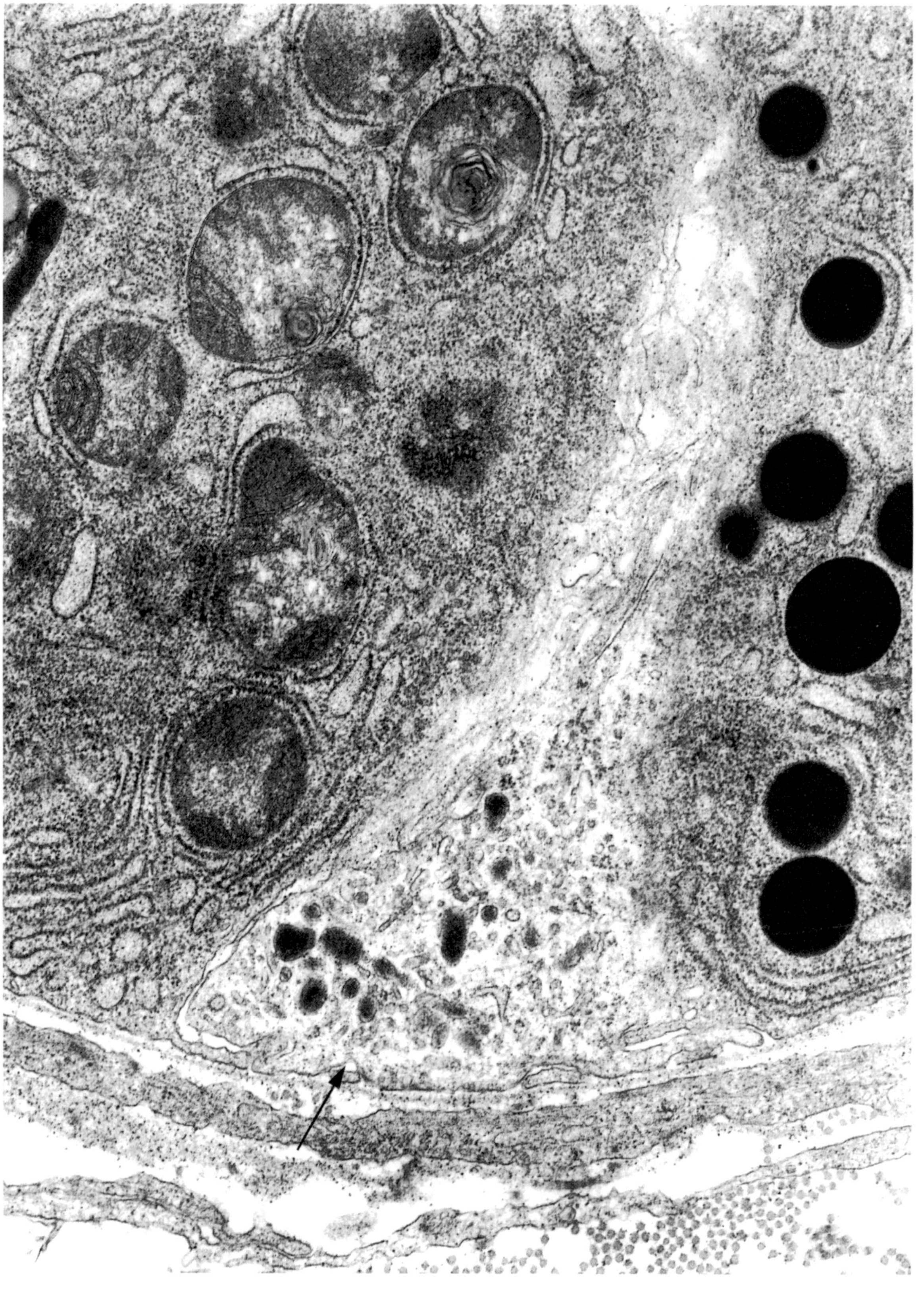

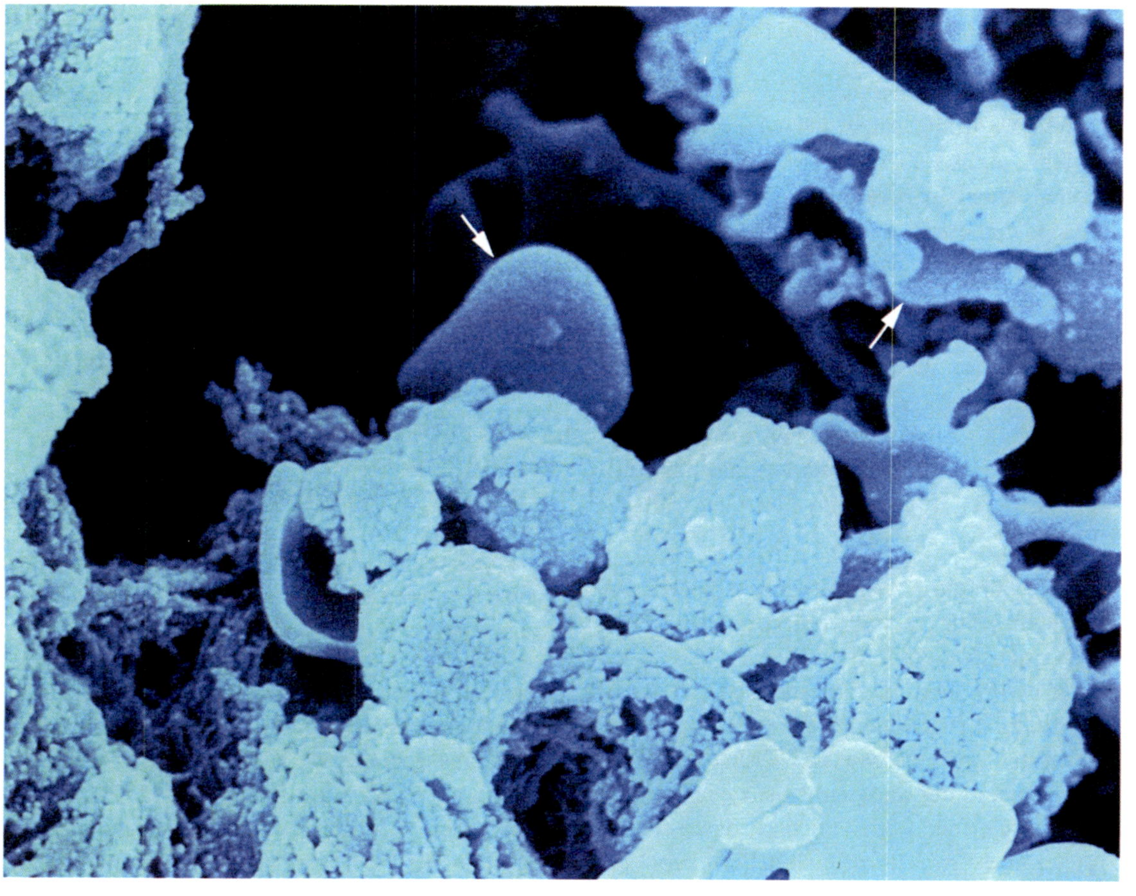

◁ Abb. 8

Nervale Versorgung des Azinussystems des Pankreas. Endaufzweigungen der Nervenfasern durchdringen die Basallamelle und treten in das Azinusepithel ein. Die Nervenendigungen legen sich den laterobasalen Anteilen der Zellmembran an. Auf dem Anschnitt der Nervenendigung typisch ausdifferenzierte neurosekretorische Granula (Pfeil).

Transmissionselektronenmikroskopische Aufnahme
Vergrößerung: 31000 ×

Abb. 9

Intrazytoplasmatische Struktur der Azinuszellen. Einblick in eine partiell eröffnete Azinuszelle. In den apikalen Zellabschnitten von rauhem endoplasmatischen Retikulum umhüllte zymogene Granula. Dazwischen einzelne Lamellen des endoplasmatischen Retikulums und unterschiedlich große Mitochondrien (Pfeil).

Rasterelektronenmikroskopische Aufnahme
Vergrößerung: 33000 ×

2.3 Physiologie und Biochemie des exokrinen Pankreas

In der Bauchspeicheldrüse wird pro Tag etwa 1,5 bis 2 l Pankreassaft mit einem pH-Wert zwischen 8 und 8,5 gebildet. Das alkalische Milieu wird durch einen hohen Anteil an Bikarbonat erreicht. Zusammen mit der Galle und dem Duodenalsekret wird der saure Chymus des Magens neutralisiert oder in einen schwach alkalischen Bereich verschoben (Schmidt und Thews 1980). In diesem neutralen Darmmilieu werden die Pepsine des Magens inaktiviert. Das Pankreassekret enthält Enzyme zur Fett-, Kohlehydrat- und Eiweißverdauung, die Kationen Natrium, Kalzium, Kalium und Magnesium und die Anionen Chlor, Sulphat und Phosphat (Silbernagel 1980).

Die Enzyme für die Eiweißverdauung liegen als Proenzyme Trypsinogen, Chymotrypsinogen, Procarboxylpeptidase A und B sowie Elastase vor. Trypsinogen wird durch die Enterokinase des Duodenums, durch die Abspaltung eines Hexapeptids am C-Terminus aktiviert. Die Aktivierung von weiterem Trypsin und der anderen Proenzyme zur Eiweißverdauung erfolgt autokatalytisch durch Trypsin. Trypsin und Chymotrypsin sind Endopeptidasen (Silbernagel 1980). Von den Enzymen zur Fettverdauung der Pankreaslipase, Phospholipase A und Lecithinase wird die Phospholipase A durch Trypsin aktiviert und spaltet Lecithin in Lysolecithin, das durch Phospholipase B weiter abgebaut wird. Die Pankreaslipase spaltet Tri-, Bi- und Monoglyzeride in Glyzerin und Fettsäuren. Die sehr stabile Pankreas-Alpha-Amylase zur Kohlehydratverdauung muß nicht aktiviert werden und spaltet Alpha-Glykosidverbindungen (Schmidt und Thews 1980, Remmele 1984).

Die Steuerung der Pankreassekretion verläuft in 3 Phasen:

1. Die kephale Phase, nach Anblick der Nahrung als reflektorischer Vagusreiz
2. Die gastrische Phase, beim Übertritt der Nahrung in den Magen
3. Die intestinale Phase mit Übertritt von Magensäure und Fettsäuren in das Duodenum (Remmele 1984).

In der intestinalen Phase werden gastrointestinale Hormone freigesetzt, die in den S- und I-Zellen des Duodenums gebildet werden. Sekretin führt unter Mitwirkung von Kalzium-Ionen und AMP zur Ausscheidung eines großen Saftvolumens, mit hohem Bikarbonatanteil bei geringem Enzymgehalt. Das Sekretin wird durch den Eintritt von Magensäure in das Duodenum freigesetzt und gelangt über die Blutbahn an die Zellen des exkretorischen Pankreas.

Abb. 10
Zytoplasmatische Struktur der Azinuszellen. Auf der Oberfläche schmale Mikrovilli. Die Epithelzellen liegen dicht nur durch schmale Interzellularspalten voneinander getrennt. In den apikalen Zellabschnitten zwischen den Zellmembranen der benachbarten Epithelzellen tight junctions. In den basalen Abschnitten der Azinuszellen in dichter Anordnung lamelläres, rauhes endoplasmatisches Retikulum. Konzentration der zymogenen Granula in den apikalen Zellabschnitten. Im Zytoplasma von der Basis zu den apikalen Zellanteilen an unterschiedlich der Dichte der granulären Grundstruktur erkennbare Reifung des Sekretes.
Transmissionselektronenmikroskopische Aufnahme
Vergrößerung: 13000 ×

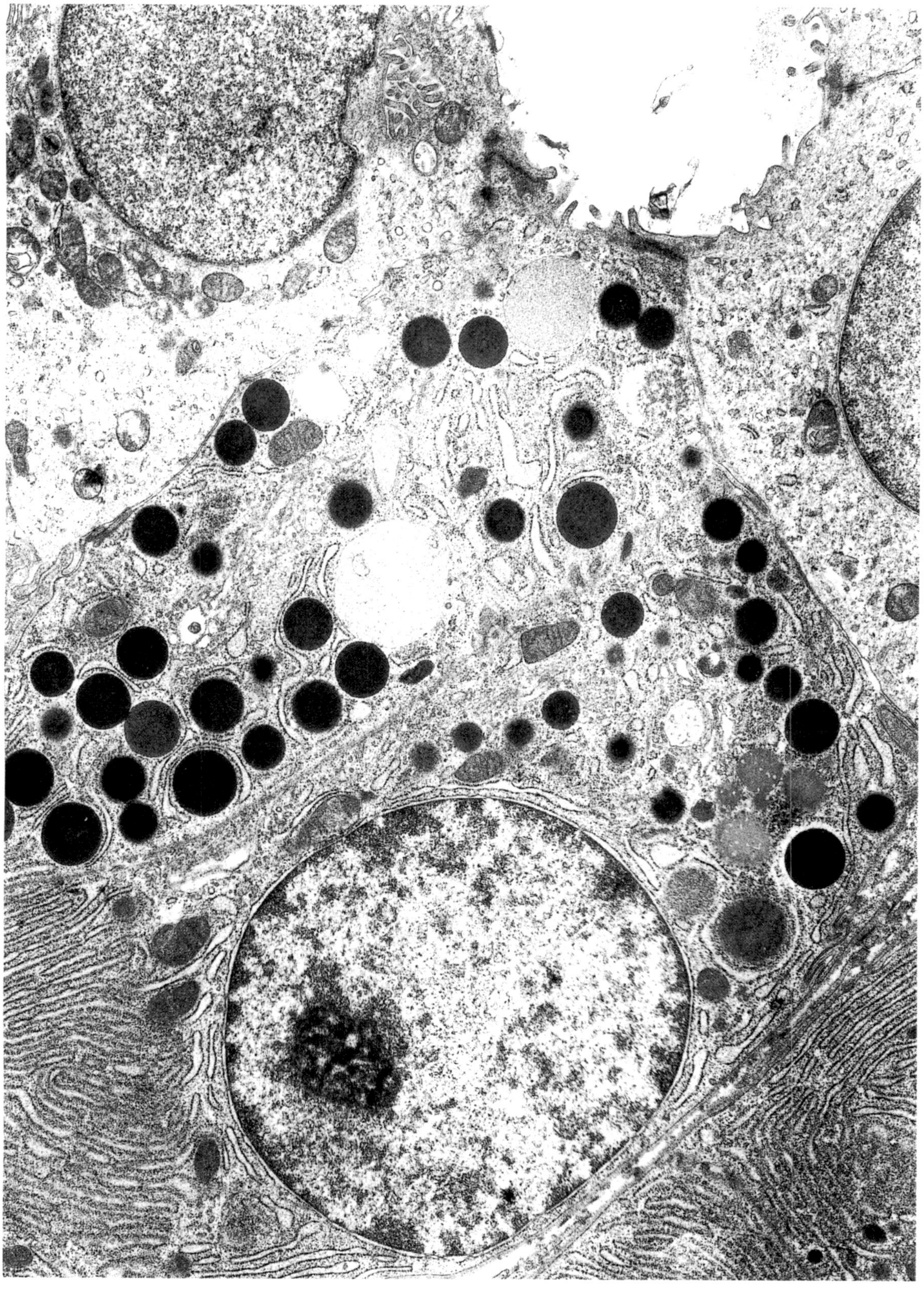

Die Freisetzung von Cholezystokinin-Pankreozymin und Gastrin wird durch den Kontakt von Peptonen, Aminosäuren und Fetten mit der Duodenalschleimhaut ausgelöst. Cholezystokinin-Pankreozymin und Gastrin lösen die Sekretion eines stark enzymhaltigen Pankreassaftes (Proteochylus) aus. Es führt außerdem zur Kontraktion und Entleerung der Gallenblase. Vasoaktives Polipeptid stimuliert die exokrinen Drüsenzellen ähnlich wie jedoch schwächer als Sekretin. Somatostatin hemmt die Sekretion von Bikarbonat und Enzymen (Classen 1984).

Im Pankreas werden zum Schutz gegen die vom Organ selbst gebildeten Enzyme spezifische Proteaseninhibitoren gebildet, die zusammen mit den im Serum vorkommenden unspezifischen Trypsininhibitoren die vorzeitige Aktivierung der Enzyme im Pankreasparenchym und im Gangsystem verhindern. Als weitere Faktoren gegen die Selbstandauung des Organes werden die Synthese der proteolytischen Enzyme als inaktive Zymogene und ihre Lagerung in Phospholipidmembranen, die kontinuierliche Sekretableitung in das Duodenum und eine Mukopolysaccharidschicht auf dem Gangepithel angesehen. Durch eine gerichtete Permeabilität der Azinuszellen können weder die Enzyme noch deren Aktivatoren bei geregeltem Stoffwechsel in die Zellen eindringen (Remmele 1984).

Abb. 11
Endoplasmatisches Retikulum und Mitochondrien in den basalen Abschnitten des Zytoplasmas einer Azinuszelle. An den Lamellen des endoplasmatischen Retikulums in gleichmäßiger Verteilung Ribosomen. Im Zytoplasma einzelne kleine Neutralfettropfen. An den Mitochondrien gleichmäßige Cristaestruktur.
Transmissionselektronenmikroskopische Aufnahme
Vergrößerung: 19000 ×

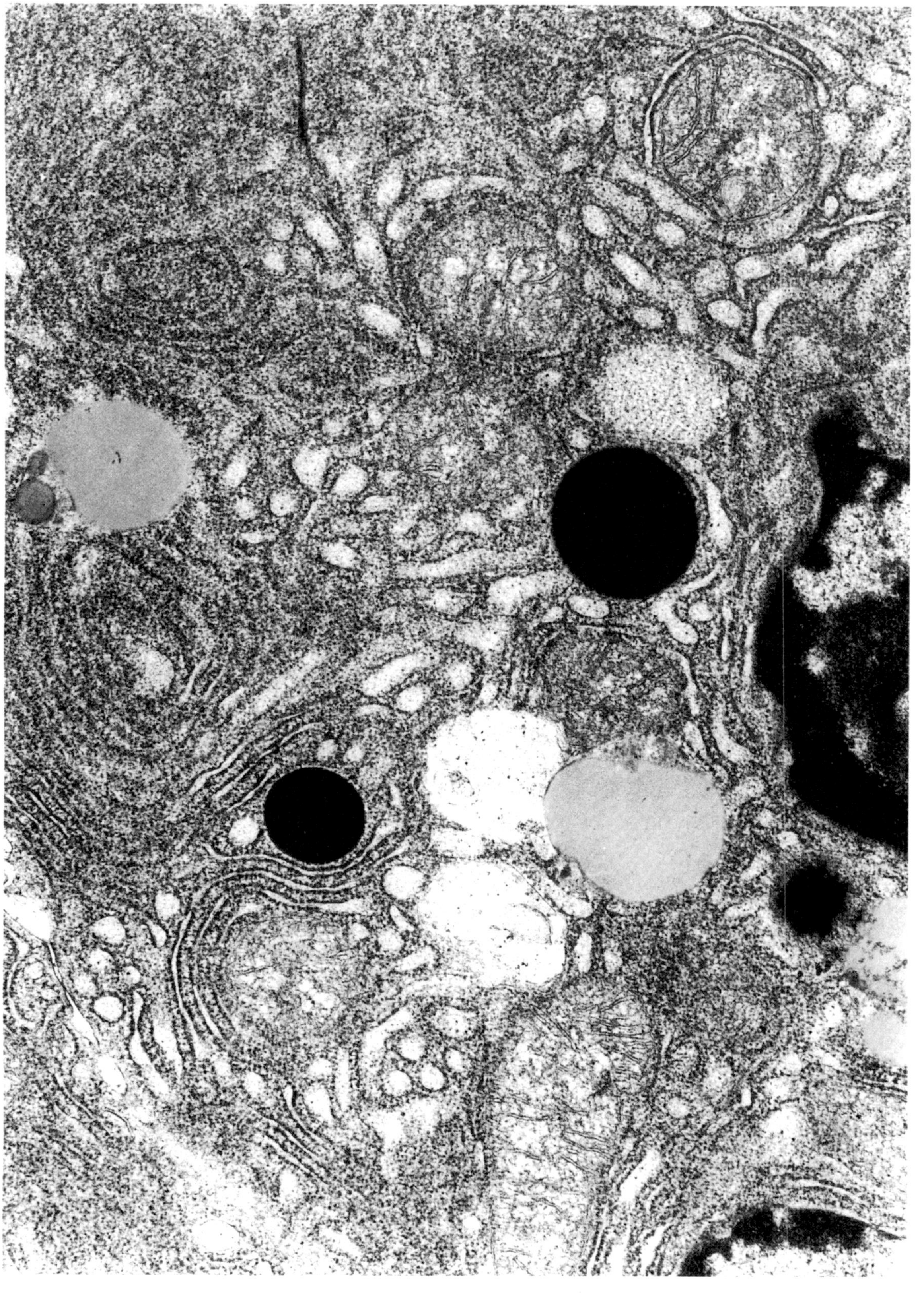

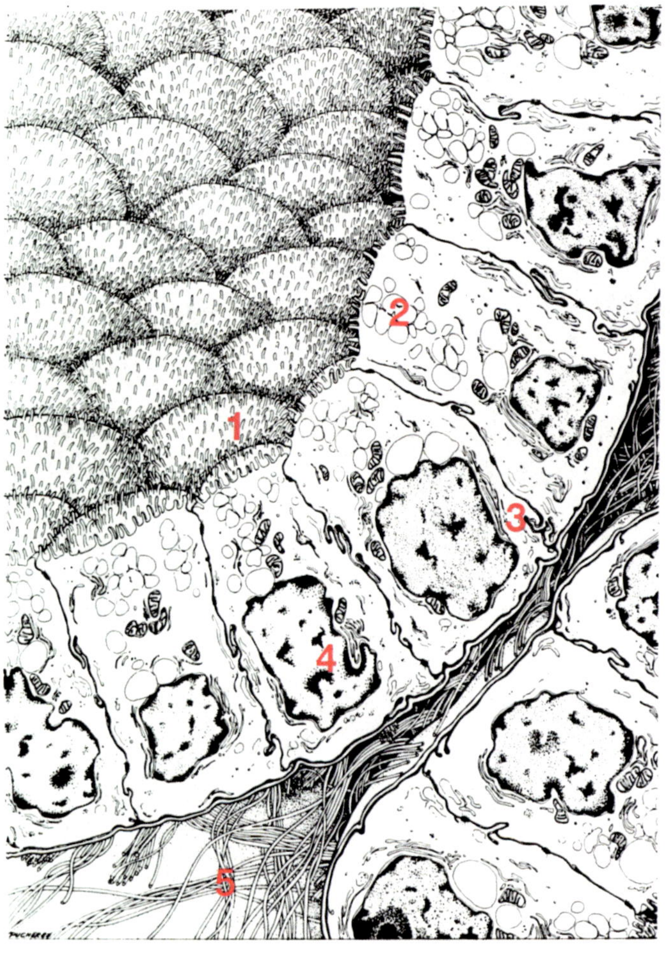

Abb. 12
Dreidimensionale Reproduktion des Gangepithels. Auf der Oberfläche eine gleichmäßige Mikrovillistruktur. Regelmäßige mosaikartige Zusammensetzung der Epithelzellen. Zwischen den Epithelzellen in gleichmäßiger Verteilung in den apikalen Abschnitten an den Zellmembranen tight junctions. Unter dem Epithel eine lockere unregelmäßig durchflochtene Faserstruktur.
1 = Mikrovillistruktur
2 = Prosekretgranula für die Schleimsekretion in den Epithelzellen
3 = Endoplasmatisches Retikulum der Gangepithelien
4 = Basallamelle des Gangepithels
5 = Subepitheliale Bindegewebszone

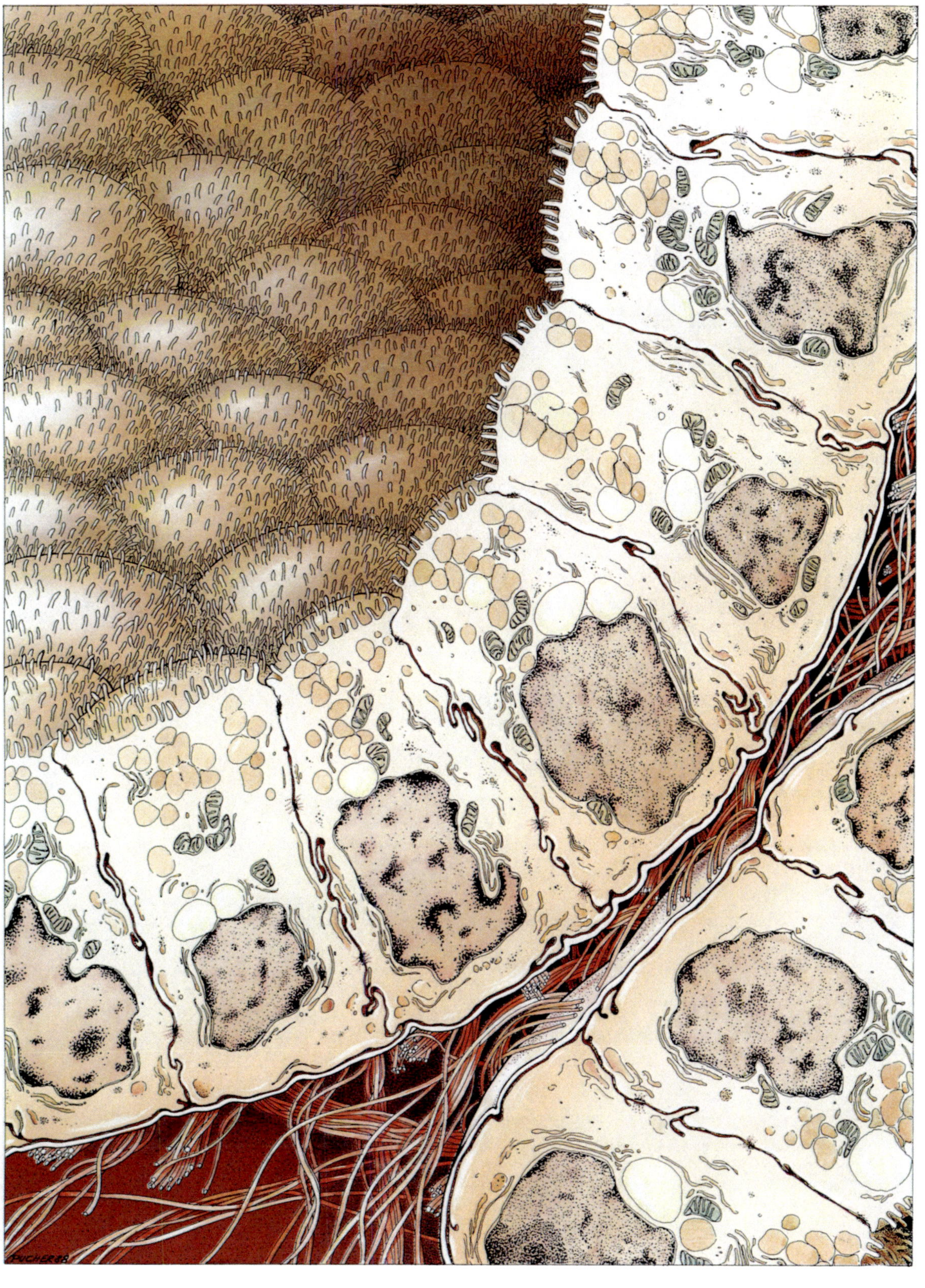

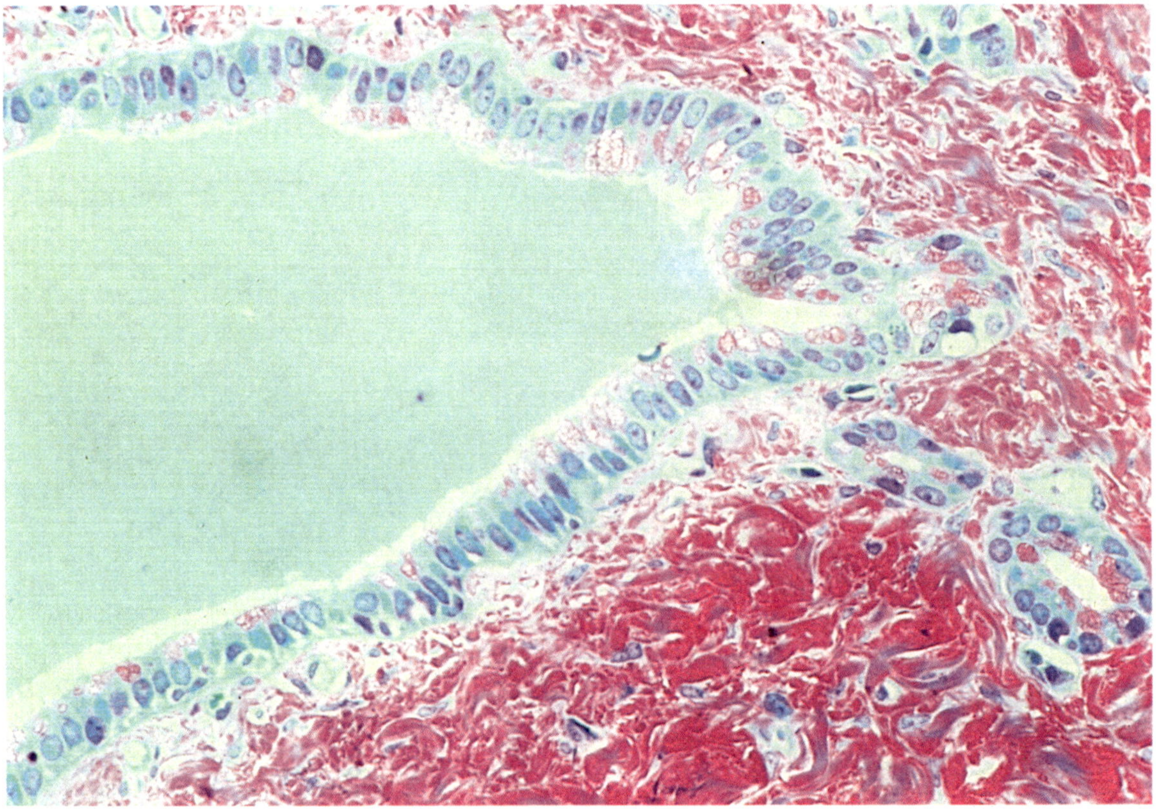

Abb. 13
Anschnitt eines Ausführungsganges mit gleichmäßiger Auskleidung mit zylindrischem Epithel. In den apikalen Epithelanteilen erkennbare Sekretkomplexe. In der rechten Bildhälfte Einmündung eines schmalen Seitenganges. Gleichmäßige periduktale Faserzone.
Lichtmikroskopische Aufnahme
Semidünnschnitt
Färbung: Basisches Fuchsin und Methylenblau
Vergrößerung: 660 ×

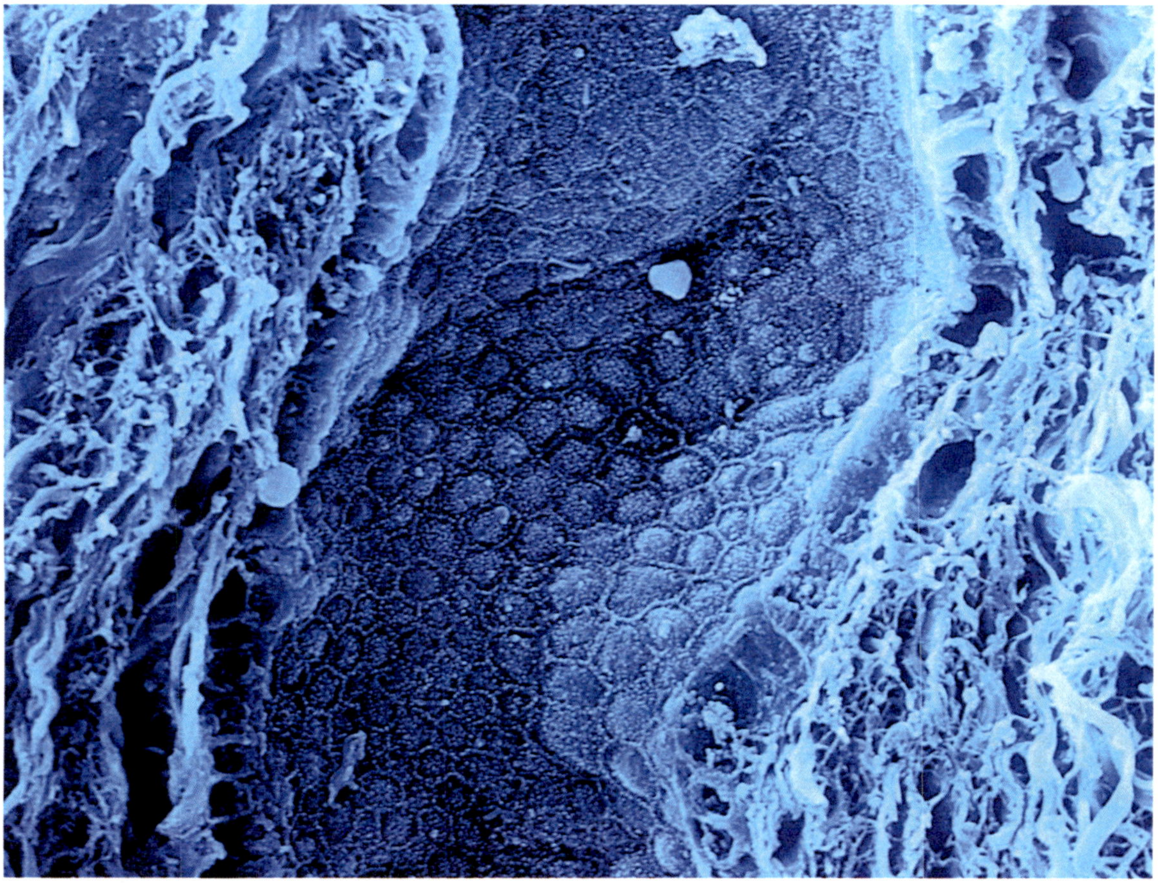

Abb. 14
Oberflächenstruktur des Gangepithels in einem tangential eröffneten Ausführungsgang. Gleichmäßige mosaikartige Oberflächenstruktur des Epithels. Leicht erhabene Randzonen an den einzelnen Epithelzellen. Außen lockere periduktale Faserzone mit einzelnen Blutgefäßen.
Rasterelektronenmikroskopische Aufnahme
Vergrößerung: 11000 ×

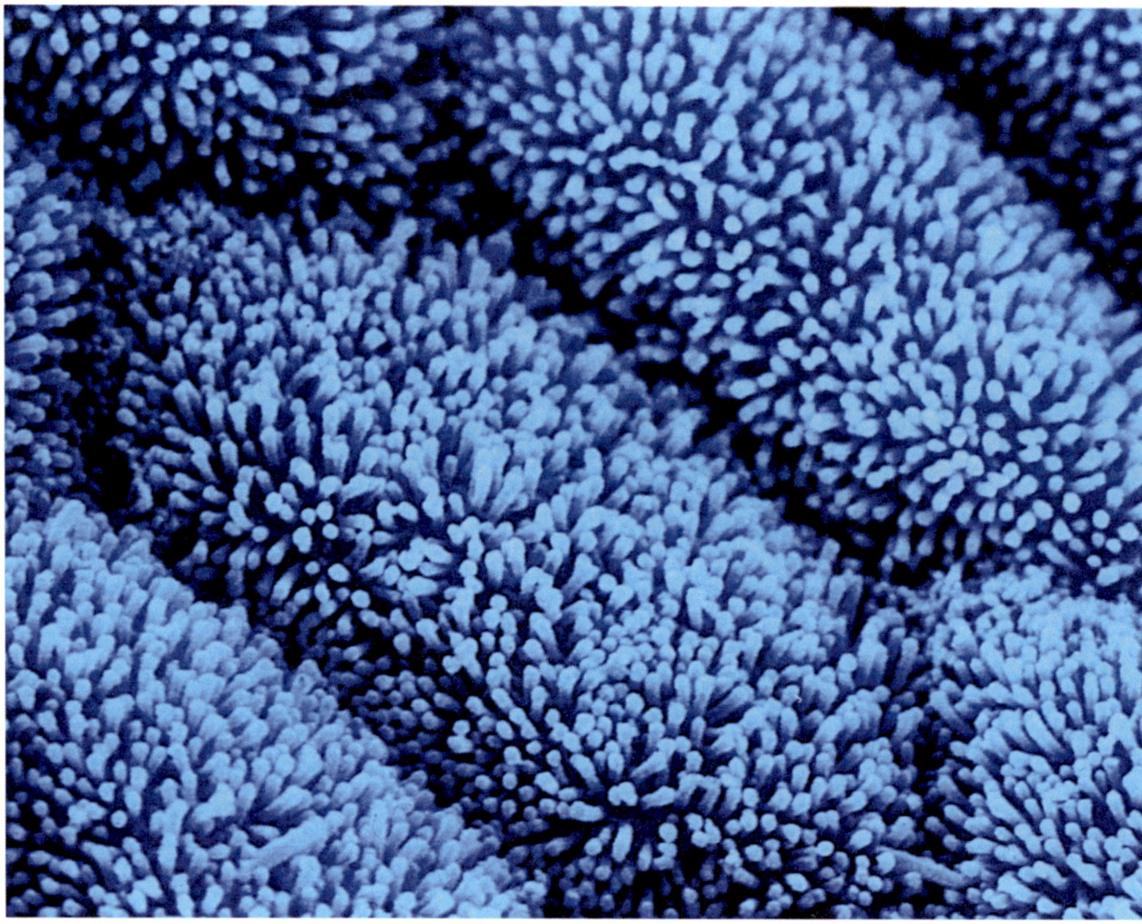

Abb. 15
Mikrovillistruktur des Gangepithels. Auf der Oberfläche der Epithelzellen bürstenartiger Besatz mit 0,15 μm im Durchmesser breiten, gleichmäßig hohen Zytoplasmaausläufern. Leichte Einsenkungen der Oberflächenmembran im Bereich der Zellgrenzen.
Rasterelektronenmikroskopische Aufnahme
Vergrößerung: 11 000 ×

Abb. 16
Zytoplasmastruktur der Gangepithelzellen. In den apikalen ▷ Abschnitten konfluierende Prosekretgranula der Schleimbildung (Pfeile). Zwischen den Epithelzellen schmale Zellularspalten mit schmalen Zytoplasmaausläufern. An den Zellkernen irreguläre Verdichtung des Karyoplasmas.
Transmissionselektronenmikroskopische Aufnahme
Vergrößerung: 10 000 ×

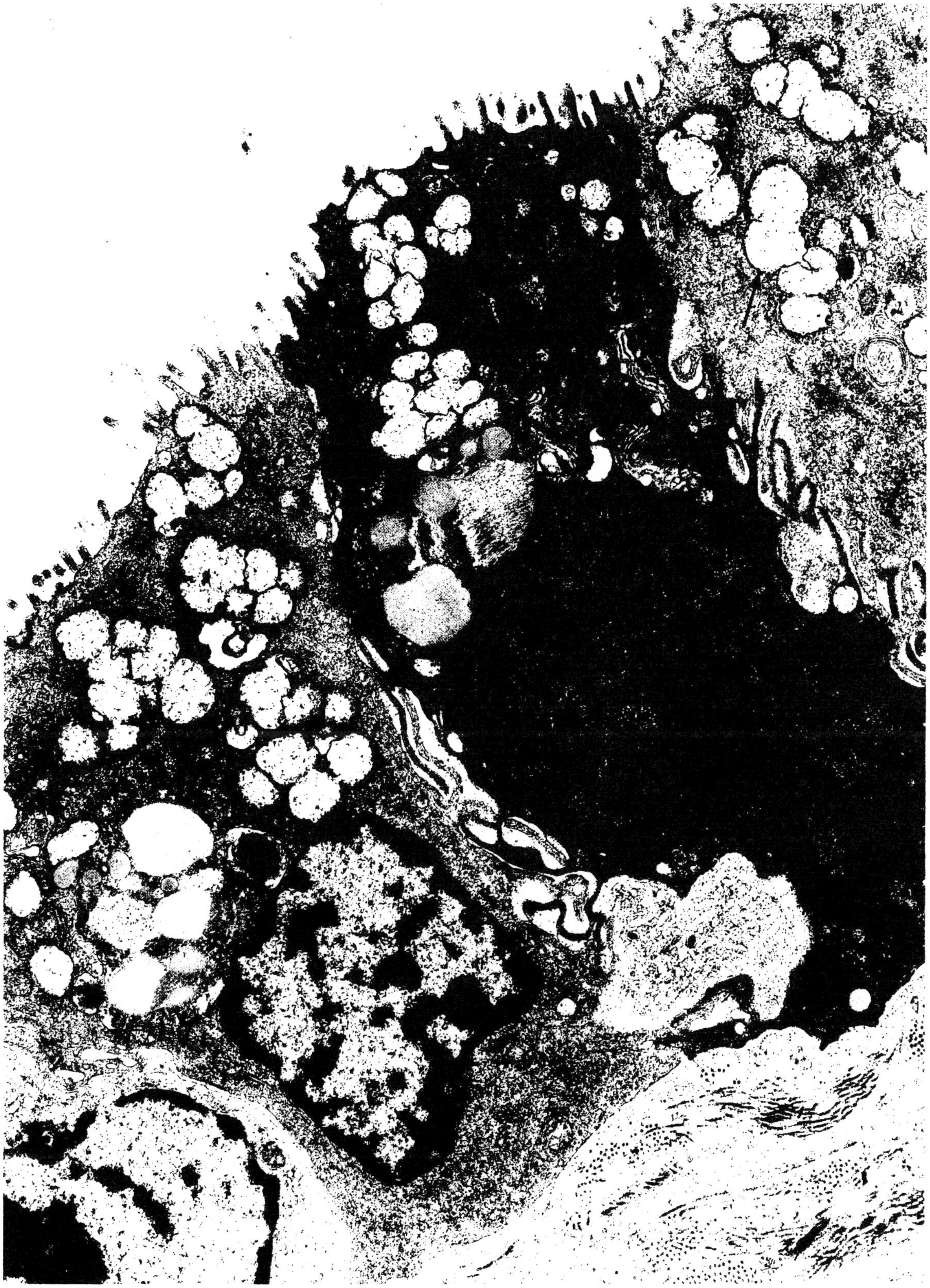

Tabelle 1 Zusammensetzung der Pankreasenzyme (Siegenthaler, 1976)

Name	Wirkungen und Anmerkungen
Alpha-Amylase	spaltet Polysaccharide zu Maltose, wird in aktiver Form sezerniert
Lipase	spaltet Triglyceride zu Fettsäuren und Glycerin, wird in aktiver Form sezerniert. Gallensalze verschieben das pH-Optimum in schwachsaure Bereiche und schaffen optimale Bedingungen für die Wirksamkeit der Lipase
Sterinesterhydrolase	spaltet Sterinester, wird als aktives Enzym sezerniert, Gallensalze schützen vor proteolytischer Inaktivierung
Phospholipase A	spaltet Phosphatide an C2 in Lysophosphatide und Fettsäuren, wird als Proenzym sezerniert
Phospholipase B	spaltet von Lysophosphatiden an C1 eine weitere Fettsäure ab, wird als Proenzym sezerniert
Trypsin	spaltet als Endopeptidase Proteine und Polypeptide im Innern des Moleküls, bevorzugt Peptidbindungen mit Arg und Lys, wird inaktiv sezerniert und durch Enterokinase aktiviert
Chymotrypsin A-C	sind wie Trypsin Endopeptidasen, werden durch Trypsin aktiviert, können dabei eine Reihe bereits enzymatisch wirksamer Zwischenstufen durchlaufen
Elastase	ist eine Endopeptidase, greift Elastin an, wird als Proenzym sezerniert und durch Trypsin aktiviert
Kollagenase	spaltet Kollagen
Kallikrein	setzt Kallidin frei durch proteolytische Spaltung von Kiniogen, wird als Kallikreinogen sezerniert und durch Trypsin aktiviert
Carboxypeptidase A und B	spalten endständige Aminosäuren vom C-terminalen Ende der Peptide ab, Aktivierung durch Typsin, Zn als Coenzym

Abb. 17
Querschnitt durch feine Aufzweigung des Gangsystems. Auf der Oberfläche der Epithelzellen gleichmäßig ausgebildete Mikrovillistruktur. Die einzelnen Epithelzellen liegen dicht, nur durch schmale Interzellularspalten getrennt. Gleichmäßige Kernstruktur. In den apikalen Abschnitten des Zytoplasmas einzelne Prosekretgranula. Außen lockere Faserstruktur. ▷
Transmissionselektronenmikroskopische Aufnahme
Vergrößerung: 4600 ×

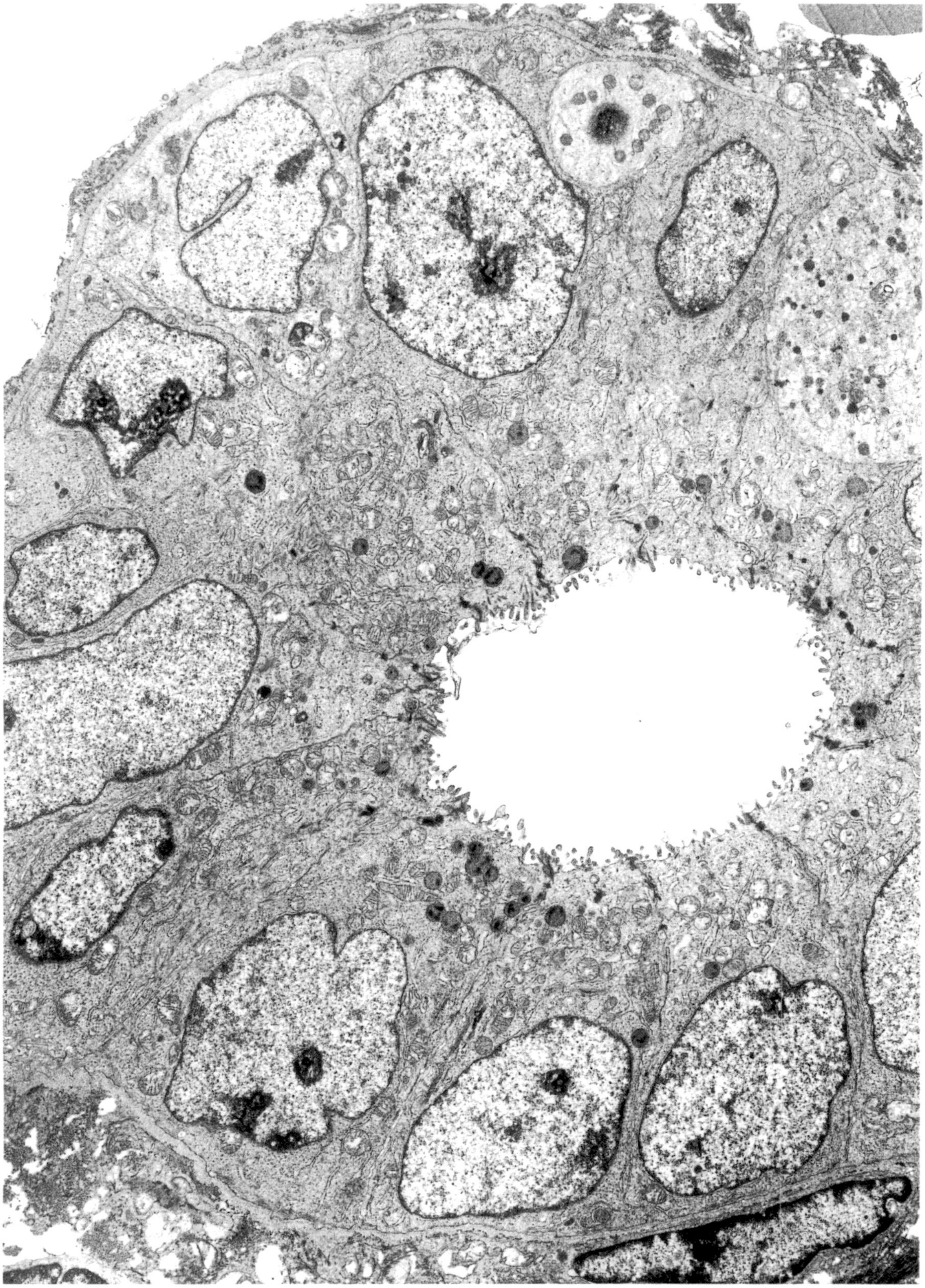

3 Pankreatitis

3.1 Definition und Klassifikation

Die Entzündungen des Pankreas sind durch die Selbstandauung der Drüse durch die von ihr selbst gebildeten Enzyme gekennzeichnet. Sie wird deshalb auch als autodigestiv-tryptische Pankreatitis bezeichnet. Daneben ist seltener eine uncharakteristische oder banale interstitielle Pankreatitis als Begleitreaktion bei Allgemeinerkrankungen zu beobachten, der Kennzeichen der Selbstandauung fehlen. Die beiden Formen können als akute, akut- oder chronisch rezidivierende Reaktionen verlaufen. Dabei kann die banale Pankreatitis jederzeit in eine autodigestive Form oder auch in eine chronisch progrediente Verlaufsform übergehen (Remmele 1984).

Trotz vielfacher Bemühungen ist es bisher nicht gelungen, eine allgemein gültige Klassifikation der Pankreatitis einzuführen, die sowohl die klinische Symptomatik wie die histomorphologischen Befunde gleichwertig berücksichtigt. Die vor allem für die klinischen Gesichtspunkte in Bezug auf das therapeutische Vorgehen auf dem Marseiller Symposium 1963 (Sarles 1965) erarbeitete Einteilung wurde 1984 (Singer 1985) revidiert und gilt z.Z. als allgemein anerkannte Grundlage für die Klassifikation der Erkrankung. Danach werden eine akute und eine chronische Pankreatitis unterschieden (Tabelle 2). Die akute Form kann in einem einmaligen oder in mehreren Schüben verlaufen. Die Ausheilung dieser Verlaufsform ist möglich. Bei der chronischen Pankreatitis wird ein fortschreitender Verlauf beobachtet. Auch sie kann in einem einmaligen oder in mehrfachen Schüben verlaufen.

Die klinische Erfahrung läßt die Schwächen dieser unter systematisch-klassifikatorischen Gesichtspunkten folgerichtigen Einteilung erkennen. Auch mit den modernen diagnostischen Verfahren ist eine Differenzierung zwischen einem Schub einer akuten, rezidivierenden Pankreatitis und einem akuten Schub einer chronischen Pankreatitis in vielen Fällen nicht möglich. Die Zuordnung eines Entzündungsschubes zur akuten oder chronischen Form der Erkrankung kann in den meisten Fällen nur katamnestisch erfolgen.

Tabelle 2 Einteilung der Pankreatitis nach der Marseiller Nomenklatur von 1963 (Sarles, 1965)

Formen	Charakteristik	Verlauf
akute Pankreatitis	einmaliger Schub	Ausheilung möglich
akut rezidivierende Pankreatitis	mehrfache Schübe	
chronische Pankreatitis	keine Schübe	
chronisch rezidivierende Pankreatitis	mehrfache Schübe	Fortschreiten

Tabelle 3 Einteilung der Pankreatitis nach der revidierten Marseiller Nomenklatur von 1984 (Singer, 1985)

Formen	Charakteristik	Verlauf
akute Pankreatitis	einmaliger Schub oder mehrfache Schübe	Ausheilung möglich
chronische Pankreatitis	einmaliger Schub oder mehrfache Schübe	Fortschreiten

Bei der Diskussion der neuen Marseiller Klassifikation (Singer 1985) wurde festgestellt, daß Pseudozysten bei akuter Pankreatitis als Defektheilung und nicht als Zeichen des Übergangs in eine chronische Verlaufsform der Entzündung aufzufassen sind. Es kommen jedoch auch bei der chronischen Pankreatitis Defektheilungen mit Ausbildung von Pseudozysten vor (Volkholz und Stolte 1984, Singer 1985).

Abszeßbildungen im Pankreas beruhen auf einer Sekundärinfektion einer primär aseptischen Nekrose. Es handelt sich dabei häufiger um eine Komplikation der akuten Pankreatitis und weitaus seltener tritt sie beim akuten Schub einer chronischen Pankreatitis auf. Auch aus einer sekundär infizierten Pseudozyste kann ein Abszeß entstehen.

Bereits bei der Einführung der Klassifikation wurde festgestellt, daß der Schweregrad des klinischen Verlaufes der akuten Pankreatitis in vielen Fällen nicht mit den pathologisch-anatomischen Befunden korrelierbar ist. Außerdem wurde wegen der Unsicherheit bei der Ermittlung der kausalen Zusammenhänge auf eine Zuordnung einer Pankreatitisform zu ätiologischen Faktoren verzichtet.

3.2 Ätiologie der Pankreatitis (Abb. 18)

Trotz intensiver Bemühungen ist die Ätiologie und die Pathogenese der Pankreatitis noch nicht ausreichend geklärt (Creutzfeld 1987). Biliäre Ursachen werden mit 40 bis 80% und der chronische Alkoholabusus mit etwa 30% als die häufigsten ätiologischen Faktoren für die Entwicklung der Pankreatitis angenommen (Rölsch 1979, Phat et al. 1984). Daneben werden andere Komponenten diskutiert, die jedoch als seltene Ursachen aufzufassen sind (Tabelle 4).

Tabelle 4 Ätiologische Faktoren der tryptisch hämorrhagischen Pankreatitis

- Cholelithiasis und andere biliäre Ursachen
- Alkoholabusus
- Gangobstruktionen, z. B. Steine, Tumoren, Papillitis, Papillenödem
- Medikamente, z. B. Steroide
- Toxine, z. B. E 605
- Urämie
- metabolische Azidose
- Hyperparathyreoidismus
- Proteinmangel
- hormonelle Störungen, z. B. Gestationspankreatitis
- Hyperlipidämie, bes. Typ V nach Fredrikson
- immunologische Faktoren, z. B. Lupus erythematodes
- neurale Faktoren, z. B. exzessiver Vagusreiz
- Durchblutungsstörungen
- infektiöse Ursachen

(Becker, 1984, Dammann, 1981, Kurfees, 1981, Remmele, 1984, Rölsch, 1979)

Die Häufigkeit der Ätiologien in den einzelnen statistischen Zusammenstellungen hängt von der Altersverteilung des Krankengutes ab. So ist der Alkoholabusus eher bei jüngeren Männern für den Ausbruch der Erkrankung verantwortlich, während bei älteren Frauen zumeist Gallenwegserkrankungen Ursache des Leidens bilden.

Die papillennahe Steineinklemmung, das „Opie"-Syndrom wird allerdings nur in 2 bis 5% der Fälle gefunden, während eine Cholelithiasis in etwa 20% der Fälle besteht. Bei der Mehrzahl der Patienten können jedoch Gallensteine im Stuhl nachgewiesen werden (Acosta und Ledesma 1974). Trotzdem läßt sich im Einzelfall nur schwer klären, welche pathogenetische Rolle die Cholelithiasis bei der Entwicklung der Pankreatitis gespielt hat. Die klinische Erfahrung zeigt jedoch, daß durch die chirurgische Sanierung der Gallenwege eine Unterbindung der rezidivierenden Pankreasschübe sicher zu erreichen ist (Howard u. Jordan 1956, Hollender et al. 1983).

Für die biliäre Refluxpankreatitis ist die individuelle Ganganatomie von entscheidender Bedeutung. Die unterschiedlichen Verlaufs-, Zufluß- und Mündungsvarianten des Ductus Wirsungianus, Santorini und Choledochus sowie das Vorhandensein oder

Abb. 18
Obstruktion des Ductus Choledochus und Pankreaticus als Ursache für eine akute-nekrotisierende Pankreatitis. Obduktionssitus. Cholelithiasis. In der gemeinsamen Endstrecke zwischen Duktus Choledochus und Pankreaticus eingeklemmtes Konkrement vor der Papilla Vateri (Pfeil 1). Gallereflux in den Duktus Pankreaticus mit Grünverfärbung der Gangschleimhaut (Pfeil 2). Ausgedehnte konfluierende Nekrose des Pankreaskopfes (Pfeil 3). ▷

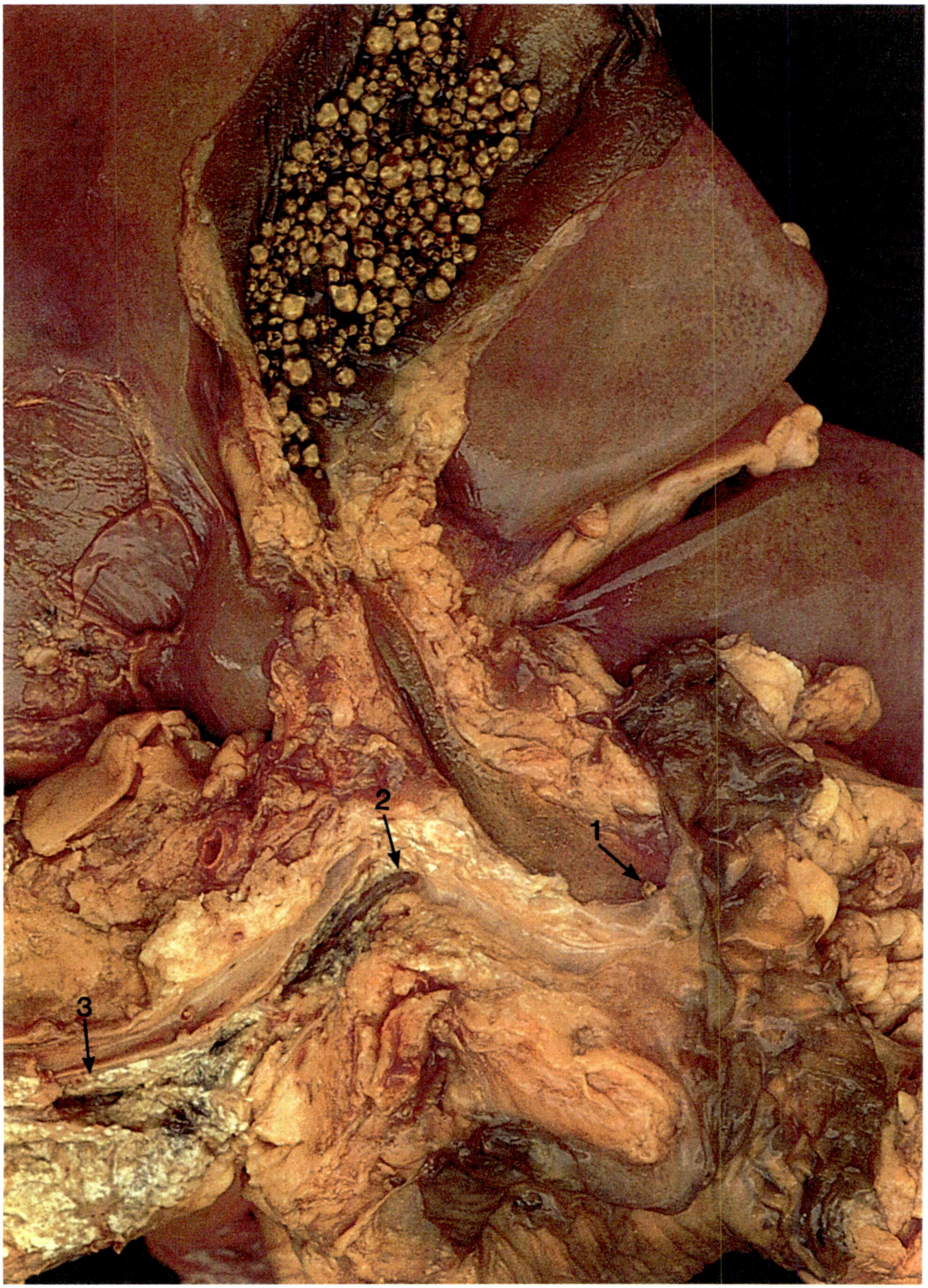
2
1
3

Fehlen akzessorischer Speichelgangmündungen in den Ductus choledochus bestimmen das morphologische Bild und das intrapankreatische Verteilungsmuster der biliären Pankreatitis. Auffällig ist auch, wie häufig die sog. idiopathische akute Pankreatitis ohne erkennbare Ursache mit durchschnittlich 39% angegeben wird (Goebbel 1980, Roggenwalner 1985).

Friedrich (1878) und Fritz (1889) haben bereits fortgeschrittene Pankreaserkrankungen mit der Trinksucht in Verbindung gebracht und den Begriff der „Säuferpankreatitis" geprägt.

Das Auftreten alkoholbedingter Pankreatitiden (Pankreatitis der Potatoren, Pankreatitis nach opulentem Mahl) in den Statistiken ist irreführend. Es ist heute davon auszugehen, daß in den meisten Fällen ein akuter Schub einer bereits chronischen Pankreatitis vorliegt und dadurch nur eine akute Phase eines eigentlich progredient verlaufenden Leidens der Bauchspeicheldrüse vorliegt.

Bei einem durchschnittlichen Alkoholkonsum von 80 bis 120 g pro Tag, treten häufig nach 8 bis 10 Jahren Entzündungen der Bauchspeicheldrüse auf (Becker 1980, 1984). Das pathogenetische Prinzip der Alkoholwirkung am Pankreas ist trotz einer Vielzahl von experimentellen Untersuchungen bisher nicht geklärt und die Befunde widersprechen sich zum Teil.

Als auslösende Ursache für die alkoholbedingte Pankreatitis werden eine direkte toxische Wirkung auf die Pankreasparenchymzellen, wie bei den Leberparenchymzellen und eine Funktionsstörung der Drüse im Sinne einer Dyschylie diskutiert (Rölsch 1979). Metaplastische und proliferative Veränderungen des Gangepithels und eine Verfettung der Azinuszellen werden als Ausdruck der toxischen Schädigung gewertet (Remmele 1984).

Bei der alkoholgeschädigten Bauchspeicheldrüse sind häufig vermehrt Proteine und Proteinpräzipitate in den Ausführungsgängen nachzuweisen. Diese Veränderung wird als funktionssteigernder Effekt durch eine erhöhte Cholezystokinin-Sekretion nach alkoholbedingter parasympathischer Tonusänderung angesehen (Rölsch 1979, Remmele 1984).

Nach anderen Untersuchungen wird eine toxische Schädigung des Gangepithels als Ursache der Entzündung diskutiert. Die fehlende Einwirkung von Sekretin am geschädigten Gangepithel führt zu einem Absinken der Wasser- und Elektrolytausscheidung über das Gangepithel. Die Proteinpräzipitate im Ganglumen wären danach nicht als Folge einer absoluten Proteochylie durch eine vermehrte Proteinausscheidung sondern als Folge einer mangelnden Verdünnung der sezernierten Proteine durch die verminderte Wasser- und Elektrolytausscheidung anzusehen (Remmele 1984).

Neben der direkten Wirkung des Alkohols auf die epithelialen Bestandteile des Pankreas wird auch eine indirekte diskutiert. Im Rahmen einer alkoholbedingten Gastroduodenitis kann ein Spasmus des Sphinkter Oddi ausgelöst werden und ähnlich wie beim steinbedingten Gangverschluß ein Sekretstau des Pankreas auslösen. Auch ein erhöhter Druck im Duodenum bei einer Gastroduodenitis mit Reflux von Duodenalinhalt in den Pankreasgang kann möglicherweise als Ursache für die Entzündung angesehen werden (Dürr 1978).

Obwohl die Ätiologie und die Pathogenese der Pankreatitis bisher nicht endgültig aufgeklärt ist, ist davon auszugehen, daß die Autodigestion durch die Aktivierung von Proenzymen, bevor sie das Darmlumen erreichen, von entscheidender Bedeutung ist (Creutzfeld 1987). Der initiale Vorgang, der die sog. „pankreatische Enzymkaskade" ingang setzt (Rinderknecht 1986), bildet die Aktivierung von Trypsinogen in Trypsin. Das Trypsin aktiviert die weiteren Zymogene, vor allem die Phospholipase A, die aus Lecithin das aggressive Lysolecithin freisetzt. Es wurde bisher allgemein angenommen, daß die Aktivierung kleiner Trypsinmengen extrazellulär erfolgen muß. Experimentelle Untersuchungen haben jedoch gezeigt, daß wahrscheinlich durch die Wirkung lysosomaler Enzyme eine intrazelluläre Aktivierung der Zymogene erfolgen kann (Rao et al. 1980).

Die im Pankreas gebildeten und sezernierten Enzyme können die Entzündung unterhalten. Trypsin und Chymotrypsin bewirken durch die Proteolyse ein Ödem und eine Koagulationsnekrose mit Blutungen durch eine direkte Alteration der Gefäßwände. Die Elastase wirkt durch die Lyse der elastischen Fasern bei der Gefäßalteration mit. Kalikrein führt zu einer Kallidinfreisetzung, die an den Gefäßwänden angreift und zur Schocksymptomatik führen kann. Die Phospholipase A und die Lipase, die durch die Gallensäure aktiviert werden, unterhalten durch Bildung von Lysophospholipiden die Gewebsnekrose. Die Pankreaslipase spaltet Triglyzeride und führt zu den charakteristischen Fettgewebsnekrosen (Remmele 1984).

Die postoperative akute Pankreatitis kann vornehmlich nach Oberbaucheingriffen auftreten. Dieses Krankheitsbild ist selten. Die Frequenz wird in der Literatur unterschiedlich angegeben. Nach transduodenaler Papillotomie wird eine Häufigkeit von 4% ermittelt, nach Magenresektionen wurden Prozentzahlen von 0,5 bis 1,5% errechnet. Danach scheinen Magenresektionen nach Billroth II in höherem Maße zu einer Pankreatitis zu disponieren als gastroduodenale Anastomosen nach Billroth I (Bünte 1971). Jeder Eingriff am Pankreas selbst, einschließlich einer Probeexcision, kann zu einer postoperativen Pankreatitis führen.

Intraoperative endoskopische Untersuchungen der Gallengang- und Pankreaswege oder die Durchführung einer ERCP können auch bei nicht vorgeschädigtem Pankreas eine akute entzündliche Reaktion auslösen. Hierfür ist vorwiegend der erhöhte Injektionsdruck von über 50 bis 70 cm Wassersäule verantwortlich zu machen (Mallet-Guy 1944). Die postoperative Pankreatitis ist zwar selten, aber ihre Prognose ist insgesamt schlecht. Die Letalität wird mit 40% angegeben (Farthmann und Männl 1980, Bünte 1971).

Nicht so selten sind medikamentös induzierte akute Pankreatitiden, z. B. durch Thiazide oder nach Gaben von Glukokortikoiden. Lindner (1964) berichtet über 6 Todesfälle infolge akuter Pankreatitis bei 115 Patienten mit einer Leberzirrhose, die mit Prednisolon behandelt worden waren. Eine langzeitige Kortikoidmedikation greift in den Bau- und Funktionsstoffwechsel der Azinuszellen ein und kann sich in Form einer Dyschylie auswirken (Hollender et al. 1983).

3.3 Akute Pankreatitis (Abb. 18-48)

3.3.1 Definition

Die akute Pankreatitis ist eine anfallsartig auftretende Entzündung, die als selbständige Erkrankung oder als Begleitreaktion bei einer anderen Grundkrankheit auftreten kann. Sie kann vollständig mit einer Restitutio ad integrum abheilen oder in eine hämorrhagisch-nekrotisierende Form übergehen und dann zu schweren, lebensbedrohlichen Symptomen führen.

3.3.2 Klinischer Verlauf

Der klinische Verlauf der akuten Pankreatitis ist durch einen geradezu brutalen Beginn „wie ein Blitz aus heiterem Himmel" geprägt (Hentschel 1978). Am Beginn der Erkrankung steht der Schmerz als Kardinalsymptom. Er kann mit einem infarktähnlichen Vernichtungsgefühl und Angst einhergehen. Der dumpfe Oberbauchschmerz kann nach rechts und links gürtelförmig über die Flanken bis in den Rücken ausstrahlen. Der Patient liegt in der „Gebetshaltung" (Hollender et al. 1983). Rasch breitet sich der Schmerz im gesamten Abdomen aus. Der eigentliche Anfall tritt selten aus voller Gesundheit auf. In über 60% der Fälle lassen sich leichtere, vorangegangene Schmerzkrisen im Oberbauch nachweisen (Hess 1969). Zu den schweren, unter Umständen kaum durch Analgetika beherrschbaren Schmerzzuständen treten Brechreiz, Erbrechen und ein Ileus auf. Es besteht eine Bauchdeckenspannung, die jedoch im Gegensatz zur Bauchdeckenspannung bei Perforation eines Hohlorgans mit konsekutiver Peritonitis in der Regel anfangs nicht bretthart ist, sondern eher einem elastischem Widerstand der Bauchwand gleicht. Creutzfeld (1977) spricht von einem „Gummibauch“.

In schweren Fällen prägen Schockzeichen mit Blutdruckabfall, Tachykardie und kaltem Schweiß die Symptomatik. In anderen Fällen besteht vermutlich als Ausdruck einer enzymbedingten Gefäßlähmung eine auffällige Gesichtsröte (Rubeose) (Hess 1969). Gelegentlich führt der dramatische Verlauf zu einem Verfall der Patienten in einem Zeitraum von Stunden.

Bereits in Anfangsstadien besteht ein paralytischer Ileus, der zunächst nur Duodenum und Jejunum, später weitere Darmabschnitte insbesondere das Colon betrifft. Er beruht z.T. auf ausgedehnten Fettgewebsnekrosen im Mesenterium und auf der venösen Kongestion des Darmes. Neben der Darmlähmung kann schon am ersten Krankheitstag durch Perkussion ein Aszites nachgewiesen werden (Bohnsack et al. 1983).

Es können verschiedene Hautveränderungen beobachtet werden, die jedoch nur in etwa 10% der Fälle auftreten (Hollender et al. 1983). Eine besondere prognostische Bedeutung wird dem sog. „Warren-Zeichen“ beigemessen. Es handelt sich dabei um eine Blauverfärbung des Nabels durch eine ödematöse Infiltration. Das frühzeitige Auftreten dieses Zeichens soll auf eine massive Pankreasschädigung und damit auf eine ungünstige Prognose hinweisen.

In etwa 40% der Fälle bilden sich im Verlauf der Erkrankung Pleuraergüsse. Sie sind am häufigsten linksseitig, oft beidseitig ausgebildet und nicht selten mit Perikardergüssen kombiniert. Nach der Zusammensetzung handelt es sich um ein Exsudat mit erhöhtem Amylasegehalt.

Eine Freisetzung der aktiven Pankreasenzyme über das Blut, die Lymphe und den Aszites können schwere Veränderungen an der Leber, den Nieren und der Lunge auslösen (Stömmer 1987). Ein schockbedingter Blutdruckabfall, aktivierte Gewebshormone und Hämo- und Myolyse können zu einem akuten Nierenversagen führen. Die Nieren sind vergrößert und weisen eine Tubulonephrose oder -nekrose auf. Im Lumen der Tubuli sind Hämoglobin-, Myoglobin- und Erythrozytenzylinder nachzuweisen. Gelegentlich werden die Glomerulusschlingen durch Mikrothromben verschlossen.

Eine schwere Komplikation der tryptischen Pankreatitis ist das akute Lungenversagen. Seine Häufigkeit ist abhängig von der Schwere der akuten Pankreatitis und nach klinischen Untersuchungen in einer Häufigkeit bis zu 73% der Fälle (Rahlf et al. 1982) angegeben. Ischämische Netzhautveränderungen wurden bei der akuten Pankreatitis von Jipp et al. (1985) beschrieben. Als Ursache dafür werden Fettembolien bzw. Granulozytenaggregate angegeben.

Komplikationen am zentralen Nervensystem werden mit einer Häufigkeit von 9 bis 19% angegeben (Coltmant und Noltenius 1977). Dabei können delirante, halluzinatorische und paranoide Zustände und Bewußtseinsstörungen bis zum Koma auftreten. Diese Symptome werden als schockbedingte zentralvenöse Schäden angesehen. Außerdem wird eine toxische Fernwirkung der pankreatischen Enzyme diskutiert.

Die pankreatische Enzephalopathie bildet einen eigenständigen Symptomkomplex und ist nicht auf den chronischen Alkoholabusus zu beziehen, denn er tritt auch bei Patienten auf, bei denen kein Alkoholmißbrauch ermittelt werden kann. Bei etwa 10 bis 20% der Patienten mit schwerer akuter Pankreatitis ist eine tetanische Krampfbereitschaft zu beobachten.

Seltener finden sich „metastatische“ subkutane Fettgewebsnekrosen. Dabei entstehen derbe, schmerzhafte, manchmal eingeblutete Knoten. Diese Fettgewebsnekrosen können in der Thoraxwand, am Gesäß, vor allem im Retroperitoneum und in den Nierenkapseln vorkommen (Hess 1969).

3.3.3 Diagnostik (Abb. 19-25)

Schwerste Oberbauchschmerzen, Brechreiz, Erbrechen und Bauchdeckenspannung prägen das klinische Bild der akuten Pankreatitis. Nicht alle Pankreatitiden zeigen den klassischen Verlauf und sind nicht ohne weiteres von anderen akuten Abdominalerkrankungen differentialdiagnostisch abzugrenzen. Atypische Verlaufsformen sind relativ häufig.

Durch die diagnostischen Maßnahmen sind 2 Komplexe zu klären:

1. Die Verdachtsdiagnose bestätigen, bzw. unwahrscheinlich machen
2. Nach Möglichkeit Aussagen über den Schweregrad der Erkrankung machen, um den Radius der notwendigen therapeutischen Maßnahmen abstecken zu können.

Die Bestimmung des Schweregrades der Erkrankung bildete wegen der topographischen Verhältnisse des Organs lange Zeit ein besonderes Problem. Prinzipiell bieten sich für die Diagnostik von Erkrankungen an parenchymatösen Organen klinisch-chemische Untersuchungsmethoden, endoskopische Diagnostik und bildgebende Verfahren einschließlich der Röntgendiagnostik an. Als ultima Ratio bleibt zusätzlich die Probelaparotomie. Unter den klinisch-chemischen Untersuchungsmethoden hat die Bestimmung der Alpha-Amylase und der Lipase eine besondere praktische Bedeutung. Die Bestimmung der Lipase ist grundsätzlich aussagekräftiger, da sie nur im Pankreas vorkommt. Falsch positive Befunde sind hierbei nicht selten. So ist bei mehr als der Hälfte der diagnostisch angewandten ERCP eine Amylaseerhöhung die Folge, ohne daß in nur annähernder Häufigkeit eine Pankreatitis besteht (Bücheler et al. 1985).

Die meisten konventionellen röntgenologischen Verfahren haben in der Pankreasdiagnostik in Bezug auf die Verlaufsbeobachtung und die Beurteilung des Schweregrades der akuten Pankreatitis eher enttäuschende Ergebnisse erbracht. Die Pankreasszintigraphie ist mit einer hohen Strahlenbelastung verknüpft und außerdem wenig sensitiv und wenig spezifisch (Bücheler et al. 1985).

Die ERCP ist bei der akuten Pankreatitis wegen der erheblichen Gefahr der Verschlechterung der Erkrankung kontraindiziert. Röntgenübersichtsauf-

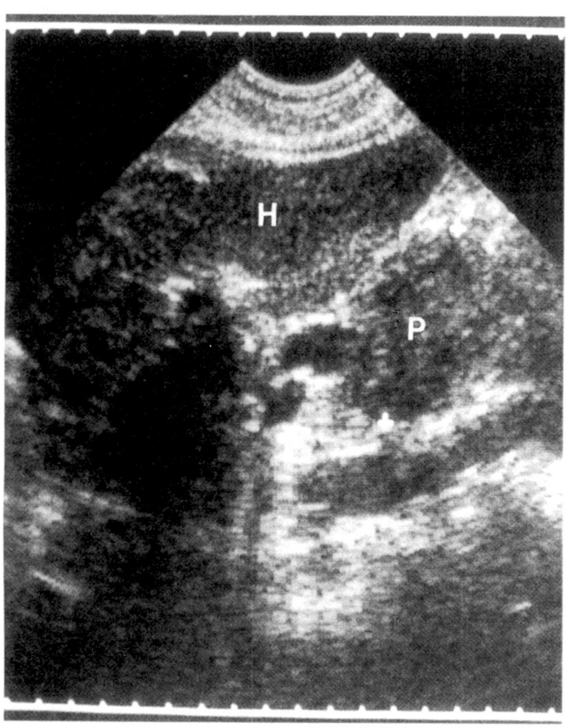

Abb. 19
Sonographischer Befund bei akuter nekrotisierender Pankreatitis. Ausgedehnte Pankreaskopfnekrose (P). Darüber erkennbar die Umrisse der Leber (H).

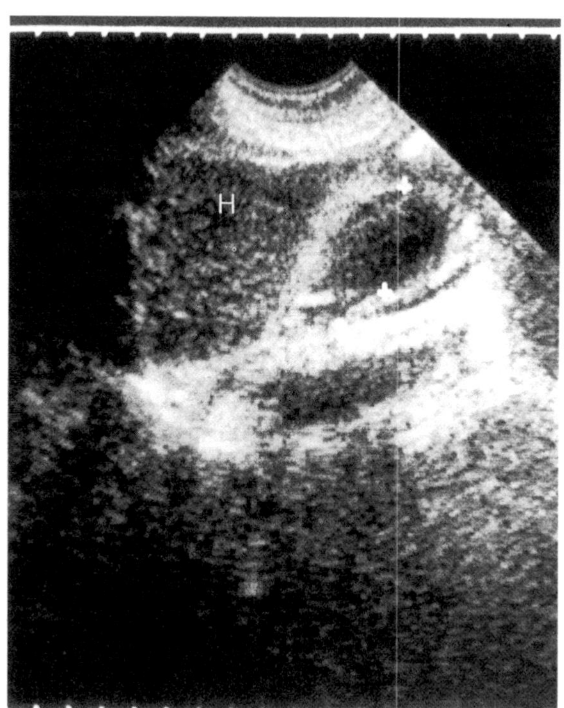

Abb. 20
Sonographischer Längsschnitt mit Darstellung einer Pankreaszyste (zwischen den Kreuzen). Daneben der Schatten der Leber (H).

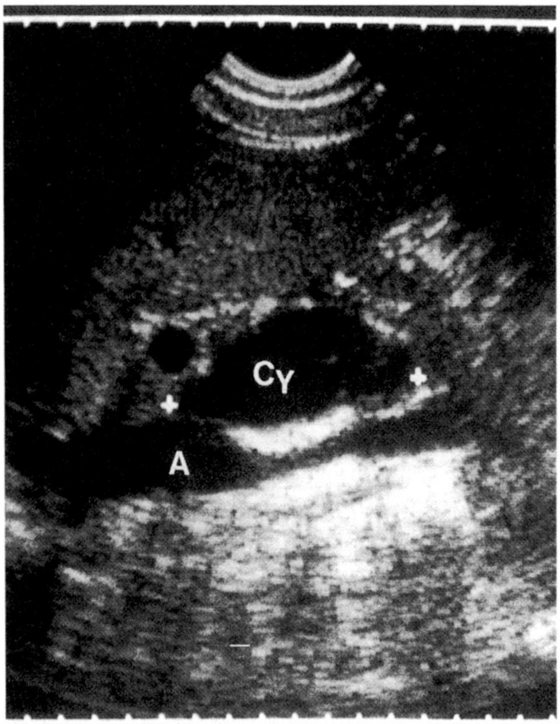

Abb. 21
Sonographischer Längsschnitt mit Lokalisation einer Zyste (Cy) unterhalb der Leber auf der Aorta (A).

nahmen des Abdomens und der Magen-Darmpassage liefern zu wenig detaillierte Informationen über den Schweregrad der Pankreatitis.

Die neueren diagnostischen bildgebenden Verfahren wie Sonographie und Computertomographie (CT) haben in der letzten Zeit insbesondere bei der Verlaufsbeobachtung und der Festlegung des Schweregrades der akuten Pankreatitis eine besondere Bedeutung gewonnen. Die Oberbauchsonographie ist eine rasch durchführbare, risikofreie, für den Patienten nicht belastende Untersuchungsmethode, die sich deshalb für die Verlaufskontrolle besonders eignet. Sie zeichnet sich durch eine hohe Treffsicherheit aus (Lackner et al. 1980). Eine Cholezysto-Cholodocholithiasis als eine der wichtigsten kausal pathogenetischen Faktoren läßt sich mit der Sonographie in mehr als 90% der Fälle nachweisen.

Wie die Sonographie, so trägt auch die Computertomographie (CT) zum Nachweis ätiologischer Faktoren zur Sicherung der Diagnose, zur Beurteilung des Schweregrades des Verlaufes der Erkrankung und zur Aufdeckung von Komplikationen und Begleiterkrankungen bei. Vor- und Nachteile dieser Methode sind in der Tabelle 5 zusammengefaßt.

Tabelle 5 Vor- und Nachteile von Sonographie und Computertomographie (Lackner et al., 1980)

Vorteile der Sonographie	Nachteile der Sonographie
1. variable Schnittrichtung	1. Bildstörung durch hohe Schwingungsunterschiede
2. Differenzierung solider und liquider Strukturen	2. Penetration des Schallstrahls begrenzt
3. Erfassung dynamischer Parameter	3. Untersuchung frisch operierter Pat. oft nicht möglich
4. Untersuchung am Patientenbett	4. Bildgüte abhängig von Erfahrung des Untersuchers
5. risikolose Untersuchung	
6. keine Strahlenbelastung	
7. geringe Untersuchungskosten	
Vorteile der Computertomographie	**Nachteile der Computertomographie**
1. umfassende anatomisch-topographische Übersicht	1. Bewegungsartefakte bei unkooperativen Patienten
2. Messung von Gewebsdichten	2. schlechte Organabgrenzung bei sehr schlanken Patienten
3. Funktionsdiagnostik nach i. v. Kontrastmittelgabe	3. hohe Unkosten
4. breites Anwendungsgebiet	
5. standardisierte Aufnahmetechnik	
6. Bildinhalt leicht zugänglich	
7. keine Störung durch Skelett- oder Darmgasüberlagerung	

Zur diagnostischen Eingrenzung der Pankreatitis ist folgendes Vorgehen angezeigt. Mit der Sonographie wird zunächst die Diagnose gegenüber anderen Oberbaucherkrankungen abgegrenzt und nach einer biliären Ursache gefahndet. Ein Pankreasödem muß sonographisch engmaschig kontrolliert werden. Bei sonographischem Verdacht auf das Vorliegen einer akuten hämorrhagisch-nekrotisierenden

Pankreatitis ist die Indikation zur Durchführung einer Computertomographie gegeben, insbesondere dann, wenn eine chirurgische Intervention erwogen wird. Dabei können das Ausmaß der Nekrosen und die Ausdehnung des nekrotisierenden Prozesses über das Pankreas hinaus (Nekrosestraßen) erfaßt werden. Ausgehend von dem CT-Befund muß erneut eine engmaschige sonographische Kontrolle durchgeführt werden (Neher et al. 1982).

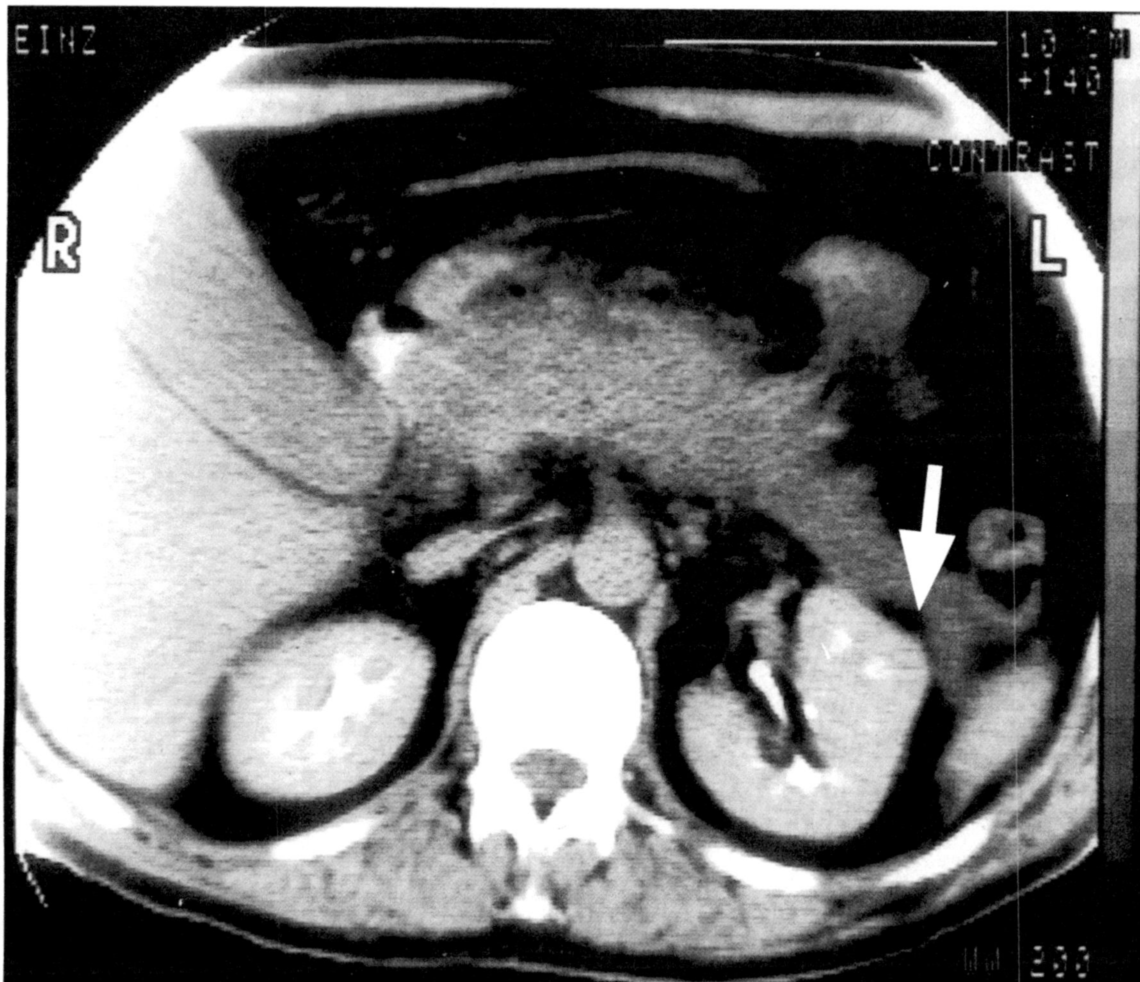

Abb. 22
Computertomogramm. Akute nekrotisierende Pankreatitis mit retroperitonealer Nekrosestraße (Pfeil).

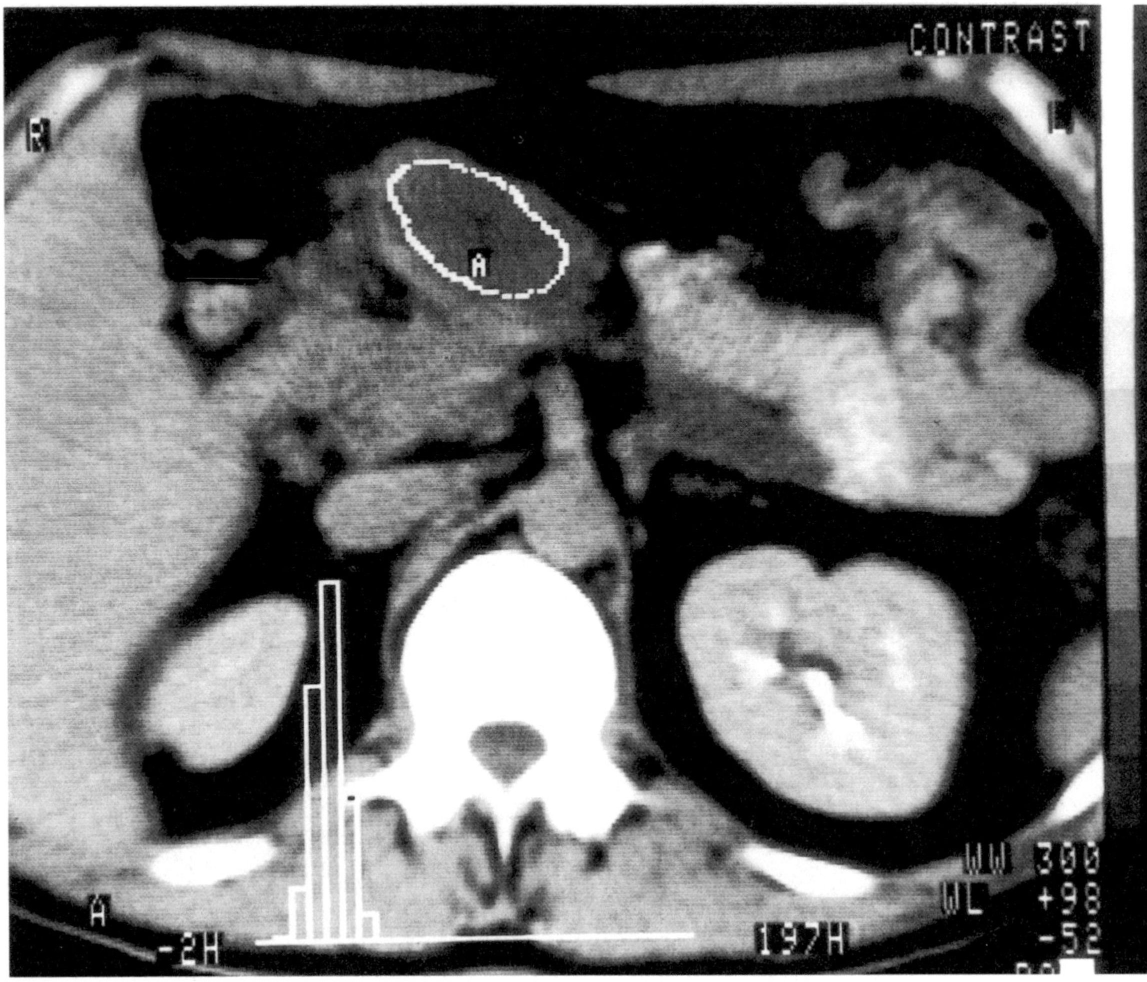

Abb. 23
Computertomogramm. Akute nekrotisierende Pankreatitis mit Abszeßbildung im Processus uncinatus (durch Punktlinie markiert).

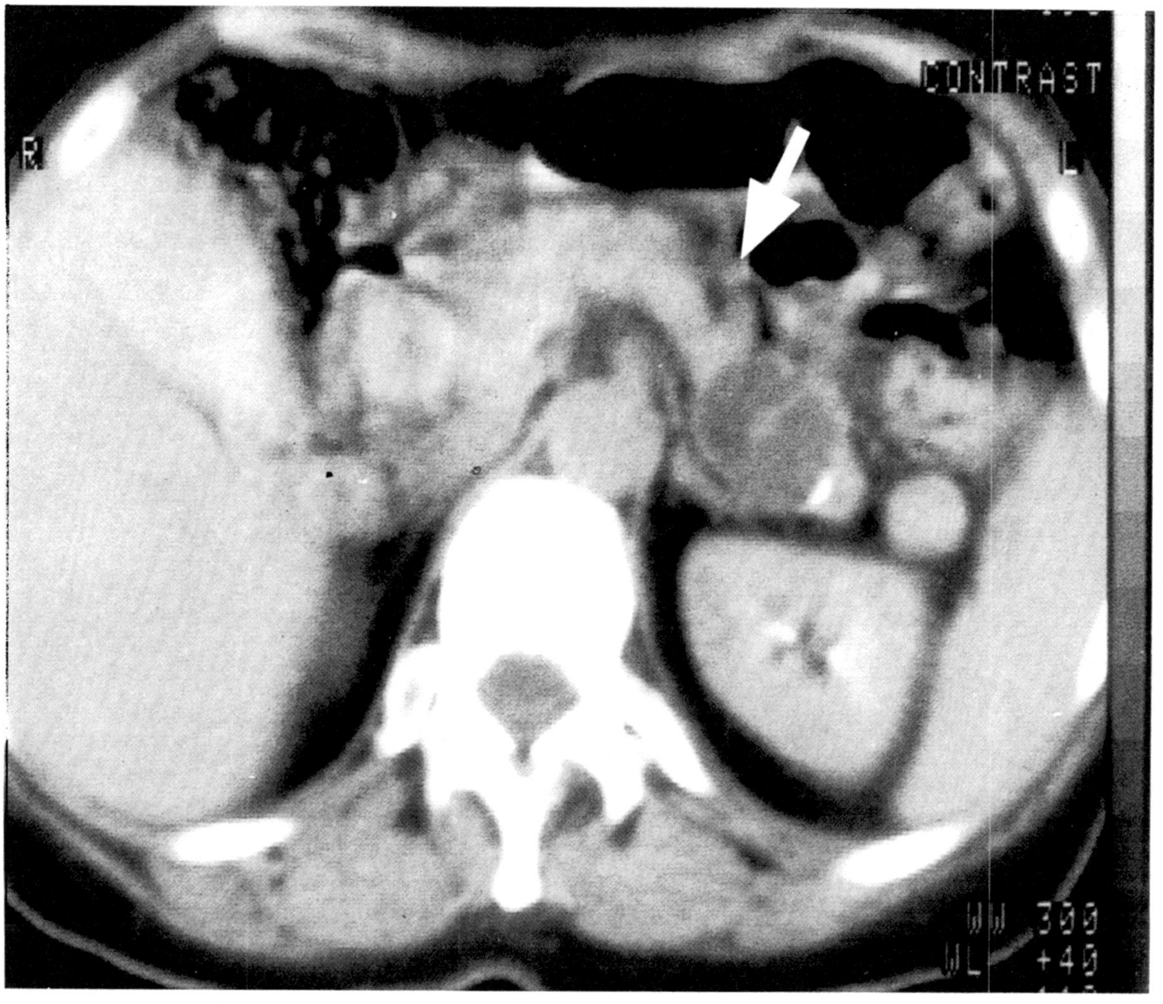

Abb. 24
Computertomogramm. Akute nekrotisierende Pankreatitis mit Abszeßbildung im Schwanzbereich (Pfeil).

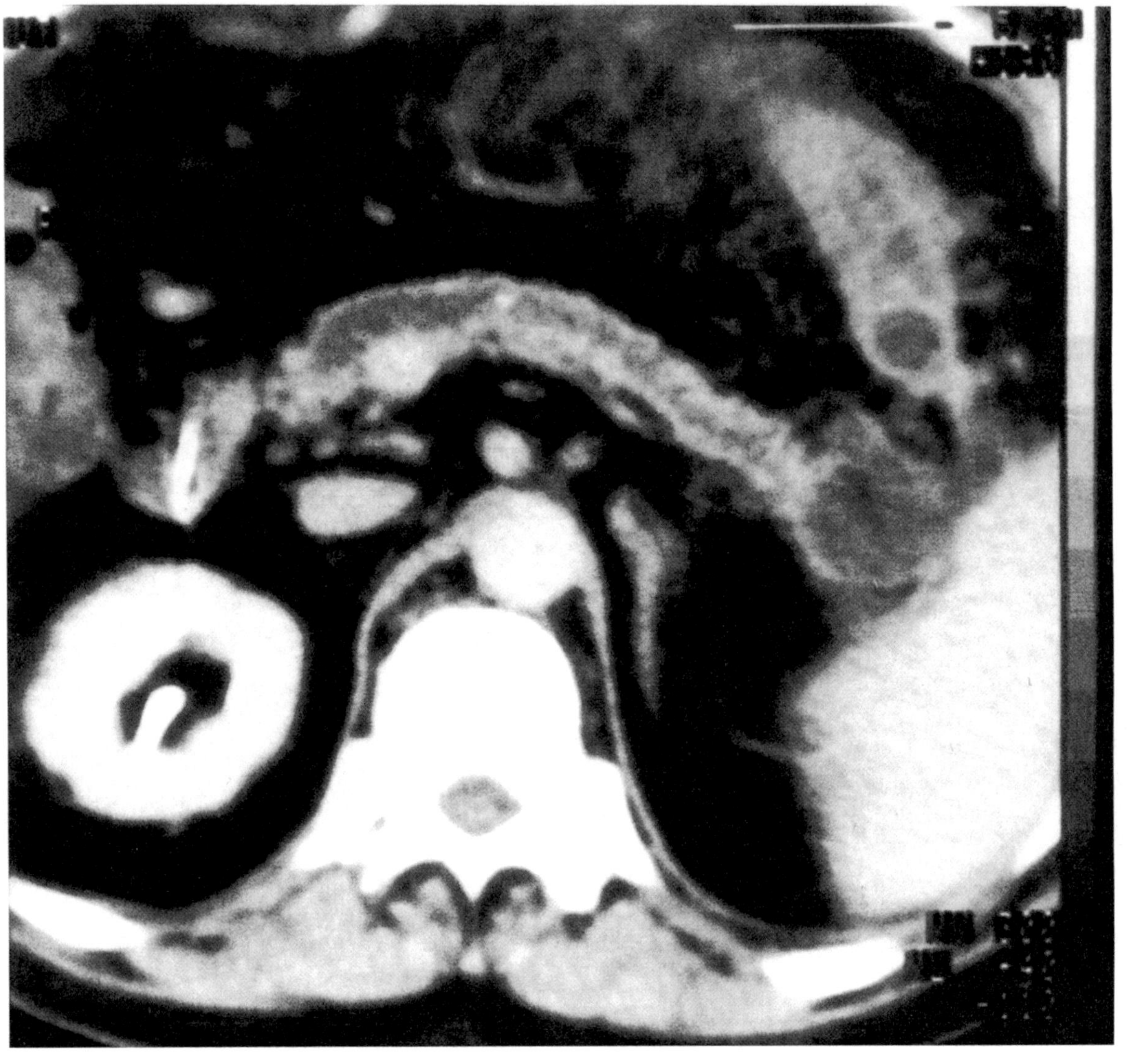

Abb. 25
Computertomogramm. Akute nekrotisierende Pankreatitis. Die Organstruktur ist kaum noch auszumachen. Anteile des Ductus Wirsungianus sind noch erhalten.

3.3.4 Prognose der akuten Pankreatitis

Der Krankheitsverlauf und die Prognose werden entscheidend durch den Schweregrad der Erkrankung bestimmt. Es hat sich in den letzten Jahren eine Einteilung in 3 Schweregrade durchgesetzt.

Beim Vorliegen von Schweregrad (ödematöse Pankreatitis) finden sich:
- kein Ikterus
- keine schweren Abweichungen der Parameter: Blutzucker, Serum, Kalzium, Kreatinin und Haematokrit
- gutes Ansprechen auf konservative Therapie

Schweregrad II (limitierte Pankreasnekrose) ist gekennzeichnet durch:
- Subikterus bis Ikterus
- z. T. schwere Abweichungen der Parameter: Blutzucker, Serum, Kalzium, Kreatinin und Haematokrit
- progressive Verschlechterung trotz konservativer Intensivbehandlung

Schweregrad III (Diffuse nekrotisierende Pankreatitis) ist gekennzeichnet durch:
- respiratorische Insuffizienz, Enzephalopathie, schwere Abweichungen der Parameter: Blutzukker, Serumkalzium, Kreatinin, Haematokrit
- progressive Verschlechterung, trotz konservativer Intensivbehandlung

Während bei der ödematösen Pankreatitis kaum Todesfälle vorkommen, steigt die Letalität bis zum Schweregrad III steil an. Sterberaten von 80% und mehr trotz kombinierter konservativer und chirurgischer Therapie sind keine Seltenheit. Daraus wird ersichtlich, daß die möglichst frühzeitige Diagnose den Erfolg der Behandlung bei den Schweregraden II und III bestimmt. Hierzu haben verschiedene Autoren versucht, verläßliche Parameter zu ermitteln, die frühzeitig zwischen verschiedenen Verlaufsformen unterscheiden (Tabelle 6).

Dammann und Grabbe (1981) haben versucht, neben den laborchemischen Parametern klinische sowie computertomographische Befunde in die Gliederung der Schweregrade einzubeziehen. Anhand der prozentualen Verteilung der einzelnen Parameter bei Verstorbenen werten sie diese Kriterien unterschiedlich. Die Autoren unterschieden anhand ihrer Ergebnisse nur eine schwere und eine leichte Verlaufsform der akuten Pankreatitis.

Tabelle 6 Prognostisch ungünstige Parameter bei akuter Pankreatitis nach Ranson (1978) verändert nach Hollender et al. (1983)

Frühbefunde
Alter über 55 Jahre
Serumglucose über 200 mg/dl
Leukozytose über 16000/Mikro l
LDH über 350 U/l
GOT über 120/l
Verlaufsbefunde (24-48 Stunden nach Krankheitsbeginn)
Abfall des Hämatokrits um mehr als 10%
Serumcalciumkonzentration kleiner 2,0 mmol/l
Basendefizit größer 4,0 mmol/l
Arterieller pO2 kleiner 60 mm Hg
Flüssigkeitsdefizit größer 6 l

Über die Bedeutung der Parameter ist für die Prognose bisher noch keine Einigkeit erzielt. So wird in einem anderen Zusammenhang darauf hingewiesen, daß die bei der Zusammenstellung von Ranson besonders bewerteten Parameter „GOT“ und „Leukocytose“ keine oder nur eine untergeordnete prognostische Bedeutung haben (Dammann und Döpner 1981). Die noch bestehende Unsicherheit in Bezug auf die Beurteilung des Schweregrades des Verlaufes ist für die Unsicherheit bei der Bestimmung des Zeitpunktes zur Einleitung adäquater Therapiemaßnahmen, vor allem für die Bestimmung des Zeitpunktes einer eventuell vorzunehmenden Operation verantwortlich. Zweifellos muß vor Eintreten manifester Organkomplikationen operiert werden, da sich mit ihnen die Prognose besonders dramatisch verschlechtert (Klose et al. 1983).

Hoefler (1979) gibt in diesem Zusammenhang die Zeitspanne vom 5. bis 7. Krankheitstag als günstigsten Zeitpunkt für eine Operation an. Er begründet diese Angabe damit, daß in diesem Zeitraum die Letalität durch kinogenen Schock sowie Frühintoxikation (in seinem Krankengut 57,6%) durch Resorption von Eiweißspaltprodukten in dem angegebenen Zeitraum abnimmt. Nach dem 7. Krankheitstag kommt es zur 2. Krise mit häufig irreparablen

Organkomplikationen. Diese 2. Krise kann durch eine chirurgische Intervention unterbunden werden. Schuster et al. (1980) weisen auf die sog. „letale Trias" hin und verstehen darunter das akute Nieren- und Lungenversagen bei hämorrhagisch-nekrotisierender Pankreatitis. In diesem Zustand kommen die therapeutischen Maßnahmen meistens zu spät. Durch die vorzeitige chirurgische Intervention zur Sanierung des Grundkrankheitsherdes kann der letalen Trias vorgebeugt werden. Schuster et al. (1980) weisen außerdem auf die Bedeutung der Sepsis als entscheidende Komplikation des Krankheitsverlaufes hin, die ihrerseits verschiedene Organkomplikationen auslösen kann.

Als Todesursachen werden in der Literatur am häufigsten der Schock und das Herzversagen angegeben. Weiterhin hönnen Infektionen, Leber- und Nierenversagen sowie Blutungen und Lungenembolien zur Todesursache werden.

3.3.5 Morphologie der akuten Pankreatitis (Abb. 18, 26-48)

3.3.5.1 Makroskopischer Befund (Abb. 18)

Nach dem makroskopischen Befund können bei der akuten Pankreatitis 3 Schweregrade unterschieden werden. Die ödematöse Pankreatitis entspricht

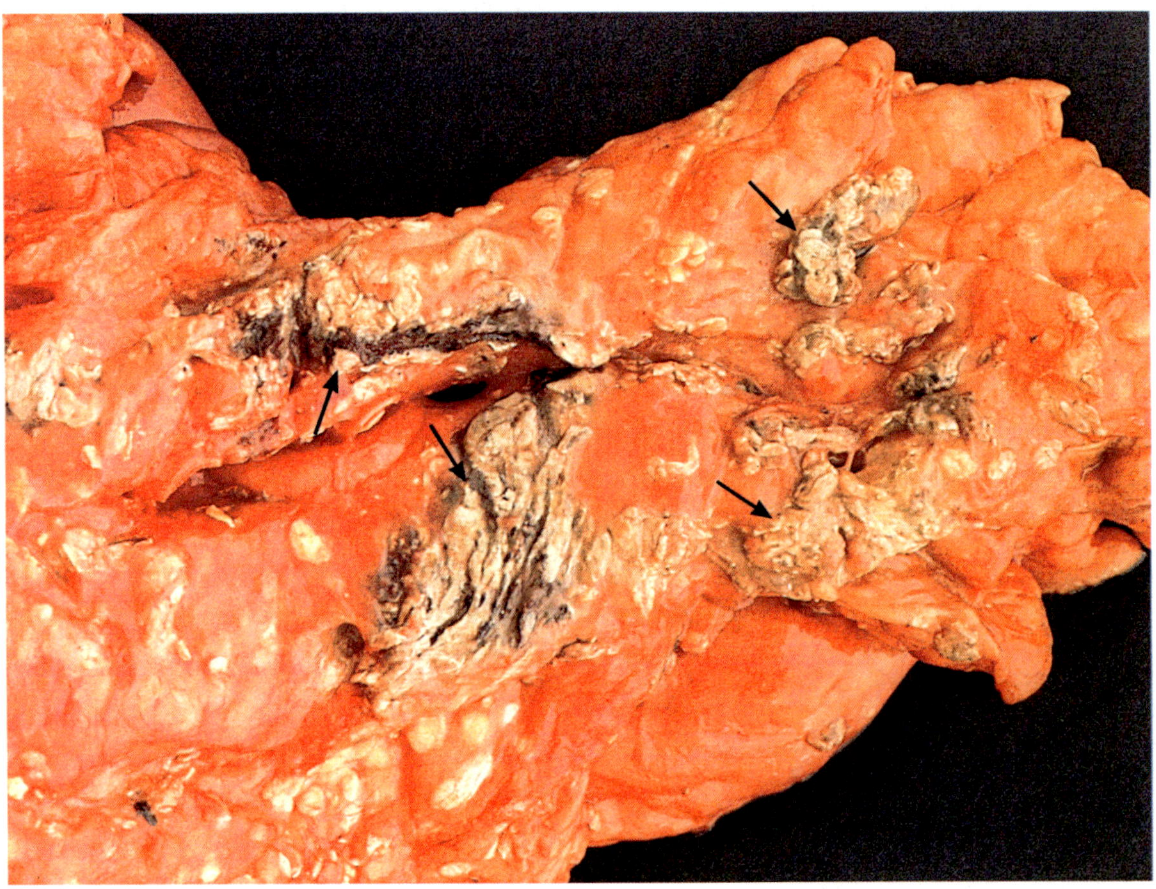

Abb. 26
Makroskopische Veränderungen bei akuter Pankreatitis. Schweregrad 1. Die Kapsel ist erhalten. Die Läppchenzeichnung ist deutlich erkennbar. Auf der Schnittfläche neben eingebluteten Nekrosezonen (Pfeile) relativ wenig veränderte Parenchymanteile.

dem Schweregrad I. Die Kapsel ist erhalten, die Läppchenzeichnung tritt deutlich hervor. Die Veränderungen sind auf die Drüsen beschränkt. Die Kapsel ist gespannt. Das Organ ist bei der Palpation prall elastisch. Die Schnittfläche ist scheckig bunt. Neben eingebluteten Nekrosezonen können unveränderte Abschnitte liegen. Hyperämische und anämische Areale können nebeneinander vorkommen. Im subkapsulären Fettgewebe können einzelne Fettgewebsnekrosen ausgebildet sein.

Beim Schweregrad II ist die Nekrose weiter ausgedehnt, und es lassen sich Fettgewebsnekrosen in den übrigen Abschnitten des Bauchraumes nachweisen, obwohl die Kapsel des Pankreas noch erhalten ist. Die Drüse ist stark vergrößert und zeigt eine scharfe Abgrenzung zu den Nachbarorganen. Die Konsistenz ist bretthart. Die Schnittfläche zeigt eine dunkelrote Farbe. Die Grenze zwischen nekrotischen und erhaltenen Drüsenabschnitten ist nicht exakt festzulegen. Die Läppchenzeichnung auf der Schnittfläche wird unscharf. Die Nekrosen erfassen das periduktale Drüsengewebe. Die Nekrosen sind unterschiedlich stark eingeblutet.

Die totale Nekrose des Organs kennzeichnet den Schweregrad III. Die Organabgrenzung wird un-

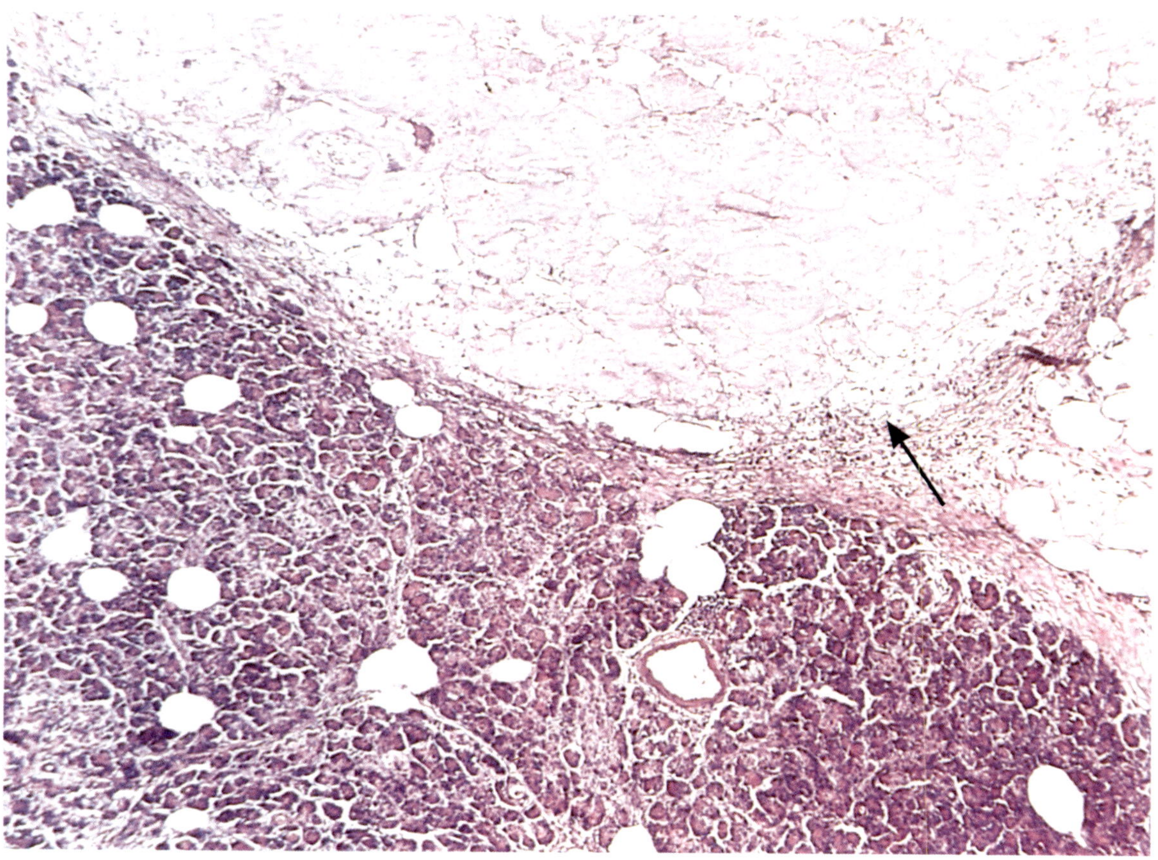

Abb. 27
Ödematöse Pankreatitis. Ödematöse Durchtränkung der Azinusstruktur ohne Alteration der einzelnen epithelialen Komponenten. Es sind nur einzelne umschriebene Fettgewebsnekrosen (Pfeil) nachweisbar.
Lichtmikroskopische Aufnahme
Färbung: Hämatoxylin-Eosin
Vergrößerung: 95 ×

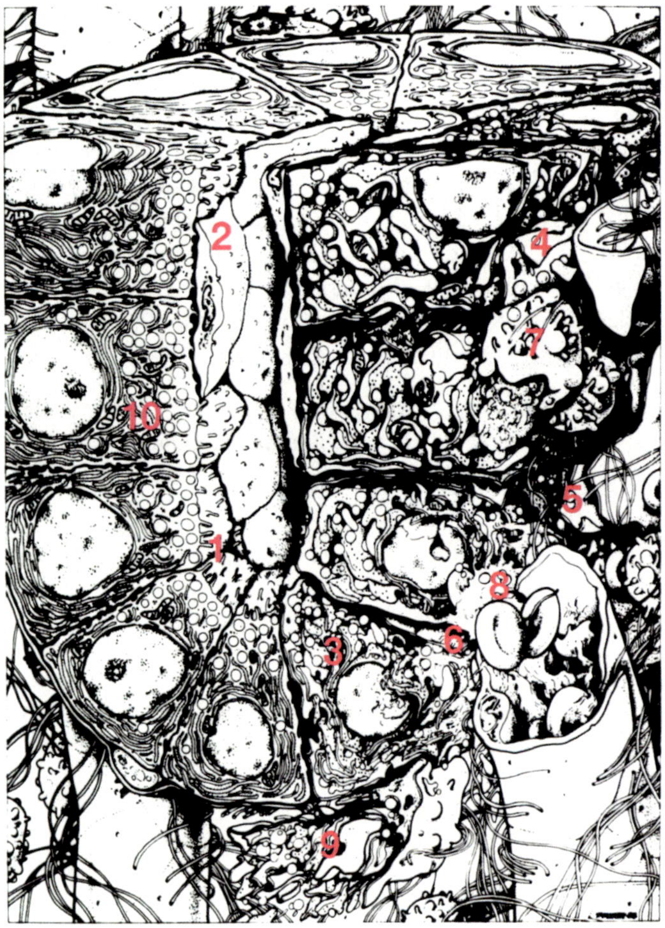

Abb. 28
Dreidimensionale Rekonstruktion. Veränderungen der Azinusepithelzellen bei akuter nekrotisierender Pankreatitis. Intrazelluläres Ödem einzelner Epithelzellen mit vesikulärer Erweiterung des endoplamatischen Retikulums. Irregulär angeordnete zymogene Granula und Freisetzung der Granula in das interstitielle Bindegewebe. Auflösung der Membransysteme der Zellen. Übergreifen der Nekrose auf die Kapillarwände.

1 = Azinuslichtung
2 = Zentroazinäre Zellen
3 = Intrazelluläres Ödem der Azinuszellen
4 = Öffnung der basalen Zellmembran
5 = Freisetzung zymogener Granula in das Interstitium
6 = Erweiterung der Interzellularspalten
7 = Makrophagen
8 = Nekrose der Kapillarwand mit Blutung
9 = Mastzelle mit Freisetzung der Granula
10 = Erhaltene Azinuszellen

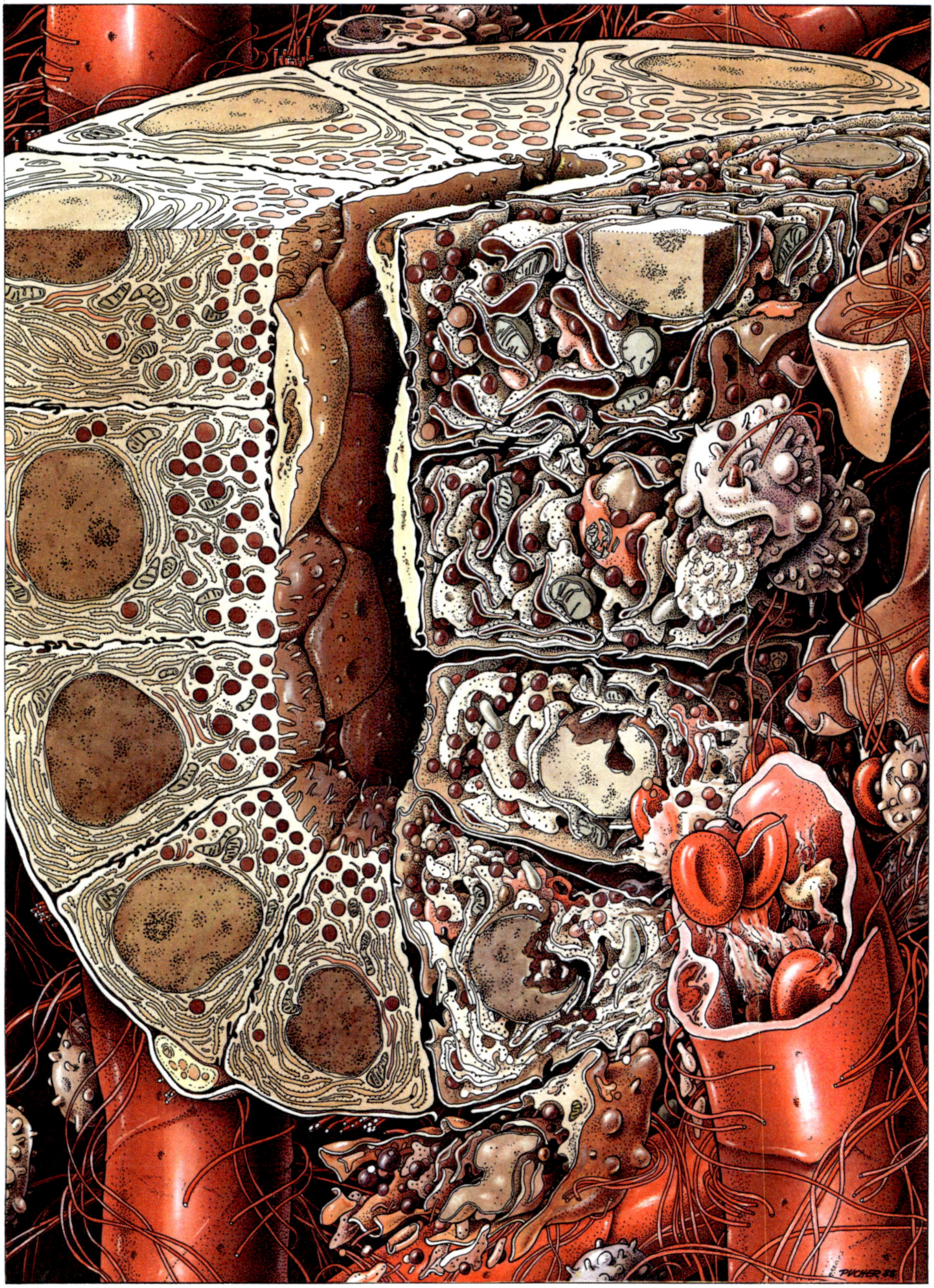

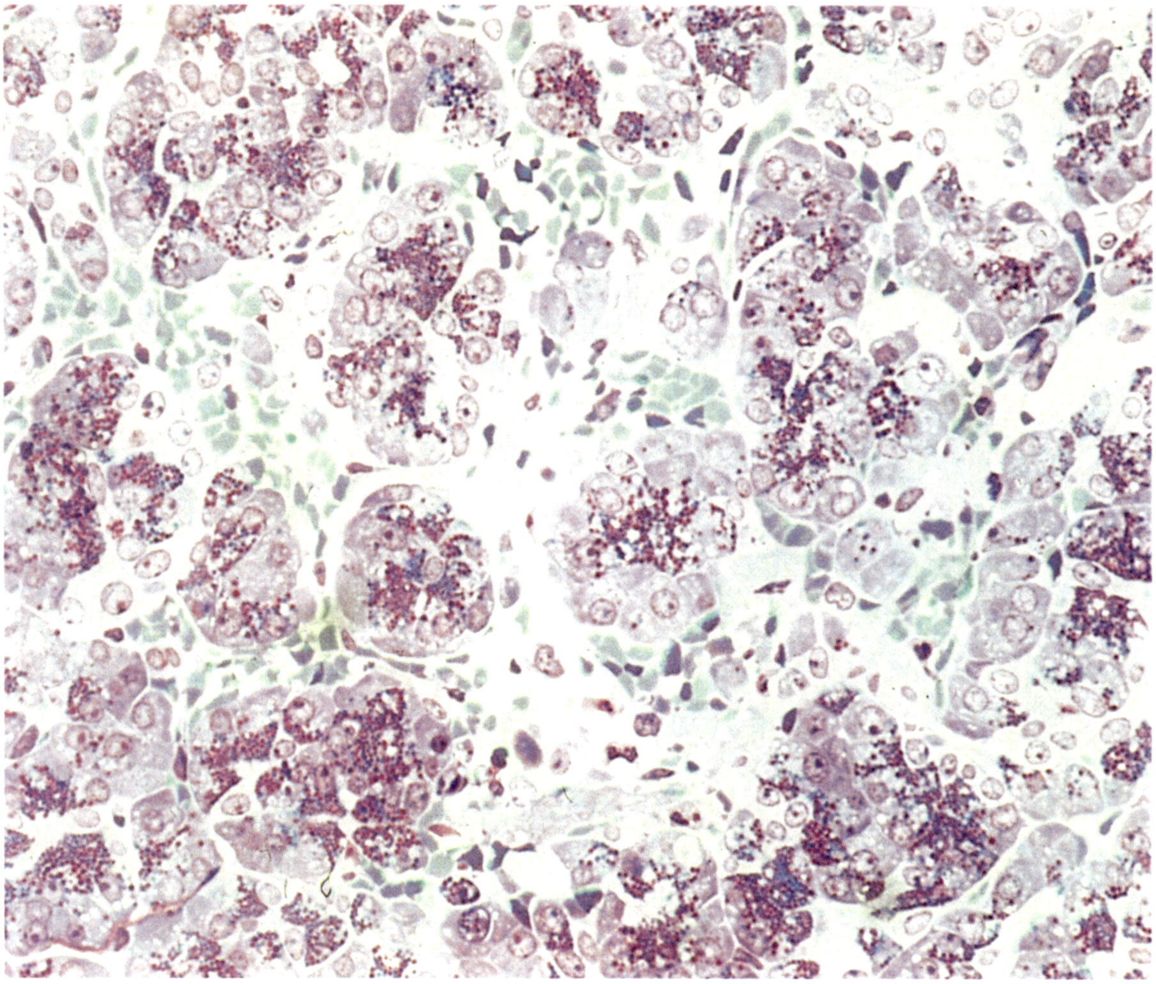

Abb. 29
Akute nekrotisierende Pankreatitis. Interzelluläres Ödem mit Auflockerung der Azinusstruktur. In den erhaltenen Azini unregelmäßige sekretorische Aktivität der einzelnen Epithelzellen. Ausgeprägte Erweiterung der Kapillaren und Hyperämie.

Lichtmikroskopische Aufnahme.
Semidünnschnitt
Färbung: Basisches Fuchsin und Methylenblau
Vergrößerung: 380 ×

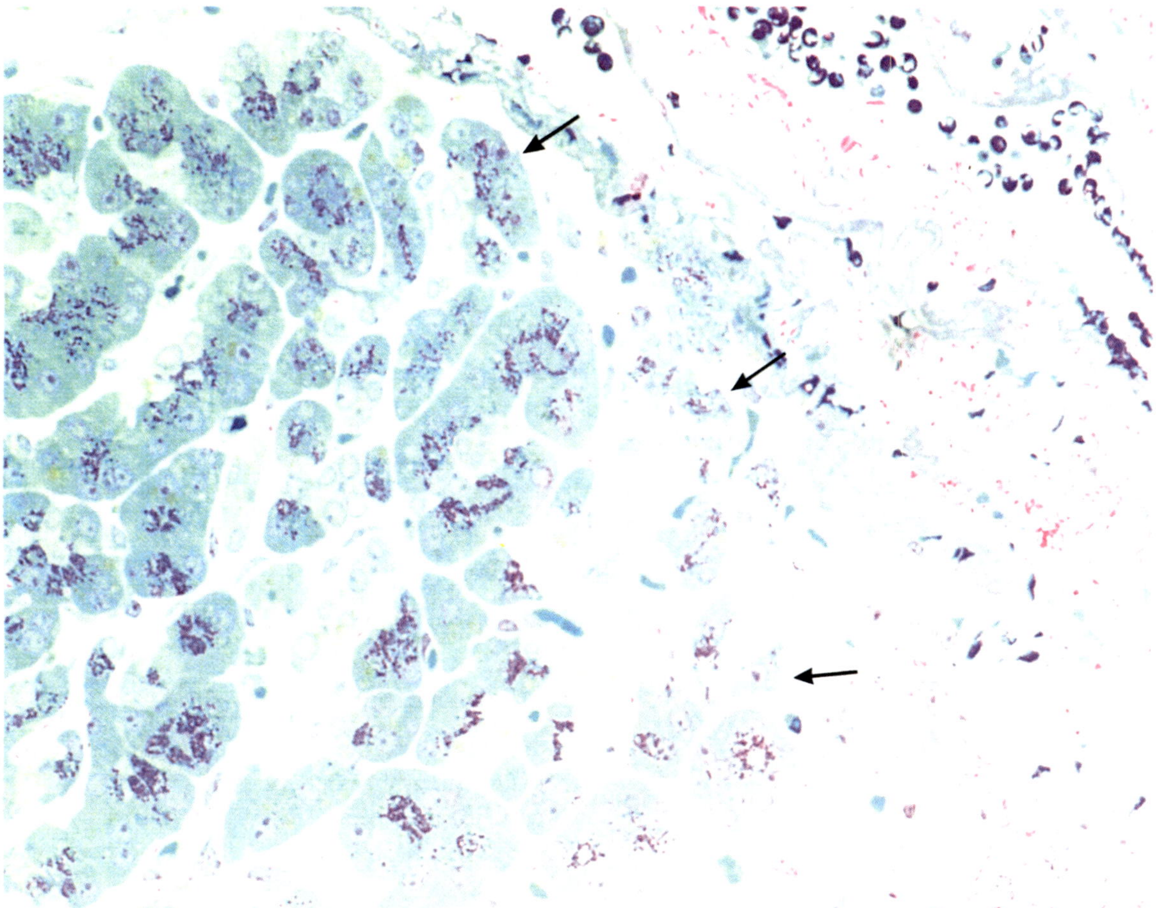

Abb. 30
Akute nekrotisierende Pankreatitis. Rand einer frischen Nekrose (Pfeile). Zerfallende Azinuszellen. Fibrinabscheidungen und Blutungen in der unmittelbaren Umgebung der Parenchymnekrose. Daneben erhaltene Parenchymanteile mit interstitiellem Ödem.
Lichtmikroskopische Aufnahme
Semidünnschnitt
Färbung: Basisches Fuchsin und Methylenblau
Vergrößerung: 370 ×

scharf. Die Nekrose breitet sich in die Nachbarorgane aus. Fettgewebsnekrosen können sich im Omentum majus und im Fettgewebe der Nierenkapseln, bevorzugt auf der linken Seite, ausbreiten. Die Kolliquationsnekrose kann das gesamte Drüsenparenchym erfassen. Nur in den periduktalen Abschnitten können wenige Parenchymreste erhalten bleiben.

3.3.5.2 Mikroskopischer Befund
(Abb. 26-48)

Bei der sog. ödematösen Pankreatitis besteht histologisch eine ödematöse Durchtränkung der Azinusstruktur ohne Alteration der einzelnen epithelialen Komponente. Es sind lediglich einzelne Fettgewebsnekrosen nachzuweisen.

Bei der hämorrhagisch nekrotisierenden Form der Pankreatitis beherrschen die Fettgewebsnekrosen zunächst das histologische Bild, die im Innern des Organes, vor allem aber in der Außenzone, entwikkelt sind. Sie werden häufig von Blutungen durchsetzt. In einem Zeitraum von 12 Stunden bis 2 Tagen entstehen zunehmende Parenchymnekrosen, die unterschiedlich große Einblutungen aufweisen können (Schmitz-Moormann 1987).

Elektronenmikroskopisch ist aus einer Vielzahl von Einzelbefunden der Ablauf der initialen Reaktion zu rekonstruieren. Wahrscheinlich ausgelöst durch die intrazelluläre Enzymaktivierung kann die basale Zellmembran aufgelöst werden. Zymogene Granula treten durch den Membrandefekt in das interstitielle Bindegewebe ein. Die transmissions- und rasterelektronenmikroskopischen Befunde zeigen, daß die einzelnen Granula in unmittelbarer Nachbarschaft zu den betroffenen Zellen zunächst in ihrer äußeren Form erhalten bleiben. Durch die im Interstitium erfolgende zunehmende Enzymaktivierung werden die Grenzmembranen aufgelöst und der Inhalt der Granula kann in die Interzellularflüssigkeit freigesetzt werden. Zytoplasmabestandteile wie Fragmente des endoplasmatischen Retikulums und zerfallende Mitochondrien liegen frei im interstitiellen Bindegewebe. In der Nachbarschaft zu der in Auflösung stehenden Azinuszellen bilden sich Fibrinabscheidungen. Die Kollagenfasern zerfallen zu kurzen Fragmenten.

Die Nekrose greift auf die Kapillarwände über. Am Endothel der Kapillaren werden Lücken nachweisbar, durch die Erythrozyten in die angrenzenden nekrotischen Bindegewebsanteile austreten können. Im Bereich der Endotheldefekte bilden sich Thrombozytenaggregationen mit Fibrinabscheidungen aus. Rasterelektronenmikroskopisch ist in der Zone der Nekrose ein Gemisch aus zymogenen Granula, Zytoplasmafragmenten der Azinuszellen, zerfallenen Erythrozyten und Fibrinabscheidungen nachweisbar.

Aus den Gefäßlumina treten Granulozyten in die Nekrose ein. Die durch ein differenziertes System von Mikrovilli auf der Zelloberfläche ausgezeichneten Makrophagen legen sich den Zellfragmenten und den zerfallenden Erythrozyten an und schleusen sich durch Phagozytose in ihr Zytoplasma ein. Die in Phagolysosomen des Zytoplasmas eingeschlossenen Bestandteile zeigen unterschiedliche Grade des intrazellulären lytischen Abbaus.

In der Umgebung der Nekrosen sind am Gangepithel ausgeprägte Veränderungen nachweisbar. Es entwickelt sich eine von der Epitheloberfläche bis zur Basallamelle reichende Erweiterung der Interzellularspalten, so daß die Bestandteile des Pankreassekretes aus der Lichtung in die periduktale Bindegewebszone übertreten können.

Abb. 31
Veränderung der Azinuszellen bei akuter nekrotisierender Pankreatitis. In den erhaltenen Parenchymanteilen außerhalb der Nekrosen irreguläre ödematöse Auflockerung der Azinuszellen. Unterschiedlich stark ausgeprägte vesikuläre Erweiterung der Zisternen des endoplasmatischen Retikulums. Irreguläre Verteilung der zymogenen Granula in den Azinuszellen. Unterschiedlich stark ausgeprägte Verdichtung des Karyoplasmas in den Zellkernen. Deutlich ausgeprägtes interstitielles Ödem mit Auflockerung der Faserstruktur.
Transmissionselektronenmikroskopische Aufnahme
Vergrößerung: 6500 ×

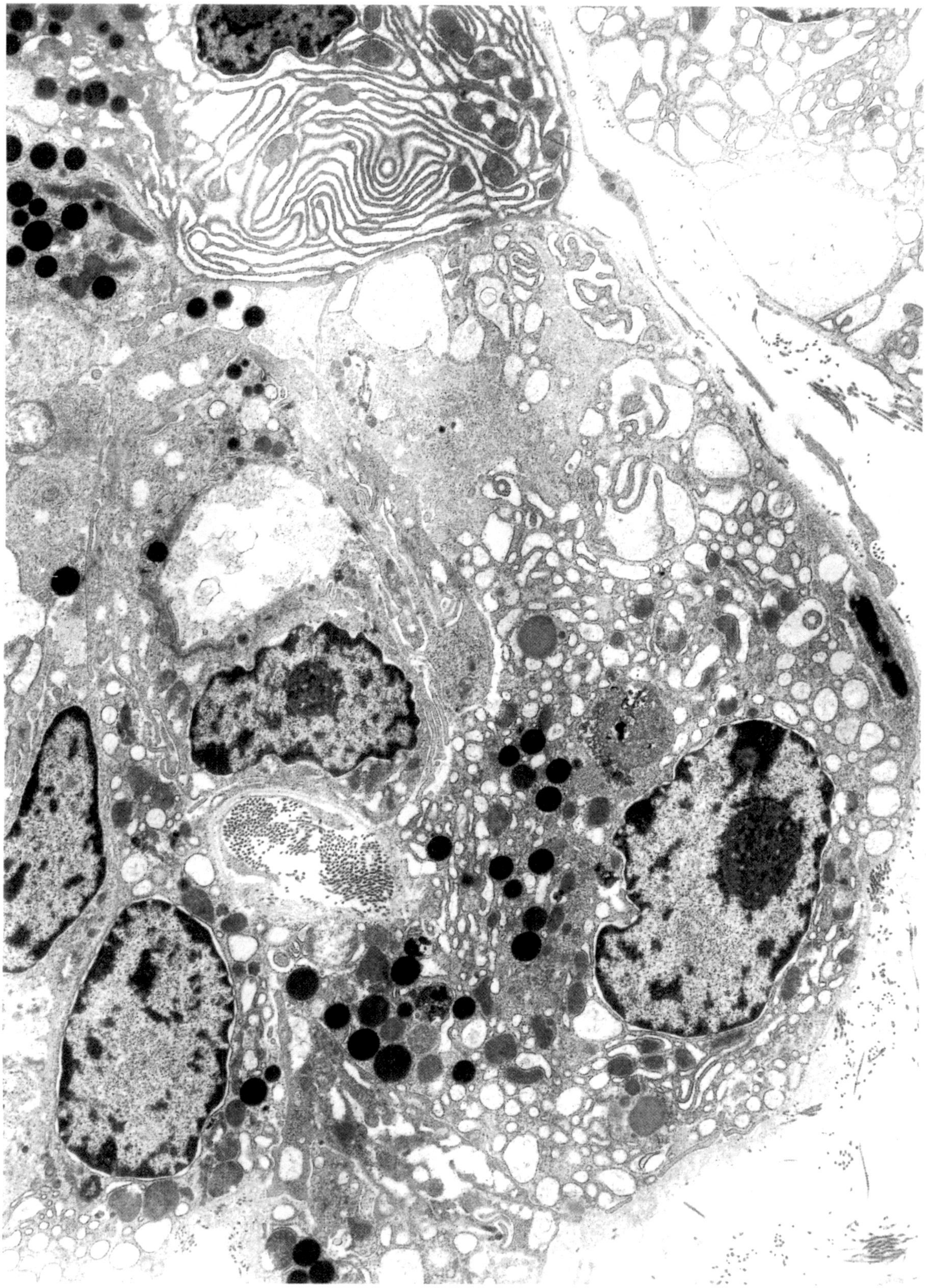

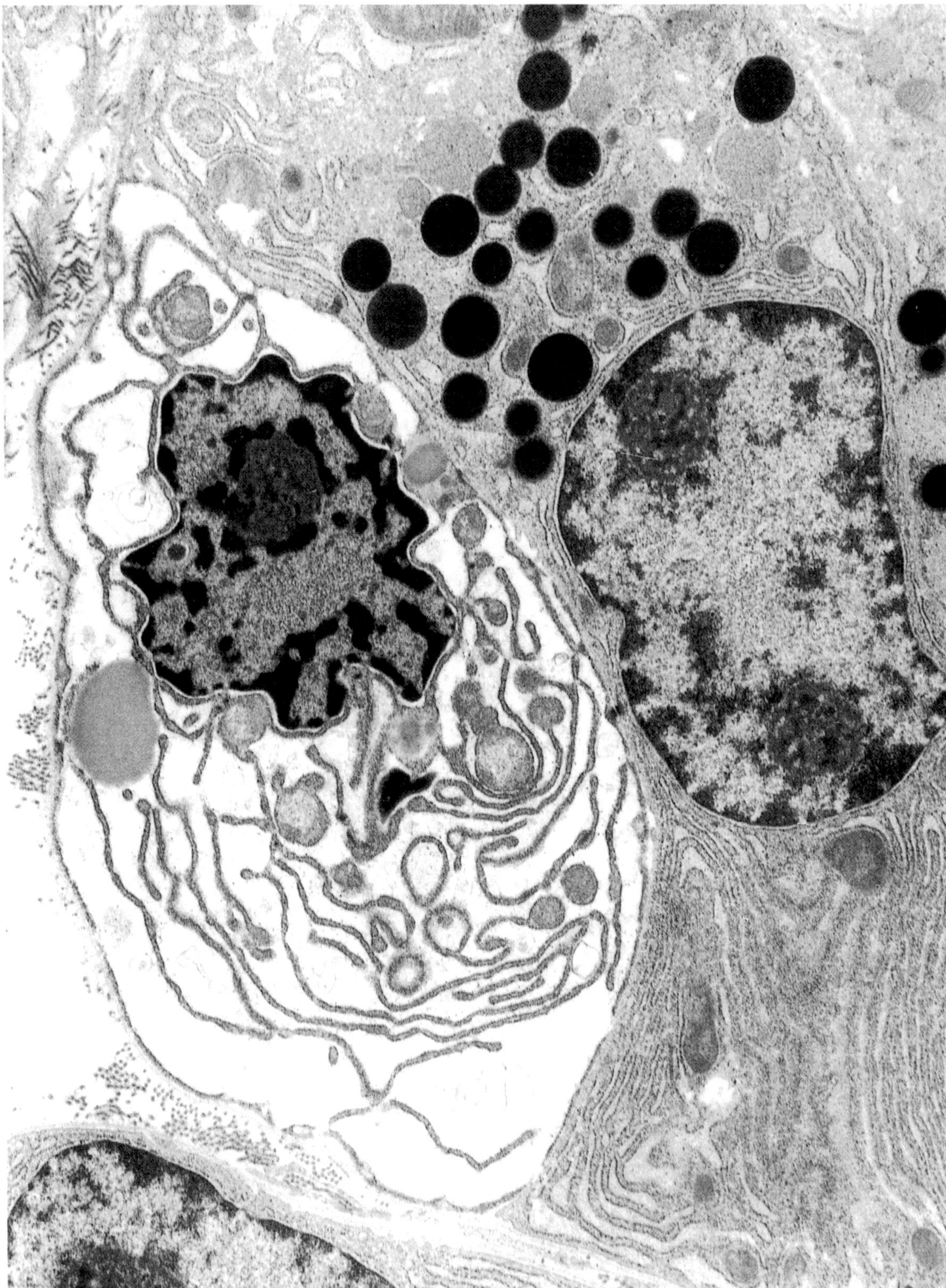

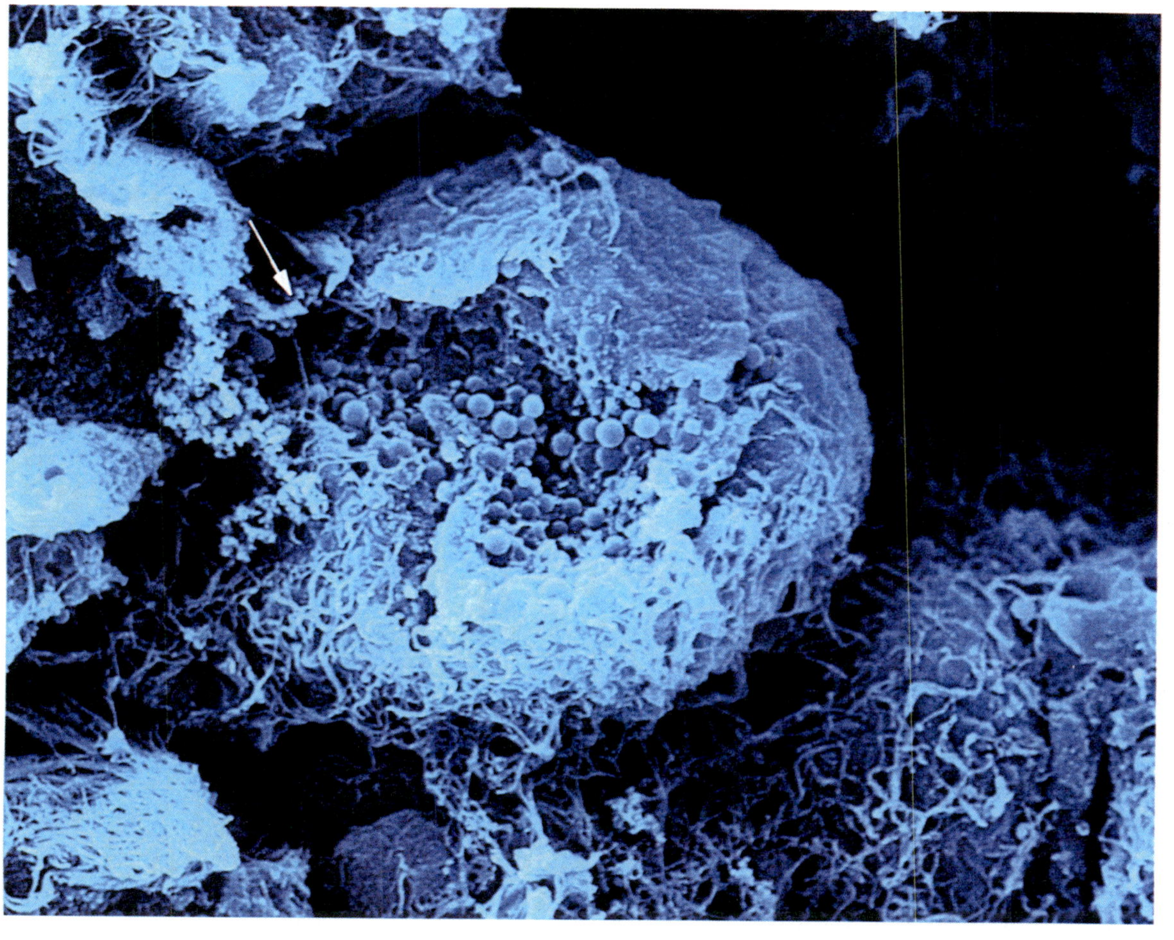

◁ Abb. 32
Ausgeprägtes intrazelluläres Ödem einer Azinuszelle in der Umgebung einer frischeren Pankreasnekrose. Ausgeprägte Erweiterung der Zisternen des endoplasmatischen Retikulums. Vollständiges Versiegen der sekretorischen Leistung. Verdichtung des Karyoplasmas im Zellkern. Bildung tiefer Einbuchtungen des Zellkerns und Kernschrumpfung. Zwischen den Anteilen des endoplasmatischen Retikulums einzelne Mitochondrien.
Transmissionselektronenmikroskopische Aufnahme
Vergrößerung: 13000 ×

Abb. 33
Rand einer frischen Nekrose des Pankreasparenchyms. Breite Öffnung der Zellmembran (Pfeil). Freisetzung der zymogenen Granula in das ödematös aufgelockerte Interstitium.
Rasterelektronenmikroskopische Aufnahme
Vergrößerung: 4800 ×

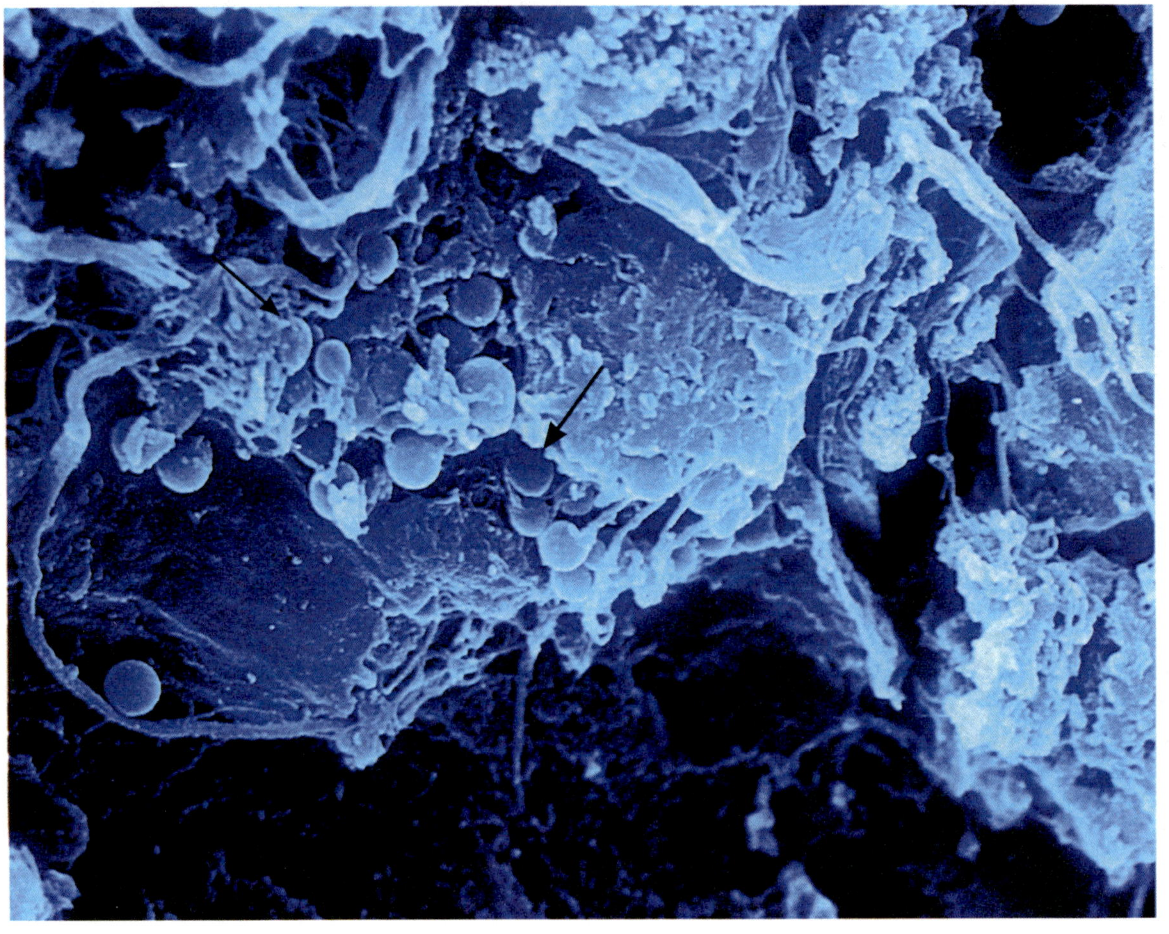

Abb. 34
Freisetzung der zymogenen Granula in das Interstitium im Randbereich einer frischen Parenchymnekrose. Die zymogenen Granula gelangen durch die eröffneten Zellmembranen in den basolateralen und basalen Zellanteilen in das Interstitium (Pfeile). Ausgeprägte ödematöse Auflockerung der interstitiellen Bindegewebsstruktur. Daneben unregelmäßig begrenztes granuläres Detritusmaterial und Fibrinabscheidungen.
Rasterelektronenmikroskopische Aufnahme
Vergrößerung: 7500 ×

Abb. 35
Rand einer frischen Parenchymnekrose mit Freisetzung der ▷ zymogenen Granula in das Interstitium (Pfeile) aus zerfallenden Azinuszellen. Neben den nekrotischen Epithelzellen unterschiedlich breite, lamelläre Fibrinabscheidungen. In den Azinuszellen vesikuläre Umwandlung der Mitochondrien und Erweiterung der Zisternen des endoplasmatischen Retikulums. Irreguläre Erweiterung der Interzellularspalten.
Transmissionselektronenmikroskopische Aufnahme
Vergrößerung: 7000 ×

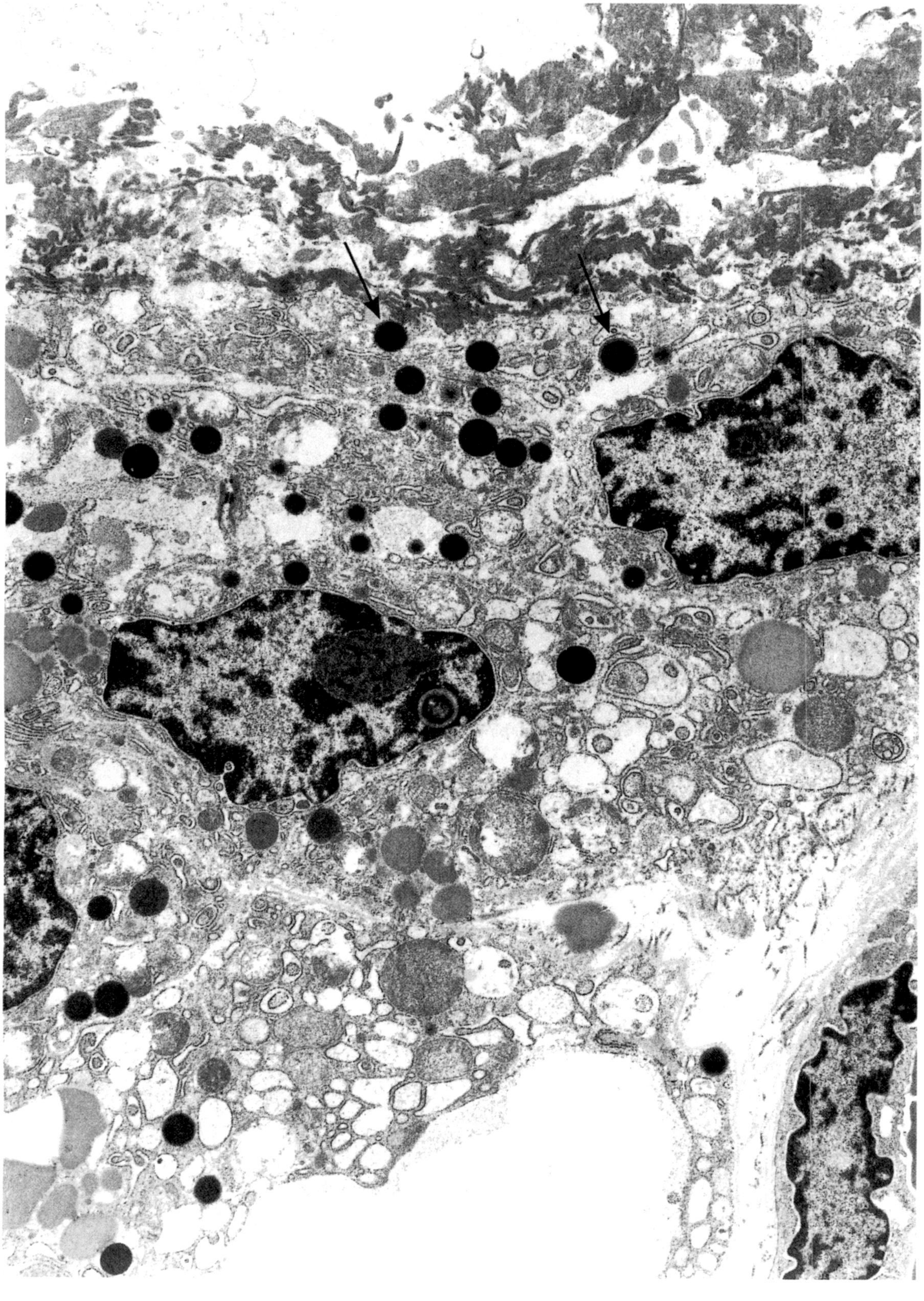

Abb. 36
Randbereich einer frischen Parenchymnekrose. Freisetzung intrazytoplasmatischer Strukturen in das Interstitium. Neben Lamellen des endoplasmatischen Retikulums und unterschiedlich großen Mitochondrien sind zerfallende zymogene Granula nachweisbar. Daneben irreguläre Fibrinabscheidungen und körniges Detritusmaterial.
Rasterelektronenmikroskopische Aufnahme
Vergrößerung: 7400 ×

Abb. 37
Übergreifen der Nekrose auf eine Kapillarwand. Bildung unterschiedlich weiter Lücken in der Endothelauskleidung (Pfeil). Im Bereich des Endotheldefektes Aggregation von Thrombozyten. Übertritt von Erythrozyten in das interstielle, ödematös aufgelockerte Bindegewebe (dunkle Komplexe am rechen Bildrand). ▷
Transmissionselektronenmikroskopische Aufnahme
Vergrößerung: 5100 ×

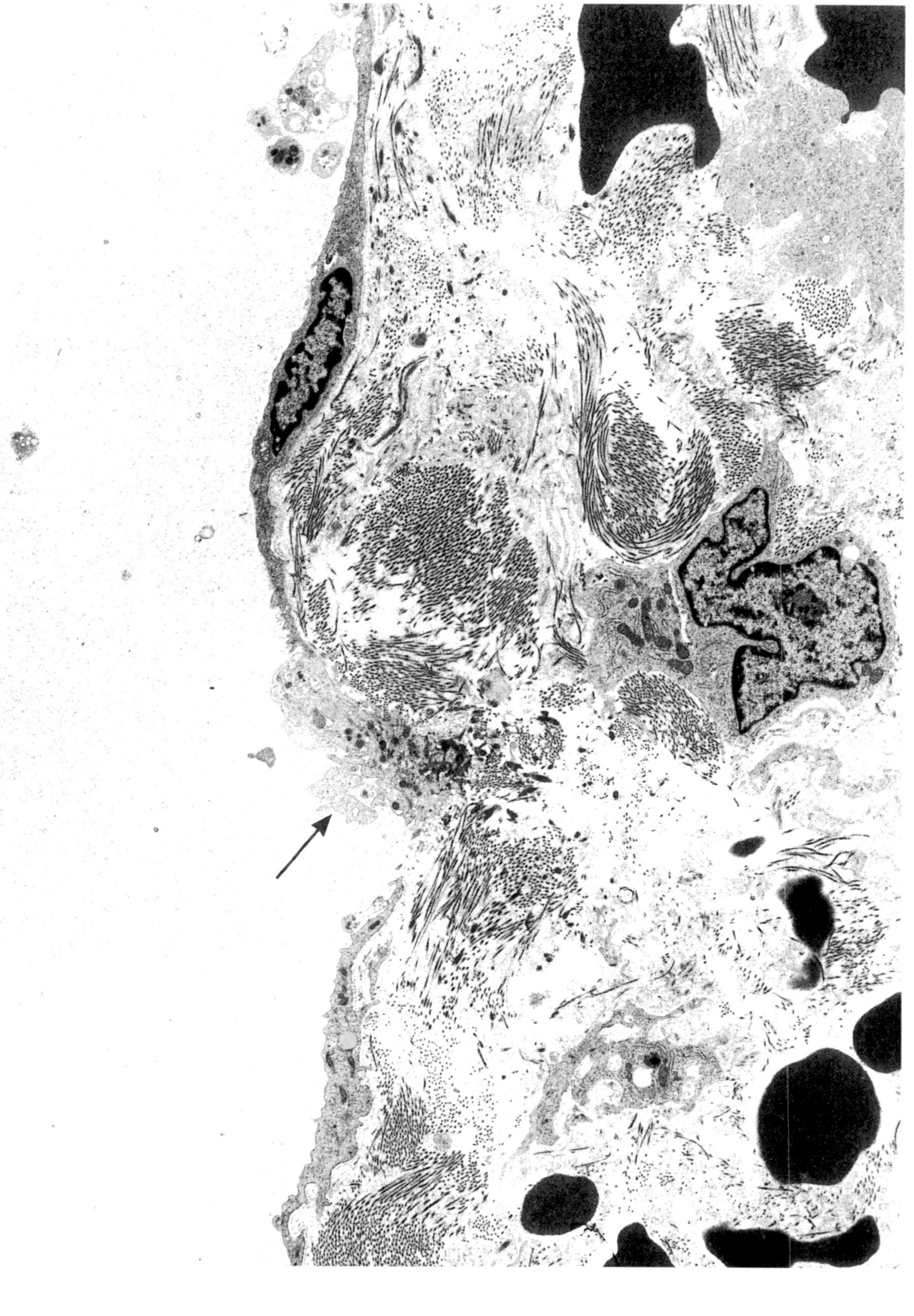

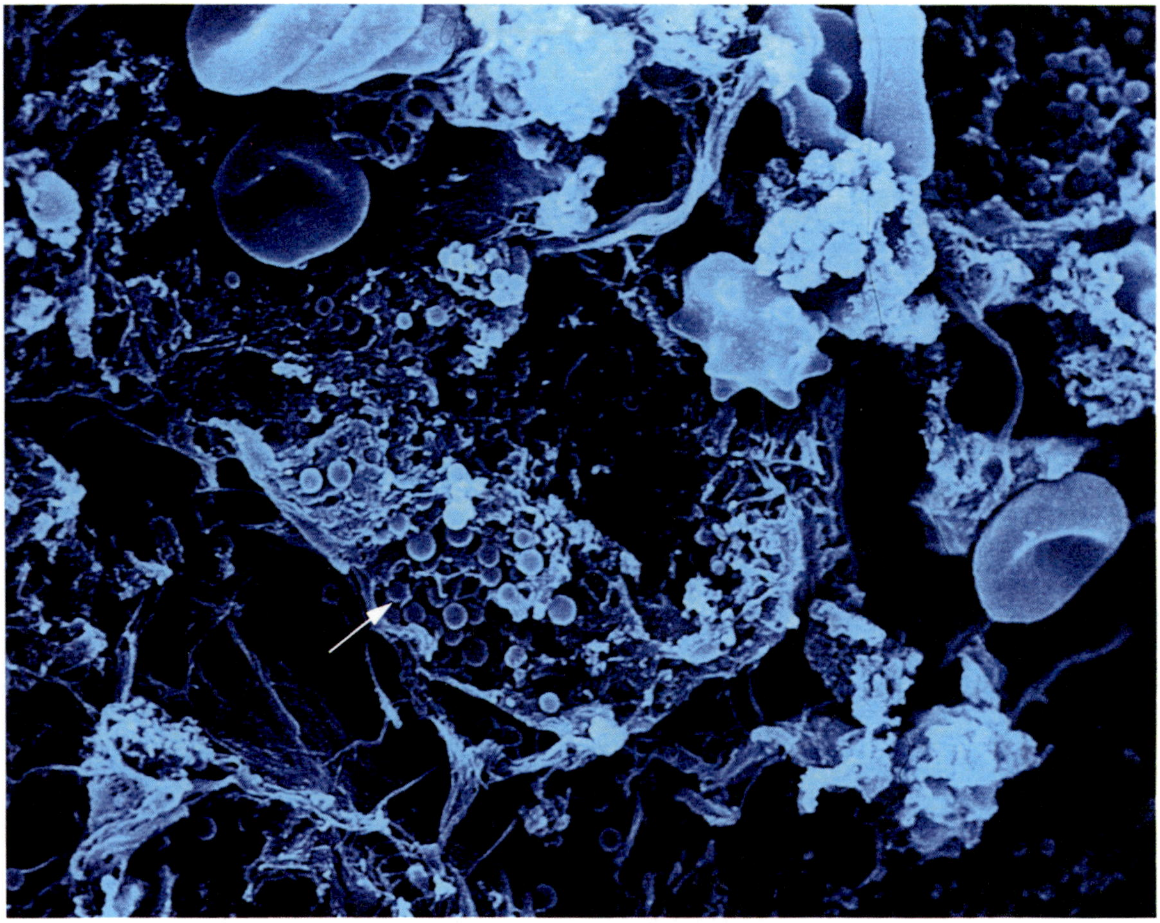

Abb. 38
Rand einer frischen Parenchymnekrose mit Einblutung. Neben zerfallenden Azinuszellen (Pfeil) sind unterschiedlich breite fädige Fibrinabscheidungen ausgebildet. Dazwischen liegen unterschiedlich große Komplexe aus Zelldetritus. Eingebettet in den Zelldetritus finden sich Ansammlungen aus Erythrozyten. Bildung von Stechapfelformen der Erythrozyten. Daneben ausgeprägte Erweiterung der Interzellularspalten in den angrenzenden Anteilen des Azinussystems.
Rasterelektronenmikroskopische Aufnahme
Vergrößerung: 5700 ×

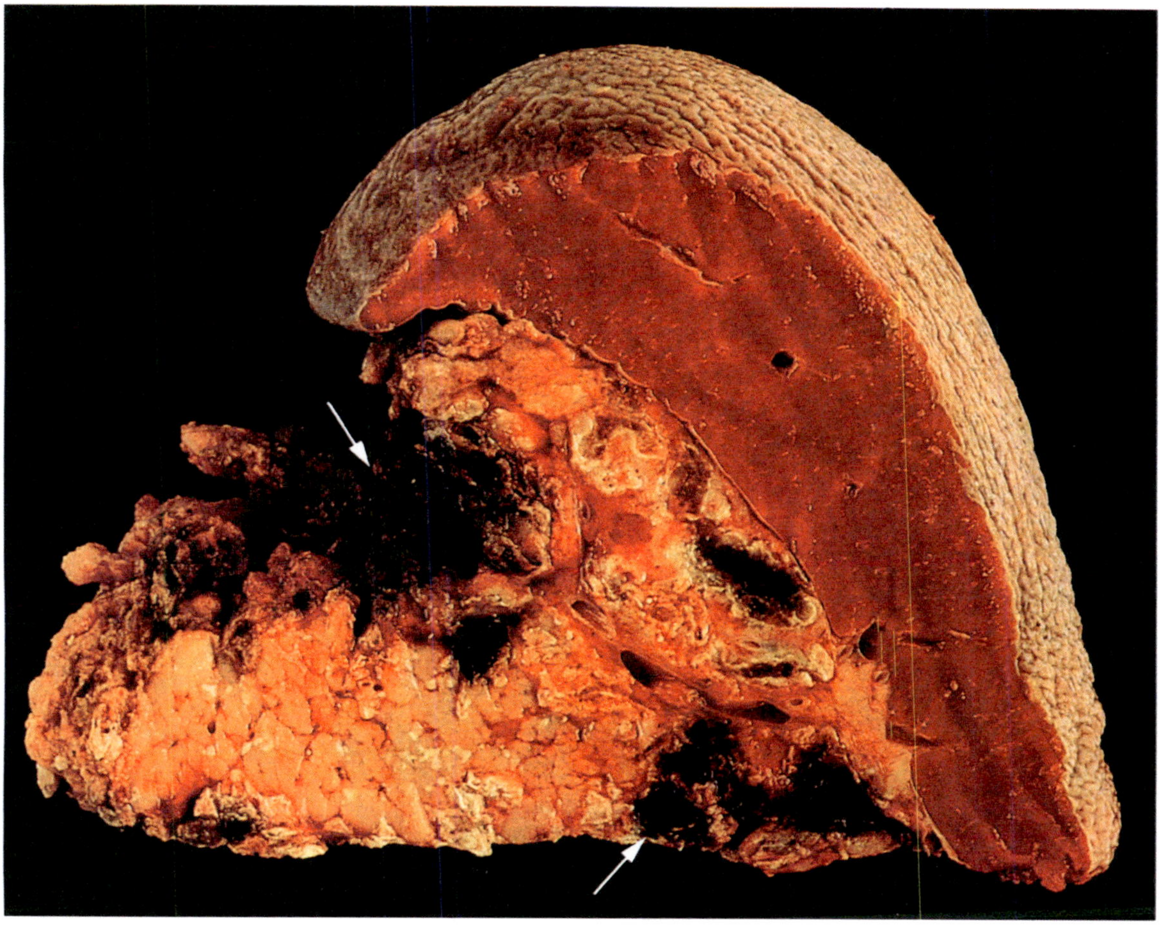

Abb. 39
Fortgeschrittene hämorrhagische, nekrotisierende Pankreatitis im Pankreasschwanz. Operationspräparat nach Linksresektion. Unregelmäßig begrenzte durch Einblutungen dunkel verfärbte konfluierende Nekrosen, die bis in das Fettgewebe des Milzhilus reichen (Pfeile).

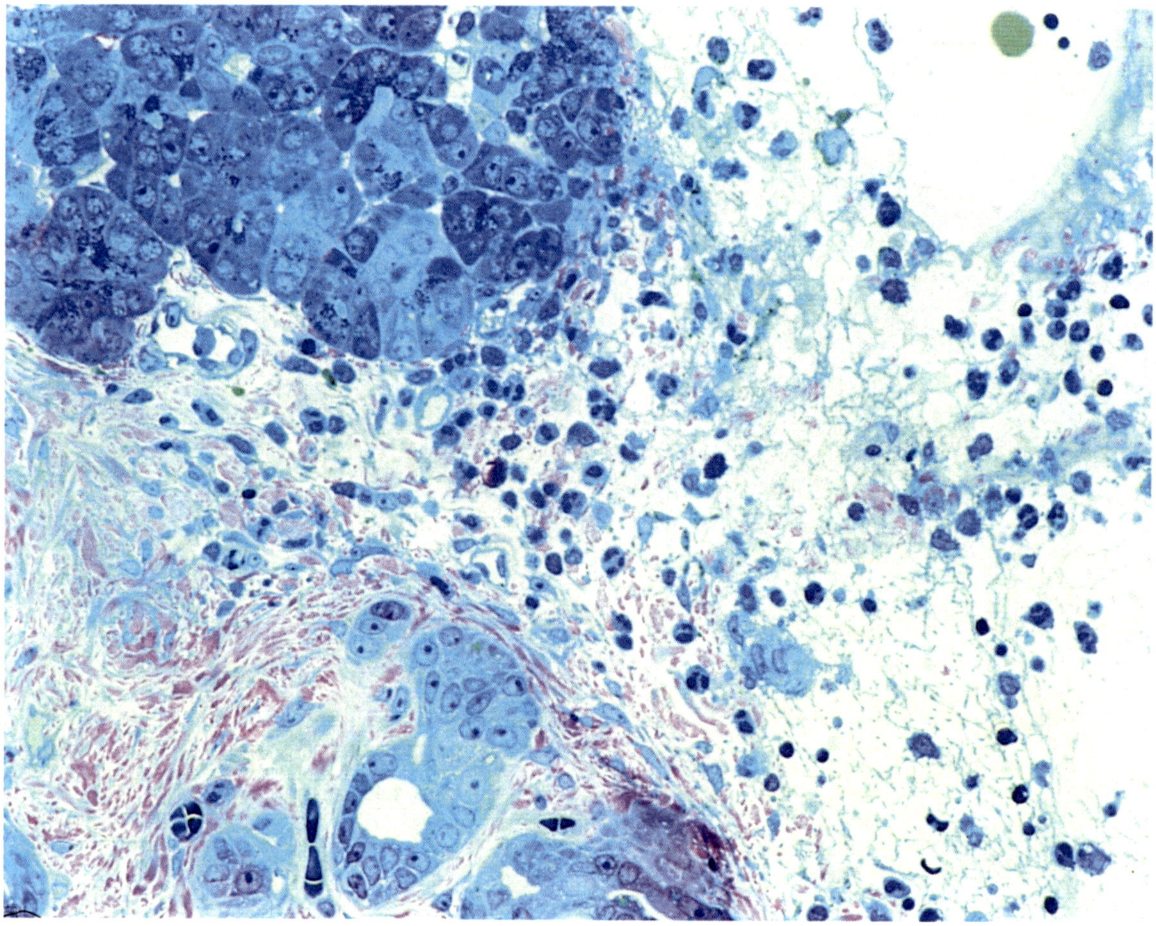

Abb. 40
Beginnende Organisation der Pankreasparenchymnekrose. Einwanderung von Granulozyten und Makrophagen in die Nekrosezone. In der Nekrose netzartige feinfilamentäre Fibrinstruktur.
Lichtmikroskopische Aufnahme
Semidünnschnitt
Färbung: Basisches Fuchsin und Methylenblau
Vergrößerung: 390 ×

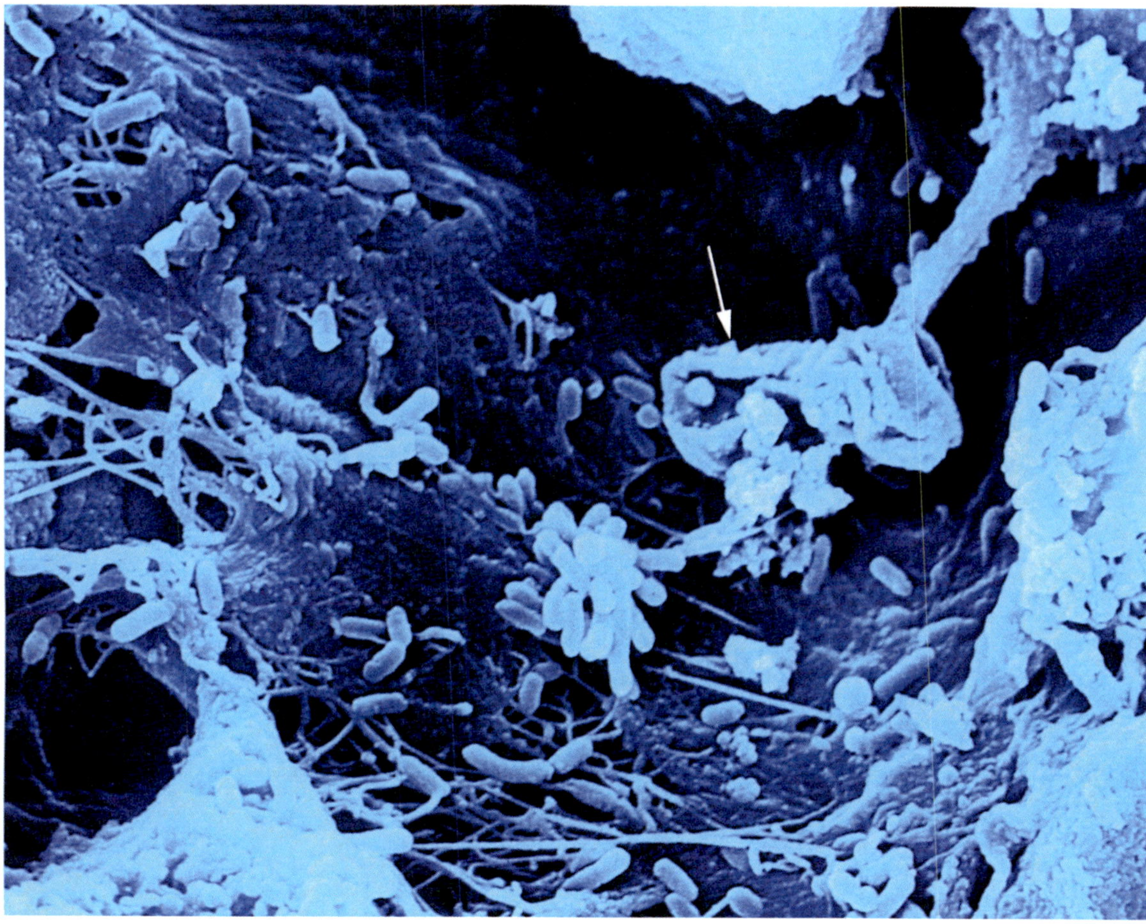

Abb. 41
Bakterielle Besiedelung einer Pankreasnekrose. Im Rand der Nekrose unterschiedlich große Komplexe aus stäbchenförmigen Bakterien. Den Bakterien nähert sich ein Ausläufer eines Makrophagen (Pfeil) mit einer rüsselartigen Struktur am Ende des Zellausläufers zur Phagozytose der Bakterien. Daneben feinfädige Fibrinabscheidungen im Randbereich der Nekrose.
Rasterelektronenmikroskopische Aufnahme.
Vergrößerung: 6300 ×

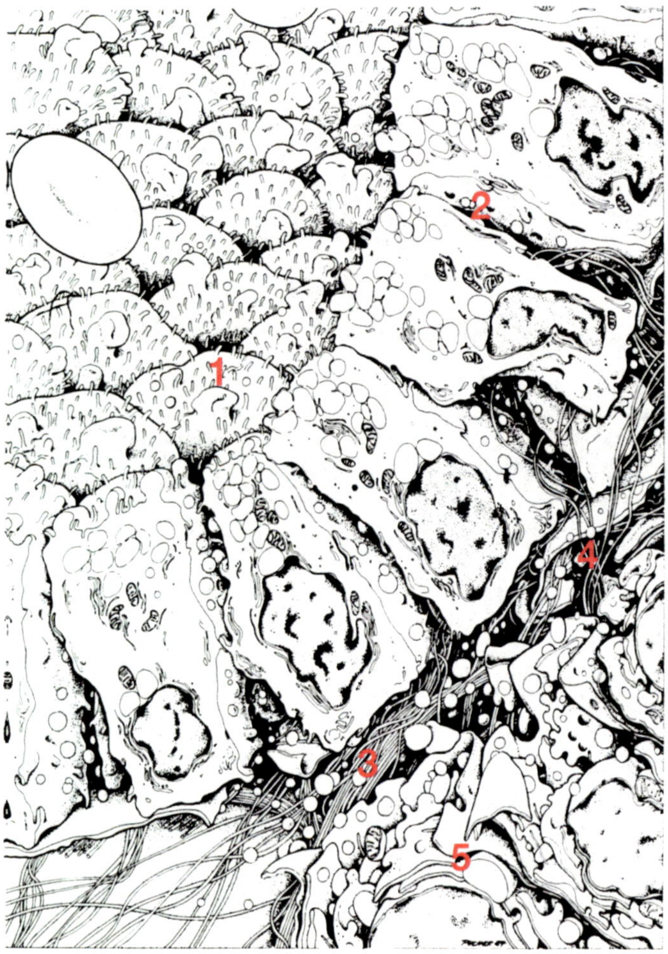

Abb. 42
Veränderungen des Gangsystems in der Umgebung der Pankreasnekrose. Partieller Verlust der Mikrovillistruktur. Grobe Auftreibungen der Zelloberfläche als Ausdruck eines intrazellulären Ödems. Erweiterung der Interzellularspalten. Freie Verbindung der Ganglichtung mit dem Interstitium. Freisetzung von Zymogengranula in die ödematös aufgelockerte periduktale Bindegewebsstruktur aus zerfallenden Azinusepithelzellen.

1 = Veränderung der Mikrovillistruktur auf der Epitheloberfläche mit Bildung grober Auftreibungen.
2 = Erweiterung der Interzellularspalten und Lösung der interzellulären Kontaktzonen
3 = In das Interstitium freigesetzte Zymogengranula
4 = Ödem im Interstitium mit Auflockerung der Faserstruktur
5 = Zerfallende Azinuszellen

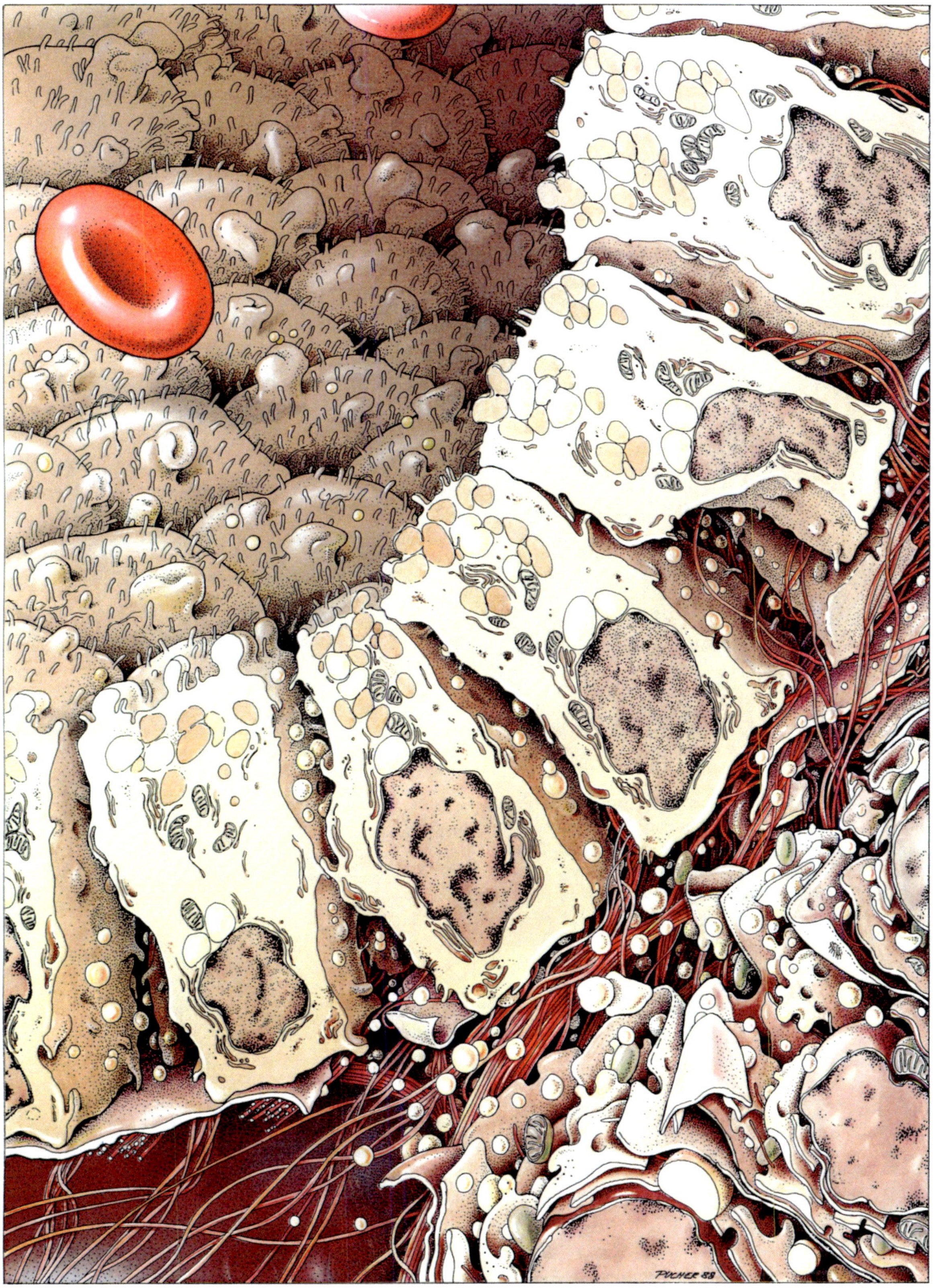

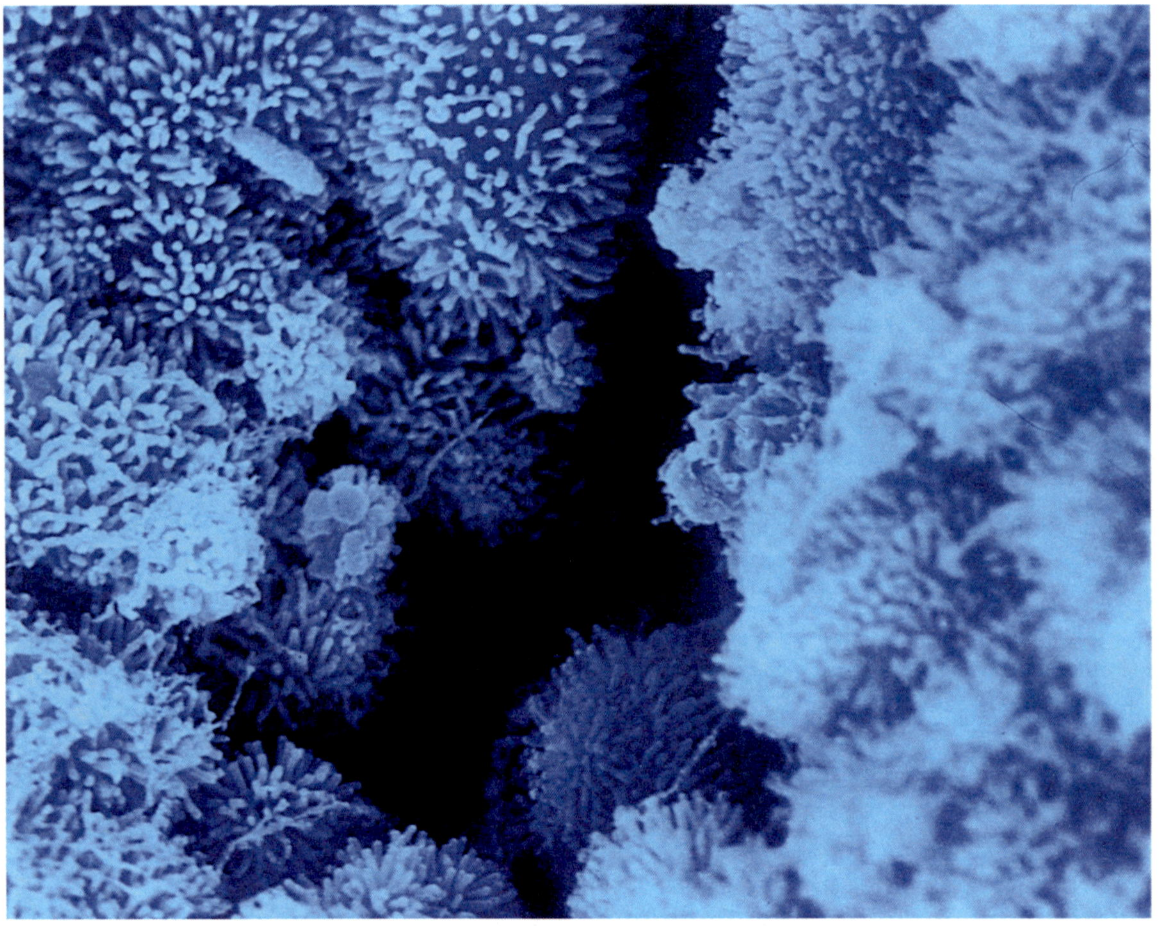

Abb. 43
Veränderungen des Gangepithels. Lösung der Interzellularkontakte mit Bildung weiter Interzellularspalten. Irreguläre Mikrovillistruktur auf der Oberfläche der einzelnen Epithelzellen. Über dem Epithel einzelne Schleimfäden und Komplexe aus Zymogengranula.
Rasterelektronenmikroskopische Aufnahme
Vergrößerung: 7900 ×

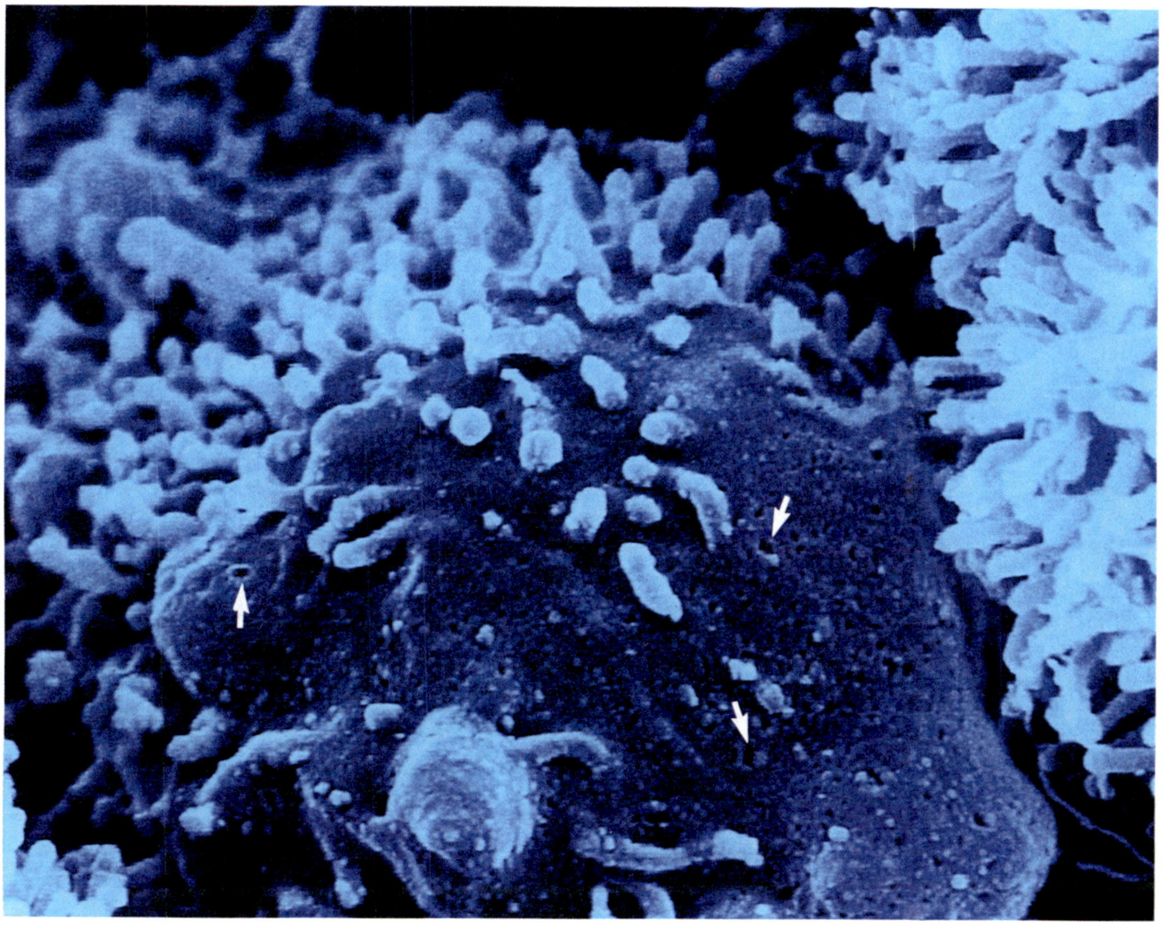

Abb. 44
Veränderungen am Gangepithel in der Umgebung einer Pankreasnekrose. Partieller Verlust der Mikrovillistruktur auf der Oberfläche der Gangepithelzellen. Wie ausgestanzt erscheinende Defekte der Zellmembran (Pfeile) als Ausdruck des beginnenden Zellzerfalles. Daneben Lösung der Interzellularkontakte mit Bildung weiter Interzellularspalten.
Rasterelektronenmikroskopische Aufnahme
Vergrößerung: 16 500 ×

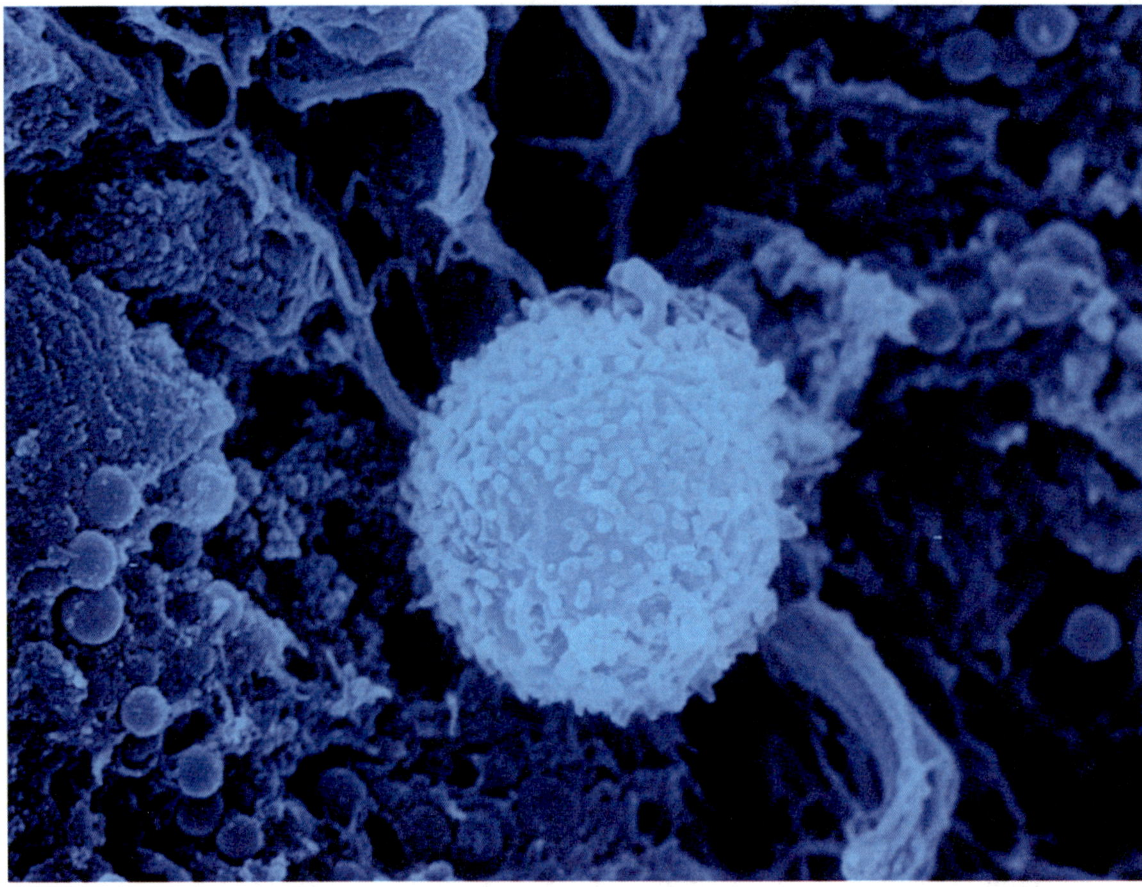

Abb. 45
Beginnende Organisation der Pankreasnekrose. In die Nekrosezone wandern Granulozyten und Makrophagen ein. Auf der Makrophagenoberfläche Mikrovilli und Mikroplicae. Die Makrophagen nähern sich den Fibrinabscheidungen und den Resten aus zerfallenden Azinusepithelzellen und nehmen die Substanzen durch Phagozytose auf.
Rasterelektronenmikroskopische Aufnahme
Vergrößerung: 7600 ×

Abb. 46
Organisation der Pankreasnekrose. Im Reaktionsbereich lokkere Infiltrate aus Lymphozyten, einzelnen Granulozyten und reichlich Makrophagen. Aktivierung der Fibroblasten mit Faserneubildung. Zwischen den Zellen unterschiedlich breite Kollagenfaserzüge. ▷
Transmissionselektronenmikroskopische Aufnahme.
Vergrößerung: 5400 ×

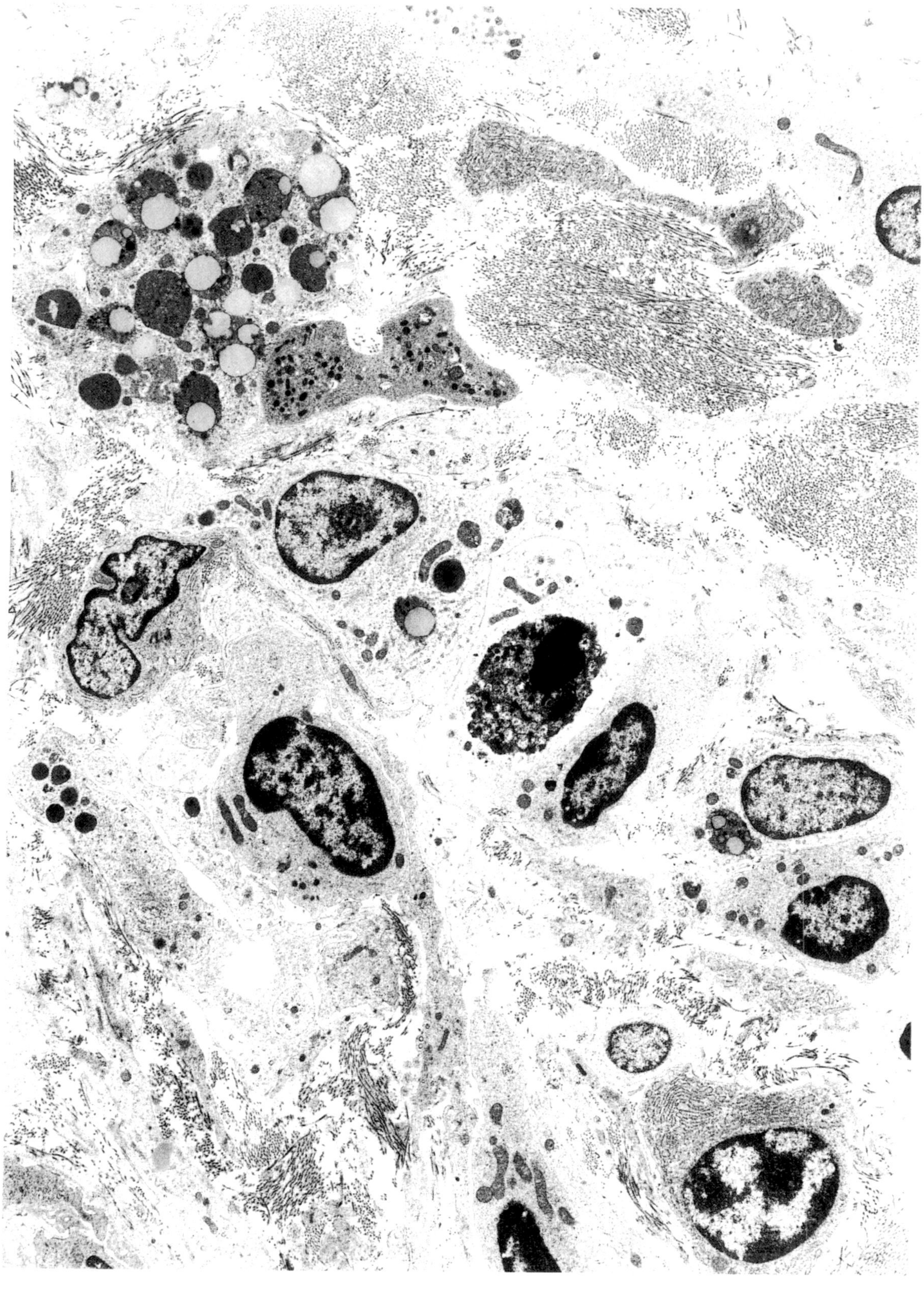

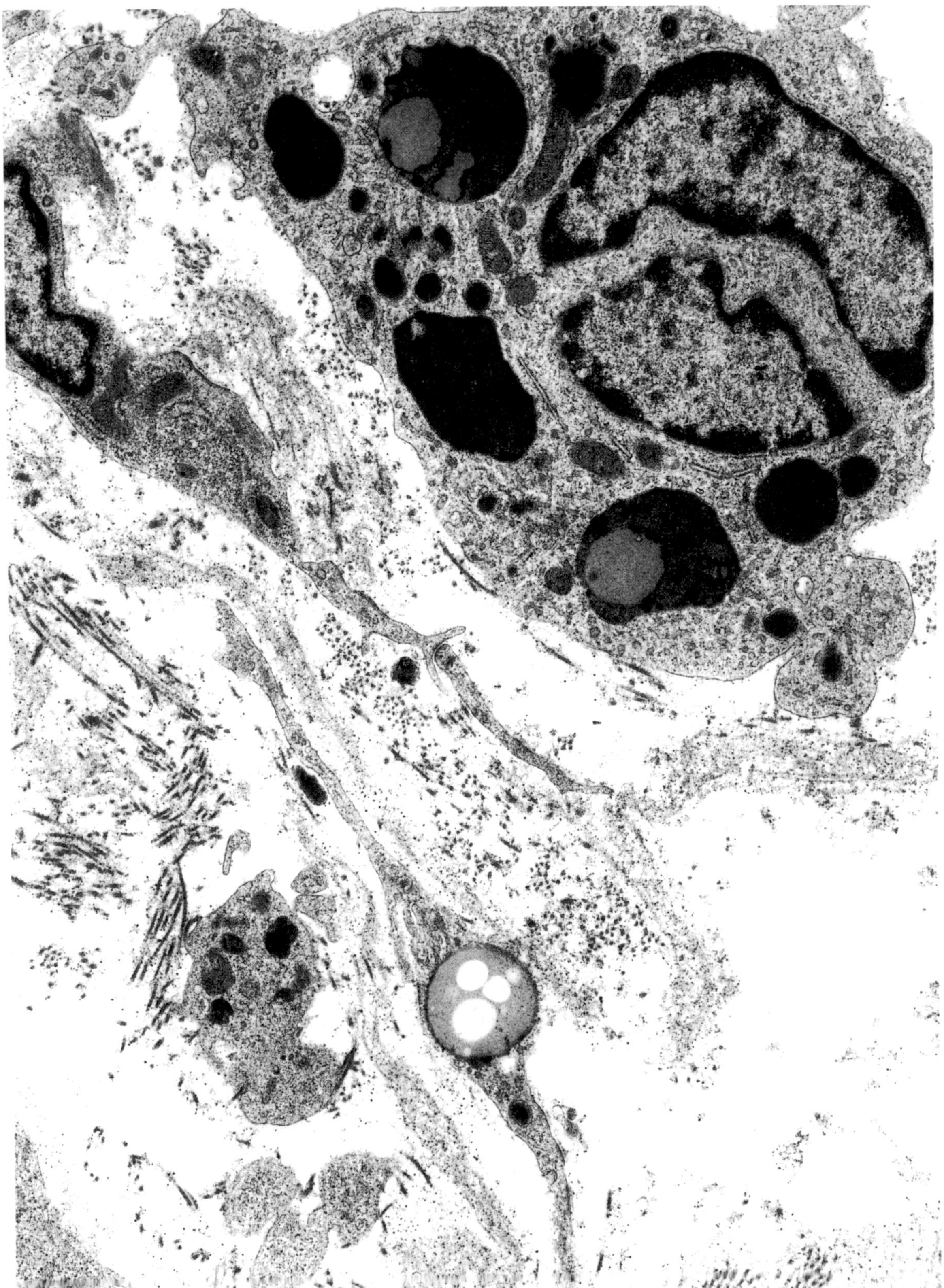

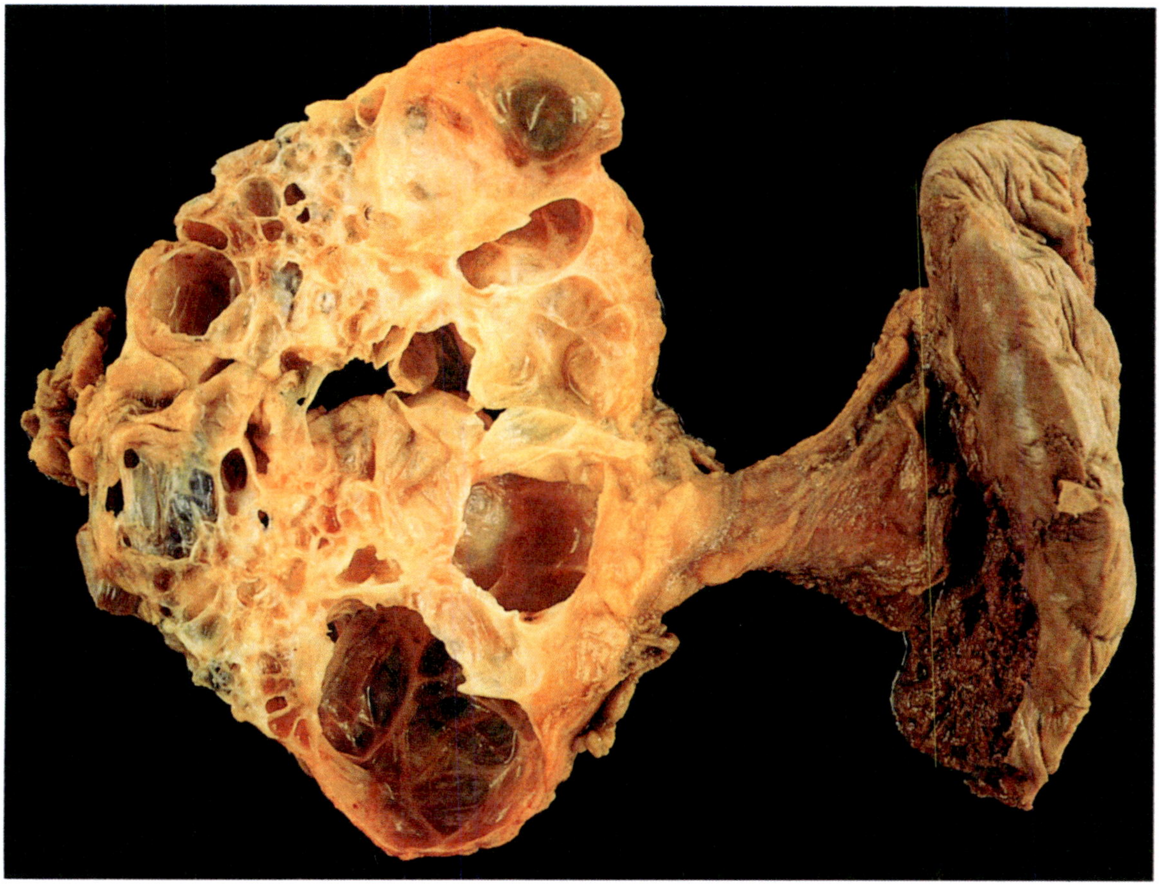

◁ Abb. 47
Makrophagen im Randbereich einer in Organisation stehenden Pankreasnekrose. Große Makrophagen mit unterschiedlich großen Phagolysosomen. Exzentrisch liegender, tief eingebuchteter Zellkern. Daneben aktive Fibroblasten mit Faserneubildung.
Transmissionselektronenmikroskopische Aufnahme
Vergrößerung: 13300 ×

Abb. 48
Vollständige pseudozystische Umwandlung des Pankreaskopfes nach akuter Pankreasnekrose. Operationspräparat. Im Bereich des Pankreaskopfes weite von faserreichen Bindegewebe abgegrenzte Hohlräume mit glatter Innenfläche. Ausgeprägte Fibrosierung im Bereich des Pankreasschwanzes.

Es entwickeln sich als Ausdruck der Epithelzellschwellung grobe Auftreibungen der Mikrovilli. In unterschiedlich breiten Arealen kann die Mikrovillistruktur auf der Epitheloberfläche vollständig verstreichen. In der Zellmembran treten in diesen Zonen wie ausgestanzt erscheinende bis 0,05 µm im Durchmesser große Membrandefekte auf. Degenerative Veränderungen mit vakuoliger Umwandlung der Mitochondrien und vakuoliger Erweiterung des endoplasmatischen Retikulums sind an den Epithelzellen in unregelmäßiger Verteilung zu beobachten.

Bei 2 bis 5% der Fälle (Schmitz-Moormann 1987) kann eine sekundäre bakterielle Besiedlung der Parenchymnekrosen mit bakteriell bedingter Gewebseinschmelzung und granulozytärer Randreaktion nachgewiesen werden. Die Bakterien sind zwischen den Bestandteilen der Nekrose und Fibrinfäden in unterschiedlich großen Gruppen angeordnet. Die Bakterien können von Granulozyten und auch von Makrophagen durch Phagozytose aufgenommen werden. Die Makrophagen nähern sich zunächst mit Zytoplasmaausläufern den Mikroorganismen. Für die beginnende Phagozytose bildet sich an den Fortsätzen eine mundförmige Mulde der Zellmembran, so daß eine rüsselartige Struktur auf der Zelloberfläche entsteht.

Das morphologische Substrat des Spätstadiums des Verlaufes der akuten Pankreatitis ist durch die Organisation der Nekrosen und Bildung einer Fibrose gekennzeichnet, die sich besonders peripankreatisch ausbreiten und zu einer mantelförmigen Narbenzone führen. Es bilden sich unterschiedlich große, z.T. konfluierende Narbenfelder, in die Reste der Azinusstruktur und des Gangsystems eingeschlossen sind. In größeren Arealen bleiben auch bei vollständiger Nekrose des Azinussystems die Inseln häufig erhalten. In dieser Abheilungsphase bilden Pseudozysten und auf bakterieller Superinfektion der Nekrosen beruhende Abszesse die wichtigsten lokalen Komplikationen (Schmitz-Moormann 1987). Eine Infektion des peripankreatischen Gewebes und des peripankreatitischen Exsudates wird für die Entwicklung der Abszesse verantwortlich gemacht.

Die Verflüssigung der Nekrose in der durch Granulations- und Narbengewebe abgeriegelten größeren Nekrosezone bildet die Grundlage für die Entwicklung der Pseudozysten. Diese Pseudozysten sind im postakuten Stadium einer akuten Pankreatitis mit den bildgebenden Verfahren in bis zu 50% der Fälle nachweisbar (Dürr 1979). Im weiteren Verlauf wird ein Teil der Pseudozysten vollständig narbig umgewandelt. Besteht eine Verbindung der Pseudozysten zum Gangsystem, so enthalten sie enzymreiche Flüssigkeit. Die Pseudozysten sind bei der akuten Pankreatitis entsprechend der Ausbreitung der Nekrosen vorwiegend im parapankreatischen Gewebe ausgebildet und kommen nur selten in den zentralen Abschnitten des Pankreasparenchyms vor.

3.3.6 Therapie der akuten Pankreatitis

Da zum Zeitpunkt des Ausbruchs der akuten Pankreatitis der Verlauf der Erkrankung und die Prognose nicht sicher abgeschätzt werden können, stehen sorgfältige und regelmäßige Verlaufskontrollen, zumindestens in der ersten Woche der Erkrankungen, im Mittelpunkt der Therapie. Patienten mit drohenden oder manifesten schweren Verläufen müssen deshalb auf der Intensivstation kontinuierlich überwacht werden. Hierbei eignen sich für die Verlaufsbeobachtung besonders die Kreislaufparameter Blutdruck und Puls, die Palpation und Auskultation des Abdomens, die Überwachung der Flüssigkeitsein- und -ausfuhr, der zentrale Venendruck sowie an Laborwerten das Hämoglobin und/oder der Hämatokrit, die Leukozytenzahl, Amylase im Serum und Urin bzw. Lipase im Serum, Serum-Calcium, Blutzuckertagesprofil, Serum-Kalium, Harnstoff, Kreatinin im Serum, arterielle pO_2-Spannung, Säurebasenhaushalt sowie Oberbauchsonogramm, letzteres in 1-3tägigen Abständen. Besonders die regelmäßige klinische Untersuchung gibt wichtige Hinweise auf drohende Verschlechterung und geht oft den Laborbefunden voraus (Bohnsack et al., 1983).

3.3.6.1 Konservative Therapie

Therapieziele sind in erster Linie symptomatisch unterstützende Maßnahmen zur Behandlung und

Prophylaxe der klinischen Folgeerscheinungen des schweren Entzündungsprozesses im Oberbauch. Eine Kausal-Therapie ist nicht möglich, insbesondere da bei den schweren Verläufen wesentliche pathogenetische Mechanismen bereits abgelaufen sind, bevor die Therapie einsetzt. In erster Linie gilt es, den Volumenmangelschock zu beseitigen durch ausreichende Zufuhr von Flüssigkeit, Elektrolyten, gegebenenfalls Albumin und Blut bei schweren Hämorrhagien sowie die Beseitigung der Schmerzen, da diese durch Vasodilatation den Volumenmangelschock verstärken. Weiterhin muß sorgfältig auf die Entwicklung einer pulmonalen Insuffizienz geachtet werden und bei Abfall der arteriellen Sauerstoffspannung rechtzeitig Sauerstoff gegeben oder in schweren Fällen eine assisitierte Beatmung eingeleitet werden (siehe Darstellung unten). Weitere Therapieziele sind gegebenenfalls die Einstellung einer akuten diabetischen Stoffwechsellage mit Insulin sowie die Korrektur einer Hypalbuminämie, einer Hypocalcämie oder von Elektrolytentgleisungen. Wichtig ist auch die Überprüfung möglicher, sich entwickelnder lokaler Komplikationen wie Abszedierung mit Sepsis, Entwicklung von großen Pseudozysten mit Einblutungen bzw. Bronchopneumonie. Dagegen haben Maßnahmen zur Unterdrückung der sekretorischen Aktivität und sogenannten „Ruhigstellung der Drüse" die in sie gehegten Erwartungen enttäuscht (siehe unten).

Die Prognose der akuten Pankreatitis wird entscheidend verbessert, wenn von Anfang an nach einem standardisierten Basisprogramm behandelt wird, welches je nach Auftreten von Komplikationen der jeweiligen Situation angepaßt wird.

Basisprogramm (Tab. 7) und Ergänzungsprogramm (Tab. 8)

Im früheren schmerzreichen Stadium wird in jedem Fall eine Nahrungskarenz empfohlen. Dahingegen soll die Magenverweilsonde nur so lange verabreicht werden, solange starke Oberbauchsymptome mit Erbrechen und Subileuserscheinungen vorliegen. Bei schneller Besserung des klinischen Verlaufes kann die Magenverweilsonde probatorisch gezogen werden und der Patient orale ungesüßte Flüssigkeit erhalten. Bei leichtem Verlauf konnte in zwei kontrollierten Studien der Wert einer Magenverweilsonde nicht nachgewiesen werden. Bei schweren Verläufen erleichtert die Magensonde außerdem die Überwachung der Streßulcusprophylaxe mit einem pH-Optimum von 3-4.

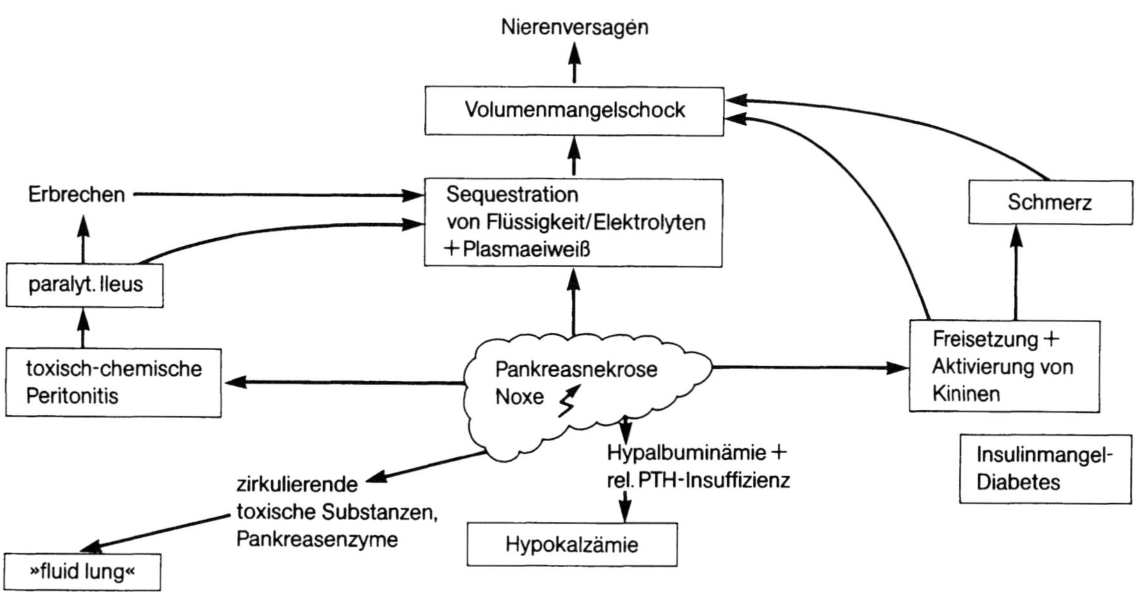

Pathophysiologie der akuten Pankreatitis als Angriffspunkt für die Therapie

Tabelle 7 Standardisierte Basistherapie bei akuter Pankreatitis

Klinikeinweisung/Überwachung
Nulldiät, evtl. Magensonde
Parenterale Elektrolyt-Zucker-Aminosäure-Gemische (2,5-3 l/24 Std. evtl. Humanalbumin)
Procainhydrochlorid 2 g/24 Std.
Zusätzlich Spasmoanalgetika, Morphinderivate
Antibiotika (Ampicillin, Mezlocillin, Cephalosporine) bei schwerer alkoholischer und allen nicht alkoholischen Formen
Nicht obligat: synthetisches Lachs-Calcitonin 60µg = 300 MRC-E/24 Std. zur adjuvanten Stabilisierung

Tabelle 8 Ergänzungsprogramm bei der Therapie der akuten Pankreatitis

Symptom	Maßnahme
Schock	Flüssigkeitszufuhr (u. U. Humanalbumin) entsprechend zentralen Venendruck
Hb-Hk-Abfall	Vollblut
Fieber, Sepsis	Antibiotika (Ampicillin, Mezlocillin, Cephalosporine u. a.)
Nierenversagen	Hämodialyse (bei schweren Fällen in der Frühphase evtl. Peritonealdialyse)
Respiratorische Insuffizienz (pO_2-Abfall über 15 mm Hg oder bei pO_2 unter 60 mm Hg)	assistierte Beatmung (Sollwert pO_2 80-120 mm Hg)
Enzephalopathie	O_2-Zufuhr
Hypokalzämie	Calciumgluconat i. v., evtl. zusätzlich Humanalbumin
Hypokaliämie	Kaliumersatz i. v.
Hyperglykämie	Altinsulin in kleinen Dosen
In schweren Fällen: pH im Magen unter 4	Cimetidin zusätzlich zu Calcitonin i. v. zur Streßulkusprophylaxe
Progredienter Ikterus	ERC, evtl. endoskopische Papillotomie
Bei foudroyantem Verlauf	Indikation zur Frühoperation
Bei lokalen Spätkomplikationen	evtl. Operation

Die Flüssigkeitszufuhr sollte innerhalb der ersten 24 Stunden mindestens 3 l, bei mittelschweren Verläufen jedoch mehr bis zu 6 l Elektrolytmischlösung betragen. Günstig ist die Anpassung der Flüssigkeitszufuhr an den zentralvenösen Druck. In den darauffolgenden Tagen wird die Flüssigkeitszufuhr nach den intensiv-medizinischen Richtlinien bilanziert einschließlich der Elektrolyte, des Albumins und gegebenenfalls des Hämoglobinwertes. Die Hypocalcämie weist immer auch auf eine begleitende Hypalbuminämie hin, weshalb zusätzlich zur Caliciumzufuhr auch Albumin gegeben werden sollte. Die Entgleisung des Zuckerstoffwechsels ist erst im Verlauf der Erkrankung zwischen dem 3. und 5. Tag zu erwarten. Bei Blutzuckerwerten über 200 mg% wird Altinsulin in relativ niedrigen Dosen in kurzen Intervallen oder als Dauerinfusion verabreicht. Die parenterale Hyperalimentation ist in der Frühphase der akuten Pankreatitis nicht notwendig und kann das Risiko einer Kathetersepsis erhöhen. Bei protrahierten Verläufen, insbesondere bei Entwicklung von lokalen Komplikationen oder nach Operationen, ist sie jedoch unerläßlich.

Die Entwicklung eines paralytischen Ileus wird nicht mit prokinetischen Medikamenten wie Prostigmin oder Caerulein behandelt, da diese Medikamente gleichzeitig die Bauchspeicheldrüsensekretion stimulieren.

Medikamente

Schmerzmittel

Die Analgesie ist ein vorrangiges Ziel bei der Therapie der akuten Pankreatitis, einmal zur subjektiven Erleichterung des Patienten, aber auch zur Verminderung reflektorischer Auswirkungen auf den Volumenmangelschock. Von einigen Autoren wird als Basistherapie eine Dauerinfusion mit Procain-Hydrochlorid, 2 g pro 24 Stunden, empfohlen, obwohl diese Maßnahme bisher nicht in kontrollierten Studien gesichert ist. Bewährt hat sich die regelmäßige Gabe von Tramadol oder Buprenorphin und andere Morphinderivate. Spasmolytika sind ohne Analgetika-Komponenten wirkungslos und auch wegen der begleitenden Darmlähmung nicht indiziert. Die schmerzstillende Wirkung von Calcitonin wurde in zwei Studien gesichert. Eine über die Schmerzlinderung hinausgehende Wirksamkeit wurde bei der akuten Pankreatitis jedoch nicht gezeigt.

Antibiotika sind bei jeder biliären Pankreatitis und bei der schweren alkoholischen Form angezeigt.

Empfohlen werden galle- und pankreasgängige Medikamente wie Ampicillin, Mezlocillin, Cefalosporine und andere.

Antisekretorische Medikamente haben keinen gesicherten Effekt. Atropin ist wegen der starken Nebenwirkungen auf das Herz- und Kreislaufsystem unter Verstärkung des Ileus nicht indiziert. Die Polypeptidhormone Calcitonin, Glukagon und Somatostatin zeigten in kontrollierten Studien keinen Effekt. Der nachgewiesene schmerzlindernde Effekt von Calcitonin ist sehr wahrscheinlich nicht auf eine günstige Beeinflussung der akuten Pankreatitis, sondern möglicherweise auf die Freisetzung von Endomorphinen durch dieses Polypeptidhormon zurückzuführen. Eine obligate Empfehlung für Calcitonin bei der akuten Pankreatitis besteht deshalb nicht.

H2-Blocker haben keinen gesicherten Effekt auf den Verlauf der akuten Pankreatitis; sie können jedoch zur Streßulcusprophylaxe bei schweren Verläufen eingesetzt werden. Hierbei ist darauf zu achten, daß die Dosis so gewählt wird, daß der pH nicht über 4 angehoben wird, da sich hierdurch über eine bakterielle Besiedlung des Magens und einen gastropharyngealen Reflux das Pneumonierisiko erhöhen kann.

Aprotinin (Trasylol®) wird allgemein nicht sehr empfohlen, nachdem in zahlreichen Studien auch bei der biliären Pankreatitis kein günstiger Effekt gesichert werden konnte, abgesehen von einer Studie aus England.

Andere Enzyminhibitoren wie Antifibrinolytika (EACA, AMCA oder PAMBA) oder Phospholipase-A2-Inhibitoren wie Procain sind ebenfalls ohne gesicherten Wert. Die Wirksamkeit des synthetischen Proteasen- und Phospholipase-A2-Inhibitors Gabexat-Mesilat (Foy) wird zur Zeit in kontrollierten klinischen Studien überprüft.

Die endoskopische Sphinkterotomie (EST) ist absolut indiziert beim impaktierten präpapillären und intrapapillären Konkrement mit extrahepatischem Gallenstau. Die Diagnose läßt sich sonographisch sichern. Eine relative Indikation zu dieser Maßnahme besteht, wenn bei der endoskopisch-retrograden Cholangiographie nicht-obstruierende Gallengangsteine nachgewiesen werden. Dahingegen ist die Indikation zweifelhaft bei freiem Gallenabfluß ohne Nachweis von Choledochuskonkrementen und ausschließlichem Nachweis von unkomplizierten Gallenblasensteinen. Die von verschiedenen Autoren empfohlene generelle Indikation zur EST bei der akuten Pankreatitis mit der Vorstellung des freien Abflusses aus der Bauchspeicheldrüse nach Eröffnung der Papille muß in kontrollierten Studien überprüft werden.

Peritonealdialyse - Hämodialyse

Die rationale Begründung für die Peritonealdialyse in der Frühphase der schweren akuten Pankreatitis ist die Beseitigung toxischer und kreislaufaktiver Substanzen. In klinischen Studien konnte jedoch der tierexperimentell beobachtete Nutzen dieser Maßnahme nicht bewiesen werden. Bei akutem Nierenversagen besteht die Indikation zur Hämodialyse, die jedoch nur in seltenen Fällen notwendig wird, da sich in der Regel nach akutem Nierenversagen die Nierenfunktion in den Folgetagen bei Abklingen des Krankheitsbildes wieder rechtzeitig erholt.

Bei protrahiertem Verlauf, der durch Exazerbation oder lokale Komplikationen bedingt sein kann, besteht eine katabole Stoffwechsellage, weshalb eine hochkalorische parenterale Hyperalimentation erforderlich ist. Bei Nachweis einer Pseudozyste wird zunächst auch bei anhaltend erhöhten Pankreasenzymwerten im Serum abgewartet. Bei starken Schmerzen und Hinweisen auf Superinfektion muß operiert werden. Ansonsten kann auf eine spontane Rückbildung innerhalb der nächsten 3 bis 6 Monate gewartet werden, bevor die Persistenz eventuell operiert werden muß.

3.3.6.2 Operative Therapie

Während die akute Pankreatitis im klinischen Schweregrad I meistens, mit Ausnahme bei biliärer Ursache für die Entstehung der nekrotisierenden Entzündung mit konservativen Maßnahmen beherrscht werden kann, ist ein chirurgisches Eingreifen bei Schweregrad III häufig unter Notfallbedingungen notwendig. Das eigentliche Abwägen einer Operationsindikation und eines Operationszeitpunktes ist demnach in erster Linie beim Schweregrad II vorzunehmen (Hollender et al. 1983).

Die Indikation zur Frühoperation ist bestimmt durch das Versagen der konservativen Behandlung (Hegglin und Siegenthaler 1980), also einer progredienten klinischen Verschlechterung des Zustandes der Patienten. Dazu werden wegleitende klinische Symptome bei der Behandlung angegeben: Peritonitis, Ileus, Schock, progrediente Nieren- und Ateminsuffizienz, Blutungen und Gerinnungsstörungen, pankreatogener Aszites, Verstärkung eines Ikterus (Hoffmann und Berthold 1979, Schalimov et al. 1980, Hollender et al. 1983).

Weitgehende Übereinstimmung zur Indikation für eine Frühoperation beruht bei der biliär ausgelösten Pankreatitis. Hier ist die kleinste Maßnahme die Beseitigung der Gangkompression durch einen T-Drain.

Die Gallenwegssanierung kann auch eine Indikation zur Spätoperation darstellen (Neher 1964). Die Indikation kann auch durch eine progrediente klinische Verschlechterung des Zustandes der Patienten gegeben sein. Sie kann durch Abszesse, größere Sequester, massive gastrointestinale Blutungen und pankreatische Hämorrhagien ausgelöst werden. Die Indikationsstellung wird wesentlich durch den computertomographischen Befund gestützt. Durch das CT lassen sich abdominal tastbare Tumoren durch ihre unterschiedliche Beschaffenheit differentialdiagnostisch abgrenzen. Es kann sich dabei um Abszesse, Sequester oder Pseudozysten handeln. Die Pseudozysten bilden zunächst keine Operationsindikation, da selbst große Pseudozysten spontan zurückgebildet werden können (Neher et al. 1980). Pseudozysten mit klinischer Symptomatik dagegen bedürfen unbedingt der chirurgischen Sanierung.

Der Operationszeitpunkt sollte nach bisher vorliegenden Erfahrungen möglichst hinausgezögert werden, um einen stabilisierten Allgemeinzustand der Patienten als Basis für den therapeutischen operativen Eingriff zu erreichen. Die Frühoperation ist mit einer hohen Letalität verknüpft. So berichtet Ranson (1981) über 31 zwischen dem 1. und 7. Krankheitstag operierten Patienten, von denen 20 verstarben. Dem gegenüber stehen 102 Patienten, die nach dem 8. Krankheitstag operiert wurden, von denen 18 ad exitum kamen.

Bei den operativen Maßnahmen ist zwischen Eingriffen am Pankreas selbst und sonstigen operativen Eingriffen zu unterscheiden. Operative Maßnahmen am Pankreas sind bei Schweregrad II und III immer notwendig. Nur die Entfernung der Nekrosen kann allein vor einer systemischen Intoxikation bewahren.

Die Maßnahmen am Pankreas reichen von einer Nekrosektomie, die meistens durch „Digitoklasie" ausgeführt wird, über eine unterschiedlich ausgedehnte Linksresektion unter Mitnahme der Milz bis zur partiellen, bzw. totalen Duodenopankreatektomie. Die Exstirpation der Milz hat einerseits operationstechnische Gründe, andererseits weist Schalimov et al. (1980) darauf hin, daß die Milzgefäße häufig in die Entzündungen einbezogen werden und somit die Belassung der Milz das Risiko einer unstillbaren postoperativen Blutung birgt. Über das Ausmaß der Radikalität besteht weitgehend Uneinigkeit.

Tabelle 9 Operative Maßnahmen bei hämorrhagisch-nekrotisierender Pankreatitis (verändert nach Neher, 1977)

Abräumen der Nekrosen	
Resektion (Linksresektion, subtotale Linksresektion, Duodenopankreatektomie)	
Abräumen von peripankreatischen Nekrosestraßen	
Drainage des Operationsgebietes	
Gallenwegsdekompression	
Cholezystektomie, Choledochusrevision, T-Drainage	
Gastrostomie, Jejunostomie	
Abszeßentleerung und -Drainage	
biliäre Pankreatitis:	Gallenwegsdekompression, Sanierung der Gallenwege, transduodenale Sphinkterotomie

Unter dem Gesichtspunkt möglicher Spätkomplikationen wie Diabetes mellitus und Malassimilationssyndrom bei zunehmender Operationsauslage bevorzugt Fritsch (1980) ein organerhaltendes Verfahren mit einer Auslage der Resektion, die möglichst viel erhaltenes Parenchym erhält. Hollender (1983) bevorzugt dagegen eine möglichst ausgiebige Resektion und weist auf ungünstige Ergebnisse quo ad vitam und quo ad sanationem bei einer Kopfresektion bei Kopfnekrose hin. Die Duodenopankreatektomie als radikalste Maßnahme mit häufig hoher Letalität wird nur von wenigen Autoren bevorzugt. Diese ausgiebige Operationsauslage wird gewählt, um allgemein toxische Auswirkungen der nekrotisierenden Pankreatitis zu vermindern. Die dabei auftretende hohe Letalität ist wahrscheinlich auch auf den hohen Anteil an Notoperationen zurückzuführen.

Die ausführliche Drainage des Operationsgebietes schließt die Operation jeweils ab. Auch peripankreatisches nekrotisches Gewebe wird drainiert. Über die Drainage soll noch verbleibendes nekrotisches Material ausgespült werden. Hollender (1983) verwendet dazu Saug-Spül-Drainagen. Eine Peritonealdialyse als Spülverfahren zur Entfernung der Entzündungsmediatoren aus dem Bauchraum wird in neuerer Zeit angegeben. Bücheler et al. 1985 weisen darauf hin, daß die Letalität durch die Anwendung der Peritonealdialyse nicht signifikant gesenkt werden kann. Bei der Peritonealdialyse kann jedoch ein Rückgang der Morbiditätsfaktoren wie Schock und Organversagen erreicht werden. Durch eine Kombination von Nekrosektomie und Lavage der Bursa omentalis sollen vor allem retroperitoneale Nekrosegebiete besser gereinigt und der Erfolg der operativen Therapie verbessert werden.

Wegen des meist langdauernden paralytischen Ileus wird bei schweren Fällen die Gastrostomie und in manchen Fällen die Ernährungsjejunostomie empfohlen. Als Komplikationen der Jejunostomie können jedoch ein Obstruktionsileus, ein Volvulus, Abzeßbildung um das Stoma sowie unbeeinflußbare Durchfälle auftreten (Fritsch 1980).

Die Indikation für Eingriffe an den Gallenwegen muß unter dem Aspekt der Ätiologie der Erkrankungen betrachtet werden. Bei biliärer Ursache der Pankreatitis besteht die Notwendigkeit einer Entlastung der Gallenwege durch Dekompression durch Choledochusdrainage. Für die Sanierung der Gallenwege schlägt Hollender (1979) ein einzeitiges, Kümmerle ein zweizeitiges Verfahren vor.

Hollender (1979) und Schalimov et al. (1980) wenden unabhängig von der Ätiologie eine Cholezystektomie und eine T-Drainage an, um das nach ihrer Ansicht häufige Pankreasödem mit einer Gallengangskompression und damit eine Abflußbehinderung der Galle auszuschließen. Dieses Vorgehen wird von Fritsch (1981) wie von anderen Autoren abgelehnt.

Bei schweren Verläufen der akuten Pankreatitis kann durch Ausdehnung der Entzündung auf die Darmwand eine Darmparalyse eintreten. Durch Zunahme des intraabdominellen Volumens wird in diesen Fällen das Zwerchfell hochgedrängt. Die Einengung des Thoraxraumes führt zu einer restriktiven Ventilationsstörung. Da vor allem das Quercolon von der Entzündung betroffen ist und aus dem Dickdarm freiwerdende Toxine den Krankheitsverlauf ungünstig beeinflussen können, wird eine großzügige Indikation zur Anlage einer Ileostomie empfohlen (Horn 1983, Edelmann et al. 1985). Mehr oder minder ausgedehnte Darmresektionen werden gelegentlich notwendig. Bei der operativen Therapie ist mit Zweiteingriffen zu rechnen (Hollender 1983). Erneute Sequesterbildungen sowie die Entwicklung von Abszessen können einen Zweiteingriff notwendig machen. Eine Duodenalstenose hat meist eine gute Prognose und macht nur selten eine Gastroenteroanastomose erforderlich (Klose et al. 1983). Fistelbildungen aus Granulationshöhlen sowie Speichelfisteln zeigen eine guten Tendenz zur spontanen Rückbildung.

Bei schwersten Verläufen wird seit einiger Zeit die Laparostomie empfohlen. Dabei bleibt die Laparotomie breit offen und wird nur mit einer Folie abgedeckt. Diese Maßnahme macht eine wiederholte Peritonealtoilette möglich. Eventuell neu entstehende Nekrosen können täglich entfernt werden. Bei richtiger Indikationsstellung kann diese Maßnahme die Prognose im Einzelfall entscheidend verbessern.

3.4 Chronische Pankreatitis (Abb. 49–71)

3.4.1 Definition

Die chronische Pankreatitis ist eine protrahiert verlaufende Entzündung der Bauchspeicheldrüse, die durch eine bleibende Veränderung der anatomischen Grundstruktur und oft auch durch funktionelle Ausfälle charakterisiert ist, auch dann wenn die auslösende Ursache beseitigt ist. Es kommt in fortgeschrittenen Stadien zu einer globalen Funktionseinschränkung mit herabgesetzter exokriner und endokriner Pankreasfunktion.

3.4.2 Klinischer Verlauf

Der klinische Verlauf der chronischen Pankreatitis ist vom jeweiligen Stadium der Erkrankung abhängig und reicht von einem hochakuten Zustand mit den Symptomen des akuten Abdomens bis zur hochgradigen Kachexie. Das Leitsymptom ist der Bauchschmerz, der bei 85% der Patienten auftritt und als tiefsitzend, gleichbleibend, bohrend oder schneidend empfunden wird (Forrel 1979). Selten treten kolikartige Schmerzen auf (Marks et al. 1976). Zumeist wird der Schmerz diffus im Oberbauch lokalisiert, und eine gürtelförmige Ausstrahlung in den Rücken wird als typisch angesehen aber nicht sehr häufig beobachtet. Die Intensität einer Schmerzattacke schwankt von Fall zu Fall. Meistens sprechen die Schmerzen lediglich auf Opiate an. Die Schmerzattacken bei der sog. Alkoholpankreatitis tritt nach jahrelangem Alkoholabusus typischerweise 12 bis 48 Stunden nach einer Trinkperiode auf (Marks et al. 1976).

Spontanschmerzen zumal in späteren Stadien treten auch postprandial auf. Der Schmerz dauert meistens mehrere Tage. Nach 3 bis 7 Tagen klingen die Symptome in unkomplizierten Fällen wieder ab. Unter dem Einfluß persistierender Schmerzen nimmt der Patient eine antalgische Körperhaltung ein, durch die er sich Linderung zu verschaffen versucht. Das Knie wird an das Kinn, die Fäuste werden in den Oberbauch gepreßt. Wenn auch intermittierende Schmerzattacken, unterbrochen durch lange schmerzfreie Intervalle von bis zu mehreren Monaten Dauer, die häufigste Erscheinungsform darstellen, kommen auch schmerzlose Verläufe und solche mit persistierenden Schmerzen vor. Letztere sollen nach Ammann (1987) Ausdruck lokaler Komplikationen darstellen. Bei schmerzlosen Verlaufsformen sind Symptome des exokrinen und endokrinen Pankreas zu beobachten. Dyspeptische Beschwerden wie hartnäckiger Meteroismus, Völlegefühl, Aufstoßen, Nahrungs- und Genußmittelunverträglichkeiten, Nausea und Erbrechen begleiten jedoch auch die schmerzhaften Schübe. Gelegentlich gehen die dyspeptischen Beschwerden einer Schmerzattacke voraus, so daß es dann Stunden bis zum Erreichen eines Maximums dauert.

Folgen Schmerzattacken in kurzen Abständen aufeinander, so verweigern viele Patienten aus Furcht vor erneuten Schüben die Nahrungsaufnahme, so daß ein Gewichtsverlust bis 30% auftreten kann. Massige, übelriechende Fettstühle sind regelmäßig bei etwa 25 bis 33% der Patienten mit chronisch kalzifizierender Pankreatitis als Zeichen eines fortgeschrittenen Stadiums mit ausgeprägter Malassimilation festzustellen. Mit dem Auftreten einer pankreatogenen Steatorrhoe ist nach etwa 2 bis 20 Jahren nach der Manifestation eines Diabetes zu rechnen, der seinerseits 5 bis 10 Jahre nach den 1. Schmerzattacken folgt (Marks 1976, Ammann 1987). In einzelnen Fällen werden „Kwashiorkor"-artige Bilder mit hypalbuminämischen Ödemen, Faltenbildungen und Verfärbungen von Haut und Haaren beschrieben (Sarles 1976, Marks 1976).

Gehemmt depressive oder ängstlich agitierte Verstimmungen sind bei der chronischen Pankreatitis zu beobachten (Colmant und Noltenius 1977, Sarless und Singer 1978). Der von Rothermund (1941) geprägte Begriff der „pankreatischen Enzephalopathie" faßt die Vielzahl der neurologischen und psychopathologischen Befunde zusammen. Bei 4 bis 19% der Fälle mit einer Pankreatitis sind neuropsychiatrische Auffälligkeiten durchschnittlich 3 bis 5 Tage nach Beginn der Pankreassymptomatik zu beobachten. Neben gesteigerten Eigenreflexen meist ohne Pyramidenzeichen, Tonuserhöhung der

Extremitäten- und der Nackenmuskulatur sind besonders bei akuten Phasen delirante, halluzinatorische, paranoide und komatöse Formen beschrieben, die oft mit einer Hyperthermie einhergehen.

Störungen der endokrinen Funktion des Pankreas werden klinisch durch eine gestörte Glukosetoleranz auffällig. Retinopathie, Nephropathie und Arteriosklerose sind aber wohl auf Grund der zur Entwicklung nötigen langen Zeitspanne seltenere Komplikationen (Marks et al. 1976). Die erhöhte Tendenz zu Blutzuckerschwankungen, die besonders postoperativ bei total duodenopankreatektomierten Alkoholikern Probleme bereiten, haben eine besondere Bedeutung, da nicht immer regelmäßige Nahrungszufuhr und Alkoholverzicht gewährleistet sind. Neben den für den Langzeitverlauf typischen Symptomen treten bei akuter Exazerbation die vielfältigen Symptome der akuten Pankreatitis auf wie ein heftiger, in 70% im mittleren Epigastrium lokalisierter Schmerz, je nach Lokalisation nach links oder nach rechts ausstrahlend. Er wird in 80% der Fälle von Erbrechen begleitet. In 50% kommt es zu Ausbildung eines mäßigen, in 15% der Fälle mit akuter Exazerbation zur Entwicklung eines schweren Schockzustandes der möglicherweise durch einen funktionellen Ileus (bei isolierter Beteiligung des Quercolons, sog. Goblet-Guyon-Zeichen) oder eine pulmonale Dysfunktion kompliziert wird. In 15 bis 20% ist zudem mit dem Auftreten eines linksseitigen, lokalisierten Pleuraergusses oder einer Atelektase und dadurch bedingte Ateminsuffizienz zu rechnen (Ammann 1987).

Auf Grund der topographischen Verhältnisse zählen Duodenum, Colon, Milzvene und Pfortader zu den durch die Pankreatitis gefährdeten benachbarten Organstrukturen. Pfortader- bzw. Milzvenenthrombosen machen sich klinisch nicht nur in einer Hämatemesis und Melaena bemerkbar. Die Pathogenese des pankreatogenen Aszites wird auf eine segmentale portale Hypertension mit einer Hypalbuminämie in Verbindung gebracht. Bei der Genese des pankreatogenen Ascites erscheinen die Pankreaszysten eine zentrale Bedeutung zu haben. In über ⅔ der Fälle mit pankreatogenem Aszites finden sich „Leckstellen“ in Form rupturierter Pseudozysten und offener Pankreasgangläsionen (Hotz 1978). Pseudozysten haben wegen ihres raumfordernden Charakters für Stenosen von Duodenum und Colon ursächliche Bedeutung. Auch wenn Colonstenosen nach Pankreatitiden meist inkomplett sind und auf postpankreatischen Verwachsungen beruhen, sind auch komplette Verschlüsse, Colonnekrosen mit Perforation oder Fistelbildungen sowie Spontanrupturen von Pankreaspseudozysten in den Darm bekannt geworden (Lankisch et al. 1976). Leitsymptome sind dabei neben krampfartigen Oberbauchschmerzen zunehmende Obstipation und rektaler Blutabgang. Differentialdiagnostisch müssen in diesen Fällen Magen-Darm-Ulcera, deren Häufigkeit bei der alkoholbedingten Pankreatitis mit 2 bis 19% angegeben wird, von Milzvenenthrombosen, Magenerosionen und Mallory-Weiß-Syndromen abgegrenzt werden. Als Differenzierungsmerkmal kommt das zeitliche Auftreten der Blutungen in Betracht. Postoperative Blutungen können durch tryptische Arrosionen der Gefäße zustande kommen. Blutungen, die mit einem akuten Schub in Verbindung gebracht werden können, beruhen auf einer prähepatischen portalen Hypertension oder einer Gastritis. Intervallblutungen sind häufiger in Zusammenhang mit einem Magenulcus oder einer Varizenblutung zu beobachten (Marks et al. 1976).

3.4.3 Diagnostik (Abb. 49-53)

Die klinische Diagnose „chronische Pankreatitis“ beruht auf anamnestischen Daten, dem körperlichen, dem radiologischen, sonographischen, endoskopischen und laborchemischen Befund. Ziel der verschiedenen Untersuchungsmethoden ist der Nachweis und die Festlegung der Ausdehnung des morphologischen Schadens bzw. des Nachweises der endokrinen oder exokrinen Funktionsstörung. Eine exakte Diagnose kann allerdings erst etwa 5 Jahre nach dem 1. Schub mit den typischen klinischen Symptomen gestellt werden (Ammann 1987). Die Anamnese des Longitudinalverlaufes kann daher besonders bei unkomplizierten Fällen einen frühen Verdacht ergeben und stellt die Grundlage jeder weiteren diagnostischen Maßnahme dar. Bei der Planung der technischen Untersuchungen wird man zweckmäßigerweise im symptomarmen Inter-

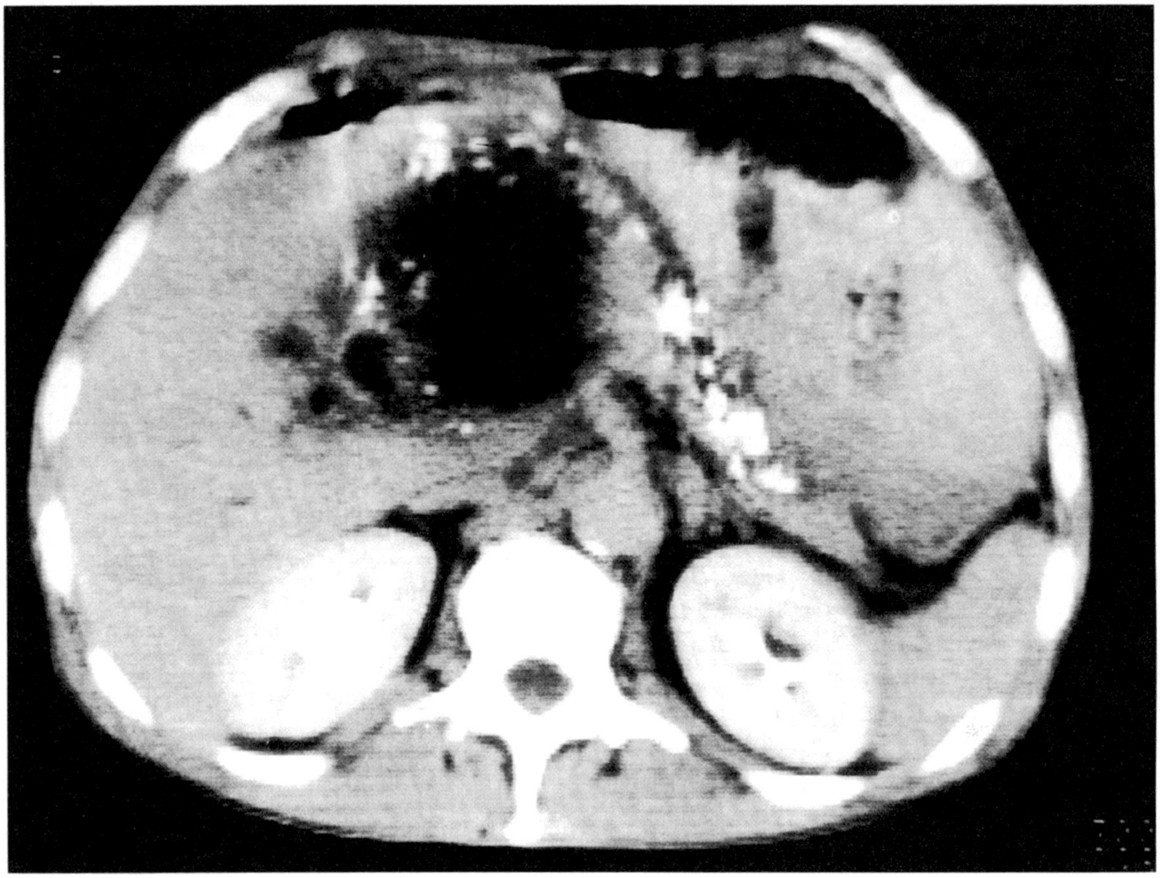

Abb. 49
Computertomogramm. Akuter Schub einer chronischen Pankreatitis mit kalkdichten Strukturen im Schwanzbereich und großer Nekrose im Bereich des Pankreaskopfes mit Sequestration in die Nachbarorgane.

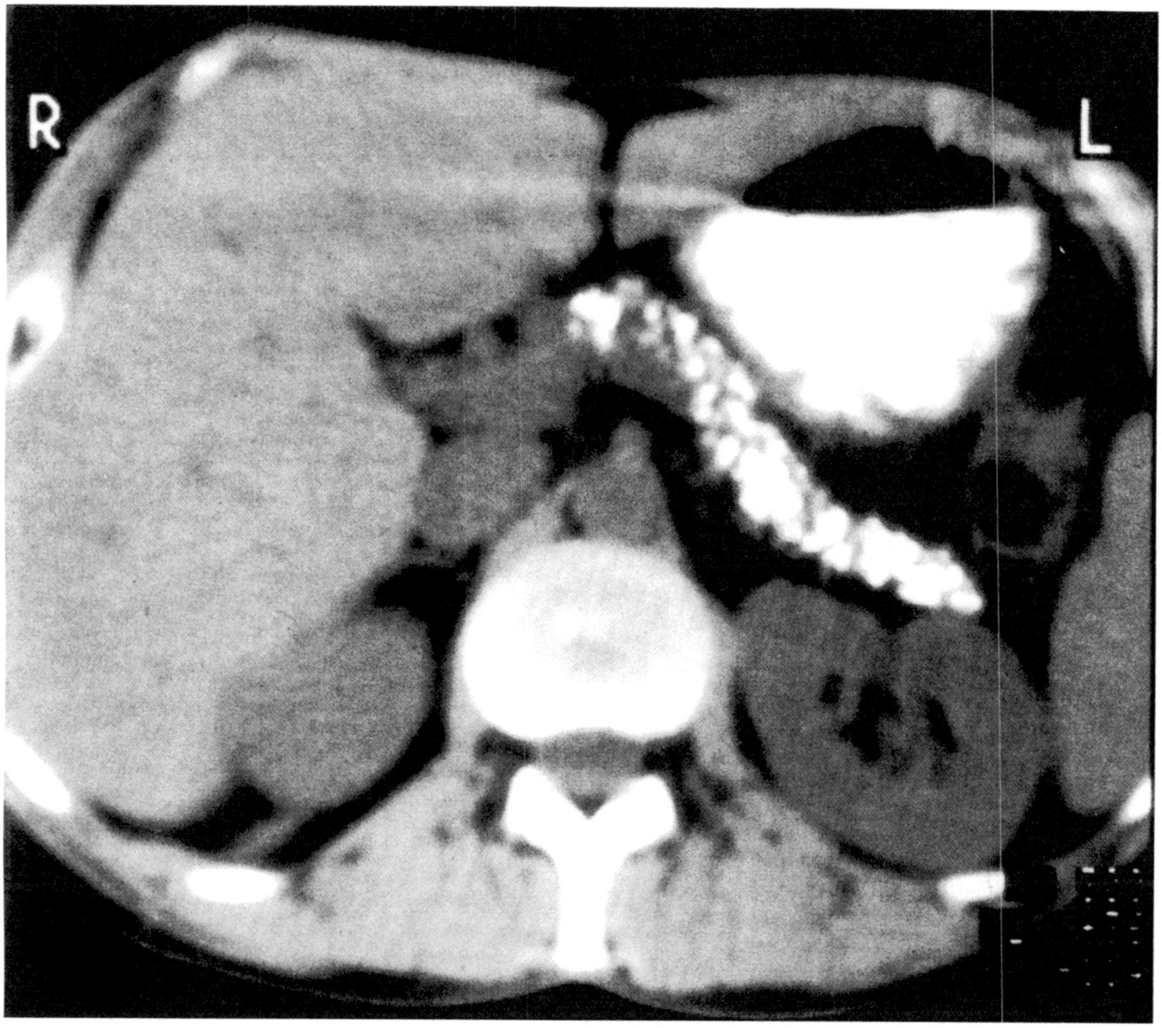

Abb. 50
Computertomogramm bei chronischer Pankreatitis. Kalzifizierung und multiple Steinbildungen im Corpus und Schwanzbereich.

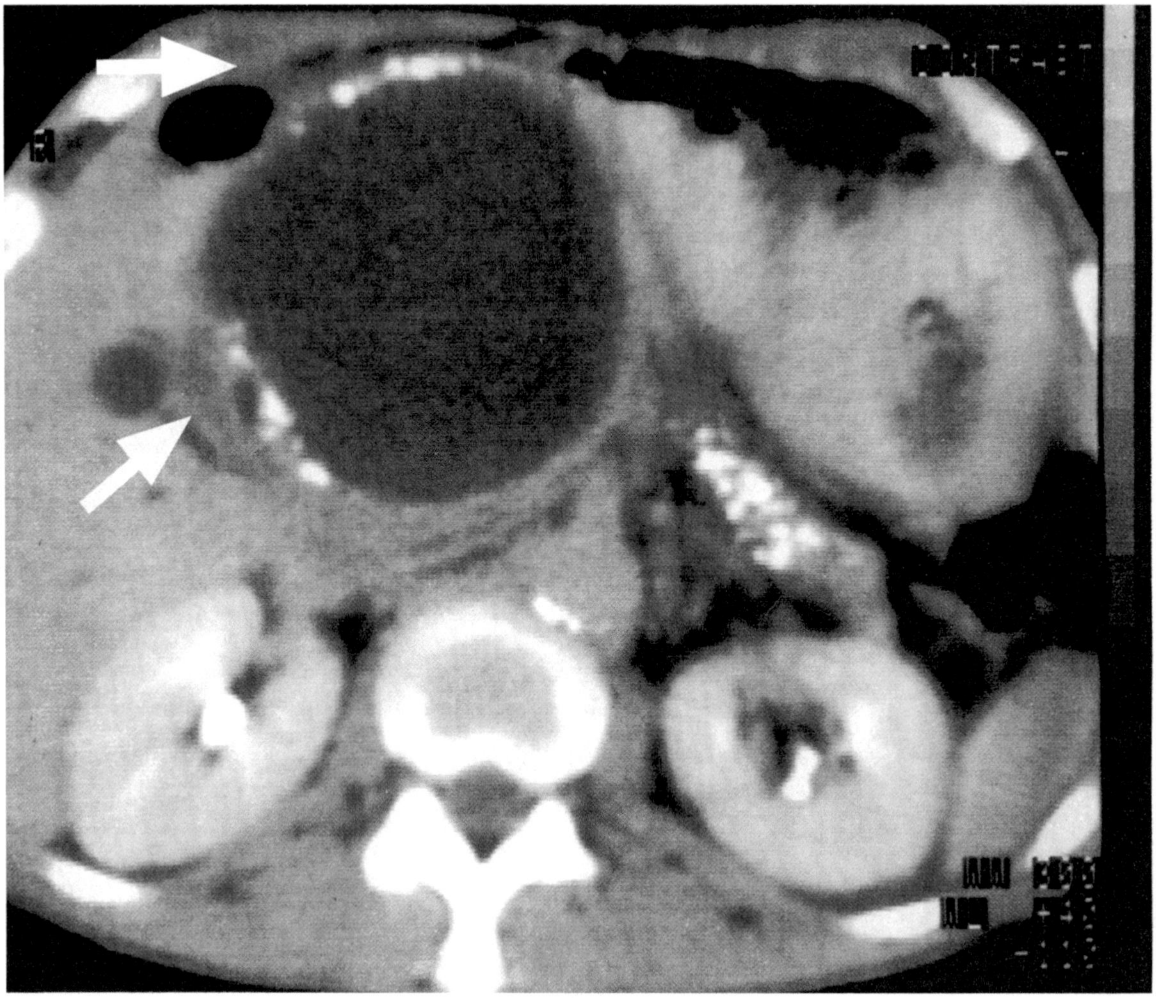

Abb. 51
Computertomogramm. Große Pankreaspseudozyste im Kopfbereich mit Verkalkungen in der Zystenwand. Daneben verkalkende Pankreatitis im Schwanzbereich.

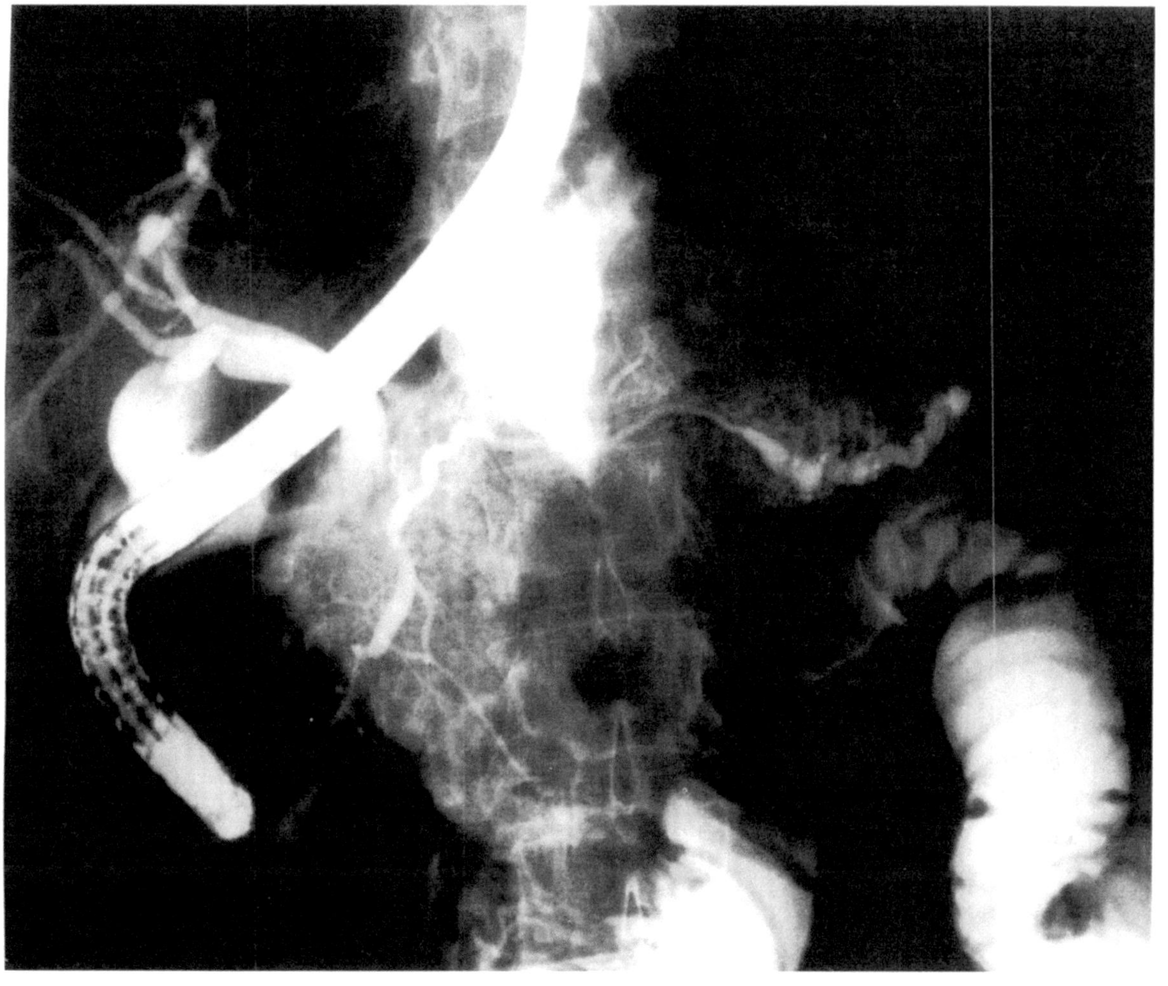

Abb. 52
Endoskopische retrograde Cholangiopankreatographie bei chronischer Pankreatitis. Cholelithiasis mit Papillenstenose. Chronische Pankreatitis mit unregelmäßigem Gangverlauf (Stenosen) im Schwanzbereich.

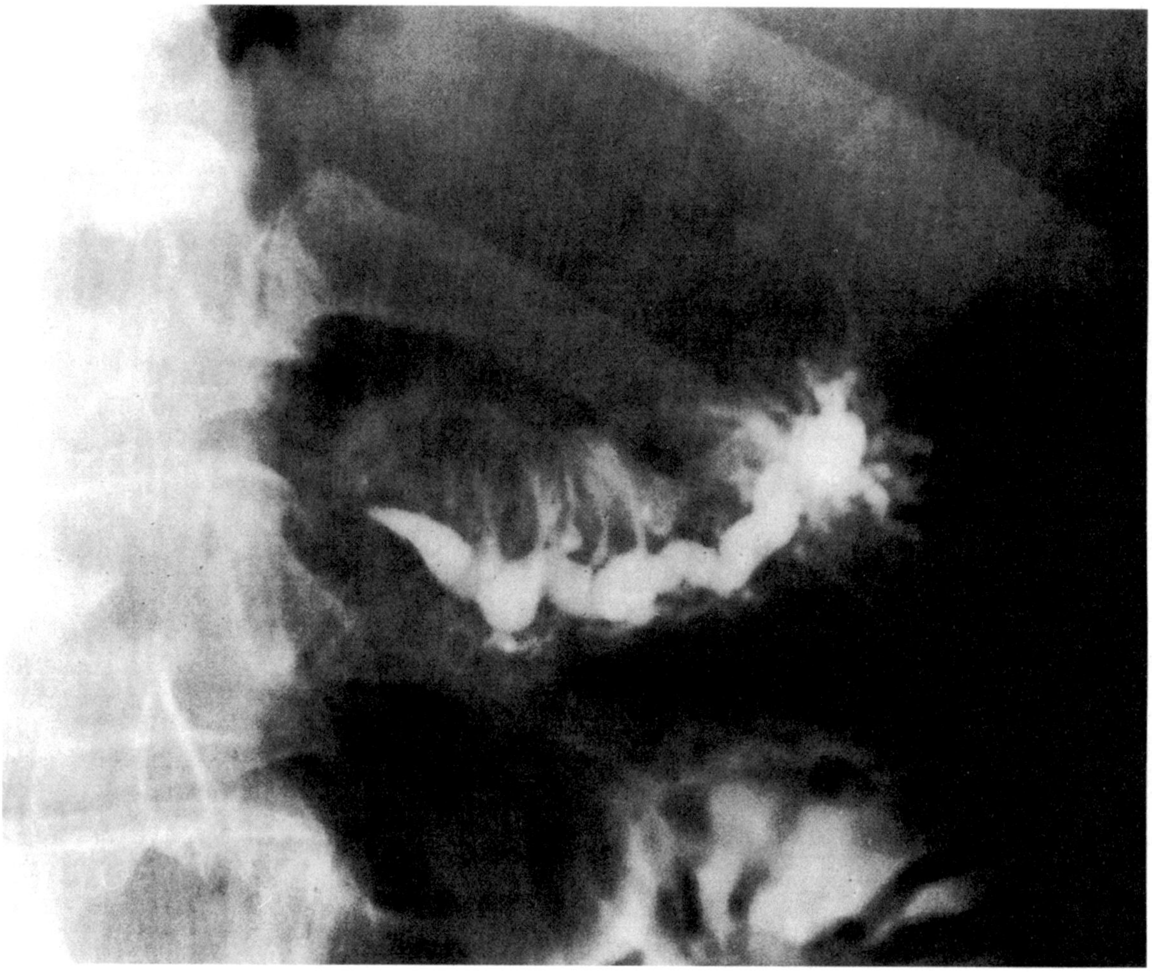

Abb. 53
Endoskopische retrograde Cholangiopankreatographie bei chronischer Pankreatitis. Ausgeprägte Erweiterung des Gangsystems mit unregelmäßig verteilten Stenosen.

vall orientierende Maßnahmen berücksichtigen, um dann zu speziellen Untersuchungsmethoden des Pankreas überzugehen.

Die Screeninguntersuchungen (Tabelle 10) können bereits einen Anhaltspunkt für die Ätiologie der chronischen Pankreatitis (Hyperkalzämie, Hyperlipoproteinämie) ergeben. Sie können aber auch auf regionale Komplikationen hindeuten (Gamma-GT, Bilirubin). Während Serumamylase und besonders Serumlipase bei Parotitis, Lebererkrankungen und Niereninsuffizienz im akuten Schub oder bei Komplikationen erhöht sind, lassen sich als Zeichen einer Malassimilation im fortgeschrittenen Stadium erniedrigte Cholesterin-Albumin- und Elektrolytkonzentrationen im Serum bzw. ein herabgesetzter Prothrombinindex verwerten (Forell 1979).

Tabelle 10 Screeninguntersuchungen (mod. nach Forell 1979)

- Laboruntersuchungen
  Lipase, Amylase, Trypsin-RIA
  Gamma-GT, alkalische Phosphatase, Bilirubin
  Ca^{++}, Blutfette, Glukosestoffwechsel, Prothrombinindex
  D-Xylose-Test
  Chymotrypsin im Stuhl
  PABA-Test
  van der Kamer (Fettsäuren-Bestimmung)
  Vitamin A-Toleranztest
  Stuhlgewicht
- Oberbauchsonographie
- Röntgenuntersuchungen
  MDP
  MDP mit hypotoner Duodenographie
  Infusions-Cholezysto-, Cholangiographie
  Abdomen-Leer-Aufnahme
- Ösophago-Gastro-Duodenoskopie

Die Untersuchungsmethoden zur Funktion des Pankreas dienen zur Abschätzung der Sekretionskapazität des Organs. Dabei sind direkte und indirekte Methoden zu unterscheiden (Tabelle 11). Als zuverlässigste direkte Methode gilt der Sekretions-Cholezystokinin-Pankreozymin-Test (S-CCK-Test) mit einer Trefferquote von ca. 90%. Das Prinzip der Untersuchung beruht auf einer Analyse des Pankreassaftes nach hormoneller Stimulation der hydrokinetischen und ekbolischen Funktion des Pankreas. Wegen der Notwendigkeit der intraluminalen Gewinnung des Pankreassekretes über eine doppelläufige Sonde im Duodenum und Magen und der schwierigen Standardisierbarkeit, steht der Test aber nur wenigen Untersuchern zur Verfügung. Auch die orale Stimulation mit einer Testmahlzeit (Lundh-Test) bringt für dieses aufwendige Verfahren keine wesentliche Erleichterung. An indirekten Untersuchungsmethoden stehen der NBT-PABA und der Pankreolauryl-Test zur Verfügung. Beide Verfahren weisen zwar eine ausreichende Sensitivität und Spezifität auf, sind aber auf Grund der 6- bis 10-stündigen Urinsammelperiode zur Messung der Paraaminobenzoesäure bzw. des Fluoreszens mit einem gewissen Aufwand verbunden (Lankisch et al. 1984).

Tabelle 11 Direkte und indirekte Verfahren zur Prüfung der exokrinen Pankreasfunktion (mod. nach Lankisch et al., 1984)

1. Direkte Pankreasfunktionsprüfungen
   - Sekretin-Pankreozymin-Test
   - Lundh-Test
2. Indirekte Pankreasfunktionsprüfungen
   a) Messung eines Enzyms
      - Trypsin im Stuhl
      - Chymotrypsin im Stuhl
      - Pankreas-Isoamylase im Serum
      - immunreaktives Trypsin im Serum
   b) Messung einer Enzymleistung
      - NBT-PABA-Test
      - Pankreolauryl-Test
      - quantitative Stuhlfettanalyse (nach van de Kamer)
   c) Messung eines Pankreashormons
      - pankreatisches Polypeptid

Bisher entwickelte, für den Patienten einfach durchzuführende Untersuchungsverfahren erreichen nur einen niedrigen Grad an Sensitivität und Spezifität im Vergleich zu den direkten Funktionstests. So ist mit einer Steatorrhoe erst in späteren Stadien der chronischen Pankreatitis zu rechnen, wenn mehr als 75% des Pankreasgewebes reseziert oder durch die Lipasesekretion auf 10% der Norm gesunken ist (Otte 1979). Als praktikabler Suchtest hat sich die Bestimmung des Chymotrypsins im Stuhl erwiesen. Leicht zugängliches Untersuchungsmaterial, beliebig häufige Wiederholbarkeit und einfache biochemische Bestimmbarkeit lassen bei der erwiesenen Stabilität des Chymotrypsins im Stuhl eine Sensitivität von 78% und eine Spezifität von 84% erwarten (Lankisch et al. 1984). Ein Nachteil der Methode liegt aber in der geringeren Empfindlichkeit bei leichter bis mäßiger exokriner Pankreasinsuffizienz.

Die übrigen bekannten Pankreasfunktionsprüfungen haben sich – bis auf die Prüfung der endokrinen Situation mit Hilfe der oralen Glukosebelastung – im klinischen Gebrauch nicht durchsetzen können. Die Bedeutung neuer Methoden wie Bestimmung des pankreatischen Polypeptides und des immunreaktiven Trypsins bleibt abzuwarten. Aber auch von diesen Methoden ergeben sich hinsichtlich der Differenzierung entzündlich oder tumorös bedingter Pankreasinsuffizienz keine Fortschritte (Malfertheiner et al. 1984).

Die Diagnostik der Morphologie des Pankreas stößt auf Grund der „versteckten" Lage des Organs auf Schwierigkeiten. Mit der Computertomographie, der Sonographie und der ERCP stehen 3 spezielle Verfahren zur Beurteilung des Pankreasparenchyms zur Verfügung. Die üblichen konventionellen Methoden der Röntgenuntersuchung haben ihren Platz in der Vorfelddiagnostik. Verkalkungen finden sich in bis zu 60% bei fortgeschrittenen Fällen auf den Pankreaszielaufnahmen. Komplikationen wie Ileus und linksseitiger Pleuraerguß werden ebenfalls erfaßt.

Der Einsatz der speziellen morphologischen Untersuchungsverfahren orientiert sich an den Vor- und Nachteilen der Techniken. Als präziseste Methode in der Diagnose der chronischen Pankreatitis und ihrer Abgrenzung gegen das Pankreaskarzinom hat sich die ERCP erwiesen (Gmelin 1981). Zwar erfaßt die ERCP entzündliche Parenchymläsionen auch nur indirekt über sekundäre Veränderungen am Gangsystem, doch können bereits erste Veränderungen an den Seitenästen dargestellt werden. Der Wert der ERCP besteht darin, operationswürdige Veränderungen nachzuweisen und zu präzisieren. Durch Kombination mit zytologischen Untersuchungen kann die Differentialdiagnose zum Pankreaskarzinom ergänzt werden und die Planung eines möglichen chirurgischen Eingriffes unterstützen (Arendt et al. 1979).

Bleibt weniger Zeit zur Vorbereitung aufwendiger Verfahren und benötigt man darüberhinaus bei der Infiltration der Pankreasumgebung eine umfassende topographisch-anatomische Übersicht, so bietet sich die Durchführung einer Computertomographie des Abdomens an. Schwierigkeiten durch Darmgasüberlagerungen oder Adipositas, wie sie bei der Sonographie in 10 bis 20% der Fälle mit fehlender Darstellung des Pankreas vorkommt, treten dabei in den Hintergrund. Dennoch hat sich die Sonographie als wenig belastendes Screening-Methode zur Verlaufsbeobachtung durchgesetzt. Die Pankreaspseudozysten können wegen des typischen Echobildes durch die sonographische Untersuchung besonders gut dargestellt werden. Probleme der Zuordnung ergeben sich aber bei der Abgrenzung von Hämatomen und Pseudozysten, insbesondere im Pankreasschwanzbereich (Huck et al. 1981). Die tabellarische Übersicht (Tabelle 12) faßt unter Ausschluß der weniger wichtigen morphologischen Untersuchungsverfahren (z. B. Pankreasszintigraphie, Laparaskopie) Kennzeichen der verschiedenen Methoden für die chronische Pankreatitis zusammen.

Tabelle 12 Morphologische Untersuchungsverfahren – Kennzeichen der chronischen Pankreatitis und Treffsicherheit

1. Sonographie

- geschwollenes, vergrößertes, echoarmes Pankreas
- fibrotisch kleines Pankreas mit fehlenden Außenkonturen und unregelmäßigen Binnenechos (im „schwierigen" Intervall)
- hochintensive Reflexe als Ausdruck von Kalzifikationen (Dammann et al., 1982)
- Dilatationen des Ductus Choledochus und Ductus Pancreaticus (Botzler et al., 1981)
- guter Nachweis von Zysten ab 1 bis 2 cm Durchmesser (Bücheler et al., 1982)
- leichte Kontrolle des Verlaufs

Treffsicherheit (mod. nach Bücheler et al., 1982)

Untersucher	n	richtig	falsch	unbestimmt
Sheedy II	20	70%	20%	10%
Fiegler	33	70%	30%	
Gmelin (1981)	19	68%	21%	11%
Lackner (1980)	113	70% (Sensitivität)		

2. *Computertomographie* (Lackner et al., 1980; Bücheler et al., 1982)
- Organvergrößerung und -deformierung mit Auflockerung der Organstruktur
- Verkalkungen ab 1 bis 2 mm Durchmesser
- Pseudozysten
- Vorteil ist die Durchführbarkeit bei adipösen Patienten und bestehendem Meteorismus
- die Möglichkeit intravenöser Kontrastmittelgabe erhöht die diagnostischen Zusatzinformationen

Treffsicherheit (mod. nach Bücheler et al., 1982)

Untersucher	n	richtig	falsch	unbestimmt
Sheedy II	20	85%	10%	5%
Haaga	19	68%	32%	
Fiegler	33	85%	15%	
Pistolesi	48	64%	6%	30%
Moss	21	62%	33%	5%
Gmelin (1981)	19	84%	5%	11%
Lackner (1982)	113	84% (Sensitivität)		

3. *ERCP*
- Erweiterungen und Stenosen des Ductus Wirsungianus
- Strukturveränderungen an den Nebengängen
- intraduktale Verkalkungen
- In Beachtung der Kontraindikationen gilt es im Anschluß an einen durchgemachten akuten Schub den Zeitraum von 3 bis 4 Wochen nach Abklingen abzuwarten.
- Als Kontraindikationen gelten auch Pseudozysten, da sich bei Füllung der Zyste in 90% eine akute Pankreatitis mit Sepsis ausbildet, die wiederum in 20% der Fälle letal verläuft.
- Man rechnet insgesamt mit einer Komplikationsrate von 1 bis 3% bei einer Mortalität von 0,2% (Forell, 1979; Otte, 1979; Tympner et al., 1979)
- Komplikationsvorbeugend sollte eine Parenchymanfärbung vermieden werden
- Diffuse Gangveränderungen sind erst zu erwarten, wenn die sekretorische Funktion meßbar eingeschränkt ist.

Treffsicherheit (mod. nach Bücheler et al., 1982)

Untersucher	richtig	falsch	unbestimmt
Lit. Übers.	83%	6%	10%
Gmelin (1981)	89%	11%	0%

4. *Angiographie*
- Nachweis von perlschnurartigen Stenosen und Erweiterungen präpankreatischer Arterien
- Gefäßverlagerungen durch Größenzunahme des Pankreas
- Wechsel von Bezirken mit verstärkter und verminderter Vaskularisation
- starke Venenschlängelung (Dammann et al., 1982)

Treffsicherheit

Untersucher	richtig	falsch	unbestimmt
Lt. Zitat bei Bücheler (1982)	50–85%		

5. *Konventionelle Röntgenverfahren*

5.1 *Röntgen Abdomen*
- linksseitige Verschattung des Recessus Costodiaphragmaticus
- Verkalkungen der Pankreasregion, bestätigt durch Zielaufnahmen, sichern die Diagnose
- Spiegelbildung im oberen Jejunum
- fehlende Darmgasanreicherung im Colon Transversum, sogenanntes colon-cut-off-Syndrom nach Stuart
- Verlagerung der Flexura Lienalis (Klemm, 1979)

5.2 *MDP, hypotone Duodenographie*
- Impressionen, Verdrängungen, Pellotierungen und Infiltrationen ermöglichen indirekte Rückschlüsse auf Raumforderungen
- Magenwandvarizen bei Stenosen der Vena Lienalis oder der Pfortaderwurzel
- Vortäuschung eines Ulkus Ventriculi oder Duodeni
- Gießkannenphänomen am Duodenum, evtl. auch bikonkave Konfigurationen (Frostberg-Zeichen) oder Stenosen des Duodenums nachweisbar, ggf. Nachweis eines Divertikels
- ausgeprägte Veränderungen des Pankreaskopfes in Hypotonie gut nachweisbar (Forell, 1979)

5.3 *i. v. Cholangiographie*
- läßt sich aufgrund eher unspezifischer Veränderungen des Ductus Choledochus nur bedingt verwerten.

3.4.4 Prognose der chronischen Pankreatitis

Anhand von Langzeituntersuchungen mit einer durchschnittlichen Beobachtungszeit von über 10 Jahren konnte Ammann (1987) eine Stadieneinteilung der chronischen Pankreatitis vornehmen. Bei unkomplizierten Verläufen sind 3 Stufen zu unterscheiden.

Im Stadium 1, das durch typische Pankreatitisattakken von Tagen bis etwa einer Woche Dauer im Wechsel mit monatelangen beschwerdefreien Intervallen gekennzeichnet ist, lassen sich mit Hilfe apparativer Verfahren morphologische Veränderungen nicht erfassen. In der großen Gruppe der alkoholbedingten Pankreatitiden beträgt das durchschnittliche Lebensalter der betroffenen Patienten 36,2 Jahre. Besonders Männer sind betroffen, die Altersspanne reicht von 19 bis 63 Jahren. Nach 5,5 Jahren tritt eine nachweisbare endokrine und exokrine Insuffizienz ein und kündigt den Übergang zum Stadium 2 an. Neben pathologischem Ausfall des Pankreozymin-Sekretin-Testes und erniedrigter Glukosetoleranz können radiologisch durch Pankreaszielaufnahmen in bis zu 70% der Fälle Verkalkungen nachgewiesen werden. Klinisch sind Schmerzschübe in diesem Stadium geringer ausgeprägt. Die Frequenz der Schmerzschübe nimmt ab. Im Stadium 3 folgt ein völliges Ausbrennen der Drüse nach durchschnittlich 6,8 Jahren. Zu diesem Zeitpunkt stehen die klinischen Zeichen einer schweren globalen Pankreasinsuffizienz im Vordergrund. Ein manifester Diabetes ist dabei in 1 bis 12 Jahren nach den ersten Schmerzattacken zu beobachten (Dammann et al. 1982).

Für den Diabetes bei der chronischen Pankreatitis ist ein Zusammenhang mit dem Auftreten von Pankreasverkalkungen charakteristisch. 50% der nicht kalzifizierenden, aber 90% der kalzifizierenden Formen zeigen eine pathologische Glukosetoleranz. Eine ausgeprägte Labilität mit charakteristischen hypoglykämischen Zuständen tritt auf. Der Ablauf der Erkrankung kann durch lokale Komplikationen und konservativ nicht beherrschbare Schmerzzustände kompliziert werden, die nicht selten zur Morphinabhängigkeit führen.

Die Lebenserwartung und der Allgemeinzustand der Patienten mit einer chronischen Pankreatitis nach einer operativen Therapie sind nicht nur von der Ätiologie der Erkrankung und der Wahl des Operationsverfahrens abhängig, sondern werden wesentlich durch die Kooperationsbereitschaft des Patienten in Bezug auf die Umstellung der Lebensgewohnheiten geprägt (Kozuschek et al. 1986). Nach ausgedehnten Resektionen tritt bei den Patienten zwar eine Erwerbsminderung zwischen 60 und 100% auf, es sollte jedoch eine Wiedereingliederung in den Arbeitsprozeß versucht werden.

Trotz der Zunahme der Zahl der manifesten Diabetiker von 52% auf 82% nach chirurgischer Behandlung der Pankreatitis und notwendiger enzymatischer Substitution werden auch ausgedehnte Resektion bei entsprechender Umstellung der Lebensweise gut toleriert (Kümmerle et al. 1979).

Tabelle 13 Verlaufsbeobachtung bei Patienten mit chronischer Pankreatitis (Rösch et al., 1981)

Therapie	subjektive Besserung		Letalität	
	nach 3 Jahren	nach 7 Jahren	nach 3 Jahren	nach 7 Jahren
konservativ	71%	47%	8%	22%
resezierend	72%	47%	20%	33%
nicht-resezierend	62%	44%	24%	36%
	n = 348	n = 322	n = 348	n = 322

Abb. 54
Operationspräparat nach klassischer Whipple'scher Operation wegen chronischer kalzifizierender Pankreatitis mit Steinbildung. In den stark erweiterten Anteilen des Gangsystems unregelmäßig begrenzte Konkremente (Pfeile). Daneben eine verwaschene Läppchenstruktur des Pankreasparenchyms mit breiten, grau-weißen Narbenzonen.

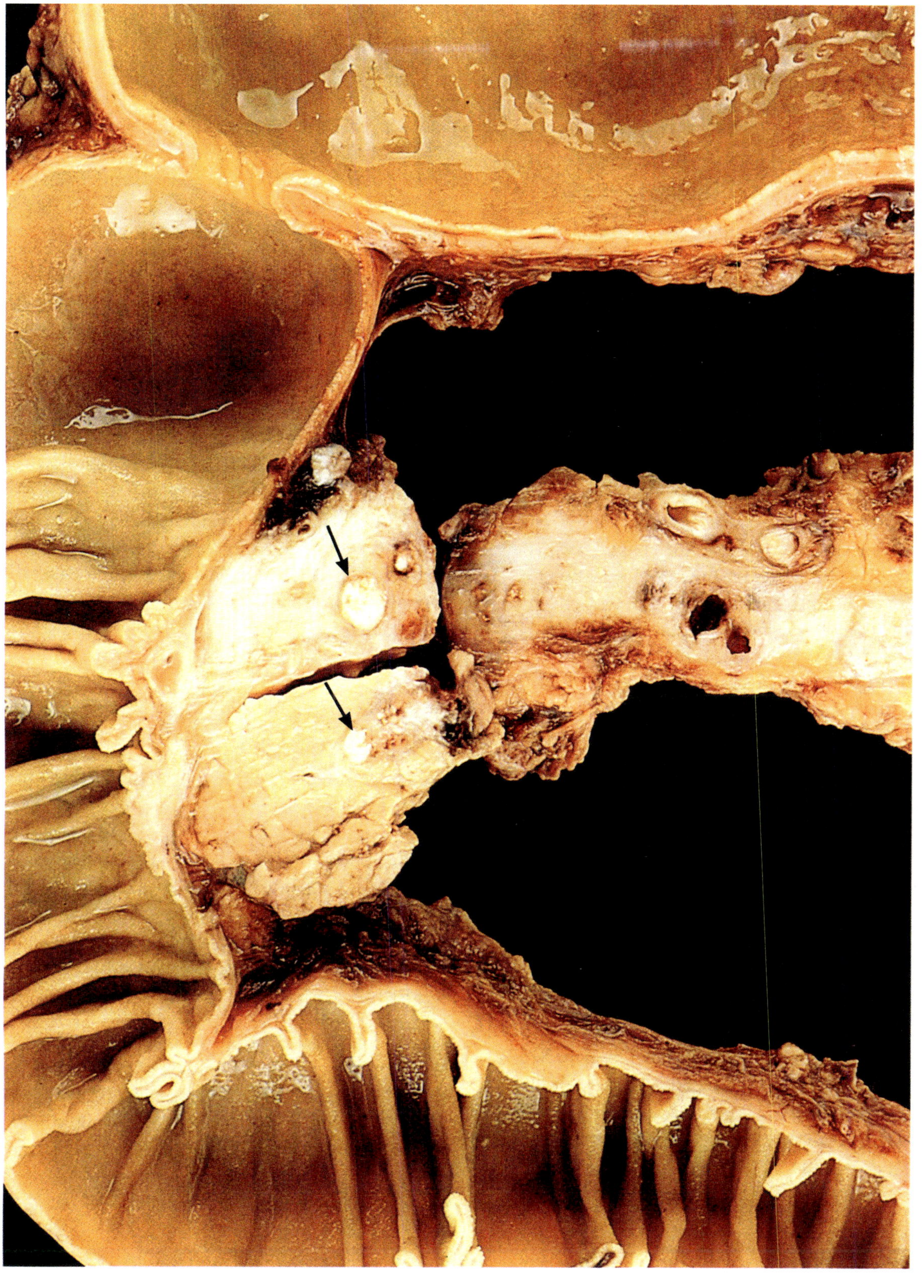

3.4.5 Morphologie der chronischen Pankreatitis (Abb. 55-67)

Die Morphologie der chronischen Pankreatitis ist durch den progredienten, narbigen Umbau des exokrinen Parenchyms der Drüse geprägt (Stolte 1987). Nach Ausbreitung und Verteilung der Vernarbung sind folgende Formen abzugrenzen:

1. Chronische Pankreatitis mit diffuser oder segmentaler Fibrose
2. Chronische Pankreatitis mit oder ohne fokale Nekrosen
3. Chronische Pankreatitis mit oder ohne Verkalkungen
4. Chronische obstruktive Pankreatitis

Chronische Pankreatitis mit diffuser oder segmentaler Fibrose.

Stolte (1987) schlägt vor, die Marseiller Nomenklatur, bei der der Schweregrad bei der morphologischen Einteilung unberücksichtigt bleibt, durch die Angabe der Ausdehnung der Vernarbung zu ergänzen. Danach sind zu unterscheiden:
Grad I = geringgradige Vernarbung
Grad II = mittelgradige Vernarbung
Grad III = hochgradige Vernarbung
Grad IV = totale Vernarbung

Die geringgradige Vernarbung ist vorwiegend perilobulär angeordnet und entwickelt sich bei der mittelgradigen Ausdehnung in die Läppchen hinein. Beim Grad III der chronischen Pankreatitis konfluieren die zunächst noch abgegrenzten intralobulären Narben zu größeren Herden. Beim Grad IV ist ein weitgehend narbiger Umbau mit nahezu vollständiger Destruktion des exokrinen Parenchyms ausgebildet.

Die Ausdehnung und die Zusammensetzung der zellulär entzündlichen Infiltrate ist vom Grad der Fibrose abhängig. Es besteht bei geringer Vernarbung auch nur eine gering ausgebildete Infiltration aus Lymphozyten, Plasmazellen und einzelnen Makrophagen. Bei ausgeprägter Vernarbung sind nur geringe lymphozytäre Infiltrate nachzuweisen.

Im Zuge der protrahierten Fibrosierung entwickelt sich an den Arterien und den Arteriolen eine reaktive Intimafibrose, die in der Ausdehnung dem Grad der Fibrosierung folgt. Die Langerhan'schen Inseln zeigen auch bei fortgeschrittenen Stadien der Fibrose lichtmikroskopisch relativ wenig Veränderungen, während Klöppel et al. (1978) elektronenmikroskopisch eine relative Abnahme an B-Zellen und eine Zunahme an A-Zellen ermitteln konnten. Erst in fortgeschrittenen Stadien ist durch eine perivaskuläre Fibrose der intrainsulären Kapillaren mit einer stärkeren Reduktion der Inseln zu rechnen.

Das Gangsystem ist bei zunehmender Vernarbung erweitert. Es treten stärkere Windungen der Gänge und Kaliberschwankungen auf. Bei der Vernarbung erfolgt durch die Faserneubildung eine Auffaltung der Lamina propria, die den geordneten Sekretabfluß einschränkt (Stolte 1987). Das Epithel in den erweiterten Gängen flacht ab. Regional können papilläre Epithelhyperplasien und Plattenepithelmetaplasien auftreten. In den erweiterten Gängen werden abhängig vom Grad der Fibrosierung eiweißreiche Sekretpfröpfe, überwiegend in den Seitenästen des Ductus Wirsungianus bis in die feinsten Aufzweigungen nachweisbar. Daneben können sich in den Gängen wahrscheinlich als Folge der Sekreteindickung Verkalkungen entwickeln.

Die Änderung der Struktur des Gangsystems bildet eine wesentliche Voraussetzung für den protrahierten Verlauf der Erkrankung. Die zunehmende Einschränkung des Sekretabflusses durch die Fibrosierung und die Epithelschädigung der Gänge ist für eine Einschränkung der Schutzfunktionen am Gangepithel verantwortlich, so daß eine kontinuierliche Einwirkung des Pankreassekretes auf die Gewebsbestandteile möglich wird. Dadurch wird der Circulus vitiosus unterhalten, der für die progrediente Vernarbung der Entzündung verantwortlich zu machen ist.

Nach systematischen Untersuchungen von Stolte (1987) tritt die chronische Pankreatitis in etwa 40% der Fälle als segmental fibrosierende Pankreatitis auf. Die Vernarbung ist bei dieser Form unregelmäßig, herdförmig angeordnet. Stärker vernarbte Abschnitte wechseln mit relativ unveränderten Arealen ab. Auch die sekundären Veränderungen an den Gefäßen und am Gangsystem sind in ihrer Verteilung dieser segmentalen Anordnung der Vernar-

bung zugeordnet und entsprechen in ihrer Form den Veränderungen, wie sie bei der diffusen Fibrose zu beobachten sind.
Die Veränderungen an den Azinuszellen sind vom Grad der Fibrose abhängig. Bei der durch Alkoholabusus ausgelösten Entzündung sind in den Azinuszellen in unterschiedlicher Verteilung im Zytoplasma Neutralfetttropfen nachweisbar. Von einer einfachen Membran begrenzte Fetteinschlüsse können zu größeren Fetttropfen bis zu einem Durchmesser von 5 µm konfluieren.
An den Azinuszellen tritt eine unterschiedliche Aktivität der Sekretbildung und Ausschleusung auf. Die Zahl der am apikalen Zellpol angeordneten Zymogengranula kann stark vermindert sein. Es können neben Zellen mit aktiver Sekretproduktion andere auftreten, in denen nur einzelne oder gar keine Prosekretgranula ausgebildet sind, obwohl das endoplasmatische Retikulum unverändert erscheint. In Bereichen fortgeschrittener Fibrose entwickelt sich daneben eine unregelmäßige Auflockerung des endoplasmatischen Retikulums. Im Zytoplasma entstehen unterschiedlich große Autophagolysosomen, die konzentrisch geschichtete osmiophile Membranen und scholliges Material enthalten können. Daneben sind relativ große intrazytoplasmatische Hohlräume zu beobachten, die mit unterschiedlich dichtem, granulärem Material gefüllt sind. Sie haben einen Durchmesser bis zu 5 µm und legen sich z. T. den basalen und lateralen Zellmembranen an. Es können freie Verbindungen zwischen den Hohlräumen und den Interzellularspalten entstehen.
Ähnliche Vakuolenbildungen konnten bei der experimentellen Pankreatitis nach Infusion von Caerulein beobachtet werden (Kern 1987). Die Vakuolen entstehen durch eine Verschmelzung der kondensierenden Vakuolen und zymogenen Granula in der Golgiregion, so daß große mit Sekretprotein gefüllte Hohlräume entstehen. Die Vakuolen und Zymogengranula können mit der basolateralen Zellmembran verschmelzen und ihren Inhalt in die Interzellularspalten und in das Interstitium entleeren. Diese Befunde zeigen, daß die chronische Pankreatitis wahrscheinlich durch die protrahierte, fehlgeleitete Sekretbildung und -abgabe in den Azini unterhalten werden kann.
Es entwickelt sich eine Reduktion der Zahl der Zellen in den Azini. Am Azinusepithel öffnen sich die Interzellularspalten, so daß freie Verbindungen zwischen Azinuslichtung und der periazinären Bindegewebszone entstehen. In den Azini treten Einzelzellnekrosen auf. Die zum Gangsystem gehörenden zentroazinären Zellen zeigen eine hydropische Schwellung des Zytoplasmas mit Auflockerung der zytoplasmatischen Matrix. In ihrem Zytoplasma sind wechselnd große Neutralfetttropfen nachweisbar.

Das Epithel der durch den Sekretstau erweiterten Ausführungsgänge flacht ab. In den Epithelzellen treten ausgeprägte degenerative Veränderungen auf. Sie sind durch eine Schwellung der zytoplasmatischen Matrix und der Zellorganellen gekennzeichnet. Die Schleimbildung ist hochgradig reduziert. In den erweiterten Ganglichtungen liegen unterschiedlich große und dichte Sekretkomplexe.

In den breiten Narbenfeldern sind unregelmäßig durchflochtene Kollagenfaserzüge ausgebildet. Das Narbengewebe ist nur gering vaskularisiert. Nur vereinzelt finden sich in dem Fasergerüst Lymphozyten und Makrophagen mit relativ großen Phagolysosomen.

Die in die Narbenfelder eingeschlossenen Gang- und Azinusreste bestehen aus wechselnd großen Zellen mit stark wechselnder Kernform, so daß die differentialdiagnostische Abgrenzung zwischen degenerativ veränderten Parenchymresten und einem Karzinom schwer sein kann.

3.4.6 Therapie der chronischen Pankreatitis

Die Therapie der chronischen Pankreatitis wird kontrovers diskutiert. Dies liegt an der Vielzahl von Faktoren, die den individuellen Verlauf der chronischen Pankreatitis beeinflussen und daher eine individuelle Therapie erforderlich machen. Spontanverläufe und die Häufigkeit von Komplikationen wechselt je nach Zusammensetzung des Krankengutes, so daß eine klar definierte, allgemein anerkannte Strategie in der Therapie der chronischen

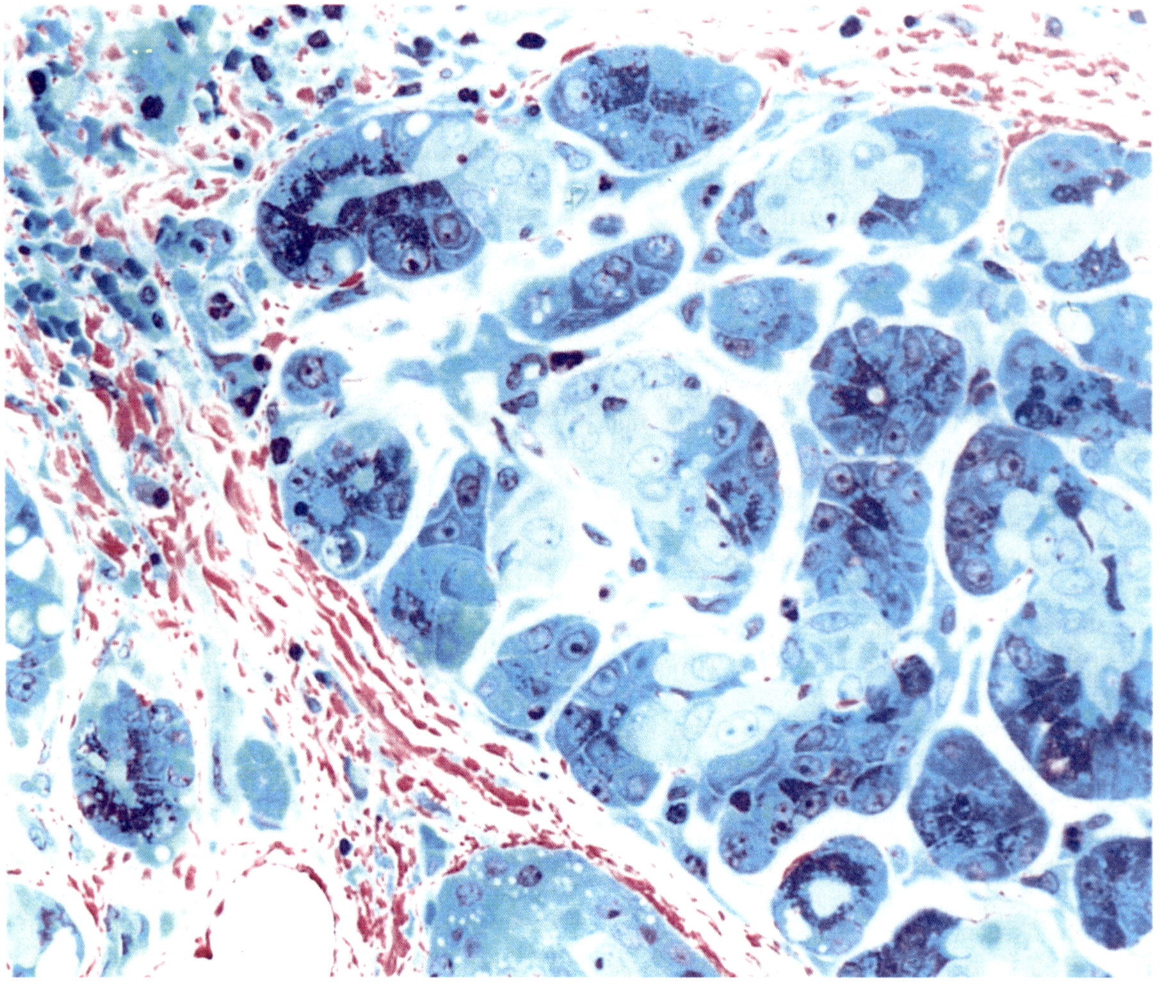

Abb. 55
Chronische Pankreatitis mit segmentaler Fibrose. Perilobulär angeordnete ringförmig ausgebildete Fibrose, die sich von unterschiedlich breiten Faserzügen in die einzelnen Läppchen hinein entwickelt. Interstitielles Ödem im Läppchen. An den Azinusepithelzellen eine unterschiedlich stark reduzierte sekretorische Aktivität. Ödematöse Schwellung und Vergrößerung der zentroazinären Zellen.
Lichtmikroskopische Aufnahme
Semidünnschnitt
Färbung: Basisches Fuchsin und Methylenblau
Vergrößerung: 640 ×

Abb. 56
Verfettung der Azinusepithelzellen bei chronischer Pankreatitis. Zwischen den Lamellen des endoplasmatischen Retikulums und einzelnen Mitochondrien unterschiedlich große konfluierende Neutralfetteinschlüsse (Pfeile). ▷
Transmissionselektronenmikroskopische Aufnahme
Vergrößerung: 19300 X

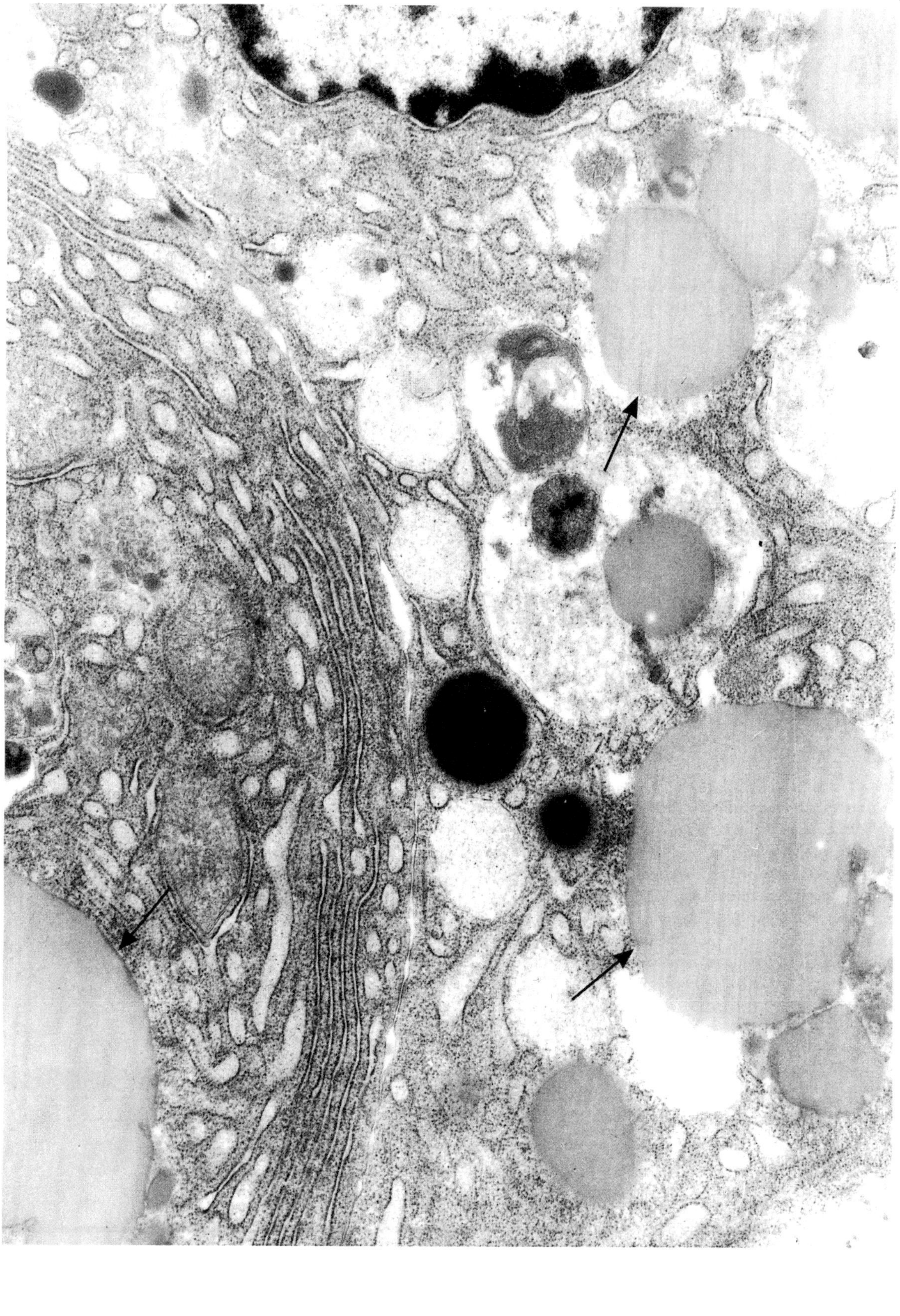

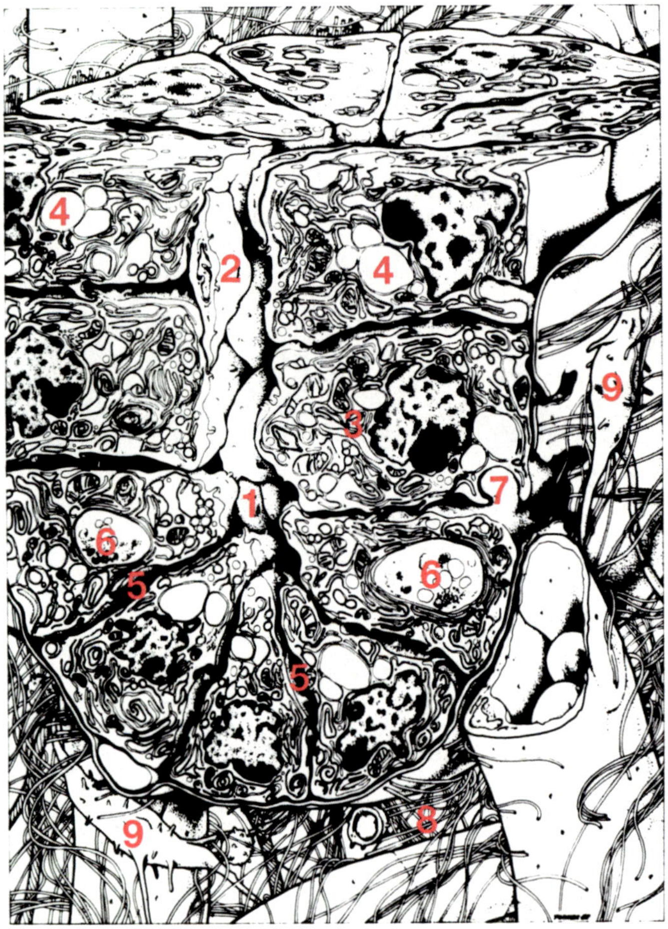

Abb. 57

Veränderungen an den Azinusepithelzellen bei chronischer Pankreatitis. Dreidimensionale Reproduktion. Auflösung des Epithelverbandes mit ausgeprägter Erweiterung der Interzellularspalten. Freie Verbindung zwischen Azinuslumen und interstitiellem Bindegewebe. Unterschiedlich stark ausgeprägte vesikuläre Umwandlung des endoplasmatischen Retikulums. Schwellung und Auflockerung der Mitochondrien mit Verkürzung der Cristae mitochondriales. Unterschiedlich stark ausgeprägte Verfettung der Azinuszellen. Bildung unterschiedlich großer Autophagolysosomen mit z. T. granulärem, z. T. geschichtetem Material Defekte in der Basallamelle. Interstitielle Faservermehrung.

1 = Azinuslumen
2 = Zentroazinäre Zellen
3 = Ödematös geschwollene Azinuszelle mit Erweiterung des endoplasmatischen Retikulums.
4 = Neutralfetteinschlüsse
5 = Erweiterung der Interzellularspalten
6 = Autophagolysosomen
7 = Übertritt von zymogenen Granula aus den basolateralen Anteilen der Azinuszellen in das Interstitium
8 = Interstitielle Fibrose
9 = Aktivierte Fibroblasten

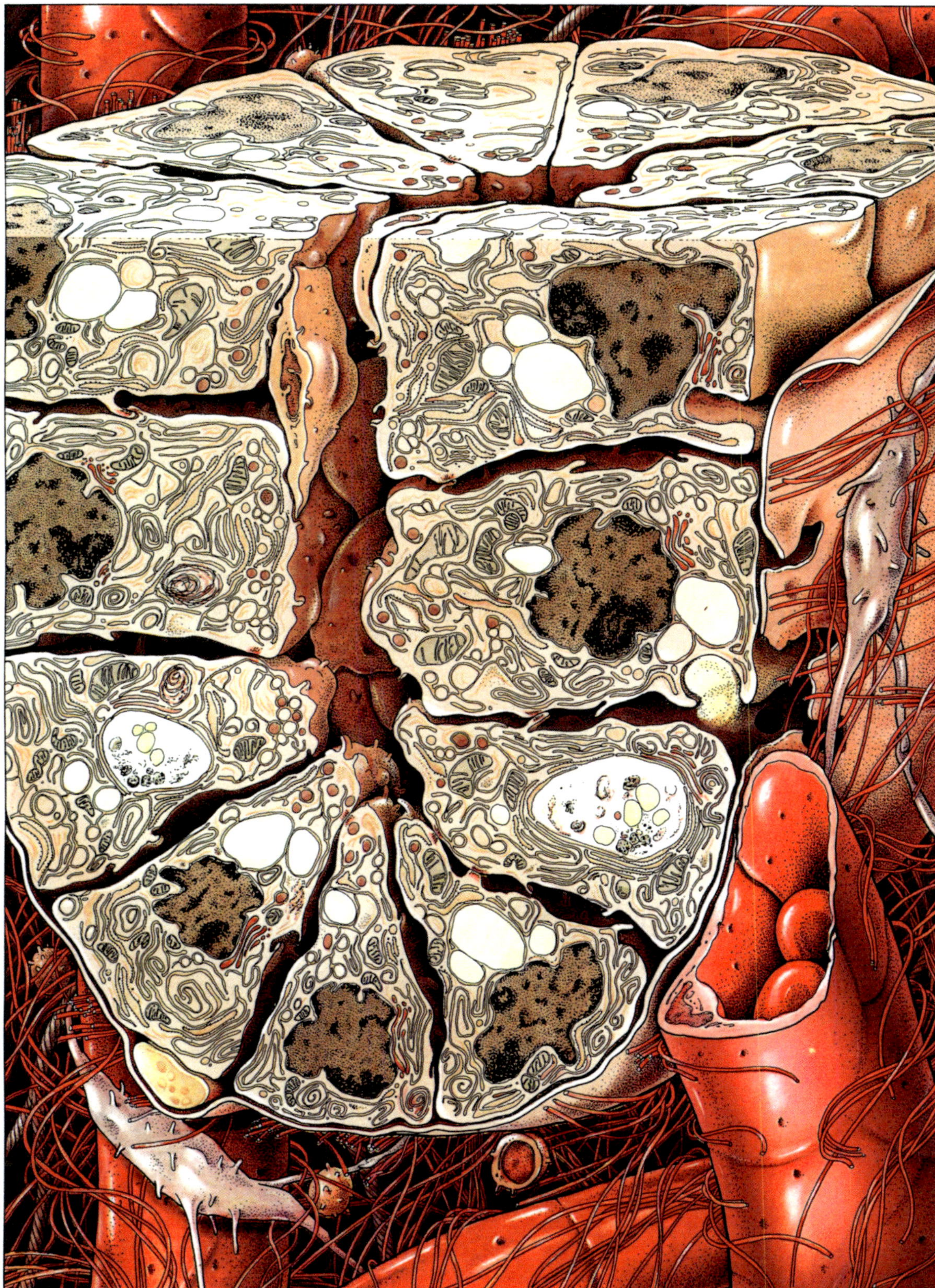

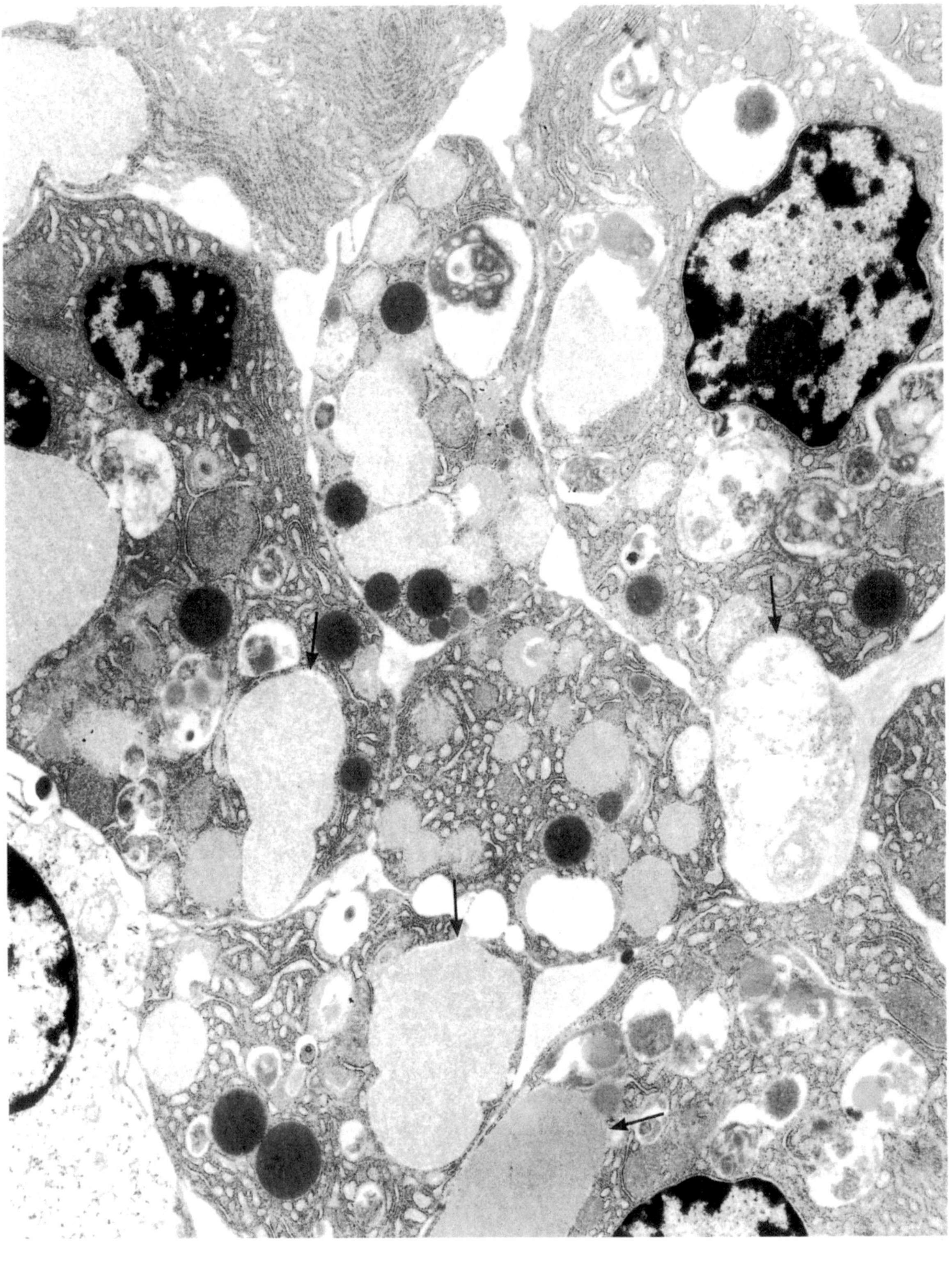

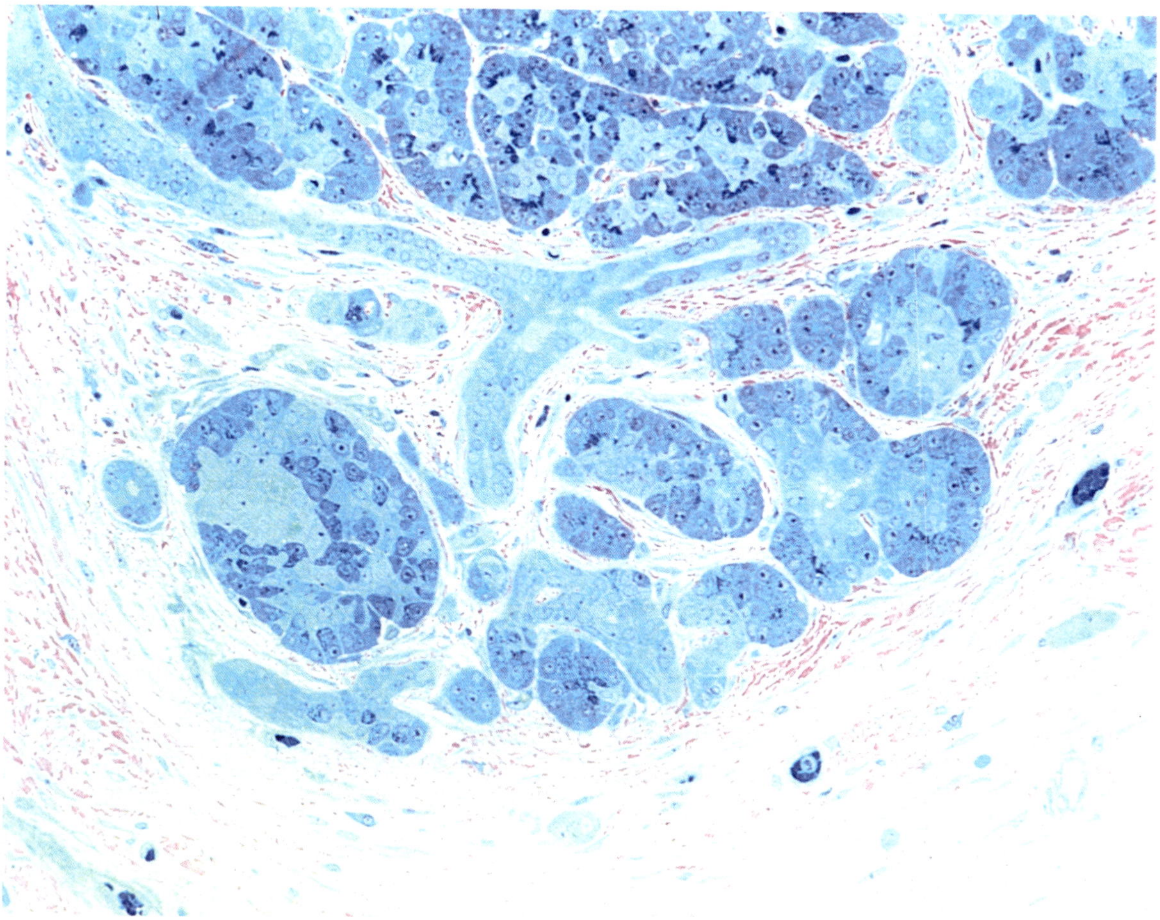

◁ Abb. 58

Veränderungen der Azinusepithelzellen bei chronischer Pankreatitis. Unterschiedlich stark ausgeprägte Schrumpfung der Zellkerne. Unregelmäßig verteilte zymogene Granula im Zytoplasma. Bildung unterschiedlich großer Vakuolen mit feingranulärem Inhalt (Pfeile). Unterschiedlich große Autophagolysosomen mit z. T. geschichtetem, z. T. amorphem Material.

Transmissionselektronenmikroskopische Aufnahme
Vergrößerung: 8200 ×

Abb. 59

Fortgeschrittene interstitielle Vernarbung bei chronischer Pankreatitis mit diffuser Fibrose. Ausgeprägte Atrophie des Pankreasparenchyms. Einzelne Azini in breite Faserzonen eingeschlossen. Ausgeprägte Reduktion der sekretorischen Aktivität. Endaufzweigungen des Gangsystems mit ausgeprägter periduktaler Fibrose. In der Narbenzone nur einzelne Lymphozyten und Makrophagen.

Lichtmikroskopische Aufnahme
Semidünnschnitt
Färbung: Basisches Fuchsin und Methylenblau
Vergrößerung: 390 ×

Pankreatitis fehlt. 3 Behandlungsprinzipien werden vorgeschlagen (Hoffmeister und Trede 1982):

- Diät unter Vermeidung nutritiver Noxen, insbesondere Alkohol
- Behandlung der endokrinen und exokrinen Insuffizienz
- Schmerzbekämpfung und Sanierung der pankreatitischen Komplikationen.

Die chronische Pankreatitis stellt zum Zeitpunkt der Diagnosestellung in der Regel einen autonomen, unterschiedlich stark ausgeprägten progressiven chronischen Entzündungsprozeß dar. Eine Kausaltherapie mit dem Ziel einer Restitutio ad integrum ist nicht möglich. Der Entzündungsprozeß kann jedoch in seiner Dynamik gehemmt werden, wenn die ursächliche Noxe beseitigt werden kann. Dies gilt insbesondere für den Alkohol, der mit über 90% die primäre Ursache darstellt. In den seltenen Fällen mit anderen Ursachen müssen diese identifiziert und möglichst ausgeschaltet werden. Dies betrifft insbesondere die operative Sanierung der Gallenwege bei biliärer Genese oder den seltenen Fall eines primären Hyperparathyreoidismus. Die wesentlichen Ziele der Therapie der chronischen Pankreatitis bestehen deshalb in erster Linie in der Beseitigung bzw. Behandlung der Folgen der chronischen Entzündung mit exokriner und endokriner Insuffizienz. Im Mittelpunkt steht der Alkoholentzug, der die Prognose der Erkrankung im wesentlichen, sowohl hinsichtlich der konservativen Maßnahmen als auch der Operationserfolge bestimmt. Patienten mit chronischer Pankreatitis vor oder nach einer Operation an der Bauchspeicheldrüse müssen sehr sorgfältig regelmäßig kontrolliert werden, wobei einmal der Alkoholentzug stabilisiert werden muß, zum anderen auf die Entwicklung lokaler, möglicherweise operationspflichtiger Komplikationen oder von nicht selten auftretenden Zweiterkrankungen wie Tuberkulose und Karcinome in der Lunge oder im Oesophagus geachtet werden muß. Auch muß der Arzt in vielen Fällen bei der beruflichen und sozialen Rehabilitation engagierte Hilfe leisten (Tabelle 14 und folgende Darstellung).

Tabelle 14 Ziele der Therapie der chronischen Pankreatitis

- Alkoholentzug
- Schmerzfreiheit
- Substitution bei exo- und endokriner Insuffizienz
- Erkennen und Behandeln von Zweiterkrankungen
- Hospitalisation vorbeugen
- berufliche und soziale Rehabilitation

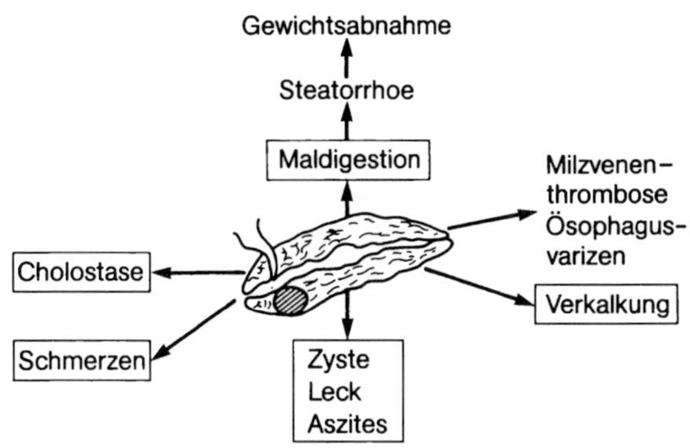

Pathophysiologie der chronischen Pankreatitis als Angriffspunkte für die Therapie

Abb. 60
Exzessive Erweiterung der Interzellularspalten im Azinussystem bei chronischer, fibrosierender Pankreatitis. Freie Verbindung zwischen Azinuslichtung und periazinärem Bindegewebe. In den Interzellularspalten feingranuläres Material. Im angrenzenden Zytoplasma der Azinusepithelzellen irregulär verteilte Zymogengranula mit ausgeprägter Erweiterung des endoplasmatischen Retikulums. ▷
Transmissionselektronenmikroskopische Aufnahme
Vergrößerung: 10000 ×

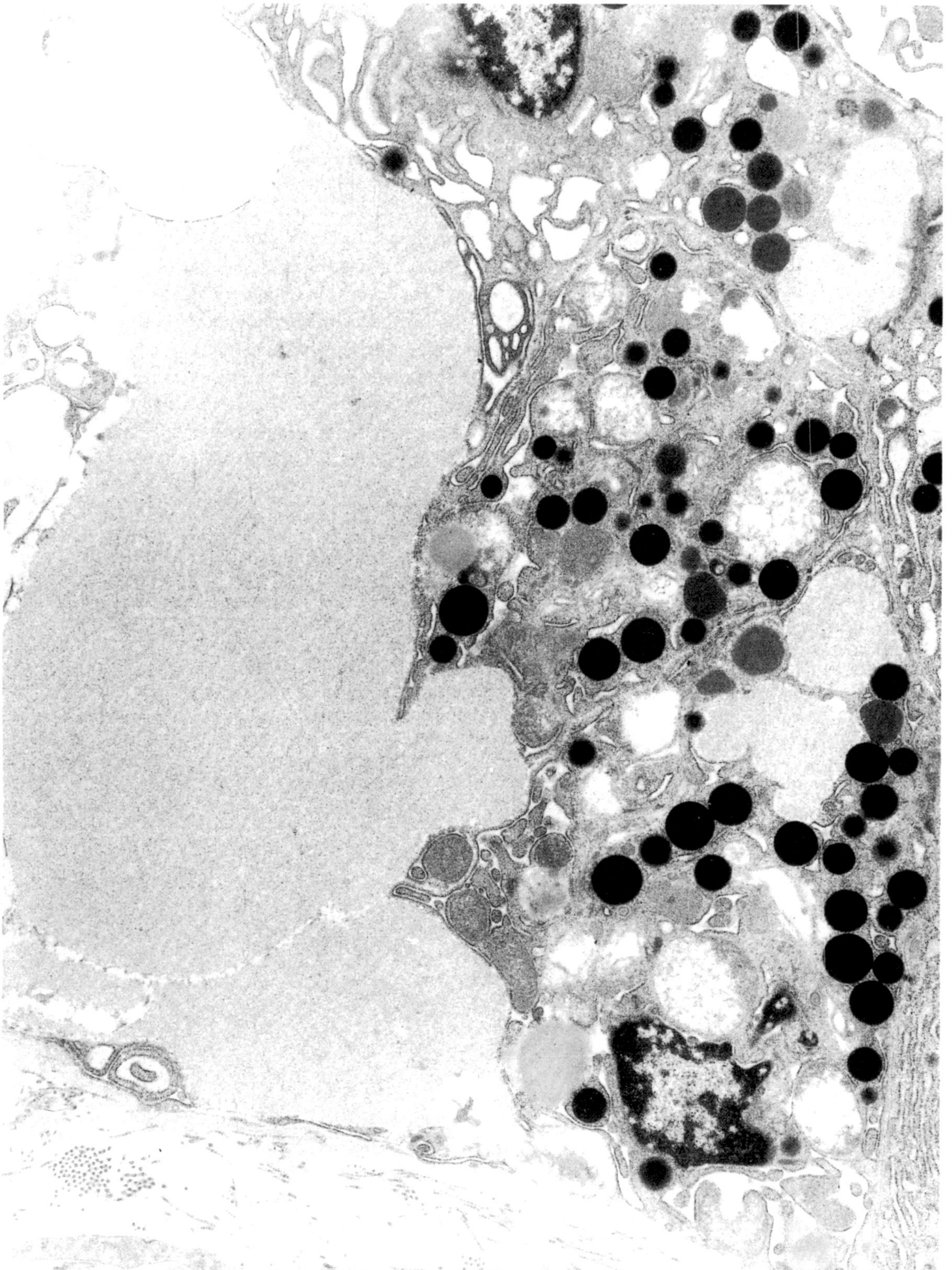

3.4.6.1 Konservative Therapie

Allgemeinmaßnahmen (Tabelle 15): Zur klinischen und sozialen Stabilisierung sind regelmäßige Wiedervorstellungen und Gespräche mit dem Patienten notwendig. Im Falle der hartnäckigen Alkoholsucht müssen Angehörige einbezogen und die Möglichkeiten durch anonyme Alkoholiker, Psychotherapie oder gegebenenfalls psychiatrische Behandlung ausgeschöpft werden. Zur Resozialisierung sollte ein Sozialarbeiter herangezogen werden.

Tabelle 15 Allgemeinmaßnahmen bei chronischer Pankreatitis

1. Ausschalten der Noxe (Alkoholkarenz, operative Gallenwegssanierung u. a.)
2. Regelmäßige Wiedervorstellung und Gespräche (Angehörige einbeziehen)
3. Bei Alkoholsucht: Anonyme Alkoholiker Psychotherapie psychiatrische Behandlung
4. Resozialisierung (Sozialarbeiter)
5. Diät: häufige kleine Mahlzeiten (2500-3000 kcal/Tag), adäquate Pankreatin-Substitution Reduktion von Fetten auf 60 g/Tag: 540 kcal in schweren Fällen Zusatz von MKT 80-120 g/Tag: 660-1000 kcal Kohlenhydrate: 300-400 g: 1200-1600 kcal (evtl. Insulindosis anpassen) Eiweiß: 60-120 g: 320-480 kcal Bei Kachexie und Anorexia Elementardiät über Nährsonde.

Ernährung: Wegen des häufig deutlichen Katabolismus und der bestehenden Maldigestion sollten Patienten mit chronischer Pankreatitis mit einer Gesamtkalorienzahl von über 2500 ernährt werden, gegebenenfalls unter einer entsprechend dosierten Pankreasenzymsubstitution. Die Anordnung einer strikten fettfreien Pankreaskost gilt heute als überholt. Leicht verdauliche pflanzliche Fette werden gut vertragen und verstärken nicht den chronisch-entzündlichen Prozeß oder die postprandialen Beschwerden. Insbesondere wegen des hohen Kaloriengehaltes sind diätetische Fette unverzichtbar. Ein Zusatz von mittelkettigen Triglyceriden ist nur in schweren therapierefraktären Zuständen einer Maldigestion und bei starker Unterernährung notwendig; wegen der schlechten geschmacklichen Akzeptanz und der komplizierten Speisezubereitung kann auf die MKT in der Regel verzichtet werden. Kohlenhydrate sollten auch bei Vorliegen eines manifesten Diabetes mellitus reichhaltig angeboten werden, wobei die höher molekularen Polysaccharide zu bevorzugen sind. Die Eiweißzufuhr sollte 80 bis 120 g pro Tag in Form von leicht verdaulichen Nahrungsmitteln wie Milchprodukten, Eiern, zartes Fleisch und Fisch betragen. Eine hochkalorische Elementardiät oder gar eine parenterale Hyperalimentation ist nur bei schweren kachektischen anorektischen Stadien, oft begleitet von lokalen Komplikationen, indiziert, z. B. vor geplanten operativen Eingriffen.
Zusammenfassend gilt für die Ernährung eine von dem Patienten geschmacklich akzeptierte, gut verträgliche Mischkost, gegebenenfalls unter Substitution mit Pankreasenzympräparaten.

Substitutionstherapie (Tabelle 16)

Tabelle 16 Substitutionsbehandlung der chronischen Pankreatitis

Pankreasfermente
► Frühindikation bei Schmerzen
► Spätindikation bei Malabsorption
Insulin (orale Antidianetika zwecklos)
► Einstellung bei ausreichender KH-Zufuhr (300-400 g KH)
► BZ-Sollwert: 120-180 mg % (CAVE Hypoglykämie!)
Fettlösliche Vitamine (-A, -D, -K)
► parenterale Substition nur in schweren Spätstadien nötig

Abb. 61
Ausgeprägte degenerative Veränderungen an den Azinusepithelzellen bei chronischer Pankreatitis. Im Zytoplasma kleine Neutralfettropfen. Bildung großer Autophagolysosomen (Pfeile). In den Autophagolysosomen z. T. Neutralfettablagerungen, daneben z. T. geschichtetes, lamelläres und kontrastreiches, amorphes Material. ▷
Transmissionselektronenmikroskopische Aufnahme
Vergrößerung: 6400 ×

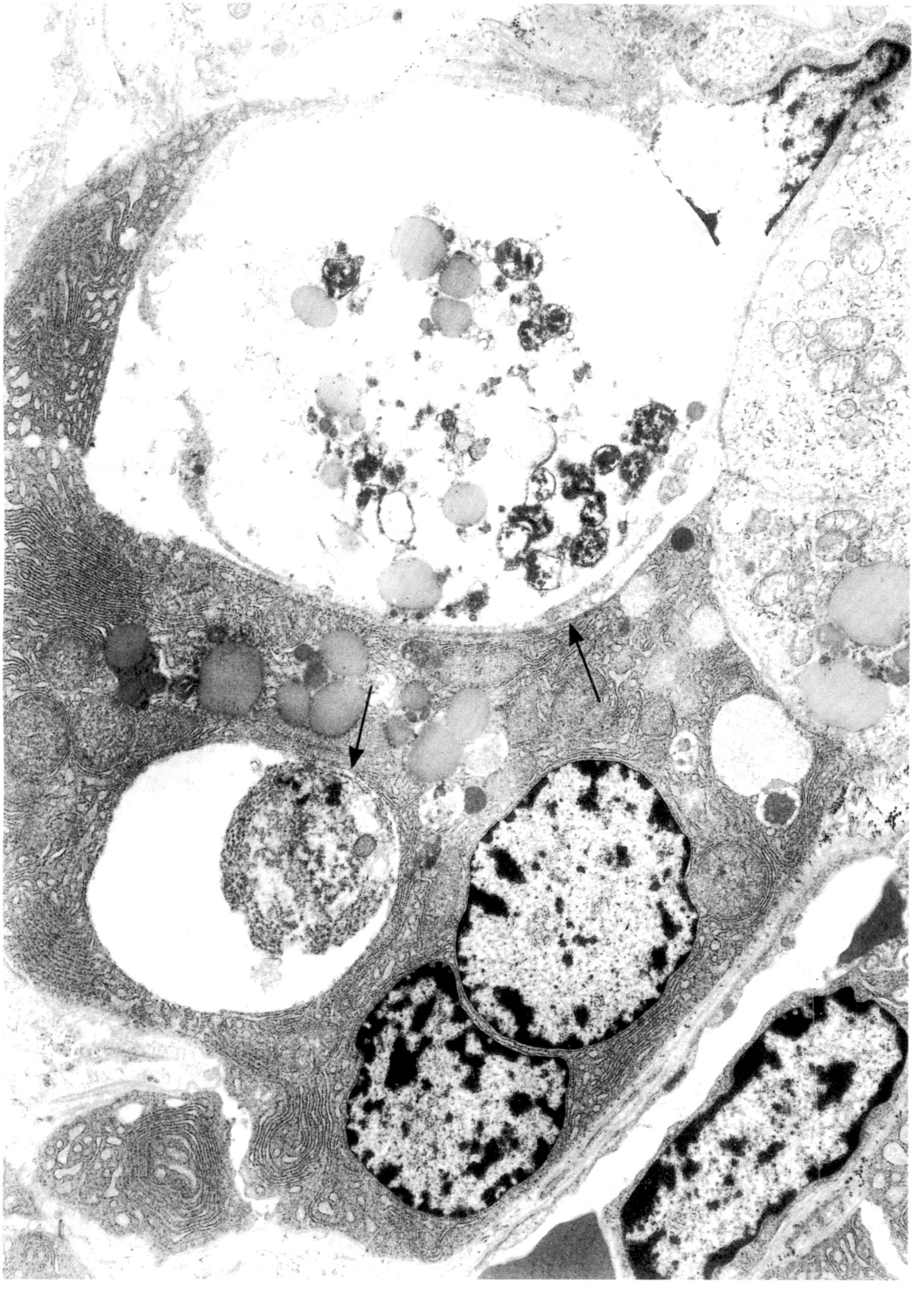

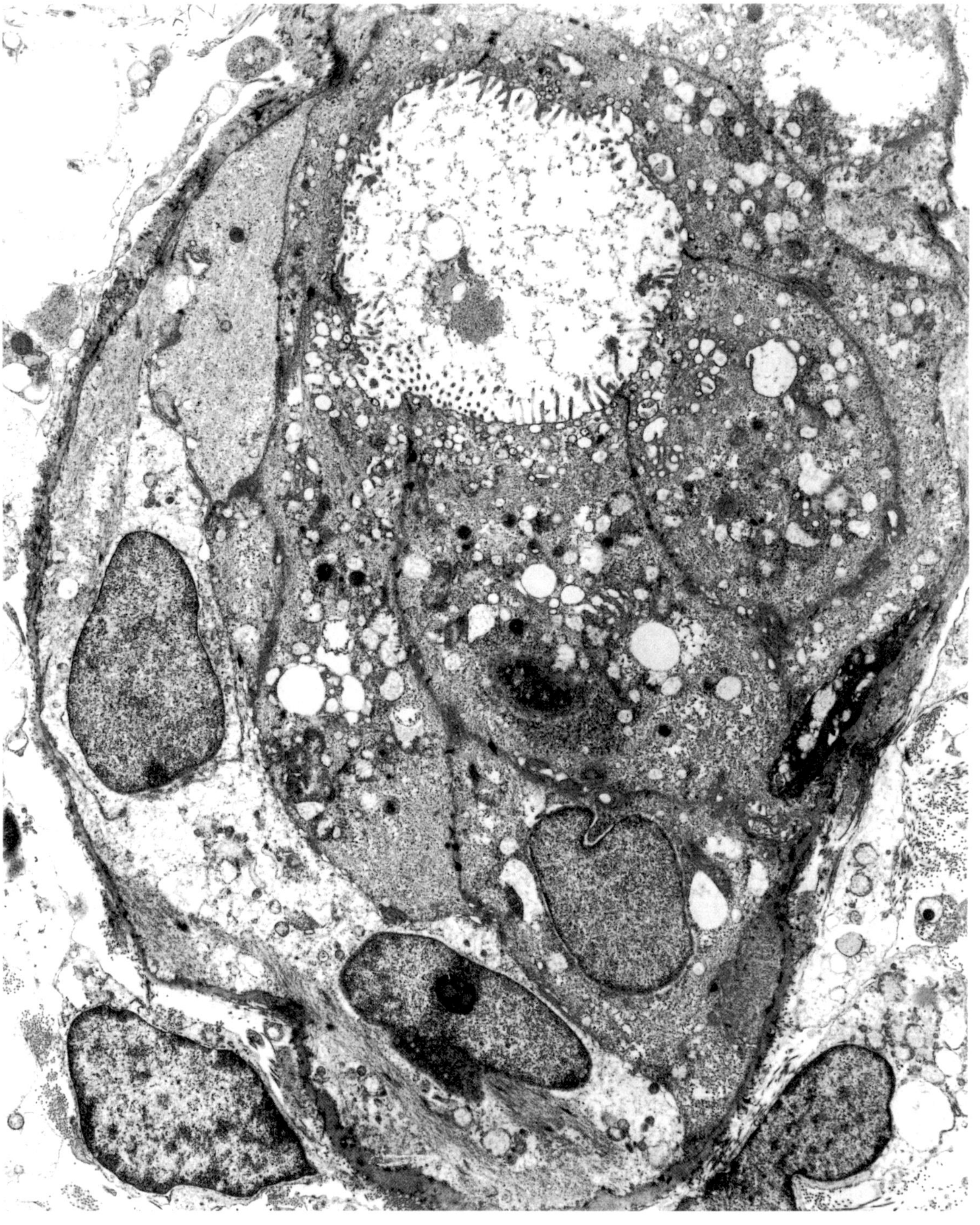

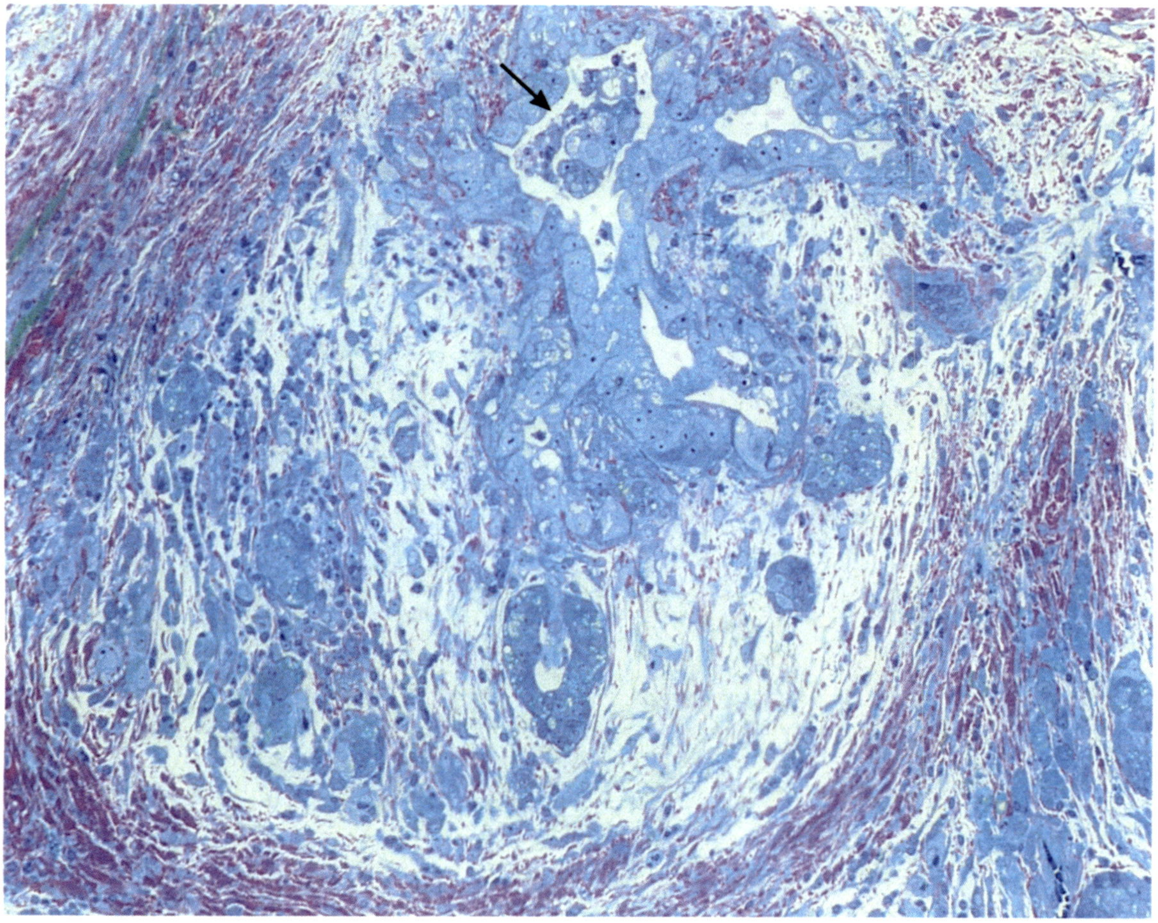

◁ Abb. 62

Rest einer Endaufzweigung des Gangsystems bei fortgeschrittener Fibrose bei chronischer Pankreatitis. Auf der Oberfläche der Epithelzellen erhaltene Mikrovillistruktur. Vesikuläre Erweiterung des endoplasmatischen Retikulums und vesikuläre Umwandlung der Mitochondrien in den Gangepithelzellen. Unterschiedlich stark ausgeprägte ödematöse Auflockerung der zytoplasmatischen Matrix der Gangepithelien.

Transmissionselektronenmikroskopische Aufnahme
Vergrößerung: 5200 ×

Abb. 63

Hochgradige Atrophie des Azinussystems bei chronischer Pankreatitis mit hochgradiger Vernarbung (Grad III). In ausgedehnten Narbenfeldern sind nur Reste der Endaufzweigungen des Gangsystems erhalten. In den Ganglichtungen herdförmig kleine Proliferationszonen des Epithels (Pfeil). In der Vernarbung geringgradige lymphozytäre Infiltration.

Lichtmikroskopische Aufnahme
Semidünnschnitt
Färbung: Basisches Fuchsin und Methylenblau
Vergrößerung: 390 ×

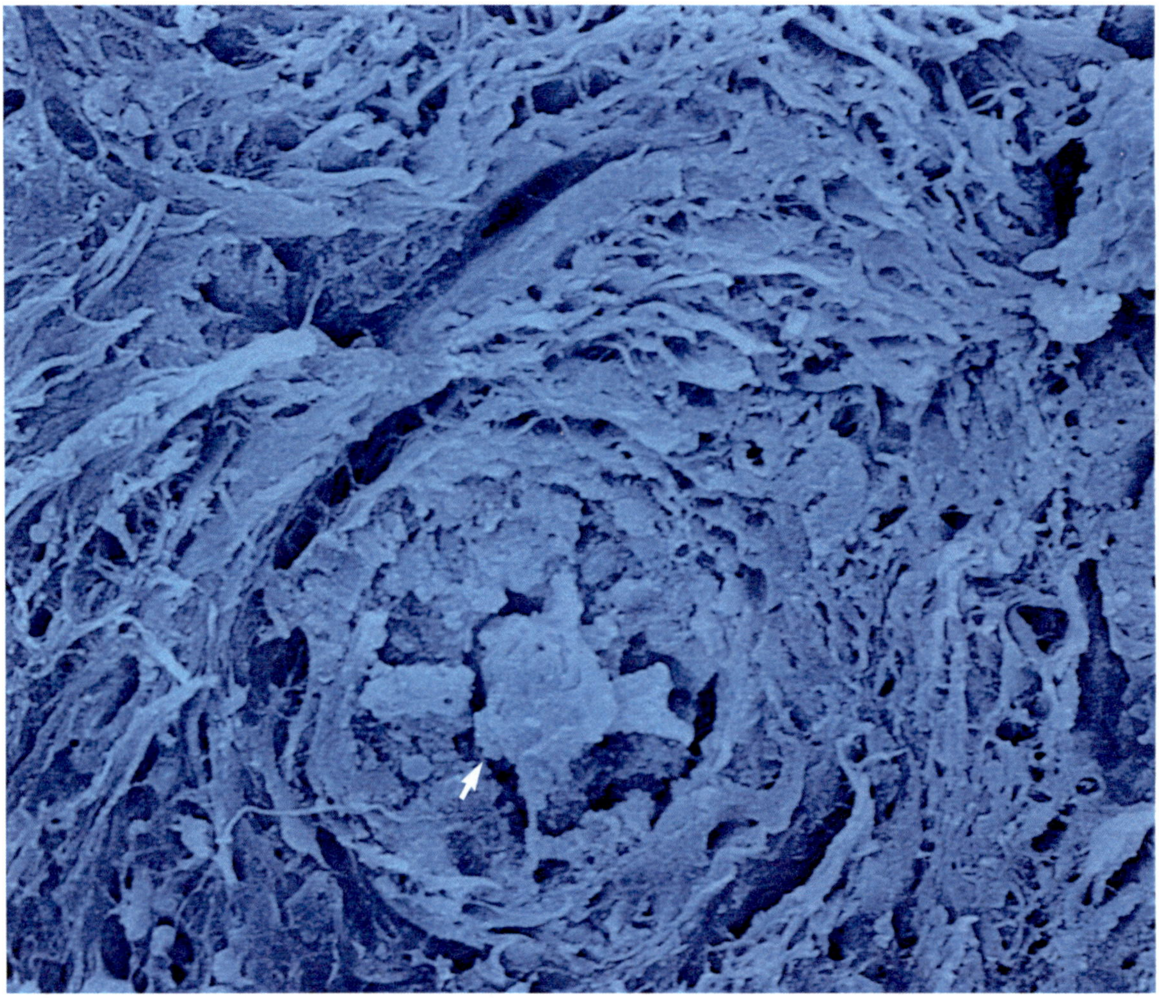

Abb. 64
Fortgeschrittene Vernarbung bei chronischer Pankreatitis mit diffuser Fibrose mit eingeschlossenem Gangrest. In der Ganglichtung abgeschilferte Epithelzellen und Sekretkomplexe (Pfeil). In der Umgebung des Ganges ringförmig angeordnete Faserzone mit groben, irregulär durchflochtenen Kollagenfaserzügen.
Rasterelektronenmikroskopische Aufnahme
Vergrößerung: 720 ×

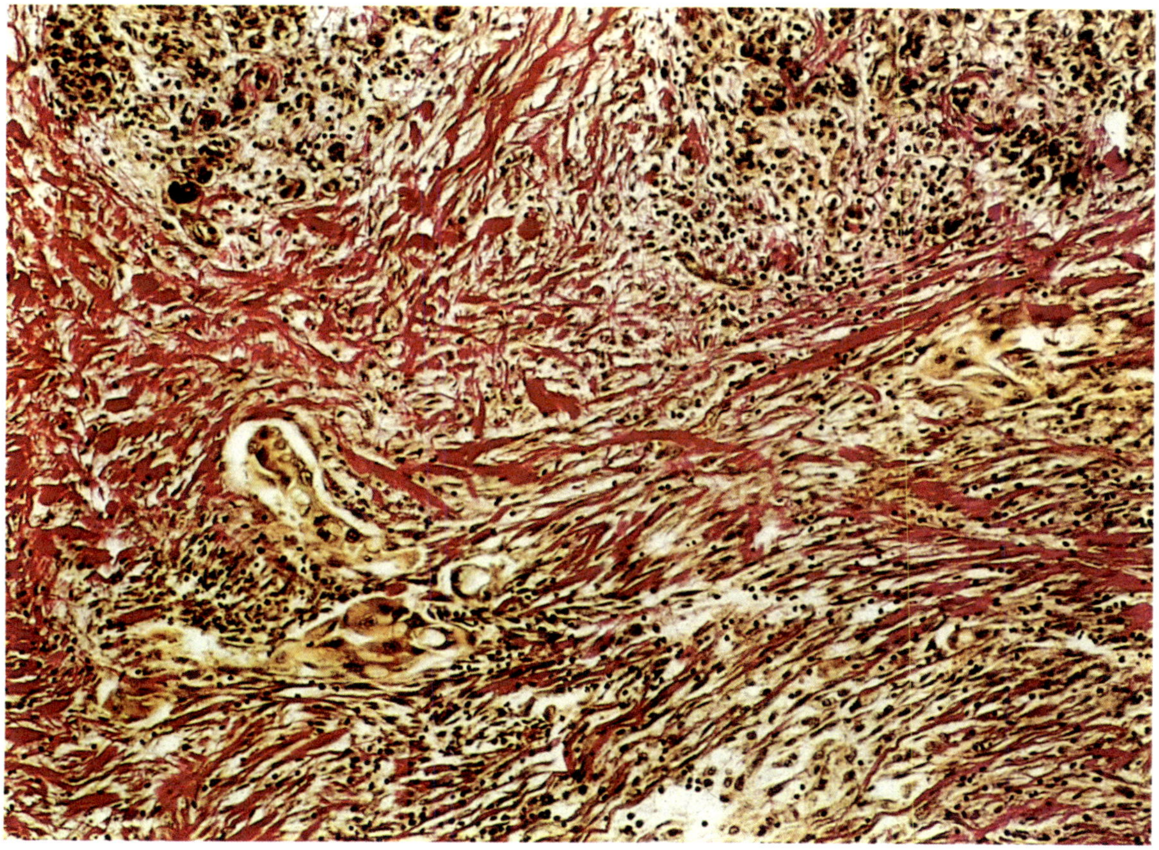

Abb. 65

Fortgeschrittene Fibrose bei chronischer Pankreatitis mit hochgradiger Atrophie des Drüsenparenchyms. In breiten kollagenfaserreichen Narbenzonen nur Reste des Gang- und Azinussystems. In der Fibrose gering ausgebildete Infiltrate mit Lymphozyten und einzelnen Makrophagen.

Lichtmikroskopische Aufnahme
Färbung: van Gieson
Vergrößerung: 210 ×

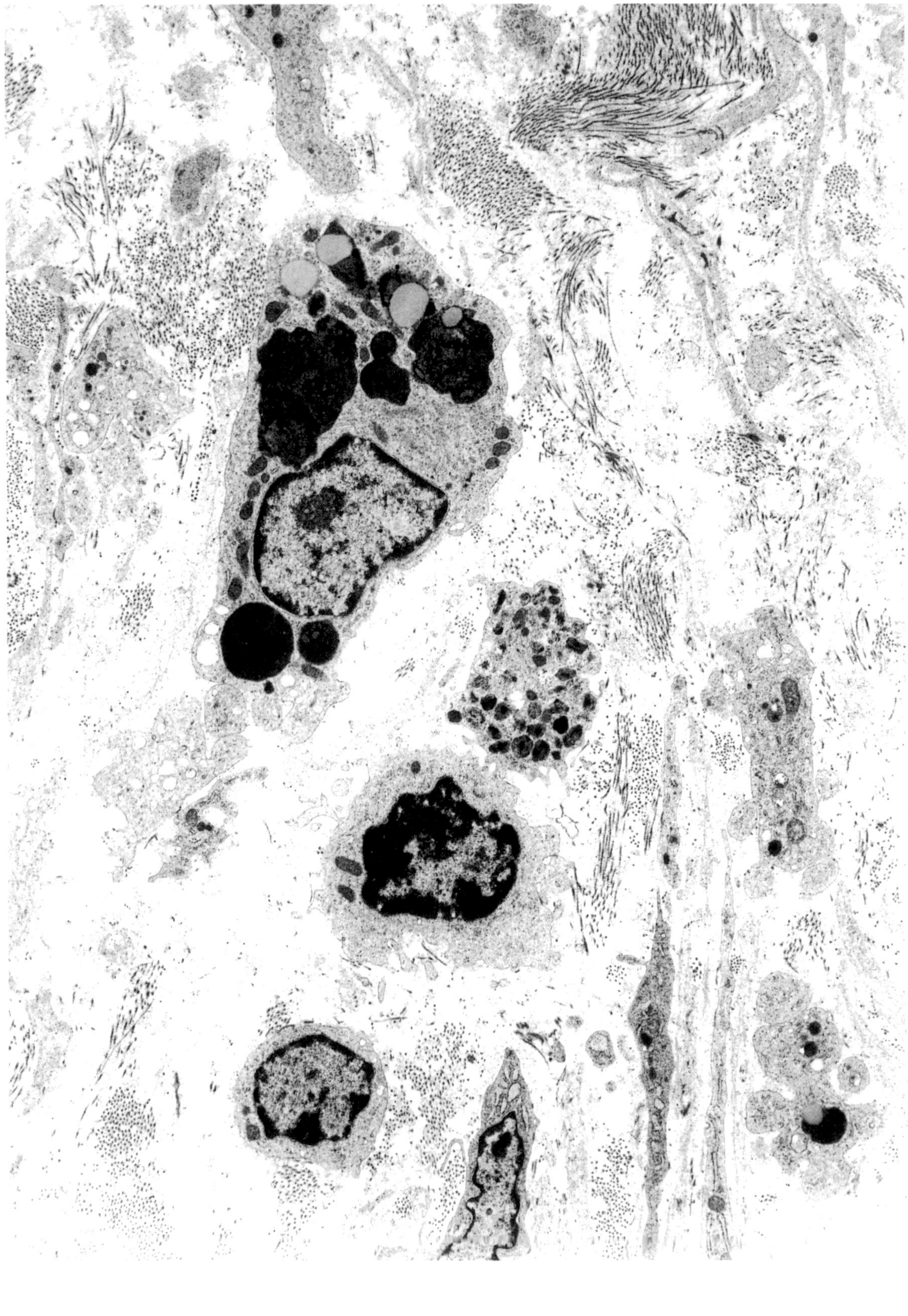

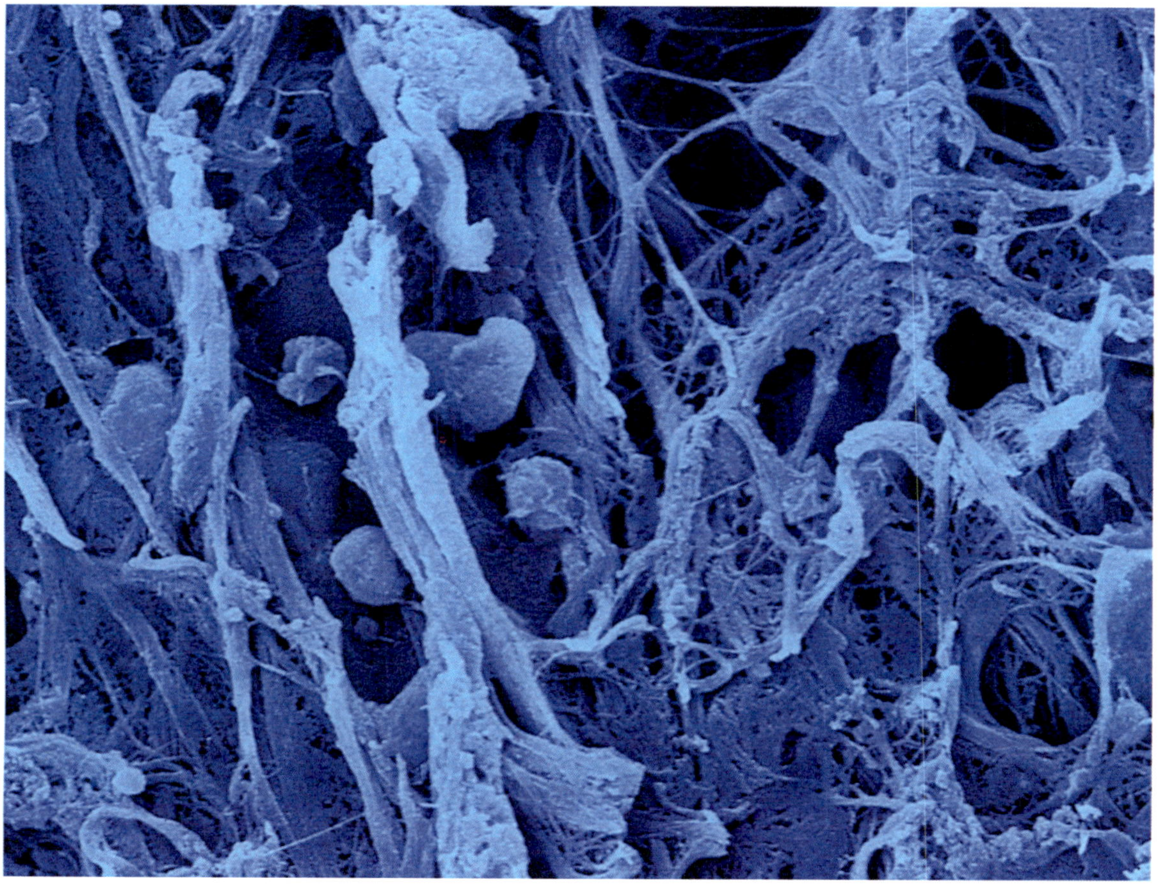

◁ Abb. 66

Fortgeschrittene Vernarbung bei chronischer Pankreatitis. Zwischen Kollagenfaserzügen einzelne Lymphozyten und unterschiedlich große Makrophagen, die z. T. in dichter Anordnung Phagolysosomen enthalten. Schmale Fortsätze von Fibroblasten. In der Umgebung Bildung unterschiedlich breiter, unregelmäßig durchflochtener Faserzüge.

Transmissionselektronenmikroskopische Aufnahme
Vergrößerung: 7500 ×

Abb. 67

Fortgeschrittene Vernarbung mit weitgehender Atrophie des Gangsystems bei chronischer Pankreatitis. Grobe Faserstruktur mit unregelmäßig durchflochtenen Kollagenfaserzügen. Dazwischen angeordnet einzelne Lymphozyten und Makrophagen.

Rasterelektronenmikroskopische Aufnahme
Vergrößerung: 2200 ×

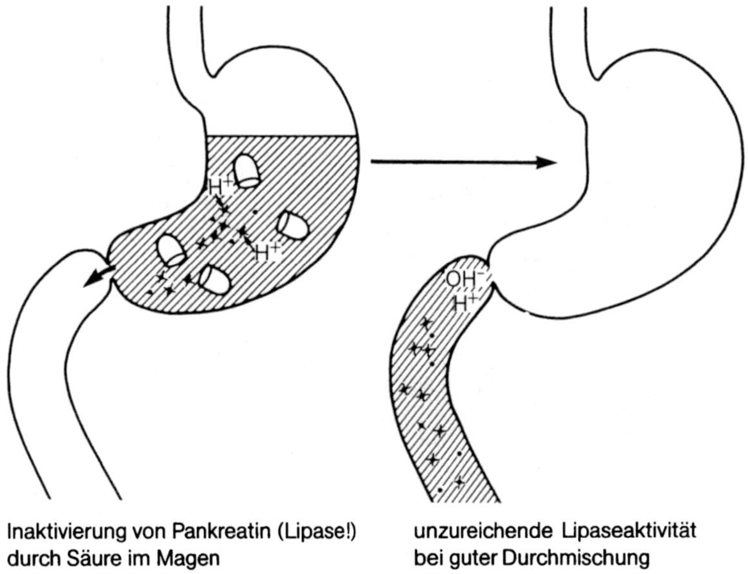

a) Wirkung von Pankreatin-Präparaten ohne Säureschutzfilm: Die im Magen freigesetzte Lipaseaktivität wird durch Säure zum Teil inaktiviert und deshalb trotz guter Durchmischung mit dem Chymus nicht ausreichend wirksam.

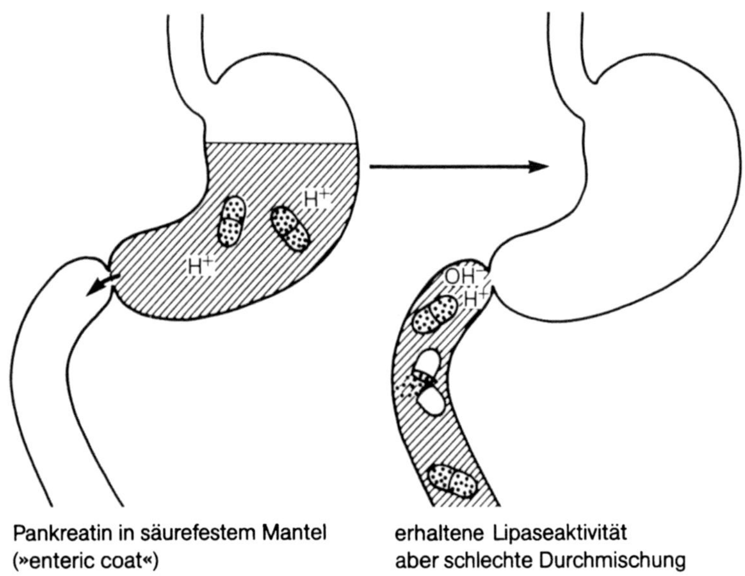

b) Die Wirkung eines Pankreatin-Präparates mit einem säurefesten Schutzfilm. Trotz erhaltener Lipaseaktivität bei der Magenpassage kommt es nur zur unzureichenden Fettaufspaltung wegen ungenügender Durchmischung des Chymus mit Pankreatin.

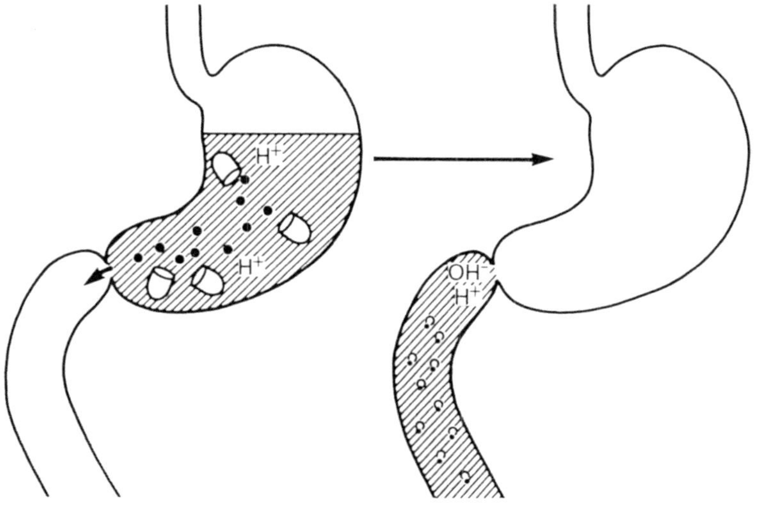

säuregeschützte Pankreatingranula vermischen sich mit saurem Chymus

gute Durchmischung von Pankreatin und Chymus bei erhaltener Aktivität

c) Wirkungsweise eines mikroverkapselten Pankreatin-Präparates (z. B. Kreon®): Die kleinen säuregeschützten Pankreatingranula durchmischen sich im Magen mit dem Chymus und entfalten im alkalischen Milieu des oberen Dünndarms ihre lipolytische Aktivität.

Pankreasenzymsubstituion

Präparatewahl und Dosis richten sich nach der Verträglichkeit, dem Ausmaß der Steatorrhoe bzw. der pathologisch verminderten Chymotrypsinausscheidung im Stuhl. Zur Erfolgskontrolle dienen klinische Parameter wie der Rückgang des Stuhlgewichts und der Stuhlfrequenz, das Nachlassen von Blähungen und Meteorismus wie auch eine Gewichtszunahme. Kommt es nicht zum gewünschten Erfolg, so müssen die Ernährung und die Compliance des Patienten überprüft oder gegebenenfalls das Präparat gewechselt oder die Dosis erhöht werden.

Die verschiedenen, im Handel angebotenen Präparate unterscheiden sich nicht nur durch den Lipasegehalt, sondern auch in der Galenik und den verschiedenen Zusätzen. Aufgrund neuerer Vergleichsstudien werden in erster Linie moderne Pankreatinpräparate empfohlen, in denen das lyophilisierte Enzymextrakt, zumeist aus Schweinepankreas, in magensaftresistenten Pellets verpackt ist. Die kleinen Pellets sind in einer leicht magensaftlöslichen Gelatinekapsel eingeschlossen. Innerhalb kurzer Zeit kann sich die geschluckte Kapsel im Magen auflösen, und die vielen kleinen Pellets durchmischen sich gleichmäßig mit dem Chymus vgl. Abbildungen a-c. Der Schutzmantel der einzelnen Pellets verhindert die Inaktivierung durch Magensäure.

Die dann mit dem Chymus gut vermischt in das Duodenum transportierten Pellets lösen sich ab einem pH-Wert von 5,5 auf und geben die Enzymaktivitäten frei. Deshalb ist eine zusätzlich säurehemmende Therapie, z. B. mit H2-Rezeptor-Antagonisten, wie sie früher empfohlen wurde, nicht notwendig. Zusätzlich zu der sogenannten Spätindikation bei nachgewiesener pankreopriver Maldigestion im Rahmen der chronischen Pankreatitis wird in jüngster Zeit auch eine sogenannte Frühindikation diskutiert und empfohlen, nachdem in zwei kontrollierten Doppelblindstudien der schmerzstillende Effekt von Pankreasenzympräparaten bei der chronischen Pankreatitis, insbesondere in der Frühphase der Erkrankung, nachgewiesen werden konnte, in welcher noch keine exokrine Pankreasinsuffizienz

Tabelle 17 Wirksamkeit von Pankreatin-Präparaten auf das Schmerzsyndrom bei chronischer Pankreatitis in zwei kontrollierten Studien

Autor	Anzahl	Studiendesign	Präparat	Dosis	Schmerz-linderung	Signifikanz
Isaksson et al. 1983	n = 19	Doppelt blind gegen inaktiv. Pankreatin	Pankreatin-Granulat (Kreon®)	5 × 7,5 ml	15/19	p < 0,05
Slaff et al. 1984	n = 20	Placebo- doppelt blind Crossover	Pankreatin-Granulat-Kapseln	3 × 2 + 2 × 1	10/20	
	davon n = 12 ohne Steatorrhoe				9/12	p < 0,05
	n = 8 mit Steatorrhoe				2/8	p > 0,1

nachweisbar ist (Tabelle 17). Diese schmerzlindernde Wirkung wird auf eine negative Feed-back-Regulation des im Pankreatin enthaltenen Trypsins zurückgeführt. Hierbei wird angenommen, daß Trypsin bei Schleimhautkontakt mit dem oberen Dünndarm wahrscheinlich über nervöse Impulse die Pankreassekretion hemmt und hierdurch die postprandiale Schmerzauslösung vermindert. Bei der Präparatewahl ist deshalb neben dem Lipasegehalt und der Galenik auch auf den Trypsingehalt zu achten. Da nicht alle Patienten mit chronischer Pankreatitis von der Frühindikation der Pankreasenzympräparate zur Schmerzlinderung profitieren, wird empfohlen, bei Patienten mit chronischer Pankreatitis und schmerzreichen Zuständen, auch ohne Nachweis einer exokrinen Pankreasinsuffizienz mit Steatorrhoe, ex juvantibus zunächst Pankreasenzympräparate über 2-3 Wochen in einer Dosierung von 2-3 Drg. oder Kapseln, jeweils zu den Mahlzeiten, zu versuchen. Kommt es nicht zur gewünschten Schmerzreduktion, so kann die Behandlung wieder abgesetzt und erst wieder aufgenommen werden, wenn sich im späteren Verlauf eine exokrine Insuffizienz manifestiert.

Diabetes mellitus

Da der pankreoprive Diabetes mellitus durch Erschöpfung der Insulinreserve bedingt ist, sind orale Antidiabetika in der Regel unwirksam. Eine diätetische Einstellung sollte die notwendige Kalorienzufuhr von 240 bis 300 g leicht aufschließbarer Polysaccharide bei immer gleichzeitig bestehender exokriner Insuffizienz berücksichtigen. Bei Blutzuckertageswerten von 160 bis 200 mg% und einer Zuckerharnausscheidung über 30 g pro 24 Stunden ist die Einstellung mit Insulin angezeigt. Hierbei sollten die Blutzuckerwerte nicht zu tief eingestellt werden wegen der Gefahr einer Hypoglykämie aufgrund der gleichzeitig verminderten Glukagonreserve. Außerdem werden Hypoglykämien durch unregelmäßige Nahrungsaufnahme, z. B. bei starken postprandialen Schmerzen, und durch zusätzlichen Alkoholmißbrauch bzw. bei Absetzen von Pankreasenzympräparaten provoziert.

Schmerzbehandlung (Tabelle 18)

Tabelle 18 Stufenweises Vorgehen bei der Behandlung des Schmerzsyndroms bei chronischer Pankreatitis

Stufe 1	► Alkoholkarenz ► Meiden von Tier.-Nahrungsfett ► Probatorisch Fermente
Stufe 2	► Spasmoanalgetika/Codeinphosphat Paracetamol/(Salizylate)
Stufe 3	► Stufe 2 plus Psychopharmaka Neuroleptika (Atosil®, Megaphen®) plus Analeptika (Tofranil u. a.)
Stufe 4	► Opiatanaloge (Temgesic®, Fortral®) plus kombin. Neuro-Analeptika (!)

Bei der Schmerzbehandlung muß auf eine sorgfältige Präparateauswahl und Dosierung geachtet werden. In der Stufe I sollte die allgemeine Therapie auf schmerzstillende Effekte überprüft werden wie

Alkoholkarenz, häufige kleine Mahlzeiten, Enzymsubstitution (Frühindikation!). Bei stärkeren Schmerzepisoden werden in der Stufe II vorwiegend peripher wirkende Analgetika wie Paracetamol oder Salizylate, eventuell kombiniert mit Codeinphosphat, eingesetzt. Der analgetische Effekt kann hierbei verstärkt werden durch die gleichzeitige kombinierte Gabe eines Neuroleptikums, wie z. B. Triflupromazin oder Promethazin, und einem Analeptikum, wie z. B. Imipramin. Wichtig ist die regelmäßige Einnahme während der schmerzreichen Episoden, da hierdurch Schmerzmittel eingespart werden können im Vergleich zur Verordnung „nach Bedarf". In Stufe III müssen bei Versagen der Stufe II die einfachen Analgetika durch Opiatanaloge ausgetauscht werden. Wegen der Gefahr der Toxikomanie muß bei der Indikationsstellung darauf geachtet werden, ob der Bedarf tatsächlich durch den Entzündungsschub und nicht durch bereits bestehende Analgetikasucht verursacht wird. Eine überlagernde Alkoholsucht verstärkt in der Regel das Problem zusätzlich. Versagen alle diese Maßnahmen, so muß bei therapierefraktärem Schmerzsyndrom die elektive Operation erwogen werden.

3.4.6.2 Operative Therapie (Abb. 54, 68-71)

Die Fortschritte in der Pankreasdiagnostik und die Entwicklung der Pankreaschirurgie ermöglichen eine radikale operative Therapie der chronischen Pankreatitis, wie sie beim Pankreaskarzinom regelmäßig angewandt wird. Die Indikation zur operativen Therapie bei der chronischen Pankreatitis wird durch das Auftreten typischer Komplikationen wie Choledochusstenose, Duodenalstenose, große Zysten, Aszites oder Pleuraerguß bestimmt (Kümmerle et al. 1979). Mit diesen Komplikationen ist in etwa 20% der Fälle mit chronischer Pankreatitis zu rechnen (Krauterberger et al. 1985). Die Operationsindikation ist nach einem primär abwartenden, konservativen Vorgehen nur nach Abwägung aller individueller Faktoren zu stellen. Dabei ist jedoch auf den richtigen Zeitpunkt für das operative Eingreifen zu achten (Kümmerle et al. 1979). Die progrediente Kachexie ist besonders zu berücksichtigen. Bei frühzeitigem Eingreifen kann die noch vorhandene endokrine und exokrine Restfunktion erhalten werden. Systematische computertomographische Beobachtungen haben gezeigt, daß bei etwa 8% der Fälle von Pseudozysten des Pankreas eine Spontanrückbildung eintritt. In 30% treten jedoch sekundäre Komplikationen mit Blutungen oder Rupturen auf. Erst die nach engmaschiger sonographischer Kontrolle bestimmbare Zystendynamik läßt bei einer Größenzunahme das operative Vorgehen rechtfertigen. Eine absolute Operationsindikation stellt die biliäre Pankreatitis dar, die in der Regel durch Sanierung der Gallenwege zum Stillstand gebracht werden kann (Kümmerle et al. 1983). Auch der präoperativ nicht abklärbare Verdacht auf Vorliegen eines Pankreaskarzinoms stellt eine Operationsindikation dar.

Umstritten sind insbesondere die relativen Operationsindikationen besonders die Indikation beim Schmerzsyndrom. Die Angaben für das Auftreten dieser Komplikation bei der unkomplizierten chronischen Pankreatitis schwanken zwischen 4,3 (Ammann 1987) und 65% (Gebhard und Gall 1980). Die Pathogenese des Schmerzes ist dabei nicht eindeutig geklärt. Die Therapie kann deshalb nur auf empirischer Basis erfolgen. Es wird angenommen, daß die entzündliche Veränderung im Drüsengewebe, der Überdruck im Pankreasparenchym zu einer Ummauerung der sensorischen Nerven führen oder die floride perifokale Entzündung um die Pseudozysten eine Ursache für die Schmerzen bildet. Therapieresistente Schmerzen sind dann anzunehmen, wenn morphologische Veränderungen wie Zysten oder Karzinome nicht nachgewiesen werden und fortgesetzter Alkohol- und Opiatabusus ausgeschlossen werden kann. Bei der operativen Therapie muß berücksichtigt werden, daß in 20 bis 50% nach den Pankreasoperationen erneut Pankreatitisschübe auftreten können. Die Wahl des Operationszeitpunktes beeinflußt deshalb das postoperative Ergebnis im Hinblick auf den Erfolg der Schmerztherapie. Langzeitbeobachtungen haben ergeben, daß bei Spätoperationen mit dem günstigsten Therapieerfolg zu rechnen ist. 85% der Patieten werden nach einer medianen Zeitperiode von 4½ Jahren schmerzfrei (Beger 1985). Resektion und Selbstamputation des Organs ergänzen sich bei einem solch langem Verlauf gegenseitig.

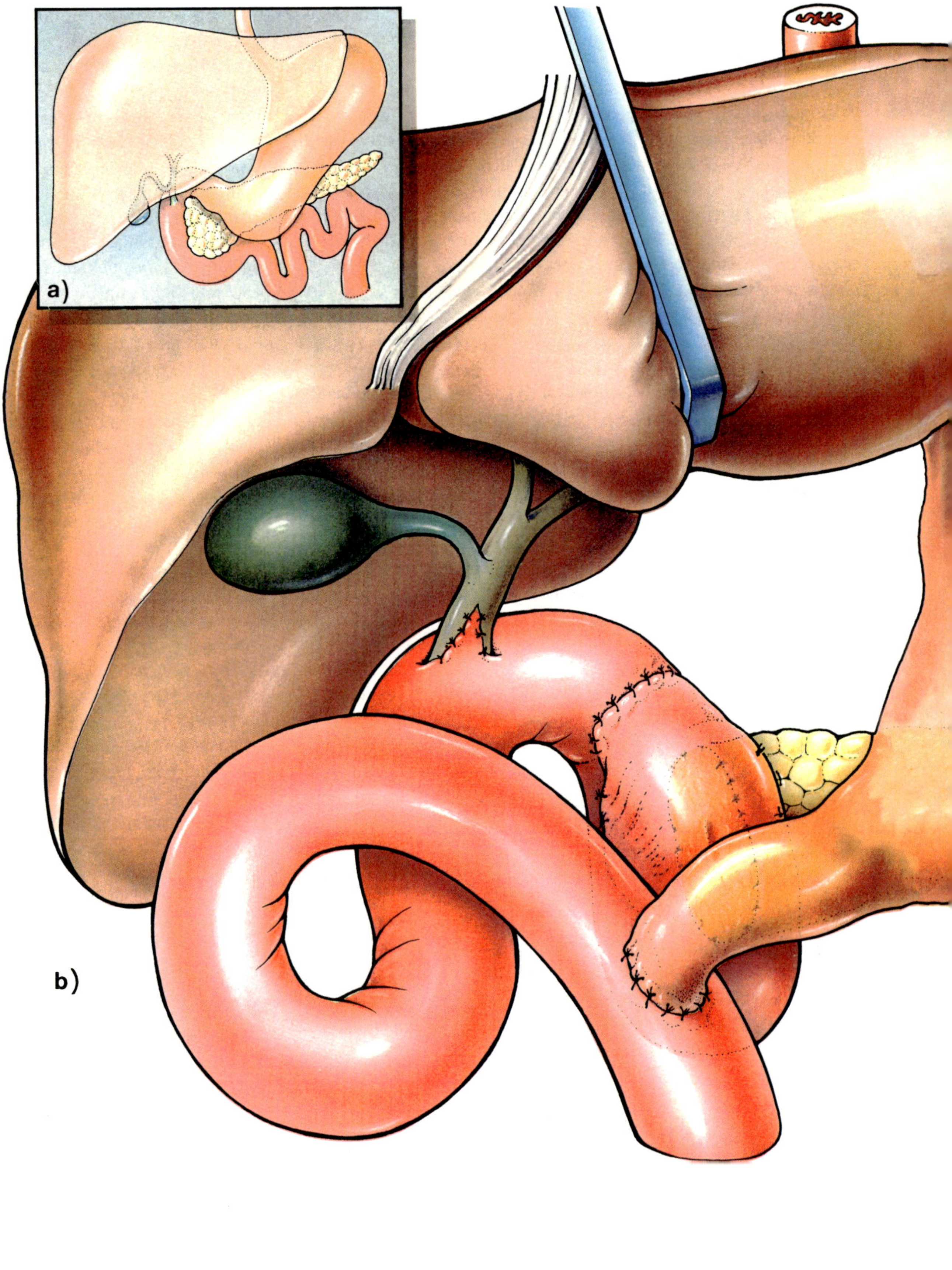
a)
b)

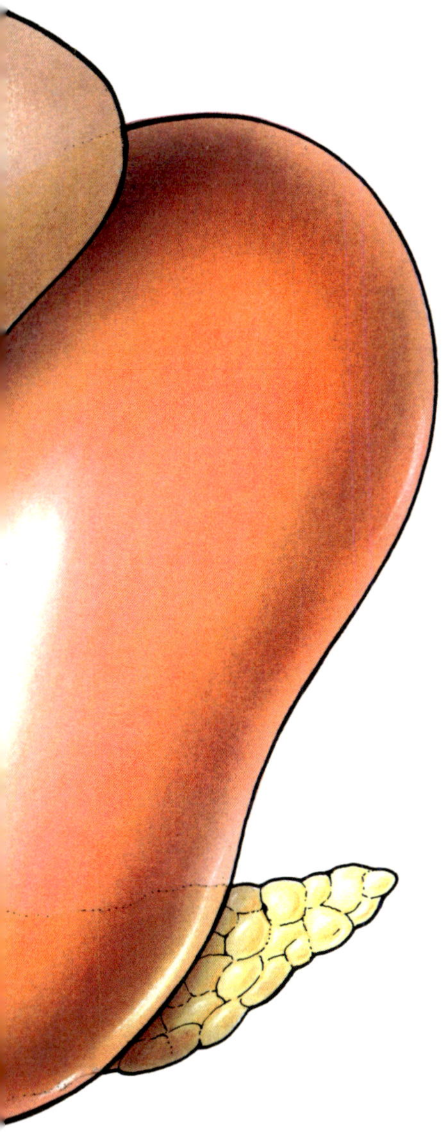

Abb. 68
Darstellung des Operationssitus bei pyloruserhaltender Duodenopankreatektomie.

a) normaler Situs von Magen, Duodenum und Pankreas
b) Rekonstruktion nach Duodenopankreatektomie mit Belassung des Pylorus und proximalen Duodenums. Die termino-laterale Pankreatojejunostomie ist durch eine Jejunoplicatio verstärkt.

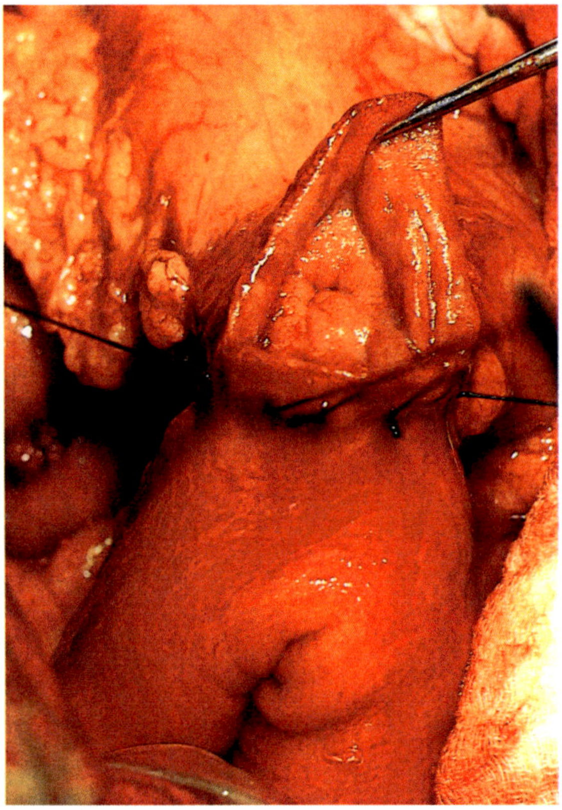

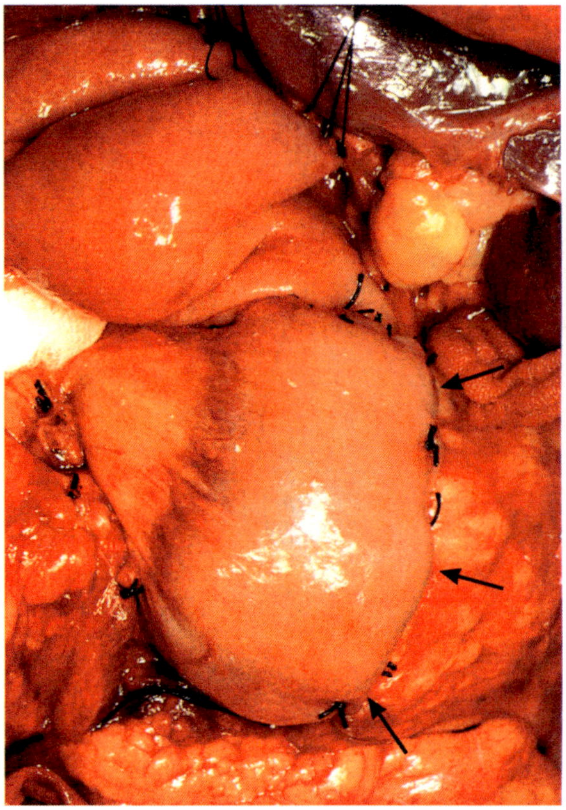

Abb. 69

a) Operationssitus nach erfolgter Durchtrennung des Duodenums bei pyloruserhaltender Pankreatektomie. Einblick ins proximale Duodenum. Pylorus ist geschlossen. Aufsicht von caudal. Die seroserösen Nähte der Anastomosenhinterwand (termino-lateral) sind gelegt und geknüpft.

b) Operationssitus nach Beendigung der termino-lateralen Pankreatojejunostomie mit Jejunoplicatio (Pfeile).

Der Entschluß zur operativen Therapie der chronischen Pankreatitis muß wesentlich von der Bereitschaft des Patienten zur Kooperation und zum Alkoholverzicht bestimmt sein. Spättodesfälle, aber auch Spätkomplikationen hängen hauptsächlich von einem postoperativ fortgesetzten Alkoholabusus ab (Kozuschek et al. 1986). Deshalb wird die Meinung vertreten, daß bei uneinsichtigen Alkoholikern nur der unbedingt notwendige, kleinstmögliche chirurgische Eingriff durchgeführt werden soll.

Das operative Behandlungsprinzip orientiert sich am lokalen Befund, der aufgrund der verbesserten diagnostischen Möglichkeit präoperativ planbar ist (Tabelle 19).

Tabelle 19 Operationsindikationen (Kümmerle et al., 1979)

1. Absolute Indikationen
   - Komplikationen wie Choledochusstenose,
     Duodenalstenose,
     große Zysten,
     Aszites oder
     Pleuraerguß
   - biliäre chronische Pankreatitis
   - Malignitätsverdacht
2. Relative Indikationen
   - therapierefraktäres Schmerzsyndrom
   - therapierefraktäre rezidivierende Schübe

Bei stark dilatiertem Gangsystem über 8 mm Breite und bei großen Pankreaszysten werden Drainageverfahren angewandt. Nach Puestow wird die Pan-

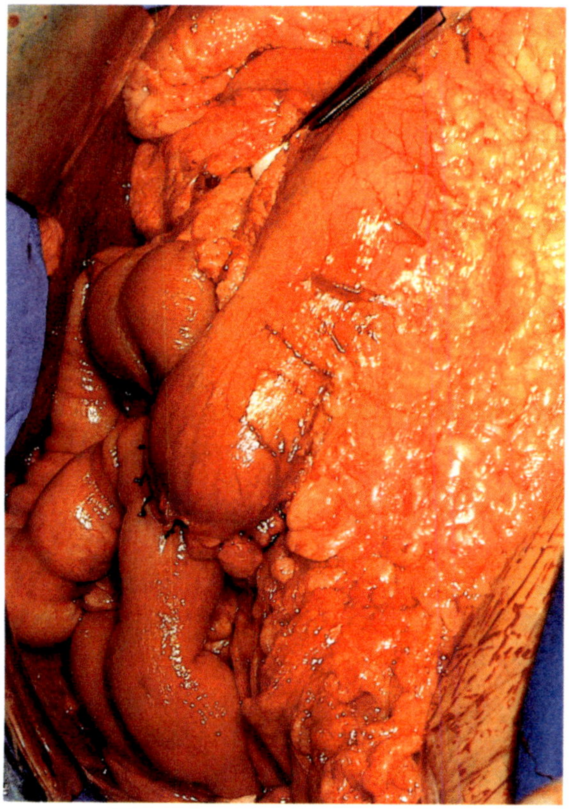

Abb. 70
Duodeno-Pankreaskopf-Resektion mit Erhaltung von Magen und Pylorus. Operationssitus nach Fertigstellung aller Anastomosen.

kreatikojejunostomie mit einer 10 bis 12 cm über Cauda und Corpus geführten, mindestens 60 cm langen nach dem Y-Roux-Prinzip ausgeschalteten Dünndarmschlinge vorgenommen. Der intrapankreatische Reflux soll dabei selten auftreten.

Wenn der Pankreasgang durchgehend ohne Stenose dilatiert ist, bietet sich das Vorgehen nach Dural an. Die wesentliche Voraussetzung für die sachgerechte Drainageoperation am Pankreasgangsystem ist die genaue Kenntnis der Gangmorphologie, die entweder präoperativ durch ERCP oder intraoperativ durch eine entsprechende Gangdarstellung vermittelt wird. Die intraoperative Sonographie kann beim Auffinden des Pankreasganges hilfreich sein (Avirdsson et al. 1985).

Das Ziel der inneren Ableitung ist die Dekompression des Gangsystems unter Umgehung oder Beseitigung intraduktaler Hindernisse. Wenn auch dabei die Veränderungen im Bereich der kleineren Seitenäste unberücksichtigt bleiben, ergibt sich jedoch eine Schmerzbefreiung in 50 bis 70% der Fälle (Kümmerle 1979). Die relativ schlechten Spätergebnisse dieses Verfahrens entwickeln sich aus der fehlenden Beseitigung der Veränderungen im Bereich der kleinen Seitengänge. Mit Progredienz der Erkrankung kommt es zu weiteren Pankreatitisschüben. Außerdem kann bei diesem Verfahren ein Karzinom übersehen werden.

Tabelle 20 Therapieverfahren

1.	Resezierende Verfahren
1.1	Rechtsresektionen
1.1.1	Partielle Rechtsresektionen evtl. mit Gangokklusion
1.1.2	Totale Rechtsresektionen
1.1.3	Duodenumerhaltende Kopfresektion
1.2	Linksresektionen
1.2.1	Partielle Linksresektionen (40 bis 80%ig)
1.2.2	Subtotale Linksresektionen (80 bis 95%ig)
2.	Drainageverfahren
2.1	Innere Ableitung
2.1.1	Zysto-, Jejuno-, Duodeno- oder Gastrostomien
2.1.2	Drainage über erweiterten Pankreasgang (Duval, Puestow)
2.2	Äußere Ableitung (Marsupialisation)
3.	Sonstige Operationen
3.1	Gallenwegseingriff (Cholezystektomie; Choledochusrevision; Cholezysto-, Choledocho-Jejunostomien; Papillotomien)
3.2	Umgehungsoperationen
3.3	Nervenresektion
3.4	Drainage der Pankreasregion
4.	Konservative Therapie
4.1	Vermeidung nutritiver Noxen
4.2	Medikamentöse Therapie der endokrinen und exokrinen Insuffizienz
4.3	Schmerztherapie

Die drainierenden Operationsverfahren gelten als Therapie der Wahl für die Pseudozysten, die klinisch meistens innerhalb der ersten 3 Monate nach einem akuten Schub in Erscheinung treten. Eine über 5 cm im Durchmesser große Zyste mit stabilen anastomosenfähigen Wandverhältnissen sollte wegen der Gefahr der Ruptur oder der Infektion oder bei bestehenden Schmerzen mit Kompression der

Nachbarorgane operiert werden. Die Methode der Wahl ist die Zysto-Jejunostomie als Anastomose mit einer nach Roux ausgeschalteten Jejunumschlinge oder durch eine Braun-Enteroanastomose. Je nach lokalen Verhältnissen kommen aber auch Zystogastrostomien oder Zystoduodenostomien in Betracht. Das Grundprinzip bildet das Anlegen einer möglichst weiten Anastomose am tiefsten Punkt unter Berücksichtigung des Zysteninhaltes. Die Pseudozysten bestehen aus einer Granulationsgewebs- und Narbenzone, die eine Ansammlung aus Blut- und Blutungsresten, Pankreasenzymen und Zelldetritus umschließt (Edelmann et al. 1986). Auch bei der inneren Anastomose sollte die Entlastung des gesamten Pankreasgangsystems immer vorgenommen werden, da sonst Zystenrezidive auftreten können und die pankreatischen Schmerzen anhalten. Man kann dabei nicht davon ausgehen, daß der Pankreassaft über die Zyste einen Abfluß in das Jejunum findet, da sich die Verbindung gewöhnlich nach Schrumpfung der Zyste verschließt.

Die Drainage nach außen, sei es durch Einführung eines Drains oder sei es durch Einnähen der Zystenwand in die Bauchwunde (Marsupialisation) sollte bei großen extrapankreatischen Pseudozyten wegen des langen postoperativen Heilungsverlaufes möglichst vermieden werden. Dieses Verfahren kommt hauptsächlich bei ganz großen Pseudozysten nach einer akuten Pankreatitisattacke infrage. Bei dieser Situation ist die innere Ableitung kontraindiziert, weil die Wand der Zyste nicht aus einer festen Kapsel, sondern nur aus fibrös verklebten Wandungen der Nachbarorgane besteht (Hess 1969). Resektionsbehandlung müssen immer dann in Erwägung gezogen werden, wenn Pankreasgangerweiterungen über 8 mm fehlen. Eine Gangerweiterung ist lediglich in 30% der Pankreatitiden nachweisbar (Krautzberger et al. 1985). Die Ausschaltung der Entzündungsherde ist ein weiterer konsequenter Schritt der Therapie, zumal durch die neuen diagnostischen Verfahren diese Herde besser präoperativ ermittelt werden können (Kümmerle et al. 1982).

Bei den Operationsverfahren unterscheidet man die Linksresektion, die das Duodenum erhält, von der Rechtsresektion die zusätzlich in den physiologischen Transportweg der Nahrung eingreift. Nach dem Ausmaß der Pankreasresektion werden partielle oder totale, bzw. subtotale Maßnahmen unterschieden. Partielle Linksresektionen und subtotale Linksresektionen, die operationstechnisch über das Gefäßband nach medial hinausreichen, haben ihre Berechtigung bei segmentaler Pankreatitis im Pankreasschwanz und gegebenenfalls damit verbundener Milzvenenthrombose mit segmentaler oder portaler Hypertension (Krautzberger et al. 1985).

Die Rechtsresektion, die klassische partielle Duodenopankreatektoktomie nach Wipple (1935) wird zur Behandlung schwerer Pankreatitiden mit Ausbildung eines entzündlichen Pankreaskopftumors angewandt. Jede Duodenopankreatektoktomie besteht aus 3 Operationsphasen:
1. Exploration
2. Mobilisierung und Resektion
3. Wiederherstellung der gastrointestinalen und biliodegestiven Kontinuität.

Bei der Exploration muß geklärt werden, ob die tumoröse Pankreaskopfpankreatitis operabel ist. Eine entzündliche oder gar tumoröse Fesselung der Vena mesenterica superior oder Ummauerung der Vena portae schließen eine radikale Pankreaskopfresektion aus.

Bei der Whipple-Operation ist aus anatomischen und physiologischen Gründen die Pankreaskopfresektion, die Mitresektion der distalen ⅔ des Magens, des Duodenums, des Ductus choledochus einschließlich des Ductus cystikus und der Gallenblase sowie der ersten 10 bis 15 cm des proximalen Jejunum erforderlich. Die Wiederherstellung der Kontinuität beginnt nach der Pankreaskopfresektion mit der Anastomose zwischen Pankreasrest und Jejunum. Diese Anastomose ist Ursache für mögliche Komplikationen, wie Nahtinsuffizienz, sowie die Gefahr einer Entzündung im Restpankreas.

Das Risiko einer Pankreasanastomoseninsuffizienz kann durch breite Plikation des Jejunums um die termino-laterale pankreatojejunale Anastomose vermieden werden (Siedeck et al. 1985, Kozuschek 1985, 1986). In Abhängigkeit von der Konsistenz des Pankreasparenchyms und der Gangmorphologie im Pankreasrest sind verschiedene Anastomo-

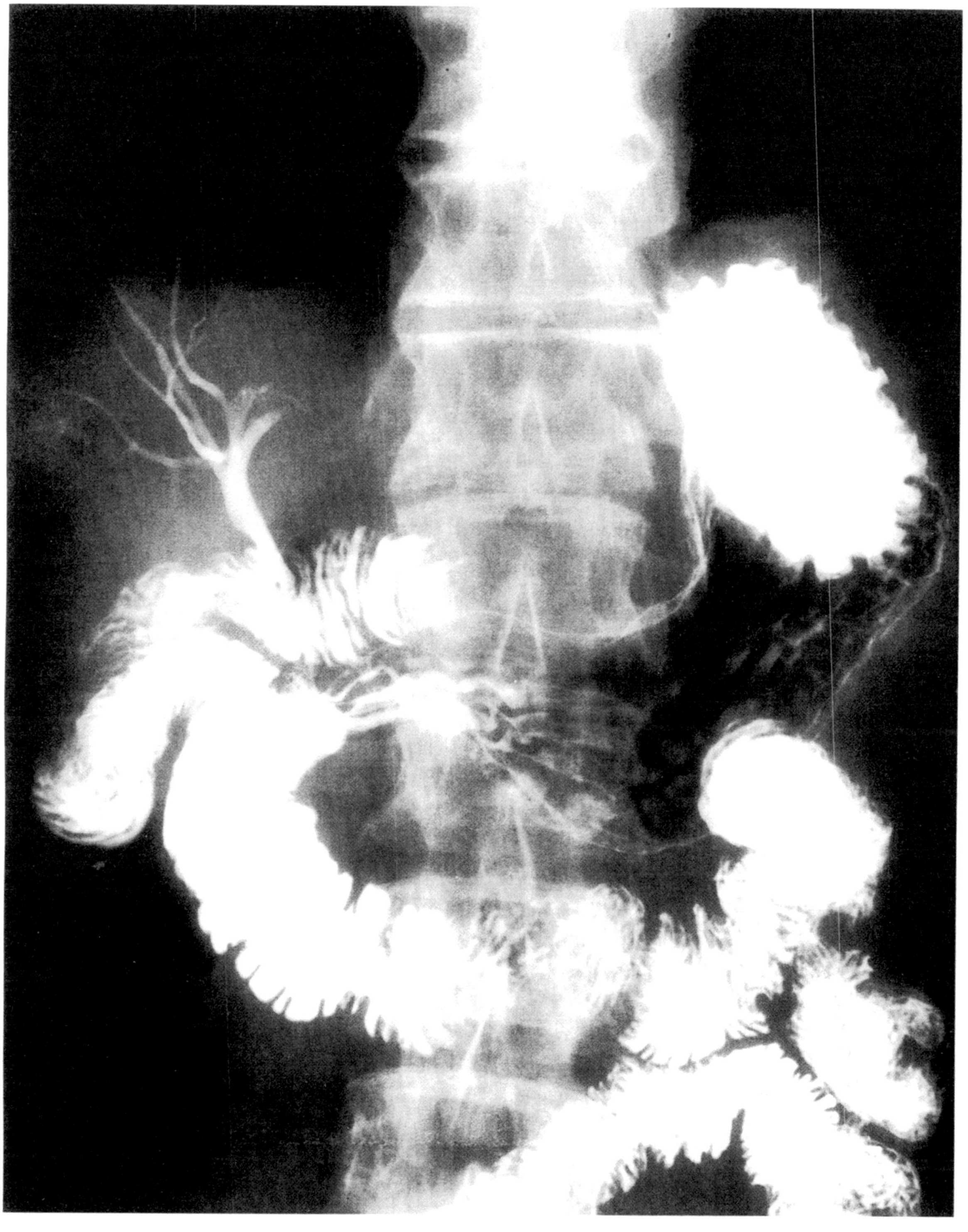

Abb. 71
Röntgenkontrolluntersuchung 14 Tage nach Duodeno-Pankreaskopf-Resektion mit Pyloruserhaltung. Darstellung der Anastomosen zum Pankreasrest, Gallengang und proximales Duodenum. Kräftige Antrumperistaltik und unauffällige Pylorusfunktion.

sentechniken angewandt worden. So kann die Rechtsresektion mit einer Drainageoperation bei der Anlage der pankreatojejunalen Anastomose kombiniert werden (Horn 1987). Als weitere Maßnahme zur Sicherung der Pankreasanastomose und zum Ausschluß weiterer Beschwerden oder eines Rezidivs wird die intraoperative Gangokklusion mit einer organischen, intraduktal aushärtenden Prolaminlösung (Ethibloc) angegeben (Gebhardt 1984).

Die Ausdehnung der Whipple-Operation zur kompletten Organentfernung – totale Duodenopankreatektomie – bedeutet einen absoluten Verlust der endokrinen und exokrinen Pankreasfunktion. Operationsrisiko, postoperative Komplikationen und spätoperative Morbidität stehen aber zu dem großen Organtrauma in positiver Korrelation (Raupach 1986).

Die partielle Duodenopankreatektomie nach Whipple geht mit einer hohen postoperativen Mortalitätsrate und schlechten Verdauungsleistungen einher. Die hohe Mortalität konnte in der Vergangenheit der gefährlichen Pankreasanastomose und der mangelnden Erfahrung der Chirurgen angelasten werden. Beide Faktoren konnten inzwischen korrigiert werden.

Um die postoperative Verdauungsleistung nach Duodenopankreatektomie zu verbessern, haben Traverso und Longmire (1978) die Belassung des Magens, des Pylorus und des proximalen Duodenums empfohlen. Inzwischen wurde über 252 Fälle mit der entsprechenden Operationstechnik berichtet (Braasch et al. 1986). Nach eigenen Erfahrungen an 23 Patienten hat sich die Duodenopankreatektomie mit Pyloruserhaltung als vorteilhaftes Operationsverfahren erwiesen (Kozuschek 1985, Edelmann und Kozuschek 1986).

Es wird bei dieser Operationstechnik in ähnlicher Weise vorgegangen, wie bei der Standardpankreatektomie. Das Duodenum wird 2 bis 4 cm distal vom Pylorus durchtrennt. Da die rechte Arteria gastro-epiploica, die Arteria pankreatico-duodenalis inferior und die Arteria gastrica dextra bei der Pankreaskopfresektion unterbunden werden müssen, erfolgt die arterielle Versorgung des Duodenalstumpfes durch die Arteria gastrica sinistra entlang der kleinen Kurvatur des Magens und des Pylorus. Es ist deshalb unerläßlich, diese Gefäßversorgung zu erhalten, da sich sonst eine Nahtinsuffizienz entwickelt. Außerdem muß der Nervenplexus von Latarjet, der das Antrum und den Pylorus innerviert, erhalten werden. Eine Zerstörung dieser Strukturen könnte zu einer funktionellen Entleerungsstörung des Magens führen. Das Duodenum wird dabei End zu Seit in die hochgezogene Jejunumschlinge nach der biliären Anastomose und der Pankreasanastomose implantiert. Die Vorteile der Pyloruserhaltung bei der Duodenopankreatektomie sind überzeugend und haben folgende Gründe:

1. Die Operation ist auf den rechten Oberbauch begrenzt und dadurch ist das
2. Operationstrauma geringer, die Operationszeit ist kürzer und
3. die anatomiegerechte Digestion und Nutrition ist postoperativ verbessert.

Die postoperative Magen-Darm-Passage zeigt keine auffälligen Befunde. Eine Magenatonie wird ganz selten beobachtet (Kozuschek 1985). Die Pylorusfunktion ist nach radiologischen und endoskopischen Befunden ungestört. Aufgrund von Nachkontrollen konnte festgestellt werden, daß in Bezug auf die Maldigestion und Malabsorbtion keine Probleme auftreten (Edelmann und Kozuschek 1986). Durch die Erhaltung der Antrum-Pylorus- und Bulbuseinheit werden die digestionsfördernden Mechanismen z.T. ganz, z.T. partiell erhalten. Die para- und endokrine Funktionseinheit ist nicht vollständig zerstört. Entero- Gastrin-Sekretin, Cholezysto- und Pankreatokinin werden nach wie vor von den Restbestandteilen des Duodenums ausgeschüttet (Braasch et al. 1986). Die neurokrine Funktionseinheit ist weitgehend vorhanden. Die Enzymsekretionsregulation kann sich den neuen Gegebenheiten anpassen und wieder vervollständigen. Das Restpankreas kann seine Funktion ohne wesentliche Insuffizienzzeichen übernehmen, sofern nicht über 90% resiziert wurde.

Nach pyloruserhaltenen Verfahren ist in der Literaturübersicht die Ulkusrate äußerst gering. Sie beträgt 2 bis 3% (Kozuschek 1985, Itani et al. 1986). Die Ulzera sind vorwiegend bei Patienten mit totaler Pankreatektomie aufgetreten. Eine Ulkushäufigkeit von 39% beobachteten Gebhard et al. (1982) und Gall (1979), die der pyloruserhaltenen Pankreatoduodenektomie eine Gangokklusion des Pankreas zufügten und so bewußt auf die exokrine Pankreasfunktion verzichteten, die durch Ausschüttung von Puffersubstanzen charakterisiert ist.

Inwieweit sich die niedrige Ulkusrate auch nach Langzeituntersuchungen bestätigen läßt, ist zur Zeit nicht zu ermitteln. In Bezug auf die postoperative Komplikationsrate nach Pyloruserhaltung und Standardpankreatektomie lassen sich wegen der noch geringen Fallzahl keine signifikanten Unterschiede ermitteln. Die häufigsten Komplikationsursachen sind die Anastomoseninsuffizienz sowohl im Bereich des Pankreas als auch im Bereich der Gallenwege. Die Jejunoplikation bei der Pankreasanastomose vermindert weitgehend die Rate der klinisch-manifesten Nahtinsuffizienz. Die Mortalitätsraten lassen sich zur Zeit noch nicht objektiv vergleichen. Es wurden bisher bei der pyloruserhaltenden Operation noch keine Mortalitätsraten verglichen.

Die Grundlage jeder Therapie der chronischen Pankreatitis bilden konservative Maßnahmen, die neben der Schmerzausschaltung und der Vermeidung von Rezidiven den Ausgleich der exokrinen und endokrinen Pankreasinsuffizienz zum Ziele hat. Die Indikation zu einem operativen Vorgehen bei der chronischen Pankreatitis leitet sich in erster Linie aus den Komplikationen der Erkrankung ab, die in einem hohen Maße für die Todesfälle bei dieser Erkrankungsform verantwortlich sind. Inwieweit operative Verfahren den Verlauf dieser Erkrankung beeinflussen hängt von dem gewählten Verfahren selbst, der Vermeidung des häufigsten Risikofaktors, dem Alkoholabusus und dem Stadium der Erkrankung ab.

Bei der chirurgischen Therapie der chronischen Pankreatitis haben die resezierenden Verfahren in den letzten Jahren wegen ihrer besseren Spätergebnisse in Bezug auf die Schmerzfreiheit zunehmend die drainierenden Methoden verdrängt. Dabei ist zu berücksichtigen, daß eine generelle Bevorzugung einer der beiden Behandlungsprinzipien – Drainage oder Resektion – nicht gerechtfertigt ist, weil im Einzelfall die dem individuellen Verlauf angepaßte am besten geeignete Operationstechnik gewählt werden muß.

4 Literatur

Acosta, J. M., Ledesma, C. L. (1974) Gallstone Migration as a cause of acute Pancreatitis. New Engl. J. Med. 290, 484

Ammann, R. (1970) Die chronische Pankreatitis. DMW 95, 1

Ammann, R. (1987) Chronische Pankreatitis: Definition, Schweregrad und therapeutische Konsequenzen. Chirurg 58, 1

Ammann, R. W., Akovbiantz, A., Largiader, F., Schueler, G. (1984) Course and outcome of chronic pancreatitis. Longitudinal study of a mixed medicalsurgical series of 245 patients. Gastroenteroloy. 86, 820

Arendt, R., Moldenhauer, W., Hauzeur, F., Kröger, W. (1979) Der Beitrag der ERCP zur Diagnostik der chronischen Pankreatitis. Z. ges. Inn. Med. 34, 286

Avirdsson, S., Grendl, S., Ohlsson, K., Wehlin, L. (1985) Experience of surgical treatment for chronic pancreatitis during a 10-year period. Acta Chir. Scand. 151, 267

Balser, W. (1882) Über Fettnekrose, eine zuweilen tödliche Krankheit des Menschen. Arch. path. Anat. 90, 520

Becker, V. (1984) Chronische Pankreatitis - Klinische Morphologie. Thieme, Stuttgart, New York

Beger, H. G. (1985) Neue Aspekte in der Pankreaschirurgie. Klinikarzt 14, 228

Bernard, C. (1885) Lecons de physiologic experimentale appliquée a la medictue. Baillére, Paris

Bohnsack, R., Kozuschek, W., Bittscheidt, H., Singbartl, G. (1983) Intensivmedizinische und chirurgische Maßnahmen bei der Behandlung der akuten Pankreatitis. Intensivmedizin 20, 67

Borchard, F. (1987) Gallenwege und Pankreas. Verh. Dtsch. Ges. Path. 71, 53

Braasch, J. W., Gongliang, J., Rossi, R. L. (1984) Pancreatoduodenectomy with preservation of the pylorus. World J. Surg. 8, 900

Braasch, J. W., Deziel, D. J., Rossi, R. L., Watkins, E., Winter, P. F. (1986) Pyloric and Gastric Preserving Pancreatic Resection. Experience with 87 Patients. Ann. Surg. 204, 411

Bücheler, M., Krautzberger, W., Block, S., Beger, H. G. (1985) Neue Aspekte in der Chirurgie der akuten Pankreatitis. Der Klinikarzt 14, 455-466

Bünte, H. (1971) Pankreatitis nach Magenresektion. Langenbecks Arch. Chir. 329, 1054

Chiari, H. (1896) Über Selbstverdauung des menschlichen Pankreas. Z. Heilk. (Prag) 17, 69

Classen, W. (1984) Erkrankungen des Pankreas. In: W. Siegenthaler, W. Haufmann, H. Hornhostel, H. D. Wallner (Hrsg.): Lehrbuch der inneren Medizin Thieme, Stuttgart, New York

Colmant, H. J., Noltenius, H. (1977) Pankreatische Enzephalopathie. Med. Klin. 72, 2146

Creutzfeld, W. (1977) Erkrankungen der Bauchspeicheldrüse. In: Gross, R. (Hrsg.), Schölmerich, P. (Hrsg.): Lehrbuch der inneren Medizin. Schattauer-Verlag, Stuttgart, New York

Creutzfeld, W. (1987) Pathophysiologie des endokrinen Pankreas. Verh. Dtsch. Ges. Path. 71, 16

Dammann, H. G., Grabbe, E. (1981) Klinische, laborchemische und computertomographische Charakterisierung des vital bedrohten Patienten bei der akuten Pankreatitis. Leber, Magen, Darm 11, 174

Dammann, H. G., Döpner, M. (1981) Die Beurteilung der Frühdiagnose der akuten Pankreatitis. Zentralblatt der Chirurgie, 106, 154

Dammann, H. G., Grabbe, E., Brockmann, W. P., Klöppel, G. (1982) Diagnostik bei chronischer Pankreatitis - Sicherer Nachweis erst im fortgeschrittenen Stadium. Klinikarzt 11, 250

Dürr, G. H. K. (1979) Acute pancreatitis. In: Howat, H. T., Sarles, H. (Hrsg.): The Exocrine Pancreas. Saunders, Philadelphia, 352-401

Dürr, G. H. K. (1984) Chronische Pankreatitis: Diagnostische Probleme während der Langzeitbetreuung: Funktionsteste. In: Hotz, J., Goebell, H., Farthmann, E. H., (Hrsg.): Der chronisch Kranke in der Gastroenterologie. Springer, Berlin, 195-201

Dürr, H. K. (1978) Alkoholschädigung des Pankreas. Internist 19, 123

Edelmann, M., Pelzer, Ch., Kozuschek, W. (1985) Die temporäre tangentiale Ileostomie und die programmierte Laparotomie - zwei Möglichkeiten eines sinnvollen Konzeptes in der chirurgischen Behandlung der schweren Peritonitis. Langenbecks Arch. (Kongreßbericht), 630

Edelmann, M., Kozuschek, W., Kozianka, J. (1986) Pankreaspseudozysten - Diagnostik, Chirurgische Therapie. In: Kozuschek, W. (Hrsg.) Chirurgische Klinik 1975-1985. Bundesknappschaft Bochum, 124

Edelmann, M., Kozuschek, W. (1986) Preservation of the Pylorus in Pancreatiduodenectomy. 9th World Congress Collegium Internationale Digestivae, Jerusalem 31.08.-05.09. 1986. Dig. Surg. 3, 88 (Abstract)

Farquhar, M. G. (1985) Progress in unraveling pathways of golgi traffic. Ann. Rev. Cell Biol. 1, 447

Farthmann, E. H., Männl, H. F. K. (1980) Postoperative Pankreatitis - Übersicht. In: Häring, R. (Hrsg.): Die akute und chronische Pankreatitis. TM-Verlag, Bad Oeynhausen, 129

Ferner, H. (1979) Die Bauchspeicheldrüse. In: H. Ferner, J. Staubesand: Benninghoff/Goertler; Lehrbuch der Anatomie des Menschen. Bd. 2, 12 Aufl. Eingeweide und Kreislauf. Urban und Schwarzenberg, München

Fitz, R. H. (1889) Acute Pancreatitis: A Consideration of Pancreatic Hemorrhage, Hemorrhagic, Suppurative and Gangrenous Pancreatitis and of Disseminated Fat. Necrosis. Boston Med. Surg. J. 120, 181

Forell, M. M. (1979) Diagnostisches Vorgehen bei der chronischen Pankreatitis unter Berücksichtigung der Aussagekraft der einzelnen Methoden. Internist 20, 360

Friedrich, N. (1878) Disease of the Pancreas. In: Ziemsen, H. (Hrsg.): Cyclopedia of the Practice of Medicine. Wm. Wood&Co., New York, 8, 599

Fritsch, A. (1980) Akute Pankreatitis-Indikationen, Verfahrenswahl und Ergebnisse der operativen Behandlung. Chirurg 51 (6), 376

Gall, F. P., Gebhardt, C. (1979) Ein neues Konzept in der Chirurgie der chronischen Pankreatitis. Dtsch. Med. Wochenschr. 104, 1003

Gebhardt, Ch., Gall, F. P., Rösch, W., Schackert, H. K. (1982) Anastomosenulkus nach Whipple-Operation mit Magenerhaltung. Zbl. Chir. 107, 952

Gebhardt, Ch., Gall, F. P. (1983) Präoperative Behandlung der chronischen Pankreatitis. Z. Gastroenterologie 21, 18

Gebhardt, Ch. (1984) Chirurgische Therapie der chronischen Pankreatitis. In: Gebhardt, Ch. (Hrsg.): Chirurgie des exokrinen Pankreas. Georg Thieme, Stuttgart New York, 139

Gmelin, E., Weiss, H.-D., Fuchs, H.-D., Reiser, M.: Vergleich der diagnostischen Treffsicherheit von Ultraschall, Computertomografie und ERCP bei der chronischen Pankreatitis und beim Pankreaskarzinom.

Goebell, H. (1978) Was ist gesichert in der Therapie der akuten Pankreatitis? Internist 19, 700

Goebell, H. (1980) Ätiologie und Pathogenese der akuten und chronischen Pankreatitis. In: Chirurgie der akuten und chronischen Pankreatitis. Hrsg. Häring, R., TM-Verlag, Bad Oeynhausen, 11

Goebell, H., Hotz, J. (1979) Akute Pankreatitis - Gesichertes und Ungesichertes in der Behandlung. Dtsch. Ärztebl. 76, 2399-2405

Goebell, H., Dürr, G. H. K. (1981) Akute Pankreatitis - Pro und Contra der modernen Therapie. Internist 22, 684-693

Hentschel, A. (1978) Pankreas. In: Lehrbuch der Chirurgie. Koslowski, L. (Hrsg.), Irmer, W. (Hrsg.), Buhse, K. A. (Hrsg.) Schattauer Verlag, Stuttgart, New York

Hess, W. (1969) Die chronische Pankreatitis, H. Huber Bern - Stuttgart

Hoefler, H. (1979) Pankreasnekrose: Todesursache, Überlebenszeit und Wahl des Operationszeitpunktes. DMW 104, 315

Hoffmann, R., Berthold, S. (1979) Akute hämorrhagische Pankreatitis. Helv. Chir. Acta 46, 593

Hoffmeister, A. W., Trede, M. (1982) Chronisch rezidivierende Pankreatitis - Chirurgische Therapie individuell planen. Klinikarzt 11, 271

Hollender, L. F. (1979) Resection of the pancreas for acute hemorrhagic et necrotizing pancreatitis. World J. Surg., 3, 637

Hollender, L. F., Lehnert, P., Wanke, M. (1983) Akute Pankreatitis. Urban&Schwarzenberg, München, Wien, Baltimore

Horn, J. (1983) Das Ileostoma als Teil des chirurgischen Therapiekonzeptes bei der akuten Pankreatitis. Chirurg 54, 320

Horn, J., Hohenberger, P. (1987) Chronische Pankreatitis - Drainage und Resektionsverfahren. Standortbestimmung. Chirurg 58, 14

Hotz, J. (1978) Ätiologie und Diagnose des pankreatogenen Aszites. DMW 103, 847

Hotz, J. (1986) Pankreatitis. In: Gugler, R., Holtermüller, K.-H. (Hrsg.): Therapie gastroenterologischer Erkrankungen. Thieme, Stuttgart, 772-790

Hotz, J., Schwemmle, K. (1984) Chronische Pankreatitis - Konsequenzen und praktisches Vorgehen. In: Goebell, H., Hotz, J., Farthmann, E. H. (Hrsg.): Der chronisch Kranke in der Gastroenterologie. Springer, Berlin, 235-246

Howard, J. M., Jordan, G. L. (1956) Relapsing pancreatitis secondary to choledocholithiasis. A.M.A. Arch. Surg. 73, 960

Huck, L., Knop, P., Hausamen, T. U. (1981) Sonografische Pankreasdiagnose bei unklaren Oberbauchbeschwerden. DMW 106, 71

Isaksson, G., Ihse, I. (1983) Pain reduction by an oral pancreatic enzyme preparation in chronic pancreatitis. Dig. Dis. Sci. 28, 97

Itani, K. M. F., Coleman, R. E., Akwari, O. E., Meyers, W. C. (1986) Pylorus - preserving Pancreatoduodenectomy. A clinical and physiologicappriabal. Ann. Surg. 204, 655

Kern, E. (1980) Pankreaschirurgie. In: Zenker, Deucher, Schink (Hrsg.): Chirurgie der Gegenwart. Urban Schwarzenberg, München, Wien, Baltimore, Bd. 7, 51

Kern, H. F. (1987) Kompartimentierung und Proteintransport in der Azinuszelle des Pankreas als pathophysiologisches Konzept. Verh. Dtsch. Ges. Path. 71, 24

Kimura, T., Toung, J. K., Margolis, S., Bell, W. R., Cameron, J. L. (1980) Respiratory failure in acute pancreatitis. The role of free fatty acide. Surg. 87, 509

Klose, J., Neher, M., Kümmerle, F. (1983) Operative Behandlung bei der akuten Pankreatitis. DMW 108, 490

Klöpel, G. (1984) Islet histopathology in diabetes mellitus. In: G. Klöppel, Ph. u. Heitz (Eds.) Pancreatic pathology. Churchill Livingstone London

Kortmann, H. (1987) Diagnostik und Schweregradeinteilung der akuten Pankreatitis. Chirurg 58, 57

Körte, W. (1894) Zur chirurgischen Behandlung der Pankreas-Eiterung und Pankreas-Nekrose. Arch. klin. Chir. 48, 720

Kozuschek, W. (1979) Geschwülste des Pankreas. In: Kampf dem Krebs. Nr. 19. Arbeitsgemeinschaft für Krebsbekämpfung der gesetzlichen Krankenkassen und Rentenversicherung NRW (Hrsg.), Bochum, 40

Kozuschek, W. (1985) Pancreaticoduodenectomy with Pylorus Preservation, 5th African Federation Congress, Int. Coll. Surg. 25.11.-28.11. 85 Kairo, 73 (Abstract)

Kozuschek, W. (1986) Pankreas. In: Kozuschek, W. (Hrsg.) Chirurgische Klinik 1975-1985. Bundesknappschaft Bochum, 56

Kozuschek, W., Bohnsack, R., Edelmann, M., Raupach, W. (1986) Langzeitergebnisse nach operativer Behandlung der chronischen Pankreatitis. In: Kozuschek, W. (Hrsg.): Chirurgische Klinik 1975-1985, Bundesknappschaft Bochum, 134

Krautzberger, W., Büchler, M., Berger, H.-G. (1985) Neue Aspekte in der Chirurgie der chronischen Pankreatitis. Klinikarzt 14, 378

Kümmerle, F., Mangold, G., Rückert, K. (1979) Chirurgie des Pankreas - Chronische Pankreatitis, Pankreaskarzinom, endokrine Pankreastumoren. Internist 20, 399

Kümmerle, F., Frick, S., Günther, R. (1982) Tendenzen in der Chirurgie der chronischen Pankreatitis. DMW 107, 531

Lackner, K., Frommhold, H., Grauthoff, H., Mödder, U., Heuser, L., Braun, G., Buurman, R., Scherer, K. (1980) Wertigkeit der Computertomografie und der Sonografie innerhalb der Pankreasdiagnostik. Fortschr. Röntgenstr. 132, 509

Langmann, J. (1979) Pankreas. In: Langmann, J. (Hrsg.) Medizinische Embryologie: Thieme Stuttgart

Lankisch, P. G. (1988) Konservative Therapie der chronischen Pankreatitis. Med. Welt 39, 453-456

Lankisch, P. G., Winckler, K., Schmidt, H. (1975) Glukagon-Behandlung der akuten Pankreatitis. DMW 100, 845

Lankisch, P. G., Lopez, E., Winckler, K., Schuster, R. (1976) Kolonstenosen nach Pankreatitis. Schweiz. med. Wschr. 106, 1243

Lankisch, P. G., Ehrhardt-Schmelzer, S. (1984) Die Chymotrypsinbestimmung im Stuhl: Ein indirekter Pankreasfunktionstest. DMW 109, 1527

Layer, P., Singer, M. V. (1984) Epidemiologie, sozioökonomische Bedeutung und Spontanverlauf der chronischen Pankreatitis. In: Goebell, H., Farthmann, E. H., Hotz, J. (Hrsg.): Der chronisch Kranke in der Gastroenterologie. Springer, Berlin, 182-201

Lehnert, P. (1979) Ätiologie und Pathogenese der chronischen Pankreatitis. Internist 20, 321

Lindner, H. (1964) Akute Pankreatitis (Pankreasnekrose) infolge Glucocorticoidtherapie. DMW 89, 833

Mallet-Guy, P., Giura, F. (1957) Reflux Wirsungien et pancreatites, Analyse d' une deuxieme sorie de 400 cas de reflux cholangiographique dans canal de Wirsung. Lyon. Chir. 53, 481

Malfertheiner, P., Feurle, G. E., Büchler, M., Kemmer, T., Ditschuneit, H. (1984) Chronische Pankreatitis - Diagnostische Bedeutung des pankreatischen Polypeptids. MMW 126, 1183

Marks, I. N., Bank, S., Barbezat, G. O. (1976) Alkoholpankreatitis - Ätiologie, klinische Formen, Komplikationen. Leber Magen Darm 6, 257

Mellmann, J., Fuchs, R., Helenius, A. (1986) Acidification of the endocytic and exocytic pathways. Ann. Rev Biochem. 55, 663

Neher, M., Kümmerle, F., Klose, K. J. (1982) Der Einfluß von Sonographie und Computertomographie auf die operative Behandlung der akuten Pankreatitis. Langenbecks Arch. klin. Chir. 356, 141

Neher, M., Kümmerle, F., Klose, K. J. (1977) Verzögerte Operationen bei akuter Pankreatitis. Chir. 48, 439

Neher, M., Mangold, G., Rückert, K., Kümmerle, F. (1980) Möglichkeiten und Grenzen der Pankreaschirurgie. DMW 75, 613

Otte, M. (1979) Pankreasfunktionsdiagnostik. Internist 20, 331

Palade, G. E. (1975) Intracellular aspects of the process secretion. Sience 189, 347

Paul, F., Ohnhaus, E. E., Hesch, R. D., Chemnitz, G., Hoppe-Seyler, R., Henrichs, H. R., Hartung, H., Waldmann, D., Kunze, K., Barth, E., Nüesch, E., Abt, K. (1979) Einfluß von Salm-Calcitonin auf den Verlauf der akuten Pankreatitis. DMW 104, 615

Phat, V. N., Guerrieni, M. F., Alexandre, J. H., Camilleri, J. P. (1984) Early histological changes in acute necrotizing hemorrhagic pancreatitis. Path. Res. Pract. 178, 273

Puestow, C. B. (1958) Retrograde surgical drainage of pancreas for chronic relapsing pancreatitis. Arch. Surg. 76, 898

Radke, R., Radke, M., Radke, C. (1985) Licht- und elektronenmikroskopische Untersuchungen zur Innervation des exokrinen Pankreas. Z. mikr.-anat. Forsch. 99, 735

Ranson, J. H. (1978) Prognostic signs and nonoperative peritoneal lavage in acute pancreatitis. Ann. surg. 187, 565

Rao, K. N., Zuretti, M. F., Baccino, F. M., Lombardi, B. (1980) Acute hemorrhagic pancreatic necrosis in mice. Am. J. Pathol. 89, 45

Raupach, W. (1986) Aktive Therapie in der Behandlung der chronischen Pankreatitis. Ergebnisse und Verlauf, Krankengut der Chirurgischen Universitätsklinik Bochum, Knappschaftskrankenhaus der Jahre 1976-1983. Bochum, Dissertation

Remmele, W. (1984) Exokrines Pankreas. In: W. Remmele

(Hrsg.) Pathologie. Springer, Berlin, Heidelberg, New York, Tokyo

Rinderknecht, H. (1986) Pancreatic secretory enzymes. In: V.L.W. Go et al. (Eds): The exocrine pancreas. Biology, Pathobiology, and Disease. Raven Press, New York

Roggenwallner, B. (1985) Die chirurgische Behandlung der hämorrhagisch-nekrotisierenden Pankreatitis - Ergebnisse der chirurgischen Behandlung mit Berücksichtigung des Spätstatus bei 44 im Knappschafts-Krankenhaus Bochum-Langendreer in der Zeit von 1977 bis 1984 operierten Patienten, Bochum, Dissertation

Rösch, W., Haschke, H., Phillip, J. (1981) Lebenserwartung bei chronischer Pankreatitis. Lebensversicherungsmedizin 33, 87

Rösch, W. (1983) Operative Behandlung der chronischen Pankreatitis. Z. Gastroenterologie 21, 181

Rothmann, J.E., (1987) Proteinsorting by selective retention in the endoplasmatic reticulum and golgi stack. Cell 50, 521

Sarles, H. (1965) Symposium Marseille 25./26. April 1963. Karger, Basel New York

Sarles, H. (1973) An International Survey on Nutrition and Pancreatitis. Digestion 9, 389

Sarles, J.-C., Sarles, H. (1976) Konservative und chirurgische Therapie der chronischen Pankreatitis. Leber Magen Darm 6, 294

Sarles, H., Cros, R.C., Bidard, J.M. (1979) A Multicenter Inquiry into the Etiology of Pancreatic Diseases. Digestion (Basel) 19, 1110

Schalimov, A.A., Schalimov, S.A., Zemskov, W.S., Podprjatov, E.E. (1980) Zur Behandlungstaktik der akuten Pankreatitis. Zentralblatt f. Chir. 105, 842

Schiebler, T.H. (1987) Zur Biologie der Bauchspeicheldrüse. Verh. Dtsch. Ges. Path. 71, 1

Schirmer, S. (1893) Beitrag zur Geschichte des Pankreas. Basel, Dissertation

Schmidt, R.F., Thews, G. (1977) Physiologie des Menschen. Springer, Berlin, Heidelberg, New York

Schmitz-Moormann, P. (1987) Chronische Pankreatitis. Morphologie und Pathogenese. Verh. Dtsch. Ges. Path. 71, 161

Schuster, H.P., Neher, M., Schönborn, H., Kümmerle, F. (1980) Akutes Nieren- und Lungenversagen bei diffuser Peritonitis und hämorrhagisch-nekrotisierender Pankreatitis. DMW 105, 82

Siedek, M., Birtel, F., Mitrenga, I. (1985) Pankreasanastomose und Pankreatojejunoplicatio nach Rechtsresektion. Langenbecks Arch. (Kongreßbericht) 610

Siegenthaler, W. (1976) Klinische Pathophysiologie. Thieme-Verlag, Stuttgart, 833

Silbernagel, S. (1979) In: Despopoulos (Hrsg.) Pankreas und Galle. Thieme, Stuttgart

Singer, M.V., Gyr, K., Sarles, H. (1985) Revidierte Marseille-Klassifikation der Pankreatitis. Deutsches Ärzteblatt 82, 116

Slaff, J., Jacobson, D., Tillman, C.R., Curington, C., Toskes, P. (1984) Proteasespecific suppression of pancreatic exocrine secretion. Gastroenterology 87, 44-52

Stolte, M. (1984) Chronische Pankreatitis. Morphologie - Pankreatografie - Differentialdiagnose. Perimed Fachbuch-Verlag, Erlangen

Stolte, M. (1987) Chronische Pankreatitis. Verh. Dtsch. Ges. Path. 71, 175

Stömmer, P. (1987) Pankreaserkrankungen und andere Organe. Verh. Dtsch. Ges. Path. 71, 68

Traverso, L.W., Longmire, W.P. (1978) Preservation of the pylorus in pancreaticoduodenectomy. Surg. Gynecol. Obstet 146, 959

Traverso, L.W., Longmire, W.P. (1980) Preservation of the pylorus in pancreaticoduodenectomy: A follow - up evaluation. Ann. Surg. 192, 306

Volkholz, H.M., Stolte (1984) Pathologie der Pseudozysten. In: Chirurgie des exokrinen Pankreas. Hrsg. Gehbardt, Ch., Georg Thieme Stuttgart, 69

Whipple, A.O., Parsons, W.B., Mullins, C.R. (1935) Treatment of carcinoma of the ampulla of Vater. Ann. Surg. 144, 612

Kolibri 360 GmbH
Ferdinand-Jühlke-Straße 7
99095 Erfurt, Deutschland
produktsicherheit@kolibri360.de

Contents

U

THIS CONTRIBUTION HAS BEEN FINANCIALLY SPONSORED
BY THE STIFTUNG VOLKSWAGENWERK IN HANNOVER (GERMANY)

Uganda

P. J. Nkambo Mugerwa *
M. B. Matovu **

The Republic of Uganda (official name according to Constitution (Const.) art. 2) is a unitary state. As in the case of many ex-colonial countries in Africa, Uganda as a territorial unit came into existence as a result of the colonial period of the last century, with the consequence that the republic's boundaries were determined not by ethnic or linguistic considerations, but by considerations of colonial strategy and administrative convenience. Uganda thus includes within her boundaries some four major *linguistic* groupings, namely, Bantu, Nilotic, Nilo-Hamitic and Sudanic. But despite their heterogeneousness the people inhabiting what is now modern Uganda have lived together in varying degrees of harmony for many centuries past. Uganda achieved statehood on 9 Oct. 1962,[1] when the British Colonial authorities handed sovereign power to the first independent Government of Uganda under the British Uganda (Independence) Order in Council, 1962,[2] which contained the Independence Constitution of Uganda. In 1966, as a result of a successful revolution against the then President, an Interim Constitution was promulgated, but that was replaced by a new Constitution enacted by a Constituent Assembly on 8 Sept. 1967.

On 25 Jan. 1971, the Armed Forces of Uganda took over the powers of government and vested these in General *Idi Amin Dada*. By a Proclamation published on 2 Feb. 1971 under Legal Notice no. 1 of 1971, and through the Constitutional (Modification) Decree no. 5 of 1971, numerous constitutional changes were effected.

I. CONSTITUTIONAL SYSTEM

1. Nationality

The substantive law which governs nationality is contained in Const. Chapter II while the Uganda Citizenship Act (Act 63 of 1962, Cap. 58)[3] complements the Constitution in matters relating to nationality and sets out the procedural requirements for the acquisition and loss of citizenship. There is a common citizenship throughout the state which is acquired principally through birth, although women married to citizens are entitled to naturalisation as of right, if they so desire. Citizenship can also be acquired by aliens through naturalisation after a specified period of residence in the country. Naturalised citizens can be deprived of their citizenship for grave offences against the state or for offences against the citizenship laws.

2. Territorial Division of the State

For the purpose of administration, Uganda is divided into 18 districts (Const. Schedule 2). In each district there are further administrative divisions, in descending order, of county (or *saza*), sub-county (or *gombolola*), and parish (or *muluka*).

Under a recent decision of President *Amin* to re-organise territorial administration there will be established 10 provinces comprising about 38 districts.

3. State Organs

a. *Central organs.* – President *Amin* has suspended Chapters IV and V of the Constitution of 1967 concerning the Executive and the Legislature. All existing appointments and offices, except public

* Formerly Solicitor General and Attorney General/Minister of Justice, Kampala.
** Acting Solicitor General, Kampala.

[1] See The Uganda Independence Act, 1962, 10 & 11 Eliz. 2 c. 57.

[2] S.I. 1962 no. 2175, revoking the Uganda (Constitution) Order in Council, 1962, S.I. 1962 no. 405.

[3] All references to Chapters (Cap.) are to those contained in the 1964 Revised Edition of the Laws of Uganda.

offices, were terminated. Parliament was dissolved and all legislative powers taken over by the President for exercise by means of decrees.

The President has established a Council of Ministers – the Cabinet – to advise him in the exercise of his executive and legislative functions. The Ministers, as also the Minister of State who are part of the Cabinet, are appointed by the President. Recently the President has decided to create the office of a Prime Minister or Vice-President.

The President has also announced the creation of a Supreme Council and of the National Forum.

b. *Local organs of state power.* – The rules on local administrations are to be found in Const. Chapter VII and in the Local Administrations Act, Act 18 of 1967. The organs of state power in the districts are the district councils, elected for a period of four years. The executive officer of each district council is the Secretary-General, who is assisted in his functions by an Assistant Secretary-General. These two persons are elected by the political party having the greatest numerical strength in the council. The function of the council is to administer such services as Parliament may prescribe, including primary education, local health services, water and road services. In addition, councils have limited legislative powers regarding the regulation of matters of local concern.

Over each county (or *saza*), sub-county (or *gombolola*), and parish (or *muluka*), is a public official, whose function is to enforce the laws made by Parliament and by the district council. It is also his duty to ensure that the policies of the government and of the district administration are observed in his area.

4. The Judiciary and the Department of Public Prosecutions

a. The Constitution provides in Chapter VIII that where any question as to its interpretation arises in any proceedings in any court of law except a court-martial, and the court is of opinion that the question involves a substantial question of law, the court may refer the question to the *Constitutional Court.* Such reference must be made where any party to the proceedings so requests, although the court making the reference need not make the reference if it is of the opinion that the question is not of sufficient importance to the proceedings to require a reference to the Constitutional Court. When any such reference is made to the Constitutional Court, that court gives its decision upon the question and refers the case back to the trial court, which then proceeds to dispose of the case in accordance with the decision of the Constitutional Court. The Constitutional Court is made up of an uneven number of High Court judges, the minimum number of which for any one hearing must not be less than three.

b. Uganda is divided into eight magisterial areas; in each of them there are as many *Magistrates' Courts* as the population and size of the area demand. Each court is under a magistrate who may be one of the four grades (in an ascending order): Magistrate Grades III, II and I, and Chief Magistrates. The powers of each magistrate, which include both civil and criminal jurisdiction, vary according to his grade (Magistrates' Courts Act, Act 38 of 1964, Cap. 36).

The *High Court* of Uganda exercises supervisory jurisdiction over all the Magistrates' Courts and hears appeals from these courts.

The *Court of Appeal* for East Africa (which is a court set up by treaty jointly by Uganda, Kenya and Tanzania) is the final court of appeal in all matters except issues relating to the interpretation of the Constitution, when the Constitutional Court (see *supra* 4 (a)) is the final court of appeal (Const. art. 89).

c. In addition to the system of courts described above there are a number of *special courts,* namely, military courts, an industrial court and arbitration tribunals.

The *Industrial Court* is a court which deals with trade and labour disputes. The parties may refer their disputes to this court by mutual consent or the minister responsible for labour may refer a dispute to the Industrial Court if the parties to an existing dispute fail to settle the dispute under certain conditions (Trades Disputes (Arbitration and Settlement) Act, Act 20 of 1964, Cap. 200).

There is finally the system of *arbitration tribunals* under the Arbitration Act (Act 29 of 1930, Cap. 55) which deals mainly with commercial disputes. This Act incorporates the Geneva Protocol on Arbitration Clauses 1923, and the Geneva Convention of 1927. A tribunal under this law may ask the High Court for an opinion on a question of law by means of a procedure known as case stated, and when requested to do so must file its award in the case in the High Court. The High Court has then power to set aside the award if in its view the award has been obtained in an irregular manner or where the arbitrator is guilty of misconduct. Once an award has been filed in the High Court it is enforceable as if it were a decree of the High Court itself.

d. The *Director of Public Prosecutions* is in charge of all criminal proceedings in the country. All state attorneys and state prosecutors who conduct criminal prosecutions are under his direction. In the exercise of the above powers, the Director of Public Prosecutions is subject to the direction and control of the Attorney General (Const. art. 71). In addition to supervising the functions of the Director of Public Prosecutions, the Attorney General is also in charge of all civil proceedings against the state or against the government of the day. He is assisted in this by the Solicitor General, who is subject to his direction and control. In addition to his functions of supervising criminal and civil proceedings in the name of the state or the government, the Attorney General is also vested with very wide powers of supervising court proceedings generally as the public watchdog of the state in the state's role as the fountain of justice. In this role the Attorney General exercises the prerogative and statutory powers of the state to control subordinate courts and exercises superintendence over the state of law and order in the land. He can thus initiate proceedings for the vindication of public rights which have been injured; he can intervene in any proceedings before any court for the purpose of stopping a miscarriage of justice, as, for example, where the parties to the proceedings themselves conspire to pervert the course of justice (art. 122).

II./III. SOURCES OF LAW AND A CONCISE HISTORY OF LAW

1. The *Constitution* is the supreme law of Uganda (art. 1). After the Constitution, the most important source of law is the continuous number of laws (called Acts) enacted by Parliament. These are numbered consecutively according to the order in which they are enacted (*e.g.*, the Diplomatic Privileges Act incorporating the Vienna Convention on Diplomatic Relations 1961 is Act 2 of 1965). Each Act is published as a supplement to the weekly Official Gazette. At the end of every year all the Acts enacted in that year are collected (as Laws of Uganda, 1965, 1966, *etc.*). There exists a large body of subsidiary legislation (made under the authority of Acts of Parliament) which is made up of orders, rules, regulations and bye-laws and which is enacted by the different organs of state power such as the President, Ministers and other authorities. This body of law has the same force and is published in the same manner as laws made by Parliament.

The Independence Constitution of 9 Oct. 1962 preserved all the laws existing at the time, subject only to the overriding requirement that such laws must not be inconsistent with its provisions and must therefore be construed accordingly. An identical provision is re-enacted in the 1967 Consituation (art. 115). The "existing laws" preserved by the Constitution include laws made by all the previous parliaments, including laws enacted during the colonial period when the power to legislate for Uganda was vested in the British Crown or its representative (the Governor) in Uganda by virtue of its right of treaty over Uganda.

2. The earliest *colonial legislation* for Uganda dates from 19 June 1894, when by notice in the London Gazette, Uganda came under the provisions of the British Africa Order in Council, 1889, which in turn had been promulgated under the British Foreign Jurisdiction Acts, 1843 to 1878. By virtue of the above Gazette notice, a local jurisdiction was set up in Uganda for which the British Crown legislated from time to time and until the date of independence, by means of Orders in Council, the most famous of these being the Uganda Orders in Council, 1902, and the Uganda (Independence) Order in Council, 1962 (*supra* n. 2). In addition to the Orders in Council there exists a large body of statutory law enacted either by the Governor or by various colonial legislatures between 1897 and 1962 (when Uganda achieved independence). There has, since 1910, been a revised edition of Uganda's Statute Law, the latest being the Revised Laws of Uganda, 1964 (16 vol.). The Revision incorporates all the statute law of Uganda (some 350 acts) which was in force as at 31 Dec. 1964. It also includes all the subsidiary legislation made under the authority of the Acts contained in the Revision, as well as enactments of the various District Councils which were in force on the same date. The Acts in the Revision are each given a chapter (- Cap. -) number, *e.g.*, The Geneva Conventions Act, Act 31 of 1964, is referred to as Cap. 323 in the Revision. There have been many amendments to the laws contained in the 1964 Revision and these amendments are annotated in a Noter-up to the Revised Laws of Uganda which is published annually.

3. In addition to the laws enacted by the Parlia-

ment of Uganda and the District Councils, there are three other types of law in Uganda, namely, the *laws of the East African Community*, *case law* and the *customary law* of the different religious and ethnic groups in Uganda.

Uganda is a member of the *East African Community* which came into being on 1 Dec. 1967, and is a regional grouping of the states of Uganda, Kenya and Tanzania for certain matters of common interest such as trade, finance, industry, scientific research and communications. The Community is founded upon treaty (the Treaty for East African Co-operation, between the Republics of Tanzania, Uganda and Kenya, signed at Kampala 6 June 1967) and it is this treaty which gives to the Assembly of the Community and to some of the Community's other executive organs the power to enact laws and regulations on such subjects as the treaty allows them to (art. 43 and Annex X). The predecessor of the East African Community was the East African Common Services Organisation, which was in turn successor to the East African High Commission. The Treaty is part of the statute law of Uganda, being incorporated in the East African Community Act (Act 28 of 1967). This Act preserves the laws and regulations made by the Community's predecessors, provided these do not conflict with the provisions of the Treaty.

Owing to its past connection with Britain, Uganda belongs to the Common Law tradition which recognises *judicial precedent* as a source of law.

Yet another source of law in Uganda is *customary law*, a term which embraces not only traditional rules of conduct which over the years have acquired the force of law within a particular community, but also the customs, written or otherwise, and whether modern or ancient, which are considered as binding upon members of a particular religious persuasion. In this wider sense customary law is deemed to include not only African customary laws but also the various schools of Islamic law and Hindu law since all these laws have one characteristic in common, namely, that, not being part of the statute law of Uganda, the courts will not take judicial notice of them (except where a rule has become notorious) and parties relying on such laws must establish the validity of their claim by expert evidence. Much of what was customary law before has over the years been enacted in the form of local laws. (So the 1964 Revised Edition of the Laws, vol. XVI, contains over 40 laws enacted in this way by the former Kingdom of Buganda (now making up four separate districts) between 1904 and 1964).

IV. PRIVATE LAW

1. Contracts

Before the coming of Europeans to Uganda many types of contract, *e.g.*, of sale, loan, were recognised. Unlike the English Common Law concept of contract, the principle of consideration was not an essential element of a contract. The British applied the Indian Contract Act, 1872. After independence, however, Parliament enacted the Contract Act (Act 8 of 1962, Cap. 75) in which the English Common Law of contract was adopted and the Indian Contract Act, 1872, repealed. This new Act affects only contracts made after 1963. The Contract Act incorporates the English Law Reform (Married Women and Tortfeasors) Act, 1935, which, *inter alia*, confers upon married women the right to make contracts independently of their husbands. But the Act excludes the application to Uganda of the requirements of the English Statute of Frauds, 1677, and the English Statute of Frauds Amendment Act, 1828.

Of interest is the Sale of Goods Act (Act 28 of 1930, Cap. 79), which governs contracts for the sale of goods. It should be noted that the English Common Law principle of "market overt" is not recognised by the Law of Uganda. This type of contract is additionally subject to the provisions of the Registration of Titles Act (Act 22 of 1922, Cap. 205) and to the Land Transfer Act (Act 6 of 1944, Cap. 202), which latter Act regulates the transfer of land between Africans and non-Africans.

2. Torts

Many European scholars have expressed doubts as to whether African customary law recognised any difference between torts and crimes. In European law, what characterises a crime is the element of individual punishment; and for tort it is compensation. In African customary law compensation was payable by both a tortfeasor and a criminal, and not infrequently compensation was a communal responsibility; a crime was characterised by the greater seriousness of its effect on the community as a whole as compared to a tort. It is clear therefore that the line between torts and crimes was largely blurred. The law of torts is based on the English Common Law. The Law Reform (Miscellaneous Provisions) Act (Act 23 of 1953, Cap. 74) governs the right to recover damages by an injured person or his dependants. The Act also governs claims arising out of fatal accidents. It also incorporates the principle of contributory negligence into the statute law of Uganda.

The Government Proceedings Act (Act 48 of 1958, Cap. 69) permits the Government to be sued in both contract and tort in much the same way as a private person.

3. Family Law

a. *Marriage.* – The following marriages are recognised:

(1) *Customary marriage.* – This cannot be called a single institution because of the existence of a variety of group laws. In some areas marriage consideration (or dowry) is paid. Such marriages are potentially polygamous. It has not yet been tested in court whether a foreigner could legally marry under Uganda's customary law. Divorce is recognised under customary law.

(2) *Marriage under statute.* – Marriage under the statute law of Uganda can be monogamous or polygamous. It is monogamous when contracted under the Marriage Act (Act 5 of 1902, Cap. 211), under the Marriage of Africans Act (Act 14 of 1903, Cap. 212), and under the Hindu Marriage and Divorce Act (Act 2 of 1961, Cap. 214). Such a marriage can be celebrated either at a state registry or in church.

b. The Divorce Act (Act 15 of 1904, Cap. 215) governs *divorces* and related matters in the case of monogamous marriages. The High Court, and, in the case of Africans, a Grade I Magistrate, can entertain a divorce petition from any person domiciled in Uganda. A husband may petition for divorce on the ground of adultery by his wife, but a wife seeking a divorce has to show that her husband has changed his religion from Christianity to some other religion and gone through a form of marriage with another woman, or has committed an incestuous act, or adultery with bigamy or rape, sodomy or bestiality, or adultery coupled with cruelty, or adultery with desertion without reasonable cause for at least two years, or has married another woman and committed adultery.

A monogamous marriage may be declared null and void on the grounds that at the time of marriage either party was insane or had a spouse still living, or that the parties were within the prohibited degrees of affinity or consanguinity or that the respondent was permanently impotent or that the consent to marry was obtained by fraud. Where the marriage is annulled because a former spouse is alive, the children of the marriage are entitled to succeed to property as though they were legitimate children, provided that the second marriage was *bona fide*. The same applies where the marriage was annulled on the grounds of insanity. A spouse may petition the court for a judicial separation on the grounds of cruelty, adultery or desertion without reasonable cause for two years. Upon a decree of divorce or judicial separation being granted, the court may order the husband to pay the wife alimony and may make such other order as it thinks fit in relation to the maintenance, education and custody of minor children. The guardianship of children can be given, if this is in the interests of the children.

c. The Adoption Act (Act 5 of 1943, Cap. 216) governs the *adoption* of children. The Affiliation Act (Act 12 of 1946, Cap. 217) enables unmarried mothers to obtain maintenance for their children from the natural fathers of those children.

d. *Polygamous marriages* can be contracted under the Marriage and Divorce of Mohammedans Act (Act 7 of 1906, Cap. 213). The same Act, as its name implies, also governs divorces and related matters arising out of such marriages.

4. *Succession* under customary law is governed by the clan system. The heir is chosen, and the deceased's property is distributed, in accordance with rules of customary law. Today, however, a person's will is given full force. Succession outside the customary law is governed by the Succession Act (Act 1 of 1906, Cap. 139). The Act contains provisions on testate and intestate succession. Apart from privileged wills, *e.g.*, by soldiers, all wills have to be in writing and signed in the presence of two witnesses.

V. COMMERCIAL LAW

1. In discussing this problem we will in the first place consider the important role played by *para-statal bodies* (corporations) in the economic life of Uganda. The term "para-statal bodies" refers to companies the share capital of which are either wholly or partly subscribed to by the Government of Uganda. Normally the Government owns all the shares, but in a number of cases the Government owns only the greater proportion (usually 51 per cent) of all the shares in a para-statal body. Typical of para-statal bodies is the National Housing Corporation. Its governing body is the Board of Directors, which is presided over by the Chairman. The Minister of Works, after consultation with the Cabinet, nominates all the directors.

One of the most important corporations is the Bank of Uganda, which is the country's Central Bank and operates in two parts – a Banking Department and an Issue Department. At its head is the Governor of the Bank. It comes under the overall responsibility of the Minister of Finance.

Commercial banking in Uganda (see the *Banking Act*, Act 5 of 1955, Cap. 88) is in the hands of nine banks, which, with one exception, are branches of overseas banks. The one exception is the Uganda Commercial Bank, whose capital is wholly subscribed by the Uganda Government. It conducts its business on normal commercial lines and in competition with the other commercial banks. It is under the general superintendence of the Minister of Finance.

Of interest also are the following para-statal bodies: (1) the National Insurance Corporation (under the supervision of the Minister of Finance); (2) the Uganda Development Corporation – a holding company which has over 15 subsidiaries, *e.g.*, Nyanza Textile Industries Limited; United Garment Industry Limited; Uganda Hotels Limited; Uganda Cement Industry Limited; Lango Development Corporation Limited; East African Distilleries Limited. It has investments in about 10 associated companies, *e.g.*, Kilembe Mines Limited (copper); the Steel Marketing Corporation of East Africa Limited; Associated Match Company Limited; Uganda Fish Marketing Corporation Limited; Uganda Grain Milling Limited.

Proposals are under way to reorganise the existing para-statal bodies and create new ones.

2. Uganda's *Companies Act* (Act 1 of 1958, Cap. 85) confers upon the Registrar of Companies wide powers. He can, for instance, investigate the affairs of a company if he is reasonably satisfied that the provisions of the Companies Act are not being complied with. He may call upon companies to produce all or any company books, or to supply him with any information which he considers fit. If a foreign incorporated company wishes to transact business in Uganda it has to register certain papers, *e.g.*, its prospectus with him. Any non-compliance with his orders is an offence punishable by a fine. The Registrar is required to report to the High Court if he is of the opinion that an unsatisfactory state of affairs in a company's books exists or that a full and fair statement of the affairs of a company has been withheld. In a number of cases the court can appoint investigators, *e.g.*, where the Registrar reports a case of fraud or oppression of members. The Registrar can initiate an inquiry if he reports circumstances suggesting that it is desirable so to do. Under the Act no company, association or partnership of more than 20 members can carry on any profit-making business, except as a registered company under the Act. The Partnership Act (Act 19 of 1933, Cap. 86), applied to Uganda the rules of Equity and Common Law applicable to partnerships in England. The concept of limited partnerships is not recognised by the Act.

3. The *Bankruptcy Act* (Act 15 of 1930, Cap. 71) contains the law of bankruptcy in Uganda.

4. The Uganda *Bills of Exchange Act* (Act 15 of 1933, Cap. 76) governs the use of cheques and similar financial devices, which are widely used in Uganda.

VI. STATE DIRECTION OF TRADE

1. The *economy* of the country is run in accordance with a series of five-year Development Plans. The current Plan is for the period 1966–1971. The various Ministries and Working Parties were responsible for the assembling of the various data and projects which now constitute

the Plan. The preparation of the integrated Plan is the responsibility of the Planning Commission, which reports its decisions to the Cabinet for approval. The Plan places emphasis upon the development of the agricultural sector of the economy and upon planned industrialisation.

2. *Trade* is controlled principally through the annual Budget, by means of which the Government is able to direct the general fiscal policy of the nation, *e.g.*, by prescribing the incidence and level of direct and indirect taxation. Owing to the existence of the East African Community, the introduction of the annual Budget is preceded by the closest consultations between the Finance Ministers of Uganda, Kenya and Tanzania. The level of trade is also controlled by the Government through its power to regulate the activities of the commercial banks. This control is exercised through the Central Bank.

The Minister of Commerce and Industry, as the name implies, is concerned with the development of Commerce and Industry throughout Uganda. Under the External Trade Act (Act 8 of 1952, Cap. 103), he is responsible for prescribing the goods that are required to be produced, exported or imported under licence. The same Minister can, under the Distribution and Price of Goods Act (Act 9 of 1952, Cap. 104) determine the maximum price for the sale, retail or wholesale, of any goods. He may, as an extraordinary measure, requisition foodstuffs and essential commodities like sugar for their proper and equitable distribution. Under the Produce Marketing Act (Act 1 of 1953, Cap. 243) the Minister (normally of Agriculture) may declare any agricultural produce, *e.g.*, rice, to be controlled. He may declare a buying season for such a produce. He may determine fixed prices which growers are to receive.

The co-operative movement is of particular significance in Uganda's economic development. It is mainly concerned with the processing and marketing of cotton and coffee. The movement is supervised by the Government.

VII. INDUSTRIAL PROPERTY RIGHTS AND COPYRIGHT

1. Copyright

The law which governs copyright in Uganda is the Copyright Act (Act 12 of 1964, Cap. 81). Copyright vests initially in the author, and, in the case of work commissioned or made in the course of the employment of the author, in the person who commissioned the work or in the author's employer. Copyright in an unpublished work expires 50 years after the end of the year of the author's death, while copyright in published works expires at the end of the year in which the author dies or 50 years after first publication, whichever happens last. The law permits the granting of licences which enable the doing of acts which would otherwise amount to infringements of copyright, and the Minister responsible has power to grant licences where he is satisfied that licences have been unreasonably refused or have been subjected to unreasonable restrictions.

2. Patents

The Uganda law of patents is still closely linked to that of England, for the Patents Act (Act 7 of 1939, Cap. 82) provides that any person who is the grantee of a patent in the United Kingdom or any person deriving his right from such a grantee by assignment shall be entitled to have such patent registered in Uganda, provided the application is made within three years from the date when the grant was made in the United Kingdom and on the payment of the prescribed fees. Such registration confers on the grantee or his assignee the same privileges and rights as though the patent had been granted in the United Kingdom with an extension to Uganda.

3. Trade Marks

The Trade Marks Act (Act 14 of 1952, Cap. 83) contains the law which governs trade marks in Uganda. The expression "trade mark" includes any device, name, word, letter or any combination thereof which has been registered as such under the Trade Marks Act. In order to be a trade mark the mark must satisfy the following main requirements: firstly, it must be registrable; some marks are not registrable, *e.g.*, terms in common use or which are scandalous in design or are contrary to law or morality. Secondly, the mark must not have been registered as a trade mark before, or be by reputation attributable to some person other than the person applying to have it registered as a trade mark.

Registration confers the right to the exclusive

use of the registered trade mark by the person claiming that right and confers protection in the case of the violation of that right. The law, however, does not prohibit the use of unregistered trade marks; it merely refrains from extending to these the kind of protection it affords to registered trade marks. In an action for passing off, the person whose trade mark was registered earlier in time prevails over any earlier users of the trade mark.

VIII. PRINCIPLES OF JUDICIAL PROCEDURE IN CIVIL AND COMMERCIAL CASES

Civil procedure in the High Court is governed by the Civil Procedure Act (Act 1 of 1928, Cap. 65), and Rules made under it. Procedure in the Courts of Chief Magistrates and Magistrates Grade I is governed by the Act and the Rules. The remaining grades of courts (Magistrates' Grades II and III) are governed, in matters of civil procedure, by the Magistrates' Courts (Grades II and III) Civil Procedure Rules, 1965, made under the Magistrates' Courts Act (*supra* I 4b).

The procedure for appeals from the High Court to the Court of Appeal for East Africa is governed by the Eastern African Court of Appeal Rules (S.I. 1972 no. 179 and 1973 no. 51). The Rules provide (see Rules 25 and 52) that in any case not provided for by the Rules, the current practice and procedure of the English Court of Appeal is to apply.

On arbitration, see *supra* I 4b.

IX. PRIVATE INTERNATIONAL LAW AND INTERNATIONAL LAW OF PROCEDURE

Most of Uganda's international private law and law of procedure are not codified. The general principles of Private International Law in Uganda are similar to those of English Private International Law.

Of the codified international law of procedure, the following is of interest: The Foreign Tribunals Evidence Act (Act 33 of 1964, Cap. 45) provides for the taking of evidence within Uganda or outside Uganda in relation to proceedings pending before courts within or outside Uganda. By the same Act, Uganda courts may ascertain the position of the law from courts in other countries (s. 12). In relation to the execution of judgments, there is first the Judgments Extension Act (Act 3 of 1908, Cap. 46) which makes provision for the execution by Uganda courts of decrees and warrants made or issued by courts of Kenya, Malawi and Tanzania. There is secondly the Reciprocal Enforcement of Judgments Act (Act 9 of 1922, Cap. 47), and the Foreign Judgments (Reciprocal Enforcements) Act (Act 4 of 1961, Cap. 48), which are concerned with the enforcement in Uganda of judgments obtained in superior courts in Commonwealth countries and other countries, respectively. These two Acts are concerned with liquidated civil debts (exact sums) other than taxes and fines.

X. SELECTIVE BIBLIOGRAPHY

For titles on East African countries in general, see national report on Tanzania *sub* XI; on the law of Anglophonic African countries in general, see national report on Nigeria *sub* XI.

1. Books and Articles

General: Fallers, Law Without Precedent. Legal Ideas in Action in the Courts of Colonial Busoga (Chicago 1970); *Low and Pratt*, Buganda and British Overrule (1960); *Beidelmann*, Kanguru Justice and the Concept of Legal Fictions: 5 J.A.L. 5–20 (1961); *Apter*, The Political Kingdom in Uganda – a Study in Bureaucratic Nationalism (Princeton 1961); *Edel*, African Tribalism: Some Reflections on Uganda: 80 Pol. Sci. Q. 357 (1965); *Brown and Allen*, An Introduction to the Law of Uganda (London 1968); *Morris and Read*, Uganda. The Development of Its Law and Constitution (London 1966); *Cotran*, Recent Changes in the

Uganda Legal System: 6 J.A.L. 210–215 (1962); *Haydon*, Law and Justice in Buganda (1960); *Gray*, Early Treaties in Uganda: 12 Uganda Journal 25–42 (1948); *Cannon*, Law, Bench and Bar in the Protectorate of Uganda: 10 I.C.L.Q. 877 (1961).

Chapter I: Uganda Constitutional Conference 1961 (Cmnd. 1523); *Burke*, Local Government and Politics in Uganda (1964); Inquiry Into African Local Government in the Protectorate of Uganda (1953); Judicial Systems [Uganda]; *Read*, Uganda: Competing Jurisdictions in Buganda: 5 J.A.L. 55–58 (1961).

Chapter II: Morris, Jurisdiction of Buganda Courts and Scope of Customary Law in Uganda: 9 J.A.L. 154–161 (1965); *Obol-Ochola*, The Application of Customary Law in Uganda. Judicial Ambivalence, Indifference and Sabotage: 3 East Afr. L. Rev. 175–179 (1970); *Anderson*, Islamic Law in Africa [Uganda] 148–161 (London 1954).– See also *supra* text *sub* II/III.

Chapter III: Johnston, The Uganda Protectorate (1902); *Rolin*, Le droit de l'Ouganda (1910).

Chapter IV: Morris, Marriage and Divorce in Uganda: 24 Uganda Journal 197–206 (1960); *Nair*, Native Marriage in Buganda (1964); Report of the Commission on Marriage, Divorce and the Status of Women (1965); *Ministry of Land Tenure*, Bibliography of Land Tenure (1957); Land Tenure in Uganda: 2 J.A.L. 1–4 (1958); *Mukwaya*, Land Tenure in Buganda (1953); *West*, The Mailo System in Buganda (1964); *Anderson*, The Law of Succession in Uganda. An Unreported Case: 7 J.A.L. 201–206 (1963); *Southwold*, The Inheritance of Land in Buganda: 20 Uganda Journal 88–96 (1956).

Chapter VI: United Nations Economic Commission for Africa, Investment Laws and Regulations in Africa [Uganda] (New York 1965).

Chapter VII: White and Ravenscroft (ed.), Trade Marks [Uganda]; Copyright Laws [Uganda] Item 1; Manual Industrial Property II [Uganda].

2. Legislative Texts

Chapter I: Constitution of Uganda of 8 Sept. 1967, as amended and supplemented to 13 March 1971: *Blaustein and Flanz* (ed.), Constitutions VII [Uganda]; Constitution of Uganda as of 2 Oct. 1962, as amended to 30 Sept. 1963: Peaslee, Constitutions I 921–987.

Chapter V: Trades Disputes (Arbitration and Settlement) Act as of 29 July 1964: ILO Leg. Ser., Uganda 1 (1964).

Chapter VI: The Foreign Investments (Protection) Act of 1964: 4 Int.Leg.Mat. 1062 (1964).

Chapter VII: Trade Marks Ordinance no. 14 of 1952: 51 Pat. & T. M. Rev. 100 (1953); Copyright Act as of 22 June 1964: Dr.aut. 1964, 180–184.

(Completed in August 1973)

Union of Arab Republics

Chafik Chehata *

1. Inception

The Union of Arab Republics (*Ittiḥād al-djumhūriyyat al-ʿarabiyya*) comprises Egypt, Libya, and Syria. These three countries, while keeping their own individual personalities both internally and internationally, have so bound themselves together as to create a new entity, known as the Union of Arab Republics (UAR).

The first foundations of the Union were laid by the Tripoli Charter proclaimed on 27 Dec. 1969 by the Heads of State of the United Arab Republic (Egypt), Libya, and the Sudan. The latter country was to have been a member of the tripartite federation which was the subject of a declaration broadcast on 8 Nov. 1970. On 27 Nov. 1970 Syria announced its adherence to that declaration, and the federation thus became quadripartite.

The Sudan, on account of special problems, was unable to carry out its intention to form part of the proposed federation, and thus the Union of Arab Republics, proclaimed at Benghazi on 17 April 1971, comprised three countries: the Arab Republics of Egypt, Libya, and Syria.

Following this proclamation a Constitution was promulgated on 20 April 1971 (*al-djarīdat al-rasmiyyat al-ittiḥādiyya* no. 1 of 21 Dec. 1971) permanently setting up the Union of Arab Republics. It was approved by popular referendum in the three countries above mentioned on 1 Sept. 1971.

2. Constitution

The Union's Constitution has 72 articles. According to art. 4 "the system of government within the Union of Arab Republics is democratic and socialist". However each republic keeps it own Constitution, which must not conflict with the Federal Constitution (art. 11). Art. 12 sets out a list of essential freedoms and obligations, from which no derogations may be made.

The Union has a single capital city (art. 8). Cairo was designated as capital of the Union by a decision of the Presidential Council on 5 Sept. 1971. Moreover, the Union and its constituent republics are to have a single national flag and a single national anthem (art. 7).

The Union has an independent personality, enabling it to sign treaties and agreements with foreign countries (art. 14 par. 1 *lit.* d and art. 59). Whilst the Union involves the abolition of diplomatic representation as between the member countries, each of them nevertheless maintains its own independent diplomatic relations with foreign countries (art. 14 par. 1 *lit.* d) and with the United Nations.

3. Relations Between the Union and Its Member States

The Union aims at establishing a common foreign policy (art. 14 par. 1) and general and joint development plans (art. 4 *lit.* a). The Union is also to set up a unified policy in the field of teaching and education.

The Constitution provides for a uniform military high command (art. 14 par. 2 *lit.* b), each member state nevertheless keeping its own army (art. 69).

Under art. 64, the importance of which must be emphasized, the army and police of each member state can intervene, even without invitation, for the purpose of thwarting subversive activities in the territory of another member state.

The Council of Ministers of the Union shall establish contacts with the competent Ministers of the member states in order to ensure that federal laws and decisions be duly executed (art. 25).

4. Institutions

The Constitution provides for a Presidential Council, a Council of Ministers, and special Councils – which share executive power.

Legislative power is exercised by a Federal Assembly.

Finally, a Constitutional Court is provided to exercise the judicial power.

a. The *Presidential Council* is composed of the

* Professor at the Faculty of Law, Economics and the Social Sciences, Paris (France).

Presidents of the federated republics (art. 15). The President is elected by the Council for a term of two years, which may be renewed (art. 16). At present the President of the Council is the President of the Syrian Arab Republic.

In principle Council decisions are by majority, but in some cases, notably those involving the state of war or peace, decisions must be unanimous (art. 14 par. 1 *lit.* b).

b. The *Council of Ministers* has seven members, nominated by the Presidential Council, which also nominates its President (art. 29). At present the Council of Ministers has four Egyptian members, two Syrians, and a Libyan.

Ministers may not combine their federal duties with holding another office in their own countries unless specially authorized by the Presidential Council (art. 23).

The functions of the Council of Ministers are: drawing up draft federal legislation and decisions; preparing the Union's budget; supervising the application of federal legislation and decrees.

c. *Special Councils* are formed by decision of the Presidential Council (art. 27). Their function is to take charge of questions of economics planning, social security, *etc.*

Each minister is the president of a Special Council.

Provision is also made for unification of professional bodies. This will result in a federal professional council.

It should also be noted that a "political Front shall be formed by unanimous decision of the Presidential Council. It will be composed of representatives of the political organizations of each member State" (art. 62).

The status of federal officials is to be established by federal legislation (art. 28).

d. *The Federal Assembly.* – The Constitution gives legislative powers to an Assembly of 60 members, 20 from each of the 3 states. At present, the President of the Assembly is a Libyan elected to that office.

Members of the Assembly are elected by the People's Assembly of each republic, from among its own members (art. 29), for a period of four years.

It must be emphasized that a member of the Federal Assembly cannot at the same time be a member of the People's Assembly of his own country (art. 29).

The Federal Assembly holds two sessions a year, each of three months duration.

Among the functions of the Assembly are the examination and ratification of federal legislation, the approval of the budget, and the ratification of treaties.

The Presidential Council can dissolve the Federal Assembly, but the new Assembly must be set up within three months of the dissolution, and cannot be dissolved for the same reasons (art. 45).

e. *The Constitutional Court.* – The Presidential Council nominates the six members of this court, two from each republic (art. 46). They are nominated for a period of two years, and are eligible for re-nomination.

The court has jurisdiction over appeals raising the question of constitutionality of federal legislation, or the conformity of republican legislation with the provisions of the Constitutions or with federal legislation; and over appeals against Union administrative decisions (art. 48).

The decisions of the court shall be enforceable in the territory of all republics which are members of the Union.

5. Sources of Federal Law

The Federal Assembly drafts federal legislation. The members of the Assembly have the right to propose legislation, as has the Presidential Council (art. 35). Legislation drafted by the Council of Ministers has, like all other legislation, to be put to vote in the Assembly.

Legislation does not become effective until approved by the Presidential Council. It comes into force one month after publication in the Federal Gazette (*al-d̲jarīdat al-rasmiyyat al-ittiḥādiyya*). It is applied by the competent authorities in all the member republics (art. 38). It takes priority over republican legislation in fields which are within the jurisdiction of the Union (art. 37).

If the Assembly has been dissolved, or is in recess, unanimous decisions of the Presidential Council in urgent matters have the force of law. But such decisions must be submitted to the National Assembly when it next meets (art. 19).

The Presidential Council promulgates regulations necessary for the enforcement of federal legislation (art. 20). They become enforceable only after publication in the Federal Gazette (art. 22).

6. Bibliography

French translation of the Constitution: La Documentation française no. 98 of 29 Oct. 1971.

(Completed in December 1972)

Union of Soviet Socialist Republics

Institute of State and Law
Academy of Sciences of the USSR, Moscow

The Union of Soviet Socialist Republics (USSR) (*Soi͡uz Sovetskikh Sot͡sialisticheskikh Respublik*) as a federal state was constituted on 30 Dec. 1922. The first state of the working people, founded as a result of the victory of the Great October Socialist Revolution of 1917, was the Russian Soviet Federative Socialist Republic (RSFSR) (*Rossiĭskai͡a Sovetskai͡a Federativnai͡a Sot͡sialisticheskai͡a Respublika*).

I. CONSTITUTIONAL SYSTEM

The Constitution of the USSR (USSR Const.) now in force was passed on 5 Dec. 1936. The economic base of the socio-political structure of the USSR is formed by the socialist system of the economy which is built on the basis of the socialist ownership of instruments and means of production. Economic life in the USSR is determined and directed by state economic plans.

In the Soviet Union a society has been created in which private ownership of instruments and means of production and the exploitation of man by man has been completely abolished. There are no longer any classes or groups living on the fruits of other people's labour and the relationship of class domination and subjection has disappeared. Soviet society consists of two non-antagonistic classes, the working class and the collective farm peasantry as well as the intelligentsia. Community of the vital interests of workers, peasants and intelligentsia is the basis of the socio-political and ideological unity of the Soviet people.

The basis for people's existence is personal labour alone. The Constitution of the USSR recognises labour as the duty and a matter of honour of every able-bodied citizen according to the principle: "He who does not work shall not eat". In the USSR the principle of socialism operates: "From everyone according to his abilities, to everyone according to his labour".

Distribution in accordance with labour is to an ever-increasing degree supplemented by the satisfaction of the needs of people from social funds, *i.e.*, without payment (education, medical treatment, pensions, care of children in childrens' institutions).

The entire life of socialist society is built on the basis of extensive democracy. In the USSR the sovereignty of the people is exercised in the following manner: by elections to the Soviets of Working People's Deputies; the activities of the Soviets of Working People's Deputies and the organs formed by them and subordinate to them; the permanent and direct participation of citizens in the activities of the Soviets; people's control over the activities of state organs; extensive discussion of the most important questions of All-Union, Republican and local significance as well as of draft laws and decisions of local organs of state power: nationwide voting (referenda) of the most important draft laws; the activities of mass social organisations through which the working people actively participate in state administration in deciding questions of economic and cultural development; meetings of citizens at their place of work and residence and conferences of workers of individual branches of the economy and culture; the administration of justice through elected courts.

The foundation of the entire systems of state organs in the USSR is formed by representative organs, the Soviets of Working People's Deputies elected by the people to whom they are accountable and subordinate.

The Soviets of working people's deputies, organs of state power and of people's self-administration, carry out their function in close contact with the mass social organisations of the working people.

The highest form of socio-political organisation in the USSR is the Communist Party of the Soviet Union (CPSU), the guiding and directing force of Soviet society and the people's socialist state, the vanguard of the whole Soviet people. The Communist Party, in accordance with the Constitution of the USSR directs and coordinates the activities of state and social organisations with the aim of a planned and organised construction of communism.

The main tenor of the Party guidance is the elaboration of policies on the basis of a scientific approach according to Marxism-Leninism, an analysis of concrete circumstances taking into account the demands of the economic laws of socialism and the material conditions of the life of society and the experience and the interests of the people.

Apart from the elaboration of general policy and the solution of specific problems at one stage or another, the Party also gives detailed instructions to various organisations which are part of the system of political organisation of society, taking into account their peculiarities and the specific forms and methods of their activities. In doing this, the Party in itself does not replace other organisations of the working people, does not allow superflous tutelage, confusion of the functions of the Party and other organs, or unnecessary duplication of work. By means of persuasion and explanation, advice and recommendations the Party is striving towards a state of affairs where the members of these organisations by developing their own initiative and spontaneity proceed along the path outlined by the Party and these organisations themselves develop along democratic lines and draw ever wider circles of the working people into their activities.

Party guidance is also exercised by means of selection and placement of leading cadres and the control of their activities within the framework of the Soviet Constitution, on the basis of Soviet law and in accordance with the statutes of social organisations.

Party guidance of Soviets and social organisations is exercised through Party groups in non-party organisations. These groups are set up in accordance with the Statute of the CPSU, at congresses, conferences, meetings called by Soviet, trade union, cooperative and other mass organisations of the working people, as well as within the elected organs of these organisations where there are not less than three Party members. It is the task of these groups to increase the all-round influence of the Party and to execute its policies, strengthen Party and State discipline, check the fulfilment of Party and Soviet directives. Party groups are subordinate to their respective Party organs and are obliged strictly and unswervingly to follow decisions of their leading Party organs.

1. Citizenship of the USSR

In the Soviet Union there exist both a citizenship of the USSR and of the Union and Autonomous Republics.

a. According to USSR Const. art. 21 a single citizenship extends to *all citizens* of the USSR. Every citizen of a Union Republic is a citizen of the USSR. According to the Federal Law on Citizenship of 19 Aug. 1938 (*Vedomosti Verkhovnogo Soveta* (VVS) *SSSR* 1938 no. 11) the following are citizens of the USSR: (1) All persons who were subjects of the Russian Empire on 7 Nov. 1917 and who have not lost Soviet citizenship; (2) persons who have acquired Soviet citizenship in the manner prescribed by law. Decrees of the Praesidium of the Supreme Soviet of the USSR have been issued on general aspects of citizenship, by which the law above cited has been amended. It has been established, for example, that citizens of the Lithuanian, Latvian and Estonian SSR became USSR citizens from the moment these Republics joined the USSR.

USSR Citizenship is bestowed on foreigners, on application, by the Praesidium of the Supreme Soviet of the USSR or the Praesidium of the Supreme Soviet of a Union Republic. Renunciation of citizenship is authorised by the Praesidium of the Supreme Soviet of the USSR.

b. The Constitutions of the Union and Autonomous Republics establish that on their territories citizens of all other Soviet Republics enjoy *equal rights* with their own citizens.

2. Soviet Federalism and the Administrative-Territorial Division

The USSR is a multinational state, in which there are over 130 nations and nationalities. All nations have equal rights and sovereignty. The free development of all nations of the USSR is guaranteed on the basis of the exercise of the right of the nations to self-determination and the creation of a Soviet multi-national state.

a. The USSR is a *federal state* of sovereign Soviet national states called Union Republics which enjoy equal rights and which have voluntarily united on the basis of agreement. At present the USSR consists of:

The Russian Soviet Federative Socialist Republic; the Ukrainian Soviet Socialist Republic; the Byelorussian Soviet Socialist Republic; the Uzbek Soviet Socialist Republic; the Kazakh Soviet Socialist Republic; the Georgian Soviet Socialist Republic; the Azerbaijan Soviet Socialist Republic; the Lithuanian Soviet Socialist Republic; the Moldavian Soviet Socialist Republic; the Latvian Soviet Socialist Republic; the Kirghiz Soviet Socialist Republic; the Tajik Soviet Socialist Republic; the Armenian Soviet Socialist

Republic; the Turkmenian Soviet Socialist Republic; the Estonian Soviet Socialist Republic.

The USSR as a federal state has its organs of state power and state administration, unified Armed Forces, a common citizenship, a consolidated state budget and a unified monetary system. The powers of the Union as a sovereign state, as laid down by the USSR Constitution, concern such spheres of state activity which in the interests of both the Union and individual republics demand guidance on a scale embracing the whole country as well as securing the defence of the interests of each individual Union Republic.

The Constitution of the USSR (art. 14) delegates to the Union powers of representation of the USSR in international relations: the conclusion, ratification and denunciation of treaties of the Union with foreign states; decisions as to war and peace.

Within the competence of the USSR are: the organisation of the defence of the country; the guidance of the Armed Forces of the USSR; the protection of state security; foreign trade on the basis of a state monopoly.

The Constitution of the USSR defines in detail the competence of the USSR in the sphere of the national economy: establishing of the economic plans of the USSR; the approval of the consolidated state budget of the USSR and control over its execution; the organisation of a common system of economic accounting, the levying of taxes and other revenues which form the Union budget as well as republican and local budgets. The USSR administers banks, industrial and economic institutions and enterprises as well as trading enterprises which are under All-Union authority, and transport and communications of All-Union importance. The Union also exercises general guidance over enterprises of industry and construction under mixed Union Republican authority, management of the monetary and credit system and the organisation of state insurance. Within the federal jurisdiction fall: the conclusion and allocation of loans, the establishment of common fundamental principles for the use of land, and equally the use of minerals, forests and waters, as well as common fundamental principles in the field of education and the health service.

With the aim of maintaining unity in the system of Soviet legislation the Constitution of the USSR assigns to the competence of the Union the establishment of Fundamentals of Labour Legislation, Fundamentals of Legislation as to the Court System and Court Procedure, Fundamentals of Civil Legislation and Fundamentals of Criminal Legislation, Fundamentals of Legislation concerning Marriage and the Family as well as fundamentals for some other branches of law. Detailed legislation taking into account the peculiarities of the historical, national and cultural development in these and all other spheres is enacted by the Union Republic itself. Because of this the unity of the principles of legislation for the entire federation and the consideration of local conditions is secured. To the jurisdiction of the USSR belong also the promulgation of legislation as to Union citizenship and the rights of foreigners as well as the promulgation of All-Union Acts of Amnesty. Within the jurisdiction of the USSR are: control over the observance of the Constitution of the USSR and the guaranteeing of conformity of the Constitutions of the Union Republics with the Constitution of the USSR, the ratification of boundary changes between Union Republics as well as the ratification of the formation of new autonomous republics and autonomous regions within the Union Republics.

b. *Sovereignty of the Union Republics.* – In the USSR the community of purpose of the working people of all nationalities ensures the harmonious unity of the interests of both the Union and of the Union Republics. Therefore each Union Republic exercises its sovereignty concerning general questions affecting the whole Union through Union organs, but in all other cases – directly.

A Union Republic has its own Constitution which is adopted by its supreme legislative organ. The Constitution of a Union Republic is modelled in conformity with the USSR's Consitution which reflects the unity of the Soviet State and the community of the socio-economic structure of the USSR. At the same time the Constitution of a Union Republic reflects historical, national, economic and other peculiarities of the Republic.

A Union Republic has the right to secede from the Union which is not limited either in time or by any other conditions (art. 17). A Union Republic has the right to territorial integrity: the boundaries of the Republic may not be altered without its consent (art. 18).

A Union Republic may create its own Republican military formations, the guiding principles of which the USSR establishes. It has the right to enter into direct relations with foreign states and to conclude agreements with them and exchange diplomatic and consular representatives. The general procedure concerning the Union Republics' relations with foreign states is laid down by the USSR.

A Union Republic has a number of rights as a

subject of the federation; among them are the right to demand the convocation of an Extraordinary session of the Supreme Soviet of the USSR and the conducting of an All-Union referendum, the right to have a permanent representation on the Council of Ministers of the USSR.

Each Republic enjoys equal representation in the Soviet of Nationalities, which is one of the two equal Chambers of the highest organ of power of the USSR – the Supreme Soviet of the USSR.

All the Republics that make up the USSR enjoy equal rights, irrespective of the size of their territories or the number of their population. For example, both the RSFSR whose territory amounts to 17 million square kms. and whose population numbers more than 130 million people and the Armenian SSR whose territory is about 30000 square kms. and whose population consists of 2.4 million people are Union Republics with equal rights.

A Union Republic as a sovereign state has its own supreme organs of government, formed on the basis of its Constitution and laws: a Supreme Soviet, a Praesidium of the Supreme Soviet, a Council of Ministers, Ministries and other administrative bodies. The structure, competence and composition of these organs are laid down in the Constitution and laws of the Union Republic.

c. *Autonomy in the USSR.* – On the territories of some of the Union Republics there live within the community apart from the nationalities that form the majority of the population, other peoples or national groups which are distinguished by the peculiarities of their economic development, way of life and culture. They enjoy autonomy, *i.e.*, the right to exercise independently state power in matters of internal self-administration within the framework of the Union Republic and within the limits laid down by the Constitution of the Union Republic. This autonomy is reflected in the creation of their own organs of power, of the court, of administration, school, socio-political and cultural-educational institutions using in all spheres of life the native tongue of the local nationality.

Soviet autonomy is distinguished by the diversity of its forms which allows the different conditions under which the nations have developed to be taken into account and peoples who find themselves at different stages of economic and cultural development to be embraced within a national state structure. Amongst the forms of Soviet autonomy there are distinguished national state groupings which possess legislative autonomy (autonomous republic),[1] and national territorial formations which possess administrative autonomy (autonomous region (*oblast*), national circuit (*okrug*)). Legislative autonomy extends to legislation and administration; administrative autonomy extends to administration.

In this way Soviet autonomy represents the state organisation of the nation within which self-determination and sovereignty are exercised.

(1) The *Autonomous Republic* (*Autonomnaia͡ Sovetskaia͡ Sotsialisticheskaia͡ Respublika*) (ASSR) is a national Soviet socialist state which is a part of a Union Republic. The ASSR has its own Constitution which is adopted by the Supreme Soviet of the ASSR and ratified by the Supreme Soviet of the Union Republic to which the ASSR in question belongs. The Constitution of the ASSR is drafted in accordance with the Constitution of the Union Republic and the Constitution of the USSR and it takes into account the peculiarities of the Republic.

The territory of an autonomous republic may not be altered without its consent. An ASSR has its own supreme organs of state power and state administration: a Supreme Soviet, a Praesidium of Supreme Soviet, a Council of Ministers, ministries and other administrative bodies. Outside the limits of competence of the USSR and the Union Republic the ASSR exercises its state power independently. An Autonomous Republic has the right to issue, within the limits of its competence, laws in complete conformity with the laws of the USSR and the laws of the Union Republic. These laws have binding effect throughout the whole ASSR.

At the present time there are 20 autonomous republics in the USSR, of these 16 are in the RSFSR: the Bashkir, the Buryat, the Dagestan, the Kabardino-Balkar, the Kalmyk, the Karelian, Komi, Mari, Mordov, North-Osetin, Tatar, Tuva, Udmurt, Checheno-Ingush, Chuvash, Yakut; two in the Georgian SSR: Abkhaz and the Adzhar; one in the Azerbaijan SSR: the Nakhichevan; one in the Uzbek SSR: the Kara-Kalpak.

(2) The *Autonomous Region* (*oblast*) is a national region within a Union Republic which is distinguished by the national composition of its population who have their own particular customs. Such a region enjoys self-administration of internal affairs and has its own national organs of state power and state administration as follows: A Soviet of Working People's Deputies of the autonomous region, its Executive Committee, departments and boards of the Executive Committee. The rights of an autonomous region are guaranteed by the ratification by the Supreme

Soviet of the Union Republic of an act on the status of the autonomous region which takes into account its national peculiarities (see, *e.g.*, RSFSR Const. art. 76).

At the present time there are in the USSR eight autonomous regions, five of which are located in the RSFSR (the Adygei, the Gorno-Altai, the Jewish, the Karachai-Cherkess, and the Khakass); one in the Georgian SSR – the South Osetin; one in the Azerbaijan SSR – the Nagorno-Karabakh; and one in the Tajik SSR – the Gorno-Badakhshan.

(3) The *National Circuit* (*okrug*) is a national territorial formation within the boundaries of a region (*oblast*) or territory (*kraĭ*) which is distinguished by the national composition of its population who have their own particular customs. Some national circuits include two or more nationalities.

A national circuit guarantees self-administration in matters of internal life to small nationalities. A national circuit has its own local national organs of state power and state administration which exercise its rights: A Soviet of Working People's Deputies of the circuit and its Executive Committee, departments of the Executive Committee. In the USSR there are at the present time 10 national circuits all of them located in the north of the RSFSR: the Aghin (Buryat), the Komi-Permyats, the Koryak, the Chukot, the Nenets, the Taimyr, the Evenki, the Ust-Ordin (Buryat), the Khanty-Mansi, and the Yamalo-Nenets national circuits.

d. *Contemporary administrative-territorial division.* – At the present time, the following administrative territorial divisions have been established in the Union Republics: the RSFSR consists of territories and regions; the Ukrainian SSR, the Byelorussian SSR, the Uzbek SSR, the Kazakh SSR, the Kirghiz SSR and the Turkmenian SSR include only regions.

The remaining Union Republics are divided directly into districts and towns (some of them subordinate to the Republic).

The largest administrative-territorial unit (but existing only in the RSFSR) is the territory. It can be subdivided into regions.

Both the territory and the region are made up of: (1) the town which is the *kraĭ* (*oblast*) centre and which as a general rule gives the *kraĭ* (*oblast*) its name; (2) towns subordinate to the *kraĭ* (*oblast*); (3) districts.

The territory differs from the region in that it can have regions, some of them can be autonomous regions.

In some territories and regions in the RSFSR there are national circuits which may be divided into districts and towns subordinate to the circuit.

Districts include towns subordinate to the district rural units (villages, *stanitsy, derevni, khutora, kishlaki, auly, etc.*)[1] and settlements (residential, health resorts). There are districts which consist only of rural units and settlements.

Large towns are usually divided into inter-city districts.

3. Organs of State Power and Administration

a. *The Soviet representative system.* – All organs of state power, from the top to the bottom are representative institutions, elected by the citizens of the USSR by general, direct and equal elections with a secret ballot.

The higher and local representative organs elect and form their executive and administrative organs of general and particular competence which are subordinate, and accountable to the representative organs. The representative organs define the powers of the executive and administrative organs and exercise a guiding influence on their work.

b. *The Supreme Soviet of the USSR and the Praesidium of the Supreme Soviet.* – The highest organ of state power of the USSR is the Supreme Soviet of the USSR, which is elected for a term of four years. The Supreme Soviet of the USSR consists of two chambers: the Soviet of the Union and the Soviet of Nationalities. In the Soviet of the Union the general interests of all the working people of the USSR, independent of their nationality, are represented. It is elected by the citizens in electoral districts on the basis: one deputy per 300000 people. In the Soviet of Nationalities the particular and specific interests of the various nationalities are represented. It is elected by the citizens on the basis of the following rule: 32 deputies from each Union Republic, 11 deputies from every autonomous republic, 5 deputies from every autonomous region, 1 deputy from every national circuit.

Each chamber of the Supreme Soviet of the USSR at the first session of its regular convocation elects the Chairman of the chamber and four

[1] Special terms for rural grouping according to national peculiarities.

deputies who preside over the sessions of the respective chamber and conduct its internal routine. Each chambers sets up Standing Committees: for planning and budgetary matters, for legislative proposals, for foreign affairs as well as a number of branch commissions (for industry, transport and communications, for agriculture, for construction and building materials industry, for public health and social security, for public education, science and culture, for trade and public amenities). For the verification of the deputies' mandates (credentials) both chambers elect mandate committees.

Both chambers of the Supreme Soviet enjoy *equal rights*. They have to the same degree the right of legislative initiative. A law is passed when it has been passed by a majority in both chambers. An amendment of the Constitution of the USSR requires a two-thirds majority in both chambers.

Sessions of both chambers begin and end at the same time and they both examine the same questions during their sessions. Joint sessions are directed by the Chairmen of the chambers in turn. Sessions of the Supreme Soviet of the USSR are convened by the Praesidium of the Supreme Soviet, as a rule twice a year. Extraordinary sessions are convened by the Praesidium of the Supreme Soviet of the USSR either at its discretion or at the request of one of the Union Republics (USSR Const. art. 46).

In the event of disagreement between the Soviet of the Union and the Soviet of Nationalities, the matter is referred for settlement to the Conciliation Commission which is formed by the chambers on an equal basis. If the Commission does not reach an agreed decision or if its decision fails to satisfy one of the chambers, the matter in dispute is debated once more by both chambers. If no agreement is reached at the second debate, the Praesidium of the Supreme Soviet of the USSR dissolves the Supreme Soviet and calls new elections (USSR Const. art. 47).

The Supreme Soviet of the USSR is invested with absolute power in the USSR. It decides directly the most important issues of the internal and external policy of the Soviet State. The Supreme Soviet of the USSR introduces amendments to the Constitution of the USSR, examines and confirms the economic plans, adopts the overall state budget of the USSR as well as the report on its execution, accepts new Republics into the USSR, decides questions connected with the formation of new autonomous Republics and regions and exercises control over the observance of the Constitution of the USSR and others.

The Supreme Soviet of the USSR is entitled to examine any question that is within the competence of the USSR. In exercising the supreme guidance of the country and by heading the entire system of state organs of the USSR, the Supreme Soviet of the USSR in accordance with the Constitution of the USSR elects the Praesidium of the Supreme Soviet and the Supreme Court of the USSR, forms the government of the USSR, the Council of Ministers of the USSR, and appoints the Procurator General of the USSR. By virtue of the Constitution of the USSR legislative power is exercised solely by the Supreme Soviet of the USSR. It adopts laws on major questions o state, economic and socio-cultural construction and international relations, which regulate the most important social relations and formulate the basic rules of all branches of Soviet law. Laws adopted by the Supreme Soviet of the USSR are promulgated in the languages of the Union Republics, that is, in 15 languages under the signatures of the Chairman and the Secretary of the Praesidium of the Supreme Soviet of the USSR. Acts of the Supreme Soviet relating to organisational questions of higher state administration and control (election of state organs, appointment of holders of office, appraisal of their activities) are usually issued in the form of resolutions. Decisions of the Supreme Soviet of the USSR relating to questions of foreign policy are usually issued as declarations, appeals, statements or messages.

The Supreme Soviet of the USSR enjoys the right of supreme control over the activity of the state apparatus. When necessary it appoints investigation and revision commissions on any question. All institutions and holders of office are obliged to comply with the demands of these commissions and to furnish them with the necessary materials and documents (Const. art. 51).

An important means of control of the Supreme Soviet over the activities of the organs of state administration is the right of a deputy to address an enquiry to the government as a whole or to individual members of the government concerning their activity or work or that of organs subordinate to them. The government or the minister to whom the enquiry is addressed is obliged to give an oral or written reply (Law on the Status of Deputies of Soviets passed by the Supreme Soviet of the USSR on 20 Sept. 1972, VVS SSSR 1972 no. 39 pos. 347 art. 14).

The highest collegiate organ which functions permanently is the *Praesidium of the Supreme Soviet* of the USSR which is elected by the Supreme Soviet and is subordinate to it in all its activities. The Praesidium is elected with the following membership: Chairman of the Praesidium, 15 Deputies to the Chairman – one from each Union Republic (in accordance with established practice the Chairmen of the Praesidia of the Supreme Soviets of the Union Republics are elected as Deputies to the Chairman of the Praesidium of the Supreme Soviet of the USSR), the Secretary of the Praesidium, and 20 members. On the expiry of their terms or after an early dissolution of the Supreme Soviet of the USSR, the Praesidium of the Supreme Soviet of the USSR retains its powers right up to the formation of a new Praesidium by a newly elected Supreme Soviet of the USSR (USSR Const. art. 53).

The Praesidium calls elections to the Supreme Soviet of the USSR (not later than two months after the expiry of the term or dissolution of the Supreme Soviet of the USSR), forms the election circuits for the elections to the Soviet of the Union and the Soviet of Nationalities, confirms the composition of the Central Electoral Commission for elections to the Supreme Soviet of the USSR as well as the forms of certain electoral documents.

The Praesidium, within the time and in the manner prescribed by the Constitution, convenes the sessions of the Supreme Soviet of the USSR; introduces draft legislation for consideration by the Supreme Soviet of the USSR; calls the elections of deputies to replace those who are dead, as well as in cases envisaged by law, the voting on the recall of a deputy. In the period between sessions of the USSR the Praesidium of the Supreme Soviet can consent to judical prosecution or arrest of a Deputy.

The Constitution of the USSR charges the Praesidium of the Supreme Soviet of the USSR with the interpretation of laws of the USSR as well as the holding of a nationwide poll (referendum) either on its own initiative or at the request of one of the Union Republics.

The Praesidium of the Supreme Soviet of the USSR abrogates resolutions and orders of the Council of Ministers of the USSR and of the Councils of Ministers of the Union Republics in the event of their non-conformity to the law. In the period between sessions of the Supreme Soviet of the USSR it relieves from duty and appoints individual ministers of the USSR upon presentation of the Chairman of the Council of Ministers of the USSR with subsequent submission for confirmation by the Supreme Soviet of the USSR (Const. art. 49 *lit.* g).

The Praesidium of the Supreme Soviet of the USSR has a number of powers in the sphere of defence: in the period between sessions of the Supreme Soviet of the USSR it declares the state of war in the event of a military attack on the USSR or in the event of the need to fulfil the obligations of international treaties of mutual defence against aggression; declares general or partial mobilisation, proclaims martial law in individual localities or throughout the USSR in the interests of the defence of the USSR or the maintenance of public order and state security; appoints and recalls the highest command of the Armed Forces of the USSR.

The Praesidium of the Supreme Soviet of the USSR has also been endowed with substantial powers in the field of foreign relations. It ratifies and denounces international treaties of the USSR, appoints and recalls representatives of the USSR in foreign states, accepts the credentials and letters or recall of diplomatic representatives of foreign states that are accredited to it, in the period between sessions it represents the Supreme Soviet in a number of cases in relations with parliaments of foreign states.

Apart from the above mentioned powers the Praesidium of the Supreme Soviet of the USSR establishes military and diplomatic ranks and other specialised titles, establishes the orders and medals of the USSR and confers these decorations, establishes and confers honorary titles of the USSR. The Praesidium of the Supreme Soviet of the USSR decides on the grant of Soviet citizenship and on the renunciation and deprivation of citizenship. It exercises the right of pardon and amnesty.

The Praesidium issues decrees regulating important questions of public life and state activity. In between sessions of the Supreme Soviet partial amendments are introduced into current legislation by passing individual decrees. These decrees are presented for ratification to the Supreme Soviet of the USSR which either ratifies them (gives them the power of law) or annuls them.

c. The *Supreme Soviets and the Praesidia of the Supreme Soviets of the Union and Autonomous Republics* are organised and function on the same principles as the supreme organs of state power of the USSR. The Supreme Soviet of the Republic, which is elected by the citizens of the Republic for a term of four years, is the highest organ of state power and the only legislative organ of the Republic. In contrast to the Supreme Soviet of the USSR, the Supreme Soviet of the Republic, including multi-national republics, is a unicameral organ. The terms of reference of the Supreme Soviet of the Union Republic cover first of all Republican legislation, including the promulgation of all codes of law and the adoption of the economic plan and the budget. The laws of the Union Republic must conform to All-

Union laws. "In the event of a conflict between a Law of a Union Republic and an All-Union Law, the All-Union Law shall prevail" (USSR Const. art. 20). In the same manner, the laws of the Autonomous Republic must conform to the laws of the USSR and the laws of the Union Republic of which it is part. In the event of conflict between a law of the Autonomous Republic and a law of the USSR or the Union Republic, the All-Union law (in the first case) or the law of the Union Republic (in the second case) prevails.

The Supreme Soviets of the Union and Autonomous Republics elect from amongst their deputies Standing Committees according to the individual directions and branches of their activities. In the Supreme Soviets of the Union Republics from 9 to 17 Standing Committees are formed, all in all about 200 Committees. In the Supreme Soviets of the Autonomous Republics from 9 to 13 Standing Committees are created, in all about 200 Committees. In these Committees there work between 45 and 80 per cent of the deputies of the Supreme Soviets of the Republics.

The Supreme Soviets of Union and Autonomous Republics form the Higher Republican organs: they elect the Praesidium of the Supreme Soviet, form the government and elect the Supreme Court of the Republic. These organs are under the control of the Supreme Soviet of the corresponding Republic and accountable to it, or, in the period between sessions of the Supreme Soviet, under the control of the Praesidium of the Supreme Soviet and accountable to it.

Within the competence of the Praesidium of the Supreme Soviet of a Union Republic are: the convocation of sessions of the Supreme Soviet of the Republic; the promulgation of decrees, the interpretation of laws of the Republic; the conducting of nationwide polls (referenda); the establishment and conferring of honorary titles of the Republic; the grant of Republican citizenship; the repeal of acts of the government which are not in accordance with the law; the organisation and holding of elections to the Supreme Soviet of the Republic, local organs of state power and people's courts, *etc.*

Analogous functions within the limits of the competence of the Autonomous Republic are exercised by the Praesidium of the Supreme Soviet of the ASSR.

d. The government of the USSR is the *Council of Ministers of the USSR*. The Constitution defines the Council of Ministers of the USSR as the highest executive and administrative organ of state power of the USSR (art. 64). The governments (Councils of Ministers) of the Union and Autonomous Republics are similarly defined.

The government of the USSR is appointed by the Supreme Soviet of the USSR as follows: a Chairman, First Deputy Chairmen, Deputy Chairmen, Ministers of the USSR, Chairmen of the State Committees of the Council of Ministers of the USSR, Chairman of the Committee of People's Control, Chairman of the Committee of State Security of the Council of Ministers of the USSR, Chairman of the All-Union Association *Soyuzselkhoztekhnika* of the Council of Ministers of the USSR, Chairman of the Board of the State Bank of the USSR, Head of the Central Statistical Administration of the Council of Ministers of the USSR. Furthermore, the Chairmen of the Councils of Ministers of the Union Republics belong to the government of the USSR *ex officio* (USSR Const. art. 70).

The government of the USSR is accountable to the Supreme Soviet of the USSR and between sessions to its Praesidium. The Praesidium of the Supreme Soviet of the USSR has the right to relieve from duty and to appoint individual ministers upon representation of the Chairman of the Council of Ministers with subsequent submission for confirmation by the Supreme Soviet of the USSR.

In accordance with the Constitution (art. 68) the government of the USSR coordinates and directs the work of ministries, state committees and other central administrative bodies subordinate to it; takes measures concerning the implementation of the economic plan, state budget and the consolidation of the credit and monetary system; adopts measures regarding the maintenance of public order, the defence of the interests of the state and the protection of the rights of the citizens; exercises general guidance in the sphere of relations with foreign states; directs the general organisation of the Armed Forces of the country and lays down annual quotas of citizens liable to be conscripted for active service; when necessary, it forms various central organs to deal with questions of economic, cultural and defence organisation.

In exercising the above mentioned functions the government of the USSR issues resolutions and orders, based on and implementing existing laws and verifies their execution. Acts of the USSR government are binding throughout the whole of the USSR. They may be abrogated only by the USSR government itself, or by the Supreme Soviet of the USSR or by the Praesidium of the Supreme Soviet of the USSR. With regard to questions that are within the jurisdiction of the Union, the government of the USSR has the right to suspend resolutions and orders of the governments of the Union Republics and to abrogate orders and instructions by Ministers and heads of central administrative bodies of the USSR.

Ministries of the USSR exercise the management of individual branches of state administration of the USSR. They are sub-divided into two groups: All-Union and Union-Republican.

All-Union ministries manage those branches of administration that fall wholly within the jurisdiction of the USSR, thus they exercise their allotted functions directly or by organs appointed by them and do not have ministries of the same name in the Union Republics. The total number of them in 1972 was 28. Amongst them are, for example, the Ministries of Foreign Trade, Civil Aviation, the Merchant Marine, ministries for various branches of industry, such as machine construction, ship building, medical, oil and others.

Union Republican ministries (31 in total in 1972) manage branches of administration that fall within the joint competence of the Union and the Union Republics. Thus they exercise the management of any given branch through ministries of the same name in the Union Republics, administering directly only certain matters which are of all-Union importance. Union Republican ministries include the Ministries of Foreign Affairs, of Higher and Secondary Specialised Education, of Public Health, of Finances, of Justice, of Food Industry, of Trade, of Coal Mining Industry.

The minister within the limits of his competence, issues orders and instructions, based on and implementing the laws and decrees of the USSR as well as resolutions and orders of the government of the USSR and verifies their execution. The minister is in sole charge, but with him as a rule there is a college of which the minister is the chairman and the leading personnel of the ministry are members of the college. Decisions of the college are put into practice by decisions of the minister thus underlining the principle of one man management.

The governments of the Union and Autonomous Republics are formed by their Supreme Soviets. Within the limits of the competence of the Union and Autonomous Republics they enjoy powers analagous to those of the All-Union government. The governments of the Union and Autonomous Republics are accountable to the Supreme Soviet or the Praesidium of the Supreme Soviet of the corresponding republic.

The ministries of the Union Republics are divided into Union – Republican and Republican ones. The character of the former has been outlined above. These organs are arranged on the principle of dual subordination, they are subordinate both to the ministries of the same name of the USSR and to the government of the Union Republic. The Republican ministries manage those branches of administration that fall within the jurisdiction of the Republic. They are subordinate only to the government of the Union Republic, which establishes them in accordance with the specific features of its economy and conditions of life (for example, the Ministries of Local Industry, Communal Economy, Dwelling-house Construction, Construction and Use of Highways, Mobile Transportation, and others (RSFSR Const. art. 55)).

Amongst the organs of state administration, particular attention must be devoted to the organs of people's control. They supervise the factual execution of normative instructions by the state administrative machinery; control the implementation of the economic plans; wage the struggle for the policy of economy and the correct expenditure of funds of socialist property; strive for a lowering of output prices and the rationalisation of the work of the state machinery; contend with bureaucratic distortions, *etc.* Their system is headed by the USSR Committee of People's Control, whose Chairman is a member of the USSR government. In Union and Autonomous Republics, territories, regions, districts and towns analagous committees operate. At enterprises, on building sites, in institutions, on state and collective farms, assistance groups and posts of people's control are formed from amongst representatives of social organisations. Publicly-spirited people participate in the work of these groups and posts on very large scale.

e. *Local organs of state power.* – These are the Soviets of Working People's Deputies which are formed in villages (*derevni, stanitsy, khutory, kishlaki, auli*), settlements, towns, districts, national circuits, regions, autonomous regions and territories. They are elected by the population of the said territorial sub-divisions for a term of two years. More than two million deputies are regularly elected to all the local Soviets.

The local Soviets of Working People's Deputies decide all questions of local importance and participate in exercising the basic functions of the Soviet State. For example, in accordance with the Law on Rural Soviets of the RSFSR (VVS RSFSR 1968 no. 30 pos. 1148). Rural Soviets are entitled to discuss not only questions of rural, but also of district, regional, republican and All-Union jurisdiction and submit their suggestions on these matters to higher organs.

Local Soviets like Supreme Soviets are periodically convened for sessions. In accordance with the Constitution of the RSFSR sessions of Soviets of a territory, region and circuit are held not less than four times a year and sessions of district, town, settlement and village Soviets, not less than once every two months. City Soviets of major cities hold sessions not less than four times a year. Meetings of the Soviets are run by a chairman and a secretary who are elected for the duration of the session.

Questions which are submitted for discussion at sessions of local Soviets are sub-divided into two groups. The first one is made up of questions that fall exclusively within the competence of local Soviets, the adoption of the local budget and the report on its execution; the drafting of the local economic plan, the election of Standing Committees and an Executive Committee; the formation of departments and boards and the appointment of their heads; the hearing of reports by the Executive Committee and the heads of departments and boards on the carrying out of their work; the ratification of the reports of mandate committees as to the recognition of the powers of deputies as valid or the adoption of decisions annulling the election of individual deputies, the relief of deputies from their duties as deputies in the event of their being unable to exercise their powers. The election of the corresponding court also lies exclusively within the competence of Soviets of a region or a territory and the city Soviets in some of the biggest cities.

The second group is made up of the remaining questions within the competence of the local Soviets which are decided both by them directly and by their Executive Committees. These are questions concerning the management of local political, economic and cultural matters such as: maintenance of public order, assistance in the strengthening of the defence capacity of the country; observance of laws, protection of citizens' rights and others.

The Soviet, within the limits of the rights granted to it by the law adopts decisions on the questions discussed at its sessions, which are binding on the territory within its jurisdiction. A decision of the local Soviet may be abrogated by the Soviet itself or by a higher representative organ. No executive or administrative organ has the right to abrogate decisions of a Soviet. Only a higher Executive Committee can suspend a decision of a lower Soviet of Working People's Deputies.

The Soviet of Working People's Deputies carries out its work not only at its sessions. The Standing Committees which are set up for its main spheres of activity (planning and budget, industry, agriculture, communal services, local economy, health, education, *etc.*) play a large part in the activities of the Soviet. The local Soviets form more than 300000 Standing Committees in the work of which participate more than 80 per cent of their total number of deputies.

The Standing Committees of the local Soviets have controlling, organisational and consultative functions. They work on a permanent basis, both when the Soviets are in session and in between sessions. The Standing Committees systematically verify the execution of decisions of the Soviets, its Executive Committee and organs, control how in practice the deputies execute the instructions of the electorate, supervise the activity of the departments and boards of the Executive Committee, the work of enterprises, organisations and institutions and lay before the Soviet or its Executive Committee recommendations directed towards the elimination of shortcomings revealed in the course of its supervisory activity.

The Committees participate in the preparation of matters brought before the sessions of the Soviet and to the meetings of the Executive Committee and nominate their speakers and supporting speakers. One of the important tasks of these Committees consist of the organisation of the working people for the implementation of the decisions of the Soviet, its Executive Committee and higher organs, as well as the instructions of the electorate, the looking into the position as to reserves in economic and cultural spheres and the taking of measures for their use, the making known of the most advanced experiments and achievements of science. The local Soviets may decide to entrust the Standing Committees with the execution of individual functions of the departments and boards of the Executive Committees.

The Executive Committee, its departments and boards are charged with the task of current administration within the territorial boundaries under the jurisdiction of the said Soviet. The Executive Committee, its departments and boards exercise their functions under the guidance and supervision of the Soviet. The latter may at any time dissolve the Executive Committee and elect a new one, or recall any member of the Executive Committee or remove any head of department or board. The Soviet is entitled to annul any decision or order of its Executive Committee as well as any order of a head of branch department or board of the Executive Committee.

The Executive Committee is a collegiate organ of the Soviet. This way of dealing with matters by a college is of great importance for the work of the Executive Committee. The collegiate principle secures the adoption of decisions which take into account the opinions and the experience of all participants of the collective discussion of questions submitted to the Executive Committee for consideration. It promotes the elaboration of decisions of a kind that overcome subjectivity and bias.

Within the competence of the Executive Committee are the implementation of decisions of the Soviet and of instructions of higher state organs as well as the deciding of problems such as the above mentioned. In cases of absolute necessity the Executive Committee may also adopt a decision on some matters that come within the exclusive competence of the Soviet (for example the appointment of a head of department or alterations in the local economic plan), but only with subsequent submission of such a decision for examination and approval by the next session of the Soviet.

The Executive Committee takes decisions on matters within its competence and gives instructions on the basis of decisions of the Soviet and higher state organs. Acts of the Executive Committee are subject to control not only by the Soviet, but also by higher state organs. A decision of the Executive Committee may be abrogated both by the Soviet and by a higher Executive Committee or a higher Soviet.

Decisions or instructions which are binding on everybody and which are supported by a sanction can in principle only be adopted by the local Soviet itself. Only in exceptional circumstances where no delay may be incurred, such decisions may also be taken by the Executive Committee (with regard to combatting natural disasters, epidemics and epidemic disease of livestock).

The actual management of individual branches of the life of the nation (local economy, health service, education, *etc.*) is the task of the departments and boards of the Executive Committee. It is only in Executive Committees of settlements and village Soviets that departments and boards are not formed. The branch departments and boards function as a rule according to the principle of "dual" subordination. On the one hand they are subordinate to the Executive Committee of the local Soviet and on the other to the higher department or board of the same name.

The heads of departments and boards issue orders within the limits of their competence and in fulfilment of the decisions of the local Soviet, its Executive Committee and higher state organs.

4. The Courts and the Procuracy

a. The *court in the USSR* is organised and acts according to a set of basic principles: (1) election of judges; (2) participation of two people's assessors in every court of first instance; (3) independence of judges and people's assessors and their subordination to the law alone; (4) administration of justice in the language of the majority of the local population; (5) open hearing of cases in all courts; (6) right of the accused to be defended; (7) equality of all citizens under law and before justice; (8) observance of the requirements laid down by procedural rules compelling the court to guarantee a thorough and objective investigation of the circumstances of the case by the court.

The system of judicial organs in the USSR has been consolidated by the Constitution of the USSR as well as the Fundamentals of Legislation on the Judicial System of the USSR and of Union Republics of 1958 (VVS SSSR 1959 no. 1 pos. 12).

The basic unit in the hierarchy of the courts is the local court – the People's Court of a district (or of a city). A court of first instance hears civil and criminal cases on their merit and gives decisions or passes sentences on them. Any court may fulfil this function – from the People's Court to the Supreme Court of the USSR – within the limits of its competence established by law. In practice more than 90 per cent of all cases are tried by the People's Court. A court of second instance hears cassation appeals and protests against sentences and decisions of the courts of first instance. With regard to the District (city) People's Courts this function is exercised by the court of a region or an equivalent court, with regard to a regional court, by the Supreme Court of the Union Republic. The ruling of a court of second instance is final and not subject to further appeal.

Sentences, decisions and rulings of the courts that have come into legal force may be in exceptional circumstances re-examined by means of judicial supervision.

The highest judicial institution of the USSR is the Plenum of the Supreme Court of the USSR. Its basic functions are the examination of judicial practice and the issue of explanatory guiding instructions to the courts on questions concerning the application of legislation.

Comrades' courts are outside the court system. They are elective organs of public self-administration called upon to foster the formation of a socialist legal consciousness and communist morals. In accordance with the Regulation on Comrades' Courts (VVS RSFSR 1961 no. 26 pos. 371, amended VVS RSFSR 1972 no. 51 pos. 1209) they hear cases of infringement of labour discipline, the appearance in a drunken state in public places and at work, unworthy conduct towards women and parents, failure to carry out the duties relating to the bringing up of children and certain minor crimes (petty theft, insulting behaviour, *etc.*). Comrades' courts apply to persons infringing the rules of the socialist community, measures of discipline and order as well as measures of social influence.

b. The *procuracy in the USSR* is the special organ of supervision over the exact observance of the law. In order to be able to uphold in effect a single legality (irrespective of any local differences and despite any local influences) the procuracy is organised as an institution which is independent of local organs of power and therefore strictly centralised. The procuracy is headed by the Procurator General of the USSR who is appointed by the Supreme Soviet of the USSR for a seven year term. The procurators of Union Republics, territory and region procurators, the procurators of Autonomous Republics are appointed by the Procurator General for a term of five years. Region-, district- and city procurators are appointed for the same term with the approval of the Procurator General of the USSR (Const. art. 114–116). All procurators carry out their duties subordinate only to the Procurator General of the USSR.

The most important function of a procuracy is defined as follows in the Constitution of the USSR: "Supreme supervision over the strict execution of the law by all ministries and subordinate institutions as well as by individual officials and citizens of the USSR is entrusted to the Procurator General of the USSR" (art. 113).

The procurator exercises this function by means of lodging protests against acts of organs subject to supervision, if they are not in accordance with the law. But a procurator cannot repeal nor even suspend a decision he protests against, nor may he give binding instructions to the organs under supervision concerning the elimination of deficiencies that have come to light. An unlawful decision protested against by the procurator is abrogated either by the organ that adopted it itself or by a higher organ.

In those cases where the infringement of the law constitutes a crime, the procurator is obliged to prosecute. In doing so he is entitled to take measures to prevent the offender from evading the courts, including arrest. The Constitution particularly provides that it is the procurator's duty to see to the legality of arrests. A citizen may be arrested only as a result of a resolution of the court or with the sanction of the procurator.

The procurator exercises supervision over the preliminary investigation and he appears in court as a representative of the state prosecution, but if on the basis of the evidence at the trial he comes to the conclusions that the accused is innocent, the procurator must drop the charge. The procurator has the right to lodge a protest with the appropriate judicial instance against decisions and sentences if he finds them not to be in accordance with the law. Finally, the procurator is obliged to supervise correct custody and the execution of decisions of the court.

II. SOURCES OF SOVIET SOCIALIST LAW

Soviet Socialist law appears in various forms – the sources of law which are the result of the legislative activities of the state organs. Soviet juridical literature means by sources of law the method of formulating decisions of the organs of the state which are directed towards the creation, alteration or abrogation of legal norms.

The basic types of sources of law in the Soviet State are: (1) Laws of the Supreme Soviet of the USSR and the Supreme Soviets of the Union and Autonomous Republics; (2) Normative decrees of the Praesidium of the Supreme Soviet of the USSR and the Praesidia of the Supreme Soviets of Union and Autonomous Republics; (3) Normative resolutions and orders of the Council of Ministers of Union and Autonomous Republics; (4) Normative dicisions and instructions of ministers and heads of other central departments of the USSR and the Union and Autonomous Republics; (5) Normative acts of local organs of power and their executive and administrative organs; (6) Normative acts of social organisations, issued under the authority granted to them by the state; (7) Custom.

1. Laws

The supreme juridicial force of a law lies in the fact that it cannot be abrogated or amended by any other legal act. On the contrary, legal acts of other organs of the Soviet State can be abrogated, amended or supplemented by a law. Laws regulate the most important and essential aspects of public relationships and provide the fundamental, initial and basic principles of the Soviet legal system. All other kinds of legal acts of the Soviet State are issued on the basis and in execution of laws.

When speaking of the supreme legal effect of a law one must examine the concept not only in relation to other kinds of normative acts, but also within the frame work of the interrelationship between All-Union and Republican legislation. Laws of the USSR have priority to laws of a Union Republic in the regulation of relationships that are within the joint competence of the USSR and the Union Republics. A law of a Union or Autonomous Republic is a normative act of supreme juridical force in the regulation of matters that fall within the competence of the Union or Autonomous Republic.

Laws of the USSR are published in *Vedomosti Verkhovnogo Soveta SSSR* (Official Gazette of the Supreme Soviet of the USSR) in the different languages of the Union Republics not later than seven days after they have been passed. Laws of the Supreme Soviets of Union or Autonomous Republics are published in *Vedomosti Verkhovnogo Soveta* of the relevant Republic.

2. Decrees

In the legislative activity of state organs an important place is held by decrees of the Praesidium of the Supreme Soviet of the USSR and the Praesidia of the Supreme Soviets of the Union and Autonomous Republics. Decrees may be of a normative nature and be acts applying legal norms. Normative decrees of the Praesidia of Supreme Soviets have priority over acts of other state organs, but are subject to laws.

Normative decrees are issued both with regard to questions that fall within the competence of the Praesidium of the Supreme Soviet itself (USSR Const. art. 49 and corresponding articles of the Constitutions of Union and Autonomous Republics) and with regard to questions that are within the competence of the Supreme Soviet (in between sessions). The latter group of decrees, which may amend, supplement, or abrogate existing laws, are subject to obligatory ratification at the next session of the Supreme Soviet. Decrees of the Praesidia of the Supreme Soviets are also published in *Vedomosti Verkhovnogo Soveta* (VVS) of the USSR or the Republic respectively.

3. Resolutions and Orders

Normative resolutions and orders of the Council of Ministers of the USSR, of the Councils of Ministers of Union and Autonomous Republics are an important type of subordinate source of law on the basis and in implementation of laws. Normative acts of the Councils of Ministers of the USSR and of the Union and Autonomous Republics are acts of general state character (for the USSR, the Union Republics and the Autonomous Republics respectively). Resolutions of the Councils of Ministers occupy a prominent place in the system of administrative acts, both with regard to their legal effect and content.

Orders of the Councils of Ministers affect as a rule only individual situations. But certain orders are normative in nature and are sources of law. Acts of the Councils of Ministers not only give details for the application of laws but they also establish initial "primary" norms with regard to matters that, in accordance with the Constitution fall within the competence of the Council of Ministers. The initial norms are naturally also subject to laws. Resolutions and Orders of the government of the USSR, normative by their substance, are published in the *Sobrani Postanovlenii Pravitelstva* (SP) *SSSR* (Collection of Orders of the Government of the USSR).

4. Orders, Decisions and Instructions

Together with laws and decrees the acts of the Council of Ministers are an important basis for the normative activities of the central organs of state administration (orders and instructions) as well as for acts of local organs of state power and administration (decisions and directives). As has already been mentioned these forms of subordinate acts are also sources of law if they are of general application. They are issued in accordance with the competence given by laws of the USSR, of the Union and Autonomous Republics.

5. Acts of Social Organisations.

Amongst the sources of Soviet law must be mentioned the normative acts of social organisations which are sanctioned by the corresponding state organs. State sanction is also required for those acts of social organisations which are inseparable from the legal regulation of public relationships. Sanction may be granted either by means of delegating to social organisations the right to issue legal acts with reference to a specific group of matters (such rights were delegated by the Soviet State to the trade unions) or by means of subsequent ratification by a state organ of an act which has already been adopted by a social organisation (charters of *kolkhoz*).

6. Custom

Custom occupies a highly insignificant place amongst the sources of Soviet law. The question in this case is not customs in general, but those customs which as a result of having obtained sanction by the Soviet State have become sources of law. Such customs were sanctioned, for example, by the RSFSR Land Code of 1922 art. 8 and 77, replaced now by the Land Code of 1970. There is only one such instance, the Merchant Shipping Code of 1968 (VVS SSSR 1968 no. 39 pos. 351) art. 15 mentions "customs of merchant shipping".

7. Court Decisions

Court decisions are not considered as sources of Soviet law. This rule is stringently applied and is dictated by the demands of the strictest observance of socialist legality, the demands of legal stability and the precision of the legal system. A special position among court decisions is held by the guiding explanatory directives of the Plenum of the Supreme Court of the USSR which, while not being an act of law-making (source of law), give interpretations and instructions on matters connected with the application of the law. They analyse the application of legislation to one or another group of cases and aim at maintaining of uniformity and legality in the activity of the entire court system.

The decisions of the Supreme Court of the USSR and the Supreme Court of the RSFSR are published in two series, entitled respectively: Bi͡ulleten Verkhovnogo Suda SSSR (since 1925, bimonthly), and Bi͡ulleten Verkhovnogo Suda RSFSR (since 1961, monthly).

III. CONCISE HISTORICAL EVOLUTION OF CIVIL LAW

The great Socialist October Revolution abolished the civil legislation of Imperial Russia and established new socialist relationships already by the first laws enacted. One of the most important acts was the Decree on Land issued on 8 Nov. 1917 (*Sobranie uzakoneniĭ i raspori͡azheniĭ rabochego i kresti͡anskogo Pravitelstva* (SU)*RSFSR* 1917 no. 1 pos. 3), which abolished the private ownership of the land and which declared all land to be the property of the entire people. The right to use the land was granted to all citizens wishing to work it through their own labour. A number of laws and resolutions of the supreme organs of state power established workers' control over production and trade. Workers' control was a preliminary step towards the nationalisation of industry. The sabotage of the former owners, their hostile attitude towards the measures of the Soviet authorities necessitated the changeover from control to immediate nationalisation, firstly of large enterprises, then gradually of all industry. The Decree on the Nationalisation of the Banks was passed on 14 Dec. 1917 (SU RSFSR 1917 no. 10 pos. 150).

It must be noted, however, that throughout all its nationalisation measures, the state safeguarded the interests of those who were not big property owners. Thus the Decree on the Nationalisation of the Banks laid down that the interests of small savers had to be fully protected. The Decree on the Cancellation of the State Loans (*Sobranie uzakoneniĭ* RSFSR 1918 no. 27 pos. 353) did not extend to needy citizens possessing cancelled notes for a sum less than 10000 roubles. The Decree on the Abolition of Private Ownership of Real Estate in Towns which served as the basis for the nationalisation of dwelling-houses in towns and urban settlements did not extend to small buildings the cost of which or income from which did not exceed the limits set by the organs of local power.

From the very first days of Soviet government all class privileges and limitations of legal capacity at civil law which were contained in pre-revolutionary legislation were abolished, together with all forms of discrimination on the grounds of sex and religious faith. The Soviet state established all measures for the immediate and practical implementation of equal rights for women. In its struggle with capitalist elements the state adopted such measures as the abolition of inheritance, the prohibition of contracts of gift, *etc.* In connection with this, however, it should be noted that in these cases the rights of people who did not belong to the exploiting classes were left intact. Thus the Decree on the Abolition of Inheritance (SU RSFSR 1918 no. 34 pos. 456) permitted the transfer of property up to the value of 10000 roubles, if it consisted of farms, household furniture and tools of personal labour, to the nearest relative of the deceased. Gifts of property to the value of 10000 roubles were also permitted.

Under these difficult conditions, when the economy of the country was virtually ruined as a result of the first World War and the young Soviet State had to struggle against foreign intervention and internal counter revolution, the forms of civil law gave way to direct administrative regulation. The output of nationalised enterprises was distributed by the organs of power without compensation. Payment of factory and office workers was effected in kind by the distribution of food products and consumer goods. Private enterprise and private trade were prohibited. Under these conditions the centralised system of distribution of the means of production and consumer goods in kind acquired great importance.

Despite these great difficulties this period saw the beginning of the emergence of administrative machinery of the economy and of the basic principles of government, and one of the most fundamental – the principle of democratic centralism. During this period a start was made in organising the central planning organs. As early as 1920 the famous GOELRO (State Commission for the Electrification of Russia) Plan was adopted, a complex plan for the electrification of the entire country which served as a prototype for the planning activities of the organs of the socialist state.

With the victory over intervention and the transfer to peaceful construction, a new stage in the development of Soviet civil law began. The need for the adoption of commodity – monetary relationships demanded the use of forms of civil law to regulate property relationships. In October 1922 the Civil Code of the RSFSR was adopted which came into force on 1 Jan. 1923. This Code played an important part in the legal regulation of property relationships and served as a model for the Civil Codes of the other Union Republics.

The Civil Code of the RSFSR consolidated the fundamental principles of Soviet civil law: state ownership of the basic tools and means of production, equality of the civil legal capacity of natural persons and the control over private activity. The Code consolidated the state's exclusive ownership of land, forest, waterways, minerals, *etc.* Whilst permitting private industrial activity and private trade, the Civil Code laid down rigid limits for such activity.

In 1921 there began the transfer of state enterprises to operation on the principle of economic accountability. Enterprises were granted a definite property which formed the basis for their economic activities. Enterprises acted as legal entities on the basis of a special legal capacity. In carrying out their activities they entered into all kinds of civil law relationships, concluded transactions and bore responsibility for their obligations. Arbitration commissions hearing property disputes between socialist organisations applied the norms of civil legislation and demanded strict compliance with obligations which enterprises had undertaken on the basis of contracts. The influence of the state was exercised principally by regulation of prices, distribution and redistribution of government funds which were set aside for the development of individual branches of industry. Gradually the contractual relationships of state enterprises began to be developed more and more in accordance with plans. At the same time in the period under review a significant place in the practical relationships of socialist organisations was held by such forms as commercial credits, bills of exchange, exchange transactions, *etc.*

As a result of these spectacular successes in the industrialisation of the country and the collectivisation of agriculture towards 1930–1931 private industry and trade was ousted and finally liquidated. Apart from state enterprises and organisations, producers' cooperatives operated in industry and consumers' cooperative societies in commerce. In this way there were only socialist organisations operating in the field of production. This fact also exercised a substantial influence on the development of Soviet civil law. In 1930–1931 a financial reform was carried out as a result of which such forms of turnover as commercial making of loans, bills of exchange, transactions on commodity and stock exchanges were abolished. Interim payments (except in particular cases stipulated by law) and the mutual crediting of enterprises and cooperative organisations were prohibited. Credit was given only by the State Bank or a corresponding bank giving long-term credit. Advances took place in accordance with the credit plans of the banks. These credit plans were in turn linked to the development plans of each branch of the economy and the production plans of each enterprise.

A significant development took place in the period under review as far as planned contracts of socialist organisations were concerned. Mutual deliveries of goods, the rendering of services, construction, freight transport, *etc.* were carried out in accordance with the production plans of the supplying enterprises, contractors, transport organisations, *etc.*, and their customer's plans. The system of pre-contract arbitration underwent extensive development in this connection. This means that arbitration organs hear disputes connected with the refusal of one party to enter into a contract on the basis of the relevant planning act or disputes connected with a disagreement concerning the terms of the contract. In the hearing of these disputes the arbitration organs are guided by the relevant administrative acts and the norms of Soviet civil law.

The further development of the socialist economy, the rapid pace of scientific and technological progress, the emergence of many new branches of industry and the growth and diversity of production go hand in hand with the further development of the system of economic links between socialist enterprises and organisations. The interrelationships between the planning act and the contract becomes more complex and varied, organs of administration and enterprises receive a wider range of choice in selecting the optimum version for the solution of specific problems. These new relationships were reflected in a number of legislative and other normative acts defining the system of planning and the management of the national economy, as well as in the norms of civil legislation.

The economic reform which is being put into practice at the present time is the natural result of the development of the economy. It is characterised by wider adoption of economic methods by economic incentives and a wider development of initiative on the part of the enterprises and organisations which directly implement the plans. This in turn means a widening of the scope of application of the norms of civil law and greater diversity of these norms (for a more detailed account on this matter see *infra* IV 3, 4).

The development of civil law at the present time is also connected with the greater satisfaction of the material and cultural needs of the citizens, by state, as well as cooperative and social organizations. Legal institutions like the contract for rent of living accommodation, the contract of retail purchase and sale, the contract for works and services, the hire of articles of domestic use, *etc.*, also received a far reaching development in this respect. In all these relationships the socialist enterprises and organisations appear as contracting parties and they are called upon to fulfil their obligations towards the citizens served by them in the best possible manner. One of the measures guaranteeing this is the detailed legal regulation of the relationships under review, which is directed towards the maximum protection of the rights and interests of the citizens.

The development of civil legislation is characterised by a comprehensive legal regulation of the relationship of personal property and inheritance. Whilst not permitting the use of personal property for the extraction of unearned income, civil legislation much more comprehensively than previously regulates relationships connected with the exercise of the right to personal property and its protection and it creates various opportunities for the disposal of personal property. Those norms which regulate the inheritance of personal property were also greatly developed. While during the first stages of the development of Soviet civil law one of its tasks consisted in the limitation of inheritance on the part of private capitalists, at the present time when only the personal property of citizens passes by succession the relevant relationships are much more comprehensively regulated by law. In particular the group of heirs has been widened by law, freedom of testamentary disposition has been granted which is limited only by the obligatory share of infant and disabled heirs. A rule has been introduced on "the accrual" of the share of an heir (who declined the bequest) to the shares of other heirs, *etc.*

The development of civil legislation is also connected with the achievements of scientific and technological progress. Thus the Fundamentals of Civil Legislation of the USSR and the Union Republics passed on 8 Dec. 1961 (VVS SSSR 1961 no. 50 pos. 525) establish a right to a scientific discovery, *i.e.*, define the complex of property and personal rights accruing to a person in connection with a scientific discovery made by him (art. 107).

IV. CIVIL LAW AND FAMILY LAW

1. Civil Law

a. *Concept of civil law and its sources.* – Soviet civil law regulates property relationships and personal non-property relationships connected with them, with the aim of creating the material and technological basis of communism and satisfying ever more fully the material and intellectual needs of the citizens. In some cases which are envisaged by law, civil legislation also regulates other personal non-property relationships. Property relationships which are regulated by civil law are connected with the use of commodity-monetary relationships in the building of communism.

In accordance with this, Soviet civil law includes norms which regulate general situations connected with property relationships; subjects of civil law, their legal personality and capacity, the foundations for the origin of rights, their exercise and protection, legal transactions, periods of limitation, *etc.* The basic institutions of Soviet civil law are property law, the law of obligations, copyright, the law of discoveries, the law of inventions and the law of inheritance. Civil legislation also contains rules which define the legal capacity of foreigners and stateless persons, the application of the civil laws of foreign states and international treaties and agreements.

The law (RSFSR CC of 1964 art. 2) distinguishes the following basic groups of relationships which are regulated by civil legislation:

(1) The relationships of state, cooperative and public organisations with one another. This group of relationships is proportionately the most important one, for it is connected with all spheres of economic activity.

(2) Relationships between citizens and state, cooperative and social organisations. This group of relationships is also of great importance in as far as the material and intellectual needs of citizens are to an important extent satisfied by state, cooperative and social organisations.

(3) Property relationships of citizens with one another. This group of relationships is of minor economic importance, but legislation devotes much attention to these relationships in so far as they are connected with the exercise and protection of property rights and interests of citizens.

The *most important source of civil law* and the legal basis of civil legislation are the Constitution of the USSR and the Constitutions of the Union Republics. These Constitutions contain the basic norms concerning property, the economic foundation of the Soviet State, the principles of economic activity, production and distribution. The fundamental personal and property rights of citizens are enshrined in the Constitutions.

In accordance with the Constitution, the federal Fundamentals of Civil Legislation of the USSR and the Union Republics which were passed on 8 Dec. 1961 and came into force on 1 May 1962 (VVS SSSR 1961 no. 50 pos. 525) lay down the most important and principal propositions of Soviet civil law which are binding throughout the entire Soviet Union. Although each Republic has its own Civil Code, these codes are based on the Fundamentals of Civil Legislation and fully correspond to them. The unity of the political and social system of all Republics ensures uniformity of all basic rules in the Civil Codes of the Union Republics. At the same time there are individual differences in the solutions of detailed problems between the Civil Codes of the Union Republics. The Fundamentals of Civil Legislation also lay down the conditions for the application of the civil legislation of one Union Republic in another Union Republic in the event of disagreement between the laws of the Republics in question.

The Fundamentals of Civil Legislation define the competence of the USSR and the Union Republics in the field of civil legislation. All-Union legislation regulates relationships between socialist organisations for the delivery of produce and capital construction, relationships regarding state purchases of agricultural produce from collective and state farms, relationships of organisations of railway, marine, river, air, and pipeline transport, communications and credit institutions with their customers and with one another, relationships with regard to State Insurance, relationships arising through discoveries, inventions and rationalisation proposals.

The regulation of the said relationships is exclusively within the competence of the USSR. At the same time, a number of other relationships regulated in general form by Union legislation are detailed by the legislation of the Union Republics. For example, the Fundamentals of Civil Legislation contain the most general propositions concerning legal transactions, periods of limitation, legal entities, obligations, *etc.* In accordance with these general propositions the Civil Codes of the Union Republics regulate the relationships in a fully detailed manner. The regulation of an extremely wide range of relationships is within the competence of the Union Republics. Thus questions of agency, commission, bailment, joint activities, *etc.*, are regulated only by Union Republican legislation.

The new Civil Codes of the Union Republics enacted during the years 1963–1964 in accordance with the Fundamentals of Civil Legislation are now in force in all Union Republics.

b. *Subjects of civil law.* – (1) *Natural persons.* – The equality of the rights of citizens is enshrined in the Constitution of the USSR and in the Constitutions of the Union Republics. In accordance with this, legal personality is recognised to an equal extent for all citizens of the USSR. It arises at the moment of birth and is ended by death (Fundamentals art. 8).

A citizen has capacity if he can acquire civil rights and create legal liabilities for himself by his own actions. It arises in full with the attainment of the age of majority, *i.e.*, 18 years. Limited capacity is provided for in the Civil Codes of the Union Republics between the ages of 15 and 18 years (*e.g.*, RSFSR CC art. 13).

Persons who have reached the age of majority may be deprived of their capacity only in the case of mental illness. Such a deprivation of capacity can only be effected by the court. If a citizen is recognised to have lost his capacity he is placed under guardianship. The Civil Codes of some Union Republics grant the possibility to limit by court procedure the capacity of persons who as a result of abuse of alcohol or drugs bring their families into a dire financial position. Such persons are placed under curatorship.

(2) *Legal entities* in the USSR are (a) State enterprises and other state organisations which operate on the basis of economic accountability and which have at their disposal fixed and current assets and which have an independent balance sheet. Institutions and other organisations existing on the state budget or financed from other sources (contributions from subordinate organisations) are considered legal entities, if they have their own budget and their own balance sheet; (b) Collective farms (*kolkhozy*), inter-kolkhoz enterprises and other cooperative and social organisations and their associations. In certain cases envisaged by law enterprises and institutions of these organisations which have separate property and their own balance sheet are also considered legal entities. Mixed state-cooperative organisations are considered legal entities if they meet the above mentioned criteria.

Legal entities operate on the basis of their charters or on the basis of the general regulations on organisations of the relevant type.

A legal entity is answerable for its obligations to the extent of the property owned by it. The state is not responsible for the obligations of state organisations which are legal entities, and these organisations are not answerable for the obligations of the state. Legal entities have capacity at civil law with regard to the objects of their activity (special legal capacity). Transactions or other juridical acts which contravene the objects of the activity of a legal entity are void.

c. *Law of property*. – The socialist system of the economy and socialist ownership of the tools and means of production is the basis for property relationships in Soviet society. Socialist property consists of state property (belonging to the entire people); the property of collective farms and other cooperative organisations and their associations; the property of social organisations (Fundamentals art. 20).

(1) *State property* (belonging to the entire people) is the fundamental and principal form of property. It is a single fund which is owned by the state. At the same time state enterprises and organisations have property allocated to them which is within their operative management (Fundamentals art. 21). They exercise the right of possession, use and disposal of the property within the limits set by law in accordance with their objects of activity, planning tasks and the designation of the property. The right of operative management of enterprises and organisations is protected by law. When state enterprises and organisations conclude transactions concerning the transfer of property, a transfer of the right of operative management occurs. In the event of a state enterprise or organisation unlawfully taking possession of property which is under the operative management of another organisation, the latter may demand and obtain the property by filling a claim for the return of the property. The organs of state administration which exercise the management of enterprises and organisations cannot breach the right of operative management and other property rights of subordinate enterprises.

Land, minerals, waterways and forests are the exclusive property of the state. They do not come under the operative management of enterprises and organisations and may only be handed over for use. Property of the state includes plants, factories, electrical power stations, railway, water, air and motor transport, banks, means of communication, agricultural, commercial, communal and other enterprises as well as the bulk of urban dwelling houses (Fundamentals art. 21).

(2) The right of socialist ownership of *cooperative and social organisations* differs from the right of state ownership. Each cooperative organisation or other social organisation is the owner of the property belonging to it. The most common form of cooperative organisation are the collective farms. Consumer and building cooperatives are also widespread. Each cooperative organisation has the right of ownership to property which is necessary for the normal carrying out of the activities for which it was founded. Trade Unions and other social organisations are also subjects having the right of ownership to property which is necessary for the carrying out of their functions (Fundamentals art. 24).

(3) The *personal property* of citizens is inseparably linked to socialist ownership of the tools and means of production. The fundamental source of personal property is the distribution of that part of the national product which has been allocated for consumption through remuneration for labour (wages, distribution of collective farm income) as well as through other sources established by law (pensions, grants to students, aid to unmarried mothers and mothers of large families). An object of the right of personal ownership can be property which has been assigned for the

satisfaction of the material and cultural needs of citizens. Personal property cannot be used for the extraction of unearned income. The consumer character of personal property is proclaimed by law (Fundamentals art. 25).

d. *Law of obligations.* – Obligations arise out of contract or for other reasons laid down by law.

(1) *Contract* is the most important source of obligations. It is by contract that economic links between enterprises and organisations for the delivery of products, capital construction, transport, granting of credit, *etc.*, and relationships between socialist organisations and citizens in the sphere of retail trade, domestic services hire of property, *etc.*, arise. The contract must express the will of the parties concluding it. If for any reason the contract does not do so, it is held void (like other transactions). Some contracts between socialist organisations are entered into on the basis of planning acts, which determine the parties to the contract as well as its basic terms (see *infra* VI 5).

In the case of non-performance or improper performance of an obligation the debtor is obliged to make good the losses to the creditor which have been caused by this (Fundamentals art. 36). Losses mean both definite damage and lost profit. Where liquidated damages have been stipulated for non-performance or improper performance, the loss exceeding the liquidated damages can be recovered. At the same time the law or the contract may envisage liquidated damages in the form of a penalty (exacted in addition to the compensation of losses), alternative liquidated damages fine (either liquidated damages are exacted or losses are compensated). There may also be cases where only liquidated damages are exacted. For individual kinds of obligations the law may provide limited liability. Thus the liability of the State Bank, the Railways and some other organisations is limited.

The Civil Codes regulate in detail the individual kinds of obligations: sale, exchange, gift, delivery, loan, hire of property, contract for work and services, transport, agency, commission, bailment, *etc.* (SSR of Georgia CC Part III).

Of great practical importance is the detailed regulation of relationships arising out of the renting of living accommodation. Since the bulk of dwelling houses in town and urban settlements belongs to the local Soviets, the regulation of relationships arising out of the renting of living accommodation concerns one of the most important rights of citizens: the right of living accommodation. In regulating these relationships the law proceeds on the basis of the fullest protection of the rights and interests of citizens. In particular, legislation very comprehensively protects the right of citizens to use living accommodation. The eviction of tenants is permitted only in very rare cases where the tenant is at fault himself (if he or a member of his family systematically destroys or damages the living accommodation or if by his conduct he renders it impossible for others to go on living with him in the same flat or the same house) (RSFSR CC art. 333). If an eviction is permitted on grounds laid down by law (for example reconstruction, demolition, *etc.*), the tenant must be provided in the same inhabited area in a permanent building with comfortable accommodation not smaller in size than the one he previously occupied (art. 332).

(2) The *causing of damage* to a person or property is another source of obligations. Such damage is subject to full compensation on the part of the person who caused it. The main conditions for an obligation to compensate for damage are (a) the existence of damage; (b) a breach of law; (c) a causal relationship between action and damage; (d) fault on the part of the person who caused the damage.

The fault of the person who caused the damage is presumed, but this presumption can be rebutted. An exception from the general rule that fault is a necessary precondition of liability is found in those cases where damage has been caused by a source of increased danger. Organisations and citizens whose activities are connected with increased danger for people in the proximity (transport organisations, industrial enterprises, building sites, car owners) may be relieved from the obligation to compensate for the damage if they can prove that the damage arose as a result of irresistable force or intention on the part of the victim. Instances of liability without fault protect the interests of persons to whom damage has been caused by an activity which constitutes a public danger (RSFSR CC art. 454).

(3) A separate source of obligation arises where a citizen has suffered *damage in the process of saving* socialist property from a danger which was threatening it. The organisation whose property was saved by the injured party, has to compensate for the damages suffered by him.

e. *Law of succession.* – Through succession property which belonged to a citizen in personal ownership is after his death transferred to persons who have been named by him or who are stipulated by law. Succession arises by law or under a will. Succession by law takes place in those cases where the deceased died intestate or where the heir under the will declined the inheritance or died before the testator or where the will is considered void. In the case where the testator leaves part of his property under a will, that part passes under the provisions of the will, and the remainder in accordance with the law.

Where there are no heirs either by law or by a will or where none of the heirs accepts the inheritance or all the heirs have been deprived of the inheritance by the will the property of the deceased goes to the state under the law of succession.

In defining the group of heirs and their rights to inherit, the law proceeds from the protection of the interests of the family of the deceased and in particular minors or disabled persons connected with him. The Fundamentals of Civil Legislation define heirs of the first group to cover children, including adopted children, the spouses and parents (or adoptive parents) of the deceased. If a child of the deceased is born after his death, he is also an heir of the first group. Grandchildren and great grandchildren inherit as part of the first group when at the time of the opening of the succession no parent of theirs who would have succeeded is alive; this is what is known as inheritance by representation. These grandchildren or great grandchildren inherit jointly that share which would have been their deceased parents' (Fundamentals art. 118).

The Civil Codes of the Union Republics name the heirs of the second group as follows: brothers and sisters of the deceased, grandfather or grandmother, both paternal and maternal. Heirs by law are disabled persons who were dependent on the deceased for not less than one year before his death. Any other heirs are entitled to succession in that order which is laid down for succession. In this way their inheritance rights are secured and at the same time these rights do not debar other heirs.

In succession by law the shares of the inheritance are equal. If one or several of the heirs by law have refused the inheritance without stating in whose favour they have refused it or have not accepted the inheritance, the shares of the other heirs are increased accordingly.

A citizen may at will dispose of his property on death. He may leave all or part of his property to one or several persons, whether or not they would have inherited by law. He may also leave his property to the state or individual organisations. The testator may impose upon an heir the fulfilment of an obligation in favour of one or several persons. He may also disinherit one or several or all the heirs by law.

The law does, however, lay down an obligatory share for certain categories of heirs. Minors and disabled children of the testator (including adopted children) as well as a disabled spouse, parent (adoptive parent) and dependents of the deceased who were dependent on him for not less than one year before his death, irrespective of the contents of the will, will inherit not less than two-thirds of the share to which they would have been entitled by law (Fundamentals art. 119). In this way the freedom of a person to dispose of his property is combined with the protection of the interests of disabled and infant members of the family.

2. Family Law

a. *General principles.* – The Soviet family is built on a voluntary and equal marital union of woman and man. Inherent in it are such features as moral and material mutual support and assistance between members of the family and care of disabled and extremely old people. At all stages of its development the Soviet state has exercised care over the strengthening and support of the family.

Family law is an independent branch of Soviet law. It regulates entry into marriage, personal and property relationships between spouses, between parents and children, between other members of the family, adoption, guardianship and curatorship, the procedure for dissolving the marriage and the procedure for registering certificates of civil status at law.

In 1968–1969 there was completed the great task of codifying Soviet legislation on marriage and the family and its further perfection. On 27 June 1968 the Supreme Soviet of the USSR passed the Fundamentals of Legislation of the USSR and the Union Republics on Marriage and the Family which came into force on 1 Oct. 1968 (VVS SSSR 1968 no. 27 pos. 241).

The Fundamentals define the main propositions and also lay down single norms which are binding on all the Union Republics on questions which demand a uniform decision. The Codes of the Union Republics which were enacted on the basis of the Fundamentals regulate in more detail family relationships taking into account certain customary, national and local peculiarieties. The Code of Marriage and the Family of the RSFSR was passed by the Supreme Soviet of the RSFSR on 30 July 1969 and came into force on 1 Nov. 1969 (VVS RSFSR 1969 no. 32 pos. 1086). Current legislation reflects the Leninist principles of the construction of family relationships which were laid down as early as December 1917 in two decrees on marriage and the family which were signed by *V.I. Lenin* (SU RSFSR 1917 no. 10 pos.

152; 1917 no. 11 pos. 160) and developed further in the Marriage and Family Codes of the Union Republics of the twenties and thirties and unswervingly implemented throughout the entire history of the Soviet State. The new codification eliminated certain outdated norms of earlier codes.

At the basis of Soviet family law lie the following principles:

(1) The equality of women and men in family relationships (Fundamentals Marriage and Family art. 3, 11–13, 18 a.o.). The basis for the equality of the woman in the family is enshrined in USSR Const. art. 122 and equality of women is put into practice in all spheres of the state, socio-political, economic and cultural life of the country;

(2) The equality of citizens in family relationships irrespective of nationality, race and attitude to religion (USSR Const. art. 123, Fundamentals art. 4);

(3) State care for the family, the protection of the interests of mother and child, the encouragement of motherhood (Fundamentals art. 5);

(4) The freedom and voluntary nature of the conclusion of marriage (Fundamentals art. 10), the right to a divorce (Fundamentals art. 14);

(5) The equality of the rights and duties of father and mother in relation to their children, the protection of parental rights, exercised in the interests of the children (Fundamentals art. 18);

(6) Mutual help within the family, moral and material support amongst members of the family (Fundamentals art. 20–23);

(7) The legal regulation of marital and family relationships by the state, their freedom from influence of religion and church (Fundamentals art. 6).

In addition to these principles which have become a firm constituent of the life of Socialist society, the Fundamentals Marriage and Family art. 1 lays down in detail the tasks which are served by Soviet legislation on marriage and the family. It is called upon to assist the further strengthening of the Soviet family founded on the principles of Communist morality, the education of the children of the family in integral combination with social education, the elimination of the remnants of the unequal status of women in daily life, the final elimination of harmful vestiges and customs of the past in family relationships, the educating in all citizens of a feeling of high responsibility towards the family.

b. *Marriage.* – Marriage under Soviet law is the voluntary, monogamous, equal union of a man and a woman which has as its aim the creation of a family and which is concluded in observance of the rules laid down by law.

Only a marriage which has been entered into at a State Registry Office gives rise to the mutual rights and obligations of the spouses (Fundamentals art. 9). A marriage entered into in accordance with religious rites is of no legal significance. An exception is marriages concluded in accordance with church rites before the creation of the Soviet Registry Office.

Fundamentals art. 10 is headed Conditions for the Conclusion of Marriage and lays the following requirements for entering into marriage:

(1) A mutual free expression of agreement of the parties. A marriage can not be entered into by persons one of whom has been pronounced by a court to be without capacity as a result of mental illness or feeble-mindedness.

(2) The attainment of marital age, *i.e.*, 18 years for both men and women. In accordance with Fundamentals ch. 2 art. 10, Union Republican legislation may stipulate a lowering of marital age, but not by more than two years. Under RSFSR Code Marriage and Family art. 15 the Executive Committees of the District (Town) Soviet of Working People's Deputies may in individual and exceptional cases lower the marital age, but not by more than two years. The possibility of lowering the marital age of women by one year in the above mentioned procedure is envisaged in the Codes of the Latvian, Estonian, Kazakh and a number of other Union Republics. In the Ukrainian and Uzbek SSR a marital age of 17 years has been laid down for women.

Marriage is not permitted between relatives of the first degree in ascending or descending line, between brothers and sisters or half-brothers and half-sisters nor adoptors and adoptees.

Foreign citizens may on the territory of the USSR enter into a marriage on the same conditions as Soviet citizens.

In the case of infringement of any of the above mentioned conditions the marriage may be held void. The court will pass a decision as to the invalidity of the marriage after an application by one of the parties who entered into the marriage, third parties whose interests have been infringed as a result of the marriage, the organs of guardianship and curatorship or the procurator. The marriage may also be held invalid where it has been registered without intention to create a family (fictitious marriage). Children born in a marriage later held to be void have equal rights with children born in a valid marriage.

c. The *legal relationships between the spouses* are characterised by the equality of rights and duties of the husband and the wife. They both enjoy full freedom to choose their occupation, profession and place of residence. If one of the spouses changes his/her place of residence, the other one is not bound to follow him/her and the question of where the family should live is decided by the spouses in mutual agreement, just like any other questions of the life of the family connected with the education of the children or the running of the household (RSFSR Code Marriage and Family art. 19).

Property which is acquired by the parties during the marriage is their joint property. They have equal rights to that property, to its possession, use and disposal, even if one of them does not have any earnings of his or her own as a result of having to run the household, looking after the children or any other valid reason.

Property which belonged to either of the spouses before the marriage and also property acquired by him or her during the marriage as a gift or inheritance remains his or her own property (art. 22).

On the dissolution of the marriage the spouses usually divide their general property between them, but if they do not reach any agreement the dispute is decided by the court which may in individual cases depart from the principle of equal shares for the husband and wife and take into account the interests of children under age or the interests of one of the spouses which may warrant attention.

Husband and wife are obliged to support one another materially. If one of them is disabled and needs material support and the other spouse does not grant it in spite of being capable of doing so, alimony may be recovered through the court (art. 25).

The wife has a right to be maintained by her husband during pregnancy and for one year after the birth of a child. The right of the disabled spouse in need (husband or wife) to maintenance from the other spouse is retained even after the dissolution of the marriage, if the disablement occurred before the dissolution of the marriage or one year after the divorce or if the spouse has reached pensionable age not later than five years after the dissolution of the marriage. This humanitarian rule is directed first of all towards the protection of the interests of those women who in the course of a long marriage for reasons of family life were not able to work a sufficient number of years to qualify for an old age pension. The court may in individual cases relieve a spouse from the duty to pay alimony to his former wife (her former husband). The reasons for this may be unworthy conduct in marriage on the part of the spouse who is claiming the alimony, or the shortness in duration of the marriage. These and certain other criteria which afford release from the obligations to maintain the spouse are laid down by the Codes of the Union Republics.

d. *Dissolution of the marriage.* – Marriage is a relationship intended to last for the entire life of the spouses and it is ended either by the death of one of the spouses or by husband or wife being declared dead by the court. During the lifetime of the spouses the marriage may be dissolved by a divorce, which is granted by a court on petition by one or both of the spouses (Fundamentals art. 14). Soviet law does not contain a list of formal grounds for divorce. The court will dissolve the marriage when it is convinced that the petition for a divorce is based on well thought-out and well-founded motives and that the further preservation of the family has become impossible. The court is obliged to take measures with the aim of reconciling the spouses. If no reconciliation is achieved and the court decides to dissolve the marriage, it will at the same time decide which of the children will stay with which of the parents, decide the question of support for the maintenance of the children, decide which name the divorced spouses will bear and if necessary take measures for the protection of the interests of a disabled spouse.

In the interests of the health of mother and child, a husband may not petition for divorce during his wife's pregnancy or for one year after the birth of a child without the consent of his wife.

A new procedure in the Fundamentals lays down that where there is mutual consent of the parties to a dissolution of the marriage and there are no children under age, a divorce may be obtained by petition to the Registry Office. In such cases the divorce becomes effective after a three month period.

Furthermore the Registry Office dissolves marriages without need to apply to the court for persons who according to the procedure established by law have been held by the court to have disappeared or to be without capacity owing to mental illness or feeble-mindedness or to those who have been sentenced for committing a crime to deprivation of freedom for not less than three years. But in those instances where there is a dispute the question of dissolution of the marriage is heard by the court.

e. *Legal relationships between parents and children.* – Proof of a child's birth from parents who are married is evidenced by the parents' marriage certificate. Children are given the surnames of their parents and where the spouses bear different surnames they have the right to decide the question of the child's name themselves. In the case of disagreement between them the question is decided by the organs of guardianship or curatorship. Contrary to earlier legislation the Fundamentals provide for voluntary recognition and judicial ascertainment of paternity of children born out of wedlock (a Decree of the Praesidium of the Supreme Soviet of the USSR of 8 July 1944 abolished the right of a mother to bring a claim for the ascertainment of paternity). At the present time the legal position of children born out of wedlock is regulated by the following provisions (Fundamentals art. 16):

The child's father may, together with the mother apply at the Registry Office on the basis of which he will be entered in the Registry of Births and on the child's birth certificate as his father. In this way the law first of all envisages the voluntary recognition of paternity. In the absence of a joint application paternity may be established by the court. The law lists the following criteria which the court takes into consideration in deciding paternity cases: Joint residence and maintenance of a common household by the child's mother and the respondent before the birth of the child, or the joint upbringing or maintenance of the child by them, or evidence which authenticates and corroborates paternity.

In the case of voluntary recognition of paternity or a court decision establishing paternity, the same rights and duties as exist between parents and children born in wedlock arise between the father and the child from the moment of his birth. If paternity is not established the entry concerning the father of the child is in the surname of the mother and the first name and patronymic of the father will be entered on the mother's instructions (RSFSR Code Marriage and Family art. 49).

The parents have equal rights and bear equal responsibility with regard to their children. Both father and mother are obliged to maintain their children, educate them in the spirit of the Moral Code of Communism, look after their health and physical development, education and preparation for socially useful activity. The right to bring up their children and to have personal contact with them is one of the most important personal rights of citizens. Parental rights exercised in the interests of the children are in every possible way protected by law. The parents are entitled to demand the return of their children from any person retaining them without legal cause. If the parents are not living together the question as to which of them is to bring up the children is in case of dispute decided by the court which takes into consideration the personality and character of both parents, the affection of the child, the parents' material living conditions and with the help of the organs of guardianship and curatorship decides which of the parents will be best able to bring up the child.

The parents may be deprived of their parental rights by the court in case of abuse of their parental rights or their refusal to fulfil their obligations to educate the children, ill-treatment of the children and also if they are having a detrimental effect on the children by their amoral or antisocial conduct or are chronic alcoholics or drug addicts. Support for the maintenance of children up to 18 years of age is paid in the following amount: a quarter of the wage of the parent for one child, a third for two and a half for three or more children. The law lays down cases where these amounts of support may be reduced by the court, in particular if the parent paying the support is responsible for the maintenance of other children who would be less well provided for if support of the stipulated amount had to be paid (RSFSR Code art. 68).

Children of age are obliged to provide maintenance for their parents in case of need or disablement, but their obligations do not end there: the law lays down that children must also look after their extremely aged parents.

The principle of mutual support amongst persons who are related by birth finds expression in the mutual rights and duties with regard to the payment of alimony in certain instances amongst grandfathers, grandmothers, grandchildren, brothers, and sisters as established by law.

f. *Adoption*. – By virtue of the act of adoption, a child (adoptee) acquires the same personal and property rights as the adoptor's own children. The purpose of adoption is to give a child a new family in place of the one lost as a result of the death of the parents, their disappearance or their deprivation of parental rights.

Adoption is permitted only with regard to young children and children under age and exclusively in their interest. The Executive Committee of the District or Town Soviet of Working People's Deputies before it decides on an adoption makes enquiries into the conditions under which the adoptee will be brought up (RSFSR Code ch. 12).

Persons whose interests contradict the interests of the adoptee as well as persons who have been deprived of their parental rights, mentally ill persons and persons under age cannot be adoptors (RSFSR Code art. 99).

An adoption is possible even if the adoptor has children of his own. Quite often parents with many children take orphan children into their families out of humanitarian convictions. The situation of the adopted child in the adoptor's family is completely equal to that of their own children. On request by the adoptors they may be entered in the Register of Births as the child's parents and the Codes envisage measures for the protection of the secrecy of adoption (art. 108).

V. ECONOMIC LAW

In Soviet legal science there are various opinions regarding the legal regulation of economic activity. Some learned authorities consider that the respective legal norms are part of the traditional branches of law – civil and administrative law. Other scholars think that the legal norms that regulate the procedure of management and implementation of economic activity are a special branch of law – economic law. (On the scientific approach to the problem of economic law see vol. II ch. 2 s. 187–189).

An outline of the legal regulation of economic activity can be found partly in *supra* IV 1 and more particularly *infra* VI.

Commercial law does not exist as an independent branch of law in the system of Soviet socialist law.

VI. LEGAL REGULATION OF THE ECONOMY

1. Principal Features

The socialisation of the means of production called for the introduction of economic planning. Economic life in the USSR is determined and directed by the State Economic Plan. Economic planning is an economic category and at the same time it is the form and principle of state management of the socialist economy. The basic principle of economic management in the USSR is democratic centralism. This principle combines general state regulation of the fundamental issues with the development of initiative and independence of local organs and enterprises in their operative economic activity. Democratic centralism combines in itself the two principles of centralism and democracy. The correct relationship between the central bodies for administration and management and the enterprises in the decision of economic issues guarantees rational economic management.

The state's economic management takes place in legal forms: planning, direction, control and normative regulation of the economy. All these forms of economic management are closely interconnected and are applied in conjunction with one another.

The normative regulation of economic activity consists of the issuing of legal norms which define the procedure of management and implementation of economic activity. The definition of the rules of socialist economic activity in legal norms is a special form of economic management which does not coincide with planning, direction or control although these are also operating within a legal framework.

One must distinguish administrative and economic methods of management of the economy. Administrative methods find their expression in an order which must be implemented irrespective of whether or not this is advantageous to the individual enterprises. Economic methods are based on material incentive for such activity of the enterprises which, apart from being necessary for society as a whole must also be advantageous to the enterprise carrying out this activity.

Until recently administrative methods prevailed in economic management sometimes to the detriment of economic ones. The position has now changed in that economic methods of management are being more and more developed, initiative and economic rights of enterprises are winning wider acceptance, the role of economic incentives and liability for the results of economic activity is being increased.

Economic accountability is receiving extensive development. The term denotes a method of economic management and carrying out of economic activity which is based on the evaluation of the results and the costs of production, the payment of these costs by one's own income, the creation of interest and responsibility, the achievement of profitability in economic activity. The principle of economic accountability was developed in the USSR a long time ago; after 1965 it has received its fullest and most comprehensive implementation. That naturally did not mean a complete renunciation of administrative methods of management. They are being preserved within definite limits, but are applied as an integral part of economic methods. Planning by directives will under the new conditions concern the determination of the basic economic ratios, the deciding of the most important issues of productive economic activity.

2. Sources of Law

The legal norms which determine the procedure of management and implementation of economic activity are contained in laws, decrees, orders, resolutions and other normative acts relating to economic questions. In a broad sense all these normative acts are usually called economic legislation. Economic legislation embraces not only laws in the strict sense of the world, *i.e.*, normative acts of the Supreme Soviets of the USSR, the Union Republics and Autonomous Republics, but also normative acts of the government and the central administrative organs of economic management.

Among the laws of great significance for the legal regulation of the economy is the basic law, the Constitution of the USSR, which lays down the principal propositions on the organisation of the economic structure. There are also laws which are specially enacted for the regulation of the economy.

An example of these is the Law on the Alteration of the System of Organs of Industrial Management and the Reorganisation of Certain Other Organs of State Administration, which was passed by the Supreme Soviet of the USSR on 2 Oct. 1965 (VVS SSSR 1965 no. 39 pos. 558). The role of the Fundamentals of Civil Legislation of the USSR and the Union Republics of 1961 (VVS SSSR 1961 no. 50 pos. 525) in the regulation of relationships with regard to delivery, capital construction, the transport of goods and certain other economic relationships is very important.

On the crucial questions of the management and carrying out of economic activity, Joint Resolutions of the Central Committee of the CPSU and the Council of Ministers of the USSR are passed, which are not only normative acts of the supreme state administrative organ, but at the same time are Party directives as well. Examples are the Resolutions of the Central Committee of the CPSU and the Council of Ministers of the USSR on the Improvement of Industrial Management of 30 Sept. 1965 (SP SSSR 1965 no. 19–20 pos. 152) and on the Improvement of Planning and the Intensification of Economic Incentives for Industrial Production of 4 Oct. 1965 (SP SSSR 1965 no. 19–20 pos. 153) and a series of other resolutions.

The bulk of economic legislation is made up of normative acts of the government and the organs of economic management. This is explained by the fact that the normative regulation of economic activity is one of the forms of economic management. In exercising this management, the government and other leading organs enact the appropriate normative acts.

Of great importance are such normative acts of the government as the Regulation on the Socialist State Productive Enterprise which was ratified by a Resolution of the Council of Ministers of the USSR of 4 Oct. 1965 (SP SSSR 1965 no. 19–20 pos. 155). The Regulation on Deliveries of Industrial and Technical Products and the Regulation on Deliveries of Consumer Goods, which were ratified by a Resolution of the Council of Ministers of the USSR of 9 April 1969 (SP SSR 1969 no. 11 pos. 64), the Railway Charter ratified by a Resolution of the Council of Ministers of the USSR of 6 April 1964 (SP SSSR 1964 no. 5 pos. 36) and many other resolutions.

A great part of the norms of economic legislation is contained in All-Union acts. This characteristic feature of economic legislation is necessitated by the unity of state socialist property, the unity of the State Economic Plan, the unity of economic management in the entire country. Under the conditions of management of industry by branches, the regulation of economic relations through norms of All-Union legislation provides the opportunity to ensure the unity of the management and exercise of the economic activity of the enterprises of one and the same branch of industry which are located on the territories of different Union Republics. The Union Republics have wide powers in deciding questions of economic construction. However, the basic legal norms which lay down the procedure for management and the implementation of economic activity, are one throughout the whole country and are part of All-Union legislation, in so far as there are no substantial differences between the Union Republics with regard to these questions. In accordance with the Fundamentals of Civil Legislation art. 3, relationships between socialist organisations concerning the delivery of products and capital construction, relationships between organisations of railway, maritime, river, air and pipeline transport, and communications and credit institutions as well as certain other relationships (insurance, inventions, *etc.*) are regulated by All-Union legislation. With regard to these relationships the legislation of Union Republics may only decide matters referred to their jurisdiction by the legislation of the USSR. This means that the Civil Codes of the Union Republics are not to apply to economic relationships enumerated above. At the same time the Civil Codes are important for the regulation of those economic relationships which are not specified in the Fundamentals art. 3. These are, for example, relationships on the transport of goods by motor vehicle, relationships between economic organs concerning contracts of lease on commission and certain other relationships.

Republican acts of economic legislation are enacted in those cases where the principal propositions of All-Union legislation must be developed and made specific to the conditions prevailing in the Union Republic. An important place amongst these acts is occupied by the regulations on the Republican organs of economic management which define the authority of the said organs in the deciding of economic questions.

3. State Organs Responsible for the Management of the Economy

a. *State organs of general authority.* – An important role in the management of the economy is played by state organs of general authority, *i.e.*, those organs that manage not only the economy, but other spheres of public life as well. The Supreme Soviet of the USSR being the supreme organ of state power adopts the economic development plans and the state budget and enacts legislative acts on the regulation of economic activity. The Council of Ministers of the USSR as the highest executive and administrative organ exercises the general management of the economy.

The individual Union Republics have their own organs of general authority which also have definite functions with regard to the management of the Republican and local economy. Such organs in the Union Republics are the Supreme Soviets and the Councils of Ministers of the Republics. Analogous organs are set up in the Autonomous Republics. In other administrative territorial units there function local Soviets and their Executive Committees.

b. *Planning organs.* – In addition to the organs of general authority there are also organs of special economic authority whose task is the management of the economy. For the purposes of carrying out national planning a system of planning organs has been created. The central planning organ is the State Planning Committee of the Council of Ministers of the USSR – *Gosplan* of the USSR. *Gosplan* of the USSR is a Union-Republican organ. This means that State Planning Committees have been set up also in the Union Republics which are subordinate to both the Council of Ministers of the corresponding Republic and to *Gosplan* of the USSR; planning organs have also been set up in the Executive Committees of local Soviets. Each of these organs carries out the planning of the economy for the corresponding administrative territorial unit.

c. *Economic ministries.* – The planning of industrial-economic activity is carried out not only by pure planning organs, but also by the organs of economic management to which enterprises are subordinate. All planning tasks are brought to the notice of enterprises through the higher organs of economic management. This means that the higher organs not only administer the enterprises, but also plan their activities. Such organs are the economic ministries. There are a number of differences between ministries which are due to the federal structure of the USSR. Ministries are All-Union, Union-Republican and Republican. The All-Union ministry directs the corresponding branch of the economy throughout the whole country. The Union-Republican ministry as a rule does not direct enterprises directly, but through ministries of the same name of the Union Republics.

The functions, rights and duties of the ministries of the USSR are defined in the General Regulation on Ministries which was approved by a Resolution of the Council of Ministers of the USSR of 10 July 1967 (SP SSSR 1967 no. 17 p. 116). In addition detailed rules are laid down for each ministry: for the ministries of the Union by the Council of Ministers of the USSR, and for ministries of the Union Republics by the Councils of Ministers of the Republic.

d. *Economic combines.* – A ministry does not always control enterprises directly. Extensive development is given to economic combines, which allows for the most rational organisation of the management of groups of enterprises of the same type or inter-connected with one another.

The distinctive feature of economic combines is that as a rule they operate on the basis of economic accountability. The combines are organs of economic management which combine in their activity planning and organisational and operative economic functions. The General Regulation on All-Union and Republican Industrial Combines was approved by the Council of Ministers of the USSR on 2 March 1973 (SP SSSR 1973 no. 7 pos. 32).

e. *State enterprises.* – The basic unit of the economy of the USSR is the state socialist enterprise. The legal status of a state enterprise is defined by the Regulation on Socialist State Production Enterprises. This regulation determines the economic rights and duties of all production enterprises.

f. *Other organs.* – In concluding the examination of the system of organs of economic management, another group of state organs must be noted, which are of great importance for the correct administration of the socialist economy. These are the State Committees of the Council of Ministers of the USSR – Committee for Science and Technology, Committee for Material and Technical Supplies and Committee for Questions of Labour and Wages.

4. Economic Planning and Its Legal Aspects

Planning is carried on on the basis of the laws of socialism which operate objectively. However, planning is carried out within a legal framework which is in accordance with the economic legislation in force. The legal norms define the principles of planning, the competence of planning organs, and planning procedure.

There are several kinds of economic plans. From the point of view of duration of the planning period, one must distinguish long term plans and current plans. Long term economic development plans are usually adopted for a period of five years (1966–1970, 1971–1975 *etc.*). Current plans are adopted for one year, one quarter or one month. From the point of view of the territorial operation of plans there are to be distinguished plans which define the economic development of the country as a whole, individual Union and Autonomous Republics, regions, districts, towns. From the point of view of their scope, plans for the development of the entire national economy may be compared with branch plans, for example, plans for industry, capital construction, material and technical supplies, *etc.*

Acts of planning vary in their legal nature. Some of them take the form of a law and are juridical normative acts. Examples are economic development plans of the USSR, which are passed by a law of the Supreme Soviet of the USSR and the analogous plans of the Union Republics, adopted by laws of the Supreme Soviets of the Union Republics. But there are also acts of planning which are of an individual nature. Such are, for example, specific planning tasks which are given to enterprises by the Organs of Economic Management.

The legal ensuring of planned indices is important not only to guarantee the rights of enterprises in the sphere of planning but also in order to lay down uniform plans for all economic organs, which ensures that they are integrated in the single economic plan of the country.

The same purpose is served by the legal ensuring of planned quotas, which must be applied in the drafting of plans by all economic organs. Such quotas serve as an objective basis for the calculation of production capacities, the demand for raw materials, supplies, the labour force, *etc.*

The elaboration of draft plans begins directly at enterprises and is carried out with a wide participation of the entire labour force of the enterprise. Enterprises build up a portfolio of orders and on the basis of demand, calculated in this way, they compile a draft plan. The higher organ examines this draft and in consultation with the enterprise ratifies it in accordance with the established directive indices and returns it to the enterprise not later than two months before the beginning of the planning year. All planning tasks are handed to the enterprise by its highest organs.

Legislation lays down not only a procedure for ratification, but also for amendments of enterprise plans. In order to ensure stability of the plan, such alterations are permitted only in exceptional cases. The plan may be altered by a higher organ subject always to there being a preliminary discussion of these questions with the enterprises concerned. If there are changes to an index of the plan, changes must be introduced to all other interdependent indices of the plan. This rule is also directed towards ensuring the agreement of all planning indices after amendment.

In accordance with the established planning indices and the economic contracts entered into the enterprise works out a further annual technical output and financial plan and quarterly and monthly plans for production and economic activity, which are ratified by the director of the enterprise. In the technical output and financial plan there are fixed all the indices for the activity of the enterprise, amongst them also those which have not been set out by the confirmed planned targets. The ministries work out model forms of the technical output and financial plan to ensure the integrity of the technical output and financial plans of enterprises within the limits of the industry.

5. Economic Contracts

Economic contracts are of great importance in the organisation of economic links between enterprises. They are planned contracts and must correspond to the planned tasks of the enterprises which enter into them. However, the quantity of planning indices given to enterprises has nowadays been substantially reduced. As a general rule enterprises have prescribed to them by a higher organ an overall volume of production, to be sold at current wholesale prices, and the precise range of articles produced is determined by the enterprises themselves on the basis of agreement with the enterprises purchasing their production. Therefore, the economic contract is used as a distinctive and completely flexible instrument for the planning of the productive economic activity of enterprises.

Under present conditions, the economic contract is becoming a fundamental document, which determines the rights and duties of enterprises in the delivery of products. However, it is not only for deliveries that economic contracts are entered into by enterprises, they also determine inter-relationships of enterprises in the execution of other economic operations; such as work on construction sites and installations, transport of goods, drawing and designing work, *etc.*

The economic contract of delivery is becoming increasingly more important for the organisation of the activity of industrial enterprises. The basic conditions of delivery are laid down by special normative acts, the Regulation for the Delivery of Industrial and Technical Goods and the Regulation for the Delivery of Consumer Goods, approved by the Resolution of the Council of Ministers on 9 April 1969 (SP SSSR 1969 no. 11 pos. 64).

Apart from these there are other normative acts regulating deliveries. So, for instance, the State Arbitration of the Council of Ministers of the USSR issued specific acts: special conditions of delivery for individual kinds of products and goods, instructions on the procedure of acceptance of products and goods with regard to quantity and quality. Such acts are aimed at diminishing the number of conflicts when carrying out contractual obligations.

Certain products are distributed on the basis of schedule-distributive acts of planning organs. Such products form a fund of products. The distribution of such goods is carried out by special supply and sales bodies, which are controlled by the State Committee for Material and Technical Supply of the Council of Ministers of the USSR. Economic contracts for the delivery of these goods must correspond to the schedule. In this way such schedule grants authority to conclude an economic contract for such goods. The schedule also binds the supplier of such goods to enter into a contract. As far as the customer is concerned, he is entitled to refuse products that have been assigned to him under the schedule, if he does not need them.

Non-performance or improper performance of economic contracts gives rise to liability. It takes the form of recovery of liquidated damages and compensation of losses. Liability is founded on the principle of fault. As a result of the economic reform, the role of liability is increasing as liability is used as an economic incentive for the activity of enterprises. Losses and liquidated damages are payable out of the profits of the enterprises which diminishes that part of the profits which may be directed by the enterprises into incentive funds set up for collective incentives of workers, for the results of economic activity.

6. State Arbitration

In connection with the planned character of economic contracts a special procedure is applied to the hearing of disputes arising out of them. Such disputes are heard by State Arbitration which is a distinctive organ of economic management. The Central State Arbitration functions at the level of the Council of Ministers of the USSR, Republican Arbitrations at the Councils of Ministers of the Union Republics and local ones at the level of Executive Committees of Soviets of regions and territories.

State Arbitration of the Council of Ministers of the USSR does not only hear economic disputes but also issues normative acts for the regulation of economic relationships between enterprises. In accordance with the Regulation on State Arbitration of the Council of Ministers of the USSR, approved by a Resolution of the Council of Ministers of the USSR of 17 Aug. 1960 (SP SSSR 1960 no. 15 pos. 127), this Arbitration elaborates certain normative acts: Special conditions of delivery for individual kinds of products of an industrial and technical nature and consumer goods, instructions concerning the procedure of acceptance of products and goods on the basis of quantity and quality (*Bulleten normativnykh aktov*

Ministerstv i vedomstv SSSR 1973 no. 10 pos. 38). Special rules for the hearing of economic disputes are issued by the State Arbitration of the Council of Ministers of the USSR (*Instruktivnye ukazaniia Gosudarstvennogo Arbitrazha pri Sovete Ministrov SSSR* (Moscow 1964)).

Economic disputes are of two types: precontractual and property. Precontractual disputes arise at the stage of conclusion of economic contracts. These disputes are decided by arbitration in accordance with the plan, on the basis of existing legislation. Where the economic contract is an instrument of planning, pre-contract arbitration means in essence a hearing of disputes on ways of realising the plan. The extension of the economic rights of enterprises in the sphere of planning increases the role of arbitration in the hearing of such disputes.

The other category of economic disputes are property disputes which arise in the course of performance of economic contracts which have been entered into. Liability arises in the case of non-performance or improper performance of economic contracts. Liability is implemented by the arbitration decision. Execution is levied on the funds of the enterprises which are held in banks. Execution arising out of obligations resulting from operational activity is levied on the current account of the enterprises, whereas those obligations connected with capital construction are met from the account for capital construction. The levying of execution on the capital assets of enterprises is not permitted.

VII. COPYRIGHT AND INDUSTRIAL PROPERTY

1. Sources

The principal rules in the spheres of copyright, the right to scientific discoveries and the law of inventions are contained in the Fundamentals of Civil Legislation Parts IV, V and VI and the corresponding chapters of the Civil Codes of the Union Republics. The protection of discoveries and inventions is regulated in detail by such All-Union normative acts as the Regulation on Discoveries, Inventions and Rationalisation Proposals, ratified by a Resolution of the Council of Ministers of the USSR of 21 Aug. 1973 (SP SSSR 1973 no. 19 pos. 109). The fundamental principles of the legal protection of trademarks were laid down by the Resolution of the Council of Ministers of the USSR of 15 May 1962 on Trademarks (SP SSSR 1962 no. 7 pos. 59) as well as by the Regulation on Trademarks ratified by a Resolution of the Committee for Inventions and Discoveries of the Council of Ministers of the USSR of 23 June 1962 (*Sbornik normativnykh materialov po voprosam vneshneĭ torgolovli SSSR* I 1970 p. 320).

2. Copyright

The aim of copyright is to promote the creation and dissemination of literary and artistic works. Its task is to secure the defence of the rights of authors and at the same time satisfy the interests of society in the use of these works.

Objects of copyright are works of science, literature or art, irrespective of their form, purpose and quality as well as the means of their reproduction (literary, musical, cinematographic and other works). Such works must be of a creative nature. They must be expressed in material form, which means any expression of the result of the author's creativity, which allows perception and reproduction by others.

Works which are first published on the territory of the USSR are protected by the norms of copyright irrespective of the citizenship of their authors. A foreign author whose work has been published abroad may claim copyright in the USSR according to international treaties or conventions ratified by the USSR. In 1973 the Soviet Union acceded to the Universal Copyright Convention of 1952 and the respective parts of Soviet legislation were amended (VVS SSSR 1973 no. 9 pos. 138).

The author of a work has non-property and property rights. The following personal non-property rights are covered by Soviet legislation: (1) The right to authorship; (2) the right to be named; (3) the right to publication and circulation of his work; (4) the right to have preserved the integrity of his work.

The property right of the author consists of the right to remuneration for use of the work by other persons. Payment for the creative work of an author is made in accordance with its quantity and quality. The rates of authors' remuneration are fixed by the state. The use of a work is accomplished on the basis of a publishing contract or other forms of contracts (public performance, use for broadcasting, *etc.*) concluded with the author. Copyright belongs to the author for life and to his heirs, for 25 years after the author's death (Fundamentals Civil Legislation art. 105, as revised 1973).

The combination of the interests of society as a whole with the personal interests of an author manifests itself by the fact that the law allows public performance of published, dramatic, musical and other works without the author's consent provided he is remunerated. Translation of the work into another language is legal only with the author's consent (Fundamentals Civil Legislation art. 102, as revised 1973).

3. Discoveries and Inventions

The stimulation of scientific creativity and technological progress is brought about first of all by the norms of the law of discoveries and the introduction of a special legal protection for scientific discoveries. Soviet legislation recognises as a discovery the establishing of objectively existing laws and rules of natural events, characteristics and phenomena of the physical world not previously known. In this way a discovery provides the solution of a scientific problem and enriches the fund of human knowledge. Authors of discoveries receive special diplomas and they are paid a lump sum by the state as a reward.

In issuing the diploma, the state recognises the fact of a scientific discovery, establishes the author's priority in the making of the discovery and grants the author definite property and non-property rights. In this way, Soviet law has, by the creation of an independent legal institution which is unknown to the law in the overwhelming majority of other states, substantially supplemented the system of the protection of authors of scientific works.

The law of inventions, like copyright, consistently proceeds from the combination of personal and public interests. This manifests itself in the fact that the right of use of technical achievements, as a rule, belongs to the state, but inventors and authors of rationalisation proposals enjoy a large number of rights and privileges.

Soviet legislation knows two types of inventions: the invention proper and the rationalisation proposal. Common to both is the fact that they are creative in nature and are both directed towards the solution of technical problems. The solution of a technical problem in any spheres of the national economy, culture, public health or national defence, which is distinguished by its essential novelty and which achieves a positive result is recognised as an invention. The characteristics of an invention are, therefore, novelty and utility. Rationalisation proposals are proposals for the improvement of techniques already in use (machines, instruments, appliances, gadgets, apparatus, assemblies, *etc.*), the improvement of production, the technology of production, methods of control, supervision and research, safety techniques and labour protection, or proposals which permit the raising of labour productivity, the more efficient utilisation of energy, equipment and materials. For rationalisation proposals there are issued special certificates, by those enterprises which were the first to introduce these proposals.

A particular feature of the legal protection of inventions in the USSR is that legislation establishes two means of protection: the author's certificate and the patent. The author of an invention may by his own choice require either only the recognition of his authorship or the recognition of his authorship and the grant to him of the exclusive right to the invention. In the former case, an author's certificate is issued for the invention, in the latter a patent (RSFSR CC art. 520).

The author's certificate (whereby the right of use of the invention belongs to the state) is the basic, predominant form of protection, typical for Soviet society. Where a patent has been issued, nobody has the right to utilise the invention without the consent of the patentee. A patent is issued for a term of 15 years. Inventors who have received an author's certificate are granted a number of personal non-property and property rights. An inventor has the right to remuneration depending on the savings or other positive effect, achieved as a result of the introduction of his proposal as well as other rights and privileges.

Moral encouragement for inventions and rationalisation proposals is given by the Union Republics through the creation of the honorary titles "honoured inventor" and "honoured rationaliser", and also by the annual award of "Lenin prizes" and "State prizes" for particulary outstanding technological achievements.

4. Industrial Design

An industrial design (industrial drawing or model) under Soviet law denotes a new artistic concept of an article which is capable of being produced by industrial means in which there is achieved a unity of its technical and aesthetic qualities. The outer appearance of the article may be the object of legal protection only in the case where it has definite artistic worth. A peculiarity of this object in Soviet law lies in the fact that the artistic, aesthetic concept must be related to the technical qualities of the article. An industrial design must have novelty, but unlike an invention novelty need not be world-wide, but local, *i.e.*, localised.

As in the case of inventions, Soviet law knows two types of the legal protection of industrial designs (certificate and patent). The issue of the certificate provides for free use of the design by all interested enterprises and organisations, and if an industrial design is used in production, the author receives the right to remuneration. The validity of the certificate for an industrial design is not limited in time. The patent is issued for five years, but it may be extended.

5. Firm Name and Trademark

The right to use a firm name and trademark belongs to any legal entity acting as an economic organisation in the market (see, for example, RSFSR CC art. 29). This is a means for giving the legal entity an identity and it also serves to distinguish and advertise goods produced or sold by it and activity carried out by it. The firm name must indicate the nature of the enterprise's activity. The right to a trade name consists of the right of exclusive use of the firm name on signboards and on forms in the execution of transactions. Trademarks are placed directly on the goods or on their packing. The special feature of this legal institution in the USSR lies in the fact that Soviet enterprises are obliged to use trademarks except for liquid, gaseous and dry substances which are delivered or sold without packaging and also for some other goods. The legal protection of trademarks is designed to improve the responsibility of enterprises for the quality of the goods produced by them. In the USSR the right to a trademark arises only by virtue of its registration. The use of a trademark is not considered as a basis for the acquisition of the right.

In addition to trademarks, Soviet law knows service marks. They are used by organisations whose principal activity is the rendering of various services to people (transport agencies, hotels, *etc.*). The use of service marks is not obligatory.

By its very nature the right to a trademark or service mark is an exclusive right. The use of such marks without the consent of the enterprise in whose name they are registered is prohibited. The period of validity of the right to a trademark is 10 years (an extension may be granted). The right to the exclusive use of a trademark may be transferred from one enterprise to another.

Soviet law envisages the corresponding protection of this exclusive right. The holder of a certificate has the right to demand the termination of any unlawful use of an identical mark itself or a similar mark as well as compensation for all losses caused to him by the unlawful use of the trademark or service mark. Furthermore unlawful use of a trademark entails criminal liability.

VIII. PRINCIPLES OF CIVIL PROCEDURE

1. Procedure in Courts

Rules of Civil Procedure are laid down by the Fundamentals of Civil Procedure of the USSR and the Union Republics, enacted by the Supreme Soviet of the USSR in 1961 (VVS SSSR 1961 no. 50 pos. 526) and by the Codes of Civil Procedure of the Union Republics which are in accordance with the Fundamentals and were promulgated in 1963 and 1964. (In the RSFSR, for example, the Code of Civil Procedure was passed by the Supreme Soviet of the RSFSR on 11 June 1964 and came into force on 1 Oct. 1964, VVS RSFSR 1964 no. 24 pos. 407).

The hearing of cases in Soviet courts is based on the following democratic principles. Judges carefully examine the actual mutual relationships between the parties to a dispute and independently, according to their innermost convictions, evaluate the evidence for the decision, which must correspond to objective truth. At an oral hearing they hear directly all declarations and claims of persons who have an interest in the case, thereby securing for the parties to the dispute the freedom to exercise their rights and use their evidence as they wish and the freedom to choose their legal position (claims or objections).

During the proceedings the parties have freedom in the choice and presentation to the court of evidence at their disposal (the principle of the contentious nature of trials). This ensures the fullest and most comprehensive examination of the essence of a dispute involving civil law and the finding of the objective truth of the matter. But if the parties have difficulties in presenting the evidence the court will come to their aid, but again in the interest of arriving at the truth.

In particular there must be stressed the active

role of the Soviet court in the decision of a dispute between parties; this is a most important principle of civil procedure.

Fundamentals Civil Procedure art. 16 lays down the rule that the court is obliged not to limit itself to the evidence and explanations submitted but to take all measures prescribed by law for a comprehensive, full and objective elucidation of the actual circumstances of the case and the rights and duties of the parties (the principle of objective truth). The court must explain to persons participating in a case their rights and duties, warn them of the consequences of commission or omission of procedural actions and give persons taking part in a case assistance in the exercise of their rights.

Civil procedure goes regularly through two stages – the procedure in the court of first instance, which examines the essence of the case, and in the court of second instance, which on appeals from the parties (or protests by the procurator) examines the decision of the lower court and the case.

Civil procedure begins with filing of a claim at a People's Court; it should be pointed out that the form of the claim is quite simple and can be readily understood by any citizen.

The parties participate in the hearing of the case either personally or through their representatives. Apart from legal representatives for persons without capacity (parents or guardians), representatives participate in the case by the free choice of either of the parties. Such representatives are lawyers or other persons admitted by the court hearing the case to make representations in the case.

An active part in Soviet civil procedure is taken by the procurator. In civil procedure the procurator ensures that infringements of civil law are eliminated in the court, that socialist legality is strictly observed in the activities of parties to the proceedings and that the decision of the court does not contradict the law.

Fundamentals Civil Procedure art. 14 provides that the procurator is obliged at all stages of civil proceedings to take timely measures envisaged by the law for the elimination of any infringements of the law, whosoever may be responsible for such infringements.

The procurator intervenes in the proceedings only when he considers that the protection of the interests of the state or the working people demand his participation. The procurator intervenes by bringing an action against the infringer of the civil law or participates in a case where the plaintiff (any plaintiff, such as a state enterprise, institution, cooperative organisation or a citizen) has already brought a suit against a defendant or several defendants. In the latter case the procurator gives the court his conclusions on the substance of the dispute and by doing so assists a correct solution of the case.

The procurator has the right to protest the decision of a court which breaches the law and does so at a higher court.

The parties also have the right to appeal against a court decision to a higher court (regional court, the Supreme Court of the Republic). The appeal (or procurator's protest) against the court decision is filed with the court which gave its decision in the case. It in turn files the appeal together with the case to a higher court for hearing. The higher court examines the case and validity of the appeal or protest, and if it finds it unjustified and the decision lawful, then it upholds the decision. Alternatively, the higher court quashes the decision and it returns the case to the court of the first instance for retrial or having quashed the decision dismisses the case or it amends the decision, and in individual cases it makes a new decision without passing the case for a new hearing, provided there is no necessity to collect and verify new evidence.

After the case is heard under this procedure (called cassation), an appealed decision which has been upheld (like a decision which has not been appealed) comes into legal force and is voluntarily executed by the parties and in the event of refusal to carry it out is subject to compulsory execution by the court bailiff.

The law provides for an exclusive method of review for decisions that have acquired legal force, *i.e.*, review by way of supervision.

This method is applied through protest against decisions that have come into force by officials of the court and procuracy empowered to do so by law (*i.e.*, the Procurators of Republics, regions, territories, the Chairmen of the Supreme, region and territory courts, their deputies, the Procurator General of the USSR, the President of the Supreme Court of the USSR and their Deputies). On protest of the said officials of the procuracy or of the court, the appropriate court reviews the case by way of supervision and if it finds that the law has been violated it quashes a decision which has acquired legal force and lets the case run its legal course (directs the case for a new hearing, *etc.*)

Finally, it is interesting to note the following characteristic of Soviet civil procedure: in the event of discovery at a hearing that the laws or the rules of the socialist community have been violated by individual officials or citizens, or if there are any substantial deficiencies in the work of state institutions, enterprises, collective farms and other cooperative and social organisations, the court adds a special rider and sends it to the respective institutions, enterprises, organisations, officials or workers' collectives, who are obliged to inform the court of the measures taken by them.

2. State Arbitration

The court organs do not hear property disputes arising between state institutions, enterprises and organisations or between cooperative (apart from collective farms) and other social organisations. These disputes, *i.e.*, economic disputes (property and pre-contract) are heard by the organs of State Arbitration (see *supra* VI 6).

3. Foreign Trade Arbitration

Permanent arbitration bodies have been set up for the settlement of disputes which arise out of foreign trade transactions or stem from legal relationships which are regulated by maritime law. In accordance with the Resolution of the Central Executive Committee and the Council of People's Commissars of the USSR of 17 June 1932 (*Sobranie zakonov i rasporiaazhenii Raboche – Krestianskogo Pravitelstva* (SZ) *SSSR* 1932 no. 48 pos. 281) there functions in the USSR the Foreign Trade Arbitration Commission at the Chamber of Commerce and Industry of the USSR which was set up "for the settlement by way of arbitration of disputes arising out of foreign trade transactions, in particular disputes between foreign firms and Soviet economic organisations". Before that, on 13 Dec. 1930 there was ratified the Regulation on the Maritime Arbitration Commission at the All Union Chamber of Commerce (Resolution of the Central Executive Committee and the Council of People's Commissars of the USSR (SZ) SSSR 1930 no. 60 pos. 637) whose authority was later extended and which at the present time hears disputes concerning salvage and assistance at sea, disputes arising from the causing of harm by seagoing and river vessels to each other and to port installations, as well as disputes arising out of chartering ships, of carriage by sea, and other aspects of maritime law, and also disputes arising in connection with the navigation of seagoing and river vessels on international rivers.

The rules of procedure for cases in both of the above mentioned arbitration commissions (FTAC and MAC) have been ratified by the Praesidium of the All-Union Chamber of Commerce (now Chamber of Commerce and Industry of the USSR) on 21 Jan. 1949, amended in 1959 and 1967 (*Sbornik normativnykh materialov po voprosam vneshneĭ torgovli SSSR* I 1970 p. 383–388, 391–398) and fully guarantee a comprehensive and objective solution of disputes, which have been submitted voluntarily by the parties for hearing by fully competent arbitrators of these commissions.

IX. PRIVATE INTERNATIONAL LAW AND INTERNATIONAL CIVIL PROCEDURE

1. General Remarks

Soviet theory means by private international law the totality of norms which regulate civil law relationships containing an "international" or "foreign" element. Private international law in this way regulates a specific kind of civil law relationship, arising in conditions of the economic, scientific and technological and cultural collaboration of the Soviet state with other countries. Soviet science of private international law deals with the following topics:

(1) Legal position of foreigners, foreign legal entities and the foreign state; (2) Law of property; (3) Obligations, most importantly foreign trade sale, transportation, *etc.*; (4) Exclusive rights (copyright, law of inventions, law of trademarks); (5) Family law; (6) Succession; (7) International civil procedure.

An important place amongst the norms of private international law is occupied by conflict of laws rules which indicate the legislation of which country must be applied to various legal relationships with a foreign element. However, the number of so-called direct norms which establish directly the rights and obligations of the parties in legal relationships with a foreign element is growing. The importance of such norms, especially of unified direct norms, which are contained in international agreements concluded by the USSR is increasing all the time.

2. Sources

The sources of private international law are of a dual character, firstly, internal Soviet legislation, and secondly, international treaties and agreements to which the USSR is a party. International customs are also regarded as a source of law, but their sphere of application is limited.

The basic norms of internal legislation are contained in the Fundamentals of Civil Legislation of 1961, Part VIII (Capacity of Foreigners and Stateless Persons; Application of Civil Laws of Foreign States; International Treaties and Agreements), in the Fundamentals of Civil Procedure of 1961, Part VI (Civil Procedural Rights of Foreign Citizens and Stateless Persons; Suits against Foreign States; Commissions; Judgements of Foreign Courts; International Treaties and Agreements), and in the Fundamentals of Legislation on Marriage and the Family of 1968, Part V (Application of Soviet Marriage and Family Legislation to Foreigners and Stateless Persons; Application of Laws on Marriage and the Family of Foreign States; International Treaties and Agreements).

Analogous norms are contained in the Civil Codes and Codes of Civil Procedure of the Union Republics. Individual norms are also contained in All-Union acts such as the Regulation on Trade Delegations and Trade Agencies of the USSR Abroad of 1933, the Merchant Shipping Code of the USSR of 1968, the Air Code of the USSR of 1961, the Regulation on Discoveries, Inventions and Rationalisation Proposals of 1973, the Charter on Consulates of the USSR of 1926, the Regulation on Diplomatic and Consular Representations of Foreign States on the Territory of the USSR of 1966 and others.

In addition to All-Union legislation, a number of norms are contained in the Republican Marriage and Family Codes, in the Regulation on the State Notariat of the RSFSR of 1965 (ch. 16 Notarial Acts for Foreigners and Stateless persons; Application of Foreign Law; International Treaties and Agreements; Commissions of Foreign Organs of Justice). From the large number of international treaties one should point first of all to treaties concerning legal assistance in civil, family and criminal matters, entered into by the Soviet Union in 1957 and 1958 with the Socialist countries, a whole series of Consular conventions (with Poland, the German Democratic Republic, Czechoslavakia, Hungary, France, Italy, England, Finland, Japan, USA and other countries). In the sphere of economic collaboration, a number of norms of private international law are found in trade treaties, agreements on economic collaboration, technical assistance in the construction of enterprises, on scientific and technical collaboration and a number of others. In certain fields a prominent place is occupied by multilateral agreements, to which the USSR is a party (in the spheres of air and maritime transport, bills of exchange, the protection of industrial property and others).

In the relationships of the USSR with the Socialist countries internal law does not play a basic role as a source of private international law, but international treaties do. It is characteristic for the relationships between these countries that uniform substantive rules have been created which regulate economic collaboration in foreign trade, transportation, *etc.* To be mentioned are in particular the various General Conditions elaborated in the framework of the Council for Mutual Economic Assistance (on Delivery of Goods, 1958/1968; on Installation, 1973); see also the Agreement on International Transport of Goods by Rail of 1950/1966, *etc.* The position is different with regard to relationships containing a foreign element in the sphere of family law and the law of succession on death, procedural and other questions concerning citizens. In these fields, owing to the conclusion of treaties on legal assistance between the socialist countries, a wide unification of conflict of laws has been achieved on questions of capacity and disappearance of persons, marriage and family relationships and succession on death. Apart from this, these treaties guarantee free access to the courts, rendering of mutual legal assistance by the organs of justice and a number of other questions.

A fundamental task of private international law in the USSR is the legal formulation of varied business relationships of Soviet organisations with organisations and firms of other countries. In relationships with the Socialist countries, as well as in public international law in the field under examination, the activity of the Council for Mutual Economic Assistance has great significance, aiming at the development of multilateral and bilateral collaboration between these countries at the basis of which lies the principle of socialist internationalism.

3. Basic Principles

a. The point of departure of the sources and norms of private international law is the *principle of peaceful co-existence of states*, irrespective of differences in their socio-economic systems. The development of economic ties between countries with different systems has as its premise the recognition of the socialist state's monopoly of foreign trade. The principle of the monopoly of foreign trade is clearly stated in the trade treaties entered into by the USSR. Import and export links, relationships arising out of technical and industrial collaboration with firms and organisations of other countries are founded on the basis of the state's monopoly of foreign trade. This institution is decisive for the principles of private international law.

b. At the basis of private international law lies, furthermore, the principle of *legal equality* (in the sphere of international economic relationships) of different systems of property. This principle was of great importance with regard to the recognition of the extra-territorial validity of Soviet laws on the nationalisation of private property.

c. Soviet legislation, theory and practice in the sphere of private international law also proceed from the principle of the *immunity of the state* and its property.

d. The above mentioned principles have a common basis – the principle of the *sovereignty of the state*. This is one of the manifestations of the close link that exists between public international law and private international law. The state's monopoly of foreign trade, the socialist economic system manifest themselves in the field of international economic relationships in that international legal relationships are closely interwoven with civil law relationships, so that in a number of cases the content of contracts is pre-determined by inter-governmental agreements, whilst the independent juridical status of such contracts is fully preserved. These principles are also taken into consideration in the corresponding parts of private international law which concern relationships in the field of foreign trade, industrial and scientific and technical collaboration, international transportation, credit and financial relationships. The solution of problems of the legal position of foreigners is also closely connected with the development of business relationships and economic and cultural collaboration.

e. With regard to foreigners, Soviet legislation proceeds from the principle of the grant to foreigners of the *national rule of law* in accordance with which foreigners in the USSR enjoy civil capacity equally with Soviet citizens (Fundamentals Civil Legislation art. 122). From this principle it also follows that a foreigner in the USSR may not claim any special privileges, not envisaged for Soviet citizens by civil legislation. The grant of the national rule of law does not require reciprocity, but in cases of any restrictions of the civil capacity of Soviet citizens abroad, the Council of Ministers of the USSR may impose corresponding restrictions.

Isolated exceptions from the principle of the national rule of law may be imposed for foreigners by USSR law. The number of these exceptions is small, in particular they have been imposed with regard to fishing, the right to work in mining, or to enter the crews of civil aircraft or seagoing vessels. Stateless persons living in the USSR enjoy the same civil capacity as Soviet citizens.

f. Soviet law recognises that the application of foreign law by virtue of the Soviet conflict of laws rules may give rise to subjective civil rights. In connection with this, Soviet legislation recognises the *public policy clause*. In accordance with Fundamentals Civil Legislation art. 128 "a foreign law shall not apply where its application would conflict with the fundamental principles of the Soviet system." In Soviet practice, however, this clause is used only in exceptional circumstances.

4. Specific Rules

A number of general principles of conflict of laws common to many countries have also found recognition and application in Soviet legislation and practice of private international law.

a. Thus in particular with regard to the *form of transactions*, the principle of *lex loci contractus* applies. However, a transaction cannot be considered void as a result of the non-observance of formal requirements if the requirements of the legislation of the USSR or the Union Republics concerned have been observed.

The form of foreign trade transactions concluded by Soviet organisations and the procedure governing their signature irrespective of the place of conclusion of these transactions is determined by the legislation of the USSR.

The form of transactions relating to structures located in the USSR is governed by the legislation of the USSR and the Union Republic concerned (Fundamentals Civil Legislation art. 125). The rights and duties of parties to a foreign trade transaction are determined by the law governing at the place of its conclusion, unless otherwise provided by agreement of the parties. The place of conclusion of a transaction is determined by Soviet law (Fundamentals Civil Legislation art. 126).

b. Relationships with regard to *succession* are regulated by the law of the country where the testator had his last permanent residence.

The capacity of a person to make and revoke

a will as well as the form of the will or the instrument of revocation is determined by the law of the country where the testator had his permanent place of residence at the time of executing the instrument. However, a will or revocation may not be held invalid as a result of non-observance of form, if the requirements of the law of the place where the instrument was executed or the requirements of Soviet law have been complied with.

Inheritance of structures, located in the USSR is in all cases regulated by Soviet law. The same law determines the capacity of a person to make or revoke a will, as well as its form, if it concerns the devise of a structure located in the USSR (Fundamentals Civil Legislation art. 127).

5. International Civil Procedure

a. The *fundamental sources in internal law* for the problems of international civil procedure are to be found in the Fundamentals of Civil Procedure of the USSR and the Union Republics of 1961. These norms are repeated in the Codes of Civil Procedure of the Union Republics. In accordance with Fundamentals of Civil Procedure art. 59, foreign citizens have the right to apply to the courts of the USSR and enjoy civil procedural rights equally with Soviet citizens. Foreign enterprises and organisations have the right to apply to the courts of the USSR and enjoy the same civil procedural rights as Soviet organisations. The Council of Ministers of the USSR may lay down restrictions with reference to citizens, enterprises and organisations of those states, where special restrictions of the civil procedural rights of Soviet citizens, enterprises and organisations are permitted.

b. The following *principles* are recognised in the USSR: (1) the immunity of foreign states; (2) the immunity of diplomatic representatives of foreign states and other persons named by law and in international agreements.

By virtue of the principle of immunity, the filing of a suit against a foreign state, the demand to deposit security for an action and the levying of execution on the property of a foreign state, which is located in the USSR, are allowed only with the consent of the competent organs of the state concerned. While a foreign state as a plaintiff need not expressly submit to the jurisdiction of a Soviet court, a counter-claim cannot be filed.

In accordance with the Regulation on Diplomatic and Consular Representations of Foreign States on the Territory of the USSR of 1966 (VVS SSSR 1966 no. 22), the head of the diplomatic representation and the members of the diplomatic corps of the representation enjoy immunity from civil jurisdiction. This immunity does not extend to cases where the above mentioned persons act in civil legal relationships as private persons in connection with claims regarding structures belonging to them on the territory of the USSR, succession on death or any activity carried out by them outside the scope of their official duties.

c. Soviet courts execute *court commissions of foreign courts* with the exception of cases where: (1) the execution of the commission would threaten the security of the USSR; or (2) the execution of the commission is not within the competence of the court. The execution of commissions of foreign courts concerning the execution of individual procedural actions is carried out on the basis of Soviet legislation. The USSR is a party to the Hague Convention on Civil Procedure of 1954. The USSR has entered into special agreements on the execution of court commissions (with the USA in 1935, with France in 1936). Court commissions are sent to the appropriate courts only through the Ministry of Foreign Affairs of the USSR or the Ministries of Foreign Affairs of the Union Republics. Thus also, after having been executed by Soviet courts the commissions of foreign courts are returned to the Ministry of Foreign Affairs of the USSR through the Supreme Courts of the Union Republics.

A different mode of execution of commissions has been laid down by treaties with foreign Socialist countries on legal assistance in civil, family and criminal matters. Commissions of courts of those states with whom these treaties have been concluded are as a rule sent through the Supreme Court of the USSR.

d. Disputes of Soviet organisations relating to *foreign trade transactions* are heard by *arbitration*. Soviet internal legislation recognises arbitration agreements which have been concluded between the parties. In accordance with RSFSR CC Proc. art. 27 "in cases envisaged by law or international agreements, a dispute arising out of civil law relationships, with the parties' consent, may be transferred for hearing by an arbitration court, the Maritime Arbitration Commission or the Foreign Arbitration Commission at the All-Union Chamber of Commerce". It follows from this principle of Soviet law that a dispute may be submitted by the parties for hearing by any permanent arbitration body. With the agreement of the parties, disputes arising out of foreign trade transactions are usually submitted for hearing by the Foreign Trade Arbitration Commission and disputes in the field of maritime trade for hearing by the Maritime Arbitration Commission. Both these commissions are permanently functioning arbitration organisations with their own rules and permanent panels of arbitrators, not belonging to the system of state courts.

e. The *execution of decisions of foreign courts and arbitral tribunals in the USSR* is determined by international agreements. Accordingly, such a decision may be submitted for compulsory execution in the USSR within a period of three years from the moment the decision becomes final. With regard to the execution of court decisions, the relevant procedure has been laid down in bilateral treaties on legal assistance, and with regard to arbitral awards by the New York Convention on the Recognition and Enforcement of Foreign Arbitral Awards of 1958. On ratification of this Convention in 1960 the Soviet Union declared that it will apply its provisions with regard to arbitral awards pronounced on the territory of states which are not parties to the Convention, only on condition of reciprocity.

X. SELECTIVE BIBLIOGRAPHY

1. Books and Articles

General: AN SSSR.[2] *Institut gosudarstva i prava* (ed.), Literatura po sovetskomu pravu. Bibliograficheskiĭ ukazatel (1960); *USSR Academy of Science. Institute of State and Law* (ed.), Literature on Soviet Law. Index of Bibliography (1960); *M. N. Kulazhnikov* (ed.), Teorii͡a gosudarstva i prava. Bibliografii͡a. 1917–1968 (1969); *Burlatsky*, The State and Communism (1965); *Burlatski*, El estado y el comunismo (1965); *Bourlatski*, L'Etat et le communisme (1965); *Kerimov* (ed.), Pravo i kommunizm. Sbornik stateĭ (1965); Aktualnye problemy Sovetskogo gosudarstva i prava v period stroitelstva kommunizma (1967); *Tschchikvadze a.o.* (ed.), Gosudarstvo, pravo, ekonomika (1970); *Gordienko*, Sushchnost sovetskogo prava i ego rol v sot͡sialisticheskom obshchestve (1967); *Alekseev*, Obshchai͡a teorii͡a sot͡sialisticheskogo prava. Kurs lektsiĭ (3 vol.) (1963–1966); *Bratus and Samoshchenko* (ed.), Obshchai͡a teorii͡a sovetskogo prava (1966); *Kazimirchuk*, Pravo i metody ego izuchenii͡a (1965); *Burlatskiĭ*, Lenin, gosudarstvo, politika (1970); *Kerimov*, Filosofskie problemy prava (1972); *Tschchikvadze a.o.* (ed.), Marksistsko-Leninskai͡a obshchai͡a teorii͡a gosudarstva i prava (4 vol.) (1970–1973); *Dozort͡sev* (ed.), Sovetskoe pravo. Uchebnik (1969); *Tschchikvadze* (ed.), The Soviet State and Law (1969); *Denisov* (ed.), Teorii͡a gosudarstva i prava (1967); *Petrov* (ed.), Voprosy gosudarstva i prava (1964); *Tschchikvadze*, Gosudarstvo, demokratii͡a, zakonnost (1967); *Lichodedov*, Gosudarstvo i postroenie kommunizma (1968); *Kotok and Tadevosi͡an* (ed.), Lichnost, Obshchestvo i gosudarstvo (1966); *Topornin*, Politicheskai͡a sistema sot͡sializma (1972); *Ostroumov*, Pravovoe osoznanie deĭstvitelnosti (1969); *AN SSSR, Nauchnyĭ sovet po kibernetike a.o.*, Voprosy kibernetiki i prava (1967); *Zivs*, O metode sravnitelnogo issledovanii͡a v nauke o gosudarstve i prave: SGiP 1964 no. 3, 23–35; *Tschchikvadze and Zivs*, Sravnitelnoe pravovedenie v praktike mezhdunarodnogo nauchnogo sotrudnichestva: SGiP 1966 no. 2, 12–20; *Bai͡aanov, Umanskij and Shafir*, Soviet Socialist Democracy (1968).

Chapter I: AN SSSR. Institut prava (ed.), Sovetskoe gosudarstvennoe pravo. Bibliografii͡a. 1917–1957 (1958); *Kotok* (ed.), Sovetskoe gosudarstvennoe (Konstitutsionnoe) pravo. Bibliografii͡a 1957–1970 (1972); *Denisov*, Sovetskoe gosudarstvo. Vozniknovenie, razvitie, sushchnost i funkt͡sii (1967); *Lashin*, Vozniknovenie i razvitie form sot͡sialisticheskogo gosudarstva (1965); *Litvinenko*, Osnovnai͡a funkt͡sii͡a Sovetskogo sot͡sialisticheskogo gosudarstva (1965); *Tschchikvadze a.o.* (ed.), Politicheskai͡a organizacii͡a sovetskogo obshchestva (1967); *Petrov*, Tip i formy gosudarstva (1967); *Barabashev and Sheremet*, Sovetskoe stroitelstvo. Uchebnoe posobie (1965); *Piskotin*, Funktsii sot͡sialisticheskogo gosudarstva i apparat upravlenii͡a: SGiP 1973 no. 10, 3–11; Gosudarstvennoe pravo SSSR. Uchebnik dli͡a studentov i͡uridicheskikh institutov i fakultetov (1967); *Kotok and Spasov* (ed.), Voprosy sot͡sialisticheskoĭ Konstitut͡sii (1969); *Denisow and Kirichenko*, Soviet State Law (1960); *idem*, Derecho constitucional sovietico (1959); *Kuznet͡sov*, Kompetent͡sii͡a vysshikh organov vlasti i upravlenii͡a SSSR (1969); *I͡ampolskai͡a*, Organy sovetskogo gosudarstvennogo upravlenii͡a v sovremennyĭ period (1954); *Kutafin and Shafir*, The Soviet Parliament: How it Works (1972); *Lunev*, Demokratizm sovetskogo gosudarstvennogo upravlenii͡a (1967); *Malt͡sev*, Sot͡sialisticheskoe pravo i svoboda lichnosti. Teoreticheskie voprosy (1968); *Pati͡ulin*, Lichnost, ee prava i svobody v Sovetskom sot͡sialisticheskom gosudarstve: SGiP 1966 no. 2, 99–107; *Lazarev, Luniev a.o.*, El sistema de administración del estado en la URSS (1969);

[2] Akademii͡a Nauk Soi͡uza Sovetskikh Sot͡sialisticheskikh Respublik.

Gaĭdukov (ed.), Vysshie predstavitelnye organy vlasti v SSSR (1969); *Kotok*, Sovetskai͡a predstavitelnai͡a sistema (1963); *idem*, The Soviet Representative System (1964); *Novikov*, Postoi͡annye komissii Verkhovnogo Soveta SSSR (1962); *Kotok*, Referendum v sisteme sot͡sialisticheskoĭ demokratii (1964); *Kim*, Sovetskoe izbiratelnoe pravo. Voprosy teorii, izbiratelnogo zakonodatelstva i praktiki ego primenenii͡a (1965); *Kotok*, Nakazy izbirateleĭ v sot͡sialisticheskom gosudarstve. (Imperativnyĭ mandat) (1967); *Kozlov* (ed.), Sovetskoe administrativnoe pravo. Uchebnik (1973); *Kozlov*, Predmet sovetskogo administrativnogo prava (1967); *Novoselov*, Zakonnost aktov organov upravlenii͡a (1968); *Salishcheva*, Administrativnyĭ process v SSSR (1964); *Shorina*, Kollegialnost i edinonachalie v sovetskom gosudarstvennom upravlenii (1959); *Vasilev*, Reshenii͡a mestnykh Sovetov s administrativnoĭ sanktsieĭ (1967); *Tikhomirov*, Vlast i upravlenie v sot͡sialisticheskom obshchestve (1968); *Parkosadze*, Marksizm-leninizm o federat͡sii (1967); *Binder*, Gosudarstvenno-pravovye problemy vzaimopomoshchi sovetskikh narodov (1967); *Shafir*, Kompetent͡sii͡a SSSR i soi͡uznoĭ respubliki. (Konstitut͡sionnye voprosy) (1968); *Shevt͡sov*, Suverenitet sovetskogo gosudarstva (1972); *Zlatopolskiĭ*, SSSR-Federativnoe gosudarstvo (1967); *Enikeeva*, Avtonomnai͡a respublika – sovetskoe sot͡sialisticheskoe gosudarstvo (1964); *Bespalyĭ*, Prezidium Verkhovnogo Soveta soi͡uznoĭ respubliki (1959); *Muksinov*, Sovet Ministrov soi͡uznoĭ respubliki (1969); *Agzamkhojaev and Urazaev*, Uzbekistan. A Soviet State (1961); *Kirichenko*, Vysshie organy gosudarstvennoĭ vlasti RSFSR (1968); Ocherki razvitii͡a gosudarstvennosti sovetskikh pribaltiĭskikh respublik (1940–1965) (1965); Gosudarstvenno-pravovoe stroitelstvo Latviĭskoi SSR (1968); *Azovkin*, Oblastnoĭ (kraevoĭ) Sovet deputatov trudi͡ashchikhsi͡a. Pravovye voprosy organizat͡sii i dei͡atelnosti (1962); *Popova and Savenkov*, Raĭonnyĭ Sovety deputatov trudi͡ashchikhsi͡a (1962); *Safarov*, Raĭonnye Sovety deputatov trudi͡ashchikhsi͡a v gorodakh (1961); *Gaĭdukov and Starovoĭtov* (ed.), Mestnye Sovety na sovremennom etape (1965); *Bai͡anov*, Poselkovye i selskie Sovety deputatov trudi͡ashchikhsi͡a (1964); *Gabrichidze*, Gorodskie Sovety deputatov trudiashchikhsi͡a (1968); *Sheremet*, Selskiĭ Sovet. Problemy pravovogo polozhenii͡a (1966); *Tikhomirov and Stepanov*, Rukovodstvo vysshikh organov vlasti soi͡uznykh respublik mestnymi Sovetami deputatov trudi͡ashchikhsi͡a (1960); *Tikhomirov*, Upravlencheskoe reshenie (1972); *I͡ampolskai͡a*, Obshchestvennye organizatsii v SSSR (1972); *idem*, Obshchestvennye organizatsii i razvitie sovetskoĭ sot͡sialisticheskoĭ gosudarstvennosti (1965); *Galkin* (ed.), Organizat͡sii͡a suda i prokuratury v SSSR (1967); *Strogovich* (ed.), Pravovye garantii zakonnosti v SSSR (1962); *Samoshchenko*, Okhrana rezhima zakonnosti Sovetskim gosudarstvom. (Pravookhranitelnai͡a dei͡atelnost Sovetskogo gosudarstva – metod obespechenii͡a sot͡sialisticheskoĭ zakonnosti) (1960); *Strogovich*, Osnovnye voprosy sovetskoĭ sot͡sialisticheskoĭ zakonnosti (1966); *Lunev*, Obespechenie zakonnosti v sovetskom gosudarstvennom upravlenii (1963); *Berezovskai͡a and Remnev*, Prokurorskiĭ nadzor v SSSR. Bibliografii͡a. 1922–1964 (1965); *Berezovskaia*, Okhrana prav grazhdan sovetskoĭ prokuraturoĭ (1964); Prokurorskiĭ nadzor v SSSR. Uchebnik (ed. 3, 1973).

Chapter II: Kecheki͡an, O poni͡atii istochnika prava: Uchenye zapiski (Moskovskiĭ universitet) no. 116. Trudy i͡uridicheskogo fakulteta 1946 II, 3–25; *Mit͡skevich*, Akty vysshikh organov Sovetskogo gosudarstva. I͡uridicheskai͡a priroda normativnykh aktov vysshikh organov gosvlasti i upravlenii͡a SSSR (1967); *Pigolkin*, Tolkovanie normativnykh aktov v SSSR (1962); *Kerimov*, Kodifikat͡sii͡a i zakonodatelnai͡a tekhnika (1962); *Mishutin* (ed.), Podgotovka i izdanie sistematicheskikh sobraniĭ deĭstvui͡ushchego zakonodatelstva (1969); *Bratus* (ed.), Razvitie kodifikat͡sii sovetskogo zakonodatelstva (1968); *Samoshchenko and Kirichenko* (ed.), Sootnoshenie obshchesoi͡uznogo i respublikanskogo zakonodatelstva (1967); *Nedbaĭlo*, Primenenie sovetskikh pravovykh norm (1960); *Tille*, Vremi͡a, prostranstvo, zakon. Deĭstvie sovetskogo zakona vo vremeni i prostarnstve (1965); *Gureev and Sedugin* (ed.), Zakonodatelstvo i zakonodatelnai͡a dei͡atelnost v SSSR (1972).

Chapter III: Gaĭdukov (ed.), Istorii͡a Sovetskoĭ Konstitut͡sii. Sbornik dokumentov. 1917–1957 (1957); *AN SSSR. Institut gosudarstva i prava* (ed.), Sezdy Sovetov Soi͡uza SSR, soi͡uznykh i avtonomnykh sovetskikh sot͡sialisticheskikh respublik. Sbornik dokumentov 1917–1937 (7 vol.) (1959–1965); *Novit͡skiĭ*, Istorii͡a sovetskogo grazhdanskogo prava (1957); Obrazovanie i razvitie SSSR kak soi͡uznogo gosudarstva. Sbornik zakonodatelnykh i drugikh normativnykh aktov (1972); *Kositsyn* (ed.), Istorii͡a Sovetskogo gosudarstva i prava (2 vol.) (1968); *Lepeshkin* (ed.), Soi͡uz SSSR – Sodruzhestvo ravnopravnykh respublik (1972).

Chapter IV: Sovetskoe grazhdanskoe pravo. Sovetskoe semeinoe pravo. Bibliografii͡a. 1917–1960 (1962); Sovetskoe grazhdanskoe pravo. Uchebnik (2 vol.) (1968–1969); *Bratus, Ioffe a.o.* (ed.), Aktualnye voprosy sovetskogo grazhdanskogo prava (1964); *Ioffe*, Sovetskoe grazhdanskoe pravo (1967); *Bratus*, Predmet i sistema sovetskogo grazhdanskogo prava (1963); *Alekseev*, Predmet sovetskogo sot͡sialisticheskogo grazhdanskogo prava (1959); *Koret͡skiĭ*, Grazhdanskoe pravo i grazhdanskie pravootnoshenii͡a v SSSR (1967); *Bratus*, Subekty grazhdanskogo prava (1950); *Cherepakhin* (ed.), Grazhdansko-pravovai͡a okhrana interesov lichnosti (1969); *Beli͡avskiĭ*, Sudebnai͡a zashchita chesti i dostoinstva grazhdan (1966); *Gureev*, Zashchita lichnykh i imushchestvennykh prav (1964); *Fleishit͡s*, Lichnye prava v grazhdanskom prave Soi͡uza SSR i kapitalisticheskikh stranakh (1941); *Tolstoĭ*, Soderzhanie i grazhdanskopravovai͡a zashchita prava sobstvennosti v SSSR (1955); *Venediktov*, Gosudarstvennai͡a sot͡sialisticheskai͡a sobstvennost (1948); *Korneev*, Pravo gosudarstvennoĭ sot͡sialisticheskoĭ sobstvennosti v SSSR (1964); *Maslov*, Osnovnye problemy prava lichnoĭ sobstvennosti v period stroitelstva kommunizma v SSSR (1968); *Khalfina*, Personal Property in the USSR (1966); *Ioffe* (ed.), Dogovory v sot͡sialisticheskom khozi͡aĭstve (1964); *Rabinovich*, Nedeĭstvitelnost sdelok i ee posledstvii͡a (1960); *Krylova*, Ispolnenie dogovora postavki (1968); *Antimonov*, Osnovaniia dogovornoĭ otvetstvennosti sotsialisticheskikh organizatsiĭ (1962); *Rassudovskiĭ*, Dogovor na vypolnenie proektnykh i izyskatelskikh rabot v kapitalnom stroitelstve (1963); *Ring*, Dogovory na nauchno-issledovatelskie i konstruktorskie raboty (1967); *Raikher*, Pravovye voprosy dogovornoĭ discipliny v SSSR (1958); *Krasavchikov*, Vozmeshchenie vreda, prichinennogo istochnikom povyshennoĭ opasnosti (1966); *Maĭdanik and Sergeeva*, Materialnaia otvetstvennost za povrezhdenie zdorovia (1962); *Malein*, Vozmeshchenie vreda, prichinennogo lichnosti (1965); *Aksenenok*, Pravovoe polozhenie sovkhozov v SSSR (1960); *Kozyr*, Imushchestvennye pravootnosheniia kolkhozov v SSSR (1966); *Turubiner*, Voprosy teorii kolkhoznogo prava (1961); *Khodunov*, Pravovoe regulirovanie deiatelnosti transporta (1965); *AN SSSR. Institut gosudarstva i prava* (ed.), Voprosy sovetskogo transportnogo prava (1957); *Alakhverdov and Savichev*, Dogovory o perevozkakh gruzov (1967); *Grave and Lunts*, Strakhovanie (1960); *Gurevich*, Ocherki sovetskogo bankovskogo prava (1959); *Tolstoĭ*, Sovetskoe zhilishchnoe pravo (1967); *Antimonov and Grave*, Sovetskoe nasledstvennoe pravo (1955); *Aksenenok* (ed.), Zemelnoe pravo. Uchebnik (1969); *Vorozheĭkin*, Pravovye osnovy braka i semi (1969); *Tadevosian* (ed.), Pravovye voprosy semi i vospitaniia deteĭ (1968); *Riasentsev*, Semeĭnoe pravo. Uchebnik dlia studentov iuridicheskikh institutov i fakultetov (1967); *Sverdlov*, Prava grazhdan v seme (1963); *Ershova*, Okhrana prav nesovershennoletnikh po sovetskomu grazhdanskomu i semeĭnomu pravu (1965).

Chapter VI: Khoziaĭstvennoe pravo. Uchebnoe posobie dlia iuridicheskikh institutov i fakultetov (1967); *Laptev*, Predmet i sistema khoziaĭstvennogo prava (1969); *Lunev* (ed.), Pravovye problemy rukovodstva i upravleniia promyshlennostiu v SSSR (1973); *Khalfina*, Pravovoe regulirovanie postavki produktsii v narodnom khoziaĭstve (1963); *Malein*, Imushchestvennaia otvetstvennost v khoziaĭstvennykh otnosheniiakh (1968); *Mamutov*, Predpriiatie i vyshestoiashchiĭ khoziaĭstvennyĭ organ (1969); *Laptev*, Vnutrikhoziaĭstvennye otnosheniia na promyshlennom predpriiatiĭ (1965); *AN SSSR. Institut gosudarstva i prava*, Pravovye problemy nauki upravleniia (1966); *Tanchuk*, Pravovoe regulirovanie materialno-tekhnicheskogo snabzheniia promyshlennosti (1965); *Malein*, Kreditno-raschetnye pravootnosheniia i finansovyĭ kontrol (1964); *Lazarev*, Upravlenie sovetskoĭ torgovleĭ. (Organizatsionno-pravovye voprosy) (1967); *Zamengov*, Pravovoĭ rezhim imushchestva khoziaĭstvennykh organov (1972).

Chapter VII: Boguslavskiĭ (ed.), Pravovye voprosy nauchno-tekhnicheskogo progressa v SSSR (1967); *Mamiofa*, Pravovye voprosy nauchno-tekhnicheskogo progressa: Pravovedenie 1971 no. 4, 50–58; *Skripko*, Zashchita prav izobretatelia v sudebnoĭ praktike: SGiP 1970 no. 6, 133–138; *Serebrovskiĭ*, Pravovaia okhrana nauchnykh otkrytiĭ v SSSR (1960); *Iaichkov*, Izobretenie i ego pravovaia okhrana v SSSR (1961); *Antimonov and Fleishits*, Avtorskoe pravo (1957); *Melnik*, Zdijsnenya i okhorona avtorskykh prav na vynakhid (1967); *Serebrovskiĭ*, Avtorskoe pravo v novom grazhdanskom kodekse RSFSR: SGiP 1965 no. 1, 85–93; *Boguslavskiĭ*, Novoe v sovetskom avtorskom prave: SGiP 1973 no. 7, 56–62; *idem*, Voprosy avtorskogo prava v mezhdunarodnykh otnosheniiakh (1973); *Kamyshev*, Izdatelskiĭ dogovor na literaturnye proizvedeniia (1969).

Chapter VIII: Strogovich (ed.), Demokraticheskie osnovy sovetskogo sotsialisticheskogo pravosudiia (1965); *Chechina and Chechot* (ed.), Grazhdanskiĭ protsess. Uchebnik (1968); *Gurvich* (ed.), Sovetskiĭ grazhdanskiĭ protsess. Uchebnik dlia iuridicheskikh vuzov (1967); *Kleĭnman*, Noveĭshie techeniia v sovetskoĭ nauke grazhdanskogo protsessualnogo prava (1967); *Chechot*, Uchastniki grazhdanskogo protsessa (1960); *Melnikov*, Pravovoe polozhenie lichnosti v grazhdanskom protsesse (1969); *idem*, Sovetskiĭ grazhdanskiĭ protsessualnyĭ zakon. Voprosy teorii grazhdanskogo protsessualnogo prava (1973); *Trubnikov*, Nadzornoe proizvodstvo po grazhdanskim delam (1967); *Kallistratova*, Pretenzionnyĭ poriadok razresheniia sporov mezhdu sotsialisticheskimi organizatsiiami (1963); *idem*, Gosudarstvenyĭ arbitrazh (1973); *Dobrovolskiĭ* (ed.), Arbitrazhniĭ protsess v SSSR (1973).

Chapter IX: Lunts, Mezhdunarodnoe chastnoe pravo. Obshchaia chast (1959); *idem*, Mezhdunarodnoe chastnoe pravo. Osobennaia chast (1963); *Boguslavskiĭ and Rubanov*, Pravovoe polozhenie inostrantsev v SSSR (ed. 2, 1962); *idem*, The Legal Status of Foreigners in the USSR (1961); *idem*, Situación jurídica de los extranjeros en la URSS (1961); *Orlova*, Brak i semia v mezhdunarodnom chastnom prave (1966); *Rubanov*, Nasledovanie v mezhdunarodnom chastnom prave. (Otnosheniia SSSR s kapitalisticheskimi stranami) (1966); *Ramzaitsev*, Dogovor kupli-prodazhi vo vneshneĭ torgovle SSSR (1961); *Boguslavskiĭ*, Osnovnye voprosy izobretatelstva v mezhdunarodnom chastnom prave (1960); *idem*, Patentnye voprosy v mezhdunarodnykh otnosheniiakh. Mezhdunarodnye problemy izobretatelstva (1962); *idem*, Pravovye voprosy tekhnicheskoĭ pomoshchi SSSR inostrannym gosudarstvam i litsenzionnye dogovory (1963); *Chervíakov*, Mezhdunarodnye soglasheniia i organizatsii po okhrane promyshlennoĭ sobstvennosti. Izobreteniia. Tovarnye znaky. Promyshlennye obraztsy (1967); *Lunts*, Mezhdunarodnyĭ grazhdanskiĭ protsess (1966); *Boguslavskiĭ*, Immunitet gosudarstva (1962); *Lebedev*, Mezhdunarodnyĭ torgovyĭ arbitrazh (1965).

2. Legislative Texts and Translations

Konstitutsiia (Osnovnoĭ Zakon) SSSR. Konstitutsii (Osnovnye Zakony) soiuznikh sovetskikh sotsialisticheskikh respublik (1972); Konstitutsiia (Osnovnoĭ Zakon) RSFSR. Konstitutsii (Osnovnye Zakony) avtonomnykh sovetskikh sotsialisticheskikh respublik vchodiashchikh v sostav RSFSR (1972); Sbornik zakonov SSSR i ukazov Prezidiuma Verkhovnogo Soveta SSSR. 1938–1967 (2 vol.) (1968); 1968–1970 (1971); Osnovy zakonodatelstva Soiuza SSR i soi͡uznykh respublik (Teksty) (1971); Fundamentals of Civil Legislation of the USSR and the Union Republics. Fundamentals of Civil Procedure of the USSR and the Union Republics (Official Texts) (Soviet Legislation Series) (1968); Fundamentals of Legislation of the USSR and the Union Republics on Marriage and the Family. Fundamentals of Land Legislation of the USSR and the Union Republics (Soviet Legislation Series) (1972); Sistematicheskoe sobranie zakonov RSFSR, Ukazov Prezidiuma Verkhovnogo Soveta RSFSR i resheniĭ Pravitelstva RSFSR (15 vol.) (1968–1970); Grazdanskiĭ kodeks RSFSR. Ofit͡sialnyĭ tekst (1972); Kodeks o brake i seme RSFSR. Ofit͡sialnyĭ tekst (1969); Grazhdanskiĭ prot͡sessualnyi kodeks RSFSR. Ofit͡sialnyi tekst (1968).

3. Periodicals

Sovetskoe gosudarstvo i pravo. Organ Instituta gosudarstva i prava AN SSSR (since 1927, monthly); Sovetskai͡a i͡ustit͡sii͡a. Zhurnal Ministerstva i͡ustit͡sii RSFSR i Verkhovnogo Suda RSFSR (since 1922, bi-weekly); Sot͡sialisticheskai͡a zakonnost. Organ Ministerstva i͡ustit͡sii SSSR, Prokuratury SSSR, Verkhovnogo Suda SSSR (since 1934, monthly); Sovety deputatov trudi͡ashchikhsi͡a (since 1957, monthly); Vestnik Leningradskogo universiteta. Ekonomika, filosofii͡a, pravo (since 1946, quarterly); Vestnik Moskovskogo universiteta. Serii͡a Pravo (since 1946, bi-monthly); Pravovedenie. Izvestii͡a vysshikh uchebnykh zavedeniĭ. Leningrad (since 1957, bi-monthly); Sovetskoe pravo. Organ Ministerstva i͡ustit͡sii Ukr. SSR, Verkhovnogo Suda Ukr. SSR, Prokuratury Ukr. SSR, i Instituta gosudarstva i prava AN Ukr. SSR (since 1922, monthly in Ukrainian); Sovetskoe pravo. Organ Ministerstva i͡ustit͡sii Gruzinskoĭ SSR, Verkhovnogo Suda Gruzinskoĭ SSR, Prokuratury Gruzinskoĭ SSR (since 1957, bi-monthly in Grusinic); Problemy pravovedenii͡a. Mezhvedomstvennyĭ nauchnyĭ sbornik. Izdaetsi͡a Kievskim gosudarstvennym universitetom (since 1965, three times a year, in Ukrainian); Sovetskoe pravo. Organ Ministerstva i͡ustit͡sii Estonskoĭ SSR (since 1966, bi-monthly).

(Completed in December 1972)

United Arab Emirates

H. M. Al-Baharna *

On 2 Dec. 1971, the Trucial States Council, composed of the Rulers of the seven Trucial States of Oman (*Abū Dhābī, Dhūbai, Shardja, Adjmān, Umm al-Kaiwain, Ra's al-Khaima, Fudjaira*) met and formally proclaimed the establishment of a new state known as the United Arab Emirates (*Ittiḥād al imārāt al-ʿarabiyya*).

The State of the United Arab Emirates (UAE) is constituted of the same number of Emirates (Sheikhdoms) which formed the old Trucial States of Oman. On the same date, the *Amīr* of Abū Dhābī (previously styled the Ruler of Abū Dhābī), was formally elected by the Supreme Council of Rulers (the new name for the Trucial States Council) as the first President of the new Federation, while the *Amīr* of the Sheikhdom of Dhūbai was elected by the same Council as Deputy President. In accordance with the terms of a Provisional Constitution which was approved by the said Council on 18 July 1971, both the President and the Deputy President of the United Arab Emirates shall serve in their positions for a period of five years each. They may also be re-elected for the same positions (Provisional Constitution art. 52).

Before their independence on 2 Dec. 1971, members of the former Trucial States were autonomous governments in special treaty relationships with the United Kingdom which represented them as a group and assumed international responsibility for their foreign relations during the last 150 years. British protection of the Trucial States was based upon the Exclusive Agreements of 1892. These agreements, and some other supplementary agreements concluded separately with the respective Ruler of each Sheikhdom (state), were all terminated on the same date the independence of the United Arab Emirates was announced. Simultaneously, both the President of the United Arab Emirates and the British Political Resident signed a 10-year Treaty of Friendship between the United Arab Emirates and the United Kingdom. After its independence on 2 Dec. 1971, the State of the United Arab Emirates received international recognition from foreign states. It also joined the League of Arab States on 6 December, and was formally admitted to membership of the United Nations on 10 Dec. 1971.

I. CONSTITUTIONAL SYSTEM

The Provisional Constitution of the United Arab Emirates, which became operative on the date of proclamation of the Union on 2 Dec. 1971, contains 152 articles distributed over 12 chapters. Art. 1 provides that "the United Arab Emirates constitute an independent sovereign Arab State", and it opens the door for any independent Arab State to join the Union upon the approval of the request for membership by a unanimous decision of the "Supreme Council". Art. 6 states that "the Union is part of the large Arab homeland, connected with it by the bonds of religion, language, history and joint distiny", and that "the peoples of the Union are one united people, which constitutes part of the Arab nation". Art. 7 states that "Islam is the official religion of the Union" and that "the Islamic *sharīʿa* is a main source of legislation in the Union". Further the Provisional Constitution describes the main powers of the Union, namely, the Executive, the Legislative and the Judiciary, and defines the extent of jurisdiction of each of these powers as well as their relationship with each other.

1. Nationality

The Provisional Constitution provides in art. 8 that "nationals of the Union shall have one nationality to be defined by law", and that they shall be entitled abroad to the protection of the government of the Union, in accordance with

* Minister of State for Legal Affairs, State of Bahrain.

accepted international rules. Further, the same article states that citizenship "shall not be cancelled or withdrawn from a national, except in the exceptional cases expressly provided by the law."

Although the above constitutional provision provides for the passing of a unified nationality law for the Union, it is not known that such a law has, as yet, been made. So far as the individual states of the Union are concerned, the only member state of the Union which is in possession of a nationality law, at present, is Abū Dhābī. However, long before the formation of the Union, the individual Emirates were known to have issued their own passports bearing their own official stamps. These passports were held by the subjects of the Emirates as *prima facie* evidence of the citizenship of the Emirates to which these subjects belong.

The Abū Dhabī Nationality Law of 1967 (Law no. 1 of 1967, *Al-djarīdat al-rasmiyya* (*Abū Dhābī*) no. 1, April 1968) defines three classes of Abū Dhābian nationals in the following manner: (1) A national by virtue of law is any person who (a) relates to any of the tribes of Abū Dhābī and has established normal residence in Abū Dhābī before the operation of this law, or (b) is born in Abū Dhābī from a father born in Abū Dhābī, or (c) is found in Abū Dhābī as a foundling. (2) A national by birth is any person who (a) is born from a father who at that time was a national of Abū Dhābī, or (b) is born in Abū Dhābī by an Abū Dhābian mother and from a stateless father, and (c) is a foundling found in Abū Dhābī. (3) A national by naturalization is any person who has established normal residence in Abū Dhābī for 10 years (or 7 years if he is an Arab), provided that he satisfies certain conditions required by the law and obtains the *Amīr*'s approval for his application.

Abū Dhābian nationality acquired according to the above provisions of the law can be withdrawn, by a notice issued by the *Amīr*, in certain cases which include the following: (1) if he voluntarily acquires a foreign nationality, or (2) if he voluntarily declines his nationality, or (3) if the *Amīr* decides to withdraw it.

2. Territorial Division

The seven founding Emirates constitute the territorial divisions, or provinces, of the Union. At least four of these territorial divisions, namely Abū Dhābī, Dhūbai, Shardja and Ra's al-Khaima, have their own independent municipal authorities. Moreover, Abū Dhābī, which serves, at present, as the provisional capital of the Union, is divided into two main districts, namely, the town of Abū Dhābī and the town of al-'Ain. The latter is the capital of the Abū Dhābī province. In accordance with Const. art. 9, Abū Dhābī has been chosen as a provisional capital for a period of seven years from the date of the Constitution, until a permanent capital for the Union could be built on a defined land area lying on the boundaries between the two Emirates of Abū Dhābī and Dhūbai.

3. State Organs

The government of the Union is composed of the following organs: (1) The President and Deputy President of the Union; (2) The Supreme Council of the Union comprising the seven Rulers of the Emirates; (3) The Federal National Council (Parliament); (4) The Cabinet; (5) The Judiciary (Const. art. 45).

a. As regards the *President* of the Union, his powers and functions are described in Const. art. 54. These include chairmanship of the Supreme Council, signing decrees, laws and treaties, appointing the Prime Minister, and some other wide ceremonial functions.

b. The powers and functions of the *Supreme Council* are described in Const. art. 47. These include making the general policy of the Union, approving appointment of the Prime Minister, ratifying decrees, laws, as well as treaties and international agreements which the government of the Union concludes or to which it accedes.

c. The Provisional Constitution provides for the establishment of a *Federal National Council* to be constituted from 40 members. The seats of the said Council shall be distributed amongst the Emirates as follows: eight seats for each of Abū Dhābī and Dhūbai, six seats for each of Shardja and Ra's al-Khaima, and four seats for each of Adjmān, Umm al-Ḳaiwain and Fudjaira. Each Emirate shall be free to decide whether it prefers to appoint or elect the nationals who will represent it in this Council (art. 68, 69). The first Federal Council, formed of fully appointed members, was opened by the President of the Union on 13 Feb. 1972. This Council now functions as a semi-legislative body. It is, in fact, no more than a consultative council, the advice of which is normally sought in matters related to legislation. The powers of the Federal National Council are specified in Const. art. 89–93. According to art. 89, the Council shall review draft federal laws, financials bills, and the budget bills, before referring them to the President and the Supreme Council for approval and ratification. According to art. 91, the government is required to inform the Federal Council about the treaties and international agreements which it concludes with foreign countries or with various international organizations.

The procedure required for the enactment of legislation by the government of the Union is described in Const. art. 110 in the following terms: (1) (a) The Cabinet of the Union prepares the draft law and submits it to the Federal National Council, (b) the Cabinet submits the draft law to the President of the Union for his approval and for the submission of the draft law to the Supreme Council for its ratification; (c) the President signs the law after its ratification and issues it. (2) If the Federal Council makes any amendment to the draft law, and the President, or the Supreme Council, does not accept the said amendment, the draft law may be referred to the Federal Council for the second time, after which any rejection of, or amendment to, the said bill may not be accepted by the President, or the Supreme Council, and, consequently, the President is empowered to issue the law after its ratification by the Supreme Council, notwithstanding the Federal Council's objection to the said law. (3) However, in the absence of the Federal Council, the Cabinet is empowered to effect the promulgation of laws under the authority of the President of the Union and the Supreme Council. The Federal Council shall be informed about the said laws during the first meeting of its session. Art. 111 provides that laws passed in accordance with the above procedure become operative one month after their publication in the Official Gazette (*Al-djarīdat al-rasmiyya*) of the United Arab Emirates. Laws shall be published in the Official Gazette within a maximum period of two weeks from the date of their signature by the President of the Union.

d. The *executive power* is composed of the President and his Deputy, and the Prime Minister and his Cabinet. The main powers of the Union are centred in the Executive, which acts on the basis of authority delegated to it by the Constitution or by decisions made by the Supreme Council. The Supreme Council is the highest authority in the Union. Its decisions in procedural matters are binding by an affirmative vote of the majority of its members. But its decisions in all other matters become binding by an affirmative vote of five members including the concurring votes of the two Emirates of Abū Dhābī and Dhūbai (Const. art. 46, 49).

The first Cabinet of the Union, comprising 18 ministers, was formed and sworn in on 9 Dec. 1972. It comprised a Prime Minister and members selected from the nationals of the various Emirates, in accordance with a proportion agreed upon. Const. art. 55–67 describe the powers and functions of the Cabinet. In general, the Cabinet is empowered, under the supervision of the Supreme Council, "to take control of and operate all internal and external affairs which appertain to the Union in accordance with the provisions of this Constitution and the federal laws" (art. 60). The Prime Minister and his Cabinet are collectively responsible, in the execution of the general policy of the Union, to the President and the Supreme Council. In the same manner, each minister is also individually responsible to the President and the Supreme Council for the affairs of his own ministry or position (art. 64).

4. The Judiciary

a. *The Union*. – The Provisional Constitution deals with the Judiciary in the Union and the Emirates under Chapter V, which comprises art. 94–109. According to art. 94 "judges shall be independent" in the exercise of their powers, and no person shall "interfere" in the administration of justice. Art. 95 provides for the constitution of a High Federal Court as well as federal courts of first instance. Some of the jurisdiction of the High Federal Court, as specified in art. 99, includes the following: (1) All disputes among the member Emirates of the Union, as well as disputes between one Emirate or more and the government of the Union; (2) disputes giving rise to conflict of Union laws or conflict of such laws with the Constitution; (3) the interpretation of constitutional provisions, at the request of the Emirate concerned; (4) the trial of ministers and high ranking officials of the Union who are charged by the Supreme Council with irregularities or maladministration.

Further, one or more federal courts of first instance may be established in the capital of the Union or in any of the capitals of the Emirates. The jurisdiction of such a federal court or courts includes: (1) Disputes of civil, commercial and administrative nature between "the Union and individuals"; (2) crimes committed within the boundaries of the permanent capital of the Union; (3) personal status matters and other cases of civil and commercial nature, which arise among individuals within the permanent capital of the Union (art. 102).

Until now none of the above mentioned courts has been established. Nor has the government of the Union promulgated any of the laws specified in the Constitution for the purpose of setting up the above mentioned courts.

b. *The Emirates.* – (1) In general, the *local judicial system* in the Emirates concerned still lacks organization. The modern notion of Judiciary still appears to be unknown in the territories of these Emirates. In fact there seems to be very little in the way of organized Judiciary in the said territories. The Rulers of the Emirates mostly administer "palm tree justice" personally in cases which are not entertained by a *ḳāḍī*, who normally settles disputes on the basis of his personal knowledge of the generally accepted principles of *sharī'a* law. Generally speaking, justice in most of the Emirates is dispensed by the Ruler or any designated member of his family, in accordance with *sharī'a* law, equitable principles and the Ruler's own notion of justice. Complicated criminal and civil disputes are often referred to a *ḳāḍī*, who applies *sharī'a* law principles. Commercial disputes are referred to a tribunal formed of two or three known merchants who would investigate such disputes and make the appropriate recommendations, in accordance with accepted commercial rules and local custom. In Abū Dhābī, Dhūbai, and, perhaps, Shardja, arbitration in commercial cases is referred to the Chambers of Commerce in the said territories. In all other matters relating to personal status, *sharī'a* law is strictly applied.

(2) *Developments in Abū Dhābī, Dhūbai and Shardja.* – It is noteworthy that certain judicial developments have taken place in these Emirates during the last six years. These can be explained, briefly, as follows:

(a) In the case of Abū Dhābī, a Civil Courts Law was passed in September 1968. According to this law, the Judiciary has been organized and new civil courts of first instance and a Civil Court of Appeal have been constituted. In addition, the law has reorganized the *sharī'a* courts and clearly defined their jurisdiction. The civil courts have been vested with a wider jurisdiction outside personal status matters. According to art. 9 "civil judges shall administer the powers which the various laws of the territory authorize them to exercise".

(b) In the case of Dhūbai, a Civil Courts Law has been passed recently. Accordingly, the majority of commercial cases have been transferred to these courts. Nevertheless, since *sharī'a* law is still the basic authority, all matters not expressly transferred to the civil courts continue to be within the general jurisdiction of the *sharī'a* court.

(c) In the case of Shardja, civil courts have been set up with limited jurisdiction in commercial, labour and traffic matters.

(3) *Termination of British extraterritorial jurisdiction.* – By agreement with the Rulers of the Emirates, previously known as the Trucial States, the British Government had retained extraterritorial jurisdiction in the territories of these Emirates. This British jurisdiction, based upon the authority of the Foreign Jurisdiction Acts, 1890 and 1913 (53 and 54 Vict., c. 37; 3 and 4 Geo. 5, c. 16), was first exercised in the territories of the seven Emirates by virtue of the Trucial States Order in Council, 1946. Originally, British foreign jurisdiction in the said territories extended to all persons except nationals of the "Rulers of the Trucial States". But during the last seven years or so the British Government adopted a gradual process of transferring jurisdiction to the Rulers' own courts in respect of certain categories of foreigners (*i.e.*, mainly nationals of Arab and Muslim countries outside the British Commonwealth). In addition, jurisdictions was latterly transferred to the Ruler's courts in respect of subject matters, irrespective of the nationalities of persons involved. This process preceded the final termination in December 1971 of British foreign jurisdiction in the territories of the seven Emirates. Accordingly, by agreement with their Rulers, the British Government relinquished the extraterritorial jurisdiction conferred by the Trucial States Orders 1959 to 1969 to the Emirates concerned. In practice, the agreement to terminate this jurisdiction was made effective as a result of passing three Queen's Regulations made under the Trucial States Orders 1959 to 1969 (art. 77). These were: the Trucial States Transfer of Jurisdiction Regulation of 16 Nov. 1971; the Trucial States Transfer of Jurisdiction Regulation of 4 March 1972; and, finally, the Trucial States Termination of Jurisdiction Regulation of 18 March 1972 (Persian Gulf Gazette – P. G. Gaz. – vol. 20 no. 1, May 1972). Consequently, the Rulers of these Emirates have resumed full jurisdiction over all persons in their territories, irrespective of nationalities.

II./IX. SOURCES AND CONTENTS OF LAW

Although the Provisional Constitution provides for the promulgation of substantive civil and criminal laws for the Union, no such laws have yet been made. However, it is understood that a number of such laws are now in the process of preparation.

So far as the Emirates are concerned, internal legislation in them has been very limited. The Rulers of these Emirates appear to adopt Islamic law as their legal system. They regard the principles of *sharī'a* law, derived from the Holy Koran and the *ḥadīth* (the Prophet's expressed opinions), as the main source of legislation. However, under the pressing conditions of modern life the Rulers have found it necessary to pass certain enactments touching on such important matters as taxes, customs, traffic and labour. These enactments, referred to as ordinances, were also applied to persons subject to the Trucial States Orders 1959 to 1969, before their termination in December 1971. The said ordinances, which are now effective in respect of all persons, were adopted in the following Queen's Regulations: The Traffic Ordinance (Abu Dhabi), 1964, as amended in 1965–1966 (P. G. Gaz. Suppl. no. 50, 1966); The Trucial States Application of Law and Transfer of Jurisdiction (Abu Dhabi Traffic) Regulation 1969 (P. G. Gaz. vol. 17 no. 4, 1969); The Trucial States Transfer of Jurisdiction (Dubai Traffic) Regulation 1968, and the Trucial States (Sharjah Traffic) Regulation 1968 (P. G. Gaz. vol. 16 no. 4, 1968); The Abu Dhabi Workmen's Compensation Ordinance, 1965· Transfer of Jurisdiction (P. G. Gaz. Suppl. no. 50, 1966); The Trucial States Workmen's Compensation Ordinances (Dubai, Sharjah, Ajman, Umm al-Qaiwain, Ras al-Khaimah and Fujairah), 1965 (P. G. Gaz. Suppl. no. 51, 1966); The Dubai Air Traffic Ordinance, 1965 (P. G. Gaz. Suppl. no. 54, 1967); The Abu Dhabi Labour Law, 1966. Transfer of Jurisdiction (P. G. Gaz. Suppl. no. 54, 1967); The Sharjah Income Tax Regulation, 1969, the Ajman Income Tax Regulation, 1969, and the Umm al-Qaiwain Income Tax Regulation, 1969 (P. G. Gaz. vol. 17 no. 2, 1969); The Trucial States Control of Illegal Immigration Regulation, 1970 (P. G. Gaz. vol. 18 no. 2, 1970).

In addition to the above mentioned enactments, the Emirate of Abū Dhābī has, since 1968, produced a number of substantive laws covering both civil and criminal matters. These laws include: Law no. 2 of 1968 on the Organization of the Courts (*Al-djarīdat al-rasmiyya* (*Abū Dhābī*) no. 6, 1968); Air Navigation Law of 1969 and Law concerning Commercial Agencies of 1969 (*Al-djarīdat al-rasmiyya* (*Abū Dhābī*) no. 2, 1969); Law no. 10 of 1970 on the Organization of Industry; Penal Code of 1970; Criminal Procedure Law of 1970; Civil Procedure Law of 1970 (*Al-djarīdat al-rasmiyya* (*Abū Dhābī*) no. 2, 1970).

Since 1968, legislation in Abū Dhābī has been published in *Al-djarīdat al-rasmiyya* of the Government of Abū Dhābī (an Arabic publication).

X. SELECTIVE BIBLIOGRAPHY

English translation of the Constitution of 2 Dec. 1971: *Blaustein and Flanz* (ed.), Constitutions VII [United Arab Emirates].

(Completed in April 1973)

United Kingdom

Kenneth R. Simmonds *

The United Kingdom of Great Britain and Northern Ireland is a constitutional monarchy and a unitary state which is made up of the island of Great Britain (including England, Scotland and Wales) and of Northern Ireland (which consists of the County Boroughs of Belfast and Londonderry, and the counties of Antrim, Armagh, Down, Fermanagh, Londonderry and Tyrone – being part of the ancient Irish province of Ulster). The common language is English; Welsh and Gaelic are spoken regionally. The British Islands are not constitutionally part of the United Kingdom; these islands, comprising the Channel Islands (of which the principal islands are Jersey, Guernsey, Alderney and Sark) and the Isle of Man are separate dependencies of the British Crown; see the report on United Kingdom – British Islands (*infra* Appendix).

The independent Kingdoms of England and Scotland were first linked by personal union of the Crowns of both countries when *James VI* of Scotland succeeded to the throne of England (as *King James I*) in 1603. The political unification of the two countries was only effected more than 100 years later through the Treaty of Union of 1707 (6 Anne, c. 11). The Treaty and the subsequent Acts of Union abolished the separate parliaments and established one parliament for Great Britain which was situated in London. Great Britain was united with Ireland by the Act of Union of 1800 (39 & 40 Geo. 3, c. 67) which came into effect in the following year. By this Act provision was made for Irish representation in the Parliament at Westminster, as provision had been made for Scottish representation in the Act of 1707. The United Kingdom of Great Britain and Ireland existed from 1801 until 1922, at which time, in consequence of the partition of Northern and Southern Ireland, the title was changed to the present one of The United Kingdom of Great Britain and Northern Ireland.[1] The Irish Treaty of 6 Dec. 1921 gave Dominion Status to 26 Irish counties under the name of the Irish Free State (*Saorstat Eireann*);[2] in 1937 the Irish Free State assumed a republican form of government (see the report on Ireland) but the new state continued in association with the British Commonwealth until 18 April 1949.[3] Under the Government of Ireland Act, 1920 (10 & 11 Geo. 5, c. 67), as amended by the Irish Free State (Consequential Provisions) Act, 1922 (12 & 13 Geo. 5, c. 4), a separate parliament and government, each with limited powers, were established for Northern Ireland. The Northern Ireland Assembly Act, 1973 (c. 17) and the Northern Ireland Constitution Act, 1973 (c. 36) established a new constitutional framework to replace that provided by the Government of Ireland Act, 1920. The Northern Ireland Parliament was replaced by an elected Assembly and the government by an executive, the composition of which was to be agreed by the Assembly. The Northern Ireland Act, 1974 (c. 28) dissolved the Assembly, and provided that a Constitutional Convention should be held on the future of Northern Ireland. The Convention has since collapsed, and rule at present is direct from Westminster.

English law and Scots law are very different from each other in form and substance. The separate evolution of the two legal systems, both before and after Union, has resulted in different principles, institutions and traditions. Although in modern times Scots law has been greatly influenced by English law, it is still based upon principles of Roman or Civil law and upon rules of Canon, feudal or customary law origin. In spite of the existence of a common Parliament for England and Scotland for over 250 years there has been no assimilation of the legal systems of the two countries. A fusion of law has, however, taken place between England and Wales, as a consequence of the subjugation of the latter country in the middle ages. The law of Northern Ireland, although administered as a separate system, is similar in many essentials to English law.

A Royal Commission on the Constitution pro-

* Director, The British Institute of International and Comparative Law, London; Visiting Professor of International and European Law, Queen Mary College, University of London; President, International Association of Legal Sciences.

[1] See *Sir Kenneth Roberts-Wray*, Commonwealth and Colonial Law (1966) 32 ss.

[2] See Irish Free State (Amendment) Act, 1922 (12 & 13 Geo. 5, c. 4).

[3] Ireland Act, 1949 (12, 13 & 14 Geo. 6, c. 41) s. 1 (1).

duced in 1973, after four years work, a very substantial majority report, together with an accompanying memorandum of dissent from a minority of its members, on the "present functions of the central legislature and government".[4] The *Kilbrandon* Report, as the majority report is known, is principally concerned with the issue of devolution as a means of satisfying the needs of "the several countries, nations and regions of the United Kingdom" and accepts that there is considerable public dissatisfaction with the remoteness and insensitivity of central government. Differing schemes for legislative devolution, *via* the grant of limited powers to provincial assemblies, are proposed for Scotland and Wales in both the majority and the minority reports; the devolution of certain central government functions to eight English regions is also proposed. Both reports are primarily concerned with the machinery of government rather than an examination and definition of principles.

Within the limitations of the space available, and the general plan of the volume, it is possible only in this report to point to some of the characteristic institutions and features of law and the legal systems within the United Kingdom.

I. CONSTITUTIONAL SYSTEM

1. Nationality

The British Nationality Acts, 1948–1965, and Regulations made thereunder, govern the most important aspects of the acquisition, enjoyment and loss of British nationality.[5] In terms of political and legal status people within the United Kingdom are either British subjects (or Commonwealth citizens), or British protected persons, or aliens.

a. All *British subjects* possess citizenship of either the United Kingdom and Colonies or of another Commonwealth country. The British Nationality Act of 1948 seeks to ensure, by means of a "common clause", that no citizen of one Commonwealth country is to be classed as an alien by another Commonwealth country. This clause has not been enacted uniformly by all Commonwealth countries, but the principle of complete unity of status through common citizenship has been very widely accepted.

Citizenship of the United Kingdom and Colonies may be *acquired* by birth, descent, in consequence of an adoption order, registration, naturalisation, or by incorporation of territory. Under the Act of 1948, with certain minor exceptions, anyone born within the United Kingdom or Colonies, or in a United Kingdom registered ship or aircraft, acquires citizenship of the United Kingdom and Colonies whatever the nationality of his or her parents. Citizenship may be acquired by descent by anyone wherever born whose father is, at the date of his or of her birth, a citizen of the United Kingdom and Colonies, or, subject to certain conditions, whose paternal grandfather or more remote paternal ancestor in the male line was such a citizen. Where adoption orders are made in respect of infants who are not citizens of the United Kingdom and Colonies, then, if the adopter, or in the case of a joint adoption the male adopter, is a citizen of the United Kingdom and Colonies, the infant becomes a citizen of the United Kingdom and Colonies as from the date of the order. Citizens of member countries of the Commonwealth, or of the Republic of Ireland, and women married to citizens of the United Kingdom and Colonies, may apply to the Secretary of State for the Home Department for citizenship by registration. Most Commonwealth and Irish citizens settled in Britain by 1 Jan. 1973, have the right to be registered after completing five years' ordinary residence. Aliens and British protected persons may apply for a certificate of naturalisation; the requirements for the grant of such a certificate include five years residence in the United Kingdom or Colonies (or five years Crown service), good character, a sufficient knowledge of the English language, and an intention to reside in the United Kingdom or a colony, or to continue in the service of the Crown. Citizenship by incorporation of territory is acquired when a new territory becomes part of the United Kingdom and Colonies and the Crown provides, through an Order in Council, that persons within that territory shall enjoy, for the future, such citizenship.

Citizenship of the United Kingdom and Colo-

[4] Royal Commission on the Constitution 1969–1973 (I Report, II Memorandum of Dissent) (Cmnd. 5460 and 5460–1) (1973).

[5] British Nationality Acts, 1948 (11 & 12 Geo. 6, c. 56); 1958 (6 & 7 Eliz. 2, c. 10); 1964 (c. 22) and 1965 (c. 34).

nies may be *lost* through renunciation or deprivation. Citizenship may be renounced by means of a declaration of renunciation which becomes operative when registered by authority of the Secretary of State; renunciation is open to citizens who possess or have acquired the nationality or citizenship of another country. Deprivation of citizenship only occurs in very exceptional circumstances, as, for example, where it is discovered that citizenship by registration or naturalisation has been obtained by fraud. Even then the Secretary of State must be satisfied that it is not in the public interest that the person or persons concerned should continue to enjoy the status of citizenship.

Citizenship of the United Kingdom and Colonies is not forfeited by reason of the acquisition of the nationality or citizenship of another country. A woman who is a citizen of the United Kingdom and Colonies does not lose her citizenship by marriage to an alien but retains the citizenship unless and until she chooses to renounce it.

Under the Immigration Act, 1971 (c. 77) persons who enjoy the "right of abode" in the United Kingdom include (1) citizens of the United Kingdom and Colonies who have such citizenship by birth, adoption, naturalisation or registration; (2) citizens of the United Kingdom and Colonies, born to or legally adopted by a parent who had that citizenship at the time of the birth or adoption; (3) citizens of the United Kingdom and Colonies, who have at any time been settled in the United Kingdom or the British Islands and have at that time (and while such a citizen) been ordinarily resident there for the last five years or more; and (4) Commonwealth citizens born to or legally adopted by a parent who, at the time of the birth or adoption, had citizenship of the United Kingdom or Colonies by his birth in the United Kingdom or in any of the British Islands.

b. *British protected persons* are persons so designated by Orders in Council because of their birth or residence in a territory that is either a British protectorate, protected state, or a mandated or trust territory (see report on United Kingdom Dependent Territories).

c. Persons who are not British subjects nor British protected persons are classed as *aliens*. Aliens are subject to some legal incapacities (they may not, for example, serve in certain Crown or public offices, nor vote in elections) and restrictions as to immigration and employment.

Citizens of the Republic of Ireland enjoy a legal status within the United Kingdom and Colonies that is unique. They are not classed as aliens and they are not usually British subjects, although they may acquire citizenship of the United Kingdom and Colonies by registration. The Ireland Act, 1949 (see *supra* n. 3) declares that the Republic, although not part of H.M. Dominions, is *not* a foreign country and references in Acts of Parliament to foreigners, aliens, foreign countries, *etc.* must be construed accordingly.

2. Territorial Divisions

See *infra* 3 d.

3. State Organs

The constitutional principles, rules and practices of the United Kingdom have never been codified; they derive from statute law, from common law, and from conventions of the constitution, which are not laws at all, but political practices which have become considered as indispensible to the smooth working of the machinery of government. The monarchy, followed by the legislative, executive and judicial organs of government will be discussed in turn.

a. The *monarchy* is the most ancient secular institution in the United Kingdom, with a continuous history stretching back over a thousand years. The monarchy is hereditary and the present title to the Crown derives from provisions of the Act of Settlement of 1701 (12 & 13 Will. 3, c. 2) which secured the Protestant succession. This succession cannot now be altered, under a provision of the Statute of Westminster, 1931 (22 & 23 Geo. 5, c. 4), except by common consensus of the member states of the Commonwealth which owe allegiance to the Crown.

Queen Elizabeth II, who succeeded to the throne in 1952, is, in addition to being an integral part of the legislature, the head of the judiciary, the commander-in-chief of the armed forces of the Crown and the temporal head of the established Church of England.

The monarchy in the United Kingdom has evolved over the centuries from absolute personal authority to the present constitutional form by which the Queen reigns but does not rule. Her Majesty's government governs in the name of the Queen who must act on the advice of her ministers. The Queen summons, prorogues (dismisses at the end of a session) and dissolves Parliament; she usually opens new sessions of Parliament with a speech from the throne in which the major governmental policies are outlined. These acts form part of the Royal Prerogative, defined by *Dicey* as "the residue of discretionary or arbitrary authority, which at any given time is left in the hands of the Crown".[6] Prerogative rights are of legislative, executive and judicial character. The Monarch must give the Royal Assent before a Bill which has passed all its stages in both Houses of Parliament can become a legal enactment (Act of Parliament). The Monarch's consent and approval is required before a Cabinet (see *infra* c) can be formed or a minister take up office. As Head of State the Monarch has the power to sign international agreements, to cede or receive territory, and to declare war or make peace. The Monarch confers honours and makes appointments to all important offices of state, including judges, officers in the armed services, diplomats and the leading positions in the Established Church. As the "fountain of justice", it is only the Monarch who is able to remit all or part of the penalties imposed upon persons convicted of crimes through the exercise of the prerogative of mercy on the advice of the appropriate minister.

At the present time the Monarch, although exercising residual authority by consent of Parliament and according to the advice of the government of the day, is regularly informed and consulted on many aspects of public affairs. The Privy Council is the body on whose advice and through which the Monarch exercises most statutory and many prerogative powers. There are about 330 members of the Privy Council, which, however, only meets as a full body on the death of the Monarch. It conducts much of its business in committees at which the Monarch may not constitutionally be present. All Cabinet ministers are members; other members are appointed by the Monarch on the recommendation of the Prime Minister.

b. *Legislature.* – Parliament is the legislative organ and is constitutionally composed of the Monarch, the House of Lords, and the House of Commons. The Queen in Parliament represents the supreme authority within the United Kingdom.

(1) The *Parliament at Westminster* legislates for the United Kingdom, for any one of the constituent countries, or for any combination of them. It may legislate on certain "excepted" and "reserved" matters for Northern Ireland (see *infra* (2)), subject to the provisions of the Northern Ireland Constitution Act, 1973 (c. 36). It may also legislate for the Channel Islands and the Isle of Man, under certain conditions, although these islands possess their own ancient legislatures. The Parliament Act, 1911 (1 & 2 Geo. 5, c. 13) s. 7 provides that the life of one Parliament may not exceed five years.

Parliament consists of two Houses: the House of Lords and the House of Commons.

The *House of Lords* is for the most part still a hereditary body. It consists of the Lords Temporal and the Lords Spiritual. The Lords Temporal include hereditary peers and peeresses who have not disclaimed their peerages under the Peerage Act, 1963 (c. 48); life peers and peeresses created by the Crown under the Life Peerages Act, 1958 (6 & 7 Eliz. 2, c. 21) in recognition of public service; and the Lords of Appeal in Ordinary (see *infra* 4 a (4)). The House of Lords is presided over by the Lord Chancellor who is *ex officio* chairman of the House. The Lords Spiritual include the Archbishops of Canterbury and York, the Bishops of London, Durham and Winchester, and the 21 most senior diocesan bishops of the Church of England.

The *House of Commons* is an elected and representative body; members (at present 635) are elected by almost universal adult suffrage to represent constituencies in England (516), Scotland (71), Wales (36) and Northern Ireland (12). The law relating to Parliamentary elections is contained in substance in the Representation of the People Act, 1949[7], as amended.[7a] Any British subject aged 21 or over, not otherwise disqualified (as for example, members of the House of Lords, certain clergy, undischarged bankrupts, civil servants, holders of judicial office, members of the regular armed services and the police forces) may be elected a Member of Parliament (M.P.). Members are paid a salary and an allowance for secretarial and office expenses; after a Parliament is dissolved all seats are subject to a General Election. By-elections take place when a vacancy occurs during the life of a Parliament, as when a member dies, is elevated to the House of Lords or accepts an "office of profit" under the Crown.

The *Speaker of the House of Commons* is elected by the members from the members to preside over the House immediately after each new Parliament is formed. He is an impartial arbiter over Parliamentary procedure and the traditional guardian of the rights and privileges of the House of Commons.

The *supremacy*, or *sovereignty*, of the United Kingdom Parliament is probably the most basic principle of British constitutional law. Parliament

[6] *Dicey*, Introduction to the Study of the Law of the Constitution (ed. 9, 1941) 424, 526; see the approval of this definition by the House of Lords in *Attorney-General v. De Keyser's Royal Hotel, Ltd.*, [1920] A.C. 508 (H.L.).

[7] 12, 13 & 14 Geo. 6, c. 68.

[7a] Representation of the People Act, 1969 (c. 15) and 1974 (c. 10 and 13).

has of its own will settled the duration of the life of a Parliament, acts in such a way as not to bind its successors in the manner or form of their legislation, and, in the Parliament Acts of 1911 and 1949[8] has provided that in certain circumstances a Bill may become law without the concurrence of all the component parts of Parliament. These two Acts have clarified the supremacy of the House of Commons over the House of Lords, which can only delay the passage of Public Bills for a maximum period of one year and cannot delay at all the passage of Money Bills (financial measures).

The European Communities Act, 1972 (c. 68), which made legislative changes in order to enable the United Kingdom to comply with the obligations entailed by membership of the European Coal and Steel Community, the European Economic Community, and the European Atomic Energy Community, from 1 Jan. 1973, (a) gives the force of law in the United Kingdom to existing and future Community law which under the Community treaties is directly enforceable in member states, and (b) provides for subordinate legislation in connection with the implementation of obligations or the exercise of rights derived from the Community Treaties.

(2) The *Parliament of Northern Ireland* established by the Government of Ireland Act, 1920, was abolished and replaced by the Assembly elected under the provisions of the Northern Ireland Assembly Act, 1973 (*supra* Introduction preceding I). The first Northern Ireland Executive agreed upon by this Assembly took office in November 1973, but collapsed in May 1974. Direct rule by the Parliament at Westminster has been reimposed, under the provisions of the Northern Ireland Constitution Act, 1973, in consequence.

c. *Executive*. – The government consists of the ministers appointed by the Crown on the recommendation of the Prime Minister, who is appointed directly by the Crown and is the leader of the political party which for the time being has a majority of seats in the House of Commons. The office of Prime Minister dates from the eighteenth century and is the subject of a number of constitutional conventions. The Prime Minister is the head of the government and presides over meetings of the Cabinet; by convention he is always a Member of the House of Commons. He consults and advises the Monarch on government business, supervises and to some extent co-ordinates the work of the various ministries and departments and is the principal spokesman for the government in the House of Commons. He also makes recommendations to the Monarch on many important public appointments, including the Lord Chief Justice, Lords of Appeal in Ordinary, and Lords Justices of Appeal (see *infra* 4b).

The Cabinet is the nucleus of government; its members consist of a small group of the most important ministers who are selected by the Prime Minister. The size of the Cabinet is today about 23 and its principal function, much of the work being carried out in Committee, is to determine, control and integrate the policies of the government for submission to Parliament. The Cabinet meets in private and its deliberations are secret; no vote is taken, and, by the principle of "Cabinet unanimity", collective responsibility is assumed for all decisions taken.

The central government ministries and departments give effect to government policies and have powers and duties conferred on them by legislation, and, sometimes, under the Royal Prerogative. Each is headed by a minister who is in most cases a member of either the House of Lords or the House of Commons. There are over 100 ministers of the Crown at the present time; they include departmental ministers (*e.g.*, the Secretary of State for Foreign and Commonwealth Affairs; Chancellor of the Exchequer (Treasury); Secretary of State for Social Services); non-departmental ministers (*e.g.*, Lord President of the (Privy) Council, Paymaster-General, Ministers without Portfolio); ministers of state (additional ministers in departments whose work is heavy); and junior ministers (usually known as Parliamentary Secretary or Parliamentary Under-Secretary) in all ministries and departments.

The Lord Chancellor and the Law Officers of the Crown deserve special mention at this point. The Lord High Chancellor of Great Britain presides over the House of Lords both in its legislative capacity (*supra* b (1)) and as a final court of appeal (see *infra* 4 a (4)); he is a member of the Cabinet and also has departmental responsibilities in connection with the appointment of certain judges (see *infra* 4b). He advises on, and frequently initiates, law reform programmes with the aid of the Law Commissions, the Law Reform Committee and *ad hoc* committees. The four Law Officers of the Crown include, for England and Wales, the Attorney-General and the Solicitor-General; for Scotland, the Lord Advocate and the Solicitor-General for Scotland. The English Law Officers are usually members of the House of Commons and the Scottish Law Officers may be. They repre-

[8] 1 & 2 Geo. 5, c. 13; 12, 13 & 14 Geo. 6, c. 103.

sent the Crown in civil litigation, prosecute in certain exceptionally important criminal cases, and advise government on points of law. They may appear in proceedings before the International Court of Justice, the European Commission of Human Rights and Court of Human Rights. They may also intervene generally in litigation in the United Kingdom as representatives of the public interest.

The United Kingdom has no Ministry of Justice. Responsibility for the administration of the judicial system in England and Wales is divided between the courts themselves, the Lord Chancellor, and the Home Secretary. The Lord Chancellor is concerned with the composition of the courts, with civil law, parts of criminal procedure and law reform in general; the Home Secretary is concerned with the prevention of criminal offences, the apprehension, trial and treatment of offenders, and with the prison service.

The Parliamentary Commissioner for Administration, whose office was created in 1967,[9] is an officer of the House of Commons who is independent of the Executive. His function, derived from that of the *ombudsman* in Scandinavian countries, is to investigate complaints of maladministration by government departments and certain public authorities. Complaints are brought to his notice by Members of Parliament on behalf of their constituents. He has no power to enforce his decisions but must report to the Members of Parliament and the Government Department; he may also report to Parliament itself.

In Scotland the Lord Advocate and the Solicitor-General (*supra*) are the two principal official legal advisers to the Crown and assist the Secretary of State for Scotland in the conduct of government business. They represent the Crown in civil cases and the Lord Advocate is the head of the system of public prosecution, with full power over and complete discretion in the prosecution of crimes in any court in Scotland. The Lord Advocate is closely concerned with questions of legal policy and administration and is assisted by the Lord Advocate's Department and the Scottish Courts Administration. The Scottish Courts Administration has general responsibility to the Secretary of State for the organization, administration and staffing of the courts and court offices. It is responsible to the Lord Advocate for the programme of the Scottish Law Commission, the jurisdiction and procedure of the Scottish courts, enforcement of judgements and proposals for law reform.

d. *Local government.* – Local government has been a characteristic feature of the administrative system of the United Kingdom for many centuries. Its modern form and structure, which derived in large measure from reforms of the nineteenth century, has recently been completely re-examined by Royal Commissions. As a result a new local government structure has been created for England and Wales, with effect from 1 April, 1974, by the Local Government Act, 1972 (c. 70); a broadly similar reorganization will take effect in Scotland in May 1975.

In England and Wales, under the new system, there is a three-tier system of local authorities, respectively counties, districts and parishes. The 53 large county authorities contain within them 369 smaller district authorities. Six of the counties are designated as metropolitan counties because of the concentration of population and industry within them; the district authorities within the metropolitan counties have larger powers than the non-metropolitan district authorities. County authorities will normally provide the large-scale local government services and district authorities will provide the more local services; district authorities within the metropolitan counties will, however, also have responsibility for the provision of certain large-scale services. Populations within the metropolitan counties range from 1.2 to 1.8 million and in the non-metropolitan counties from 280000 to 1.4 million. Populations within the district authorities will range from 75000 to 100000, although in the case of district authorities within the metropolitan counties the populations will range from 175000 to 1.1 million. The existing parish councils (in Wales – community councils) have very limited powers of local interest.

In Scotland until 1975, the present division between counties, (four) counties of cities, large and small burghs, and districts – 432 authorities in all – will be retained. It will be replaced in 1975 by a division of the country into nine regional authorities, which will have within them 49 district authorities. There will also be three general purpose authorities for the Orkney Islands, Shetland Islands and the Western Isles. Local community councils will be formed in addition.

In Northern Ireland 26 new district councils were established and will have responsibility for local environmental services; area boards, directly responsible to the central government departments, administer other services at the local level.

Local government in the *Greater London* area was reorganized by the London Government Act, 1963 (c. 33). Greater London consists of the City

[9] Parliamentary Commission Act, 1967 (c. 13).

of London, 32 London boroughs (and the Inner and Middle Temple); this area is administered by the Greater London Council, the most powerful local authority in the United Kingdom, and by 32 borough councils.

The machinery of local government is separate from that of national government but the powers and duties of local authorities are defined by Acts of Parliament and supervised by the central government. Each local authority must provide and administer such services as Acts of Parliament require it to provide and administer. Responsibilities vary with the different types of local authority; amongst the services provided are protective services (fire and police services), personal services (health, education, housing, entertainment), and environment services (social welfare services, town and country planning, bridge and highway construction and maintenance, street lighting, drainage, sewerage and refuse collection, *etc.*). Local authority councils are made up of unpaid elected councillors, presided over by a chairman who in many of the district councils has the title of Mayor (or Lord Mayor if the authority has a Royal Charter). In Scottish burghs he is the Lord Provost or Provost, and in Scottish counties, the Convener.

Procedure at local government elections in Great Britain is principally governed by the rules of the Representation of the People Acts, 1949, 1969 and 1974 (*supra* b (1)) and in the Local Government Act, 1972 (c. 70). Since 1949 the franchise for local government elections has, with the exception of Northern Ireland, been practically equated with that for Parliamentary elections. In elections in Great Britain all British subjects or citizens of the Republic of Ireland may vote if (1) they are 18 years of age or over on the qualifying date (the franchise was extended to persons of the age of 18 or over as from 1970), (2) are not subject to any legal incapacity, and (3) are resident in the council area on the qualifying date, or, if not so resident occupy as owners or tenants any rateable land or premises in the area of a yearly value of not less than £ 10 (US $ 24). The normal term of office of members of the newly formed local authorities is four years and most candidates for election stand as representatives of a national political party, or of local residents or rate payers' associations, or as independents. In Northern Ireland the Electoral Law Acts (Northern Ireland), 1962–1971[10] have recently been modified by the Electoral Law (Northern Ireland) Orders, 1972 and 1973[11] and local government elections are now held on a basis of proportional representation.

4. Courts, Judiciary, Legal Profession and Prosecution

a. *The courts.* – The courts of civil jurisdiction, the criminal courts, special courts, the House of Lords and the Judicial Committee of the Privy Council will be mentioned in turn.

(1) In England and Wales the *courts of civil jurisdiction* include Magistrates' Courts, Crown Courts, County Courts, the High Court of Justice and the Court of Appeal (Civil Division).

Magistrates' Courts have limited civil jurisdiction, principally in domestic proceedings, and exercise administrative functions in connection with such matters as the licensing laws. Magistrates' Courts, which are courts of summary jurisdiction dating from the fourteenth century, consist usually of from two to seven unpaid lay magistrates who are known as Justices of the Peace. They are advised on points of law by the Clerk of the Court who is a professionally qualified solicitor or barrister.

The Crown Court has only minor civil jurisdiction, in contrast with its important criminal jurisdiction (*infra* (2)). This civil jurisdiction includes certain appeals from Magistrates' Courts.

The County Courts are the principal tribunals concerned with minor civil disputes; England and Wales are divided into a number of "circuits" and in each one the county court or courts are located according to population needs. There are 337 such courts. The judges in County Courts are called Circuit judges and almost always sit alone; under the Courts Act, 1971 (c. 23) each County Court has one or more Circuit judges assigned to it by the Lord Chancellor. The jurisdiction of the County Courts is derived exclusively from statute and is limited according to the financial value of the property, estate or sum of money in issue; it includes actions in contract and tort, equity, property and probate. Cases outside the statutory financial limits may be heard by consent of the parties, or, otherwise, must be brought before the High Court.

The High Court of Justice is divided into the Queen's Bench Division, the Chancery Division and the Family Division. It is situated in London and staffed by, at the present time, over 70 puisne judges. The Lord Chancellor is in theory the President of the High Court but does not in practice sit in any division; the Lord Chief Justice presides over the Queens' Bench Division and a President presides over the Family Division. The High Court's civil jurisdiction is both original and appellate; cases at first instance are usually heard by a judge sitting alone and appellate jurisdiction

[10] 1962, c. 14; 1968, c. 20; 1969, c. 26; 1971, c. 4.

[11] S.I. no. 1264 (N.I. 13) and S.I. no. 740 (N.I. 11).

is usually exercised in Divisional Courts of three (sometimes two) judges. Each division has a separate area of jurisdiction and almost all civil proceedings are covered.

The Court of Appeal (Civil Division) is in practice presided over by the Master of the Rolls and staffed by 14 Lords Justices of Appeal. It hears most of the important civil appeals from all three Divisions of the High Court and from County Courts. Appeals may go from this Court to the House of Lords, with leave of the Court of Appeal or of the House of Lords.

In Scotland the principal courts of civil jurisdiction are the Sheriff Courts (broadly comparable to the County Courts in England and Wales) and the Court of Session. Certain very minor civil matters may be heard by a Justice of the Peace but in Scotland the justices have not enjoyed the jurisdiction or influence that has been, and is still, such a feature of the English legal system. Scotland is divided into 12 sheriffdoms, each of which has a number of sheriff court districts. Sheriff Courts have wide civil jurisdiction at first instance and may also act as courts of appeal, in that cases heard by a sheriff-substitute (usually an experienced qualified lawyer residing in one of the principal towns of the sheriffdom) may go on appeal to the sheriff-principal (a senior member of the Bar who has administrative responsibilities as well as a judicial function). The Court of Session is also both a court of first instance and a court of appeal; as it is in theory a collegiate court all its judges have the same rank. The Court of Session is divided into the Outer House, staffed by a number of junior Lords of Session, and the Inner House, itself divided into a First and a Second Division (the Lord President and three Lords of Session comprise the First Division, and the Lord Justice-Clerk and three Lords of Session make up the Second Division). The two Divisions are of equal authority and the Inner House may sit as a whole in cases of especial difficulty; usually appeal lies from the Outer to the Inner House. The Outer House is exclusively a court of first instance; the Inner House is principally a court of appeal.

The final appellate court for Scots civil cases is the House of Lords, to which an appeal may lie from a decision of the Inner House.

(2) In England and Wales the *courts of criminal jurisdiction* include Magistrates' Courts, Crown Courts (including the Central Criminal Court, the "Old Bailey"), the High Court of Justice, and the Court of Appeal (Criminal Division).

The jurisdiction of Magistrates' Courts extends to the trial of less serious offences and to the holding of preliminary enquiries into more serious crimes. In a number of the major urban areas there are full-time paid ("stipendiary") magistrates who are appointed from amongst solicitors or barristers of a certain professional seniority. Stipendiary Magistrates may, and very often do, sit alone on the bench. In Inner London there is an integrated system of Magistrates' Courts, in which either a Metropolitan Stipendiary Magistrate or lay Justices of the Peace may sit. Magistrates' Courts sit as Juvenile Courts when trying persons under 17; specially qualified magistrates sit then in a separate place (and at a different time) from the ordinary sessions. The parents of the young offender are present and the public is excluded.

Crown Courts, under the provisions of the Courts Act, 1971 (c. 23), were established to provide for a modernised system of the trial of the more serious criminal offences (and to hear appeals in both civil and criminal matters from magistrates' courts) with jurisdiction throughout England and Wales. There are some 90 centres at which sittings of the Crown Courts are held. Crown Courts are presided over by High Court judges, Circuit judges or Recorders – the last named being barristers or solicitors appointed to serve in a part-time capacity. Appeals from conviction lie to the Criminal Division of the Court of Appeal (*infra*). The Central Criminal Court in the City of London ("the Old Bailey") is the Crown Court for the area.

The Queen's Bench Division of the High Court of Justice has for practical purposes today only appellate criminal jurisdiction; it hears appeals on points of law by way of a procedure called "case stated", from Magistrates' Courts; in hearing these appeals the judges, who are puisne judges (of first instance), sit as a "Divisional Court".

In the Criminal Division of the Court of Appeal the judges, who include Lord Justices of Appeal and puisne judges of the Queen's Bench Division and are presided over by the Lord Chief Justice, will hear appeals against conviction as of right on questions of law alone, and by their leave, on questions of fact, or of mixed law and fact. They hear appeals against sentence by their leave. A further appeal from the Court of Appeal to the House of Lords (*infra*) is possible if the Court certifies that a point of law of general public importance is concerned and it appears to the Court, or to the House of Lords, that the latter should consider the matter. The Criminal Appeal Act, 1966 (c. 31)[12] transferred powers to the new Criminal

[12] Procedure on appeal to the Court of Appeal (Criminal Division) is now consolidated in the Criminal Appeal Act, 1968 (c. 19) and the Criminal Appeal Rules, 1968.

Division of the Court of Appeal that had been exercised earlier by the Court of Criminal Appeal, established in 1907.

In Scotland the courts of criminal jurisdiction are the Burgh (or Police) Courts (until 1975) the judges being town councillors who serve (or have served) as magistrates of the burgh; Justice of the Peace Courts, in counties (and counties of cities) where the judges are Justices of the Peace for the counties (or counties of cities); Sheriff Courts, for each district of a sheriffdom, which will consist of a county or group of counties; and the High Court of Justiciary, situated in Edinburgh, but with a circuit system which allows the judges to preside at trials through the country. There is no appeal from the High Court of Justiciary to the House of Lords in criminal matters.

(3) *Special courts and tribunals.* – Special courts are in effect courts of special jurisdiction. Coroners' Courts in England and Wales are common law courts now regulated by statute, which hold inquests on cases of violent, unnatural, sudden or unexplained death or deaths in prison; the coroner, who often sits with a jury, may be a barrister, solicitor or medical practitioner and also has jurisdiction in his locality, for historical reasons, over quite different matters, such as holding an inquest into the finding of "treasure trove". The office of coroner does not exist in Scotland, where the Procurator Fiscal enquires into all sudden and suspicious deaths in his district. Other courts of special jurisdiction include Ecclesiastical Courts (with corrective jurisdiction over the clergy and the power to grant "faculties" for making alterations in, or additions to, churches and consecrated places), Courts-Martial (with jurisdiction over serving members of the armed forces (and, in certain circumstances, their dependents and civilians outside the United Kingdom)). This jurisdiction is limited to criminal offences other than treason, murder, manslaughter or rape when committed in the United Kingdom; civil offences committed within the United Kingdom by members of the armed forces are dealt with usually in the ordinary courts.

The Restrictive Practices Court was set up under the terms of the Restrictive Trade Practices Act, 1956 (4 & 5 Eliz. 2, c. 68); it is composed of a presiding High Court Judge and two lay members and its task is to investigate whether or not registered restrictive trading agreements affecting the supply or processing of goods for the United Kingdom market are contrary to the public interest.

The Industrial Court was established by the Industrial Courts Act, 1919 (9 & 10 Geo. 5, c. 69); it is composed of a President and other members representing employers' and employees' interests. It is a permanent tribunal but exercises jurisdiction over industrial disputes submitted to it by the Minister of Employment with the consent of the parties concerned.

The Industrial Relations Act, 1971 (c. 72) provided an entirely new legal framework for much of the field of industrial relations and established a National Industrial Relations Court with jurisdiction over various types of complaints over unfair industrial practices and industrial action. This measure, and the implementation of it by the Court, was highly controversial and unpopular generally with the Trade Union movement. This Court was abolished by the Trade Unions and Labour Relations Act, 1974 (c. 52), s. 1 (3). In September 1974 the Secretary of State for Employment set up an independent Industrial Conciliation and Arbitration Service.

In addition, there are a large number of administrative tribunals set up under Acts of Parliament or under powers conferred by statute which have quasi-judicial and/or administrative responsibilities (*e.g.*, Lands Tribunal, local tribunals under the National Insurance Acts, Pensions Appeal Tribunals, Rent Tribunals). The Tribunals and Inquiries Act, 1958 (6 & 7 Eliz. 2, c. 66) provided for the establishment of a Council of Tribunals with the duty of supervising the constitution and working of many of these tribunals; the same Act provided for a right of appeal to the High Court on a point of law from certain tribunals.

(4) *The House of Lords.* – The House of Lords, when sitting as a judicial tribunal, is the highest court in the United Kingdom. It is composed of the Lord Chancellor (who presides), ex Lord Chancellors, peers who have held high judicial office, and a number of Lords of Appeal in Ordinary, who are life peers; by convention "lay" peers do not attend. It is the final appellate tribunal in both civil and criminal cases from England and Wales; it hears appeals from both the civil and criminal side of the Court of Appeal, and from Scotland and Northern Ireland. It also hears appeals from the Courts-Martial Appeals Court.

(5) *The Judicial Committee of the Privy Council.* – Reference has been made above to the role of the Privy Council in government (see *supra* I 3); the Judicial Committee of the Privy Council is composed of Privy Councillors (including the Lords of Appeal in Ordinary (see *supra* (4)) who hold, or have held, high judicial office in the United Kingdom or in Commonwealth countries. It serves as the final court of appeal from the courts of those independent member countries of the Commonwealth which have not abolished this procedure, and from the courts of British territories. It also

hears appeals from the Prize Court, from the courts of the Channel Isles and the Isle of Man, from Ecclesiastical Courts, and from the decisions of certain professional disciplinary bodies.

b. *Judges.* – The highest judicial appointments (*e.g.*, the Lords of Appeal in Ordinary, the Lord Chief Justice, the Master of the Rolls, the President of the Family Division of the High Court of Justice, and the Lords Justices of Appeal) are made by the Monarch on the recommendation of the Prime Minister. The Lord Chancellor advises the Monarch on the appointment of the puisne judges, county court judges, Circuit judges and Recorders, and the metropolitan and other stipendiary magistrates. The Lord Chancellor himself appoints, on behalf of the Crown, the Justices of the Peace, and is advised by local advisory committees in the regions. – In Scotland the Prime Minister makes recommendations to the Monarch in respect of the appointment of the Lord Justice General, the Lord President and the Lord Justice Clerk; the Secretary of State for Scotland recommends other judicial appointments and is responsible for the appointment and removal of Justices of the Peace. – In Northern Ireland the administration of the superior courts is one of the matters reserved to the United Kingdom Parliament.

In England and Wales the judges of the superior courts are appointed from amongst the body of practising barristers ("the Bar") and they hold office for life or until they reach a statutory age of retirement. There is in theory a power of removal only by the Monarch after an address (or petition) has been presented by both Houses of Parliament. In practice neither the training nor the career of a judge of a superior court is subject to state interference. Judges of the inferior courts may be removed in certain circumstances by action of the Lord Chancellor. – In Scotland there is a statutory procedure for the removal, through action by the Secretary of State, of a sheriff-principal from office; the Secretary of State may also remove a sheriff from office. No statutory provision exists for the removal of judges of the Court of Session or the High Court of Justiciary.

c. *The legal profession.* – In England and Wales the profession is divided into two branches – barristers and solicitors.

A barrister must be a member of one of the four Inns of Court in London (Gray's Inn, Lincoln's Inn, the Middle Temple or the Inner Temple) and have passed, before he can be admitted to the Bar, the legal examinations conducted by the Council of Legal Education. A period of pupillage with a practising barrister must then be served before the young barrister is allowed to practise. A successful barrister may apply in time to the Lord Chancellor for the patent appointing him Queen's Counsel (Q.C.); this will entitle him to special privileges in the type of work he may undertake and the remuneration he may receive. Most senior judicial appointments are made from amongst eminent Queen's Counsel.

Only members of the Bar have the right of audience in the superior courts; barristers only come into contact with their clients through solicitors and normally must be instructed by solicitors before undertaking a case. Barristers conduct their practices from chambers (offices) where they work in adjoining rooms and share the services of a clerk and secretaries; many barristers do not practise regularly in the London courts but instead join a circuit bar. The professional conduct of barristers is subject to the supervision of the General Council of the Bar and disciplinary powers are vested in the Senate of the Inns of Court.

A solicitor in England and Wales will become a member of the Law Society (the professional organization of solicitors) after serving a period of "articles of clerkship" with a practising solicitor and having passed the examinations prescribed by the Society. Solicitors, in addition to acting as intermediaries between barrister and client, have a right of audience in certain inferior courts and in fact conduct most of the advocacy in Magistrates' Courts and County Courts. They are principally concerned with the transfer of property (conveyancing), the drafting of wills, the administration of trusts, and with the prepraration and formal filing of documents involved in litigation. Unlike barristers, solicitors may practise in partnership; they are "Officers of the Supreme Court" and breaches of conduct and etiquette come before a disciplinary committee of the law Society which is nominated by the Master of the Rolls.

In Scotland and Northern Ireland the professional organizations of solicitors are The Law Society of Scotland and the Incorporated Law Society of Northern Ireland. Solicitors in Scotland were formerly known as writers or law agents; the Crown Agent is the chief permanent official of the system of criminal administration.

d. *The prosecution.* – Since crimes are considered as public wrongs, or offences against the state, the Crown is in theory, although not always in practice, responsible for the conduct of prosecutions. Proceedings are conducted in the name of the Queen, hence indictments are headed *R.* ("*Regina*") *v. Jones.* In cases where an appeal is taken from the Court of Appeal to the House of Lords (see *supra* 4a (4)) then the name of the Director of Public Prosecutions or other official conducting the appeal on behalf of the Crown will appear in the title. The Director of Public Prosecutions in only responsible for a small minority of all prosecutions instituted but has particular responsibility for the conduct of prosecutions in cases of murder, in cases referred to him by a government department in which he considers that criminal proceedings should be instituted, in any case which appears to him to be of importance or difficulty, or which for any other reason requires his intervention, and in cases where, by statute, his consent is required before a prosecution can be undertaken. He also considers reports on complaints against the police sent to him by chief officers of police and reports on proceedings in indictable cases which have been instituted and then either not proceeded with or withdrawn. Prosecutions for certain other offences require the permission (*fiat*) of the Attorney-General or a judge of the High Court in chambers.

Many of the less serious criminal offences can be prosecuted by private persons; in summary proceedings, therefore, the case may appear as *Smith v. Jones*, where *Smith* might be a private individual, the representative of a government department or local authority, or a police officer. The individual is still, in theory, the representative of the Crown.

In Scotland private prosecutions are in general not possible and criminal proceedings are conducted, again in the name of the Crown, by a public official, the Procurator-Fiscal in each sheriffdom, subject to the control of the Crown Office and the general direction of the Lord Advocate who has ultimate responsibility for the system of public prosecution. Government departments do not prosecute, but, where necessary, the Lord Advocate will act on their behalf. Similarly, the police do not prosecute, as in England and Wales, but send information to the Procurator-Fiscal with a view to prosecution being undertaken by him.

II. SOURCES OF LAW

English law has retained, by reason of its continuous historical development and the absence of substantial reshaping through codification, certain fundamental characteristics relating to its sources and structure. It is in essence an (unwritten) judge-made law, and (written) enacted law, although always supreme, has only within the last 150 years become a normal means of law-making.

The principal sources of law in the United Kingdom are (1) legislation, (2) judicial decisions, (3) custom, and (4) legal writing.

1. Legislation

Legislation, or statute law, includes Acts of Parliament and delegated or subordinate legislation[13] made under powers conferred by Parliament. All legislative authority is vested in Parliament, and where exercised by other bodies, is derived from the authority of Parliament. Legislation takes precedence over all other sources of law and is binding upon the courts; it is, however, subject to interpretation by the judges and here the influence of the judiciary upon the development of enacted law may be considerable. The rules of statutory interpretation are judge-made rules; restrictive or literal interpretation is the fundamental rule. In consequence the judges attempt to interpret and apply the intention of the legislature by construing the words of the statute according to their ordinary, plain and natural meaning, unless such a construction would result in absurdity or would render the statute inconsistent. The judges consider themselves precluded from examining Parliamentary debates and discussions prior to the passing of the statute but will take into consideration the *ratio legis* through an interpretation of the end or purpose of the measure.

The Controller of Her Majesty's Stationery Office (H.M.S.O.) is the Queen's Printer of Acts of Parliament which are issued monthly and in bound annual volumes. They are generally cited by reference to their "short title" and dates. The principal annual collections include (1) Public General Acts and Church Assembly Measures (HMSO), (2) Statutory Instruments (HMSO),

[13] Delegated legislation is created by, *e.g.*, government departments, local authorities or other bodies or individuals under statutory authority; the term subordinate legislation also includes law-making under the authority of the Royal Prerogative.

and (3) Table of Government Orders... Covering the General Instruments (HMSO). Chronological Tables and Indices to the statutes, local and personal acts, *etc.* are also published annually (HMSO). Citations of the regnal year and chapter number (the practice generally adopted in this report) allow for convenient reference to individual statutes in the periodic volumes.[14] A number of private series of statutes have been, and are being, printed.

2. Judicial Decisions

Judicial decisions or precedents (case law) enjoy an authority throughout the United Kingdom which is quite unlike that which they enjoy in legal systems belonging to the Romano-Germanic family of law. Precedents formed by earlier decided cases both define and apply the law; the authority attached to them reflects a need for reliance upon cumulative experience and wisdom, a search for certainty and uniformity in legal rules, and an underlying confidence in the ability and independence of the judiciary. The so-called "doctrine" of precedent (*infra*), although built up in England, is closely reflected in the practice of the courts in Scotland and Northern Ireland.

Judicial precedents arise only from decisions of the superior courts. The judge will apply principles arising from past case law to the case before him; amongst the reasons he will give in support of his own judgement will be found the *ratio decidendi*, the general principle governing the decision, as well as, probably, a number of *obiter dicta*, observations on points of law not directly relevant to the legal basis of the decision. The doctrine of the binding force of precedents (the "doctrine of precedent" or *stare decisis*) became firmly established in England in the nineteenth century. This relates the authority of earlier precedents to the hierarchy of the courts, and may be expressed in this way:

(1) The decisions of the House of Lords are binding upon all other courts called upon to determine similar issues. Until recently the House of Lords regarded its own earlier decisions as binding upon itself; thus a decision of the House of Lords could only be upset by legislative intervention. In 1966, however, the Lord Chancellor announced that, although the House should continue normally to follow its own rulings it should in the future permit itself "to depart from a previous decision when it appears right to do so".[15]

(2) The decisions of the Court of Appeal bind courts inferior to it when they are called upon to determine similar issues; the Court of Appeal is usually bound by its own earlier decisions, unless, of course, they conflict with decisions of the House of Lords or were given *per incuriam*.[16]

(3) Decisions of the divisions of the High Court of Justice bind inferior courts when they are called on to determine similar issues. These decisions are not binding as between the divisions of the High Court but are usually considered as of high persuasive authority.

The "doctrine of precedent" is at the present day an essential characteristic of the English common law system; although frequently criticised as tending to haphazard development and inflexibility it is certainly not mechanical in operation. The limits of judical discretion in the use and application of precedents are self-imposed, but wide; guided by previous decisions the judge will apply a "technically trained sense of right" to the case before him. He is "bound" by an earlier decision only insofar as he himself considers the precedent cited to him as analogous to the circumstances in issue; he may "distinguish" an earlier authority, and not apply it, in cases where he finds the precedent unhelpful. He will frequently have to decide a case of first impression, where there is little or no prior authority.

Case law depends upon the publication of judicial decisions. There has been a continuous history of law reporting in England since the mediaeval reports known as the Year Books (*circa* 1283–1535); a period of "private" law reporting followed and a semi-official General Council of Law Reporting was set up in 1865. At the present day there is still no official series of Law Reports but the Reports produced by the Incorporated Council of Law Reporting are revised by the judges and enjoy especial authority. The principal series, known as The Law Reports, appears in monthly issues, and is divided into volumes for each Division of the High Court, including appeals from that Division to the Court of Appeal. This series also contains separate volumes for the re-

[14] Since 1963 (in consequence of the Acts of Parliament Numbering and Citation Act, 1962) all Acts have been numbered serially in each calendar year. The citation therefore is now, *e.g.*, Consolidated Fund Act, 1963 (1963, c. 1). The use of the word "chapter" (c.) arises from the fact that in earlier times all the Acts passed in a parliamentary session were considered to be part of a continuous statute; each session had but one statute and the individual Acts of that session were its constituent chapters.

[15] Note, [1966] 3 All E.R. 77.

[16] *Young v. Bristol Aeroplane Company*, [1944] K.B. 718 (C.A.).

ports of cases decided by the House of Lords. The Weekly Law Reports are issued in two parts, one containing cases of secondary importance not likely to be of permanent interest and not reprinted later, the other containing cases which are reprinted, when revised, in The Law Reports. There are also privately printed general and specialist series of reports (see Bibliography *infra* X).

Although Scottish appeals to the House of Lords of general interest are published in The Law Reports (*supra*) the Series of Session Cases, published since 1821 in Edinburgh (now by The Scottish Council of Law Reporting) includes other cases in the House of Lords, as well as decisions of the Court of Session and the High Court of Justiciary, *etc.* In Northern Ireland, the Northern Ireland Law Reports have been published since 1925 in Belfast by the Incorporated Council of Law Reporting for Northern Ireland and appear quarterly.

3. Custom

Custom, as a source of law, is traditionally divided into general custom (the "general immemorial custom of the realm") and local custom. General custom has now for the most part become absorbed into rules of law, either enacted (*e.g.*, in the field of commercial or mercantile law) or judicially declared, or has fallen into disuse. An exception is the important area of constitutional custom known as "conventions of the constitution" (see *supra* I 3); these rules drawn from political practice are not law and cannot mature into law. Local customs, those followed by particular groups of people living in particular localities, when proved before a court by satisfactory evidence to exist and to be regularly observed, may be declared to be operative law for the group and the locality, and thus an exception to the general common law. Such local customs must satisfy certain tests; they must be proved to have existed "from time immemorial", they must not be unreasonable, they must constitute an exception to the general common law but may not conflict with a fundamental principle of it, and they must be certain. These are, in effect, judicial tests which go to the root of the evidence for or against an alleged custom; the requirement that customs must have existed "from time immemorial" implies that they must have existed at the date of the Coronation of *Richard I* in 1189, since this *terminus a quo* is prescribed by a Statute of 1275, which is still in force.[17]

4. Legal Writing

Legal writing is, like custom, a minor source of legal authority in the United Kingdom outside Scotland. The tradition of the common law as essentially a judge-made law has led in the past to the treatment of juristic writings as evidentiary rather than as source materials. The role of legal writing has changed in recent years; today the works of recent, and living, authors are much more frequently cited in the courts as a subsidiary source of authority in the presentation of arguments and in the pronouncement of judgements.

In Scotland much of the common law, derived from Canon and Civil law sources, was incorporated into institutional treatises in the seventeenth, eighteenth and nineteenth centuries by jurists whose works must certainly be regarded as essential sources of Scots law; examples are the Jus Feudale of *Sir Thomas Craig* (1655), the Institutes of the Law of Scotland by *Viscount Stair* (1681), the Institutes of *John Erskine* (1773), and the Commentaries of the Law of Scotland in Matters Criminal of *Baron Hume* (1797). The principles enunciated by these writers were subsequently elaborated and developed in case law.

III. HISTORICAL SURVEY

The common law can boast of a continuous historical evolution since the reign of *Henry II* (1154–1189) and has its roots in the customs of the people of mediaeval England. Before that time the native Anglo-Saxon laws had been administered locally by the sheriffs; these laws were tribal in origin and varied widely from district to district. After the Norman conquest (1066) the administration of the law became more and more efficient and to an increasing extent "centralised" in the person and the court of the Monarch. Anglo-Saxon customary law was gradually replaced with common legal forms and a common machinery of justice; one common customary law of England can be

[17] Statute of Westminster I (3 Edw. 1, c. 3).

seen emerging in the earliest reports of cases decided in the courts (the Year Books, *circa* 1283–1535). The first royal common law courts – King's Bench and Common Pleas – appeared in the earlier thirteenth century, marking the separation of law from administration.

The professional literature of the common law in England can be traced back to the writings of *Glanvill* and *Bracton* in the twelfth and thirteenth centuries. Subsequent turning points in the history of English law were marked by the appearance of books and treatises which acquired outstanding prestige and authority; examples are the De Legibus of *Ranulf de Glanvill* (*circa* 1187), the De Legibus et Consuetudinibus Angliae of *Bracton* (mid thirteenth century), the Tenures of *Littleton* (mid fifteenth century), the Institutes (1628–1641) of *Sir Edward Coke* and the Commentaries of *William Blackstone* (1765).

Although the common law was never codified the reign of *Edward I* saw a remarkable surge of reforming legislation to deal with particular grievances or emergencies (*e.g.*, the Statute of Westminster I (1275), in certain respects a supplement to Magna Carta (1215); the Statute of Gloucester (1278); the Statute of Westminster II (1285); the Statute of Merchants (1285); and the Statute of Quia Emptores (1290)).[18] This legislation resolved some of the worst abuses of the feudal system of land-holding, introduced by the Normans, and settled the future path of the common law for some time to come. Rights under the common law could usually only be enforced through the issuance, out of the Royal Courts, of *writs* to deal with specific situations where a remedy was available, *e.g.*, the writs of debt, detinue, and trespass (personal actions) and the writs of right (proprietorial actions). If no appropriate writ could be found, the subject had to apply by way of petition to the Monarch. The available writs were slowly enlarged and developed, especially through the use of the provision, in the Statute of Westminster II (13 Edw. 1, c. 24), that writs *in consimili casu* could be issued to deal with situations closely allied to those in which remedies were already available; nonetheless, the forms of action, which underlay most litigation until as late as the nineteenth century, prevented the common law from developing broad general concepts and made common lawyers more generally interested in procedure than in principle. The common law was in its origins a law of land, and the middle ages saw growing rigidity in many common law rights and procedures, with the result that petitions to the Monarch increased, and were frequently dealt with by his Chancellor in the exercise of his office as the principal adviser and "keeper of the King's conscience". From the Chancellor's originally personal and informal treatment of such petitions, as a delegate of the Council, there gradually emerged, by the fifteenth century, a Chancery Court asserting a jurisdiction – in equity – quite separate from, but complementary to, the jurisdiction of the common law courts. During the next four centuries the rules of common law and of equity were applied in different courts and developed independently of each other. In the Tudor period the common law was able to resist the movement which had led many countries of continental Europe to receive the classical Roman law because of a fortuitous combination of circumstances. The common law was exclusively taught by and for the practitioners in their Inns of Court, and had become a tough, inward-looking system. Roman law was associated with monarchical prerogative and the common lawyers became increasingly opponents of the personal power of the Monarch and allies of the independently minded members of the House of Commons. At the end of the sixteenth century the supremacy of the common law in England remained unchallenged; "...it stood impregnable on the foundations laid by Henry II".[19] In Scotland, however, the reception of Roman law was substantially accomplished and it did not decline as a living source of Scots law until the late eighteenth century.

Rivalry between the courts of common law and the Court of Chancery came to a head in the early seventeenth century when the common lawyers, led by *Sir Edward Coke*, attempted unsuccessfully to destroy the independence of Chancery. Later in the century the supremacy of the common law was itself at stake in the conflict between Crown and Parliament. The alliance between the common lawyers and the House of Commons finally prevailed and the period of the Restoration (1660–1689) was remarkable for many important reforms in the field of public law, notably the Habeas Corpus Act of 1679 (31 Car. 2, c. 2) which is still of fundamental importance in the protection of the individual from unlawful interference with his personal liberty. In the eighteenth century, however, private law could not adapt itself with

[18] 3 Edw. 1; 17 John; 6 Edw. 1; 13 Edw. 1, and 18 Edw. 1.

[19] A classic assessment of the place of *Henry II* in English legal history is given by *Bishop Stubbs*, Selected Charters and Other Illustrations of English Constitutional History (ed. 9, 1913) § 147.

the speed required by the demands of society in the age of the industrial revolution, and both the systems of common law and equity fell into considerable disrepute by reason of their inflexibility and inefficiency in the administration of justice. During this century the law of land developed with immense elaboration but other forms of wealth and other legal interests were demanding protection. *Lord Mansfield*, Chief Justice of the King's Bench in 1756, examined and restated the principles of an expanding commercial law and attempted to rationalise and liberalise other branches of the common law, notably the law of contract. On the other hand, his great contemporary, *Sir William Blackstone*, in his Commentaries on the Laws of England (1765), a book which greatly influenced the development of the common law in America, and was based upon the first regular series of lectures upon the common law given in the University of Oxford, was able to expound a coherent body of law with little sense of the urgent need for reform.

The nineteenth century saw long overdue reforms of substantive and procedural law gather momentum after the end of the Napoleonic wars. The climax of the movement was reached in the far-reaching reforms of the judicial system undertaken in the Judicature Acts, 1873–1875[20] by which the old central courts were abolished and replaced by a Supreme Court of Judicature, consisting of a High Court and a Court of Appeal. These Acts also brought about the fusion of the administration of the system of common law and equity; henceforward the principles and rules of either system could be applied in any court, and in cases of conflict between them the rules of equity were to prevail. During this century more use was made of legislation to carry out reforms in, for example, civil procedure, criminal law, and the law of property, than had been the case since the thirteenth century. Yet the approach to law-making was still piecemeal and the growth and method of enforcement of much of the basic common law remained firmly in the hands of the judges and the courts.

In the present century, change and reform, achieved primarily through the uncertain interaction of spasmodic legislative intervention with the gradual process of the accretion of case law, has come more and more to be regarded as unsatisfactory and lacking in direction. The English common law system still demonstrates a strength derived from a continuous and organic growth since mediaeval times, and an innate inventiveness and flexibility derived from the development of principles and rules through their application to actual cases. It has, as the result of the conquest and settlement of overseas territories, lent its tradition and technique to form the basis of the legal systems of many parts of the modern Commonwealth. At the present time many areas of the common law in the United Kingdom are being subjected to a more searching re-examination than ever before; the role, content and condition of the law is under review in the light of the profound social changes of the last hundred years. That much of the law is unwieldy, archaic and difficult of access, is now generally accepted; its clarification and simplification is seen to be an urgent necessity. However, the machinery of law reform is changing, and with that change the need for, and feasibility of, a progressive codification of English common law is becoming more widely appreciated.

The Law Reform Committee and the Criminal Law Revision Committee are important standing committees, composed of judges and practitioners, and appointed respectively by the Lord Chancellor and the Home Secretary, which examine such aspects of civil and criminal law as are referred to them for review by the appropriate minister. The Lord Chancellor appoints the members of the Law Commission for England and Wales, first established in 1965, which is a permanent body with the function of keeping "...under review all the law... with a view to a systematic development and reform, including in particular the codification of such law, the elimination of anomalies (and) the repeal of unnecessary enactments".[21] The Commission, which has already substantial achievements to its credit, is composed of a Chairman (at present a High Court Judge) and four Commissioners drawn from the profession and the Universities. A Law Commission for Scotland was also set up, with similar functions, in 1965; its five members (a Senator of the College of Justice and four Commissioners at present) are appointed by the Lord Advocate and the Secretary of State for Scotland. In Northern Ireland the former Parliament at Stormont set up a Directorate of Law Reform which functioned prior to the reimposition of direct rule from Westminster. Both the English and Scottish Law Commissions take into consideration the principles and rules of foreign legal systems in their research and investigations.

The Scottish legal system, although considerably influenced by the early penetration of Anglo-

[20] 36 & 37 Vict., c. 66; 38 & 39 Vict., c. 77.

[21] Law Commission Act, 1965 (c. 22) s. 3.

Saxon and Norman ideas from the South, was shaped by the system of feudalism and of central government introduced by *King David I* (1124–1153) and consolidated by *King Alexander III* (1249–1286). Sheriff Courts were established during the reign of *David I* and the Court of Session was established as the College of Justice in Scotland, with a permanent professional judiciary, in 1532. Many commentators refer to the period from the mid-fourteenth century to the mid-seventeenth century as the "Dark Age" of Scottish legal development. The lengthy intermittent wars with England not only led to a gradual decline of central authority but also to a marked revival of interest in Roman civil law, which came to full fruition in the seventeenth and eighteenth centuries when many generations of Scottish students studied law in the universities of Continental Europe. Roman law was never "received" in Scotland, as in Germany, but was in many areas – notably in the law of movable property, contract, quasi-contract, delict, securities, servitudes, and the law of tutorship and curatorship – assimilated into the body of the native law.

After the union of the Scottish and English Parliaments in 1707 (*supra* Introduction) and the creation of the new unitary State of Great Britain, the independence of the Court of Session and of the High Court of Justiciary was protected and many statutes of fundamental importance to the Scottish legal tradition date from this period. The great institutional writers of the seventeenth and eighteenth centuries, especially *Viscount Stair* (1619–1695), enhanced and illuminated "the Roman phase" of Scots law but the influence of Roman law inevitably declined, as, in consequence of the Union, English legal ideas were progressively introduced, both intentionally and accidentally, through legislation and through the citation of English decisions, sometimes indiscriminately and out of context. There was much statutory modification of common law doctrines in Scotland in the nineteenth century (as in England) particularly in the fields of property and commercial law. There is at the present time a strongly growing awareness of the need to preserve the best elements of the separate Scottish legal tradition as an integral part of her independent life and culture.

IV. PRIVATE LAW

The absence of a code has the effect that there is no scientific classification and no "authoritative arrangement" of English law. The distinction, fundamental in the Romano-Germanic system, between public and private law does not exist as such; no distinction between public and private law jurisdictions has existed since the Court of Star Chamber was abolished in 1641. Similarly a clear-cut distinction between civil and commercial law does not exist, although, following the plan of the volume, commercial law will be accorded a separate treatment (*infra* V). Certain areas of law, notably contract, torts, property, trusts and succession, generally regarded in most systems as within the realm of private law, will be mentioned in turn in this chapter. At the outset, however, it is necessary to emphasise the importance in English law of the distinction between common law and equity.

Despite the fusion of the administration of common law and of equity that was brought about by the Judicature Acts, 1873–1875 (*supra* III), the principles and rules of each of these branches of case law remain separate and independent. Equity is traditionally concerned with justice and with conscience, and rules of equity are essentially complementary and supplementary to rules of common law. "Equity follows the law" is a well-known maxim; equitable rules do not contradict common law rules, but add to them in cases and situations where the strict observance of common law rules (such as those relating to the literal enforcement of mortgage obligations) would lead to hardship and injustice.[22] The trust, often considered as the finest creation of equity, is an illustration of this (see *infra* 4). The concept of the trust arose from interventions by the Court of Chancery in situations (in the law of property) where the application of strict common law rules led to an outcome that was contrary to conscience. Equity always acts *in personam*, through orders which must be obeyed by the person to whom they are addressed, whatever his or her position at common law, on pain of coercion. Equitable

[22] See *Plucknett*, A Concise History of the Common Law (ed. 5, 1956) Part V.

remedies (*e.g.*, the injunction) are discretionary and only open to the plaintiff who comes to court "with clean hands" and without delay. There is no general theory of equity – it is possible only to list the heads of equity jurisdiction. These include (1) the granting of remedies that are supplementary (*e.g.*, injunctions, orders of specific performance) to the common law remedy of damages, (2) the rescission or modification of obligations that would be valid at common law (*e.g.*, for fraud, misrepresentation or mistake), (3) equitable obligations which regulate the exercise of common law rights (*e.g.*, the trust), and (4) rules which attempt to avoid "the arbitrariness" of common law technicalities in dealings with property. In all of these areas equity supplements the common law and modifies the position of the parties in the interests of justice generally.

The distinction drawn in English law between common law and equity has never existed in Scots law as far as separate principles and separate courts are concerned. Nevertheless many doctrines derived from the idea of equity, from reason, fairness or natural justice, find their place in Scots law, which is a single body of rules of strict law and of such equitable principles. The Court of Session has always been a court, in this sense, of both law and equity.

1. Contract

The two principal branches of the "law of obligations", as it is usually called in other systems of law, *contract* and *torts*, are regarded as distinct in English law. There is no general theory of obligations, although the historical origins of both the law of contract and the law of torts are to be found in the mediaeval forms of action. A general law of contract emerged in the early seventeenth century;[23] although the law of contract does have a general part it has very little in the way of a special part.

Four elements are usually said to be necessary in the formation of a binding contract; these are (1) offer, (2) acceptance, (3) consideration, and (4) an intention to create legal relations. There must be a correspondence between the offer and the acceptance and this correspondence will be tested objectively from outside, not subjectively according to the state of mind of the parties. Consideration is commonly regarded as the most strikingly characteristic doctrine in the English law of contract; it is not the same as *causa* in Roman law, or *cause* in the modern Civil law, although it serves a not dissimilar purpose.[24] Consideration, often seen as "the price of a promise", must be present in *all* contracts, written or unwritten, if they are to be legally valid, except those (relatively few) which are made under seal whose validity is derived from the special form of a unilateral written document. Contracts under seal are called specialties; all others, with which we are now concerned, are called simple contracts. The requirement of consideration means that English law is concerned with the enforceability of bargains rather than with the enforceability of promises. The principal rules of consideration are old-established rules of case law, and they are frequently criticised as out of touch with modern commercial conditions (*e.g.*, consideration must be real but need not be adequate; consideration must move from the promisee; past consideration is no consideration). The requirement that there must be an intention to create legal relations, distinguishes contracts from social or family arrangements; sometimes the absence of such an intention invalidates what would otherwise appear to be a legally binding contract.[25]

The terms of a contract (the obligations contained within it) have traditionally been classified as either conditions or warranties. Conditions are of greater importance, and a breach of condition by one party will give the other party, at his option, the right to refuse to perform his part of the contract (unless it is executed, when the condition becomes an *ex post facto* warranty) and to make a claim for damages, *i.e.*, compensation in money for the loss suffered. A breach of warranty will give rise only to a claim for damages. In the last 50 years exclusion clauses (clauses which attempt to relieve a party to a contract from his legal obligations and responsibilities) have been developed to such an extent that the concept of a "fundamental term" or obligation in the contract is beginning to emerge.[26] It is felt that whether or not a contract may be terminated by an innocent party ought not to be determined by the classification of the contractual obligations, but by the magnitude of the breach involved.

Void contracts confer no rights and are treated

[23] *Slade*'s case (1602), 4 Co. Rep. 92a, 76 E.R. 1072.

[24] The classic definition of consideration was given in the case of *Currie v. Misa* (1875), L.R. 10 Ex. 153.

[25] *Coward v. Motor Insurers' Bureau*, [1963] 1 Q.B. 259 (C.A.).

[26] See *Hong Kong Fir Shipping Co., Ltd. v. Kawasaki Kisen Kaisha, Ltd.*, [1962] 2 Q.B. 26 (C.A.) and *Suisse Atlantique Société d'Armement Maritime S.A. v. N.V. Rotterdamsche Kolen Centrale*, [1967] 1 A.C. 361 (H.L.).

as nullities. Voidable contracts are contracts with flaws which may be treated as ineffective by one of the parties in given circumstances. Unenforceable contracts are good in substance but have a technical defect which means that one or more of the parties cannot sue on them. Illegal contracts are forbidden by law.

A mistake of the parties which prevents any objective agreement ("consensus") between the offer and the acceptance will make the contract void for mistake. If the mistake goes only to the nature or quality of the subject matter of the contract then it will be voidable. There is probably no independent doctrine of mistake in English law.[27] Contracts entered into as a result of the exercise of duress or undue influence may be voidable at the option of the party affected. In some circumstances fraudulent misrepresentation may make a contract void (*e.g.*, where it induces an operative mistake), and in others merely voidable. Innocent misrepresentation, where there is a material misrepresentation but no fraud, may also lead to the avoidance or voidability of a contract and to rescission or damages in lieu (see Misrepresentation Act, 1967, c. 7).

The doctrine of privity of contract has for long been regarded as of fundamental importance; in general only the parties to a contract may incur obligations under it or have rights conferred upon them by it.[28] Many of the implications of this doctrine, which may work in a manner contrary to the intentions of the parties, are being questioned at the present day, and there are statutory exceptions to it. However, English law does not in principle admit of contracts for the benefit of a third party. Rights (and liabilities) may pass to persons other than the original parties to a contract through common law or equitable assignments, or under statute. The special class of assignable contracts known as negotiable instruments is dealt with separately (*infra* V).

Contracts are usually discharged by performance, by mutual agreement of the parties, by breach, or by supervening impossibility of performance or the frustration of the parties' intentions through the occurrence of circumstances which may be construed as releasing them from their original obligations.[29] The normal remedies for breach of contract are damages (a common law remedy), claims upon a *quantum meruit* for unremunerated services, decrees for the specific performance of the contract, or injunctions to restrain its breach (equitable remedies). Damages for breach of contract are recoverable if they arise "naturally" (or "according to the usual course of things") from the breach, and if they are not too remote from the breach (*i.e.*, they "may reasonably be supposed to have been in the contemplation of the parties at the time they made the contract, as the probable result of the breach").[30] The degree of foresight required of the parties is somewhat less than that required in the law of torts.

In Scots law the rules relating to contractual obligations have evolved in a different manner and many take a very different form from the English rules. Scots law does not know the doctrine of consideration – "pledged faith is the basis of voluntary obligation".[31] Stipulations in a mutual agreement are binding whether or not they are made in favour of the other contracting party or some third party. The doctrine of "good faith" is of fundamental importance, since obligation rests upon will and good faith. The distinction between condition and warranties is not known. The primary remedies for breach of obligation are liquidated damages or specific implement (*i.e.*, the party in default is required by judicial decree to carry out his undertaking). General principles relating to contractual obligations, dealing with such matters as capacity, form, error, fraud, illegality, *etc.*, rest on case law; in addition special rules, sometimes derived from statute, apply to specific contracts such as banking contracts, cautionry and guarantee, custody, deposit, employment or service, insurance, pledge and sale of goods. Formal writing is required for certain contracts, such as those concerning land, and other types of contract which are unusual (outside the main recognised named contracts) or which involve a gratuitous obligation, must be proved by writing. It is important to stress that Scots law attempts to give full effect to the voluntary incurring of obligation. Thus unilateral promises (*pollicitatio*) as well as bilateral contractual agreements are recognised.

[27] *Bell v. Lever Bros.*, [1932] A.C. 161 (H.L.); *cf.*, *Couturier v. Hastie* (1856), V H.L.C. 672, 10 E.R. 1065, and *Rose v. Pim*, [1953] 2 Q.B. 450 (C.A.).

[28] *Dunlop v. Selfridge*, [1915] A.C. 847 (H.L.); *cf.*, however, *Scruttons, Ltd. v. Midland Silicones, Ltd.*, [1962] A.C. 446 (H.L.); *Hardy v. Motor Insurers' Bureau*, [1964] 2 Q.B. 745; *Beswick v. Beswick*, [1968] A.C. 58 (H.L.).

[29] The doctrine of frustration stems from *Taylor v. Caldwell* (1863), 122 E.R. 309 (Q.B.).

[30] *Hadley v. Baxendale* (1854), 156 E.R. 145 (Ex.).

[31] See *T. B. Smith*, British Justice. The Scottish Contribution (1961) 174, at 175.

2. Torts

Torts in English law are private civil wrongs; it is possible for the same acts to constitute both a tort and a crime, or both a tort and a breach of contract.[32] Tortious liability arises from the breach of a duty imposed by the law upon persons generally, and the commission of a tort will lead to an action for damages against the wrongdoer (the tortfeasor), or for some other remedy (such as an injunction), which may be more appropriate in the interests of the injured person. There is not yet a general principle of responsibility for damage caused by fault nor it is generally true to say that there is no liability without fault. English law still allows situations of "damage without injury" (*damnum sine injuria*) to exist. For historical reasons the law is fragmented and exhibits a variety of different types of tortious liability, each with its characteristic rules derived substantially from case law. Examples are: trespass (direct or forcible injury to the person, to goods or to land), negligence (the breach, resulting in damage, of a legal duty to take reasonable care in dealing with the person or property of one who is a "neighbour" in law),[33] nuisance (the unlawful interference with another's enjoyment of his or her property), conversion (the denial of, or interference with, the title to goods of another person), detinue (the wrongful retention of the possession of goods), defamation (bringing the reputation of another, by way of libel or slander, into hatred, ridicule or contempt),[34] false imprisonment (the unlawful restriction of the physical freedom of another – technical "imprisonment" is not an essential element), malicious falsehood (the making of damaging imputations which cause damage to another person in respect of some interest other than his or her reputation – *e.g.*, slander of title or goods), and the so-called *strict liability torts* (where tortious liability is imposed on a person irrespective of fault or negligence – *e.g.*, for the escape, causing damage, of a mischievous thing in consequence of the non-natural user of land).[35] There is a growing tendency to move toward a general principle of liability for fault and a corresponding tendency to interpret restrictively those rules which impose liability without fault. The existing varieties of tortious liability are neither rigid in themselves nor closed in number; in comparatively recent years, for example, torts of unlawful interference with contractual relations, and conspiracy have taken shape, and the concept of the duty of care in negligence has undergone a considerable evolution, notably in its application to responsibility for negligent misstatement.[36] However, at the present day, negligence remains the most important single criterion of tortious liability.

Damages for tortious wrong are essentially compensatory but "aggravated" or "exemplary" damages may be awarded in certain circumstances and damages for loss of amenity or loss of expectation of life are well established. Rules as to the remoteness of damage have recently been subjected to considerable judicial re-examination in the two *Wagon Mound* cases (1961 and 1967).[37] It was hitherto thought that the test of remoteness was one of the direct consequences of the tortious wrong; now, however, the test of foreseeability has been introduced, and the defendant may, in some circumstances, be expected to have foreseen the consequences of his tortious act though they were less than probable.

In Scotland the law of delict or reparation exhibits many principles which are analogous to the English law of torts but rests upon two principles of liability which are derived from Roman law. These are (1) liability for fault (*culpa*) caused by the deliberate infliction of harm or the failure to take reasonable care, and (2) liability, derived from the principle of the *actio injuriarum*, to make compensation for injury to feelings both in cases of real injury and verbal injury. There are many important distinctions between the two systems. Some examples are that the English distinction between *libel* and *slander* is not followed; the English rule of strict liability in *Rylands v. Fletcher* (*supra* n. 35) does not apply – the Scottish rule in cases of the non-natural user of land is that there is no liability without *culpa* or negligence on the

[32] Where an act is both a tort and a crime there are separate procedures; where an act is both a tort and a breach of contract this does not lead to double damages.

[33] *Donoghue v. Stevenson*, [1932] A.C. 562 (H.L.); *cf.*, *Home Office v. Dorset Yacht Co., Ltd.*, [1970] A.C. 1004 (H.L.).

[34] A *libel* is something published in a permanent form, such as a book; *slander* is something published (*i.e.* communicated) in an impermanent form, such as by word of mouth.

[35] *Rylands v. Fletcher* (1868), L.R. 3 H.L. 330; *Read v. J. Lyons & Co., Ltd.*, [1947] A.C. 156 (H.L.).

[36] *Hedley Byrne & Co., Ltd. v. Heller & Partners, Ltd.*, [1964] A.C. 465 (H.L.).

[37] *Wagon Mound, The* (*Overseas Tankship* (*U.K.*), *Ltd. v. Morts Dock & Engineering Co., Ltd.*), [1961] A.C. 388 (P.C.); *Wagon Mound* (*No. 2*), *The* (*Overseas Tankship* (*U.K.*), *Ltd. v. Miller Steamship Co. Pty.*), [1967] A.C. 617 (P.C.); *cf.* the statement of the "direct consequence" rule in *Re Polemis and Furness, Withy & Co.*, [1921] 3 K.B. 560 (C.A.).

part of the defender; and in Scotland the doctrine of "abuse of rights" implies that in certain circumstances, a right may become a wrong if exercised from improper motives. As in England a number of specific delicts are recognised but the list is not closed. The principal specific delicts include assault, damage to property, defamation, fraud, negligently causing personal injury or death, infringement of copyright or patent, nuisance, and trespass.

3. Property

The complexities and technicalities of the English law of property cannot be appreciated or understood without continual reference to the evolution of English legal history since the Norman conquest. This holds true even though much of the modern law of land was recast in five important statutes in 1925 (Law of Property Act, Settled Land Act, Administration of Estates Act, Land Charges Act and Land RegistrationAct).[38] These statutes had the objects of (1) assimilating as far as possible the law of land with that relating to other forms of property, and (2) simplifying the law of land so as to make conveyancing (the transfer of estates and interests in land) easier and more efficient.

The Norman Conquest imposed upon England a feudal system of land holding; in consequence, in strict legal theory since that time all land is owned by the Crown and private persons may only own an estate in the land, not the land itself. The doctrine of estates is, therefore, a dominant characteristic of the system. Since the legislation of 1925 only the fee simple absolute in possession (an unqualified estate of inheritance – in practice equivalent to "ownership" of land) and the leasehold (a tenancy for a term of years) may exist as estates in law; all others exist in equity (*i.e.*, through a trust – see *infra* 4).[39] A parallel system of legal and equitable interests in property is also a striking feature of the system; this has made conveyancing difficult but it has allowed real property (*infra*) especially to be subjected to a very flexible network of actual and potential interests, of positive and negative interests, and has allowed protection to weaker interests against their domination by stronger interests.

Leasehold interests in land were not recognised as part of the feudal system of tenure and for very many years the leasehold was regarded as essentially a matter of contract between lessor and lessee. Eventually the lessee came to obtain protection both against the lessor and against third parties, but the historical division between real property (realty) and personal property (personalty) takes account of the special position of the lease. Real property includes all immovables, with the exception of leaseholds, and personal property includes almost all movables, with the addition of leaseholds. There is thus in the English law of property no division as such between movables and immovables.

Personal property includes those things which in the old law did not descend on death to the heir but were vested in the personal representative (*i.e.*, the administrator or executor) of the deceased. Since personal property was not comprehended within the feudal system, it is capable of ownership in theory as well as in fact. Personal property is traditionally divided into (1) tenancies of land and certain other interests which are known as chattels real (things which historically did not descend to the heir on intestacy but which in other respects were assimilable to real property), (2) tangible movable goods, (3) intangible interests, not connected with land, which are actionable (*e.g.*, debts, stocks and shares, negotiable instruments, patents, copyright – on these rights see *infra* V and VII).

In Scotland the land law has been described as "...perhaps the most feudal in the world".[40] A distinction is drawn between heritable and movable property, which corresponds in general, but not exactly, with the English distinction between real and personal property. A distinction between corporeal and incorporeal property also applies, and a further distinction between *jura in re propria* (rights exercisable by an individual over, or in regard to, his own corporeal or incorporeal property) and *jura in re aliena* (rights exercisable over, or in regard to, the corporeal or incorporeal property of another) is of importance. In some circumstances movables may be treated as heritable (affixed to the heritage), and claims to heritable property may be changed in law to claims to movable property and *vice versa*. The four principal branches of the Scots law of property concern (1) corporeal heritable property (*e.g.*, land, buildings, timber, crops), (2) incorporeal heritable property (*e.g.*, leases, servitudes), (3) corporeal movable property (*e.g.*, furniture, animals, machinery), and (4) incorporeal movable property (*e.g.*, debts, patents, shares).[41]

[38] 15 Geo. 5, c. 20; 15 Geo. 5, c. 18; 15 Geo. 5, c. 23; 15 Geo. 5, c. 22; and 15 Geo. 5, c. 21.

[39] Law of Property Act, 1925 (15 & 16 Geo. 5, c. 20) s. 1.

[40] See *Smith* (*supra* n. 31) 182.

[41] See *Walker*, The Scottish Legal System (ed. 3, 1969) 107–111; *Coull and Merry*, Principles and Practice of Scots Law (1971) 137–163.

4. Trusts

The trust in English law is mediaeval in origin and the institution evolved from the practice, in the thirteenth and fourteenth centuries, of conveying property to someone *to the use of* (*ad opus*) a third person or of the donor himself. This practice had the advantage of circumventing the common law prohibition of leaving property by will and could be used to avoid feudal dues on the death of the heir by ensuring that there was always a tenant of the property (*e.g.*, by transferring the property to two or more persons jointly, and replacing immediately donees who died). The common law did not recognise the use but the Court of Chancery from an early date began to ensure that the donee (later called the trustee) acted in good faith according to the terms of the grant and in the interests of the third parties (later called the beneficiaries). Gradually the beneficiaries came to enjoy an equitable interest in the property which at common law was in the ownership of the trustee.[42] A trust in the modern law is therefore an equitable obligation which binds the trustee to deal with the trust property, over which he has control, for the benefit of the beneficiaries, who may enforce this obligation against him. Originally the beneficiaries' rights were *in personam* against the trustee but in the course of time they have come to approximate to rights *in rem*; in that they are good against anyone with whom the trustee deals, except *bona fide* purchasers for value of the legal estate without notice of the trust.

The trust today is a highly flexible institution. Any form of property may be held in trust, and, as a trust is not a contract, the agreement of the beneficiary is not required. Trusts are used for a multitude of purposes. *Private trusts* are usually expressly created but may arise from the presumed intention of the donor (when they are called "resulting trusts") or through the operation of rules of law or of equity (when they are called "constructive trusts"). They should exhibit certainty of words, of subject-matter, and of objects. They are frequently used to make provision for the future (*e.g.*, on marriage, or after death) and to protect the interests of children during minority. *Charitable trusts* include trusts for the relief of poverty, for the advancement of education or religion, and other purposes of benefit to the community.[43] As charities are in general tax exempt there has been much litigation over the boundaries of this category of trusts and special rules relating to the operation and regulation of charitable trusts have been developed.[44]

Much of the law governing the duties of a trustee is now statutory.[45] A trustee must show honesty and efficiency in his dealings with the trust property and impartiality as between the beneficiaries. He will personally be liable for loss arising from a breach of trust and has no right to remuneration unless such is authorised by the trust. Under statute, and in consequence of the inherent jurisdiction it asserts, the court will supervise very closely the operation of a trust and may, for example, nominate a trustee so that a trust cannot fail for want of a trustee. In general, however, the court cannot order a variation of the beneficial interests under a trust.

The law of trusts in Scotland has evolved separately from the English law, although since the beginning of the nineteenth century the influence of English trust doctrines has been very strong. In Scotland the trust does not rest upon a fundamental division between legal and equitable property, as in England, but is derived from principles of the Roman contracts of mandate (*mandatum*) and deposit (*depositum*), and from the *fideicommissum* which provided for the substitution of a series of heirs, if there was an attempt to alienate property by an heir in possession. In Scots private law trusts are classified as private or public. They are private if the property is held for the benefit of individuals, and public if the property is held for charitable, educational or other public purposes.[46] The "judicial factor" in Scotland is a special kind of trustee, appointed *ad hoc* by the court to deal with property on behalf of someone legally incapable of so doing.

5. Succession

In English law testate succession occurs where there is a valid will and intestate succession where there is no will or a will has failed to take effect. Wills may be made by anyone except infants or persons of unsound mind (see *infra* 6) and must be made in accordance with the formalities prescribed

[42] The greatest English legal historian, *Maitland*, described the trust as the "largest and most important of all the exploits of Equity" (Selected Essays (1936) 141 ss.).

[43] *Commissioners of Income Tax v. Pemsel*, [1891] A.C. 531 (H.L.).

[44] Charities Act, 1960 (8 & 9 Eliz. 2, c. 58).

[45] Trustee Act, 1925 (15 Geo. 5, c. 19); *cf.* Trustee Investments Act, 1961 (c. 62).

[46] The statutory powers of the trustee are contained in the Trusts (Scotland) Acts, 1921 (11 & 12 Geo. 5, c. 58) and 1961 (9 & 10 Eliz. 2, c. 57).

by the Wills Act, 1837,[47] which specify that there must be a written document, signed by the testator, or by someone else in his presence or at his direction, with the signature (appearing at the foot of the will) "attested" by at least two witnesses who must sign the will in the presence of the testator. Informal wills are permitted for soldiers, sailors and airmen on actual military service, and for seamen at sea; in these circumstances the testator must be over fourteen years of age and even an oral declaration of intention may suffice. Wills may be revoked either expressly or by implication.

Intestate succession is now substantially governed by the Administration of Estates Act, 1925, as amended by various statutes including the Intestates' Estates Act, 1952, and the Administration of Estates Act, 1971.[48] The estate of the deceased rests in his personal representative (an executor or administrator) upon trust for sale. When the assets are realised and the debts paid the personal representative is responsible for distributing the estate according to the statuory rules amongst certain classes of near relations, for whom it is assumed the deceased, had he made a will, would have made provision. These classes of relations include (1) a surviving husband or wife, (2) surviving children, (3) surviving parents, (4) surviving relations of remoter degree. If a person dies intestate and leaves no relations within the prescribed categories then the estate will pass to the Crown as *bona vacantia*; the Crown may, however, make provision for dependents.

The Inheritance (Family Provision) Act, 1938, as amended by the Inheritance (Family Provision) Act, 1966,[49] allows certain dependents to make application to the court for maintenance from the estate if they would otherwise not be provided for. Since 1952 such application has been possible both in cases of testacy and intestacy. Reasonable maintenance may be awarded, at the discretion of the Court, to surviving husbands or wives, unmarried daughters, infant sons, sons or daughters incapable of maintaining themselves, and divorced former spouses not remarried at the time of the death. In consequence of the Family Law Reform Act, 1969 (c. 46) *all* children are now included, whether legitimate by birth, legitimated, adopted or illegitimate.

In Scotland "legal rights" are enjoyed by certain relatives of a deceased person, including the surviving spouse and children, against portions of the deceased's estate irrespective of the wishes or intention of the testator. Until recently the succession to heritable property on intestacy depended upon feudal rules giving preference to males and to primogeniture whilst the succession to movables on intestacy followed quite different rules. As a result of much criticism a common set of rules, for both movable and heritable property, was introduced in 1964; there are still, however, a few special cases which fall outside these common rules.[50]

6. Persons

There is no codification of the law of persons in English law and the principal factors which affect status and capacity, such as nationality, domicile, minority, marriage and divorce, and unsoundness of mind are usually treated in specific fields of law.

Minors in law are persons under the age of 18, who suffer certain incapacities but are accorded some special privileges. In contract the common law rule that infants' contracts were voidable at their option was supplemented by the Infants Relief Act, 1874 which provided that contracts made by infants "for money lent or to be lent, or for goods supplied ... and all accounts stated with infants" shall be absolutely void.[51] Contracts made during minority may not be ratified by a minor when he attains the age of majority. However, minors are liable to pay a reasonable price for necessaries (goods appropriate to the purchaser's standard of living), may be bound by contracts of apprenticeship or service considered as beneficial to them, and if they enter certain enduring contracts (such as for the lease of property) may be bound by obligations incurred unless the contract is repudiated within a reasonable time after the age of majority is attained. In the law of torts minors have full capacity to sue (through an adult acting as "next friend") or to be sued (through a guardian *ad litem*) but their contractual privileges cannot be evaded through the framing of an action in tort against them. A minor is only liable for a wrong independent of contract.[52] As far as the law of property is concerned minors may not hold a legal estate in land but may enjoy an equitable interest in land, or in property which comes

[47] 7 Will. 4, and 1 Vict., c. 26.

[48] 15 Geo. 5, c. 23; 15 & 16 Geo. 6 and 1 Eliz. 2, c. 64; and 1971, c. 25. Before 1 Jan. 1926, freehold land descended on intestacy according to the primogeniture; leaseholds and personal property descended to the next of kin.

[49] 1 & 2 Geo. 6, c. 45; 1952, c. 64; 1966, c. 35.

[50] See Succession (Scotland) Act, 1964 (c. 41).

[51] 37 & 38 Vict., c. 62, s. 1.; see, however, *Valentini v. Canali* (1889), 24 Q.B.D. 166.

[52] *R. Leslie, Ltd. v. Sheill*, [1914] 3 K.B. 607 (C.A.)

to them on the death of another person (and which may be held on their behalf by a trustee or personal representative until the age of majority). At the present time minors and persons of unsound mind do not enjoy testamentary capacity.

Married women lost many of their former incapacities as a result of the enactment of the Law Reform (Married Women and Tortfeasors) Act, 1935.[53] They may sue and be sued independently of their husbands in contract and in tort, hold property and be made bankrupt; other important recent reforms with respect to the property rights of a married woman are contained in the Married Womens Property Act, 1964 (c. 19) and the Matrimonial Homes Act, 1967 (c. 75) as amended.

Persons of unsound mind suffer from legal incapacity but are afforded various types of protection by the law. If they are incapable of managing their own property and contractual affairs they may be placed under the supervisory control of the "Court of Protection" (an administrative body) and a receiver may make contracts on their behalf; the Crown Courts, and, under certain conditions, Magistrates' Courts may make "hospital orders" or "guardianship orders" instead of sentencing them when they are accused of criminal acts. Apart from this their contracts may, within limitations, be voidable at their option, but, like infants, they must pay a reasonable price for necessaries. The Mental Health Act, 1959 (7 & 8 Eliz. 2, c. 72) introduced wide-ranging provisions dealing with the care and treatment of mentally disordered persons and the protection of their property, including compulsory admission to hospital and compulsory guardianship.

In Scotland, it may be noted that pupils, children below the age of puberty (12 in the case of girls and 14 in the case of boys) have no legal capacity and a guardian or "tutor" acts for them in all legal matters. Minors, children between the ages of puberty and majority (18), may, however, enjoy substantial legal capacity even if, for example, they have a curator to advise them, or concur in, their affairs.[54] Although possessing such capacity during minority, minors enjoy a "right of reduction" in respect of certain transactions, entered into to their prejudice, which may be repudiated in the *quadriennium utile*, the period of four years after the attainment of majority.[55] Minors may make a valid will of their movable estate and they may marry without parental consent after they reach the age of 16. Generally orders relating to custody and control of minors over the age of 16 are not made in Scotland, except in cases where care and protection, or delinquency, are involved.

7. Family Relations

a. *Marriage and divorce.* – Marriage is regarded in English law as a civil contract. Marriages are void if they are not solemnised according to the prescribed formalities.[56] Under the Nullity of Marriage Act, 1971 (c. 44) marriages may be void (1) if the parties are within the prohibited degrees of relationship, (2) if either party is under the age of sixteen, (3) if the requirements as to the formation of marriage have not been observed (*supra*), (4) if at the time of the marriage either party was already lawfully married, or (5) if the parties are not respectively male and female. A marriage may be voidable if (1) there is non-consummation of the marriage because of the wilful refusal of a party, (2) if there is non-consummation owing to the incapacity of either party, (3) if either party did not consent to the marriage (*e.g.*, in consequence of duress, mistake, unsoundness of mind *etc.*), (4) if, at the time of the marriage, either party, although capable of giving a valid consent, was suffering from mental disorder of such a kind or such an extent as to be unfitted for marriage, (5) if one of the parties was, at the time of the marriage, suffering from communicable venereal disease, or (6) if the wife was, at the time of the marriage, pregnant by another person.

Marriages may be dissolved under the provisions of the Matrimonial Causes Act, 1965 (10 & 11 Eliz. 2, c. 72), as amended by the Divorce Reform Act, 1969 (c. 55).[57] The sole ground on which a petition for divorce may now be presented is that the marriage has broken down irretrievably. This may be evidenced by the petitioner showing (1) adultery on the part of the respondent, (2) that the respondent has behaved in

[53] 25 & 26 Geo. 5, c. 53; the Married Womens Property Act, 1882 (45 & 46 Vict., c. 75) had led the way toward this emancipation.

[54] The *curator ad litem* is a guardian appointed by the courts to protect the interests of a pupil or a minor who is involved, directly or indirectly, in court proceedings. The *curator bonis* may be appointed to take over the administration of the estate of a child or a person of unsound mind.

[55] *Hill v. City of Glasgow Bank* (1879), 7 R. 68, 74–75 (Ct. of Session).

[56] Marriage Acts, 1949–1970 (12, 13, 14 Geo. 6, c. 16; c. 34).

[57] The 1969 Act does not provide a complete code of divorce law and must be read in conjunction with the earlier legislation, especially the Matrimonial Causes Act, 1965 (c. 72) and the Matrimonial Proceedings and Property Act, 1970 (c. 45).

such a way that the petitioner cannot reasonably be expected to live with him (her), (3) that the respondent has deserted the petitioner for a continuous period of at least two years immediately preceding the petition, (4) that the parties have lived apart for a continuous period of two years preceding the petition *and* that the respondent consents to the divorce (this is now the most usual form of divorce, by mutual consent), or (5) that the parties have lived apart for a continuous period of five years preceding the petition – the consent of the respondent is not required but the Act contains certain safeguards. No petition for divorce may be brought within the first three years of marriage. After the *decree absolute* of divorce is pronounced by the court (three months after an interim *decree nisi* is pronounced) incidental orders concerning the property of the parties, the maintenance of the wife, the custody and education of the children *etc.*, may be made. Judicial separation must be distinguished from divorce; an order requiring the parties to a marriage to live apart may now be obtained on the same grounds as divorce except that there is no necessity to show proof of an irretrievable breakdown of the marriage.

Marriage in Scotland was traditionally regarded as a contract completed by the mutual consent of the parties. Regular marriages were those celebrated by a Minister of Religion, or, after 1939, before an authorised Registrar. Irregular marriages were often constituted by consent followed by prolonged co-habitation and the holding of the parties as "married" in the general repute of the neighbourhood. Two other common law forms of irregular marriage (by declaration *de praesenti* and by promise *subsequente copula*) were abolished as recently as 1939 when civil marriage was introduced by the Marriage (Scotland) Act, 1939 (2 & 3 Geo. 6, c. 34).[58]

Judicial divorce was known in Scotland for almost three centuries before it was first recognised in England in 1857. The principal grounds of divorce were adultery and desertion; to these were added, by the Divorce (Scotland) Act, 1938 (1 & 2 Geo. 6, c. 29), cruelty, incurable insanity, sodomy and bestiality. The 1938 Act also introduced a new remedy (s. 5) in the form of a petition for dissolution of marriage on the ground of presumed death. The grounds for judicial separation are adultery and cruelty (the latter including habitual drunkenness). With the exception of incurable insanity, divorce in Scotland continues to be based upon the commission of a "matrimonial offence" (as in England before 1969); important changes in the requirements of such offences and in the defences against their establishment were made by the Divorce (Scotland) Act, 1964 (c. 91). Three Scottish divorce bills, in general similar in effect to the provisions of the English Divorce Reform Act of 1969 (*supra*) have been introduced in Parliament without success since 1969.[59]

b. *Adoption.* – Adoption has been a recognised institution in English law since the passing of the Adoption of Children Act, 1926 (16 & 17 Geo. 5, c. 29) and the law is now governed by the Adoption Acts, 1958–1964,[60] as amended by the Adoption Act, 1968 (c. 53). Adoption is only possible through an order of the court (Magistrates' Courts and the Chancery Division of the High Court exercise jurisdiction in this field) and adoptions are usually arranged through registered adoption societies or by local authorites. The consent of the infant's parent or guardian is normally required and adoption vests parental rights and duties in the adopter, who must himself or herself be 25, or a relative of the infant and 21, or the father or mother of the infant (where it is illegitimate). Normally only one person may adopt but in certain circumstances joint adoption is permitted by husband and wife. The infant (here a person under 18 and unmarried) must have been continuously in the care and protection of the adopter for at least three months prior to the adoption and local authorities are given supervisory authority. Once the adoption order has been made the child becomes in all legal respects the child of the adopter.

In Scotland adoption was recognised in 1930 although an informal method of adoption had existed before that date. The law is contained in the Adoption of Children (Scotland) Acts, 1930–1949[61] and the Adoption Act, 1958 (7 & 8 Eliz 2, c. 72) also applies with modifications. The Succession (Scotland) Act, 1964 (c. 41) gave the adopted child the same rights of succession as a child born to the adopter in wedlock but deprived him of any rights in the estates of his natural parents.

[58] The best modern treatise is by *Clive and Wilson,* The Law of Husband and Wife in Scotland (1974).

[59] See in general the criticisms of the existing law contained in the Report of the Kilbrandon Committee on the Marriage Law of Scotland 1969 (Cmnd. 4011) and *Clive and Wilson* (*supra* n. 58) 1–18, 440–445.

[60] 7 & 8 Eliz. 2, c. 5; 8 & 9 Eliz. 2, c. 59; and 1964, c. 57.

[61] 20 & 21 Geo. 5, c. 37; 12, 13 & 14 Geo. 6, c. 98.

c. *Guardianship.* – The English law relating to guardianship is now substantially regulated by the Guardianship of Minors Act, 1971 (c. 3). Guardianship involves the rights and duties of exercising control and care over the person of a minor and of supervising his or her maintenance, education or welfare. Either parent may be a guardian; usually if a minor has his or her father living, he or she will be subject to the father's legal guardianship. On the father's death the mother will usually succeed to the guardianship, although either the father or the mother may be deprived of their rights by the court for sufficient reason. Either or both parents may appoint a "testamentary" guardian or guardians to act after their death. Alternatively, a guardian may be appointed by the court when there is no other guardian, or in substitution for, or together with, an existing guardian. The minor may become a "ward of court", restraining him or her, for example, from leaving the jurisdiction or marrying without permission, if an order under the Law Reform (Miscellaneous Provisions) Act, 1949 (12, 13 & 14 Geo. 6, c. 100) is made.

In Scots law (see *supra* 6) a tutor is the guardian of a pupil and must act within the terms of the Judicial Factors Acts and the Trusts (Scotland) Acts, 1921.[62] The *curator ad litem* and the *curator bonis* (see *supra* n. 54) also have important functions in the law of guardianship. *Pro tutors* and *pro curators* may assume similar responsibilities as tutors or curators without legal authority but may still be bound by the obligations of properly appointed guardians. An award of custody does not affect tutory or curatory.

The father is the natural guardian of his child during minority and is said to be the administrator-in-law of the child. The mother will become guardian of a pupil child on the death of the father.[63] The 1925 Act allows the Court to intervene in cases where there is a dispute over a nominated guardian and local authorities may assume the rights and powers of parents where a child has no parent or guardian.[64]

d. *Legitimacy, legitimation and illegitimacy.* – In English law a child whose parents are lawfully married at the time it is conceived or born, or at any time between those two events, is legitimate. Children of voidable marriages born during the continuance of the marriage are legitimate, and, in certain circumstances, the children of void marriages may also be legitimate.[65] Any child not born under the preceding conditions is *prima facie* illegitimate but may be legitimated *per subsequens matrimonium.*

The rights of illegitimate children to succession of property were greatly improved by the Family Law Reform Act, 1969 (c. 46) but are still in many respects dissimilar from those of legitimate children. Although at common law the father of an illegitimate child has no duty to maintain the child, under certain conditions an "affiliation" order may be made by a Magistrates' Court ordering the father to pay for the maintenance of the child until it reaches the age of sixteen, and under recent social security legislation[66] the liability of one spouse to maintain the other and their "children" includes illegitimate children.

In Scots law the child born of a married woman during the subsistence of a marriage is presumed to be legitimate but the presumption may be overcome in certain circumstances. An illegitimate child may be legitimated by the subsequent marriage of the parents; the Legitimation (Scotland) Act, 1968 (c. 22) removed the earlier qualification that the parents should have been free to marry at the time of conception. Many previous disabilities of illegitimate children have been progressively removed by statute in recent years. Nevertheless, illegitimate children still suffer disadvantages in respect of the existing Scots law as to intestacy, custody, guardianship and aliment (the obligation of the father, mother or other paternal or maternal ascendant relatives to support a child).

V. COMMERCIAL LAW

1. Introductory

Commercial (or mercantile) law is regarded in England as essentially part of the general law of the land and not as a self-contained or distinct branch of law. For reasons of convenience it is often treated or presented separately but its boundaries are difficult to define and there is consider-

[62] Under the Trusts (Scotland) Act, 1921 (11 & 12 Geo. 5, c. 58) s. 2, a trustee by definition includes a "tutor, curator and judicial factor".

[63] Guardianship of Infants Act, 1925 (15 & 16 Geo. 5, c. 46) s. 4 (1).

[64] Children Act, 1948 (11 & 12 Geo. 6, c. 43).

[65] Legitimacy Act, 1959 (7 & 8 Eliz. 2, c. 73).

[66] *E.g.*, Ministry of Social Security Act, 1966 (c. 20)

able disagreement over the divisions of the subject. For the purposes of this report the following important topics will be mentioned briefly (*infra*): Sale of goods, hire-purchase and credit sale, agency, partnership, companies, insurance, negotiable instruments, commercial securities, contracts of carriage, maritime law and bankruptcy. Patents for invention, industrial designs and copyright are, following the plan of the volume, accorded a separate chapter (*infra* VII) to themselves.

Until the early part of the seventeenth century commercial law in England was the law of a class of persons, the merchants engaged in foreign trade. The "law merchant" was made up of the practices and usages developed through international commercial intercourse by these merchants and applied within the jurisdiction of the Court of Admiralty. The Admiralty jurisdiction was eventually crippled, principally through the attacks made upon it by *Sir Edward Coke* after he became Chief Justice of the Common Pleas in 1606. The common law courts then slowly assumed an increasing commercial jurisdiction, viewing the law from the standpoint of custom and applying each mercantile custom when that custom was proved before them. By the early eighteenth century commercial customs of all kinds became freely admitted and began to be applied to all persons engaged in commercial transactions. It is usual to ascribe to the genius of *Lord Mansfield* (Chief Justice of the King's Bench, 1756–1788) the coherent restatement of these rules in judicial decisions and their integration into the body of the common law as a whole. It is certain that *Mansfield*'s work laid the foundation upon which modern English commercial law rests, although, by this period, the Court of Chancery was also making a noteworthy contribution in certain areas, especially in company law, and in partnership and bankruptcy law.

In the nineteenth century much of English commercial law was rationalised and recast in a remarkable series of codifying statutes, reference to some of which is made below. There is still, however, no general commercial code. The law is generally administered by the common law courts, although certain special topics fall within the province of the Court of Chancery. Since 1894 a specific "Commercial Court" has been in existence; this is a division of Queen's Bench to which cases on the "commercial list" are assigned. Much of the work of this court, which has often not been sufficiently used, is concerned with shipping cases, marine insurance, and litigation over c.i.f. (cost, insurance, freight) and f.o.b. (free on board) contracts. The work of this court is now substantially regulated by the Administration of Justice Act, 1970, which also transferred the jurisdiction formerly exercised by the admiralty side of the old Probate, Divorce and Admiralty Division to the Queen's Bench Division.

Many of the present-day difficulties in the path of the further development of commercial law in England arise from the fact that, by reason of its historical origins, that law is concerned with the application of principles and rules of the law of contract (see *supra* IV 1) to the special and varying circumstances and requirements of modern merchandising, banking, insurance and transport business.

2. Sale of Goods

The Sale of Goods Act, 1893 (56 & 57 Vict., c. 71), which codified the law in this field, rests upon principles of free trade and freedom of contract; it reflects the nineteenth century belief that in the absence of fraud or wrongdoing the law should not unnecessarily interfere in a bargain. It contains certain limited exceptions to the general rule that the purchaser must make his own bargain. For example s. 14(2) provides that where goods are bought of a description which it is in the seller's course of business to supply they must be of "merchantable quality" (although this condition will not be implied where the purchaser has examined the goods and the defect complained of is one which the examination should have revealed). Further s. 14(1) provides that where the purchaser makes known to the seller, either expressly or by implication, the purpose for which the goods are required, and thus shows that he relies on the seller's skill and judgement, there is an implied condition that the goods shall be reasonably fit for such purpose. S. 15 lists implied conditions in the case of contracts for sale by sample and s. 13 provides that in contracts for sale by description there is an implied condition that the goods shall correspond with the description (or, where the sale is by sample and description that the bulk shall correspond with sample and description). Such safeguards as these have not, however, prevented serious problems arising in recent years through the growing use of "exemption clauses" seeking to relieve dealers of liability for supplying defective, or even dangerous, goods. The Supply of Goods (Implied Terms) Act, 1973 (c. 13) has recently amended a number of these provisions as to the terms to be implied in contracts for the sale of goods, in hire-purchase agreements, with respect to the exchange of goods for trading stamps and to the terms of certain conditional sale agreements.

Certain distinctive features of English sales law may be summarised. Intention, and not delivery, passes property. Thus s. 17(1) provides that property passes (and an "agreement to sell" becomes a "sale") when it is intended to pass, and s. 18 provides rules for the ascertainment of the intention of the parties where it is unclear. The most important of these rules lays down that in unconditional contracts for the sale of specific goods in a deliverable state, the property in the goods passes when the contract is made. The risk of accidental destruction of the goods passes with the property, in the absence of contrary agreement (s. 20). It is a fundamental term in the contract that the seller shall transfer the property in the thing sold to the purchaser. The rule that a person cannot give a better title than he himself possesses (*nemo dat quod non habet*) is, however, subject to a number of exceptions which have the object of protecting the title of a *bona fide* purchaser; for example, a sale in market overt may convey a good title upon a buyer in good faith who has no notice of any defect in the title (s. 22). An agreement of the parties upon the price is not essential to the contract; if no agreement has been reached a reasonable price must be paid. Unpaid sellers have the right (called a "seller's lien") to retain possession of the goods against payment (s. 41) or of stopping delivery *in transitu* in certain circumstances (s. 45). The buyer's right to reject the goods is limited although he may claim damages for breach of warranty. The Act of 1893 lays down some *prima facie* rules on the measure of damages but in general the ordinary rules of the law of contract on damages apply.

The Act of 1893 applies in general to Scotland, but has given rise there to many problems for the Scottish courts, in their attempts to bring its provisions into accord with the distinctive civilian principles of Scottish law; these principles were, in many ways, better attuned to mercantile needs than the comparable English rules (see s. 13–15).

3. Hire-Purchase and Credit Sale

As a result of widespread dissatisfaction with the state of the law regarding consumer credit protection the *Crowther* Committee was set up in July 1968, to "inquire into the present law and practice governing the provision of credit to individuals for financing goods and services for personal consumption..." and "to consider the advantages and disadvantages of existing and possible alternative arrangements for providing such credit, having regard to the interests of consumers, traders and suppliers of credit, including depositors". The report of this Committee, published in 1971, recommended widespread changes in the law.[67]

The Consumer Credit Act, 1974 (c. 39) replaced the existing enactments regulating money-lenders, pawn-brokers and hire-purchase traders. It established, under the administration of the Director General of Fair Trading (*infra* VI (c)), a system of licensing and other control of traders concerned with the provision of credit or the supply of goods on hire or hire-purchase, and linked transactions involving amounts up to £ 5000 (about US $ 12000). Certain credit agreements are exempt from the Act, for example, where the creditor is a local authority, or a building society.

The purpose of the Act is to protect consumers, and it provides, amongst other things, that it is an offence to issue misleading advertisements for credit; debtor-creditor agreements are prohibited off trade premises; also it is an offence to send circulars to minors inviting them to borrow or hire, or to give a credit-token, unless so requested.

Regulated agreements may be cancelled by the debtor or hirer if the antecedent negotiations included oral representations made by the negotiator in the presence of the hirer or debtor, unless the agreement is secured on land, or unless the unexecuted agreement is signed by the debtor or hirer at premises at which the creditor or owner carries on business. The debtor or hirer is allowed a "cooling-off" period in that he may serve notice of cancellation within five days of receiving a copy of the agreement, or at the end of the fourteenth day after signing an unexecuted agreement. On cancellation, money paid by the debtor or hirer can be recovered. Notice must be served on the debtor or hirer before the creditor or owner can become entitled to recover possession or terminate the agreement. He must allow the debtor or hirer at least seven days in which to remedy a breach. If the debtor has paid one third or more of the total price, and the property remains in the creditor, the creditor can only recover possession with a court order. If he contravenes this provision, then the debtor will be released from all liability under the agreement, and is entitled to recover all sums paid. Interest cannot be increased on default. The debtor has the right to complete payment ahead of time.

[67] Report of the Crowther Committee 1971 (Cmnd. 4596).

4. Agency

The law of agency has not been put into statutory form and it is common to find agency treated as an extension of the limits of a contract rather than as a separate legal topic. The extensive case law has developed characteristic rules governing (1) the duties and obligations owed between the principal and his agent, and (2) the legal effect of the contractual relationship established with the third party by the agent acting on behalf of the principal. As to the former the agency usually results from an express or an implied contract, but the agent is treated as being in a fiduciary position. Thus he may not delegate his duties without authority, must not place himself in a "conflict of interests" situation, and may not make any improper profit (as opposed to his rightful commission) from the position he holds. As to the latter, the principal may in certain circumstances be liable for the unauthorised acts of an agent if the acts were done within the apparent scope of a general authority. The agent may contract for and on behalf of either a disclosed or an undisclosed principal; in the latter case either the principal or the agent may sue or be sued upon the contract. The agent for an undisclosed principal in a commercial contract must have authority to act at the time the contract was made and the third party may, at his election, sue either the agent or the principal when the latter's identity is known. Where an agent contracts for a disclosed principal he usually does not incur liability himself under the contract. However, if the agent acts outside the scope of his authority, so that the principal is not bound, he may be sued for breach of warranty of authority (or fraud, if he acted dishonestly).

5. Partnership

The law is codified in the Partnership Act, 1890 (53 & 54 Vict., c. 39); s. 1 defines a partnership as a "...relation which subsists between persons carrying on a business in common with a view of profit". The formation and registration of limited partnerships was dealt with in the Limited Partnership Act, 1907 (7 Edw. 7, c. 24) but a more convenient form of registration (with the Department of Trade and Industry) has been provided for limited companies under the Companies Acts (see *infra* 6).

It is often claimed that the main principles of the English law of partnership form in reality a special branch of the law of agency. A partnership may be set up without formal agreement but will usually have "articles of partnership" which determine the business relationship between the partners. A partnership is not a legal person but a joint enterprise; each partner is treated as an agent for himself and each of the others when engaged on the business of the "firm". Partners are liable individually and personally for the debts of the partnership, and can sue and be sued in the name of the partnership. Partners are joint owners of the partnership property and a judgement against the firm can be executed against their personal property. Each partner owes to his fellow partners a duty to exercise the "utmost good faith" in his dealings; he must make full disclosure of profits and benefits, he must not compete with the business of the partnership or permit a conflict of interests to arise. Partnerships may be for a fixed period of time or may be dissolved at the will of any partner or by order of the court in given circumstances.

6. Company Law

Corporations with legal personality may be created by the Crown through royal charter (*e.g.*, a borough corporation), by statute,[68] or in accordance with statutory requirements. The great majority of trading companies are formed in this last manner by registration in accordance with the Companies Acts, 1948 (11 & 12 Geo. 6, c. 38) and 1967 (c. 81), which consolidated a long series of earlier enactments originating in the nineteenth century. The Companies Act, 1948 established a scheme of regulation and control designed to protect the public and shareholders in companies from fraud and misrepresentation; this Act, and the other legislation, must be read in conjunction here again with the case law.

Any seven or more persons (or any two or more persons in the case of private companies) may initiate the formation of a company by subscribing their names to a memorandum of association and to articles of association. A private company is one which by its articles of association limits the number of members to 50, restricts the right to transfer its shares, and prohibits any invitation to the public to subscribe for shares or debentures. The memorandum of association must set out the objects and business of the company, give the corporate name of the association and the situation of its registered office, the amount of nominal

[68] *E.g.*, B.O.A.C. and B.E.A. were established by the Air Corporations Act, 1949 (12, 13 & 14 Geo. 6, c. 91).

capital and its division into shares, the names, addresses and descriptions of the subscribers (and details of the shares they agree to take). An important clause in the memorandum deals with limitations of liability. Companies may be limited by shares, limited by guarantee, or they may be unlimited. If they are limited by shares (the commonest form) the liability of each shareholder will be limited to the nominal value of his or her shares to the extent of the money unpaid. Limitation by guarantee means that the member's liability is limited, in the event of any liquidation of the company, to the amount he has guaranteed (in the memorandum) to pay. Articles of association regulate matters relating to the internal management of the company and bind the company and its members each to the other. The articles will deal with such matters as the transfer of shares, alteration of capital, dividends, accounts, company meetings, duties of directors, *etc.*

A new company is registered (in England and Wales) by the Registrar of Joint Stock Companies, who, if he is satisfied with the documents presented to him will issue a Certificate of Incorporation. Thenceforward the company exists as a legal person and is a separate entity from its individual members. A trading certificate is, however, necessary before a public company can commence business and this will be issued only when the minimum share subscription has been obtained.

The control of the company, subject to the memorandum of association, is in law divided between the general meeting and the directors. The Companies Act, 1948 provides that once in each year every company must hold an annual general meeting; extraordinary meetings may be summoned by the directors or by a specified proportion of the shareholders. The directors are both officers and servants of the company, and, in a sense, trustees for the company although not for individual shareholders. Their powers are ascertainable by reference to the particular articles of association and to the statutory provisions and judicial precedents which affect such matters as the directors' legal position as against the company, their appointment to office, disqualification or removal from office, and the degree of care and business prudence they are required to exercise.

The share capital of a company may be defined as the total sum of money receivable by a company on the sale of all its shares. Nominal capital is the total amount of capital the company is authorised to issue. Issued capital is the nominal part of the capital actually issued to shareholders and paid-up capital is that part of the issued capital which has been paid to the company. Reserve capital is that part of the uncalled capital which the company has resolved not to call up save in the event of liquidation. Capital is frequently divided into preference, ordinary and deferred shares. Debenture holders are creditors who have advanced money to a company; their debenture is a document certifying the company's indebtedness and their security may be effected by means of a legal mortgage in the form of a "fixed charge" or a "floating charge". A "fixed charge" will attach to a particular part of the company's property but a "floating charge" will only "crystallise" when the security is enforced.

Companies may be "wound up" (dissolved) compulsorily, voluntarily or under supervision. A compulsory winding up is brought about by a petition to the court usually from an unpaid creditor, but sometimes from a contributory (*i.e.*, a person liable to contribute to the assets in the event of a winding-up), the Official Receiver, or the company itself. Once the petition for a compulsory winding-up is presented application may be made for the appointment of a provisional liquidator; if the petition is successful the Official Receiver will become the provisional liquidator with control and custody of the company property and assets. The court will appoint a permanent liquidator who must act under its direction in winding up the affairs of the company, realising and distributing its assets. If the company is insolvent a strict order of priority in the distribution of assets must be observed. A voluntary winding-up takes place by resolution of the company itself without recourse to the court. A liquidator is appointed by the company but the process of liquidation is not necessarily independent of the court, which may, in certain circumstances, make an order that the voluntary winding-up shall continue only under its supervision.

7. Contracts of Insurance

Contracts of marine, fire and life insurance are known as contracts *uberrimae fidei* and require the fullest disclosure of known material facts (*i.e.*, those facts which would influence a prudent insurer in determining whether to take the risk and in fixing the premium required). They may be avoided on the ground of non-disclosure even though *restitutio in integrum* is not possible. The insurer has the right of subrogation and may take over the rights of the assured when he pays the amount of the loss.

Common law rules on marine insurance are codified in the Marine Insurance Act, 1906 (6 Edw. 7, c. 41) which includes provisions as to the form and writing of the policy, the ascertainment of total or partial loss, average losses and salvage charges. Compulsory third party insurance is regulated for the users of motor vehicles by the Road Traffic Act, 1960 (8 & 9 Eliz, 2, c. 16).

Companies and other incorporated bodies which in the United Kingdom carry on life, fire, accident, employers' liability, bond investment, motor vehicle, marine, aviation or transit assurance business must comply with the provisions of the Insurance Companies Act, 1958 (6 & 7 Eliz. 2, c. 72) and with Part II of the Companies Act, 1967 (c. 81).

8. Negotiable Instruments

Bills of exchange, promissory notes and cheques are the most important negotiable instruments.

The Bills of Exchange Act, 1882 (45 & 46 Vict., c. 61), as amended, is the leading statute. S. 3 of the Act defines a bill of exchange as: "...an unconditional order in writing, addressed by one person to another, signed by the person giving it, requiring the person to whom it is addressed to pay on demand, or at a fixed and determinable future time, a sum certain in money to, or to the order of, a specified person, or to bearer". Under s. 2 of the Act a holder is the payee or indorsee of the bill who is in possession of it, or the bearer in the case of a bearer bill. A holder for value is anyone who holds a bill for which at any time value has been given (s. 27(2)) and there is a presumption that every holder of a bill is a holder in due course (*i.e.*, a person taking a bill, complete and regular on the face of it, in good faith and for value, with no notice of dishonour or defect). A holder may sue on the bill in his own name, transfer it, and present the bill for acceptance and for payment. Bills may be discharged by payment in due course, by negotiation to the acceptor, by renunciation by the holder of his rights at maturity, by a written cancellation on the bill itself, or by a material alteration (as to, *e.g.*, the date, sum payable, or time and place of payment). Most bills are required by the Stamp Acts to be stamped with an impressed or adhesive stamp.

A promissory note is, according to the Bills of Exchange Act, 1882 s. 83 (1) "...an unconditional promise in writing made by one person to another, signed by the maker, engaging to pay on demand, or at a fixed or determinable future time, a sum certain in money to, or to the order of, a specified person or bearer". Unlike bills of exchange there is no drawer of a promissory note and therefore the rules relating to presentment for acceptance cannot apply. A promissory note is a convenient form of security for credit and may be negotiated. Bank notes are promissory notes in which the promise is made by the banker to pay the bearer on demand the sum named in the note. An I.O.U. is *not* a promissory note but is only evidence of a debt.

Cheques are defined by the Bills of Exchange Act, 1882 s. 73 as "bills of exchange drawn on a banker payable on demand" and many of the rules governing other bills are applicable to them. However, certain special rules should be noted. "Crossed" cheques, where two parallel lines are drawn across the face of the cheque, place the paying banker under a duty to pay to a bank and not to the named payee; a special crossing will add the effect of ensuring that payment is only made to a particular bank or banks. Very many cheques are marked "not negotiable"; they may still be transferred by the payee but their character as negotiable instruments is lost. The Cheques Act, 1957 (5 & 6 Eliz. 2, c. 36) has provided that the payee need not indorse the cheque unless he wishes to negotiate it (s. 1) and also (s. 4) protects bankers who in good faith and without negligence receive payment for a customer, or, having credited the customer, receive payment for themselves, and the customer has no title or only a defective title – in such circumstances the banker will incur no liability to the true owner of the cheque by reason only of having received such payment. In English law the banker and his customer not only have a creditor/debtor relationship; a special relationship exists from which duties owed by each to the other are derived.

9. Commercial Securities

Important commercial securities in English law are bills of sale, liens, contracts of guarantee or suretyship and company charges. Bills of Sale are governed principally by the Bills of Sale Acts of 1878 and 1882.[69] Bills of Sale are instruments by which a personal chattel is mortgaged by the owner (the transferor) to another person (the transferee), the property in the chattel passing to the transferee but the chattel remaining in the physical possession of the transferor. They are of two kinds, either absolute or by way of security for money, and they must be made according to the formalities prescribed by the Acts.

Liens are rights to retain property pending payment for it or for services rendered in respect of it. Commercial liens include possessory liens, where

[69] 41 & 42 Vict., c. 31; 45 & 46 Vict., c. 61.

the claimant has possession of the goods against which the lien is asserted (see *supra* 2) and maritime liens against ship, cargo or freight in respect of, for example, damage caused in a collision.

Contracts of guarantee or suretyship are strictly distinguished from contracts of indemnity. They are contracts in which one person undertakes, either personally or with his property, to be responsible for the debt or liability of another.

Companies (see *supra* 6) may, if expressly or impliedly empowered to do so by their articles of association, create charges over their property to secure the repayment of monies borrowed, by legal mortgage, by an equitable charge (*e.g.*, through deposit of title deeds), by a floating charge on the undertaking as a whole, by promissory note, or by debenture.

10. Contracts of Carriage

In English law a "common carrier" has historically special duties and responsibilities which derive partly from case law and partly from statute. A "common carrier" is one who holds himself out as being ready for hire to transport from place to place, either by land, sea or air, the goods of anyone wishing to employ him. He is an insurer of the safety of the goods carried, save for "excepted perils" and for any limitation of his liability by statute.[70] Whether a carrier is a "common carrier" or not will depend on the circumstances; private carriers have unlimited liability, subject to the terms of the individual contract, but may also rely on the "excepted perils" (*e.g.*, Act of God, fault of the consignor).

Since the British Railways Board is *not* a "common carrier" contracts of carriage by *rail* are in practice made according to the terms of the Board's Conditions of Carriage, which cover most kinds of traffic. Certain international traffic is carried under the CIM conditions[71] and special contracts are made from time to time with particular trades and industries.

Many contracts of carriage of goods by *road* are made according to the Conditions of Carriage of the Road Haulage Association and standard conditions for the carriage of goods by road between the signatories to the CMR Convention[72] are incorporated in the Carriage of Goods by Road Act, 1965 (c. 37).

Contracts for the carriage of goods by *sea* are usually called contracts of affreightment and the price of the carriage is called the freight. Contracts of affreightment may take the form of a charter-party or of a bill of lading. The general liability of shipowners is limited by the Merchant Shipping Acts, 1894–1958.[73] The Carriage of Goods by Sea Act, 1924 (14 & 15 Geo. 5, c. 22) incorporated the Hague Rules on Bills of Lading and applied to all bills of lading issued in connection with the carriage of goods by sea in ships *from* any port in Great Britain and Northern Ireland. This Act has recently been superseded by the Carriage of Goods by Sea Act, 1971 (c. 19) which gives effect to the Hague Rules as amended by the Brussels Protocol of 1968.

The law of carriage by *air* also reflects the influence upon municipal law of British participation in international conventions. The Carriage by Air Act, 1932 (22 & 23 Geo. 5, c. 36) gave statutory effect in the United Kingdom to the Warsaw Convention of 1929. When the Warsaw Convention was amended by the Hague Protocol of 1955, the amendment was enacted in the Carriage by Air Act, 1961 (9 & 10 Eliz. 2, c. 27) which came into force on 1 June 1967. The further amendments to the Warsaw Convention contained in the Guadalajara Convention of 1961 are given effect to by the Carriage by Air (Supplementary Provisions) Act, 1962 (10 & 11 Eliz. 2, c. 43). The most important non-Convention rules are contained in the Carriage by Air Acts (Application of Provisions) Order, 1967 (no. 480).

11. Maritime Law

As a matter of *ad hoc* classification "maritime law" is not an expression in general use today. However, two main groups of subjects fall within this field of law. These are (1) contracts relating to the carriage of goods by sea and contracts of marine insurance, and (2) litigation concerning collisions, salvage, towage and limitation of liability. The former fall within the jurisdiction of the Commercial Court and the latter within the jurisdiction of the Admiralty Court, in the Queen's Bench Division of the High Court.

12. Bankruptcy

Judicial proceedings in bankruptcy have been the subject of a long series of English statutes, the first of which was passed in the reign of *Henry VIII* in 1542. The modern law is substantially contained

[70] See, for example, the Carriers Act, 1830 (11 Geo. 4 & 1 Will. 4, c. 68) as amended.

[71] International Convention Concerning the Carriage of Goods by Rail 1961 (Cmnd. 2187).

[72] Convention on the Contract for the International Carriage of Goods by Road.

[73] 57 & 58 Vict., c. 60; 6 & 7 Eliz. 2, c. 62.

in the Bankruptcy Act, 1914, the Bankruptcy (Amendment) Act, 1926, the statutory Bankruptcy Rules, and the Companies Act, 1947.[74] Any trader or individual may be made bankrupt; a company cannot be made bankrupt but may be wound up on insolvency (see *supra* 6). The insolvency of a debtor must be accompanied by one of the specific acts of bankruptcy listed in the Act of 1914, such as failing to comply with a bankruptcy notice following a judgement debt. A written bankruptcy petition is filed with the court by a creditor, or by the debtor himself; if the petition is accepted a receiving order is made and an Official Receiver (a public official acting on behalf of the court and the Department of Trade and Industry) is appointed to control the debtor's affairs. A meeting of creditors will decide whether or not to accept a partial payment of debt by way of composition; if this is not acceptable the public examination of the debtor, at which he must appear in person, will be followed by his being adjudicated bankrupt by order of the court. Upon adjudication the creditors will appoint a trustee in bankruptcy (usually one of themselves or the Official Receiver) and a committee of inspection. The effect of the adjudication is to vest title in the bankrupt's property in the trustee, who must then distribute the property among the creditors according to the statutory rules. Certain property is exempt, notably limited personal effects of the debtor and his family, but the trustee may reach back to property held or acquired at or after the commencement of the bankruptcy, and forward to property acquired up to the time of the bankrupt's official discharge. A bankrupt may apply to the court for an order for his discharge at any time after his public examination and an order of discharge may be granted unconditionally, conditionally or suspensively. There are a number of bankruptcy offences (such as obtaining credit for a sum exceeding £ 10 (about US $ 25) without disclosing bankruptcy) and bankrupts suffer from certain civil disabilities.

A Deed of Arrangement may be used to administer a debtor's estate without recourse to the law of bankruptcy. The Deeds of Arrangement Act, 1914 (4 & 5 Geo. 5, c. 47) applies and provides for the registration of such schemes within seven days of execution.

In Scotland a bankrupt is liable to the process of distribution known as "sequestration"; a "notour bankrupt" corresponds to a person who in England or Wales commits an act of bankruptcy. A trustee in bankruptcy administers the debtor's property and the debtor must assist in the realisation and distribution of his assets. Alternatively he may sign a trust deed which will transfer his property to a trustee who will use it for the benefit of the creditors. The modern Scots law of Bankruptcy was consolidated in the Bankruptcy Act, 1913 (3 & 4 Geo. 5, c. 20) and is closely interrelated with the law as to "diligence", the legal process by which a creditor attaches the property or person of his debtor with the object of forcing him to implement a judgement.[75]

VI. STATE AND ECONOMY

1. National Economic Policy and Planning[76]

This has in recent years often been shaped by the central government through the work of the Department of Employment and the Department of the Environment; other departments concerned with relationships between the government and trade and industry are: the Treasury (fiscal and monetary policy), the Department of Education and Science, the Ministry of Agriculture, Fisheries and Food, and, for most day to day purposes, the Departments of Trade and of Industry. Overall policy is designed to secure economic growth, rising productivity and a favourable balance of payments. In 1970 a Central Policy Review Staff was established within the Cabinet Office to work under the supervision of the Prime Minister on the formulation and review of the government's general economic strategy.

In 1962 a National Economic Development Council (NEDC) was set up, with the support of an independent National Economic Office. Regional economic planning councils and boards were established in 1965 for the eight regional planning areas of England (Northern, Yorkshire and Humberside, East Midlands, East Anglia,

[74] 4 & 5 Geo. 5, c. 59; 15 & 16 Geo. 5, c. 7; 10 & 11 Geo. 6, c. 47.

[75] A short account of this difficult subject, and of the working of the Bankruptcy (Scotland) Act, 1913 is given in *Coull and Merry* (*supra* n. 41) ch. 7.

[76] See generally, Britain 1974. An Official Handbook (1974) ch. 11, 12 and 13.

South-East, South-West, West Midlands, and North-West). Scotland has its own Economic Council and an Economic Planning Board, and there is a Welsh Council and a Welsh Planning Board. Northern Ireland also has an Economic Council. The NEDC and the regional bodies bring together representatives of government and both sides of industry; the NEDC also established a number of Economic Development Committees for particular industries.

Although personal, corporate, co-operative and public enterprises exist side by side in British industry, private enterprise, which accounts for most of the manufacturing industry and thus five-sixths of the country's export trade, is the characteristic feature of the system. Since the end of the Second World War, however, the range and depth of state participation in, and regulation of, industry and trade has steadily expanded. Some areas of state participation and regulation will be mentioned below under Home Industry, and Overseas Trade.

2. Home Industry

a. *Nationalisation* permits direct state participation in major industries and services through public corporations established by statute; these corporations are legal entities, as are other companies and corporations, and have effective practical independence in the day to day operation of the industry concerned, but they are usually accountable to an appropriate minister of the government and ultimately to Parliament. Amongst the principal public corporations of this type may be mentioned British Airways, British Broadcasting Corporation, Bank of England, Independent Television Authority, National Coal Board, British Steel Corporation, Electricity Council, Central Electricity Generating Board, Area Electricity Boards, North of Scotland Hydro-Electric Board, South of Scotland Electricity Board, Northern Ireland Joint Electricity Authority, Electricity Board of Northern Ireland, Gas Council, Area Gas Boards, British Railways Board, British Transport Docks Board, National Freight Corporation, National Bus Company, British Waterways Board, and the U.K. Atomic Energy Authority. The Post Office became a public corporation in October 1969 (it was formerly a government department), but the London Transport Executive (since 1962 a public corporation) was transferred to a new statutory transport authority under the control of the Greater London Council in 1969.

b. The central government *can influence* the course of the industrial life of the nation in many different ways. For example, through the Industrial Reorganisation Corporation, established in 1966, it can participate in schemes for the concentration, rationalisation and modernisation of industry, or, under the Industrial Expansion Act of 1968 (c. 32) give financial support to industrial projects calculated to improve efficiency, to create, sustain, or expand production capacity, or to promote or support technological improvements. Direct investment by the government in industry is common; in some cases, as in sectors of the shipping and petroleum industries, this may lead to a dominant state influence. The government has powers to give capital investment grants and a wide range of financial and other inducements in development areas and in selected industries in need of support for expansion. Development areas designated since 1966 include Northern Ireland, Merseyside, Cornwall and North Devon, and much of Scotland and Wales. They have since been extended to include industrial centres in west-central Scotland, north-east England and South Wales. Separate legislation provides various incentives designed to encourage the establishment of new industry in Northern Ireland.

c. Under legislation the central government *controls* restrictive trade practices, the enforcement of resale price maintenance, and monopolies and mergers. The Resale Prices Act, 1964 (c. 58) made minimum resale price maintenance unlawful, except for exempted agreements under the provisions of the Act. Once a claim for exemption has been registered with the Registrar of Restrictive Trading Agreements, the exemption is operative until a ruling of the Restrictive Practices Court has been given. Under the Monopolies and Restrictive Practices Act, 1948 (11 & 12 Geo. 6, c. 66) and the Monopolies and Mergers Act, 1965 (c. 50), a Monopolies Commission was established; the Department of Trade has authority to refer to this Commission monopolies and mergers for consideration of whether or not they are against the public interest. If an adverse report is received from the Commission the Department has wide powers to suppress or vary the actual or proposed arrangement. Under the Fair Trading Act, 1973 (c. 41) a Director-General of Fair Trading has supervisory responsibilities in respect of restrictive trading agreements, monopolies and mergers, and the protection of consumers.

d. There is very extensive *state control* of the safety, health and general welfare of the working population. Much of the employment, deployment and training of labour is centrally supervised and regulated by the Department of Employment. This Department is also concerned with the mobility of labour, and with the issuing of employment permits to Commonwealth and foreign workers. The terms and conditions of employment (wages, working hours, *etc.*) are settled in the majority of industries and trades through collective agreements entered into by employers and trade unions, although statutory wage-regulating machinery exists in certain industries and women and children are afforded special statutory protection in the matter of wages, hours and conditions of work. Trade unions are unincorporated associations but possess many of the characteristics of legal personality; they may sue and be sued for breaches of contract and may bring actions in respect of torts which have no connection with their group property. They have since 1906, however, enjoyed the privilege of freedom of actions against them in respect of torts alleged to have been committed by them or on their behalf.[77] The future development of the law on industrial relations is currently the subject of much controversy. The National Industrial Relations Court, which was established by the Industrial Relations Act, 1971 (c. 72) was recently abolished (together with its parent Act) by the Trade Unions and Labour Relations Act, 1974 (c. 52; see s. 1(3)). Legislation shortly to be introduced by the present government will effect far-reaching changes in the law relating to the protection of employment, the rights of members of trade unions to engage in industrial action, and the capacity of central government and its agencies to intervene directly in the control and direction of industry.[78]

3. Overseas Trade

By far the greater part of both the export and import trade is in the hands of private enterprise. Two types of state regulatory activity may be mentioned here: Customs duties and tariffs, and controls on trade and payments.

a. *Customs duties and tariffs.* – The United Kingdom is an active member of a number of international organizations which are concerned in various ways with removing tariff barriers and with the general liberalisation of international trade. These include the International Monetary Fund (IMF), the General Agreement on Tariffs and Trade (GATT), the Organization for Economic Co-Operation and Development (OECD) and the United Nations Conference on Trade and Development. Tariffs on trade in industrial products between the United Kingdom and the other member countries of the European Economic Community (EEC) are being progressively eliminated in stages over the transitional period ending on 1 July 1977. By the same date industrial tariff barriers between the EEC and the remaining member countries of the European Free Trade Association (EFTA), to which the United Kingdom belonged between 1960 and 1972, will also have been dismantled.

Reciprocal preferential tariff treatment for trade between the United Kingdom and certain Commonwealth countries, introduced in 1932, has been affected by British membership in the EEC. A number of Commonwealth countries are in consequence now negotiating with the EEC with the object of securing association or trading agreements to take effect after 31 Jan. 1975 (the date of expiry of the second Yaoundé Association Convention), at which time the United Kingdom will be obliged to apply the Common External Tariff of the EEC in trading relations with them.[79]

Customs duties on imports into the United Kingdom are either revenue duties or protective duties. Protective duties have been progressively relaxed in recent years (in particular as a result of the so-called "Kennedy Round" negotiations (1964–1967) within the framework of GATT). A new series of negotiations, the "Nixon Round", began in 1973.

b. *Controls on trade and payments.* – The Department of Trade has been granted statutory authority to prohibit or regulate the import or export of goods. Import licensing (usually in conjunction with quota restrictions) is still required for a small range of goods and there are health restrictions on some others. There is a temporary general import restriction on the import of goods from Rhodesia. Export controls are imposed on goods of material and strategic importance, goods in very short supply, on some animals (for humane reasons), on works of art, and on some other goods by way of support for exchange control restrictions. These last restrictions are of great practical significance; they are administered by the Bank of England (and the commercial banks) acting on behalf of the Treasury. Their purpose is to control

[77] Trades Disputes Act, 1906 (6 Edw. 7, c. 47) s. 4.

[78] See *Perrins*, Labour Relations Law Now (1975) p. XIII and 157 ss.

[79] See *Simmonds* (ed.), Encyclopedia of European Community Law (1974) II Part B (Annotation to Protocol 22 of the Act of Accession).

investments abroad outside the sterling area and to regulate the movement of capital from the United Kingdom to non-sterling countries. Control is exercised both over exports and over imports by way of these restrictions; exports must usually be paid for within six months in a foreign currency or in sterling from an external account, and payment for imports is supervised in order to ensure that only currency authorised for this purpose is utilised.

VII. INDUSTRIAL PROPERTY RIGHTS AND COPYRIGHT

In this chapter (1) industrial property, including patents for inventions, industrial designs, and trade marks, and (2) copyright will be mentioned briefly.

1. Industrial Property

a. *Patents for inventions.* – The English patent system is almost 350 years old; an early landmark was the Statute of Monopolies of 1623 (21 Ja.1, c. 3). Most of the law developed in decided cases and since 1884 reports of patent cases have regularly been published separately in the series of Reports of Patent, Design, Trade Mark and Other Cases (London, Patent Office). The law has recently been partially codified in the Patents Act, 1949 (12, 13 & 14 Geo. 6, c. 87) which must be read subject to later amending statutes and to the rules known as the Patents Rules.

Patents are granted by "Letters Patent" (open letters) in which the Monarch vests a subject (the "inventor") with special rights and privileges to make, use and sell an "invention" for a limited period of time. In this period a monopoly is given formal protection. The inventor is either the creator of something new or a person who introduces into the country an invention by authority of its creator. The assignee of an invention may apply for a patent under his own name. The invention is protected for a period of 16 years, which may, in certain circumstances, be extended. The protection extends to the whole of the United Kingdom. The invention may be either a new article of manufacture or "any new method or process of testing applicable to the improvement or control of manufacture" (s. 101 (1)).

Applications for patents are made to the Comptroller-General of Patents, Designs and Trade Marks at the Patent Office in London. It is common for first a "provisional" then later a "complete" specification of the invention to be filed by a patent agent on behalf of the inventor. These specifications must contain exact explanations of the nature of the invention, its novelty, and the proposed method of its manufacture. The specifications are examined in the Patent Office, and, if accepted, the complete specification is published. The grant, or sealing, of the patent will follow unless there is opposition on any of the permitted grounds (*e.g.*, that the invention was not that of the applicant, or that the specification was inadequate). Even after sealing it is possible, in certain circumstances, for a patent to be revoked (*e.g.*, if the grantee is shown not to be the true and first inventor, or the patent was obtained in fraud of the rights of another person). Appeals from decisions of the Comptroller-General may be made to the Patents Appeal Tribunal (s. 85 (1)). Patent rights are often protected by the grantee through the use of injunctions to restrain further infringement, coupled with claims for damages and/or enquiries into profits arising from past infringement.

b. *Industrial designs.* – The protection of industrial designs is now regulated by the Registered Designs Act, 1949 (12, 13 & 14 Geo. 6, c. 88) as amended. "Design" is defined by s. 1(3) as comprehending: "...features of shape, configuration, pattern or ornament applied to an article by any industrial process or means, being features which in the finished article appeal to and are judged solely by the eye, but does not include a method or principle of construction or feature of shape and configuration which are dictated solely by the function which the article to be made... has to perform". Again much of the detailed law is still to be found in decided cases. Certain categories of design may be protected by their registration. This procedure gives the "owner" of the design (who need not necessarily be its author) an exclusive right to make, import, sell or hire any article in respect of which the design has been registered and to which it has been applied. This right extends for five years in the first instance but ownership may be renewed up to a total of fifteen years.

Applications for registration are made to the Comptroller-General of Patents, Designs and Trade Marks, who is for this purpose known as the "Registrar" of Designs. All designs must be registered in respect of a particular commodity and "literary" and "artistic" designs are usually not registrable, although they may be subject to copyright. Appeals against decisions of the Registrar are similar to appeals in the case of patent applications.

c. *Trade marks.* – The law relating to the registration of trade marks is contained in the Trade Marks Act, 1938 (1 & 2 Geo. 6, c. 22) which replaces, re-enacts, and extends earlier legislation. Reference must also be made to the rules made under authority of this statute, which are known as the Trade Mark Rules, and to the extensive case law. A trade mark is a mark used in connection with goods by a manufacturer or trader in order to signify that they are his or are associated with him. A mark may include a device, brand, heading, label, ticket, name, signature, word, letter, numeral or any combination of these.

Applications for the registration of trade marks are made to the Comptroller-General of Patents, Designs, and Trade Marks, who is for this purpose known as the "Registrar" of trade marks. To be registrable it need not have any meaning but must be "distinctive" in relation to the goods in respect of which it is registered. The Registrar maintains a Register of Trade Marks which is divided into two parts, Part A and Part B. The registration of a mark in Part A of the Register will be accepted if the mark is easily distinguishable from all other registered marks, and is inherently distinctive or is already clearly identified in the public mind with the goods concerned. Registration in Part B of the Register is permitted to marks which are capable of distinguishing goods in the above manner in the course of time. Registration under Part A confers exclusive rights upon the owner; registration under Part B is merely *prima facie* evidence of such rights. Trade marks "likely to deceive" are not registrable, nor are those in concurrent use by three or more independent parties. A number of particulars are not permitted by the Act or the Rules to appear as, or as part of, a registrable trade mark. Registration is valid for a period of seven years but may be renewed for successive periods of fourteen years. Appeals against refusals to register a mark may be made by the applicant either to the Department of Trade or to the High Court.

Trade names, used by a trader to signify himself, his firm, or his goods, are not registrable. A trader may be able to protect his interests in this case by the tortious action of "passing off", which is also open to the owner of a registered trade mark.

The Merchandise Marks Act, 1887–1953, created a number of criminal offences to cover cases of the adoption of false trade marks. These Acts have been superseded by the Trade Descriptions Act, 1968 (c. 29) which makes it a criminal offence to apply false trade descriptions to goods (or to make false or misleading indications as to price, services, *etc.*) in the course of trade or business.

d. The United Kingdom is a party to the 1883 Paris Convention, as revised by the 1967 Stockholm Convention on the Protection of Industrial Property.

2. Copyright

The modern law is substantially governed by the Copyright Act, 1956 (4 & 5 Eliz. 2, c. 74) but again, as in the preceding topics relating to rights in industrial property, reference must be made to the various Rules and Orders in Council made under the authority of the Act and to the substantial body of case law on the subject. The Copyright Act, 1956 s. 1(1) defines copyright in relation to a work as "...exclusive right... to do, and to authorise other persons to do, certain acts in relation to that work" and then proceeds to define "certain acts" as those acts which are designated in subsequent provisions as restricted by the copyright in a work. "Works" comprehended within the meaning of the Act include literary, dramatic and musical works, works of art, sound recordings, cinematograph films, television and sound broadcasts, and published editions of literary, dramatic or musical works.

Copyright protection is afforded under the Act to the original expression of ideas against the plagiarism of that expression through the copying of the protected material. The owner or the maker of the work concerned (sometimes the employer if the work is that of an employee under a contract of service and is made in the course of employment) acquires copyright when the work is made or created; copyright protection does not depend upon registration. The owner or maker acquires an exclusive right to do, or to authorise others to do, acts that would otherwise be restricted as in infringement of the copyright. This right is not perpetual, but will endure for a specific period of time. In published literary, dramatic or musical works copyright subsists for 50 years from the end of the year of the author's death. In unpublished works of this kind copyright subsists until their publication (or performance, recording or broadcasting) and thereafter for a period of 50 years. In published editions (*i.e.*, typographical reproductions of an original work issued to the public) copyright subsists for a period of 25 years from publication. Under the 1956 Act copyright subsists in an original work if either it was first published in the United Kingdom, or the author or maker is a "qualified" person (*i.e.*, either a British subject or a person domiciled or resident in the United Kingdom).

The infringement of copyright arises from the carrying out of acts restricted by the copyright. These acts vary according to the nature of the work protected; they include, in relation to literary, dramatic or musical works, the unauthorised reproduction of the work in any material form, the unauthorised public performance of the work, or the sale or exposing of such a work for sale or hire knowing it to have been made in breach of copyright. An allegation of infringement of copyright may be met with a defence of fair dealing, *i.e.*, that the material had been used for the purposes of private study, research or criticism, or was the subject of a report or review of current events in a newspaper or periodical, or in a film or broadcast, and had been accorded reasonable acknowledgement.

Civil remedies for the infringement of copyright include an action for damages, probably accompanied by a claim for an account of the profits, and, if a repetition of the infringement is anticipated, an action for an injunction. The copyright in sound recordings, films, and sound and television broadcasts is the subject of special provisions in the 1956 Act, which also set up the Performing Right Tribunal, with power to adjudicate upon disputes between persons who wish to perform certain works protected by copyright and the various "licensing bodies" which may authorise the performance of such works. These "licensing bodies" include the Performing Right Society, the B.B.C. and the Independent Television Authority.

The United Kingdom was an original signatory of the Berne Convention on International Copyright of 1886 and at present adheres to the version of the Convention as revised in the Brussels Convention of 1948; the United Kingdom did not ratify the substantive provisions of the Stockholm Convention Protocol, 1967, and has not yet ratified the further revision of the Berne Convention agreed upon at the Paris Conference 1971–1973.

VIII. JUDICIAL PROCEDURE IN CIVIL AND COMMERCIAL CASES

1. In General

In the discussion of the sources of English law (see *supra* II) reference was made to the fact that the law has been greatly influenced by the requirements and practices of the profession; indeed until the nineteenth century it was, in important essentials, a formalist system. A concern for, and a keen interest in, rules of procedure (especially procedure before a jury) has remained a characteristic of the system in spite of the fact that during the last hundred years a most conspicuous development has been the virtual disappearance of the jury as the normal method of trying civil actions. English procedure has been much simplified during that time. Nevertheless, it continues to revolve around the "Day in Court", the strict concentration upon one oral hearing in open court which will lead to a solution of the dispute. Its accusatorial (in criminal cases) and adversary (in civil cases) character allows the parties, rather than the court, to take the initiative, and is in marked contrast to the inquisitorial approach of Continental Civil law systems. Its orality, the need to prove everything on oath and subject to cross-examination in the presence of the court, shapes the nature and the form of the preliminary written pleadings in an action, which must be drafted accurately and concisely in order to define, in reasonable time before the hearing, the exact issues between the parties which the court is to be asked to decide. In the English view, a fair trial within the bounds of a precise and careful procedure ought to lead to a just solution; the administration of justice may well be of more importance than justice itself.

2. England

The sources of the law of civil procedure as it affects proceedings in the Supreme Court are to be found in the code of Rules of the Supreme Court (R.S.C.), which was first drawn up in 1883, under authority of the Judicature Acts, 1873–1875 (*supra* n. 20). These rules are set out in The Supreme Court Practice (The "White Book") and they are amended from time to time by a "Rule Committee" headed by the Lord Chancellor. The rules of procedure applied in the County Courts are to be found in the County Court Practice; they allow in certain respects for less formality and more flexibility.

The Rules of the Supreme Court vary as between proceedings in the Queen's Bench Division, the Chancery Division, and the Family Division of the High Court. An outline of the principal stages in proceedings in an action before Queen's Bench may serve as an illustration.[80] The proceedings are initiated directly by the aggrieved person and there is no preliminary enquiry. The legal representative of the plaintiff will obtain a writ of summons which must be issued, *i.e.*, taken to the appropriate officer of the court to be stamped and filed. This writ is in fact a written command in the Queen's name ordering the defendant to "enter an appearance" within eight days or suffer judgement by default. It provides a brief statement of the cause of action and is intended to give formal notification to the defendant of the claim against him. If the defendant wishes to contest the claim he "enters an appearance" by completing a form and taking it to an officer of the court. The next stage sees the preparation and delivery of the written pleadings. These pleadings are often prepared by counsel and seek to define the issues to be tried. They will probably include the plaintiff's Statement of Claim, the defendant's Defence (which may be accompanied by a Counter-Claim), a Reply from the plaintiff and a Rejoinder from the defendant. If at any time a party does not make his meaning clear in his pleadings, the other party may be able to demand Particulars which amplify and explain that meaning. When the pleadings are completed the plaintiff must take out a Summons for Directions before a Master of the Supreme Court. The Masters are officials of the court, whose task is to adjudicate upon "interlocutory" matters which are preliminary and incidental to the trial. It is at this point that orders for the mutual discovery (disclosure) of documents may be made or interrogatories, written questions relevant to the issues, be required to be answered. If the plaintiff has good reason to believe that the defendant has no answer to his claim, he may choose to adopt the summary procedure provided by Order 14 R.S.C. This allows the Master in Chambers to enter judgement for the plaintiff without sending the case for trial unless the defendant can satisfy him that he has a reasonable defence to offer.

The importance of the role and function of the Master in Chambers in the English law of procedure must be emphasised; only after he is satisfied at a hearing of the Summons for Directions will instructions be given for the trial of the action to be listed. Up to this time civil proceedings may (except for divorce proceedings) be abandoned or compromised without leave of the court; in fact the great majority of disputes are settled by agreement between parties before trial.

The trial in the High Court is usually before a judge sitting without a jury, except for cases involving, *e.g.*, claims for defamation, false imprisonment, unlawful arrest, and, in certain circumstances, cases of fraud. If a jury is present it will have the responsibility of deciding questions of fact and the amount of damages to be awarded. The parties will nearly always be represented by counsel at the trial but they may appear in person if they so wish. Counsel for the plaintiff will open with an outline of his case, then proceed to call his witnesses for their examination in chief. The witnesses are subject to cross-examination by counsel for the defendant and to re-examination by counsel for the plaintiff; the parties themselves may be witnesses. After the witnesses for the plaintiff have been heard the case for the defendant will be opened and witnesses for the defence called and examined in the same way. The object of cross-examination is to test the accuracy of the evidence given in chief by the witness; re-examination attempts to re-establish evidence that has been placed in doubt by the cross-examination. Counsel for the plaintiff and the defendant will then address the court in turn. If there is a jury the judge will sum up the evidence for them and give them directions as to the law applicable. If the judge is sitting alone he will give, or reserve until a later date, his judgement.

3. Scotland

Civil proceedings in the Court of Session were originally based on Romano-Canonical styles similar to those used in France. Following statutory changes first introduced in the nineteenth century they have been greatly simplified in recent years through the Consolidating Act of Sederunt of 1913, the Rules of Court of 1936, and, most recently, the Rules of Court of 1965, on which the law now rests.[81] Proceedings are initiated with a writ or summons (sometimes a petition or other form of application) prepared by the legal representatives of the pursuer. The writ or summons runs in the name of the Queen and sets out the elements of the pursuer's case. These include conclusions (brief statements of the remedies claimed), a condescendence (a statement in

[80] A most useful short outline of civil and criminal proceedings in the English courts is given in *James*, Introduction to English Law (ed. 8, 1972) 67–73.

[81] An excellent short account of civil proceedings in Scotland is given in *Walker* (*supra* n. 41) 392 ss.; the account in the text is largely derived from this source.

numbered paragraphs of the facts upon which the pursuer relies) and pleas-in-law (propositions of law upon which the pursuer rests his case). The writ or summons is signeted at the offices of the court and the citation of the defender is effected by the proper service of the writ or summons upon him. The next step is the calling of the summons, the publication of the action in the Rolls of Court. At the same time the documents in the case, which are called the process, are lodged with the court.

If the summons is uncontested the pursuer may take a decree in absence against the defender. If the defender wishes to contest the action he must enter an appearance and lodge defences which should answer the pursuer's allegations of fact and include his own pleas-in-law, and, if appropriate, his counter-claim. An open record is then prepared. In this the condescendence of the pursuer will be followed by that of the defender, and the pleas-in-law of the pursuer by those of the defender. A process of adjustment follows; this allows counsel for each party to adjust the record by making additions or alterations to their pleadings with a view to overcoming contraventions and clarifying the issues. As in English procedure, the careful drafting of written pleadings is essential before proof (trial by a judge alone) or jury trial. When the adjustment of pleadings is complete the Lord Ordinary will pronounce an interlocutor (an order disposing of the whole or part of a case) closing the record and appointing the hearing, or further procedure. A closed record is then prepared.

It is common in Scotland to find legal debates in court prior to the proof which are concerned with the competency or relevancy of the written pleadings; "pleas to the relevancy" are similar in purpose to that served formerly by the demurrer in English procedure. Procedure in the action in court, the debate, will vary dependent on whether the parties are in dispute as to law, or fact, or both law and fact. If the parties are in dispute as to the law, or law and fact, the pleas in law may be argued before proof. This argument may turn on such questions as the jurisdiction of the court, the competency of the remedy sought by the plaintiff, or the relevancy (*i.e.*, the sufficiency in law) of the allegations made by either party in justification of their claims. After argument the judge will issue an interlocutor giving a ruling on the law. If the dispute is on law alone the pursuer may be granted his decree or the action be dismissed. If the dispute is on both law and fact, and the action is not dismissed on a ground of law, the judge will then order either a proof or a jury trial (or a proof before answer if he wishes to reserve points of law for later argument after more facts are presented). Trial by jury is more common in civil cases in Scotland than it is in England and Wales, and is in fact the usual form of procedure in actions for personal damages.

At the trial before a judge sitting alone there is no opening speech by counsel. Witnesses are examined, cross-examined and, if necessary, re-examined by counsel for the pursuer and the defender. After witnesses have been heard counsel make their submissions. The judge gives in his judgement an interlocutor, sustaining or rejecting pleas in law, and a decree, determining the outcome of the action and disposing of the remedy sought; he may wish to reserve his judgement for a later occasion, in which event he is said to make *avizandum*.

In jury trials[82] (when a jury of 12 persons is used) counsel for the pursuer and the defender seek to focus the attention of the jury upon issues and counter-issues respectively. These are precisely formulated questions of fact. There are opening statements by counsel, the presentation and examination of evidence by witnesses, and concluding addresses by counsel to the jury. The judge then charges the jury as to their responsibility, directs them as to the law, and sums up the main points in the evidence. The jury brings in, either unanimously or by a majority, a general verdict or, less frequently, a special verdict (one which gives answers to specific questions of fact put to them by the judge). If the jury cannot agree upon a verdict within a time limit it will be discharged and the case be re-tried.

4. Arbitration

The resolution of a dispute by reference to arbitration may in certain circumstances be made by an order of the High Court, is provided for in various Acts of Parliament, or may be agreed upon by the parties. The Arbitration Act, 1950 (14 Geo. 6, c. 27) applies to written agreements where the parties agree to submit present or future differences to arbitration, whether an arbitrator is named or not. The award of the arbitrator is final but may in some cases be set aside by order of the High Court or remitted in whole or in part for reconsideration by the arbitrator or arbitrators. An arbitrator has power to state his award in the form of a special case for the opinion of the court and can be compelled to do so by the court under s. 21 of the 1950 Act.

[82] *Ibidem* 400–402.

IX. PRIVATE INTERNATIONAL LAW AND INTERNATIONAL LAW OF PROCEDURE

1. Introductory

In the English legal system the terms "private international law" and "conflict of laws", although each is open to objection, are used to all intents and purposes as if they were synonymous in scope and content. English conflict of laws rules are concerned with the limits of the jurisdiction to be exercised by an English court, and with the choice of the law to be applied, in the determination of issues brought before them which contain, or may contain, a foreign element. They include rules relating to the recognition and enforcement of foreign decrees and judgements in English courts; they do not include the law as to nationality or the minimum standards of treatment of foreign nationals. English conflict of laws rules regard the rules of all legal systems other than that of England and Wales as foreign for this purpose; thus Scots law and the law of Northern Ireland is as "foreign" as the law of France or Italy.

Case law is the most important source of the law in this field and the principal rules are of eighteenth and nineteenth century origin. These doctrines have been developed empirically and piecemeal by the judges; they have been shaped and conditioned by considerations of justice, comity and convenience. English conflict of laws rules have been well described as resting on a basis of judicial justice, which is both pragmatic and ethical.[83] In the United Kingdom and the Commonwealth many of the rules have gone some way toward unification through the decisions of the House of Lords and the Judicial Committee of the Privy Council (see *supra* I 4 a (4) and (5)). In recent years the United Kingdom has taken an increasing part in the work of the Hague Conference of Private International Law, and has ratified certain of the conventions drafted by the Conference.

The "choice of jurisdiction" and "choice of law" questions are the ones most frequently encountered in the cases; these questions are mutually independent and in very many issues both questions require to be answered.

It is possible here only to mention in the briefest manner some of the distinguishing concepts and characteristics of the English conflict of laws rules.

2. Choice of Law

The problem of *classification or characterisation*, thrown up by frequent divergencies between the various systems of conflict of laws rules, has provoked much controversy.[84] Once the legal relationship in issue has been settled, then one or more of a number of "connecting factors" may be called in aid in order to provide a key to the legal system to be applied to that relationship. These connecting factors may include domicile, residence, ordinary residence, the *locus contractus*, the *locus solutionis*, the *lex fori*, the intention of parties, the place of incorporation of a company, the place where property is situated, or the place where a transaction is concluded. Apart from the practice of determining domicile in accordance with the *lex fori* and of determining the nature of proprietary interests in things according to the *lex situs*, the English courts have not yet arrived at a consistent theory of characterisation.

The English doctrine of *renvoi* is unlike the Continental doctrine and is known as *double renvoi* or the "foreign court theory".[85] This doctrine is of particular importance in cases of succession to movable and immovable property. Under it the English judge seised of a conflicts situation must apply the foreign law as if notionally he were the foreign judge. The doctrine has been criticised as working not because of, but rather despite, itself, and as leading the English judge on occasion to decide questions of foreign law which the foreign courts may not themselves have decided.[86]

Civil status is decided according to the law of the domicile; as there is no law of nationality as a single system which is applicable to all British subjects, matters such as the age of majority or minority, marriage, succession (testate or intestate) thus are governed by the law of the domicile of the person concerned. In Anglo-

[83] See *Graveson*, The Conflict of Laws (ed. 7, 1974) ch. 1, for a good general exposition of the nature, origins and development of the English rules; *Anton*, Private International Law. A Treatise From the Standpoint of Scots Law (1967) is also extremely helpful.

[84] *Cf.*, *Huntington v. Attrill*, [1893] A.C. 150 (P.C.); *Re Hoyles*, [1911] 1 Ch. 179 (C.A.); *Re Berchtold (Berchtold v. Capron)*, [1923] 1 Ch. 192; *In the Estate of Maldonado (State of Spain v. Treasury Solicitor)*, [1954] P. 223.

[85] *Re Ross (Ross v. Waterfield)*, [1930] 1 Ch. 377.

[86] *Re Duke of Wellington*, [1947] Ch. 506.

American legal theory it is the concept of domicile which links an individual with the law of a given territory and which provides what *Wolff* has called "his legal centre of gravity".[87] In the English view the concept of domicile serves to identify the "permanent home" of an individual as either where he makes such a home or where the law, by construction, makes it for him. Domicile, which has reference to a territory over which a single system of law operates, requires an interpretation of the conduct of the *propositus*, and in particular of his *animus manendi*, that often gives rise to difficulty. It has been said that the use of the concept of domicile produces usually an appropriate, but often an unpredictable, choice of law.[88]

In determining the nature and the extent of obligations in *contract*, English courts will apply the "proper law of the contract", reached through the interpretation of rules which are designed to ascertain the intention of the parties. An intention expressed by the parties will determine the proper law of commercial contracts; if such an intention is not evident then the English courts will apply certain "presumptions" to the facts and circumstances of the case in order to infer that intention. These "presumptions", indicative of the "proper law", may have reference to the *lex loci contractus*, the *lex loci solutionis*, the *lex situs*, the law of the flag state of a vessel, *etc. etc. Graveson* has expressed these considerations in the following way: "It would seem a fair synthesis of English decisions to say that the proper law depends on the intention of the parties ascertained objectively and judicially."[89] The validity or invalidity of the contract will be determined in accordance with English law if the application of foreign law would be contrary to the provisions of an Act of Parliament or to the public policy of English law, or to English rules of procedure.

The conditions governing the actionability of *foreign torts* in England are the subject of much debate. For almost two hundred years English courts have accepted jurisdiction over private wrongs committed abroad, even though both parties were foreigners, but they have developed highly idiosyncratic rules as to the classification of the foreign wrong. Whether or not the wrong is one for which an action can be brought in England will depend upon the combined effect of the law of the country where the act is done (the *lex loci delicti commissi*) and the law of England (*lex fori*).[90] The wrong must be actionable as a tort according to the *lex fori* and not justifiable according to the *lex loci*. The need for a new basis of liability, in which the *lex loci* would no longer play a decisive part, has been persuasively argued in recent years, especially by those who would prefer to see the emergence in English law of a "proper law" of the tort.[91]

3. Procedure

While matters of substance are governed by the law to which the court is directed through its choice of law rules (*lex causae*), matters of procedure are within the exclusive competence of the law of the forum (*lex fori*). The historical evolution of the distinction between matters of procedure and matters of substance has, however, caused difficulties in defining "procedure". It is generally understood that "procedure" may include the following matters: actionability and the limitation of actions; the nature of the plaintiff's remedy and the method of enforcing it; all matters relating to evidence; the determination of the proper parties to an action; priorities as between co-defendents; damages; set-offs and counterclaims; rights of appeal.

The recognition and enforcement in England of *foreign judgements* has raised questions of comity, of vested rights, and of the duty of the court to do justice according to its own views. Foreign judgements are not immediately and directly enforceable by execution but may, if they fulfil certain requirements, (1) be enforceable by action or counterclaim at common law, (2) be enforceable under statute, (3) be recognised as providing a defence to an action, or (4) operate as an assignment of property.[92] Modern statutory provisions providing for the enforcement of foreign judgements by registration stem from the Judgements Extension Act, 1868 (31 & 32 Vict., c. 54) the Administration of Justice Act, 1920 (10 & 11 Geo. 5, c. 81) and the Foreign Judgements (Recip-

[87] *Cf.*, *Udny v. Udny* (1867), 1 H.L. Sc. 441; *Winans v. Attorney-General*, [1904] A.C. 287 (H.L.); and *Ramsay (or Bowie) v. Liverpool Royal Infirmary*, [1930] A.C. 588 (H.L.).

[88] *Cheshire*, Private International Law (ed. 7, 1965) 143 ss.

[89] *Graveson* (*supra* n. 83) ch. 12, 431.

[90] *Cf.*, *The "Halley"* (1868), 2 P.C. 193; *Phillips v. Eyre* (1870), 6 Q.B. 1 (Ex.); *The Mary Moxham* (1876), 1 P.D. 107 (C.A.); *Machado v. Fontes*, [1897] 2 Q.B. 231 (C.A.); *McMillan v. Canadian Northern Railway*, [1923] A.C. 120 (P.C.).

[91] See the criticism in *Dicey and Morris*, Conflict of Laws (ed. 9, 1973) Part 6 ch. 33.

[92] *Idem* Part 7 ch. 34.

rocal Enforcement) Act, 1933 (23 & 24 Geo. 5, c. 4). Judgements of the European Court of Justice (and decisions of the Council or the Commission of the European Communities which impose a pecuniary obligation) are enforceable in the courts of the United Kingdom after registration in accordance with the European Communities (Enforcement of Community Judgements) Order, 1972 (S.I. 1972 no. 1590).

The enforcement of *foreign arbitral awards* is subject to the general conditions set out in the Arbitration Act, 1950 (14 Geo. 6, c. 27), which includes in its Schedules the 1923 Protocol on Arbitration Clauses signed under the auspices of the League of Nations, and the 1927 Convention on the Execution of Foreign Arbitral Awards signed at Geneva. The provisions of the Arbitration Act, 1975 (c. 3) permit the United Kingdom to accede to the United Nations Convention on the Recognition and Enforcement of Foreign Arbitral Awards of 1968 (the New York Convention). This Act is not in force at the time of writing and awaits an order of the Secretary of State.[93] Provisions relating to arbitration over international investment disputes are contained in the Schedule to the Arbitration (International Investment Disputes) Act, 1966 (c. 41).

4. Scotland

For the purposes of Scots private international law, England is, apart from statute (and sometimes specifically because of the requirements of a statute), in the position of a foreign country. Rules of English private international law must be proved, where necessary, by evidence in Scottish courts, and *vice versa*. Scottish rules relating to the conflict of laws are, however, markedly similar on many subjects to those of the English system and leading case decisions from either jurisdiction are usually treated with respect in the other. For all practical purposes decisions of the House of Lords in this area, whether on appeal from Scotland or from England, will be treated as of equal authority in both countries.

[93] Accession to the New York Convention was recommended in the 1961 Fifth Report of the Private International Law Committee (Cmnd. 1515).

X. SELECTIVE BIBLIOGRAPHY

1. Books and Articles

General: Chloros (ed.), A Bibliographical Guide to the Law of the United Kingdom, the Channel Islands and the Isle of Man (ed. 2, 1973); *Maxwell, W. H., Maxwell, L. F., a.o.* (compil.), A Legal Bibliography of the British Commonwealth of Nations (7 vol.) (ed. 2, 1955–1964); *Allen*, Law in the Making (ed. 7, 1964); *James*, Introduction to English Law (ed. 8, 1972); *Kiralfy*, The English Legal System (ed. 5, 1973); *Lawson*, The Rational Strength of English Law (Hamlyn Lectures, 3rd series) (1951); *Hood Phillips*, A First Book of English Law (ed. 6, 1970); *Radcliffe and Cross, A. G. N.* (*-Cross and Hall*), The English Legal System (ed. 5, 1971); *David* (*-Gutteridge and Wortley*), Introduction à l'étude du droit privé de l'Angleterre (Paris 1948); *Gloag and Henderson* (*-Johnston and Hope*), Introduction to the Law of Scotland (ed. 7, 1968, Suppl. 1969); *Walker*, The Scottish Legal System (ed. 3, 1969).

Chapter I: Mitchell, Constitutional Law (ed. 2, 1968); *Hood Phillips*, Constitutional and Administrative Law (ed. 5, 1973); *Jennings*, Parliament (ed. 2, 1957); *idem*, Cabinet Government (ed. 3, 1959); *Wade*, Administrative Law (ed. 3, 1971); *Cross, C. A.*, Principles of Local Government Law (ed. 5, 1974); *Calvert*, Constitutional Law in Northern Ireland – A Study in Regional Government (1968); *Miller*, An Outline of Administrative and Local Government Law in Scotland (ed. 1, repr. 1964).

Chapter II: Halsbury's Laws of England (43 vol.) (ed. 3, 1952–1964), (56 vol.) (ed. 4, 1973 ss.); *Halsbury's Statutes of England* (42 vol.) (ed. 3, 1968 ss.); *Halsbury's Statutory Instruments* (23 vol.) (1955 ss.); Statutes Revised [1235–1948] (33 vol.) (ed. 3, 1950); The Acts of the Parliaments of Scotland, 1424–1707 (ed. 2, 1966); Public General Statutes Affecting Scotland, 1707–1847 (3 vol.) (1876); Scottish Current Law Statutes (since 1949); *Cross, A. R. N.*, Precedent in English Law (ed. 2, 1968); *Holdsworth*, Sources and Literature of English Law (1925); *Levy-Ullmann*, The English Legal Tradition – Its Sources and History (1935). – See also *supra* text *sub II*.

Chapter III: Baker, An Introduction to English Legal History (1971); *Holmes* (*-Howe*), The Common Law (1968); *Allen*, Law in the Making (ed. 7, 1964); *Holdsworth*, A History of English Law (16 vol.) (various ed., 1903–1972, repr. 1966); *Milsom*, Historical Foundations of the Common Law (1969); *Plucknett*, A

Concise History of the Common Law (ed. 5, 1956); *Potter*, An Introduction to the History of Equity and Its Courts (1931); *Pollock and Maitland*, The History of English Law Before the Time of Edward I (2 vol.) (ed. 2, 1968); *Winfield*, The Chief Sources of English Legal History (Cambridge, Mass. 1925; repr. 1972); *Holdsworth*, Some Makers of English Law (1938); *idem*, Essays in Law and History (1946); *Maitland*, Collected Papers (3 vol.) (1911).

Chapter IV: Walker, Principles of Scottish Private Law (2 vol.) (1970); *Smith, T. B.*, A Short Commentary on the Law of Scotland (1962); *Hanbury (-Maudsley)*, Modern Equity (ed. 9, 1969–1971, with Suppl.); *Keeton and Sheridan*, Equity (1969); *Snell (-Megarry and Baker)*, Principles of Equity (ed. 27, 1973); *Maitland (-Brunyate)*, Equity (ed. 2, 1936, repr. 1969); *Keeton*, The Law of Trusts (ed. 9, 1969); *Stuart*, The Law of Trusts (1932); *Goff and Jones*, The Law of Restitution (1966); *Atiyah*, An Introduction to the Law of Contract (ed. 2, 1971); *Anson (-Guest)*, Anson's Law of Contract (ed. 23, 1969); *Cheshire and Fifoot (-Furmston)*, The Law of Contract (ed. 8, 1972); *Treitel*, The Law of Contract (ed. 3, 1970); *Chitty (-Guest a.o)*, Chitty on Contracts (2 vol.) (ed. 23, 1968); *Gloag*, The Law of Contract – A Treatise on the Principles of Contract in the Law of Scotland (ed. 2, 1929); *Fleming*, An Introduction to the Law of Torts (1967); *James*, General Principles of the Law of Torts (ed. 3, 1969); *Salmond (-Heuston)*, The Law of Torts (ed. 16, 1973); *Street*, The Law of Torts (ed. 5, 1972); *Clerk and Lindsell (-Armitage)*, Clerk and Lindsell on Torts (ed. 13, 1969); *Winfield and Jolowicz (-Rogers)*, Winfield and Jolowicz on Tort (ed. 10, 1975); *Walker*, The Law of Delict in Scotland (2 vol.) (1966); *Lawson*, Introduction to the Law of Property (1958); *Cheshire (-Burn)*, Modern Law of Real Property (ed. 11, 1972); *Maudsley and Burn*, Land Law – Cases and Materials (ed. 2, 1970); *Megarry (-Baker)*, A Manual of the Law of Real Property (ed. 4, 1969); *Megarry and Wade*, The Law of Real Property (ed. 3, 1966); *Burnett*, Elements of Conveyancing (ed. 8, 1952); *Burns (-Macritchie)*, Conveyancing Practice According to the Law of Scotland (ed. 4, 1957); *Crossley Vaines (-Tyler and Palmer)*, Personal Property (ed. 5, 1973); *Parry*, The Law of Succession (ed. 6, 1972); *Mellows*, The Law of Succession (ed. 2, 1973); *Theobald (-Cretney and Dworkin)*, Theobald on Wills (ed. 13, 1971); *Williams, W. J.*, The Law Relating to Wills (ed. 3, 1967); *Williams, E. V., and Mortimer*, Executors, Administrators and Probate (1970); *Meston*, The Succession (Scotland) Act, 1964 (ed. 2, 1969); *Murray, C. de B.*, The Law of Wills in Scotland (1945); *Bromley*, Family Law (ed. 4, 1971, Suppl. 1974); *Puxon*, Family Law (ed. 2, 1971); *Clive and Wilson*, The Law of Husband and Wife in Scotland (1974); *Walton (-Hendry and Johnston)*, A Handbook of Husband and Wife According to the Law of Scotland (ed. 3, 1951).

Chapter V: Borrie, Commercial Law (ed. 3, 1970); *Charlesworth (-Schmitthoff and Sarre)*, Mercantile Law (ed. 12, 1972); *Lowe*, Commercial Law (ed. 4, 1973); *Slater (-Chorley and Giles)*, Mercantile Law (ed. 16, 1972); *Gow*, The Mercantile and Industrial Law of Scotland (1964); *Chalmers (-Marks)*, Sale of Goods Act, 1893 (ed. 16, 1971); *Graveson a.o.*, The Uniform Law on International Sales Act, 1967 (1968); *Diamond*, Introduction to Hire Purchase Law (ed. 2, 1971); *Gow*, The Law of Hire Purchase in Scotland (ed. 2, 1968); *Fridman*, The Law of Agency (ed. 3, 1971); *Lindley (-Scamell)*, The Law of Partnership (ed. 13, 1971); *Underhill (-Hesketh)*, Principles of the Law of Partnership (ed. 9, 1971); *Gower*, The Principles of Modern Company Law (ed. 3, 1969); *Pennington*, Company Law (ed. 3, 1973); *Charlesworth (-Cain)*, Company Law (ed. 10, 1972); *Palmer (-Schmitthoff and Thompson)*, Company Law (ed. 21, 1968, Suppl. 1974); *Holden*, The Law and Practice of Banking I (1970), II (ed. 5, 1971); *Richardson*, Guide to Negotiable Instruments and the Bills of Exchange Acts (ed. 4, 1970); *Byles (-Megrah and Ryder)*, Bills of Exchange – The Law of Bills of Exchange, Promissory Notes, Bank Notes and Cheques (ed. 23, 1972); *Chalmers (-Smout)*, Chalmers on Bills of Exchange (ed. 13, 1964); *Hardy Ivamy*, General Principles of Insurance Law (ed. 2, 1970); *Ridley*, The Law of the Carriage of Goods by Land, Sea and Air (ed. 3, 1971); *Kahn-Freund*, The Law of Carriage by Inland Transport (ed. 4, 1965); *Chorey and Giles*, Shipping Law (ed. 6, 1970); *Williams (-Hunter and Graham)*, Williams' Law and Practice in Bankruptcy (ed. 18, 1968); *Fridman, Hicks and Johnson*, Bankruptcy Law and Practice (1970); *Cronin and Grime*, Introduction to Industrial Law (1974); *Cooper (-Wood)*, Outlines of Industrial Law (ed. 6, 1972); *Rideout*, Principles of Labour Law (1972); *Cronin and Grime*, Labour Law (1970); *Fridman*, The Modern Law of Employment (1963, Suppl. 1972); *Dix*, Contracts of Employment (ed. 4, 1972); *Citrine (-Hickling)*, Trade Union Law (ed. 3, 1967); *Grunfeld*, Modern Trade Union Law (1966); *Wedderburn*, The Worker and the Law (ed. 2, 1971); *Schmitthoff*, The Export Trade. The Law and Practice of International Trade (ed. 5, 1969).

Chapter VI: Wilberforce a.o., The Law of Restrictive Trade Practices and Monopolies (ed. 2, 1966, Suppl. 1973); *Lever*, The Law of Restrictive Practices and Resale Price Maintenance (1964); *Hunter*, Competition and the Law (1966).

Chapter VII: Fox, Monopolies and Patents – A Study of the History and Future of the Patent Monopoly (Toronto 1947); *Terrell (-Falconor, Aldous and Young)*, The Law of Patents (ed. 12, 1971); *White*, Patents for Inventions and the Registration of Industrial Designs (ed. 4, 1974); *White and Jacob*, Patents, Trade Marks, Copyright and Industrial Designs (1970); *Kerly (-White and Jacob)*, The Law of Trade Marks and Trade Names (ed. 10, 1972); *Copinger and Skone James*, Copyright (ed. 11, 1971); *Carter-Ruck and Skone James*, Copyright – Modern Law and Practice (1965); *Russell-Clarke (-Fysh)*, Russel-Clarke on Copyright in Industrial Designs (ed. 5, 1974).

Chapter VIII: Jackson, The Machinery of Justice in England (ed. 6, 1972); *Jacob and Hawkins*, The Rules of the Supreme Court (revision) 1965 (1966); *Blake*

Odgers (-Harwood), Principles of Pleading and Practice in Civil Actions in High Court of Justice (ed. 20, 1971); *Redman*, A.B.C. Guide to the Practice of the Supreme Court 1964 (ed. 38, 1963); *Jacob, Adams a.o.*, (ed.), Supreme Court Practice 1973 (2 vol.) (1972, Cum. Suppl. 1974); *Atkin (-Evershed a.o.)*, Encyclopedia of Court Forms in Civil Proceedings (41 vol.) (1961 ss.); *Mcguffie a.o.*, Admiralty Practice (1964, Suppl. 1970); *Cockle (-Nokes)*, Cases and Statutes on Evidence (ed. 11, 1970); *Cowen and Carter*, Essays on the Law of Evidence (1956); *Cross, A. R. N.*, Evidence (ed. 3, 1967–1970, with Suppl.); *Cross, A. R. N. and Wilkins*, An Outline of the Law of Evidence (ed. 3, 1971); *Buzzard, Amlot and Mitchell* (ed.), Phipson on Evidence (ed. 11, 1970, Suppl. 1974); *Phipson (-Elliott)*, Phipson's Manual of the Law of Evidence (ed. 10, 1972); *Russell (-Walton)*, Russell on the Law of Arbitration (ed. 18, 1970).

Chapter IX: *Dicey and Morris*, The Conflict of Laws (ed. 9, 1973, with Suppl.); *Cheshire and North*, Private International Law (ed. 9, 1974); *Graveson*, The Conflict of Laws (ed. 7, 1974); *Morris*, Cases on Private International Law (ed. 4, 1968); *Anton*, Private International Law. A Treatise From the Standpoint of Scots Law (1967); *Jacob*, International Co-operation in Litigation – England: *Smit* (ed.), International Co-operation in Litigation – Europe (The Hague 1965) 66–104.

2. Periodicals

Current Law Year Book (since 1947) = Current Law (in monthly parts); Current Legal Problems (since 1948, yearly); Journal of the Society of Public Teachers of Law (since 1924, quarterly); Law Quarterly Review (since 1885); Modern Law Review (since 1937, 6 times yearly); Cambridge Law Journal (since 1921, twice yearly); Journal of Business Law (since 1957, quarterly); Public Law (since 1956, quarterly); Juridical Review (1889–1955, thrice yearly, N.S. since 1956); International and Comparative Law Quarterly (since 1952); Journal of Comparative Legislation and International Law (1896–1951); British Year Book of International Law (since 1920/1921).

APPENDIX

The British Islands

The Channel Islands and the Isle of Man, together known as "The British Islands", are not, in law, a part of the United Kingdom of Great Britain and Northern Ireland. Because of the very substantial legislative and administrative autonomy that they enjoy they are unlike the dependent territories of the United Kingdom which are dealt with in the following Report. They have therefore been accorded a separate treatment at this point. This Report on the British Islands deals with (I) the Channel Islands, and (II) the Isle of Man.

I. THE CHANNEL ISLANDS

The Channel Islands are situated off the North-West coast of France, at distances from 10 to 30 miles from that coast. They comprise Jersey, Guernsey, Alderney, Brechou, Great Sark, Little Sark, Herm, Jethou and Lihou. The total land area is approximately 75 square miles and the estimated population at the mid-1972 census was just over 124000. Jersey and Guernsey are by far the largest islands and together account for some 90 per cent of the land area.

English is spoken throughout the islands but a Norman-French patois is widely used, except in Alderney. In Jersey French is the official and ceremonial language but both French and English are used in the courts. In Guernsey English is now used for most official purposes.

1. Constitutional System

The Channel Islands are dependencies of the British Crown, to which they have been attached since the Norman conquest; they represent the only portion of the ancient Duchy of Normandy still annexed to the Crown. By the Interpretation Act, 1889 (52 & 53 Vict., c. 63) s. 18 (1) and 18 (2), the "British Islands" and the "British possessions" there defined include the Channel Islands. The special status of the islands was recognised in the British Nationality Act, 1948 (11 & 12 Geo. 6, c. 56) s. 33, under which citizens of the Channel Islands are declared to be citizens of the United Kingdom and Colonies, but they may be known, if they so wish, as citizens of the United Kingdom, Islands and Colonies.

The Channel Islands are divided into two bailiwicks, one being Jersey and the other Guernsey, together with the islands of Herm and Jethou which are adjacent, Alderney and Sark. They will be considered separately below but their constitutional relationship with the United Kingdom may be summarised in the following way. The Channel Islands have for centuries been substantially self-governing in internal matters. Legislation by the Parliament of the United Kingdom at Westminster can by right extend to the Channel Islands but does not so extend automatically; either an express enactment or extension of the legislation by implication is required. The right of Parliament to legislate for the islands is, in practice, exercised in accordance with certain important customary limitations. It is very unusual for Parliament to legislate for the islands on local issues and there is a long-standing convention that Parliament will not tax the islands without their knowledge, consent and participation. Freedom from the United Kingdom taxation is a fundamental right and privilege of the islands. Acts of Parliament which apply to the islands must be sent to the Royal Courts of Jersey and Guernsey for registration; this provides for local publicity and the Act is enforced as from the date of registration. The Crown also, by Royal prerogative and as successor in title to the Duchy of Normandy, has the right to legislate by Order in Council for the islands. Orders in Council are "transmitted" to the islands in the same way as Acts of Parliament. If they are objected to by the islanders as inconsistent with their privileges or institutions, then the Crown, advised by the Home Secretary, will seek alternative proposals from the legislatures in the islands.[1]

[1] See: Island of Jersey, Report and Recommendations of the Special Committee of the States of Jersey Appointed to Consult With Her Majesty's Government in the United Kingdom on All Matters Relating to the Government's Application to Join the European Economic Community (1967) 23–36, 37–38, 39–44 for an excellent modern synopsis of the constitutional relationship; and *cf. Simmonds*, The British Islands and the Community – I Jersey: 6 C. M. L. Rev. 156–169 (1969).

i. *Jersey*

The Crown is represented in the person of the Lieutenant-Governor, who is the principal link between the States (the island legislature) and the British government. The Bailiff, also appointed by the Crown, is the Chief Magistrate and President of the States. The States is comprised of 12 senators (elected for 9 years), 12 constables (elected for 3 years by the island's parishes) and 28 deputies, elected for 3 years. In addition, the Dean of Jersey (representing the Established Church) and the Attorney-General and Solicitor-General sit without vote. The States, as well as considering legislation of the United Kingdom Parliament and Orders in Council, may make regulations (*règlements*) of limited duration on certain matters without the Royal assent but its legislation is usually in the form of Bills (*projets de loi*) "subject to the sanction of Her Majesty in Council". The States also petitions the Crown on occasion when it seeks a new law through an Order in Council.

In practice, the Secretary of State for Home Affairs (the "Home Secretary") is the member of the Privy Council (see the United Kingdom Report ch. I 3) with especial responsibility for the affairs of the British Islands and the principal channel of communication between the British government and all the islands.

The Royal Court consists of the Bailiff and 12 *jurats* chosen by an Electoral College. The Bailiff is always a lawyer but the *jurats*, who are judges of both law and fact, are not necessarily so. The Royal Court sits in two divisions, known as the "inferior number" (the Bailiff and two *jurats*), which is a civil and criminal court of first instance (and a court of appeal from police and petty debt courts), and the "superior number" (the Bailiff and seven *jurats*) when it is an appellate court for both civil and criminal matters. The Bailiff exercises a casting vote. Assize Courts are also held (before the Bailiff, at least seven *jurats* and a jury) to try offences on indictment.

ii. *Guernsey*

The Crown is represented in the person of the Lieutenant-Governor and the Bailiff is the President of the States, as in Jersey. The States of Guernsey is made up of two bodies: the States of Deliberation (with legislative powers) and the States of Election (which makes appointments, including that of 12 *conseillers* of the States of Deliberation). In addition to the *conseillers*, the States of Deliberation is comprised of 33 deputies, and 12 representatives of parish councils and of the Isle of Alderney. The two Law Officers sit without vote. The legislative functions of the States of Guernsey are similar to those of the States of Jersey, but the States of Guernsey may legislate on certain matters for Alderney and for Sark, although each of those islands has a legislative assembly (respectively the States of Alderney and the Chief Pleas of Sark, which is still in essentials an independent feudal hereditary state). As in Jersey, the States of Guernsey performs many of its functions through the use of executive committees.

The Royal Court of Guernsey is divided into two divisions; it sits either as the Ordinary Court (the Bailiff and two to four *jurats*), when it exercises civil jurisdiction at first instance or hears certain appeals from Alderney and Sark, or as the Full Court (the Bailiff and at least seven *jurats*), when it serves as a court of first instance for serious criminal cases, or as a court of appeal from the Ordinary Court, or the Magistrates' Court of Guernsey, or hears serious criminal cases from Alderney or. Sark In Alderney there is a Court (with Chairman and *jurats*) which has wide civil and limited criminal jurisdiction. In Sark the Court of the Seneschal exercises limited civil and criminal jurisdiction.

The Court of Appeal (Guernsey) Law, 1961, established the framework of a Court of Appeal with civil and criminal jurisdiction over the whole of the Bailiwick of Guernsey.

An unsuccessful attempt was made some years ago to set up a common Court of Appeal for both Bailiwicks. The Judicial Committee of the Privy Council acts as the final court of appeal from both Bailiwicks in both civil and criminal matters.

2. Private Law

The common or customary law of the Channel Islands is based upon the *Ancienne Coutume de Normandie*, modified over the course of 1 000 years of continuous evolution by local usage, judicial decision and legislation. The English common law has not been imported as such. The common law of the ancient Duchy of Normandy has, however, been developed autonomously and idiosyncratically since mediaeval times in the islands.

The laws of the islands are thus strongly indigenous and local in character. In Jersey, for example, legislative sources of law in use today include the ancient customary law of Normandy (evidenced by the *Grand Coutumier du Pays et Duché de Normandie*, compiled in the thirteenth century, and by the works of scattered text writers, and the reported decisions of the Judicial Committee of the Privy Council and the Royal Court of Jersey); Royal Charters; Orders in Council; Acts of the British Parliament in which the Channel Islands are specifically mentioned or to which they apply by necessary implication; a Code of 1771; Laws passed by the States and sanctioned by the Sovereign in Council; and *règlements*. In Guernsey the civil law owes rather less to the Norman customary origins traceable elsewhere; as in Jersey there is remarkably little modern legal literature.

II. THE ISLE OF MAN

The Isle of Man, situated in the Irish Sea and roughly equidistant from England, Ireland, Scotland and Wales has a land area of some 227 square miles and at mid-1972 the estimated population was just over 56000.

The English language is spoken, although Manx is used for certain official pronouncements.

1. Constitutional System

The island is neither a part of the United Kingdom nor a colony; it is a dependency of the British Crown and is substantially self-governing. The island was first acquired as a feudal lordship during the reign of *Edward I*. Its citizens today are citizens of the United Kingdom and Colonies, but may, under the terms of the British Nationality Act, 1948 (11 & 12 Geo., c. 56) s. 33 style themselves Citizens of the United Kingdom, Islands and Colonies if they so wish.

United Kingdom legislation extends to the island, and is enforceable within it, if the island is directly named or included by necessary implication. In practice, United Kingdom legislation is so extended in matters of special and non-local importance, only after due consultation with the island authorities. The island's own legislature (*infra*) acts autonomously in respect of domestic matters but insular legislation is submitted for the approval of the Crown, which is given by the Privy Council.

The Lieutenant-Governor, appointed as Lord of Man, represents the Crown on the island. He presides over, and is advised by, an Executive Council which consists of seven members of Tynwald (*infra*).

The island's legislature is bicameral and collectively known as the Court of Tynwald: it is comprised of the Legislative Council (the Upper House) and the House of Keys (the Lower House). The two bodies sit separately for legislative purposes and vote separately but sit together for much of their other executive and financial business. The Legislative Council is composed of: the Lieutenant-Governor, the Bishop of Sodor and Man, the First Deemster (the senior High Court judge – *infra*), the Attorney-General, two members appointed by the Lieutenant-Governor, and five members appointed by the House of Keys. The House of Keys is one of the oldest legislative assemblies in the world; it is composed of 24 elected members. Of these, 13 members represent the sheadings (six rural divisions of the island), seven represent Douglas, the chief town, and the four remaining represent the other three principal towns of the island, Ramsay (two), Castletown and Peel (one each). Much of the island's legislation on domestic matters, such as revenue, customs duties, education and other services is deliberately kept in line with similar legislation in the United Kingdom but there are very significant differences in, for example, direct taxation. Income tax is much lower than in the United Kingdom and there is no surtax or death duty payable. An annual reading of the laws passed during the year is carried out each midsummer day (5 July) on Tynwald Hill at St. John's; until this century the formal and public promulgation of each law in this fashion was necessary before an act of Tynwald could come into effect. Today the Royal Assent is announced in Tynwald by the Lieutenant-Governor and a certificate to that effect is signed before an act takes effect.

The judiciary and the courts. – The High Court has two judges, who are called deemsters. They exercise both civil and criminal jurisdiction; the First Deemster acts as the clerk of the rolls. If a Court of Appeal should be necessary another judge of appeal is appointed from the English Bar and he will sit together with the deemster who did not sit at first instance. A further appeal lies to the Judicial Committee of the Privy Council in both civil and criminal cases. The High Bailiff of the island acts as a stipendiary magistrate and there are Magistrates' Courts in the four principal towns. Justices of the Peace are appointed by the Lord Chancellor of England in consultation with the Lieutenant-Governor. Coroners sit in the sheadings and also serve as court officers (*e.g.*, empanelling juries, serving summonses, collecting fines, *etc.*). Members of the Manx Bar are advocates, who act both as barristers and solicitors.

2. Private Law

The legal history of the Isle of Man, since its conquest by the Vikings, has evolved quite separately from that of England. The customary law of the island is called "breast law" (*i.e.*, the law residing in the breasts of the judges) and it has been modified and developed by insular legislation over the centuries. Although, as has been noted above, the law of the island is today substantially similar to English law, there are still very interesting differences in the law of property (where Manx law recognises tenure in customary fee simple), and of succession.[2]

III. BIBLIOGRAPHY

1. *The Channel Islands*

Sheridan, The Channel Islands: *Keeton and Lloyd* (ed.), The United Kingdom. The Development of Its Laws and Constitutions (1955) Part 2, 1141–1153; *Lemprière*, The Constitution of the Bailiwick of Jersey: 1 The Solicitor Quarterly 298 (1962); *Le Patourel*, The Origins of the Channel Islands Legal Systems: *ibidem* 194; *Simmonds*, Some Aspects of the Application of United Kingdom Legislation to the Channel Islands: *ibidem* 2, p. 33 (1963); *Sir Kenneth Roberts-Wray*, Commonwealth and Colonial Law (1966) 672–675; Recueil des Lois de Jersey 1771–1936 (7 vol. 1878–1957; 3 vol. 1955–1961); Regulations and Orders (Jersey) 1939–1953 (rev. ed. 1959); Ordinances of the States (Guernsey)/Recueil d'Ordonnances de la Cour Royale de l'Isle de Guernsey 1533–1800 (6 vol.) (1852–1932); Orders in Council (Guernsey)/Ordres en Conseil 1803–1907 (22 vol.) (1903–1974); see also: Bibliographical Guide to the Law of the United Kingdom, the Channel Islands and the Isle of Man (ed. 2, 1973) 232–236.

2. *The Isle of Man*

Holland, The Isle of Man: *Keeton and Lloyd* (ed.), The United Kingdom. The Development of Its Laws and Constitutions (1955) Part 1, 485–493; *Sir Kenneth Roberts Wray*, Commonwealth and Colonial Law (1966) 675–677; *Moore*, A History of the Isle of Man (2 vol.) (1900); Acts of the Tynwald, 1407 to date; Report of the Joint Working Party on the Constitutional Relationship Between the Isle of Man and the United Kingdom (1969); *Commission on the Constitution*, Isle of Man. Joint Evidence of the Home Office and Tynwald (1970).

(Completed in January 1975)

[2] See comments of *Kneale:* Bibliographical Guide to the Law of the United Kingdom, the Channel Islands and the Isle of Man (1956) 182–187; and comments of *Kinley*, *ibidem* (ed. 2, 1973) 237–243.

United Kingdom Dependent Territories

H. H. Marshall *

General Remarks

1. *Introductory.* – Throughout its long history Great Britain acquired many overseas territories and possessions, great and small, in all the continents of the globe. They, with the mother country, were, until recently, known as the British Empire. Their political structures and their relationships with the United Kingdom were numerous and varied; and no two territories were identical in constitution or legal status. The policy of successive United Kingdom governments has been, and is, to grant independence to each overseas territory when the time is ripe. This is achieved, in the interests of the territory itself, by the introduction, gradually and by definite planned stages over a period of time, of a series of constitutional changes giving to the inhabitants of the territory an increasing measure of participation in their own affairs, the grant of internal self-government being the penultimate stage before the attainment by the territory of full independence. This process is still continuing. For some years past, however, the United Kingdom, together with her few remaining dependent territories and those now independent territories which have continued to be voluntarily associated with her and with each other, have been collectively known as the Commonwealth. The independent territories and certain of the other States of the Commonwealth with which the United Kingdom has a special relationship are dealt with elsewhere in this volume as separate sovereign states. It is now proposed to consider together in this place those countries which remain dependent territories of the United Kingdom. Arranged alphabetically they are as follows:

Antigua, Belize, Bermuda, British Antarctic Territory, British Indian Ocean Territory, Brunei, Cayman Islands, Dominica, Falkland Islands, Gibraltar, Gilbert and Ellice Islands, Hong Kong, Montserrat, Pitcairn Islands Group, St. Christopher (St. Kitts), Nevis and Anguilla, St. Helena, St. Lucia, St. Vincent, the Seychelles, Southern Rhodesia, Turks and Caicos Islands, Virgin Islands, the territory administered by the Western-Pacific High Commission, *viz.* the British Solomon Islands Protectorate; and the Anglo-French Condominium of the New Hebrides.

In dealing with these territories the strict alphabetical order set out above has not always been retained where a grouping of territories having geographical, historical, constitutional or other features in common has produced greater intelligibility or the saving of space (*see infra* 10).

While it is true, as indicated above, that no two territories possess identical governmental institutions, a number of general principles have nevertheless been applied in varying degrees to most territories in the course of the implementation of British colonial and foreign policy. This process has produced a pattern of similarity which now underlies the constitutional and legal structures of most of the remaining dependent territories. It is, therefore, proposed at this stage to set out a short summary of such principles in order to avoid repetition and overlapping when consideration is hereafter given in the limited space available to the essential characteristics of each individual territory. It will be assumed that the conditions set out below apply to each territory unless the contrary is stated in any national section.

2. *Types of territory.* – The territories here dealt with are either colonies, protected states, protectorates, associated states or condominiums. A colony is a territory over which the Crown (*i.e.*, the United Kingdom government) exercises absolute authority subject to such limitations as it may from time to time impose on its own exercise thereof, *e.g.*, by the grant of representative institutions to the inhabitants. A protected state has been defined[1] as "a territory under Her Majesty's (*i.e.*, the Kingdom government's) protection which has its own Ruler, together with regularly constituted executive government, legislature and courts, and in which Her Majesty has either no jurisdiction or

* Deputy Director, British Institute of International and Comparative Law, London (England).

[1] See *Roberts-Wray* 48.

jurisdiction within expressly defined limits". A protectorate is, in international law, a country which is under the protection of another and this includes a protected state; but the expression is used more narrowly in constitutional law where the status of a protectorate approximates more nearly to that of a colony except upon the question of nationality (see below). In the case of both protectorates and protected states their defence and external affairs are under the control of the United Kingdom government. In protectorates the internal administration of the country is usually as much under the control of the United Kingdom government as is that of a colony. All colonies and protectorates in the Commonwealth are under the control of the United Kingdom government although certain mandated or Trust territories are under the control of other member states of the Commonwealth such as Australia and New Zealand (see these national reports). Associated states are a new conception and will be described in due course later. In the case of a condominium, joint control of the territory is vested in two or more states.

The information contained *infra* 3, 5, 6, 7 and 8 applies, unless otherwise stated, to colonies and protectorates. The one example of a protected state will be dealt with when it is examined later on.

3. *Nationality*. – Those persons who are born in colonies (hereinafter briefly referred to as inhabitants) are British subjects and citizens of the United Kingdom and Colonies under the British Nationality Acts, 1948 to 1965, of the United Kingdom (11 & 12 Geo. 6, c. 56 to 1965 c. 34). Those who are born in protectorates or protected states are British Protected Persons under the same Acts and under the British Protectorates, Protected States and Protected Persons Orders in Council, 1949, 1965, 1969 and 1974 of the United Kingdom (S. I. 1949 no. 140; 1965 no. 1864; 1969 no. 1832; 1974 no. 1895). The basic conditions of acquiring and losing nationality or protected status are set out in those instruments. In view of the foregoing, and of the fact that the subject of British nationality is fully dealt with in ch. I of the United Kingdom national report, there will be no section relating to nationality in any of the chapters relating to colonies, protectorates and the protected states unless special circumstances require such material to be supplied.

4. *Constitution*. – This is usually set out in Statutory Rules and Orders and Statutory Instruments of the United Kingdom government containing Orders in Council, Letters Patent and Instructions to the Governor (known as Royal Instructions)[2], varying in content and extent with the different requirements and state of progress of each territory. Every dependent state dealt with in this survey is a unitary state unless it is hereinafter expressly stated to be federal.

5. *Head of the State*. – The Head of the State in a colony or protectorate is H.M. the Queen of the United Kingdom of Great Britain and Northern Ireland (see United Kingdom national report ch. I) who is represented by a Governor, or other official. The head of a protected state is the Ruler; and the Queen is represented in the state by a United Kingdom official, usually a High Commissioner or Resident.

6. *Legislature*. – There is normally a legislature in and for the territory which is presided over either by the Governor, or by some other official or by an elected member. It consists in varying proportions of official and representative members. Of the latter, some may be nominated and some elected in manner directed in the constitutional instruments or in local legislation enacted in pursuance thereof. Laws made by the legislature may be assented to by the Governor, vetoed by him, reserved for H.M. pleasure (*i.e.*, that of the British government in London), or, even when assented to by the Governor, disallowed by the British government in London. In some territories the Governor has also a reserved power himself to legislate on certain matters. No law of a territory may conflict with United Kingdom legislation extending to the territory, *i.e.*, legislation which is

[2] United Kingdom Orders in Council, Orders, Letters Patent, Royal Instructions and similar subsidiary legislation are usually published in the volumes of Statutory Instruments (formerly known as Statutory Rules and Orders). Items of such legislation are either numbered in the S.I. series or, where the item is for technical reasons not strictly a statutory instrument, unnumbered. (In the latter case, it sometimes appears among the Statutory Instruments, but is at times included in an appendix at the end of the volume concerned). In the former case reference is made to the items in this volume by quoting the year and number of the statutory instrument (*e.g.*, S.I. 1966 no. 1458); in the latter case reference is made to the year and the page number of the volume (*e.g.*, S.I. 1967 p. 5423). Where an item appears in the 1948 revised and consolidated edition it is quoted by reference to the number of the volume in Roman figures and the page in Arabic figures, *e.g.*, S.R.O. and S.I. Rev. XII p. 391

"applied expressly or by necessary intendment"[3] or may, subject to a number of qualifications, have extra-territorial effect.

7. *Executive.* – The executive power in a colony or protectorate resides in the Queen but it is exercised by the Queen's Representative, usually the Governor. He is normally advised by an Executive Council which consists in varying proportions of *ex officio* or official, nominated or appointed; and elected members, but, until full independence is granted to the territory, the Governor is not bound to act upon the advice of his Council in all respects and is ultimately responsible for the government of the territory to United Kingdom ministers in London. The Executive Council also has the power to make subsidiary legislation under United Kingdom Acts of Parliament, Orders in Council or local laws. There is normally a local government system of councils for the towns, and councils or indigenous authorities for the rural areas.

8. *Courts.* – Each dependent territory has a judicial structure. It is usually established by United Kingdom legislation or Orders in Council, or by local legislation or decree. These courts include, first, a number of inferior courts of limited jurisdiction such as magistrates' courts, district courts, justices of the peace and, in countries containing indigenous inhabitants, customary or "native" courts, including Muslim courts and mixed courts; and secondly, a superior court consisting of a Supreme or High Court and sometimes also a Court of Appeal. All these, except the courts of justices of the peace and customary courts, are usually staffed by trained professional lawyers, and unless otherwise here stated, have jurisdiction in both civil and criminal matters. There is usually no separate constitutional or adminstrative judiciary. There is a chain of appeals from inferior to superior courts; and a final appeal lies from the highest superior court to the Judicial Committee of the Privy Council (a court in everything but name) sitting in London after (in some cases) an intermediate appeal to such regional Court of Appeal as may have been established for the territory and other adjacent territories. Prosecutions are normally conducted by a government official and are called public prosecutions. Provision usually exists, however, for private prosecutions to be brought also by individual citizens.

9. *Law applicable.* – This normally consists of an amalgam of different component parts. First there may be customary laws affecting the indigenous people who may inhabit the territory (Muslim law may be present as one form of indigenous law). Secondly there is the law introduced by the citizens of the colonial power or powers by which the territory has from time to time been occupied. This may be, *e.g.*, English law consisting of the common law, the principles of equity and the statutes of general application (including constitutional law) as at a particular date, or French law,

Arrangement of Individual Reports

[3] Colonial Laws Validity Act, 1865 (28 & 29 Vict., c. 63) of the United Kingdom, s. 2.

according to the date and circumstances of occupation. This is sometimes referred to as the "basic" or "received" law and it applies so far only as the circumstances of the territory and its inhabitants permit, subject to such qualifications as local circumstances render necessary and subject to local legislation. Thirdly, there are the statutes and Orders in Council of the United Kingdom which have been passed or made for the territory or which have been applied to the territory by legislation of the United Kingdom or of the territory. Fourthly, there are the laws of the territory itself, consisting of the statutes passed by the local legislature, the subsidiary legislation made by the executive body or by the subordinate law-making bodies such as local government authorities, and the case law emanating from the decisions of the local courts.

I. GIBRALTAR

A colony acquired by cession, now known as the City of Gibraltar. The territory is a narrow peninsular running southwards from the south-west coast of Spain with an area of two and a quarter square miles.

1. Constitutional System

There is a Governor, a Legislature called the Gibraltar House of Assembly with a majority of elected members, executive bodies called the Gibraltar Council and the Council of Ministers which have separate defined functions, and a judiciary.

2. Sources of Law

a. The *Constitution* is contained in the Gibraltar (Constitution) Order 1969 (S.I. 1969 p. 3602). It contains a declaration of fundamental rights.

b. The *Basic Law* consists of the common law and the rules of equity from time to time in force in England and the enactments specified in the Application of English Law Ordinance (Cap. 5 of the Laws), the list of which may be altered by resolution of the Legislature. There is no customary law.

c. The current collection of *legislation* is contained in The Laws of Gibraltar Revised Edition. This is a loose-leaf edition into which additions and amendments are continuously inserted.

II. THE SEYCHELLES

A colony acquired by cession from France. The colony consists of 86 islands in the Indian Ocean about 107 square miles in area. Port Victoria, the capital, is on the island of Mahé and is the only town of consequence.

1. Constitutional System

There is a Governor; a Legislative Assembly which consists of the Speaker, three *ex officio* members, namely the Deputy Governor, the Attorney-General and the Financial Secretary, and fifteen elected members; a Council of Ministers consisting of the Chief Minister; such number of other ministers (not exceeding four) as the Governor acting after consultation with the Chief Minister may determine; the Deputy Governor, the Attorney-General and the Financial Secretary *ex officio*. The Governor also has reserved legislative powers in certain circumstances.[4] In the exercise of his executive powers he must, subject to certain exceptions, consult the Council of Ministers.

There is also a judiciary. Appeals lie from the Supreme Court of Seychelles, in civil proceedings to the Civil Court of Appeal of Mauritius, and in criminal proceedings to the Seychelles Court of Appeal[5]: and thence in each case to the Privy Council as prescribed.

[4] The Seychelles Order 1970 (S.I. 1970 p. 6728) s. 36.

[5] The Seychelles Civil Appeals Order 1967 (S.I. 1967 p. 5414) and (Amendment) Order 1968 (S.I. 1968 p. 1949) and Courts Ordinance (Cap. 43) s. 11.

2. Sources of Law

a. The *Constitution* is contained in the Seychelles Order 1970 (S.I. 1970 p. 6728) and the Seychelles Royal Instructions 1970 (S.I. 1970 p. 6728 and 6762).

b. The Seychelles were a dependency of Mauritius until 1903 when they became a separate colony. The *Basic Law* of the Seychelles is therefore, like that of Mauritius (see national report), partly French and partly English. Some (but not all) laws passed in Mauritius before 1903 were made applicable to the Seychelles expressly or by implication. There is no customary law.

c. The current collection of *legislation* is contained in The Laws of Seychelles, Revised Edition, 1971 (7 vol.) and in subsequent annual volumes. There does not appear to be any current series of reported decisions of the courts. But see for the past *Bourke*, A Digest of the Ruling Decisions of the Supreme Court of Seychelles from 1903–1933 (1934).

III. BRITISH INDIAN OCEAN TERRITORY

It consists of colonies acquired by cession. The Territory consists of the islands of the Chagos Archipelago, about 1200 miles north-east of Mauritius, the Aldabra Group and Farquhar and Desroches Islands in the Western Indian Ocean. The population is about 1500 persons and there are no towns.

1. Constitutional System

The Chagos Archipelago was formerly part of the dependencies of Mauritius; and the other islands were formerly part of the colony of the Seychelles. There is a Commissioner in whom legislative and executive power is vested subject to the qualifications mentioned below. Full legislative power is reserved to the United Kingdom government. The Magistrate's Court of the Seychelles, the Supreme Court of the Seychelles, the Civil Court of Appeal of Mauritius and the Seychelles Court of Appeal have each such respective original and appellate jurisdiction in respect of the Territory as they have in respect of the Seychelles. In addition, the Commissioner has power to appoint fit and proper persons to be justices of the peace and peace officers.[6]

2. Sources of Law

a. The *Constitution* is contained in the British Indian Ocean Territory Orders 1965 and 1968 (S.I. 1965 no. 1920; 1968 no. 111) and the British Indian Ocean Territory Royal Instructions 1965 (S.I. 1965 p. 6440).

b. As to *Basic Law*, the laws existing before the severance from Mauritius and the Seychelles continue in force. In particular the Penal Code and the Criminal Procedure Code of the Seychelles have been applied to the Territory with such adaptations, modifications and exceptions as are necessary to bring them into conformity with the British Indian Ocean Territory Order 1965.[7]

c. There does not appear to be any current collection of *legislation* (other than Gazette copies of ordinances) or any series of reported decisions of the courts.

IV. BRUNEI

A British protected state. The State of Brunei occupies an area of 2226 square miles on the north-west coast of Borneo.

1. Constitutional System

a. *Nationality*. – The Brunei Nationality Enact-

[6] Courts Ordinance 1965 (no. 3 of 1965) s. 3, 4, 9 and 10, and the Courts (Amendment) Ordinances (no. 1 of 1966 and no. 4 and 5 of 1967).

[7] Penal Code and Criminal Procedure Code Ordinance 1965 (no. 1 of 1965) of the Territory.

ment, 1961 (no. 4 of 1961) provides that a subject of the Sultan shall have the status of a national of the State of Brunei, and lays down in detail other provisions as to this status. A person who is a citizen or national of Brunei is a British protected person by virtue of his connection with Brunei (British Protectorates, Protected States and Protected Persons Order 1974, S.I. 1974 no. 1895).

b. *State organs.* – (1) Brunei is a Sultanate with a Sultan, a Legislature, Executive and Judiciary. By the Brunei Agreement, 1959[8] (as amended by the Brunei Agreement, 1972)[9] which replaced the Treaties with Great Britain of 1847 and 1888 and the supplementary Agreement of 1905, it was agreed that the United Kingdom should continue to be responsible for the state's external affairs, that provision for the defence and security of the state should be a task to be shared between the United Kingdom and the state, and that the state should enjoy full internal self-government. There is a joint standing consultative body called the Brunei Defence Council consisting of representatives of the United Kingdom and the state.

(2) The Head of the State is the Sultan. He presides over the Privy Council and Council of Ministers. The Sultan has a reserved legislative power. He also has power to proclaim a state of emergency whereupon he has power to legislate by Order. He also has power to amend the Constitution after consultation with the Privy Council whose advice he is not bound to follow.

(3) The legislative body is the Legislative Council composed of six *ex officio* members; ten directly elected members; and five members nominated by the Sultan. The Sultan appoints the Speaker or President of the Legislative Council.

(4) The executive authority of the state resides in the Sultan. There is a Chief Minister who is appointed by, and is responsible to, the Sultan. The Council of Ministers is the Sultan's advisory body but he is not obliged to accept its advice. The Council consists of the Sultan as president, six *ex officio* members, four ministers who are either elected or nominated members of the Legislative Council and Her Majesty's (*i.e.*, the United Kingdom) High Commissioner in the State of Brunei. If a Council of Regency has been appointed the Regents are also members.

There is also a Privy Council which advises the Sultan as to the amendment of the Constitution, the exercise of the prerogative of mercy, and honours. Other functions may be conferred on the Privy Council. It consists of the Sultan as president, six *ex officio* members and such other members as the Sultan may appoint, Her Majesty's High Commissioner in the State of Brunei and the Regents, if a Council of Regency has been appointed.

(5) The territorial authorities consist of District Councils. The majority of the members of District Councils are elected and the remainder nominated. The District Officer is the *ex officio* Chairman of each Council.

c. *The judiciary.* – (1) As to constitutional judiciary there exists under the provisions of the Constitution (*infra* 2a) an Interpretation Tribunal composed of three persons appointed by the Sultan. The Chairman is required to be an individual who holds or has held high judicial office. The Sultan has power to refer to the Tribunal questions involving the interpretation of the Constitution.

(2) As regards courts of general jurisdiction there are Magistrates Courts of three classes with limited civil and criminal jurisdiction according to their classes; the High Court consisting of a Chief Justice and a number of other judges; the Court of Appeal consisting of a President and two Judges of Appeal.

The High Court and the Court of Appeal are together called the Supreme Court (Supreme Court Enactment 1963, no. 2 of 1963). An appeal lies from the Court of Appeal to the Judicial Committee of the Privy Council.

The courts of the Chief Kathi and Kathis (Religious Council, State Custom and Kathis Courts Enactment 1955, no. 20 of 1955) have jurisdiction in matters in which the Muslim religion is involved. Appeals from these courts lie to the Sultan in Religious Council.

(3) There is no administrative judiciary.

(4) Prosecutions are conducted by the police and by government counsel under the supervision of the Public Prosecutor. The Attorney-General is the Public Prosecutor for the purpose of the provisions of the Criminal Procedure Code (R.L.B. 1951 Cap. 7).

2. Sources of Law

a. The *Constitution* of Brunei is contained in the following documents – (1) Constitution of the

[8] Notification no. S. 109, Br.Subs.Leg. 1959 p. 310.

[9] Notification no. 1, Br.Gov.Gaz. of 3 July 1972 p. 2.

State of Brunei 1959[10] as amended[11]; (2) Succession and Regency Proclamation 1959[12]; (3) Establishment of Council of Succession Proclamation 1966[13] made under (2) above; and (4) Brunei Royal Instructions of 9 Nov. 1949.

b. The *Basic Law* is the common law of England together with the statutes of general application as administered or in force in England on 25 April 1951, certain applied United Kingdom enactments and certain laws of Malaya adopted under the Malayan Laws Adoption Enactment of Brunei (R.L.B. 1951 Cap. 3).

Muslim law is applied where appropriate, in accordance with the Religious Council, State Custom and Kathis Courts Enactment 1955 (*supra* 1c) as amended.

c. The current collection of *legislation* is contained in The Laws of Brunei, Revised Edition, 1951 (2 vol.), cited R.L.B., in a supplement called Enactments of Brunei, 1952–1955, in The Revised Edition of the Subsidiary Legislation of Brunei, 1956, and in subsequent annual publications, cited Br. Subs. Leg.

V. HONG KONG

A part of the territory, consisting of (1) the island of Hong Kong, (2) a portion of the Kowloon peninsula and (3) Stonecutters Island, is a colony ceded to Great Britain in 1842 and 1860. The remaining part, consisting of a strip of the mainland adjoining the above portion of Kowloon and a few islands, together known as the New Territories, was in 1898 leased by China to Great Britain for 99 years. The capital is Victoria on Hong Kong Island and there are a number of urban centres on the mainland and the other islands.

1. Constitutional System

a. *Nationality*. – More than half the inhabitants are citizens of the United Kingdom and Colonies by virtue of birth in the Colony or in Great Britain. The majority of the remainder are Chinese nationals.

b. *State organs*. – There is a Governor, a Legislative Council, consisting of official and unofficial members, an Executive Council and a judiciary.

2. Sources of Law

a. The *Constitution* is contained in Hong Kong Letters Patent, 1917 to 1970,[14] and Hong Kong Royal Instructions, 1917 to 1972.[15]

b. The *Basic Law* consists of such of the laws of England as existed when the Colony obtained a local legislature on 5 April 1843. Having regard to the wide applicability of the Basic Law, Chinese customary law applies only to a limited extent.

c. The current collection of *legislation* is contained in The Laws of Hong Kong Revised Edition. This is a loose-leaf edition into which additions and amendments are continuously inserted. The current series of reported decisions of the courts are called The Hong Kong Law Reports, 1905 –. See also *Addison* (comp. and ed.), A Digest of Hong Kong Civil Case Law 1954–1968 (1970).

VI. WEST INDIES ASSOCIATED STATES

General. – These comprise certain islands in the Caribbean formerly forming part of either the Leeward or the Windward Islands Groups and later of the Federation of the West Indies which was dissolved in 1962. The West Indies Act 1967 (c.4) of the United Kingdom made provision for

[10] Notification no. S. 97, Br.Subs.Leg. 1959 p. 153.

[11] By Proclamations or Orders contained in Notifications no. S. 121, Br.Subs.Leg. 1961 p. 192; no. E. 2, Br.Enactments 1963 p. 5; no. S. 16 and S. 126, Br.Subs.Leg. 1963 p. 23 and 206; and no. E. 4, Br. Enactments 1964 p. 45.

[12] Notification no. S. 98, Br.Subs.Leg. 1959 p. 211.

[13] Notification no. S. 123, Br.Subs.Leg. 1966 p. 125.

[14] S.R.O. and S.I. Rev. X p. 20; S.I. 1950 p. 1545; 1955 p. 3188; 1960 p. 4169; 1967 p. 5419, and 1970 p. 6809.

[15] S.I. 1955 p. 3190; 1967 p. 5417; 1969 p. 1748; 1970 p. 6806, and 1972 p. 4108.

the conferring on these former colonies, on such day or days as might be appointed, of a new status of association with the United Kingdom and for that status to be terminated at any time. The territories to which the Act related were Antigua; Dominica; Grenada; St. Christopher (St. Kitts), Nevis and Anguilla; St. Lucia and St. Vincent. All duly became associated states and were granted new constitutions by United Kingdom Orders in Council in 1967 except for St. Vincent which received its Constitution in 1969. Special provision was made for Anguilla in 1969 and 1971. Grenada ceased to be an Associated State in February 1974 when it attained full independence. Details of all these constitutions, except that of Grenada, are set out below.

The United Kingdom government has no responsibility for the government of any associated state except in respect of any matter relating to defence, external affairs, nationality or citizenship and the Succession to the Throne or the Royal Style and Titles; but the United Kingdom has power under the Act by Order in Council made at the request and with the consent of an associated state, to make any provision which appears to the United Kingdom government to be necessary or expedient for the peace, order and good government of that state. Subject to the above, an associated state has broadly the same legislative and executive powers as an independent state.

The Legislature of an associated state may, at any time, by a law made in accordance with the requirements of Schedule 2 to the Act terminate the status, as Grenada has in fact done. The requirements of Schedule 2 include an interval of not less than 90 days between the introduction of the Bill for the law and the beginning of the proceedings in the Legislature on second reading of the Bill; a majority of not less than two-thirds of all the elected members of the Legislature on third reading of the Bill; and a referendum approving the Bill by two-thirds of the votes validly cast thereat before the Bill is submitted to the Governor for his assent. There are variations for a bi-cameral Legislature.

The Act allows for the constitutions of the states to provide for separate citizenship of each state if and when the status of association with Britain is terminated. In the meantime a citizen of the United Kingdom and Colonies is permitted on the grounds of his connection with an Associated State to be known as a citizen of the United Kingdom, Associated States and Colonies.

Although associated with the United Kingdom, the states are not constitutionally associated with each other except to the extent that they share a common superior court structure. The West Indies Associated States Supreme Court Order 1967 (S.I. 1967 no. 223) made in pursuance of s. 6 of the West Indies Act 1967 (c.4) of the United Kingdom established a Supreme Court for all the associated territories called the West Indies Associated States Supreme Court which consists of a High Court of Justice and a Court of Appeal. The Court still retained its jurisdiction over Grenada after that country obtained its independence on 7 Feb. 1974 and the court was thereupon renamed the Supreme Court of Grenada and the West Indies Associated States (Grenada Constitution Order 1973, S.I. 1973 no. 2155, s. 105). The headquarters of the Supreme Court is in Grenada but a judge of the court is resident in each one of the Associated States which has in addition a resident subordinate judiciary. The High Court has such jurisdiction and powers, and the Court of Appeal such jurisdiction and powers to hear appeals, in relation to a state as in each case may be conferred upon the court by the Constitution or by any other law of the state. This Order and the Montserrat Order 1967 (S.I. 1967 no. 230) and the Virgin Islands (Courts) Order 1967 (S.I. 1967 no. 231) made in pursuance of the same section provide for similar jurisdiction and powers to extend to the last mentioned colonies (see these reports, *infra*). The West Indies Associated States (Appeals to Privy Council) Order 1967 (S.I. 1967 no. 224) confers a right of appeal to the Privy Council from a decision of the Court of Appeal in such cases as may be prescribed by or in pursuance of the consitution of a state. The Courts Order and the Appeals to Privy Council Order can be amended by an associated state in relation to that state by the same method as it is enabled to terminate its association with the United Kingdom (*supra*) or to amend its constitution (*infra*). The Montserrat (Appeals to Privy Council) Order 1967 (S.I. 1967 no. 233) and the Virgin Islands (Appeals to Privy Council) Order 1967 (S.I. 1967 no. 234) confer similar rights in respect of those colonies.

The reports of the cases decided in the superior courts and Court of Appeal of the Associated States appear in The West Indian Reports 1959 –, cited W.I.R. The reports of cases decided at first instance appear in The West Indian Associated States Law Reports 1967 –. Each state has a separate collection of its own statute law.

Before dealing briefly with the details of the structure of each associated state it is desirable to specify those elements which the constitutions of all the states have in common, *viz.*,

(1) H.M. The Queen is nominally a constituent part of the Legislature but Bills are assented to by the Governor in her name.

(2) The executive power is vested in Her Majesty but it may be exercised by the Governor. Subject to a few exceptions, the Governor must act in accordance with the advice of the Cabinet of the state consisting of the Premier and ministers, or in accordance with the advice of a minister acting under the general authority of the Cabinet.

(3) The constitution of each state contains a declaration of fundamental rights and freedoms.

(4) The constitution of each state provides for the creation of a separate citizenship of the state in the circumstances mentioned above.

A. ANTIGUA

The territory consists of three islands: Antigua itself, which has an area of 108 square miles; the island Dependency of Barbuda of 62 square miles and the island Dependency of Redonda, which is uninhabitated, of half a square mile. The capital is the town of St. John's.

1. Constitutional System

There is a Governor; a Parliament consisting of the Queen, a nominated Senate and an elected House of Representatives; a Cabinet consisting of a Premier, other ministers and the Attorney-General *ex officio* if he is not appointed a minister; and a judiciary (see *supra* General).

2. Sources of Law

a. The *Constitution* is contained in the instruments mentioned in the General section (*supra*) and in the Antigua Constitution Order 1967 (S.I. 1967 no. 225, as amended by S.I. 1972 no. 301).

b. The *Basic Law* probably consists of the English law in force in 1632.

c. The current collection of *legislation* is contained in The Revised Laws of Antigua 1962 (9 vol.) and in subsequent annual volumes.

B. DOMINICA

The territory is an island of about 290 square miles in area. The capital is Roseau.

1. Constitutional System

There is a Governor; a Parliament consisting of the Queen and a House of Assembly, composed of a number of elected members corresponding with the number of the constituencies prescribed under the Constitution, and three nominated members; a Cabinet consisting of a Premier and not more than five other ministers and the Attorney-General *ex officio* when his office is a public office; and a judiciary (see *supra* General).

2. Sources of Law

a. The *Constitution* is contained in the instruments mentioned in the General section (*supra*) and in the Dominica Constitution Order 1967 (S.I. 1967 no. 226, as amended by S.I. 1971 no. 714).

b. The *Basic Law* probably consists of the common law and equity and the statutes of England in force on 7 Oct. 1763.

c. The current collection of *legislation* is contained in The Laws of Dominica, Revised Edition, 1961 (6 vol.) and in subsequent annual volumes.

C. ST. CHRISTOPHER (ST. KITTS), NEVIS AND ANGUILLA

The territory consists of the islands of St. Christopher (St. Kitts) (65 square miles in area), Nevis (36), Anguilla (35), and Sombrero (2). The capital of St. Christopher is Basseterre and of Nevis is Charlestown.

1. Constitutional System

There is a Governor; a Legislature consisting of the Queen and a House of Assembly composed of a number of elected members corresponding with the number of constituencies prescribed under the Constitution and three or four nominated members; a Cabinet consisting of a Premier, other ministers and the Attorney-General *ex offico* when his office is a public office; and a judiciary (see *supra* General).

2. Sources of Law

a. The *Constitution* is contained in the instruments mentioned in the General section (*supra*) and in the St. Christopher, Nevis and Anguilla Constitution Order 1967 (S.I. 1967 no. 228). As a result of civil disturbances on Anguilla, the United Kingdom government, after consultation with the Associated State of St. Christopher, Nevis and Anguilla, decided that appropriate measures should be taken to restore law and order in Anguilla. As a result the Anguilla (Temporary Provision) Order 1969 (S.I. 1969 no. 371) was made in March 1969 under s. 7 (2) of the West Indies Act 1967 (c.4). This gave the United Kingdom government power to govern the island through a Commissioner appointed by itself. Two years later the Anguilla Act 1971 (c.63) of the United Kingdom was passed giving power to Her Majesty by Order in Council to make provision for the government of Anguilla and to appoint a Commissioner having such functions as might be conferred upon him. In pursuance of this Act the United Kingdom government made the Anguilla (Administration) Order 1971 (S.I. 1971 no. 1235) defining the powers of the Commissioner. These include a power to make ordinances after consultation with the Anguilla Council. This is a body created by the Order and consists of seven elected members and six members appointed by the Commissioner.

b. The *Basic Law* probably consists of the English law in force in 1632.

c. The current collection of *legislation* is contained in The Revised Laws of St. Christopher, Nevis and Anguilla, 1961 and in subsequent annual volumes.

D. ST. LUCIA

The territory is an island of about 238 square miles in area. The capital is Castries.

1. Constitutional System

There is a Governor; a Legislature consisting of the Queen and a House of Assembly composed of a number of elected members, corresponding with the number of the constituencies prescribed under the Constitution, and three nominated members; a Cabinet consisting of a Premier and other ministers (the office of Attorney-General being the office of a minister), and a judiciary (see *supra* General). The Constitution s.36 (7) gives power to the House of Assembly to resolve that an appointed Senate be created. If the resolution is passed by a majority, the Constitution shall be amended in accordance with the provisions set out in the Second Schedule to the Constitution which also include the composition of the Senate.

2. Sources of Law

a. The *Constitution* is contained in the instruments mentioned in the General section (*supra*) and in the St. Lucia Constitution Order 1967 (S.I. 1967 no. 229).

b. The *Basic Law* is French, with many importations and additions of English law.

c. The current collection of *legislation* is contained in St. Lucia Revised Ordinances, 1957 (7 vol.) and in subsequent annual volumes. There are also old volumes, printed separately, of the Civil Code of St. Lucia (London 1879), the Code of Civil Procedure of St. Lucia (London 1881) the Commercial Code of St. Lucia (London 1916) and the Criminal Code of St. Lucia (St. Lucia 1920).

E. ST. VINCENT

The territory consists of the island of St. Vincent and such of the Grenadine Islands as are not included in the State of Grenada. They together occupy an area of about 150 square miles. The capital is Kingstown.

1. Constitutional System

There is a Governor and a Parliament consisting of the Queen and a House of Assembly composed of thirteen elected members and three nominated members; a Cabinet consisting of a Premier, other ministers and the Attorney-General *ex officio* when his office is a public office; and a judiciary.

2. Sources of Law

a. The *Constitution* is contained in the instruments mentioned in the General section (*supra*) and in the St. Vincent (Constitution) Order 1969 (S.I. 1969 no. 1500).

b. The *Basic Law* probably consists of the common law and equity and the statutes of England in force on 7 Oct. 1763.

c. The current collection of *legislation* is contained in The Laws of St. Vincent, Revised Edition, 1966 (8 vol. and a supplementary volume) and in subsequent annual volumes.

VII. MONTSERRAT

A colony acquired by settlement. The territory is an island in the Caribbean 40 square miles in area. Plymouth is the only town.

1. Constitutional System

There is a Governor, a Legislative Council with a majority of elected members, an Executive Council and a judiciary. Final appeals lie through the West Indies Associated States Court of Appeal to the Privy Council (see *supra* West Indies Associated States *sub* General).

2. Sources of Law

a. The *Constitution* is contained in the Montserrat Letters Patent, 1959 to 1971;[16] the Montserrat Royal Instructions, 1959 (S.I. 1959 p. 3395), the Montserrat Electoral Provisions Order 1966 (S.I. 1966 no. 1402), the Montserrat Order 1967 (S.I. 1967 no. 230), the Montserrat (Governor) Order 1971 (S.I. 1971 no. 1740), and the Montserrat Constitution and Elections Ordinance, 1952 (no. 1 of 1952) (as amended).

b. The *Basic Law* is probably the English law in force in 1642.

c. The current collection of *legislation* is contained in The Revised Laws of Montserrat, 1962 (9 vol.) and in subsequent annual volumes. The reports of cases decided in the superior courts are reported in the West Indian Reports (see *supra* West Indies Associated States *sub* General).

VIII. THE VIRGIN ISLANDS

A colony acquired by settlement. The territory consists of 36 islands, 11 of which are inhabited, occupying an area of about 59 square miles to east of Puerto Rico.

1. Constitutional System

There is a Governor, a Legislative Council with a majority of elected members, an Executive Council and a judiciary. Final appeals lie through the West Indies Associated States Court of Appeal to the Privy Council (see *supra* West Indies Associated States *sub* General).

2. Sources of Law

a. The *Constitution* is contained in the Virgin Islands (Constitution) Order 1967[17], the Virgin Islands Constitution and Elections Ordinance 1954 (no. 7 of 1954)[18], the Virgin Islands (Elec-

[16] S.I. 1959 p. 3386, as amended by S.I. 1962 no. 1084; 1967 no. 230, and 1971 no. 873.

[17] S.I. 1967 no. 471, as amended by S.I. 1971 no. 1240.

[18] R.L.V.I. Cap. 129, as amended by subsequent Ordinances and United Kingdom Statutory Instruments.

toral Provisions) Order 1966 (S.I. 1966 no. 1457), the Virgin Islands (Courts) Order 1967, and the Virgin Islands (Appeals to Privy Council) Orders 1967 (S.I. 1967 no. 231 and 234).

b. The *common law of England* (so far as unaltered by statute law of the islands or of the United Kingdom applying to the islands) is in force in the islands.[19] The principles of equity apply by virtue of certain provisions of the Supreme Court Act (R.L.V.I. Cap. 76). In the absence of other statutory provision the Basic Statute Law is probably English law as at the dates of the settlement of the various islands in the group. There is no customary law.

c. The current collection of *legislation* is contained in The Revised Laws of the Virgin Islands, 1961 (8 vol.), cited R.L.V.I., and in subsequent volumes.

IX. THE CAYMAN ISLANDS

A colony acquired by settlement. The islands consist of Grand Cayman, Cayman Brac and Little Cayman situated about 200 miles to the north-west of Jamaica and together occupying an area of about 100 square miles. The principal towns are Georgetown and West Bay on Grand Cayman. The islands were formerly a dependency of Jamaica.

1. Constitutional System

There is a Governor, a Legislative Assembly consisting of the Governor (or a Speaker if one is appointed), three official members appointed by the Governor and twelve elected members. There is an Executive Council consisting of three official members appointed by the Governor and four members elected by and from the elected members of the Legislative Assembly. There is also a judiciary. Appeals lie from the Grand Court of the Cayman Islands to the Court of Appeal for Jamaica and thence to the Privy Council.

2. Sources of Law

a. The *Constitution* is contained in the Cayman Islands (Constitution) Order 1972 (S.I. 1972 no. 1101), the Cayman Islands Royal Instructions 1972 (S.I. 1972 p. 4111), and the Cayman Islands (Appeal to Privy Council) Order 1965 (S.I. 1965 no. 1862).

b. The *Basic Law* consists of the laws in force in Jamaica on 22 June 1863, and later applied Jamaican laws. There is no customary law.

c. The current collection of *legislation* is contained in The Laws of the Cayman Islands, Revised Edition, 1963 (3 vol.) and in subsequent annual volumes.

X. THE TURKS AND CAICOS ISLANDS

A colony acquired by settlement. The territory consists of eight islands to the south-east of the Bahama Islands, two of which are inhabited. The total land area is about 166 square miles. There are a number of small towns and settlements. The colony has been at different times a dependency of the Bahama Islands and of Jamaica, but now has a separate administration.

1. Constitutional System

There is a Governor, a State Council with a majority of elected members, which has legislative and executive powers and which may act in executive matters through committees established by the Governor. The Governor has a reserved legislative power and certain discretionary executive functions. There is a judiciary and appeals lie from the Supreme Court to the Court of Appeal of the Turks and Caicos Islands and thence to the Privy Council.

2. Sources of Law

a. The *Constitution* is contained in the Turks and Caicos Islands (Constitution) Order 1969 (S.I. 1969 no. 736, as amended by S.I. 1973 no. 599) and the Turks and Caicos Islands (Appeal to

[19] Common Law (Declaration of Application) Act (no. 31 of 1705) (R.L.V.I. Cap. 14) s. 2.

Privy Council) Order 1965 (S.I. 1965 no. 1863, as amended by S.I. 1973 no. 1084).

b. The *Basic Law* of the colony is the same as that of the Bahama Islands. In addition there are applicable certain Acts of the Bahamas Legislature and certain Jamaican laws, passed in each case when the islands were dependencies of those territories. There is no customary law.

c. The current collection of *legislation* is contained in The Laws of the Turks and Caicos Islands, Revised Edition, 1970 (3 vol.) and in subsequent annual volumes.

XI. BERMUDA

A colony acquired by settlement. The Bermuda or Somers Islands consist of about 150 islands in the Western Atlantic Ocean about 570 miles east of Cape Hatteras, North Carolina, occupying an area of 20 square miles. Hamilton and St. George are the two principal towns.

1. Constitutional System

There is a Governor; a bicameral Legislature consisting of an appointed Legislative Council and an elected House of Assembly. There is also a Cabinet consisting of the Premier and not less than six other ministers; a Governor's Council, for the purpose of considering matters for which the Governor is specially responsible under Constitution s. 62, which consists of the Governor, the Premier and not less than two nor more than three other ministers appointed in writing by the Governor after consultation with the Premier. There is also a judiciary, consisting of a Court of Summary Jurisdiction and a Supreme Court. Appeals lie from the latter to the Privy Council.

2. Sources of Law

a. The *Constitution* is contained in the Bermuda Constitution Order 1968,[20] and the Parliamentary Election Act 1963 (no. 10 of 1963) of Bermuda[21] as amended by Act no. 274 of 1967 of Bermuda. The Constitution contains a declaration of fundamental rights.

b. The *Basic Law* consists of the common law, the doctrines of equity, and the Acts of the Parliament of England of general application which were in force in England at the date when the islands were settled, *i.e.* on 11 July 1612. There is no customary law.

c. The current collection of *legislation* is contained in The Revised Laws of Bermuda, 1971 (7 vol.), cited R.L.B.; this is a loose-leaf edition.

XII. BELIZE

A colony acquired by settlement. Formerly named British Honduras, the territory has an area of 8866 square miles lying on the Caribbean coast of Central America and bounded by Mexico and Guatemala.

1. Constitutional System

There is a Governor, a bicameral Legislature called the National Assembly consisting of an elected House of Representatives and a Senate, an executive council called the Cabinet and a judiciary.

2. Sources of Law

a. The *Constitution* is contained in British Honduras Letters Patent 1964, 1968 and 1973 (S.I. 1964 p. 1136; 1968 p. 4104 and 5624; 1973 p. 4708), British Honduras Royal Instructions 1964 (S.I. 1964 p. 1148) and the British Honduras Constitution Ordinance 1963 (no. 33 of 1963) and the Belize Ordinance 1973 (no. 13 of 1973).

b. The *Basic Law* consists of the common law of England and all Acts in abrogation or deroga-

[20] S.I. 1968 no. 182, as amended by S.I. 1968 no. 463 and 726 and 1973 no. 233.

[21] R.L.B. 1964, title 2 item 11.

tion or in any way declaratory of the common law passed before 1 Jan. 1899. There is no customary law.

c. The current collection of *legislation* is contained in The Laws of British Honduras, 1958 (6 vol.) and in The Subsidiary Laws of British Honduras, 1963 (4 vol.).[22]

XIII. ST. HELENA AND DEPENDENCIES

A colony acquired by settlement. St. Helena is an island in the South Atlantic 47 square miles in area. Ascension and Tristan da Cunha are islands also in the South Atlantic of respectively 34 and 38 square miles in area and are dependencies of St. Helena. There are three other dependencies, *viz.* Nightingale, Inaccessible and Gough Islands. These are uninhabited except for a weather station on Gough Island.

1. Constitutional System

There is a Governor, a Legislative Council of *ex officio*, elected and temporary members, an Executive Council, Council Committees consisting of members of the Legislative Council or other persons, and a judiciary.[23] There is an Administrator, responsible to the Governor, in Ascension. There is an Island Council in Tristan da Cunha consisting of the Administrator, three appointed members and eight elected members.[24]

2. Sources of Law

a. The *Constitution* is contained in the St. Helena (Constitution) Orders 1966 and 1967 (S.I. 1966 no. 1458, 1967 no. 1138) and the St. Helena Royal Instructions 1966 (S.I. 1966 p. 5186).

b. The *Basic Law* consists of English law as it exists at any given time. There is no customary law.

c. The current collection of *legislation* is contained in The Revised Edition of the Laws of the Colony of St. Helena, 1950 (1 vol.) and in subsequent annual volumes.

XIV. FALKLAND ISLANDS AND DEPENDENCIES

A colony acquired by settlement. The numerous islands are situate in the South Atlantic 480 miles north-east of Cape Horn. The Dependencies consist of South Georgia and the South Sandwich Group to the south-east of the Falklands. Stanley is the only town, and there are a number of small scattered settlements.

1. Constitutional System

There is a Governor, a Legislative Council of elected, nominated and official members, an Executive Council and a system of courts in the islands. The courts are, however, not staffed by qualified lawyers. There is, in addition, a Court of Appeal[25] of professional judges which sits as required – usually outside the islands.

2. Sources of Law

a. The *Constitution* is contained in the Falkland Islands Letters Patent, 1948 to 1962,[26] Falkland Islands (Legislative Council) Orders in Council, 1948 to 1973[27], Royal Instructions of 13 Dec. 1948, 27 Nov. 1951, 15 Nov. 1955, 10 Sept. 1964 and 10 April 1973.[28]

[22] The latter are described on the binding as The Subsidiary Laws of British Honduras, 1962, although on the title page they are expressed to contain the subsidiary laws in force on 31 Dec. 1963.

[23] See the St. Helena Court of Appeal Order 1964 (S.I. 1964 no. 1845), the St. Helena Supreme Court Order 1969 (S.I. 1969 no. 857), and the Admiralty Jurisdiction (St.Helena and its Dependencies) Order 1969 (S.I. 1969 no. 858).

[24] Island Council Ordinance 1969 (no. 3 of 1969) of Tristan da Cunha.

[25] See Falkland Islands Court of Appeal Order 1965 (S.I. 1965 no. 589) and Falkland Islands Court of Appeal (Appeal to Privy Council) Order 1965 (S.I. 1965 no. 591).

[26] S.R.O. and S.I. Rev. VII p. 586; S.I. 1954 p. 2991, and 1962 p. 1039.

[27] S.R.O. and S.I. Rev. VII p. 591; to S.I. 1973 no. 598.

[28] As to last three, see S.I. 1955 p. 3187; 1964 p. 5254, and 1973 p. 2635.

b. The *Basic Law* consists of the common law, the rules of equity and the general statutes in force in England on 22 May 1900. There is no customary law.

c. The current collection of *legislation* is contained in The Law of the Colony of the Falkland Islands and its Dependencies, Revised Edition, 1950 (2 vol.), and in subsequent annual volumes.

XV. BRITISH ANTARCTIC TERRITORY

A territory acquired by discovery, effective occupation, and subsequent administration. The occupation and administration have been primarily concerned with whaling and scientific projects. The territory was constituted by an Order in Council of 3 March 1962,[29] and comprises that part of the Antarctic continent which lies between 20° W and 80° W longitude, stretching south of 60°S to the South Pole. The territory includes the South Orkney Islands, the South Shetland Islands, Graham Land and the continental mainland contiguous to it. The South Orkneys and South Shetlands were formerly Dependencies of the Falkland Islands (*supra* XIV); South Georgia and the South Sandwich Islands were left as Dependencies of the Falkland Islands.[30] The territory covers an area of approximately three million square miles, including about one million square miles of sea which is reasonable accessible for whaling, sealing and fishing.

1. Constitutional System

The territory is administered by a High Commissioner and the holder of this office is the Governor of the Falkland Islands, who has power to delegate his functions. The High Commissioner has power, subject to disallowance by the Crown, to make laws by Regulation and to establish courts.[31]

A chain of bases at which work is done on surveying, geology and meteorology is maintained in the Territory and is operated by the British Antarctic Survey. At each base a member of the Survey party acts as magistrate; there is also a magistrate in South Georgia. Appeals lie to the Supreme Court of the Falkland Islands and thence to the Privy Council.[32]

2. Sources of Law

a. Under the provisions of the *Antarctic Treaty* of 1959,[33] to which the United Kingdom is a party, which sought to establish an effective and controlled demilitarisation of the land areas and ice shelves (but not the High Seas) south of latitude 60° S, it is provided in art. 4(2) that "... no acts or activities taking place while the present Treaty is in force shall constitute a basis for asserting, supporting or denying a claim to territorial sovereignty in Antarctica or create any rights of sovereignty in Antarctica. No new claim, or enlargement of any existing claim, may be asserted while the present Treaty is in force."

The Treaty runs for a period of 30 years from its ratification by the 12 original Signatory States.[34] The United Kingdom did not, in the Order in Council of 1962, extend the territorial boundaries of the Falkland Islands Dependencies and the British Antarctic Territory (as it later became) which were defined by Letters Patent of 21 July 1908, and 28 March 1917.[35]

b. The *Basic Law* of the Territory is as in the Falkland Islands.[36]

c. The current collection of *legislation* is contained in the British Antarctic Territory Gazettes. By the Falkland Islands Laws (Application) Regulations 1967 to 1968 of the Territory (no. 2 of 1967 and no. 1 and 3 of 1968) certain laws of the Falkland Islands, additional to those applied as Basic Law (*supra* b), were applied to the Territory.

[29] British Antarctic Territory Order in Council 1962 (S.I. 1962 no. 400; see also S.I. 1964 no. 1396).

[30] *Roberts-Wray*, Appendix I 867–868.

[31] *Ibidem* 868.

[32] British Antarctic Territory Court of Appeal Order 1965 (no. 590 of 1965) and British Antarctic Territory (Appeal to Privy Council) Order 1965 (no. 592 of 1965).

[33] Cmnd. 913 (1959); TIAS 4780.

[34] Argentina, Australia, Belgium, Chile, France, Japan, New Zealand, Norway, Union of South Africa, Union of Soviet Socialist Republics, United Kingdom, United States of America.

[35] 101 B.F.S.P. 76; 111 B.F.S.P. 16. See S.R.O. and S.I. Rev. VII p. 583 and 585.

[36] Application of Colony Laws Ordinance (Falkland Islands Revised Laws, 1950, p. 707) s. 6 and Schedule; British Antarctic Territory Order in Council 1962 (*supra* n. 29) s. 13.

XVI. PITCAIRN ISLANDS GROUP

A colony acquired by settlement. The territory consists of Pitcairn, Henderson, Ducie and Oeno Islands, all situated in the Central Pacific. Pitcairn Island is inhabited by less than one hundred people and is 1.75 square miles in area. The other islands are uninhabited and were annexed and made dependencies of Pitcairn.

1. Constitutional System

a. *State organs.* – There is a Governor of the Islands. He has legislative and executive power in respect of the Islands. There is a Council constituted under the Local Government Ordinance 1964 (no. 1 of 1964) of the Colony presided over by the Island Magistrate who is elected triennially.

b. *The judiciary.* – There are (1) courts of limited jurisdiction in civil and criminal matters as follows: (a) the Island Court which consists of the Island Magistrate sitting with assessors (Justice Ordinance 1966, no. 1 of 1966); (b) the Subordinate Court which is presided over by a magistrate (Judicature Ordinance 1970, no. 2 of 1970); (2) the Supreme Court which consists of such judge or judges as the Governor shall appoint. It has unlimited original jurisdiction in civil and criminal matters and a power of revision of the proceedings of the Island Court. Appeals lie to it from the Subordinate Court (Judicature Ordinance 1970, *supra*).

2. Sources of Law

a. The *Constitution* is contained in the Pitcairn Order 1970 (S.I. 1970 no. 1434) and the Pitcairn Royal Instructions 1970 (S.I. 1970 p. 6725).

b. The *Basic Law* is the substance of the law for the time being in force in and for England. There is no customary law.

c. A collection of the *legislation* of the colony is in course of preparation.

XVII. THE GILBERT AND ELLICE ISLANDS

A colony ceded by the inhabitants; except for Canton and Enderbury Islands which are under Anglo-American Condominium. The colony ceased to be administered by the Western Pacific High Commission on obtaining a new Constitution in 1970 (*infra* 2a). The territory comprises about 42 islands occupying about 324 square miles extending over more than two million square miles of the Pacific Ocean. There are sixteen islands in the Gilbert group, nine in the Ellice group, eight in the Phoenix group (in which Canton and Enderbury Islands are included), three in the Northern Line Islands and five in the Central and Southern Line Islands. The last group was incorporated into the Gilbert and Ellice Islands Colony by the Gilbert and Ellice Islands (Boundaries) Order 1971 (S.I. 1971 p. 6335). Ocean Island is also included in the territory.

1. Constitutional System

There is a Governor who is appointed by the Queen and has such functions as may be conferred upon him. There is a Legislative Council consisting of (1) the Chief Secretary, the Attorney-General and the Financial Secretary (*ex officio*); (2) two public service members appointed by the Governor acting in his discretion from among persons who are public officers and (3) 28 directly elected members. There is an Executive Council consisting of (1) the Chief Secretary, the Attorney-General and the Financial Secretary (*ex officio*); (2) the public service members of the Legislative Council; (3) the Leader of Government Business and (4) four other persons appointed by the Governor after consultation with the Leader of Government Business from among the elected members of the Legislative Council – at least two from the electoral districts in the Gilbert Islands and at least one from the electoral districts in the Ellice Islands. The Governor is under an obligation to consult the Executive Council in the exercise of his powers subject to certain exceptions.

On all sixteen islands of the Gilbert group and the eight permanently inhabitated Ellice Islands, local governments have been established under the Local Government Ordinance 1966 (no. 5 of 1966). These local governments, known as Island Councils, have power, subject to the approval of the Governor, to make bye-laws upon a variety of matters. They have the overall responsibility of providing services for the general health, security and well-being of the inhabitants of the islands.

The High Court of the Western Pacific still has jurisdiction in the territory.[37] In addition there are courts of summary jurisdiction presided over by magistrates (Magistrates' Courts Ordinance 1963, no. 5 of 1963), and, subordinate to these, Island Courts presided over by Island Magistrates. Appeals lie from Island Courts to Magistrates' Courts (Island Courts Ordinance 1965, no. 10 of 1965).

2. Sources of Law

a. The *Constitution* is contained in the Gilbert and Ellice Islands Orders in Council, 1915, 1970 and 1971[38] and the Gilbert and Ellice Islands Royal Instructions 1971 (S.I. 1971 p. 6336). The Order of 1970 contains a declaration of fundamental rights.

b. As to *Basic Law*, the High Court of the Western Pacific exercises its jurisdiction both as to civil and criminal matters upon the principles of, and in conformity with, the statutes of general application in force in England on 1 Jan. 1961, and the substance of the English common law and doctrines of equity and with the powers and according to the procedure and practice of English courts.[39] Island Courts may apply customary law in cases within their jurisdiction.

c. The current collection of *legislation* is contained in The Laws of the Gilbert and Ellice Colony, Revised Edition, 1952 (1 vol.) and in subsequent annual volumes.

XVIII. WESTERN PACIFIC HIGH COMMISSION: THE BRITISH SOLOMON ISLANDS PROTECTORATE

General. – The jurisdiction of the Western Pacific High Commission now extends only over the British Solomon Islands Protectorate.

The office of High Commissioner for the Western Pacific was created by the Pacific Order in Council 1893 (S.R.O. and S.I. Rev. VIII p. 597) now amended and partly superseded. There is a High Court of the Western Pacific which has jurisdiction over the territory. This was constituted by the Western Pacific (Courts) Order in Council 1961.[40] Appeals from the decisions of the Court lie to the Fiji Court of Appeal[41] and thence to the Privy Council.[42] The Order in Council provides that in territories where the High Court has jurisdiction it exercises it both as to civil and criminal matters upon the principles of, and in conformity with the statutes of general application in force in England on 1 Jan. 1961, and the substance of the English common law and doctrines of equity and with the powers and according to the procedure and practice of English courts.

The territory of the British Solomon Islands Protectorate consists of a large number of islands occupying about 11 500 square miles of land extending over 249 000 square nautical miles of the Pacific Ocean. The capital is Honiara on the island of Guadalcanal.

1. Constitutional System

There is a Governor who is appointed by the Queen and has such functions as may be conferred upon him. He is also High Commissioner for the Western Pacific. There is a Legislative Assembly consisting of the Deputy Governor, the Attorney-General and the Financial Secretary *ex officio* and 24 elected members. There is a Council of Ministers consisting of the Chief Minister; not more than four nor less than six other ministers as the Chief Minister shall determine appointed in accordance with the provisions of Constitution s. 29 from among the elected members of the Legislative Assembly; and the Deputy Governor,

[37] Western Pacific (Courts) Order in Council 1961 (S.I. 1961 no. 1500); for particulars see Territory administered by the Western Pacific High Commission (*infra* XVIII).

[38] S.R.O. and S.I.Rev. IX p. 655; S.I. 1970 p. 6765, and 1971 p. 6330.

[39] Western Pacific (Courts) Order in Council 1961 (*supra* n. 37) s. 15.

[40] S.I. 1961 no. 1506; and see S.I. 1967 no. 586.

[41] Western Pacific (Courts) (Amendment) Order 1971 (S.I. 1971 no. 715); see also *supra* n. 40, S.I. 1961 no. 1506, s. 19 (1).

[42] Western Pacific (Appeals to Privy Council) Order 1970 (S.I. 1970 no. 1435).

the Attorney-General and the Financial Secretary *ex officio*. The Chief Minister is elected as such by the elected members of the Legislative Assembly from amongst their number in accordance with regulations made for that purpose. The Governor must consult with the Executive Council in the exercise of his powers subject to certain exceptions. The Constitution contains a declaration of fundamental rights. Local Government Councils have been established by the Local Government Ordinance (Revised Laws 1969 *infra*, Cap. 14). All the members of the Councils are elected by registered voters. In addition to the High Court of the Western Pacific (*supra* General) there are Magistrates' Courts and Native Courts.

2. Sources of Law

a. The *Constitution* is contained in the British Solomon Islands Order 1974 (S.I. 1974 no. 1262) and the British Protectorates, Protected States and Protected Persons Order 1974 (S.I. 1974 no. 1895).

b. As to *Basic Law*, see general section (*supra*). Native Courts apply native customary law in cases within their jurisdiction.

c. The current collection of *legislation* is contained in The Laws of the British Solomon Islands Protectorate, Revised Edition, 1969 (6 vol.).

XIX. THE NEW HEBRIDES

An Anglo-French condominium. The territory, including the Banks and Torres Islands, consists of about 12 large and 60 small islands and is about 5700 square miles in area.

1. Constitutional System

There are British and French High Commissioners. They are represented in the islands by Resident Commissioners. Government is carried on by them in accordance with a Protocol signed in 1914, under which Great Britain and France have sovereignty over their own citizens and joint control over matters of common concern (see *infra* 2a at n. 43). Citizens of other countries resident in the territory are at liberty to choose the system under which they wish to live. Regulations are made by each High Commissioner (and by the British Resident Commissioner) for the nationals of his country; and by the two High Commissioners, jointly and with limitations, on matters of joint concern. The provisions of the British Nationality Act 1948 (as amended) apply to the New Hebrides as if it were a protected state (S.I. 1974 no. 1895).

In the judicial sphere there are both Condominium and National Courts. The former consist of Native Courts, Courts of First Instance and a Joint Court. The Joint Court has civil and criminal jurisdiction under the Protocol and appellate powers and powers of review in respect of the Native Courts and Courts of First Instance.

The British national courts consist of the High Court of the Western Pacific (see *supra* XVIII *sub* General) and Magistrates' Courts. The French national courts consist of the *Cour de justice de paix à compétence étendue* and the *Tribunal criminel*.

2. Sources of Law

a. The *constitutional position* is set out in the Protocol and the agreements subsequently modifying it. These have been implemented so far as the United Kingdom is concerned by the New Hebrides Orders, 1922 to 1973[43] in the Schedules to which the Protocol and subsequent agreements are set out.

b. The *Basic Law* of the territory generally consists of the principles laid down in the Protocol, the joint regulations and the rules of the Condominium courts. The French law applicable as above consists of the laws of France extended to, or made for, the territory. The English law applicable consists of the statutes of general application in force in England on 1 Jan. 1961 and the substance of the English common law and doctrines of equity and the procedure of English courts. The native law applicable is the unwritten customary civil and commercial law and a code of native criminal law.

c. A consolidated version of the laws was published in 1966. It is typewritten and duplicated on foolscap sheets in loose-leaf form. It is supplemented by laws published as required in similar form.

[43] See S.R.O. and S.I.Rev. VIII p. 719, 757; S.I. 1955 no. 553; 1961 no. 1831; 1963 no. 1324; 1970 no. 950, and 1973 no. 1758. The British Nationality Act 1948 applies the New Hebrides as if it were a Protected State (see S.I. 1974 no. 1895).

XX. SOUTHERN RHODESIA

Theoretically still a colony acquired by conquest and subsequent settlement, it is officially named Southern Rhodesia although Northern Rhodesia was renamed Zambia on attaining independence in 1964. As a result of a Unilateral Declaration of Independence and a new illegal constitution, however, Southern Rhodesia claims to be an independent republic called Rhodesia. It has, however, not been recognised as such by any nation.

1. Constitutional System[44]

a. *Nationality.* – The British Nationality Act, 1948 (11 & 12 Geo. 6, c. 56) of the United Kingdom conferred power on the then self-governing dominions and on Southern Rhodesia, although not possessing that status, to pass their own nationality and citizenship laws. This Southern Rhodesia did by enacting the Southern Rhodesian Citizenship and British Nationality Act 1949 (no. 13 of 1949).[45] The British Nationality Act 1948 of the United Kingdom provided (s.1) that Southern Rhodesian citizens should also be British subjects. The position is now governed by the Citizenship of Southern Rhodesia and British Nationality Act 1963 (no. 63 of 1963) of Southern Rhodesia, passed after consultation with the British government upon the dissolution of the Federation of Rhodesia and Nyasaland. The Act provides for the standard methods of acquiring and being deprived of nationality; and details need therefore not be set out here. The Citizenship of Rhodesia Act 1970 (no. 11 of 1970) passed by the illegal legislature (see *infra* ii (1)) purports to create and regulate a Rhodesian citizenship.

b. *Territorial division of the state.* – For administrative purposes Southern Rhodesia is divided into seven provinces which are in turn divided into a total of fifty districts.[46] The capital is Salisbury.

c. *State organs.* – The constitutional position is, at the time of writing, confused and obscure. As a result, it will be necessary to set out details of two constitutions – the legal and the illegal. This will entail a considerable departure from the order of paragraphs and scheme of presentation of material which has been prescribed for this volume.

i. *The Legal Constitution*

The legal Constitution of Southern Rhodesia is contained in the Annex to the Southern Rhodesia (Constitution) Order in Council 1961 (S.I. 1961 no. 2314) (as amended) made under the Southern Rhodesia (Constitution) Act, 1961 (10 & 11 Eliz. 2, c.2) of the United Kingdom, subject to the provisions of the Southern Rhodesia Act 1965 (c. 76) of the United Kingdom and the Southern Rhodesia Constitution Order 1965 (S.I. 1965 no. 1952) made thereunder. (More will be said of this 1965 legislation below). Under the terms of the 1961 Constitution, Southern Rhodesia had internal self-government subject to a number of restrictions and qualifications. The Head of the State was the Queen of the United Kingdom who was represented in the territory by a Governor who was appointed by the Queen on the advice of the government of the United Kingdom and not of that of Southern Rhodesia but who acted on the advice of the Executive Council of Southern Rhodesia or of the appropriate minister unless the Governor was required by the Constitution or any other law to do otherwise in any particular case or situation. There was an elected legislature called the Legislative Assembly and a non-political and multi-racial Constitutional Council the function of which was to consider whether any Bills, or any Acts assented to after a Certificate of Urgency had been given, or any statutory instruments contravened the Declaration of Rights (see *infra* d (1)). There was an Executive Council composed of the Prime Minister and other ministers who had to be members of the Legislative Assembly. They met in unofficial Cabinet in a similar way to the United Kingdom ministers but the decisions of the Cabinet had to be implemented by an order of the Executive Council to give them legal validity.

[44] Throughout this chapter on Southern Rhodesia all legislation referred to will be Southern Rhodesian legislation (*infra* 2 c), unless otherwise stated; but it should be noted that the letters S.I. refer to United Kingdom statutory instruments.

[45] This Act was, by the Citizenship Law (Southern Rhodesia) Order 1950 (S.I. 1950 no. 61) declared to be an enactment making provision for citizenship of Southern Rhodesia.

[46] General Administration Act (Cap. 63) and Southern Rhodesia Government Notices (S.R.G.N.) 254 and 255 of 1963.

ii. *The Illegal Constitution*

(1) *Effect of the Unilateral Declaration of Independence.* - On 11 Nov. 1965, a proclamation was made by the government of Southern Rhodesia containing a Declaration of Independence signed by the Prime Minister *Ian Smith* and the other ministers of the country. It purported to give to the people of Rhodesia a new constitution which was annexed to the Proclamation and which was very similar in form and content to the Constitution of 1961. Among a number of variations, however, it provided for a new official called the Officer Administering the Government to take the place of the Governor, conferred full legislative powers on the Rhodesian legislature and provided that future Acts of the United Kingdom Parliament should only apply to Rhodesia if extended to it by the Rhodesian legislature. The United Kingdom government thereupon directed the Governor to dismiss Mr. *Smith* and the other ministers, which he did some hours after the Declaration of Independence. The United Kingdom Parliament passed the Southern Rhodesia Act 1965 (c. 76) which came into force on 16 Nov. 1965, and gave powers to the United Kingdom government to legislate in respect of any unconstitutional action taken there. Thereupon the Southern Rhodesia Constitution Order 1965 of the United Kingdom (S.I. 1965 no. 1952) was made declaring the *Smith* Constitution void, forbidding laws to be made by the Legislature or business to be transacted by the Legislative Assembly and giving power to the Queen in Council to make laws for Southern Rhodesia and to a Secretary of State to exercise the executive authority of the territory. Mr. *Smith* and his colleagues disregarded their dismissal and the members of the Legislature disregarded the prohibitions placed upon them.

Although the Judicial Committee of the Privy Council decided in July 1968, in the case of *Madzimbamuto v. Lardner-Burke* ([1969] 1 A.C. 645), that the usurping authority then in control could not be regarded as a lawful government either *de jure* or *de facto* the decision was not recognised by the *Smith* regime or by the courts of Southern Rhodesia; and subsequent decisions of the latter have decided that the *Smith* regime has become the *de jure* government of the country.

On 20 June 1969, a referendum of voters was held at which proposals for the adoption of a republican form of government, and for a new constitution for Rhodesia as set out in a published White Paper (C.S.R. 32 - 1969) were approved. Thereafter the Constitution Amendment (no. 2) Act 1969 of Rhodesia (no. 42 of 1969) was passed empowering the Legislature of Rhodesia to enact laws to give effect to the voters' decision. On 29 Oct. 1969, an Act entitled the Constitution of Rhodesia 1969 (no. 54 of 1969) was passed, purporting to have been enacted by "the Officer Administering the Government, as representative of the Queen's Most Excellent Majesty, by and with the consent of the Parliament of Rhodesia" providing for a new Constitution and repealing the *Smith* Constitution of 1965. This new Constitution was brought into force on 3 March 1970.

(2) *Head of State.* - It provides for a President of Rhodesia who is also Commander-in-Chief of the Armed Forces of Rhodesia and who is appointed by the Executive Council.

(3) *Legislature.* - The legislative power of Rhodesia is vested in the Legislature which consists of the President and the Parliament. The Parliament consists of a Senate and a House of Assembly. The Senate consists of 23 Senators of whom (a) ten are Europeans elected by an electoral college consisting of the European members of the House of Assembly; (b) ten are African chiefs (five from Matabeleland and five from Mashonaland) elected by an electoral college consisting of chiefs who are members of the Council of Chiefs; and (c) three are persons appointed by the President of Rhodesia. The Constitution Amendment Act 1974 (of Rhodesia) (no. 32 of 1974) gives power to the President to declare by Proclamation that there shall be 24 or 25 Senators of whom 4 or 5 shall be persons appointed by him and thereafter he may appoint an additioal 1 or 2 persons to be Senators. Qualifications for and method of election or appointment to the Senate are governed by the Electoral Law for the time being in force. The Senate has a President elected in accordance with Standing Orders from among the members of the Senate and the House of Assembly who are neither ministers nor deputy ministers or from outside. The House of Assembly consists of 69 members of whom 50 are European members elected by the Europeans enrolled on the rolls of European voters for 50 European Roll constituencies; 16 are African members of whom 8 are elected - as to 4 by the Africans enrolled on the rolls of African voters for 4 African Roll constituencies in Matabeleland; and 8 are elected - one by each of 4 electoral colleges in Mashonaland and of 4 electoral colleges in Matabeleland. Qualifications for and methods of election to the House of Assembly are governed by the Electoral Law for the time being in force. Provision is made for the increase of the number of African members according to a complicated calculation when a Delimitation

Commission establishes by virtue of a certificate furnished by the Commissioner of Taxes that the aggregate of the income tax assessed on the income of Africans exceeds 16/66ths of the aggregate of the income tax assessed on the income of Europeans and of Africans. There is a Speaker who is elected by the House of Assembly in a similar way and from among the same persons as the President of the Senate.

The Legislature is the sovereign legislative power in and over Rhodesia.

(4) *Executive.* – The executive government of Rhodesia in regard to all aspects of its internal and external affairs is vested in the President acting, subject to certain exceptions, on the advice of the Executive Council which consists of the Prime Minister and such other persons, being ministers, as the President, on the advice of the Prime Minister, may from time to time appoint. The President has power, subject to certain conditions, to declare that a state of public emergency exists or a situation exists which, if allowed to continue, may lead to a state of public emergency.

(5) *Territorial authorities.* – The territorial authorities consist in (a) the urban areas, of municipalities, town councils, local government areas, local boards, incorporated town or city councils, and African townships, established under the Urban Councils Act 1973 (no. 12 of 1973) as amended, supplemented by Advisory Boards representative of African residential areas, established under the Africans (Urban Areas) Accommodation and Registration Act 1951 (Cap. 110 as amended); in (b) European rural areas, of rural councils established under the Rural Councils Act 1966 (no. 61 of 1966) as amended, and, in (c) African rural areas, of Native Councils established under the African Councils Act 1957 (Cap. 95 as amended) and the Native Councils Act 1957 (no. 19 of 1957). There are also the Council of Chiefs which functions at national level and the Provincial Assemblies of Chiefs in and for each province, established under the Council of Chiefs and Provincial Assemblies Act 1961 (Cap. 111), which act in an advisory capacity.

d. *The judiciary.* – (1) There is no constitutional judiciary or court for the interpretation of the Constitution as such; but there existed a Constitutional Council (see *supra* i.) which under the Constitution of 1961 was entrusted with the responsibility of examining legislation to ascertain whether it contravened the Declaration of Rights and rendering a report on it. The Council thus had quasi-judicial interpretative powers in a limited field. This has been replaced under the Constitution of 1969 by the Senate Legal Committee as regards Bills and statutory instruments. The Constitution of 1969 s. 84 provides that no court shall inquire into or pronounce upon the validity of any law on the ground that it is inconsistent with the Declaration of Rights contained in that Constitution.

(2) As regards courts of general jurisdiction there are

(a) Magistrates' Courts established under the Magistrates' Court Act 1932 (Cap. 15 as amended) for each province or regional division created by the Minister of Justice from one or more provinces or portions of provinces under the General Law Amendment Act 1965 (no. 18 of 1965). The courts are staffed by a chief magistrate, regional magistrates, provincial magistrates, senior magistrates and magistrates. All classes of the magistracy have criminal jurisdiction according to their respective powers over all sections of the population, European and African. All classes of the magistracy, except regional magistrates, have civil jurisdiction according to their respective powers in cases concerning non-Africans and cases between Africans and non-Africans;

(b) African statutory and customary courts of various kinds which try civil cases between Africans, and also between Africans and non-Africans, in limited categories according to the respective jurisdictions of the courts. They also have limited criminal jurisdiction over Africans.[47] Appeals lie to tribal appeal courts and further appeals to the Provincial Commissioners in removal cases and to magistrates in criminal cases.[48] District Commissioners' courts also have original civil jurisdiction in African cases equivalent to that of a magistrate in other civil cases.[49] They also have powers of review and appeal over the proceedings of African civil courts;[50]

(c) the Court of Appeal for African civil cases is composed of a President and two other members. The President must be a retired judge or an advocate of not less than twelve years experience. The other members must be or have been Native Commissioners of District Commissioners;[51]

[47] African Law and Tribal Courts Act 1969 (no. 24 of 1969) s. 12.

[48] *Ibidem* s. 21, 22 and 23.

[49] African Affairs Act 1928 (Cap. 92 as amended) s. 9.

[50] African Law and Tribal Courts Act 1969 (*supra* n. 47) s. 20.

[51] African Affairs Act (*supra* n. 49) s. 10.

(d) a number of courts of special jurisdiction established by legislation, such as Water Courts, Mining Commissioners Courts, Industrial Courts, Workmen's Compensation Courts, SpecialCourts for Income Tax, *etc.*, variously staffed, from which appeals lay to the Appellate Division of the High Court;

(e) the High Court was divided under the 1961 Constitution into a General Division and an Appellate Division. The General Division was composed of a Chief Justice and such puisne judges as might be appointed. It had full jurisdiction, civil and criminal, over all persons and all matters within Southern Rhodesia.[52] It also has a power of review over inferior courts of law, tribunals and officials.[53]

The Appellate Division was composed of the Chief Justice, the Judge President, such other judges of appeal as the Governor deemed necesry and such puisne judges of the High Court as might be designated by the Chief Justice with the consent of the Judge President to act as judges of the Appellate Division. It had jurisdiction to hear civil and criminal appeals from the General Division of the High Court, the Magistrates' Courts, the Court of Appeal for African civil cases and numerous other special courts and tribunals. Further appellate jurisdiction could be conferred upon it by Acts passed by the Legislature. The Appellate Division also had original jurisdiction to hear and determine applications by any person alleging that the provisions of the Declaration of Rights had been or were being contravened in relation to him, and also to hear any matter involving such a question referred to it by any other court (see *supra* n. 52).

Under the 1969 Constitution the judicial authority of Rhodesia is vested in the High Court of Rhodesia which shall consist of such Divisions and shall have such jurisdiction as may be prescribed by a law of the Legislature. The relevant Act is the High Court Act 1964, as amended by Acts no. 57 of 1969 and no. 37 of 1973; and there is

(f) the Judicial Committee of the Privy Council. Under the Constitution of 1961 an appeal lay as of right to the Judicial Committee of the Privy Council when any person was aggrieved by a determination of the Appellate Division in respect of an alleged contravention of the Declaration of Rights contained in the Constitution. No appeal lay in any other cases but the Constitution conferred power on the Southern Rhodesian Legislature to make provision for appeals to be brought as of right. The *Smith* Constitution of 1965 purported to abolish the right of appeal which existed under the Constitution of 1961. No mention is made of the Judicial Committee in the Constitution of 1969, but s. 4 of the High Court Amendment Act 1969 (no. 57 of 1969) amends s. 12 of the principal Act to provide that there shall be no appeal from any judgment or order of the Appelate Division whether given on appeal from any court or otherwise.

(3) There is no administrative judiciary as such but the General Division of the High Court (see *supra* (e)) had, and the High Court still has, a supervisory jurisdiction and power of review over the proceedings of administrative and statutory tribunals, authorities and officials.

(4) All public prosecutions are commenced by the Attorney-General or by a member of his staff or by a Public Prosecutor attached to a subordinate court as his representative.[54] If the Attorney-General refuses to bring a prosecution, a private citizen who can show that he has suffered some substantial and peculiar injury from the commission of the offence may initiate a private prosecution.

2. Sources of Law

a. *Constitution.* – As stated above, the legal position is, at the time of writing, confused and obscure.

b. The *Basic Law* of the colony is the law which was in force in the Colony of the Cape of Good Hope on 10 June 1891, as modified by subsequent legislation having effect in Southern Rhodesia.[55] This Basic Law includes Roman-Dutch common law, some statutes of the United Kingdom and the statutes of the Cape up to 10 June 1891. Legislation passed in the Cape Colony after that date does not affect Southern Rhodesia. African customary law is also part of the Basic Law to a limited extent, *i.e.*, it is applied in civil cases between Africans, and also between Africans and

[52] Constitution of 1961 s. 50 (as amended by Constitution Amendment Act 1964 (no. 13 of 1964)) and High Court Act 1964 (no. 22 of 1964).

[53] High Court Act (*supra* n. 52) s. 31 (1).

[54] Criminal Procedure and Evidence Act, 1927 (Cap. 31 as amended).

[55] See High Court Act, 1939 (Cap. 8 of 1939) s. 13, and the Constitution of 1961 s. 56E and Third Schedule as amended by the Constitution (Amendment) Act 1964 (no. 13 of 1964) s. 4 and 20, and the Constitution of Rhodesia 1969 s. 70.

non-Africans in limited classes of cases. Otherwise the law of Rhodesia applies. Where no express rule is applicable the court applies the principles of natural justice, equity and good conscience.[56]

c. The *legislation* of Southern Rhodesia has been revised and consolidated in the Statute Law of Southern Rhodesia, 1963 (8 vol.), an official publication which contains amongst others, the following important statutes: Criminal Procedure and Evidence Act 1927 (Cap. 31 as amended), Mines and Minerals Act 1961 (Cap. 203 as amended), Bills of Exchange Act 1895 (Cap. 218 as amended), Companies Act 1952 (Cap. 223 as amended), Liquor Act 1953 (Cap. 234 as amended), Industrial Conciliation Act 1960 (Cap. 246), Workmen's Compensation Act 1960 (Cap. 248 as amended), Natural Resources Act 1941 (Cap. 264 as amended), Water Act 1927 (Cap. 268 as amended), Carriage by Air Act 1934 (Cap. 270) and Roads and Road Traffic Act 1954 (Cap. 289 as amended).

This consolidation is supplemented by the publication of annual volumes of legislation. Included in these volumes were the Copyright Act 1966 (no. 60 of 1966), the Land Tenure Act 1969 (no. 55 of 1969), the Electoral Act 1969 (no. 56 of 1969) and the Insolvency Act 1973 (no. 13 of 1973) in addition to others specifically referred to in the preceding text. There is also a considerable body of subsidiary legislation made by the Executive Council and by subordinate law-making bodies and officials. This is published at regular intervals in annexes to the Southern Rhodesia Government Gazette and is later incorporated into the annual volume of the legislation of the territory. A revised edition of legislation is now in course of preparation.[57]

The more important collections of judicial decisions affecting Southern Rhodesia are the Cape Supreme Court Reports (1896–1911), the Southern Rhodesia High Court Reports (1911–1955), the Rhodesia and Nyasaland Reports (1956–1964), the Rhodesian Law Reports from 1964 onwards and, so far as African customary law cases are concerned, the reports of the Southern Rhodesia Native Appeal Court (1928–1940). Other cases can be found in the Southern Rhodesia Reports 1899 (one volume only), in the Appellate Division Reports of the Union of South Africa (1911–1946) and in the South African Reports from 1947 onwards.

XXI. SELECTIVE BIBLIOGRAPHY

See also on the law of the Anglophonic African countries the national report on Nigeria *sub* XI, and on that of the East African countries the national report on Tanzania *sub* XI.

General
Maxwell, A Legal Bibliography of the British Commonwealth of Nations (7 vol.) (ed. 2 London 1964); *H.M. Government of the United Kingdom*, A Year Book of the Commonwealth, 1974 (London 1974); *Robberts-Wray*, Commonwealth and Colonial Law (London 1966); *Fawcett*, The British Commonwealth in International Law (London 1963); *Wilson* (ed.), International and Comparative Law of the Commonwealth (Durham, N. C. 1968); *Elias*, British Colonial Law. A Comparative Study of the Interaction Between English and Local Laws in British Dependencies (London 1962); *Anderson* (ed.), Changing Law in Developing Countries (London 1963); *British Institute of International and Comparative Law* (ed.), Law in the West Indies. Some Recent Trends (London 1966); *United Kingdom National Committee on Comparative Law* (ed.), Law in the West Indies (London 1958); Chinese Law and Custom in Hong Kong. Report of a Committee Appointed by the Governor in October 1948 (with comments) (Hong Kong 1953).

Constitutional System
De Smith, The New Commonwealth and Its Constitutions (London 1964); *Keith*, The Constitution, Administration and Laws of the Empire (London 1924); *Wade and Phillips*, Constitutional Law. An outline of the law and practice of the constitution, including central and local government and the constitutional relations of the British Commonwealth and Empire (ed. 4 London, New York, Toronto 1952); *Berber*, Die Rechtsbeziehungen der britischen Dominions zum Mutterland (Thesis, Ansbach 1929); *Wrong*, Government of the West-Indies (Oxford 1923); *Ayearst*, British West Indies. A Search for Self-Government (London 1960).

[56] African Law and Tribal Courts Act 1969 (*supra* n. 47).

[57] See Revised Edition of the Laws Act 1973 (no. 5 of 1973).

Sources of Law

Wade a.o. (ed.), Annual Survey of Commonwealth Law (London, since 1965); *Department of Technical Co-Operation* (ed.), Technical Co-Operation (London, since 1964 monthly); *Maxwell and Brown*, A Complete List of British and Colonial Law Reports and Legal Periodicals, Arranged in Alphabetical and Chronological Order with Bibliographical Notes (ed. 3 Toronto 1937); *McGowan*, A Guide to Commonwealth Law Reports, Legislation and Journals in the Lincoln's Inn Library (ed. 2 London 1967).

Historical Evolution

Claire Palley, The Constitutional History and Law of Southern Rhodesia 1888–1965, with special reference to Imperial control (Oxford 1966); *Spurdle*, Early West Indian Governments 1660–1783 (Palmerston North 1963); *Murray*, West Indies and the Development of Colonial Government 1801–1834 (Oxford 1965); Reports of the Commission of Inquiry Into the Administration of Civil and Criminal Justice in the West Indies (London 1827).

Private Law

Chinese Marriages in Hong Kong (A report by the Sub-Committee of the Hong Kong Bar Association on Chinese marriages) (Hong Kong 1967); *Holleman*, Shona Customary Law (with reference to kinship, marriage, the family and the estate) (Manchester 1969); *Meek*, Land Law and Custom in the Colonies (ed. 2 London 1949, reprint 1968).

Commercial Law

Christie, Rhodesian Commercial Law (Cape Town, Wynberg, Johannesburg 1961); *Naselewski*, Sale of Goods Act, 1893. Entstehung, Bedeutung und Anwendung in den Commonwealth-Ländern (Thesis, Hamburg 1971).

State Direction of Trade

Tunc (ed.), Les aspects juridiques du développement économique (Paris 1966); *Hope*, A Digest of Rhodesian Mining Law (Salisbury 1965).

(Completed in May 1974)

United States of America

Max Rheinstein *

Preliminary Observation

The legal system of the United States presents peculiar features. They are connected with the federal structure of the nation and with certain traditions of governmental organization and policy which are uniquely American. These factors have been indicated insofar as awareness of them is essential for the understanding of the legal system of the country. However, no effort was made systematically to state data on private law or other specific fields. The laws of the several jurisdictions (50 states, the District of Columbia, the Commonwealth of Puerto Rico, and the outlying possessions) are too heterogeneous to allow general statements that would not be misleading. Even in areas of federal regulation the law and its sources are too complex to be treated in survey form. The article is therefore intended to present to the reader general information that will help him to understand what is said about American law in the other volumes of the Encyclopedia.

I. CONSTITUTIONAL SYSTEM

The United States of America is a republic, containing 50 states, the District of Columbia, the Commonwealth of Puerto Rico, and a number of dependencies. The states, arranged by geographic areas, are:

New England (North-East): Maine, New Hampshire, Vermont, Massachusetts, Connecticut, Rhode Island.

Middle Atlantic: New York, New Jersey, Pennsylvania, Delaware, Maryland.

South Atlantic: Virginia, West Virginia, North Carolina, South Carolina, Georgia, Florida.

North-East Central: Ohio, Indiana, Illinois, Michigan, Wisconsin.

South-East Central: Kentucky, Tennessee, Alabama, Mississippi.

North-West Central: Minnesota, Iowa, Missouri, North Dakota, South Dakota, Nebraska, Kansas.

South-West Central: Arkansas, Louisiana, Oklahoma, Texas.

Rocky Mountains: Montana, Idaho, Wyoming, Colorado, New Mexico, Arizona, Utah, Nevada.

Pacific: Washington, Oregon, California, Alaska, Hawaii.

Self-governing dependencies are, in the *Caribbean* area: Virgin Islands; in the *Pacific* area: Guam.

Other dependencies are, in the *Caribbean* area: Canal Zone; in the *Pacific* area: American Samoa and the following islands: Baker, Howland and Jarvis; Johnston Island and Sand Island; Kingman Reef, Midway; Wake Island; Canton and Enderbury – the last named are administered jointly by the United States and Great Britain. Under a trusteeship arrangement with the United Nations, approved by the Security Council on 2 April 1947[1], the United States administers the *Trust Territory of the Pacific Islands.*

1. Nationality

The Constitution of the United States (U.S. Const.) amend. XIV § 1 provides that "All persons born or naturalized in the United States and subject to the jurisdiction thereof, are citizens of the United States and of the state wherein they reside." While state citizenship is referred to in this clause, it is of no practical significance today. U.S. Const. art. 4 § 2 (1) prescribes expressly that "The Citizens of each State shall be entitled to all privileges and immunities of Citizens in the several States."

The federal statute which deals with nationality, *i.e.*, the Immigration and Nationality Act of 1952, also known as the *McCarran-Walter Act*, Subch. III distinguishes between nationals of the United States who are citizens, and nationals who are not (8 U.S.C. § 1101(a)(22), 1401, 1408

* Professor Emeritus, University of Chicago Law School, Chicago.

[1] 61 Stat. 3301; TIAS 1665; 8 UNTS 189.

(1964)). The latter category is limited to native inhabitants of American Samoa and Swains Island. They lack such privileges as voting and holding federal office, but they enjoy American diplomatic protection abroad, they may enter the United States freely, and they owe allegiance to the United States. The inhabitants of the Pacific Trust Territory are aliens. In the following, the terms "citizen" and "national" and the terms "citizenship and nationality" will be used interchangeably.

A citizen at birth is a person who automatically becomes a citizen of the United States at the time of his birth. Under the Constitution such automatic acquisition occurs *jure soli* for every person born on American soil, including American territorial waters and American ships and airplanes on the high seas. The exception of persons not subject to the jurisdiction of the United States refers to children of foreign sovereigns, ambassadors and ministers, but not of consuls. Every other person born on American soil is a citizen of the United States irrespective of race or of the nationality of his parents.

Under the statute (§ 1401) American citizenship is at birth also acquired *jure sanguinis* by the children, legitimate or illegitimate (§ 1409), born abroad of American parents. In general, it suffices that one parent is an American citizen, but American citizenship thus acquired is lost unless certain residence requirements are fulfilled either by the child or one of the parents.

If under the law of a foreign country a person born on American soil but of foreign parentage *jure sanguinis* has the nationality of his parent or parents, he is, at birth, a person of multiple nationality, as is also the child of an American parent born on foreign soil, if under the law of his place of birth he is, *jure soli*, a national of the country where that place is located. However, as to a person in the latter category the statute provides that he loses his American nationality unless he comes to the United States prior to attaining the age of 23 years and is then continuously present in the United States for at least 5 years, provided that such physical presence follows the attainment of the age of 14 years and precedes the age of 28 years (§ 1401(b)), see also § 1401(c), and 1401(a). The constitutionality of the provision establishing this ground of loss of American nationality is not above doubt (see *infra*).

As the United States has long been interested in the assimilation of immigrants, acquisition of American citizenship by naturalization has been comparatively easy. Any person who fulfils the requirements stated in § 1423 ss. of the Act has a legal right to be naturalized. Whether or not these requirements exist is examined in each case by an administrative agency, the Immigration and Naturalization Service of the Department of Justice, but naturalization itself is a judicial act, to be pronounced by a court, whose decision is subject to appeal as in other cases of judicial jurisdiction.

In order to be naturalized the petitioner must have been lawfully admitted for permanent residence within the United States and must have resided in the United States continuously for five years (§ 1427, 1428), or, if he is married to a citizen of the United States, for three years (§ 1430). The petitioner must "be a person of good moral character, attached to the principles of the Constitution of the United States, and well disposed to the good order and happiness of the United States" (§ 1427(a)). He must demonstrate his ability to read, write and speak words in ordinary usage in the English language, unless he is physically unable to do so, or is over 50 years of age and has lived in the United States for periods totaling at least 20 years. The law states expressly that the literacy test is met if the applicant can read and write simple words and phrases to the end that a reasonable test of his literacy shall be made and that no extraordinary or unreasonable condition shall be imposed. The petitioner must also demonstrate a knowledge and understanding of the fundamentals of the history and of the principles and the form of government of the United States (§ 1423). Free textbooks and courses in which such knowledge can be acquired without charge are available. Elaborate provisions prohibit the naturalization of persons opposed to government or law, or who favor Communism or "any other totalitarian form of government" (§ 1424). Ineligible for naturalization are also deserters from the Armed Forces of the United States.

Immediately before he is admitted to citizenship the petitioner must, in open court, take an oath to support the Constitution of the United States, to renounce and abjure all allegiance and fidelity to his former sovereign, to support and defend the Constitution and the laws of the United States against all enemies, foreign and domestic, to bear true faith and allegiance to the same, and either to bear arms on behalf of the United States when required by the law, or to render that non-armed service which may be required of conscientious objectors (§ 1448).

Naturalization may be revoked retroactively by a court upon proof that it was obtained by concealment of a material fact or by wilful misrepresentation (§ 1451).

The naturalization of a husband does not extend to his wife or *vice versa*. If both spouses are aliens each has to file his own application and the requirements for naturalization are examined for each independently. But naturalization of parents extends, at least as a general rule, to children who are below the age of 16 and reside in the United States (§ 1431, 1432; see also § 1433 and, as to adopted children, § 1434).

An American citizen may voluntarily renounce his citizenship, but a number of decisions of the Supreme Court of the United States indicate that he may not be deprived of it against his will. In *Afroyim v. Rusk*[2], the Court declared unconstitutional the provision of 8 U.S.C. § 1481(a)(5) (1964), under which an American national was to lose his nationality by voting in a political election in a foreign state. The opposite view expressed nine years earlier in *Perez v. Brownell*[3] was expressly overruled. In *Schneider v. Rusk*[4], the Court held unconstitutional § 1484, under which a naturalized citizen was to lose his nationality by his returning to his country of origin and residing there for a specified period of time. In *Trop v. Dulles*[5], the Court declared invalid those provisions of the statute which provided for loss of nationality by war time deserters, and in *Kennedy v. Mendoza-Martínez*[6], those which provided for loss of citizenship by persons who absent themselves from the country in wartime to avoid military service.

The language used by Justice *Black* in the majority opinion rendered in *Afroyim v. Rusk* (*supra* n. 2) is so broad that it seems to invalidate all statutory attempts to provide for involuntary loss of citizenship upon any ground. The decision also renders it doubtful whether voluntary expatriation must necessarily be expressed in that formal way which is prescribed in § 1481(a)(8) and (a)(7). Doubtful is also under what circumstances, if any, entering or serving in the Armed Forces of a foreign state (§ 1481(a)(3)), accepting, serving in, or performing the duties of any office, post or employment under the government of a foreign state or a political subdivision thereof (§ 1481(a)(4)), or even the taking of an oath or making an affirmative or other formal declaration of allegiance to a foreign state or a political subdivision thereof, may be regarded as conclusively indicating the intention to give up American nationality. Probably, the act of obtaining naturalization in a foreign state upon an American's own application will be so regarded and will thus continue to result in the loss of American nationality, as it is provided § 1481(a)(1).

2. Territorial Division

Unlike European countries, the United States is not divided into general administrative sub-divisions. Major departments of the federal government, such as the Internal Revenue Service, the Immigration and Naturalization Service, the Food and Drug Administration, or the Railroad Retirement Board maintain regional offices whose districts are not uniformly determined, however. Each state has delegated some of its functions to local bodies, which are called counties in most states, towns in some states of New England, or parishes in Louisiana. Other functions are delegated to the cities, towns or villages as well as to special bodies the districts of which may or may not coincide with those of a county or city and which have names referring to their functions, such as school district, irrigation district, park district, *etc.*

3. State Organs

a. The *basic outline* of the governmental organization of the United States of America is determined for the nation as a whole by the Constitution of the United States, adopted in 1787 and entered into effect in 1789, and for each of the 50 states by its own constitution. All these constitutions are dominated by the seemingly opposite principles of *separation of powers* and of *checks and balances*. Strictly speaking, the United States does not have a head of state but only a head of the executive branch of the government, the President. But as the head of the executive branch, he also performs those functions which in nations of different constitutional structure are performed by the head of state. The President represents the United States in its relations with foreign countries, he sends and receives ambassadors and he is the commander-in-chief of the Armed Forces of the United States. With the consent of two-thirds of the Senate he concludes treaties for the United States. With the consent of a simple majority of the Senate he appoints all officers of the United States, including the heads of the departments of the government, as well as the judges of the federal courts including those of the Supreme Court of the United States. As head of the executive branch of the government, the

[2] 387 U.S. 253, 87 S.Ct. 1660 (1967).
[3] 356 U.S. 44, 78 S.Ct. 568 (1958).
[4] 377 U.S. 163, 84 S.Ct. 1187 (1964).
[5] 356 U.S. 86, 78 S.Ct. 590 (1958).
[6] 372 U.S. 144, 83, S.Ct. 554 (1963).

President directs the conduct of the various executive departments of the United States, whose heads, called Secretaries, are responsible to him and whom he customarily assembles in cabinet meetings. But neither the President nor the members of his cabinet are responsible to the Congress. Through this independence of the executive branch of the government from the legislative the so-called *presidential system*, the American type differs from the British-type parliamentary system. The number of departments was 11: State (foreign affairs); Treasury; Justice; Defense; Interior; Commerce; Labor; Agriculture; Health, Education, and Welfare; Housing and Urban Development; and Transportation.

Certain administrative matters are handled by special boards and commissions which are headed by a plurality of commissioners, usually five to seven. These commissioners are appointed by the President for fixed terms of office which are so staggered that not all members of a commission are appointed in the same year. These commissions are not subject to orders of the President. The legality of the conduct of their affairs is supervised by the courts. Commissions of this kind are, among others, the Atomic Energy Commission, the Civil Aeronautics Board, the Federal Communications Commission (regulates communications by radio, television and wire), Federal Maritime Commission (regulates rates, fares, charges, tariffs and practices of common carriers engaged in interstate and international navigation), Federal Power Commission (regulates interstate aspects of the electric power and natural gas industries), Board of Governors of the Federal Reserve System (manages the currency and supervises the banking system), Federal Trade Commission (prevention of unfair competition), Interstate Commerce Commission (regulates rates, fares, charges and practices of common carriers engaged in interstate commerce), National Labor Relations Board (safeguards the free functioning of collective bargaining between labor unions and employers), Securities and Exchange Commission (supervises the issuance and the marketing of stocks, bonds and certain other securities), United States Tariff Commission (investigates and reports on tariff and other foreign trade matters), Commission on Civil Rights (investigates instances where persons are alleged to have been discriminated against because of race, color or creed).

Certain agencies are operating directly under the President without constituting parts of any one of the cabinet departments. Of this type are, among others, the Bureau of the Budget, the Council of Economic Advisers, or the Central Intelligence Agency. "Independent" agencies, *i.e.*, agencies which are in general not subject to presidential orders, are, among others, the Farm Credit Administration, the Federal Mediation and Conciliation Service, the National Aeronautics and Space Administration, the Tennessee Valley Authority, the United States Information Agency, and the Veterans Administration.

If the President dies or becomes incapacitated the office is assumed by the Vice-President, who, as such, is the presiding officer of the Senate. For the election of both the President and the Vice-President, the Constitution provides a system of indirect election. In each state the people elect an electorate whose number is equal to the number of Senators and Representatives to which the state is entitled in the Congress. By unwritten convention the electors are pledged to cast their ballot for that slate for whom they have in advance declared that they will vote. In fact, the people of each state thus choose between sets of electors pledged in advance for the candidate of a particular party. No state's group of electors is split. That party which receives the simple majority of the votes cast in a state thereby elects all of that state's electors. Under this system the proportion of the electors of one party to those of the other does not necessarily correspond to the proportion of the popular votes cast. In 1960, for instance, 32 221 485 Democratic voters elected 303 electors, and 34 108 684 Republican voters 219 electors.

The *legislative power* of the United States is vested in the Congress, which consists of the Senate and the House of Representatives. In 1967, the House had 435 members. They are elected for two-years terms. For the Senate the people of each state elect two senators for terms of six years. The terms are staggered so that one-third of the membership of the Senate is elected every two years.

The *judicial branch* of the federal government consists of the Supreme Court of the United States, 11 United States Courts of Appeals, 90 United District Courts, the U.S. Tax Court, the U.S. Court of Claims, which adjudicates claims against the United States, the Court of Customs and Patent Appeals, the U.S. Customs Court, and the Territorial Courts for the Canal Zone, Guam, Puerto Rico and the Virgin Islands.

All federal judges are appointed for life by the President, but the head of the administration of the federal courts is the presiding judge of the Supreme Court of the United States, called Chief Justice of the United States, who carries on this administrative work through the Administrative Office of the U.S. Courts.

While on general principle the three branches of government are independent of each other, cooperation, especially between the legislative and the executive branches, is indispensable. Against bills passed by Congress, the President has a suspensive veto, which can be overruled only by two-thirds majorities of both Houses of Congress. If a bill that has been passed by the Congress is not presented to the President in time so that he can return it within 10 days before Congress adjourns, the President's refusal to sign it has the effect of a definite veto. This so-called pocket veto is of significance because the number of bills passed by the Congress in the last days of a session tends to be large. On the other hand, the Congress holds the power of the purse. The executive branch of the government may not levy any taxes or duties, nor make any expenditures that have not been voted by the Congress. Cooperation between President and Senate is necessary for the conclusion of treaties and for the appointment of officers of the federal government and of federal judges.

Subject to control by the judicial branch of the government is the legality of all acts of the executive branch, except Presidential actions in the conduct of foreign affairs, the command of the Armed Forces and certain other acts of a strictly political character. The courts furthermore declare invalid any act of legislation that they find not to be authorized or to violate the Constitution of the United States. The courts control whether an act of federal legislation falls within those categories which are enumerated in the Constitution of the United States. The courts also determine whether an act of legislation, federal or state, violates any one of those fundamental rights of the individual which are declared to be inviolable, especially in the Bill of Rights of the Constitution of the United States, such as freedom of speech, or of the press, of religion, of assembly, of equal protection of the laws, of fair trial, of freedom from unreasonable search or seizure, *etc.* The elastic wording of some of the key provisions of the Constitution of the United States has enabled the courts, especially the Supreme Court of the United States, to exercise a political influence of far-reaching importance.

They have on the one side consistently upheld the delicate balance between empowering government to take the measures necessary to pursue the community interest and thereby safeguard individual welfare, and on the other side, to protect the individual against unnecessary or unjustified exercise of governmental might.

b. The *organs of the states*, their organization and their functions generally resemble those of the United States. All states have written constitutions, some of considerable age, as, for instance, those of Massachusetts (1780), New Hampshire (1784) or Vermont (1793). Others are of recent vintage, as, for instance, those of Georgia (1954), or Michigan (1964).

In all states the head of the executive branch of the government, universally called governor, is elected by the people. If the election does not yield the constitutionally prescribed majority for any one candidate, the election is, as in the United States, thrown into the legislature. The legislative assemblies are bicameral, except in Nebraska, where it consists of one house only. In those states where constitutions were adopted or amended in the nineteenth century, when *Jacksonian* ideas of democracy were powerful, elaborate safeguards were incorporated against accumulation of governmental power. The executive power is parceled out among a number of officers directly elected by the people, such as Attorney General, State Treasurer, Superintendent of Education, Secretary of State (he has nothing to do with foreign affairs; his functions are mostly concerned with registering automobiles, issuing corporate charters and licensing barbers and members of other professions), or Auditor of Public Accounts. A similar tendency to parcel out executive power among a number of officers directly elected by the people is apparent in the state laws organizing the administration of counties, cities, villages and other self-governing municipal bodies. In New England the ancient tradition of the town meeting, in which all adult residents participate, has been preserved outside of the metropolitan areas. Like the Constitution of the United States the state constitutions contain elaborate Bills of Rights, by which the legislative power is in prevented from interfering which such basic human rights as freedom of speech, freedom of assembly, freedom of religion or the right of every person not to be deprived of his life, liberty or property without due process of law. Most of the state constitutions are lengthy documents. The Constitutional Conventions by which they were established, frequently tried to protect against future legislative or other governmental impairment of economic or other interests which appeared important to groups yielding political influence at the time of the Convention in question. Some of these, often petty, entrenched provisions have come to be obsolete. The amendment of a state constitution or the adoption of a new constitution usually involves a time-consuming and cumbersome process. The state courts have thus had frequent occasion by re-interpreting constitutional provisions to open the way for governmental action which has turned out to be indispensable in the course of changing times.

Efforts of recent years have been directed toward constitutional reforms, under which executive power is to be concentrated in the governor or, in the cities, in the mayor, and a cabinet to be appointed by and responsible to this head of the administration. On all levels of government – federal, state and municipal – modern times have resulted in a vast increase of governmental business and in a need for greater efficiency and technical competence of the personnel. The ancient American ideals of minimizing governmental tasks, of parcelization of governmental powers, and of administration by untrained personnel changing at every change in election returns had to give way to greater concentration of governmental functions, expertise and secure tenure of the personnel, and to increased interdependency, especially financial, of the federal government, the states and the municipalities. The powers and functions of the United States have expanded, but so have also the tasks of the lower levels. The legislative powers of the Congress have intruded into fields that were once regarded as exclusive domains of the states. But the federal structure of the nation has held firm. It continues to constitute the basis of the American Commonwealth.

II./III. SOURCES OF LAW AND HISTORICAL BACKGROUND

1. American Law as Common Law

The United States of America is generally regarded as one of the principal regions of the Anglo-American Common Law. The characterization of American Law as Common Law is correct if one regards Common Law as a method of thinking and operating rather than as a set of rules and institutions. In the main, the ways in which legal problems are handled are still those of the Common Law as it came over from England. The basic concepts used in legal thinking are also largely the same as those of the English branch of the Common Law. However, as far as the contents of the law are concerned and to some extent also the concepts and methods, American law has gone its separate way. The divergences have been caused by the differences in the constitutional structure of the country, the different political and social climate, the diverse geographical and climatic conditions, and the different characteristics of the personnel by which justice is administered.

2. Historical Background

Legal development in the original 13 colonies was not uniform. The colonies were established at separate times and each had its separate charter. The charters of most of the colonies provided for limited local autonomy. The people who settled in Massachusetts' Bay Colony, in Plymouth Colony and other parts of New England were small folk coming from provincial towns and villages of England. That law with which they were familiar was not so much the Common Law of England administered by the royal courts at Westminster as the local customs of their boroughs, manors and villages. To those who had left England as religious dissenters the Common Law of the royal courts was a hostile force by which their religious convictions were threatened. They were anxious to live by the word of God, as expressed in the Bible. This tendency is reflected in those compilations which were made in the seventeenth century in Massachusetts Bay and Plymouth Colony. Lawyers, *i.e.*, people learned in the Common Law of the royal courts, were sometimes forbidden to enter a colony. However, as the population grew, as commerce, industry and shipping developed, and as life became more complicated, one needed a more highly developed system of law and the only one that could be considered was the Common Law of England. This law also imposed itself by the fact that appeal from the colonial courts ran to London. But procedure did not follow the complexities of the system of pleading of the Common Law courts of England. Equity was regarded with suspicion and nowhere in the colonies were there established ecclesiastical courts, which in England still played a considerable role not only in strictly religious matters, but also in matrimonial causes and the probate of testaments. In the northern colonies resistance also developed against the English system of primogeniture in the succession to land. Fully taken over, however, was the institution of trial by jury in both criminal and civil cases, and the effort of the British crown to shift political cases from the assize courts to vice admiralty courts acting without juries constituted one of the major grievances of the colonists in their struggle with England. The political rights and freedoms of the individual contained in the Common Law were invoked by the colonists when the British government attempted to impose upon them customs duties and taxes without consent of their legislative local bodies. Resort to the Common Law of England in the sense of the law administered by the royal courts of Westminster thus became one of the weapons in the political struggle that culminated in the American Revolution. When independence was won, it was self-evident that in each of the 13 colonies the Common Law of England constituted the basis of its own legal system. In the majority of the colonies this fact was expressly stated either in the new constitution or in a special statute declaring that the Common Law of England was to be the Common Law of the state including the statutes enacted by Parliament before a certain cut-off date, *e.g.*, 1607 in Virginia or 1775 in New York. In some colonies, especially of New England, the Common Law of England, was simply regarded as the basis of their law. But it was also clear that rules of English law were not applicable insofar as they were in contradiction to the constitutional, political or geographic conditions of the new states.

The law actually administered frequently constituted a simplified version of the law of England. Nowhere in the colonies had there developed an organized system of legal education. Knowledge of the Common Law was often obtained from books. *Blackstone*'s Commentaries of the Common Law of England (first published in 1765) were widely distributed, read and known on the American side of the Atlantic. In addition, there was a small but steadily growing number of Englishmen who, after having gone through legal training at home, migrated to the colonies. During the eighteenth century there also was a constant stream of young Americans who went to England for legal training. At the time of the Revolution a legal profession was thus in existence. In fact, a good many of the revolutionary leaders, of the signers of the Declaration of Independence and of the Constitution of the United States, were lawyers. The period following the Revolution has been aptly called the Formative Era of American law. The task of adapting the law of a comparatively small, tightly knit, hierarchally organized country of landowners and merchants to the different conditions of the vast American continent was extensive and delicate. Much of this adaption was done by the legislatures of the several states. But the bulk of the job fell to the courts, by which it was carried out with remarkable skill and in a spirit in which innovation was combined with a cautious sense of tradition. The innovators looked to ideas of rationalist natural law and to Christian, especially biblical, traditions, but also to the experience and learning of the continent of Europe and its codifications, especially the Codes of Prussia and France.

The period also witnessed the beginning of organized legal education and of scholarly writing on legal topics. *Blackstone*'s Commentaries came to be replaced by their American counterpart, Chancellor *Kent*'s Commentaries on American Law. A set of treatises on the main branches of the law was written by *Joseph Story* (1779–1845), Justice of the Supreme Court of the United States and, simultaneously, holder of a law professorship at Harvard University. A continuously growing stream of textbooks, many of them written by professors of the steadily growing number of university law schools, came to initiate that cooperation between legal practice and learning that has become a powerful influence on the development of the law in the United States.

With the westward expansion of the United States regions came under the American flag whose early legal development had been different from that of the original colonies. When Louisiana was purchased from France in 1803 it was provided that the state should keep that legal system under which it had lived under Spanish and French rule. The preservation of non-American institutions was of course not possible in the field of constitutional and other branches of public law. The unwieldy mass of older institutions was codified in 1825 upon the model of the French Civil Code. Revised and amended many times, the Civil Code of Louisiana is still in effect today. However, apart from the law of real property and certain aspects of family law and the law of succession, the law of Louisiana has come to be americanized when the state grew more and more away from its former French tradition. Since the nineteen-thirties the consciousness of the different background has come again to be emphasized in the law schools of Louisiana, where the interest in French law has also resulted in concern for comparative law.

In Texas, which declared its independence from Mexico in 1836 and joined the United States in 1845, the American settlers constituted the dominant element. In 1836, Mexican-Spanish law was abolished and the Common Law was introduced by statute. The Spanish background is felt only in the continued significance of

Spanish-Mexican land grants and in the law of marital property, where a system of community property prevails in contrast to the system of separation of assets of the majority of American states. The continued existence of the system of community property also constitutes the only trace of Spanish law in those Western states which were acquired by the United States after the war with Mexico in 1848. However, in all the community property states (Louisiana, Texas, New Mexico, Arizona, California, Washington, Idaho and Nevada) the old Spanish system has been modified and modernized.

The only part of the United States in which Spanish traditions still play a major role is the Commonwealth of Puerto Rico (*Estado Asociado de Puerto Rico*). It was acquired from Spain after the Spanish-American War in 1898. Since Spanish is the predominant language, the contacts with Spanish legal learning and writing have been kept alive. In fact, they have been strengthened in recent years. However, the law of procedure and considerable parts of the public law are American. Common Law thinking has intruded even into the private law field, where Spanish texts still constitute the official basis.

3. State Law and Federal Law

In determining what topics should be subject to regulation by uniform federal law, the framers of the Constitution of the United States were guided by practical ideas. The federal government should be able to deal with those matters the uniform central regulation of which was regarded as indispensable or desirable. A division along such lines as private law and public law, civil law and commercial law, or substantive law and procedural law, was alien to the thinking of the framers of the Constitution. Even today they play but an insignificant role in American legal thought. In fact, it so happens that the bulk of what may be called private law is state law. But certain matters of private law belong to the sphere of federal law and what may be called public law is within partly the sphere of state and partly of federal law. Certain matters are regulated by both state and federal law, depending on whether the activity in question is carried on entirely within the territory of a state or whether it cuts across state lines. Regulation of sex morals, *e.g.*, is a matter of state law. However, the transportation of a woman across state lines with the intention to use her for prostitution or other immoral purposes constitutes an offense punishable under federal law. Theft is generally an offense punishable under state law. However, if a stolen automobile is brought over a state line from one state into another, the crime is punishable under federal law. The civil and criminal consequences of fraud are generally determined by state law. However, if the mails are used to transmit a message containing fraudulent statements, the crime is punishable under federal law. The law of business corporations generally belongs to state law. However, the issuance of securities to be traded all over the nation as well as the supervision of the stock exchanges is a federal matter. Labor law basically belongs within the sphere of state law; however, the freedom of the workers to establish unions and to bargain collectively with the employers is guaranteed by federal law in all lines of business that exceed the local level. The financial structure, the rates and the management of so-called public utilities is basically a matter for the states. However, railroads, airlines, shipping lines, pipelines, *etc.*, which extend beyond the territory of one state, are controlled by federal authority. As it has developed in the course of time, the line of demarcation between federal law and state law is by no means simple.

4. State Administration and Federal Administration – State Courts and Federal Courts

In many federal nations the administration of all law, state and federal, is carried on by state agencies, at least on the lower levels. Only at the apex do federal agencies exercise control over the administration of federal law. In the United States a different scheme prevails, at least on general principle. State laws are administered by state agencies, federal law by federal agencies. This means, for instance, that state taxes are collected by state agencies, while federal taxes are collected by federal officers, principally the district directors of Internal Revenue, who are supervised by higher federal authorities, ultimately the Department of the Treasury in Washington. The dichotomy between state and federal administration also applies to the administration of justice. Each state has its system of state courts, determined by the state constitutions, while the United States has its independent three tier system of, in 1967, 87 United States District Courts, 11 United States Courts of Appeal, and the Supreme Court of the United States. The structure of each state court system is determined for itself by each state. The larger states have pyramids of three tiers, the smaller states usually a two-level system. Small claims courts frequently constitute a tier below the system of the regular courts. On appeal a higher court concerns itself only with alleged errors of law. Unlike the French, the American court system does not know a second trial of facts in a higher court. Access to the highest court of the state or of the United States is usually limited. The highest court concerns itself only with cases which are regarded by it as sufficiently important to occupy its time. Thus, the Supreme Court of the United States is accessible, as of right, only in exceptional cases. Generally, a case can be brought before it only upon *petition for certiorari*, which is on a petition to look into the case to determine whether the legal question involved is of sufficient general importance to justify a hearing and decision on the merits. In this way the Supreme Court of the United States renders written opinions on the merits in no more than about 120 cases a year. In about five times as many cases the *petition for certiorari* is denied; that means that the court refuses to look into the case without rendering any decision as to the correctness or incorrectness of the decision complained of.

In similar ways the supreme courts of the states keep their business within limits manageable by small numbers of judges. The idea that a private party has the right to have his case heard and determined by three courts is alien to American law.

The bulk of the traditional business, civil and criminal, belongs to the state courts. Jurisdiction of the federal courts is the exception. Jurisdiction of the federal courts can exist either *ratione materiae* or *ratione personae*. *Ratione materiae*, the federal courts have as a general rule, jurisdiction to deal with cases to be decided under federal law. The federal courts thus deal with all cases of federal criminal law, federal tax statutes, federal statutes of any other kind and, furthermore, with all matters of bankruptcy and with most matters of maritime law. In civil matters, the matter in controversy must, however, exceed the sum or value of US $ 10000 (28 U.S.C. § 1331 (1964)). *Ratione personae*, the federal courts can deal with all cases in which the parties are citizens of different states, or in which one party is a citizen of a state and the other a citizen of a foreign country. Such diversity of citizenship jurisdiction will not be exercised, however, unless the value of the matter in controversy exceeds the sum or value of US $ 10000 (§ 1332). Federal jurisdiction in matters involving federal law is mostly exclusive, but there are certain matters in which the case may be brought either before the federal court or a state court. In diversity cases jurisdiction of the federal courts is optional. The choice lies first with the plaintiff. However, if the plaintiff has started the case in a state court, the defendant may have it removed to the proper federal court. In those cases in which the federal courts go into action *ratione materiae*, the law to be applied is the federal statute on the basis of which the federal court has jurisdiction. But which law is to be applied by a federal court in diversity of citizenship cases? For such cases the Federal Judiciary Act, first enacted in 1789, provides that the federal courts have to apply the state statutes applicable to the case in question. But what is to be done if the matter in question is not covered by statute, but by Common Law, *i.e.*, case law? In *Swift v. Tyson*[7], the Supreme Court of the United States declared that the federal courts know by themselves what the right rule of the Common Law is, and did not have to look for the articulations which might have been given to the Common Law by state courts. On this basis the federal courts developed a federal Common Law that was uniform throughout the United States, finding its ultimate expression in decisions of the Supreme Court of the United States. Since major commercial litigation would largely arise between firms located in different states, the federal courts built up a body of uniform commercial law for the entire nation. However, the law that was handled in the federal courts was not necessarily the same as that in the state courts. It thus could happen that within the confines of the same state the same legal problem would be handled under different rules, depending on whether the case would come up in a state court or in a federal court. This diversity between the law of the state courts and that of the federal courts was felt to involve inconveniences. After a practice of almost one hundred years, the Supreme Court of the United States suddenly declared in 1938 that the doctrine of *Swift v. Tyson* was not only based on a wrong interpretation of the Federal Judiciary Act, but was incompatible with the Constitution of the United States. In the case of *Erie Railroad Co. v. Tompkins*[8] the Court held that the Constitution of the United States did nowhere empower the federal courts to create any Common Law of their own, that the Common Law was entirely state law and that in diversity of citizenship cases the federal courts would have to apply the Common Law in that form in which it was articulated by the courts of that state the law of which would be applicable under the law of conflict of laws. Shortly thereafter, in *Klaxon v. Stentor*[9], the Supreme Court of the

[7] 41 U.S. (16 Pet.) 1 (1842).

[8] 304 U.S. 64, 58 S.Ct. 817, 114 A.L.R. 1487 (1938).

[9] 313 U.S. 487, 61 S.Ct. 1020 (1942).

United States held that the exclusive state law character applied not only to the substantive Common Law, but also to the branch of the Common Law known as the Law of Conflict of Laws. A nationally uniform Law of Conflict of Laws thus exists only with respect to those matters which under the Constitution belong to the sphere of federal regulation, such as Maritime Law or Antitrust Law. In the great bulk of cases the Law of Conflict of Laws is as much state law as any other Common Law. This means that in a diversity of citizenship case a federal district court sitting in, let us say, Illinois first has to decide under Illinois Law of Conflict of Laws which state's Common Law is applicable to the case in question and then to decide the merits of the case under the substantive Common Law thus determined.

While in many European laws the division between private law and public law is reflected in the division of the courts between civil courts and administrative courts, the court systems of the United States as well as of the states are uniform. The judicial control of the legality of administrative measures is exercised by the same courts which handle civil and criminal cases. Special courts, usually called Courts of Claims, exist only for suits which are brought against the government of the United States or of a state, and in which the plaintiff asks for money damages arising out of contract or, in certain states, for the alleged commission of a tort. Under the traditional Common Law, the state may not be sued at all without its special permission. A person seeking to obtain damages from the government would thus turn to the legislature for redress in the form of a private bill, *i.e.*, a legislative act specifically providing for the payment to the petitioner of a certain sum of money. The determination of such claims was usually made by a committee of the Congress or, as the case might be, of a state legislature. Although these committees mostly proceeded in forms similar to those of proceedings in a court, the method was expensive, time-consuming and open to abuse. In the United States and in most of the states there have now been enacted statutes generally permitting the government to be sued in the regular courts or in special courts of claims, or combining these two systems in various ways. Contract claims against the United States may now be presented in the United States Court of Claims or, on the basis of various statutes, in the regular courts of the United States. The U.S. Court of Claims also deals with suits for repayment of alleged overpayments of federal taxes. Other special courts of the United States are the U.S. Customs Court, the U.S. Court of Customs and Patent Appeals, and the U.S. Tax Court. Along with the regular courts of the United States the last-named has jurisdiction in certain cases of federal taxes.

Special courts or court divisions dealing with commercial cases exist neither in the United States nor in any of the states. Commercial cases are tried like all other civil cases, with or without a jury, as the case may be (*see infra* IV). Frequently, however, the parties resort to arbitration which is regulated, insofar as federal courts would have jurisdiction, by U.S.C. title 9.

Equality of the parties in negotiating collective labor agreements is safeguarded by the National Labor Relations Board, and, in local matters, by corresponding state agencies. Labor disputes of a legal character are handled by the regular courts insofar as the parties have not provided for adjustment by grievance committees or similar bodies.

The forms of procedure of the courts differ, of course, in criminal cases, in civil cases between those "at law", and those in equity, in admiralty, and in such special matters as those of probate of wills, administration of estates or guardianship. The last-named matters are always handled by state courts which, in most states, are separate from the regular courts and which are known as probate courts, courts of ordinary (in Georgia), orphans' courts or surrogate's courts (in New York).

The French practice of tacking the civil suit for damages to the criminal proceedings for an act which constitutes both a crime and a tort exists neither in the United States nor in any of the states. The decision reached in criminal proceedings may not be pleaded in the civil suit for damages or *vice versa*.

5. Case Law and Statute Law – the Courts and the Law

In the spheres of both state and federal law the statutory material has grown to vast proportions. Under the doctrine of *Erie Railroad Co. v. Tompkins* (*supra* n. 8) federal Common Law has come to be limited to such special spheres as the law directly concerned with the activities of the federal government, especially the law of federal government contracts. The great bulk of the federal law is statute law. Parts of it have been brought together in major compilations such as the United States Internal Revenue Code, the United States Judiciary Act, or the Procedural Rules of the Federal Courts. The principal realm of unwritten Common Law is the state law, but here, too, large parts have been reduced to written law. Such modern matters as taxation, municipal administration, social welfare, utilities regulation are all contained in statutes.

Under the principle of *nulla poena sine lege* the entire body of criminal law is contained in statutes, frequently in criminal codes of major size. A codification of the entire body of private law was attempted in New York in the latter part of the nineteenth century. In 1878 the Civil Code drafted by *David Dudley Field* in the eighteen-sixties passed both houses of the New York Legislature but, upon the insistence of the Bar, it was vetoed by the governor. While the *Field* Code failed of becoming effective in the state of its orgin, it was adopted in California (1872), Idaho (1887), Montana (1895), North Dakota (1865), and South Dakota (1863) and, in a modified form, in Georgia (1863). For a long time the courts of these states treated their Civil Codes in the traditional manner of Common Law statutes rather than in the way in which European courts have been dealing with codifications. Like other statutes, the Codes were regarded simply as "patches on the body of the Common Law", *i.e.*, as provisions to be applied insofar as the text literally fits the case, but where the words fail to be applicable literally the gap is filled in by the traditional rules of the Common Law. Only in recent years, in connection with the general changes in traditional technique, have these Codes come to be handled in ways similar to European methods. Codifications of private law also exist in Louisiana and in Puerto Rico.

Although the body of statute law has grown steadily, the role of the courts as law creators has not diminished. The courts exercise this function in three ways: (1) through control of the constitutionality of legislation; (2) through the interpretation of the written law; and (3) through the constant reformulation of the unwritten law.

a. *Judicial control of constitutionality of legislation.* – All legislation must have its basis in Constitutional Law: state legislation in the state constitution, federal legislation in the Constitution of the United States, State legislation also finds limits in the Constitution of the United States insofar as that Constitution vests exclusive legislative powers in the United States or otherwise limits the legislative power of the states. Whenever a statute is enacted by the Congress of the United States, the question may be raised of whether or not it has a proper basis in one of the powers granted to the Congress in the Constitution of the United States. Whenever a statute is enacted by the legislature of a state, one may raise the question of whether the particular act of legislation is permissible under the Constitution of the state or of the United States. An act of the legislature which does not have its proper basis in the appropriate constitution is a piece of paper without binding effect on anyone. It is unconstitutional, which means that it is without legal effect. That the control of the constitutionality of legislation belongs to the courts was settled as early as 1803 in the decision of the Supreme Court of the United States, speaking through *Marshall*, Chief Justice, in *Marbury v. Madison*[10]. The question of the constitutionality of a statute may not be tested *in abstracto*. It can be raised only as a question incidental to an actual litigation, civil or criminal. Here are two illustrations:

In the famous case of *Gibbons v. Ogden*[11], in which the superiority of federal regulations of commerce over competing state regulations was established, *Ogden*, to whom a monopoly of navigating in certain New York waters had been given by a statute of the State of New York, filed his bill in the Court of Chancery of New York to enjoin *Gibbons* from navigating these waters. *Gibbons* pleaded that a license to navigate the waters had been issued to him by the proper federal authority under an Act of Congress of 1793. Applying the statute of its state, the New York Court of Chancery issued an injunction enjoining *Gibbons* from further interfering with the monopoly granted to *Ogden* by the New York statute. The decision was upheld by the highest court of the state, but reversed by the Supreme Court of the United States. The New York statute was held to be incompatible with the federal act which, being properly based upon the Commerce Clause of the Constitution of the United States, was under art. VI § 2 of that Constitution the supreme law of the land.

In *Heck v. Schupp*[12], the Supreme Court of Illinois declared invalid a recent Illinois statute intended to do away with the old Common Law action by which damages can be obtained by a husband from the person who has alienated from him the affection of his wife. The defendant's plea of the new statute had been upheld by the trial court. Upon direct appeal to the Supreme Court of Illinois the statute was held to be invalid

[10] 5 U.S. (1 Cranch) 137 (1803).
[11] 22 U.S. (9 Wheat.) 1 (1824).
[12] 394 Ill. 296, 68 N.E.2d 464, 167 A.L.R. 232 (1946).

because, contrary to provisions of the Constitution of the State, its heading failed to indicate its content, and because it tried to abolish the remedy for a wrong, contrary to that clause of the State Constitution which requires that a remedy be provided for every wrong. (Resort to such constitutional provisions as those used here is unusual. Statutes of the kind in question were not held to be unconstitutional in any other state).

Even a proceeding to declare a federal statute unconstitutional cannot be brought by any one other than a person who is directly affected in his rights. The suit must be commenced in a U.S. District Court, in which in such a case the bench consists of three judges rather than one. The appeal then goes directly to the Supreme Court of the United States. An illustration is provided by the case of *Aptheker v. Secretary of State*[13], where the Court held unconstitutional a statute under which the issuance of passports had been denied to the plaintiffs because of their membership in the Communist Party.

Many of the American constitutions are documents of venerable age. The Constitution of the United States is more than 170 years old. Formal amendments are difficult and time consuming. Fortunately, the formulae used in many of the key provisions of the constitutions, especially in that of the United States, are so flexible that different interpretations can be placed upon them at different periods of time. Continuously new interpretations have thus been placed upon such provisions as the following:

"No state shall... deprive any person of life, liberty, or property, without due process of law" (amend. XIV § 1);

"No state shall... deny to any person within its jurisdiction the equal protection of the laws" (amend. XIV § 1);

"The Congress shall have Power... To regulate Commerce with foreign Nations, and among the several States, and with the Indian Tribes" (art. I § 8).

It is by no means obvious that the last cited provision, the so-called Commerce Clause of the Constitution of the United States, would be held by the Supreme Court of the United States to enable the Congress to prohibit that a woman be transported across a state line if the intention is to use her for prostitution or other immoral purposes[14], or to enable the Federal Government to break up monopolies[15], or to compel commercial and industrial employers to refrain from interferences with their employees' freedom to form and to join labor unions and to compel them collectively to bargain with these unions[16]. In 1896 it was held by the Supreme Court of the United States that state statutes requiring the segregation of Negroes from white people in railroads and other means of transportation were compatible with the equality clause of the Constitution of the United States[17]. In 1954 this holding was reversed. The same clause of the Constitution was now held to invalidate all state statutes requiring separation of the races in schools[18] and, furthermore, also on means of transportation, in public parks, in recreational facilities or in any other ways. While it had long been held that the states were almost completely free to fashion criminal procedure according to their own ideas, it was decided in recent years that the due process clause of the U.S. Const. amend. XIV compels the states to comply with practically all the procedural safeguards for the accused which are required under the Constitution for the federal courts and these safeguards themselves have been markedly enlarged. Provisions which have been in effect for many decades have recently been held to require that legal counsel be provided for every person accused of serious crime[19], including juveniles[20], and that no person may be interrogated by the police unless he has been expressly informed that he may remain silent and that he may ask for the presence of legal counsel.[21]

It has been through such reinterpretation of constitutional provisions of ancient origin that the Supreme Court of the United States has opened the way for that profound reconstruction of the entire social, political and economic life of the United States that has been in progress since the nineteenth-thirties.

b. *Interpretation of the written law.*– The attitude

[13] 378 U.S.500, 84 S.Ct. 1650 (1963).

[14] *Caminetti v. United States*, 242 U.S. 470, 37 S.Ct. 192 (1917).

[15] *Northern Securities Co. v. United States*, 193 U.S. 197, 24 S.Ct. 436 (1904).

[16] *National Labor Relations Board v. Jones & Laughlin Steel Corp.*, 301 U.S. 1, 57 S.Ct. 615 (1937).

[17] *Plessy v. Ferguson*, 163 U.S. 537, 16 S.Ct. 1138 (1896).

[18] *Brown v. Board of Education*, 347 U.S. 483, 74 S.Ct. 686 (1954).

[19] *Gideon v. Wainwright*, 372 U.S. 353, 83 S.Ct. 792 (1963).

[20] *In re Application of Gault*, 385 U.S. 353, 87 S.Ct. 1428 (1967).

[21] *Miranda v. State of Arizona*, 384 U.S. 436, 86 S.Ct. 1602 (1966).

of the courts towards statutes has undergone changes in the course of the centuries. Up to the eighteenth century the English courts generally took a fairly favorable attitude towards statutes. The courts consciously attempted to carry out the intention of Parliament.

In the nineteenth century the attitude changed. The franchise was enlarged both in England and the United States. New elements began to be influential in the legislatures, reformist statutes began to be adopted. But while the complexion of the legislatures became more democratic, the judiciary tended to remain conservative. The new kind of legislation was not to the judges' liking. They began to use their position to narrow the scope of what conservative circles were inclined to regard as dangerous. Reform legislation which, of course, was bound to be in contradiction to the traditional Common Law, was interpreted narrowly. Two techniques were combined to limit the scope of "unwise" legislation. Instead of inquiring into the intention of the legislatures the courts elaborated the so-called objective theory of interpretation. The statute was said to speak for itself, the intentions of the legislature were said to be inscrutable and irrelevant. To look for the objective meaning of a statute meant of course to give it that meaning which the judges thought it should have, at least as long as that meaning was in some ways compatible with the wording. The second technique was presented by the doctrine that a statute in derogation of the Common Law was to be interpreted narrowly. The statute was to be carried out as far as its words went, but no farther. The older techniques of filling in gaps of the text in accordance with the intention of the legislature fell into abeyance. In the United States the courts had an additional device to make inconvenient legislation innocuous, *viz.*, by declaring the statute to be unconstitutional. But American courts hesitated to utilize this device. They were naturally reluctant openly to defy the legislature. The principal device to counteract "unwise" legislation consisted in narrow interpretation. To some extent American courts also adopted the English technique of objective interpretation, but the idea that courts were not only allowed, but even obliged to search for the legislative intent, was never as fully abandoned in the United States as it was in England.

Today judicial hostility toward legislation has given way to a spirit of cooperation with the legislatures. In the wake of the Great Depression and with the coming of the New Deal the urge for profound social change became overwhelming. Besides, the composition of the judiciary came to be increasingly similar to that of the legislatures. The change was dramatically indicated in the nineteen-thirties by the reversal of the attitude of the Supreme Court of the United States to the reform legislation of the New Deal. Under the pressure of public opinion and in consequence of the death or retirement of several of the old-time judges, the Supreme Court of the United States changed from an opponent of social reform into a protagonist. In some of the states similar changes had set in at an earlier time. Now the change of judicial attitude became general. If a statute is declared unconstitutional today, it is likely to be an old statute hailing from pre-reformist times. The courts no longer hesitate to inquire into the legislative history. They are anxious to cooperate in the enforcement of the policies pursued by the legislature, and the old idea that a statute in derogation of the Common Law has to be interpreted narrowly tends to be a relic of the past.

c. The body of *statute law* has grown to vast dimensions. However, state law still holds much room for *unwritten Common Law*; especially in so-called lawyers' law, *i.e.*, in the vast field of private law and procedure, statutes are still far from being comprehensive. American state legislatures are not well organized to undertake major pieces of comprehensive legislation. In 30 states legislatures still convene only every second year and remain in session only for comparatively short periods. Many of the state constitutions still provide that the legislature may not stay in session longer than a certain period, which is as short as 60 days in 8 states. Constitution makers of the early and middle nineteenth century were inclined to believe that legislatures could do little more than create mischief. The legislatures' time tends to be preoccupied with fiscal matters, personnel problems and matters of immediate concern to one or the other of the two political parties. Besides, until fairly recent times, American legislatures lacked the machinery for the preparation of major legislation. In the olden days a bill would be drafted simply by its sponsor, who might be a member of the legislature himself or, more frequently, the spokesman of some group of organized interests. There was no such staff of trained experts in legislative drafting as is found in Continental European ministries of justice or in the office of the Parliamentary Draftsman in the United Kingdom. Statutes tended to be poorly drafted and to be badly coordinated with legislation already existing.

Far-reaching changes have set in in response to Judge *Cardozo*'s plea for "A Ministry of Justice"

(1921) calling for the establishment of a permanent body of expert draftsmen by whom all major legislation were to be carefully prepared. In 1934 the state of New York established the Law Revision Commission, a body directed by a professor of law, located at Cornell University, and endowed with a staff of researchers and draftsmen. The work of the Commission has been voluminous. It has embarked on remarkable studies of legislative problems, frequently engaging in extensive investigations of comparative law. Statutes and major codifications prepared by the Commission ought to be the product of careful preparation and of expert draftsmanship. Similar bodies have been established in other states, such as California and Louisiana. Other states have at least established so-called Legislative Reference Bureaus, *i.e.*, offices attached to the legislatures to which members of the legislature can turn for help in the drafting of bills. In all states legislative drafting has to a considerable extent come to be assisted by state and local bar associations and their numerous specialized committees. Legislation prepared by a bar association alone or in cooperation with some professional or otherwise interested organization is not necessarily of the same high caliber as a statutory draft prepared by the New York Law Revision Commission. But it is likely to be of a higher quality than a statutory draft of the nineteenth century.

The extent to which the courts may or should change the law by judicial reinterpretation is frequently discussed in general terms. But no answer can be given that would be valid for all times. The answer rather depends on the needs and the spirit of a given period. Around the turn of the century American courts tended to be conservative, *i.e.*, slow and cautious in changing the law by judicial reinterpretation. In recent times the courts have come to be more progressive. The changes have found expression in the heated discourse about the methods of judicial thought. As in Europe, conceptual jurisprudence was dominant in the late nineteenth and early twentieth century United States. As in Germany, France and Scandinavia, this method came under attack in the United States. Similar to the advocates of German *Freirecht* or French *interprétation libre*, American Realists passionately demanded a complete break with traditional attitudes and techniques of courts. By discovering that "Law is what the judges say it is", the Realists thought to imbue the courts with a sense of power, which, they urged, ought to be directed toward social reform. The Realists were mostly members of the academic branch of the legal profession, they were "liberals" in the American sense, *i.e.*, in European terms, socialist reformers. Social evils, especially poverty and discrimination, were to be abolished through intervention of the state's power, especially as exercised through the judiciary. The ways of how to achieve the egalitarian reform of society should be indicated by social science. The law was to be "integrated with the social sciences". Lawyers, especially judges, were to be social scientists. Rules, institutions and notions were not to stand in the way. Obviously, such a radical doctrine had little chance of becoming dominant. However, it was and still is of considerable influence and came to constitute a powerful factor in the initiation and implementation of the present American reformist movement. What did become dominant in judicial attitude is a milder form of realism, so-called Sociological Jurisprudence, which is the counterpart of European Jurisprudence of Interests. Judges were not simply to move ahead on their own, regardless of tradition or legislation. In fact, the judges' role as implementers of reform came to be increasingly emphasized. In all its activities, especially in the continuous process of keeping the Common Law abreast with changing needs and demands, the judges were to know society, to recognize what social interests were at stake in a given litigation, and to balance these interests in the sense of the common weal as an egalitarian society free from discrimination and of underprivileged status.

This new judicial attitude has brought about a considerable sense of freedom toward precedent. American courts have rarely applied the Common Law doctrine of *stare decisis* as rigidly as it was adhered to in England. The fine art of "distinguishing" has always been a means of getting around a precedent regarded as erroneous or obsolete. However, in recent decades American courts have more and more resorted to the technique of openly overruling precedents, even precedents of long standing. In 1938 the United States Supreme Court thus did not hesitate to overrule *Swift v. Tyson* (*supra* n. 7), a precedent of almost a century's standing. The old doctrine that hospitals, institutions of learning and other "charities" are not liable for the torts committed by their employees (so-called doctrine of charitable immunity) has been overruled in one state after another. Such obsolete ideas as the one declaring a parent not susceptible to his child's action for support are being eroded. The new doctrine of so-called Product Liability under which the producer of food, drugs or machinery is liable for harm suffered by the consumer or user of his product, even without proof of fault, has come to be firmly established. But with all the willingness to bring about changes which they regard as being in accordance with the policies expressed by the legislatures and by public opinion, the courts have refrained from adopting policies whose correspondence with public opinion would be doubtful.

6. Diversity and Uniformity

National, and consequently uniform, legislation through the Congress has come to occupy a constantly broadening sphere. Directives to be followed by the states in such matters as the eradication of racial inequality or the protection of persons accused of crime, have been established and are constantly tightened by the Supreme Court of the United States. A considerable measure of conformity in welfare legislation, road building and traffic, police management, housing, and even education has been achieved by means of financial grants extended by the federal government to the states under the condition that they conform to federally established standards. This growth of federal activity has not, however, impaired the significance of the states and their laws. The complexities of modern life have resulted in an expansion of the activities of both the federal government and the states. The states have reserved their traditional hold over the bulk of the lawyers' law, *i.e.*, Private and Commercial Law, Criminal Law and Procedure. Insofar as state law applies, each state has not only its own legislature, but also its own court of last resort. The country still lacks a common "Supreme Court of Law and Equity". The Supreme Court of the United States has limited itself to problems of the Constitution of the United States and of federal legislation, including international treaties. For the great bulk of state law the state supreme courts' decisions are final. Potentially, the law might develop among more than fifty different lines. In fact however, all the state laws are variations upon a common theme. While variety is considerable, it is still possible to speak of American law as a unit, a unit, it is true, presenting different facets in different states. In some respects the differences are considerable. The *régime matrimonial* of the majority of states is that of separation of assets, but community property exists in eight states of the South and the West (see *supra* II 2) as well as in Puerto Rico. The course of intestate succession differs from state to state. The law of real property presents a variety of local peculiarities. The water law of the Eastern and Central parts of the country is different from that of the states of the arid West. The law of divorce varies from utmost strictness in South-Carolina to utmost liberality in Nevada or the Virgin Islands. But the differences are no greater than those which once existed before the great codifications between the different territorial laws of France or Germany. After all, all the state laws have grown upon the common ground of the Anglo-American Common Law. They all have the same common origin, they all have the same conceptual and institutional framework, all are applied by courts following a basically uniform structure and a basically uniform system of procedure, and all are handled by lawyers who have gone through essentially the same kind of training and who think essentially along the same lines. Finally, and of the greatest importance, in spite of all its local variations and differences, the United States constitutes one single nation economically, politically and socially. Everyone regards himself as an American first, an Illinoisian or New Yorker, Californian or Louisianan second.

In preserving the basic unity of American law, certain institutionalized organizations are playing roles of significance.

While each state may go its own way in its legislative activities, a certain minimum measure of uniform legislation is brought about by an organization called the National Conference of Commissioners on Uniform State Laws. In typical American fashion this organization partakes of both an official and an unofficial character. Commissioners on uniform state laws are appointed by the governors of all the states. They meet usually once a year, but the current work is conducted by a permanent office having its seat on the campus of the University of Chicago in Chicago, Illinois. The organization prepares draft statutes which, when approved by the Conference, are recommended to all states for adoption. In deciding on whether or not to adopt such a draft as its law, each state is free. If a proposed draft is adopted by all states, the subject matter is determined by a statute the wording of which is the same all over the country, but which still remains state rather than federal law. The number of acts which have actually been adopted universally has remained small. Of the roughly 170 acts proposed since the establishment of the organization in 1892, only about a dozen have so far been adopted universally. Some of the acts have been adopted just by a few states, some by none. An important product of the activities of the Conference, undertaken in cooperation with the American Law Institute, is the Uniform Commercial Code that was approved by the Conference in 1958 (a revised text was published in 1962), and which has now been adopted by every state (except Louisiana), the District of Columbia and the Virgin Islands, and whose adoption is imminent in Puerto Rico. The Uniform Commercial Code is not a *Code de commerce* in the European sense. It is neither a complete codification nor does it establish a law specifically for merchants. Its provisions apply irrespective of whether the parties are engaged in commercial business or not, unless a particular provision of the Code disposes to the contrary. The Code deals, however, with those transactions which are typically those of business, namely: sale of goods including the transactions for the financing of sales, both national and international, banking transactions and transactions concerning investment securities, documents of title and commercial paper, including bills of exchange and checks, furthermore warehousing and sales of business enterprises. In the sales part of the Code the draftsman paid attention to the uniform law on the sale of goods that was elaborated, with English cooperation, by the Civil Law countries. However, the Code had, of course, to conform to the business practices that exist in the United States. The Code is a comprehensive set of rules, based upon actual business practices, but firmly emphasizing the community interest and cutting off abusive practices. Provisions intended to protect economically weaker parties, especially consumers, cannot be contracted out. The Code was preceded by a number of older uniform laws separately dealing with various commercial transactions, which have all been replaced by the new Code.

The ready adoption of this great work of uniform legislation was hastened by the destruction of the uniform law that had come to grow up for interstate commercial transactions insofar as they had to be decided by the federal courts. General Common Law was destroyed in 1938 by the decision of the Supreme Court of the United States in the case of *Erie Railroad Co. v. Tompkins* (*supra* n. 8). A new and more comprehensive set of commercial laws has now been established in legislative form and, contrary to the old general Common Law, it applies to intrastate transactions as well as to interstate and international affairs. Probably it will in the near future be supplemented by an act of Congress which will adopt the Uniform Commercial Code as a federal act applicable to transactions occurring in or affecting the international and interstate commerce of the United States. At the present time, the Code, like all other uniform state laws, is in each state a piece of state law. That means that its interpretation rests in the last resort with the Supreme Court of each state. Differences of interpretation can thus develop. However, in dealing with uniform laws the courts consider that these statutes are intended to be applied uniformly; they are thus likely to pay attention to the interpretations placed upon the provisions by the courts of leading commercial states.

The second of the organizations concerned with maintaining unity among the variety of American laws, the American Law Institute, is of a purely private character. In 1966, 72 of the memberships were members *ex officio* as holders of important positions. The other 649 were elected from among eminent members of the profession. The Institute has produced several model statutes, *viz.*, the Model Code of Evidence (1942), the Model Code of Criminal Procedure (1931), and the Model Penal Code (1962). In cooperation with the National Conference of Commissioners on Uniform State Laws it has sponsored the Uniform Commercial Code (1962). A study of The Division Between State and Federal Courts is under way. Drafts of Studies of Income, Estate and Gift Taxes were published. The main achievement of the American Law Institute has been the Restatement of the Law, which covers the following fields: Agency (3 vol.) (ed. 2, 1958); Conflict of Laws (3 vol.) (ed. 2, 1971); Contracts (2 vol.) (1932); Foreign Relations of the United States (1965); Judgments (1942; Suppl. 1947); Property (5 vol.) (1936–1944; Suppl. 1947); Restitution (1937); Security (1941); Torts (2 vol. and 3 app. vol.) (ed. 2, 1965–1966); Trusts (3 vol.) (ed. 2, 1959).

In its form the Restatement resembles the codes of the European-Latin American type. In the black letter text the rules of the Common Law are stated systematically, succinctly and precisely. Each section is followed by explanatory comments and illustrations. The Restatements were prepared with meticulous care. For each topic the most prominent scholar was appointed reporter. He presented his drafts to small groups of advisers, largely drawn from among the academic branch of the profession. In the discussions of these groups the drafts were closely scrutinized and criticized. Not until the advisory groups agreed would the reporter submit his draft to the Council of the Institute. Here a new scrutiny set in. Finally, the draft was submitted to the Annual Meeting of the Institute. Upon its approval the Restatement of the topic in question was published under the auspices and the name of the American Law Institute.

The Restatement purports to "restate" the true rules of the Common Law. But what is the true rule? On innumerable points the courts of different Common Law jurisdictions have reached different conclusions. Different views have also been expressed by scholars. On a good many topics no rules were clearly formulated until the Restatement. By and large the Restaters chose that version which appeared to them best to express both the tradition of the Common Law and the present trends of policy.

The Restatement does not have official authority. It is not a work of legislation. It is simply a private enterprise attempting from among the variety of possible variations of the Common Law to choose that which to eminent experts appears to be the best. The Restatement was not expected to innovate. It was to "restate" the Common Law as it existed at the time, *i.e.*, principally the nineteen-thirties. If that rule would appear to be obsolete, reformist legislation was to be encouraged. The work on the Restatement was costly and time-consuming. The hope was that by its quality and by the high reputation of the draftsmen as well as of the Institute as such, the courts might be induced to apply the Common Law as expressed in the Restatement. Only to some extent has this hope come true. Some Restatements, especially those of Torts, Contracts and Trusts enjoy a high degree of authority. Others have been less influential. One, that of the Law of Conflict of Laws, has met with much criticism. Annual surveys of all cases in which the Restatement has been cited are published in a set entitled The Restatement in the Courts[22]. Between July 1959 and April 1966, the total number of citation paragraphs was 34 466. Revisions to bring the Restatement up to date are in progress for Contracts and Torts. Of the last named the first two volumes, accompanied by three appendix volumes, were published in 1966.

The Restatements are convenient guides for foreign lawyers anxious to find access to the labyrinth of American law. However, they must be used with care. There is no guarantee that a rule of the Restatement is the actual law of any state. Information about the extent to which the rules of the Restatement correspond to the actual state laws can be found in the State Annotations, which have been prepared for a number of states as volumes accompanying the various Restatements.

Both the National Conference of Commissioners on Uniform State Laws and the American Law Institute work in close cooperation with another powerful organization, the American Bar Association. In each state as well as in major cities the members of the legal profession have organized voluntary associations called bar associations. In some states membership is compulsory. On three levels, local – state – national, the bar associations promote the interests of the legal profession, especially of the attorneys. Throughout, however, improvement of the law and its administration also belongs to the activities. In their sections, sub-sections and committees, problems of the various fields of the law are constantly discussed with the aim of improving both the law and its personnel. The groups frequently meet for conferences and in those of the American Bar Association membership always comprises people from different parts of the country. Lawyers from many states are thus in constant professional contact and engaged in discussions of problems of the law, its administration and its improvement. Ideas engendered in one place thus become known throughout the nation, are subjected to nationwide scrutiny and criticism and are likely to result in nationwide trends of activity. In this way, the bar associations, especially the American Bar Association, have come to be influential in maintaining and promoting the unity of American law. As all through the body of American law, the recent change of policy atmosphere has come to be reflected in the American Bar Association. It has transformed itself from a guardian of isolationism and conservatism into a protagonist of international cooperation and social reform.

An important role in the maintenance and promotion of the unity of American law is finally played by the *legal scholars*. One of the principal differences between the Civil Law and the Common Law has long consisted in the fact that the former system was developed primarily by scholars, the latter by judges. As a branch of higher learning, the law has been cultivated by the universities of the Continent ever since the twelfth century. In the absence of national supreme courts the basic unity of the Civil Law of Europe was maintained by the law faculties of the universities. But the law taught at the law faculties was as such in effect nowhere. Yet, it constituted the common basis of the local laws that were in effect all over Europe from Scandinavia to Sicily and from Portugal to Poland. In the British countries a science of law in the Continental European sense can hardly be said to have

[22] 1945; 2 vol. Suppl. 1948, 1954; 3 vol. Suppl. 1965; Suppl. 1967; Suppl. 1968–1969; Suppl. 1970–1971.

existed before the twentieth century. There were remarkable scholars in legal history, analytical jurisprudence and legal philosophy. However, a doctrinal science of positive law did not exist. In fact law was not studied at the English universities but in an apprentice fashion in the lawyers' offices or, from the later nineteenth century on, in courses given by practitioners under the auspices of the Inns of Court or the Law Society.

In the United States, the law became an academic subject much earlier. At Harvard University in Cambridge, Massachussetts, or at King's College, New York, law could be studied as an academic subject in the early decades of the nineteenth century. Learned treatises such as Chancellor *Kent*'s Commentaries or the voluminous monographic studies of *Joseph Story* constituted scholarly achievements of a high standard and of considerable influence upon the practice of the law. Today faculties of law, usually called Law Schools, exist at practically all major universities. Some of these law schools regard it as their task to teach the positive law of the state in which they happen to be located. However, the leading law schools aim at being "national" in the composition of their student bodies and their faculties as well as in their *curricula*. The aim of these law schools is the preparation of students for practice of law anywhere in the United States. They do not and cannot teach the law of all 50 jurisdictions. Their aim is that of introducing the students to "American" law, whatever that may be. Materials are presented from all over the nation to train the students not so much in the knowledge of the law of any state as in the methods of legal thinking, and in the understanding of the function of the law in society, of the issues and problems and of the techniques to be used for their solution. Detailed knowledge of any particular state law is expected to be acquired later in the period of apprenticeship through which the graduates of the universities usually go before they engage in legal activities on their own responsibility. The professors of the law schools must necessarily concern themselves with the problems common to all America. Like their predecessors in the seventeenth or eighteenth century in Europe or in nineteenth century Germany, American law professors have thus become unifiers of the law and guides to the courts. American law is no longer a purely judge-made law. Along with the judges, professors have come to be creators. Professors frequently move from one university to another. They periodically meet at the annual conventions of the Association of American Law Schools. They are also likely to be members of the bar associations and to be active in their committees. Most important of all, law professors are authors of treatises and articles published in the law reviews. In this way the academic branch of the legal profession has become not only an influential molder of the law but one of the most important guardians of the unity of the law in the United States.

7. Sources

a. *Legislation.* – Neither the United States nor any state has an official gazette for the current publication of new statutes or of secondary legislative materials. Each newly enacted federal statute is printed and published singly as a so-called slip-law. At the end of a session of Congress all statutes enacted during that session are chronologically assembled and published as Statutes at Large. In the nineteen-thirties the mass of federal statutory material had become so vast that it was decided to assemble all those provisions which were still in effect, to arrange them systematically in 50 titles, and to republish the compilation as the United States Code (U.S.C.). No part thereof was to be authoritative, however, unless it would be formally enacted by the Congress as superseding all prior enactments concerning the subject in question. In order to keep it up to date revised editions of the Code have been published. The 1964 edition, containing the general and permanent laws of the United States in force on 3 Jan. 1965, consists of 15 volumes. By annual supplements, the Code has been brought down to the state of the law as of 17 Jan. 1971. Another official publication is the Constitution of the United States of America, Analysis and Interpretation – Annotations of Cases Decided by the Supreme Court of the United States to June 22, 1964.

Annotated editions of the United States Code, containing references to court decisions and administrative rulings, and kept up-to-date by frequent supplements, are United States Code Annotated (U.S.C.A.) (169 cloth bound and 8 paper volumes 1972), supplemented by United States Code Congressional and Administration News (U.S.C.C. & A.N.) (57 vol. 1972) (1942 to date); and the United States Code Service (U.S.C.S.) (54 vol. 1973) (1951 to date).

Administrative regulations of federal agencies are systematically arranged in Code of Federal Regulations (C.F.R.) (50 vol. with annual supplements 1973). New regulations are currently published daily in the Federal Register (Fed. Reg.) (1936 to date). Until 1950, treaties and international agreements were published in the

Statutes at Large. Since then, they are published separately by the Department of State in United States Treaties and Other International Agreements (U.S.T.) (22 vol.) (1950 to date).

Newly enacted state statutes are published in each state at the end of each session of its legislature. At regular or irregular intervals those statutes which are in force at a given date are assembled in collections called Revised Statutes, Consolidated Statutes, or by some similar title. In some states, as for instance in North Carolina (16 vol.), these compilations are official, in others they are collected by the State Bar Association or by a commercial publishing house. In major states, annotated editions of many volumes are produced commercially, such as West's California Codes (6 vol.), West's California Annotated Codes (75 vol. and supplements), Smith-Hurd Revised Statutes of Illinois (72 vol. 1962), McKinney's New York Consolidated Laws Annotated (154 vol. 1954), Purdon's Pennsylvania Statutes (84 vol. 1959), or Vernon's Missouri Statutes (60 vol. 1968).

The Checklist of Current State, Federal and Canadian Publications currently lists new Reports, Codes, Session laws, Law Revision Commission Reports, *etc.*

b. *Case law.* – Decisions of the Supreme Court of the United States are published in an official set called United States Supreme Court Reports (U.S.)[23] and in two private sets, called Supreme Court Reporter (S.Ct.)[24], and Lawyers' Edition, United States Supreme Court Reports (L. Ed.)[25].

The Federal Reporter (F.)[26] contains the decisions of the United States Courts of Appeals, and the Federal Supplement (F. Supp.)[27] those of the U.S. District Courts and the U.S. Court of Claims. Decisions on important points of federal procedure are published in Federal Rules Decisions (F.R.D.)[28].

Supreme Court cases and other materials are speedily reported in the periodical United States Law Week[29].

The Federal Reporter, the Federal Supplement and the Federal Rules Decisions are parts of the West Publishing Company's National Reporter System, in whose other sets the decisions of state courts have been published since the eighteen-eighties. These sets are:

Atlantic Reporter (A.) (Connecticut, Delaware, District of Columbia, Maine, Maryland, New Hampshire, New Jersey, Pennsylvania, Rhode Island, Vermont).[30]

North Eastern Reporter (N.E.) (Illinois, Indiana, Massachusetts, New York, Ohio).[31]

North Western Reporter (N.W.) (Iowa, Michigan, Minnesota, Nebraska, North Dakota, South Dakota, Wisconsin).[32]

Pacific Reporter (P.) (Alaska, Arizona, California, Colorado, Hawaii, Idaho, Kansas, Montana, Nevada, New Mexico, Oklahoma, Oregon, Utah, Washington, Wyoming).[33]

California Reporter (Cal. Rptr.).[34]

South Eastern Reporter (S.E.) (Georgia, North Carolina, South Carolina, Virginia, West Virginia).[35]

Southern Reporter (So.) (Alabama, Florida, Louisiana, Mississippi).[36]

South Western Reporter (S.W.) (Arkansas, Kentucky, Missouri, Tennessee, Texas).[37]

New York Supplement (N.Y.S.)[38] contains selected decisions of lower courts of the State of New York.

Separate sets of decisions exist for almost all states. Decisions of special importance are published with extensive annotations in American Law Reports Annotated (A.L.R.)[39] and American Law Reporter Federal (A.L.R. Fed.).[40]

Cases are cited in the following way: *Bohleber v. Rebstock*, 255 Ill. 53, 99 N.E. 75, 41 L.R.A. (N.S.) 105, Ann. Cas. 1913 C 307 (1913). This

[23] 104 vol. 1973, 1754 to date.

[24] 92 vol. 1972, 1882 to date.

[25] First Series (100 vol.) 1901–1956 (covering cases from 1754); Second Series (L. Ed. 2d) (38 vol. 1973) 1957 to date.

[26] First Series (300 vol.) 1880–1924; Second Series (F. 2d) (472 vol. 1973) 1924 to date.

[27] 348 vol. 1973, 1932 to date.

[28] 49 vol. 1973, 1938 to date.

[29] 41 vol. 1973.

[30] First Series (200 vol.) 1885–1938; Second Series (A. 2d) (296 vol.) 1938 to date.

[31] First Series (200 vol.) 1885–1936; Second Series (N.E. 2d) (289 vol.) 1936 to date.

[32] First Series (300 vol.) 1879–1941; Second Series (N.W. 2d) (201 vol.) 1941 to date.

[33] First Series (300 vol.) 1883–1931; Second Series (P. 2d) (502 vol.) 1931 to date.

[34] 104 vol., 1959 to date.

[35] First Series (200 vol.) 1887–1939; Second Series (S.E. 2d) (192 vol.) 1939 to date.

[36] First Series (200 vol.) 1886–1941; Second Series (So. 2d) (268 vol.) 1941 to date.

[37] First Series (300 vol.) 1886–1928; Second Series (S.W. 2d) (486 vol.) 1928 to date.

[38] First Series (300 vol.) 1887–1937; Second Series (N.Y.S. 2d) (336 vol.) 1937 to date.

[39] First Series (175 vol.) 1913–1947; Second Series (A.L.R. 2d) (100 vol.) 1948–1965; Third Series (A.L.R. 3d) (48 vol.) 1965 to date.

[40] 17 vol. 1973, 1969 to date.

decision can be found in Illinois Reports, vol. 255, p. 53; North Eastern Reporter, vol. 99, p. 75; Lawyers' Reports Annotated, New Series (an earlier part of the set now named American Law Reports) vol. 41, p. 105; Annotated Cases (a set no longer published) vol. C of 1913, p. 307.

Cases dealing with a particular problem may be located through textbooks, law reviews, encyclopedias like American Jurisprudence, Second Series (so far 67 vol.), or Corpus Iuris Secundum (132 vol), or so-called Digests, in which concise summaries of the legal rule or rules for which a case is meant to stand, are brought together in index-like fashion. Such Digests exist for certain states or certain topics. An all-comprehensive collection is that of the American Digest System. It consists of the following parts:

Century Digest (50 vol.) (1656–1896);
1st Decennial Digest (25 vol.) (1897–1906);
2nd Decennial Digest (25 vol.) (1907–1916);
3rd Decennial Digest (29 vol.) (1916–1926);
4th Decennial Digest (36 vol.) (1926–1936);
5th Decennial Digest (52 vol.) (1936–1946);
6th Decennial Digest (36 vol.) (1946–1956);
7th Decennial Digest (27 vol.) (1956–1966);
General Digest (23 vol.) (1966 to date).

In addition to this large digest system, there are separate digests for the various Reporters: thus cases with problems of procedure and contained in the Supreme Court Reporter, the Federal Reporter, and the Federal Supplement are covered in West's Modern Federal Practice Digest (77 vol. and 13 cumulative suppl.) (1939 to date).

If a case is used in legal argument, it is important to know how it has been treated in later cases. Sets indicating for each state and for the federal courts whether a case has been followed, distinguished, overruled, just mentioned in another decision, or discussed in learned writings, are published under the name of Shepard Citator.

Keeping up-to-date with the often rapid changes of the laws in particular fields is facilitated through loose-leaf services.

IV./V. PRIVATE LAW – COMMERCIAL LAW

Just as the distinction between public and private law, so is also that between private law and commercial law of no significance in American law except insofar as a legal scholar is occasionally inclined to refer to himself as a specialist in one field or another. If one speaks of commercial law he thinks of those aspects of the law which are of special interest to people engaged in commerce. In this sense, the term appears in the title of the Uniform Commercial Code. As used in the so-called Commerce Clause of the Constitution of the United States (art. I § 8 cl. 3), the word "commerce" has long been understood to mean transportation of persons, goods and messages. In recent times it has come to be used as equivalent, or nearly equivalent, to the term "commerce" as used in the French language.

Since most of the matters constituting the sphere of private law are determined by state law, no survey of particular rules or institutions could be possible without misleading over-generalization. Those features of common background which are derived from the Common Law of England are presented in this volume of the Encyclopedia in the United Kingdom report.

VI. STATE DIRECTION OF TRADE*

The United States is generally regarded to be a country of free enterprise. However, governmental regulation has come to be extensive. The principal issues are the protection of free competition against attempts to create monopolies and, especially since the inception of the New Deal in

* This part of the report has been written by Professor *Fred L. Morrison* of the Iowa State University.

the nineteen-thirties, the promotion of the interests of those groups of the population which would be disadvantaged under a system of completely unfettered freedom. The groups to benefit from governmental regulation have been: labor, agriculture, small business, investors, and, in most recent times, racial minorities and consumers.

The national government plays the pre-eminent role in the regulation of economic activity. The states retain a lesser role in the same field. The Commerce Clause of the United States Constitution art. I § 8 cl. 3 permits Congress to regulate interstate and foreign commerce. Modern interpretations include nearly all economic activity within this definition.[41] Congress may prohibit state regulation by express statutory provisions or by implication. State governments may regulate commerce, if the federal law is silent on the question of state legislation and if the state laws are consonant with the general purposes of the federal law. On subjects about which there is no federal law, a state may not insulate its local economy from the national economy.

National regulation of the economy covers four principal areas: anti-competitive practices (antitrust legislation), public utilities, certain products, and labor relations. In addition the national government exercises significant economic control through its monetary and fiscal policies.

The basic principle of traditional American economic thought is that competition is the best regulator of the market. Government involvement in economic matters and regulation of them has modified, but not displaced, this fundamental principle. Since 1890, antitrust legislation has aimed at maintaining the system of free competition through preventing private monopolies and cartels. The Sherman Act, as amended by the Clayton Act (15 U.S.C. § 1 – 27 (1964)), prohibits any "conspiracy in restraint of trade" (§ 1). Competitors violate the law if they agree to reduce competition, *e.g.*, by agreeing on minimum prices or by splitting a market. Any "attempt to monopolize" any portion of any industry is also prohibited by the statute (§ 2). Violators of the statute may be subject to both civil and criminal penalties. The Antitrust Division of the Justice Department is responsible for enforcement of the law. Private individuals and corporations may also bring civil suits. This legislation does not prohibit, but effectively restricts the possibilities for corporate mergers.

Public utilities, *i.e.*, enterprises which must be monopolies by their nature, such as railroads, power and telephone companies, are usually operated by private corporations in the United States. They are supervised by federal and state regulatory agencies which control their rates, services, and profits. A utility cannot change the level of its service or the rates which it charges unless the relevant commission approves. The most significant federal agencies are the Interstate Commerce Commission (surface transportation), Federal Communications Commission (radio, telephone, telegraph, television), Civil Aeronautics Board (air transportation), Federal Power Commission (electricity and gas) and the Federal Maritime Commission (ocean transportation). At the state level other agencies (usually called Public Utilities Commissions) regulate the rates and charges of local transportation companies and the local consumer rates of gas and electric companies. The statutes are varied and complex, but they generally require the commissions to allow the companies a "fair return" (normally six to eight per cent) on the capital invested, while the companies must provide certain public services within their areas of operation.

The Federal Trade Commission Act (15 U.S.C. § 41–47 (1964)) prohibits "unfair trade practices", such as the mislabeling of goods or publication of misleading advertisements. The Robinson-Patman Act (15 U.S.C. § 13 (1964)) prohibits "price discrimination", the practice of selling similar goods to different customers at different prices. Quantity discounts are, however, permissible. The Federal Trade Commission enforces both of these laws by issuing orders requiring violators to "cease and desist" from their illegal activity.

The Securities and Exchange Commission has responsibility for the prevention of fraud and misrepresentation in security transactions. Under the Securities Act of 1933 and the Securities Exchange Act of 1934 (15 U.S.C. § 77a–78hh (1964)) the Commission enforces an elaborate system of laws and regulations which require disclosure of corporate finances in annual reports and in the prospectuses for new issues of corporate securities. The Commission also regulates the major stock exchanges.

The Food and Drug Administration promulgates a broad list of standards, descriptive of the qualities required of goods. The Code of Federal Regulations Title 21 contains over 1500 pages of these descriptive standards, covering goods from

[41] See *National Labor Relations Board v. Jones & Laughlin Steel Corp.* (*supra* n. 16) and *Wickard v. Filburn*, 317 U.S. 111, 63 S.Ct. 82 (1942).

"asiago fresh cheese" to "yellow grits". Other agencies inspect and grade meat products and certain other foods.

There are two kinds of governmental regulation of labor. The United States Department of Labor administers laws dealing with minimum wages, maximum hours, factory safety, unemployment insurance, *etc.* Some small businesses are not subject to these federal laws, but must comply with state laws which are generally less stringent. The distinction between "local" and "interstate" business is determined by the federal law.

The National Labor Relations Act of 1935, as amended by the Labor Management Relations Act of 1947 (29 U.S.C. § 149–197 (1964)) guarantees workers the right to organize into unions and to bargain collectively with their employer. If a majority of the workers in a plant designate a single union as their bargaining agent, the employer must bargain with that union about the wages and conditions of employment for all of the employees in that plant. The law prohibits employer interference with the choice of a bargaining agent, discrimination against union members, and refusal to bargain collectively. The National Labor Relations Board (N.L.R.B.) certifies unions which have majority support and hears charges regarding violations of the act. The N.L.R.B. does not negotiate contracts, and it does not serve as a "labor court". Litigation concerning the interpretation and enforcement of labor contracts is within the jurisdiction of the ordinary courts or of grievance committees or arbitrators established by the particular labor agreement.

Modern legislation is designed to improve and protect employment opportunities for underprivileged Americans, especially members of minority racial groups. The Civil Rights Act of 1964 prohibits discrimination in employment based on race, color, religion, sex, or national origin (42 U.S.C. § 2000e – 2000e–15 (1964)). Many states have similar Fair Employment Practices Acts. In addition, the Federal Office of Economic Opportunity has a variety of programs providing education, job training, and employment opportunities to economically underprivileged persons (42 U.S.C. § 2701 – 2991e (1964)). The law also prohibits racial discrimination in public accommodations, like hotels, restaurants, or theaters, and in the sale of most houses (42 U.S.C. § 2000a – 2000a–6 (1964)). None of these laws has fully solved the basic socio-economic problems of the United States, but they are all a fundamental part of the national program of integration of minority groups (particularly Negroes, Mexican-Americans, and Indians) into the general community.

In addition to these direct forms of regulation, the government exercises indirect controls on the economy through the customs tariff and through its monetary and fiscal practices. The Federal Reserve Board operates the central banking system, a system of 10 regional Federal Reserve Banks. Through its control on rediscount rates and other money-lending practices, the Board significantly influences the level of economic activity. The government itself is also a major employer and purchaser. Its construction and procurement decisions have major impact upon the economy.

The government also provides significant incentives for certain kinds of businesses. The Small Business Administration assists in financing "small" businesses (retail stores with less than US $ 1 million in annual receipts or manufacturers with no more than 250 employees). A variety of direct and indirect supports assist the construction of housing. The Federal Housing Administration and the Veterans Administration guarantee mortgage loans for persons buying their own homes, thus encouraging home purchase and indirectly encouraging the construction industry. The Federal National Mortgage Association, another governmental agency, provides other loan assistance.

State and local governments may provide significant incentives to business through their Industrial Development Commissions. These authorities seek to attract new or expanding businesses to their geographic areas by providing factory buildings at low rents or by reducing property taxes for a limited period.

National regulation of the agricultural economy has two principal features: limitations on production and price supports. Under the farm programs, a farmer can plant only a limited amount of corn, cotton, wheat, rice, peanuts, tobacco, and a few other secondary commodities. In return for limited planting, the farmer receives a guaranteed minimum price for the crops which he does raise. Details of the program vary from year to year. A major change directing government policy toward encouraging increase of agricultural production is under consideration.

VII. INDUSTRIAL PROPERTY RIGHTS AND COPYRIGHT

1. In the fields of industrial property and copyright, *federal law* is of primary importance. But *state law* is also of significance with respect to the protection of trade names, trade marks, trade secrets, unfair competition and the protection of copyrights in unpublished works of literature and art. State law also determines the rights and duties of parties to contracts covering license, publication or performance.

The federal statute law is contained in the following titles of the United States Code: Title 15 (Commerce and Trade); Title 17 (Copyrights); Title 35 (Patents).

2. Treaties

On 1 Jan. 1967, the United States was a participant in the following multilateral conventions covering patents, copyrights and related matters:

Convention on Literary and Artistic Copyrights, signed at Mexico on 27 Jan. 1902[42].

Convention on Literary and Artistic Copyrights, signed at Buenos Aires on 11 Aug. 1910.[43]

Universal Copyright Convention, done at Geneva on 6 Sept. 1952.[44]

Convention for the Protection of Inventions, Patents, Designs and Industrial Models, signed at Buenos Aires on 20 Aug. 1910.[45]

Convention for the Protection of Trademarks, signed at Buenos Aires on 20 Aug. 1910.[46]

Convention for the Protection of Commercial, Industrial and Agricultural Trademarks and Commercial Names, signed at Santiago on 28 April 1923.[47]

General Inter-American Convention for Trademark and Commercial Protection, signed at Washington on 20 Feb. 1929. [48]

Convention of Union of Paris, of 20 March 1883, for the Protection of Industrial Property, as modified by the Additional Act signed at Brussels on 14 Dec. 1900, as revised at The Hague on 6 Nov. 1925, at London on 2 June 1934, at Lisbon on 31 Oct. 1958.[49]

Agreement for the Mutual Safeguarding of Secrecy of Inventions relating to Defense and for which Applications have been made, done at Paris on 21 Sept. 1960.[50]

VIII. PRINCIPLES OF JUDICIAL PROCEDURE

The Common Law character of American law is most conspicuously expressed in procedure. Proceedings, both civil and criminal, are characterized by features which originated in England and which do not exist in the same manner in other legal systems.

1. All *procedure*, both civil and criminal, is consistently of the *adversary* type. The judge is an umpire who sees to it that the evidence of the facts and the arguments of law are properly presented by the parties to him or to the jury. The conduct of the case is in the hands of the parties. The determination of how a case ought to be conducted is not a function of the judge. Witnesses are examined by the lawyers of the parties. The judge does not act unless a party objects to the evidence offered by the other party, such as the admissibility of a written instrument or of an exhibit, or the competency of a witness to testify or the admissibility of a question addressed to a witness.

2. The ancient distinction between *Law* and *Equity*, although it has lost much of its former significance, has not disappeared. The course of civil proceedings still depends upon whether the case is one *at law* or *in Equity*. In cases of the former kind either party has the right to demand trial by jury, in the latter that right does not exist. True to the Common Law pattern, procedure is widely regulated not, or not only, by statutes enacted by the legislature, but by rules of court formulated for all courts of a jurisdiction by its supreme court

[42] 35 Stat. 1934; TS 491; 2 Malloy 2058.
[43] 38 Stat. 1785; TS 593; 3 Redmond 2925.
[44] 6 UST 2731; TIAS 3324; 216 UNTS 132.
[45] 38 Stat. 1881; TS 595; 3 Redmond 2930; 155 LNTS 179.
[46] 39 Stat. 1675; TS 626; 3 Redmond 2935.
[47] 44 Stat. 2494; TS 751; 4 Trenwith 4681; 33 LNTS 47.
[48] 46 Stat. 2907; TS 833; 4 Trenwith 4768; 124 LNTS 357.
[49] 13 UST 1; TIAS 4931.
[50] 12 UST 43; TIAS 4672; 394 UNTS 3.

or, to some extent, by each court for itself. Under the federal structure, procedure differs from state to state, and procedural regulations of their own apply in the federal courts.

Reforms simplifying the classical Common Law pleading, were initiated by the New York Code of Civil Procedure of 1848. The resulting "code pleading" stimulated the English procedural reforms and those far reaching changes which, at first reluctantly, but later on more radically, were made in practically all American jurisdictions. Of particularly great influence was the reshaping of the procedure of the federal courts through the so-called Federal Rules (Rules of Civil Procedure for the United States District Courts, 28 U.S.C. Appendix).

3. For the *federal courts*, U.S. Const. amend. VII prescribes:

"In Suits at common law, where the value in controversy shall exceed twenty dollars, the right of trial by jury shall be preserved, and no fact tried by a jury, shall be otherwise re-examined in any Court of the United States, than according to the rules of the common law."

Similar provisions, applying to the *state courts*, are contained in the constitutions of all states except Louisiana.

In civil cases trial by jury is frequently waived by the parties. On the basis of official statistics from federal courts and from 16 states having more than half the national population it has been estimated by *Kenneth C. Davis*[51] that the ratio of non-jury trials to jury trials in courts of general jurisdiction may be in the neighborhood of five to one. In such lesser courts as municipal, police, traffic, and small claim courts, the proportion of non-jury trials is even much higher.

But the ever present possibility that a party may insist upon jury trial has decisively shaped essential features of American civil procedure.

In a trial by jury, the functions of the tribunal are divided between the *judge* and the *jury*. The judge presides. Questions of law, including those of procedure, are decided by him. Questions of fact, however, are decided by the jury. At the trial, the members of the jury, usually 12 in number, do not sit at the bench with the judge, but separate from him in the jury box. At the end of the trial the jury withdraws to the jury room, to which the judge has no access. In addition to issues of pure fact the jury also decides, within certain limits, whether the conduct of a party has been in conformity with such standards as that of the care applied by a reasonable man, or whether a testator was of sound mind and memory, or whether a contracting party had the insight necessary to understand the nature of the transaction, or whether or not a person had actual or constructive notice of certain facts, *etc.* The jury also fixes, again within certain limits, the amount of the damages that a person may have to pay because he committed a tort or a breach of contract. Juries are selected at random and so as to constitute cross-sections of the population.

Since individual jurors are not available indefinitely, a case at law cannot be tried piecemeal. The evidence on all relevant facts that are controversial between the parties must be presented in a consecutive trial. A jury may have to sit for days or weeks until a particular case has been fully tried, but once a jury has disbanded, it cannot be reassembled. The jury must also see or hear all the evidence upon which it is to base its verdict. It is therefore necessary that all witnesses are examined and all documents are exhibited at the one consecutive trial.

For the trial the case must be prepared so that the issues are clarified. The trial is thus preceded by *pleadings* which are aimed at the elaboration of the issues. Non-controversial matters may, with the judge's help, be eliminated in pre-trial conferences, a device which has come to be used with increasing frequency. Where the decision of a case depends merely on an issue of law, there may be a hearing, but there will not be trial. If it develops during the trial that there is no issue to be decided by the jury, the judge will direct the verdict or render judgment "the verdict notwithstanding" (*non obstante veredicto*).

In earlier centuries jurors were likely to be uneducated or even illiterate. Evidence that might be confusing or that would be suspect, or testimony that could not be tested by the cross-examination of the witness was therefore sought to be kept away from the jury. The Common Law thus developed an elaborate *law of evidence*, most of which is still applied even in the present age of general education.

As in England, in the United States, too, the ancient *distinction between Law and Equity* has lost much of its former significance. In all states, with the sole exception of Delaware, Mississippi, Tennessee, and Vermont, courts of Law and of Equity have been fused. But within the unified court, procedure in Equity still differs from that at

[51] 2 Administrative Law Treatise, 1965 Pocket Parts § 14.03.

Law simply because no right to jury trial exists in Equity. The chancellor, as the judge is called when sitting in Equity, may impanel a jury if he wishes to do so, but the verdict is merely advisory. The taking of the evidence may be referred by the chancellor to an examiner, commissioner, or master, who may preside over the examination of one witness one day and that of another another day. There is no need for a continuous trial.

Whether a case belongs to the field of Law or of Equity, is determined by history. If upon an alleged breach of contract the plaintiff claims money damages, the case will be tried at Law. If he sues for specific performance of the promise given by the defendant, or if the claim is for an injunction, *i.e.*, for a judicial order to refrain from certain conduct, the case belongs to Equity. Ordinarily, a breach of contract results only in a claim for damages. Specific performance can be obtained only in those exceptional cases in which money damages would be an insufficient remedy, for instance if the thing sold is a piece of land or a chattel of unique value, such as a work of art.

A judgment obtained at Law is regularly *enforced* by the seizure of the defendant's property, either through the sheriff, the United States marshall, or the court.

The asset "attached" is sold at public auction and the creditor is satisfied out of the proceeds. In appropriate cases the court may also appoint a receiver to pay the judgment creditor out of the rent or the proceeds of a piece of land, the royalties of a patent or some other object yielding income. A decree in Equity may be enforced in the same way. However, if a decree in Equity is not obeyed, the party in default may also be held to be in contempt of court and imprisoned so as to compel him to comply with the court's order. This mode of enforcement is of particular importance for decrees ordering a man or, in certain cases a woman, to pay support to a spouse, an ex-spouse or children.

4. Certain matters such as cases in admiralty or matters of divorce are handled in *special kinds of procedure* which are not entirely those of Law or Equity. Special kinds of procedure also apply in matters which are as such non-litigious and may induce litigation only on particular questions. Such matters as guardianship, probate of an instrument purporting to be the last will of a decedent, or administration of estates of decedents or of incompetents, may be carried on in a non-litigious way as "ex-parte proceedings." Even in those matters, however, the initiative to start and to carry on the proceedings generally rests with the interested party.

5. Access to a *supreme court, state* or *federal*, is a matter of right in exceptional cases only. Where review by the Supreme Court is available as a matter of right, the remedy is called appeal; where its admission rests in the discretion of the Supreme Court, it is called petition for *certiorari*. Appeal to the Supreme Court of the United States lies from the decision of a federal court of first instance holding an Act of Congress unconstitutional, in any civil proceeding to which the United States or any of its agencies or any officer or employee thereof, as such officer or employee, is a party (28 U.S.C. § 1252 (1964)), or from an order granting or denying, after notice and hearing, an interlocutory or permanent injunction in any civil proceeding required by any Act of Congress to be heard and determined by a district court of three judges (§ 1253). Cases in the U.S. courts of appeals may be reviewed by the Supreme Court on appeal by a party relying on a state statute held by a court of appeal to be invalid as repugnant to the Constitution, treaties or laws of the United States (§ 1254 (2)). Final decisions rendered by the highest court of a state in which a decision will be had, may be reviewed by the Supreme Court of the United States "by appeal, where is drawn in question the validity of a treaty or statute of the United States and the decision is against its validity"; or "where is drawn in question the validity of any statute of any state on the ground of its being repugnant to the Constitution, treaties or laws of the United States, and the decision is in favor of its validity" (§ 1257 (1) and (2)). In all other cases the Supreme Court determines in its own discretion whether or not it regards the matter as sufficiently important to deserve a hearing and a decision on the merits.

6. As a general rule, a court of review is concerned exclusively with *questions of law*. No new trial of the facts can be had before an appellate court. The questions of law brought before the appellate court to a large extent arise out of procedural rulings of the trial judge. Questions of substantive law may then appear in the guise of questions concerning the admissibility of evidence or the question of whether a certain point should have been decided by the judge or the jury. Foreign readers of American appellate court opinions should keep in mind that the purport and significance of the opinion cannot be properly understood without an exact knowledge of the procedural situation in which the case was brought before the higher court. A judicial opinion which seemingly decides a broad point of substantive law may upon scrutiny turn out to be concerned with a narrow point of procedure. Obversely, the decision of a seem-

ingly technical point of procedure may imply the settlement of a major point of substantive law.

The judge of a trial court does not necessarily have to state in writing the reasons for every one of his decisions. The jury does not state any reasons for its verdict. A written *opinion* of the judge will, as a general rule, not be provided unless the case involves a major question of law, substantive or procedural, or if the case has been appealed and the decision of the trial court would not be understandable by the appellate court without a written opinion.

In the higher courts, which always consist of three or more judges, the decision of the court is written and pronounced under the name of one of the members of the bench. Any other member of the court may state either his dissenting opinion or his separate concurring opinion. Such statements of individual views are frequent in courts of ultimate resort, especially in the Supreme Court of the United States. A dissenting opinion, especially one announced by a judge of high reputation, has frequently presaged a later change of the court's attitude.

7. Court fees are generally low. The *cost of litigation* may be considerable, however, especially if a case is appealed. Generally, the briefs must be submitted to the appellate court in printed form. In civil litigation, especially in personal injury cases, the plaintiff's attorney will frequently take the case upon a contingent fee. If the plaintiff wins, his lawyer is to obtain 30 to 50 per cent of the recovery. If the plaintiff loses, he may not have to pay his attorney anything. Indigent persons are entitled to proceed *in forma pauperis*. They do not have to pay court fees and, if necessary, a transcript of the trial record is to be furnished without cost. Legal advice and legal representation in court are made available to indigent persons through legal aid societies and since 1965 also through special offices of the Federal Government.

8. Compared with that of a Continental country the *personnel of the administration of justice* in the United States appears simultaneously to be more homogeneous and more heterogeneous.

The *various branches of the legal profession* do not constitute different professional groups or different careers. Any one who has passed the bar examination of a state and has been admitted to the Bar of that state is a member of that state's Bar, a lawyer, irrespective of whether he is active as an attorney, a judge, a prosecutor, a government lawyer, or a law teacher. He remains a member of the Bar even if he has come to engage in politics, in business or in some other activity unrelated to the law, and also after complete retirement from all professional activity. In order to become a judge, one has first to practice as an attorney, usually for an extensive period of time. Apart from the few states in which membership in an "integrated bar" is compulsory, the Bar does not constitute a formal organization. Once a person has been admitted to the Bar of a particular state, he may usually practice before all courts of that state. In order to be able to practice before the courts of another state, he must be formally admitted to that state's Bar, which usually requires the passing of that state's bar examination. Admission without a new examination, so-called admission upon motion, is possible for persons who have been engaged in legal practice in one state for a certain minimum period of years, provided reciprocity exists between the two states in question. In a few states, such as in Pennsylvania, admission is limited to a particular county. In order to be able to practice before federal courts, one must be specially admitted, but such admission is usually granted as a matter of course to any one who has been admitted to the Bar of a state. No special admission is necessary for the practice before the Supreme Court of the United States or before that of the supreme court of a state.

Unlike the legal profession of England, that of the United States is not divided into the branches of barrister and solicitor. One is simply a lawyer and if one is engaged in the private practice of the law, he is an attorney. That term is also applied to most of those lawyers who are engaged in legal business for the government of the United States, a state or a municipality. In actual fact, American lawyers tend to specialize, probably to a higher degree than anywhere else. Specialization follows not only lines of different subjects but also different stages of activity. One lawyer may be a specialist in the conduct of personal injury suits for plaintiffs, another in defending such suits for insurance companies. One lawyer may be a specialist in the art of cross-examination, another in the conduct of cases before appellate courts, or in the drafting of legal instruments of one or another character, or in the handling of tax matters, or in representing clients before some particular government agency, or in the conduct of international legal business, *etc.* In the big cities, such as New York, Chicago or San Francisco, a "law firm" may consist of 120 lawyers or more, all tending to be specialists through whose cooperation business corporations, labor unions, or other large scale clients are served in the conduct of their everyday business as well as in litigation.

Heterogeneity characterizes the American Bar with respect to *education and standing*. Legal education in the United States is not uniform. In a steadily increasing number of states it has become necessary for admission to the bar examination to have gone through a period of formal legal education at a law school. However, in 13 states it was still possible in 1966 to prepare oneself for the bar examination in that way which was customary a hundred years ago in all states, namely through a craftslike apprenticeship in a law office.

Even though this method of preparation for the legal profession has been abolished in most of the states, the proportion of members of the Bar who did go through this course of training is still considerable. Presently, however, it is the rule, and in most states it is necessary, to have attended a law school. While in the early days no formal educational requirements existed for the apprenticeship training and the subsequent admission to the Bar, one can now enter hardly any law school without first having spent at least two or three years in a college, and in order to be admitted to any one of the top law schools it is necessary first to have obtained a bachelor's degree from a college, which requires a minimum attendance of four years. Admission to a college in turn requires first having gone through elementary school and high school for usually twelve years.

While attendance at a law school has become the rule, type and quality of law schools vary. Some 350 law schools presently exist in the United States. Of these *at least one-half* is still of the older type which, developing out of training institutions conducted for profit, has no connection with a university. Few of them, if any, still are enterprises for profit. They now tend to be autonomous institutions organized as "corporations not for profit." Classes are usually conducted in the late afternoon or evening so as to render attendance possible for people who during the day time are engaged in a gainful activity such as those of government clerk, bookkeeper, waiter, structural steel worker, taxi driver or teacher. The period of study usually extends over four years, but more than half of those entering drop out before reaching the end of the road. Of the instructors a few may be full time teachers of law; the majority tends to consist of members of the Bar who are anxious to round out their income by part-time teaching. Instruction tends to concentrate on preparation for the local bar examination.

Evening classes are conducted also by a sizable proportion of those roughly 120 law schools which are connected with universities, state or endowed. The university law schools can be placed on a scale of different character and quality. Some are not much different from the non-university law schools. On the other end of the scale is a top group of high scholarly character. The number of the law schools of true university caliber has been increasing.

In fact, the quality of legal education has been improving in all types of law schools, including those not connected with universities. Law teachers tend to be more and more on full-time employment, law school libraries are increasing in size and quality, and instruction tends to be less factual-informational and to emphasize methodological training and the understanding of the problems of society and their treatment by means of the law.

In order to be admitted to membership in the Association of American Law Schools, a law school must face up to standards which have become stricter continuously. Through increases in salary and social prestige positions on the faculties of law schools, especially of university-connected schools, have become attractive to graduates of the top law schools, which have thus been able to spread their spirit and methods. The period of full-time law study at a day school is almost universally three years. Instruction is generally carried on in the so-called case method. For each major field of law instructive judicial opinions are collected in a "case book." The student is expected in advance of each class hour to read the cases indicated so as to be able intelligently to discuss them in class. According to the inclinations of the individual teacher, the discussion of cases may or may not be supplemented with occasional lectures systematically covering certain parts of a field. Modern casebooks usually contain, in addition to cases, notes of the author and extensive references to learned writing. By its nature the case method provides an intensive methodological training rather than information about rules of law or systematic surveys of major fields. At the end of each course, that means by the end of each semester, or in certain schools of each quarter, examinations in writing must be passed. The curriculum of the first year is usually prescribed for all students by the faculty in question. The second and third year students are usually allowed to select their courses from among a generous number of offerings of courses and seminars.

The normal load of a law student is about 15 class hours a week. Since each class hour requires extensive preparation as well as reviewing, the student's time is well occupied and the course of studies tends to be intensive, especially since future career chances to a large extend depend on the grade with which a student graduates. Upon graduation the student is granted its university's degree which in most places is that of Bachelor of Law (LL.B), but in some universities is called Doctor of Law (LL.D). If, as most law school graduates do, he wishes to be admitted to the Bar of a particular state, one has pass that state's bar examination as well as a scrutiny of character.

The diversity of the legal education is reflected in the composition of the Bar, whose strata differ widely in training, income and social standing. The top class, mostly graduates of the leading university law schools, is found in the big law firms of the metropolitan centers. The lower group tends to have its field of activity in criminal law and in the affairs of small people. Frequently practicing alone in lower or lower middle class neighborhoods, many of these lawyers have to live on modest amounts of income and without high social prestige. They are inclined to cultivate political relations with local politicians which can help them to be elected to judicial positions in magistrates courts. Of some members of the bottom layer it is rumored that they have connections with the underworld.

The broad middle group, mostly educated in good university law schools, tends to attend to the legal needs of the vast mass of middle-sized business firms, of farmers and the great American middle class. Many of these are men of broad cultural and political interests. Lawyers of this group tend to be active in philanthropic and civic affairs and in bar associations, where they are likely to hold influential positions. They also constitute the reserves from which the judges of the higher state courts and of the federal courts are drawn.

All federal judges are appointed for life terms by the President. Since he needs the consent of the Senate, an important role is played by recommendations of the local senator. An appointee is thus likely to combine high professional standing with an active interest in public affairs.

A class by itself is constituted by the nine justices of the Supreme Court of the United States. Appointments to these powerful positions are matters of public concern. In presenting a candidate to the Senate Committee on the Judiciary, the President will carefully consider professional standing and reputation as well as antecedents indicating the candidate's position on basic public issues. Distribution over the various regions of the country is also likely to be considered as well as diversity of professional background. At least one member of the Court is likely to be a former law professor. Others may have been senators or holders of high office in the federal government such as attorney-general or solicitor-general. Promotion from lower levels of the federal judiciary has hardly ever occurred, however.

In the states judicial office is largely elective. But the methods of judicial election vary widely. Election by the people from slates presented by the political parties, which was common in the past, no longer predominates. In some states popular election of the judges is non-political in the sense that these elections are separated from elections for political offices and that the candidates are not presented by the political parties. In some states the judges are elected by the legislature, in others they are appointed by the governor. Even in states nominally adhering to the system of judicial election by the people, the governor may play the decisive role. He appoints the new judge as soon as a vacancy occurs on the bench. The time of election may be months or years later and at that time the appointee is almost certain to be elected.

In recent times the so-called Missouri Plan has found growing favor. A limited number of candidates, usually three, is presented for appointment to the governor by a committee consisting of leading members of the Bar. At intervals of several years the judge appointed from the list must present himself to the electorate, *i.e.*, the people, for confirmation. Disapproval by the electorate is, of course, rare, but occurs where a judge has attracted widespread criticism by the press or the Bar. Opinions of the Bar are also likely to influence the choices to be made by presenting committees, governors, legislatures or the electorate. In big cities, where the candidates are rarely known to the public, their qualifications tend to be scrutinized and explained to the public by the press, bar associations and, above all, by such civic organizations as the League of Women Voters, the churches and the labor unions. In spite of mounting criticism, the elective system, which is deeply rooted in American traditions, is more likely to be modified than to be abandoned.

IX. PRIVATE INTERNATIONAL LAW AND INTERNATIONAL LAW OF CIVIL PROCEDURE

1. General Observations

Relations of economic, social and family life constantly extend over those lines which separate the 56 autonomous jurisdictions existing in the United States. Problems of choice of law, jurisdiction of courts and effects to be ascribed to foreign judgments are thus more frequent in the United States than, it seems, anywhere else. American life flows across state lines and also crosses international boundaries with an ease that appears astonishing if one considers the complexity of the techniques that are supposed to be applied by the courts. As it appears in decisions of appellate courts and in learned writing the law of conflict of laws is one of the least settled fields of American law. Every one of its three major branches is in a state of flux.

The three branches are: the law of judicial jurisdiction; the law covering the effects of foreign judgments; and the law of choice of law.

In all of these branches the law of conflict of laws is state law insofar as it deals with matters belonging to the sphere of the states. It is federal law only insofar as the law of conflict of laws is concerned with matters of federal substantive law, such as admiralty, patents or copyright. However, the states' freedom to fashion their own laws of conflict of laws is limited by the Constitution of the United States as interpreted by the Supreme Court of the United States. By the Constitution of the United States, the states are also obliged, within certain limits, to give effect and to enforce judgments rendered by courts of sister states. The clause of U.S. Const. art. IV § 1, which requires each state to give full faith and credit "to the public Acts, Records and judicial Proceedings of every other state", does not limit the states' freedom of determining the effect they wish to give to decisions rendered by the courts of foreign nations. Generally, however, in all three branches of the law of conflict of laws little distinction is made between cases involving sister states of the United States and cases involving a foreign nation.

2. Jurisdiction

In American parlance the word "jurisdiction" has a variety of meanings. In the context of the law of conflict of laws jurisdiction is equivalent to what in German is termed *Internationale Zuständigkeit*. It refers to a state as a whole. To say that Illinois has jurisdiction means that, first, under its own law the courts of Illinois are empowered to deal with a particular case and, second, that under their respective laws other states will regard the judgment of an Illinois court as effective and enforceable. The term also appears, however, in the framework of that legal system which is higher than that of the states, *i.e.* that of the United States. Under that system Illinois has jurisdiction if under the Constitution of the United States its courts are allowed to go into action and all other states are bound to respect and enforce the Illinois judgment. The limitations of state jurisdiction have been elaborated by the Supreme Court of the United States under that clause of amend. XIV § 1, which forbids all states to "deprive any person of life, liberty, or property, without due process of law." If the court of a state would render a judgment against a person without giving him a fair opportunity to be heard, it would deprive that person of his life, liberty or property without due process of law. The Supreme Court of the United States insists that all reasonable efforts are made to notify a defendant that a complaint has been filed against him, and also that the action not be brought in a state in which it would be an unfair imposition upon the defendant to require him to appear, present evidence or otherwise to defend himself. Building upon Common Law traditions, the Supreme Court of the United States has worked out a set of principles by which the states must abide and which, in fact, have come generally to constitute the states' own rules on jurisdiction.

The rules that have been elaborated are different in proceedings *in personam* and proceedings *in rem*. In proceedings of the former kind the court is asked to order the defendant to pay a sum of money, to do a certain act or to refrain from doing it. A proceeding *in rem* directly affects the title to a piece of land or the court by its own action effects a change in the legal relationship of the parties, as for instance, by a decree of divorce.

In a proceeding *in personam* the court always has jurisdiction to render judgment when the defendant has consented to the jurisdiction either by agreement made in advance or by entering an appearance. Following ancient Common Law tradition jurisdiction is obtained in that state in which the summons has been served upon the defendant personally, even though at the time of such service he may have been in the state only temporarily, for instance to change planes in an airport. Jurisdiction furthermore belongs to that state in which the defendant has his residence. On the basis of the decision of the Supreme Court of the United States rendered in 1945 in the case of *International Shoe Company v. State of Washington*,[52] the proceeding may also be brought in that state in which the defendant has engaged in that activity out of which the claim is alleged to have arisen. Most states have made use of this new extension of jurisdiction by enacting so-called long-arm

[52] 326 U.S. 310, 66 S.Ct. 154 (1945).

statutes. The exact length to which the states may go has not yet been determined with full clarity.

If the defendant is a corporation, action may be brought in the state in which it is incorporated as well as in every state in which "it is doing business." This concept is broad. If, for instance, an airplane accident has happened in New York, the airline may be sued in every state in which it maintains a passenger or freight agency of its own, which means, in the case of the major air lines, in every state of the country. The line of cases on which this rule rests has been elaborated in consciousness of the fact that, by suing in a remote state, the individual victim of an accident may be able to balance the advantage which a large corporation can enjoy through using its resources for organizing its defence. Abuses of the privilege by suing in a state unconnected with the parties and the facts can be cut off by the court's closing its doors by declaring itself to be a *forum non conveniens*.

An action *quasi in rem* may be brought in the *forum arresti*. The plaintiff commences the proceedings by attaching property owned by the defendant. He may then enforce his judgment out of the property attached, but not against any other assets of the defendant.

Proceedings directly concerning the title to a piece of land must be brought exclusively in the *forum rei sitae*. A suit for divorce must be brought in the state in which either the plaintiff or the defendant is domiciled. The concept of domicile, as used in this connection, has been freed of technicalities. It is simply the state where the individual in question has established himself or herself with the intention of remaining there for a purpose which is not limited in time.

3. Foreign Judgments

In order to have F_2, an American state, *recognize the res judicata effects* of a judgment obtained in F_1, another American state, it is not necessary to go in F_2 through any proceedings of *exequatur*. The F_1 judgment is simply pleaded in the F_2 proceedings and effect will be given to it if the requirements for its recognition are satisfied. But if the judgment creditor wishes to *enforce* the F_1 judgment in state F_2, he must commence in F_2 an *actio iudicati*. The merits of the F_1 judgments will not be drawn into question. Unless the defendant alleges facts apt to stand in the way of recognition of the foreign judgment, the proceedings in F_2 can be speedy and inexpensive. Following the model of the British Commonwealth, an even more simple procedure has been established as to judgments of federal courts for the recovery of money or property. Such a judgement obtained in any district may be made enforceable in every other district by registration in the latter (28 U.S.C. § 1963 (1964)). A uniform state law providing the same form of simplified proceedings for the mutual enforcement of judgments of state courts was, on 15 Nov. 1965, in effect in Arkansas, Illinois, Missouri, Nebraska, Pennsylvania, Washington, Wisconsin and Wyoming.

The defenses which are generally held to be the only ones available against the recognition of a foreign judgment are: lack of jurisdiction of state F_1 and fraud committed by the judgment creditor in the course of the F_1 proceedings. If F_1 is a sister state its judgment must under the full faith and credit clause be recognized and enforced in every other state of the United States. Under the traditional view this cooperation applied only to judgments for a sum certain of money and final in the courts of F_1. But there is developing a new state practice which dispenses with these additional requirements. This new trend is of particular importance for the enforcement of decrees of family support. Upon the basis of a support decree rendered in F_1 a corresponding decree will be rendered in F_2, where it is then enforceable by imprisonment for contempt of court. Such a new decree is now likely to be rendered even though the decree of F_1 is not final and may be modified there because of changed circumstances.

The pursuit of claims for family support has also been facilitated through the adoption in 49 states, the District of Columbia and Puerto Rico of the Uniform Reciprocal Enforcement of Support Act (9 C Uniform Laws Annotated 1). New York and the Virgin Islands have statutes sufficiently similar to establish reciprocity. Under the scheme of these statutes a person claiming family support may initiate proceedings in his own state, where the court will then forward the case to the proper court in the state in which the defendant resides. The procedure is similar to that provided for international cases in the New York Convention on The Recovery Abroad of Maintenance of 20 June 1956 (266 UNTS 32). To this Convention the United States is not a party.

A marriage will be regarded as terminated by a foreign decree of divorce if one of the parties was a resident of F_1 at the time the proceedings were commenced there. Whether or not such residence truly existed may be scrutinized by any state in which the effectiveness of the divorce is drawn into question. However, if F_1 was a sister state and the defendant has in some way participated in the proceedings, both parties are estopped from subsequently questioning the jurisdiction of F_1. The estoppel even extends to third parties when under

F_1 law the decree is effective against them.

These rules, elaborated by the Supreme Court of the United States, enable residents of states of strict laws of divorce to obtain divorces in a state of easy divorce law, such as Nevada. If the plaintiff has, as required by Nevada law, actually been present in Nevada for six weeks and if the defendant has in the Nevada proceedings entered an appearance through a Nevada attorney, the Nevada decree of divorce must be recognized in every other state of the United States, even if the plaintiff never had the intention to remain in Nevada one day longer than necessary to obtain the divorce. But if the defendant did not cooperate, the state of actual residence or any other state may, if it wishes to do so, allow the defendant to prove that the Nevada court's finding as to the plaintiff's residence was incorrect and, if such proof is made, refuse to recognize the Nevada divorce. Even if the plaintiff actually was a resident of F_1, or if the F_1 finding of plaintiff's residence is not upset, the F_1 decree is effective only insofar as it acts *in rem*, *i.e.*, insofar as it terminates the marriage. But it has no effect with respect to alimony or other *in personam* issues, unless F_1 had *in personam* jurisdiction over the defendant, which is not the case if the defendant has neither participated in the F_1 proceedings, nor been personally served with process in F_1, nor is actually a resident of F_1.

While the full faith and credit clause of the Constitution of the United States does not apply to judgments rendered by courts of a foreign nation, American courts are generally willing to recognize and to enforce such judgments more or less under the same circumstances as judgments from sister states. But in contrast to the latter, recognition or enforcement may be denied when the court of F_2 holds that the public policy of its own state might thereby be violated. The one-time suggestion that reciprocity ought to exist between F_1 and the foreign country in question has not found approval. But American courts are still reluctant to enforce foreign country decrees of family support or judgments other than those for money. Foreign country decrees of divorce are usually recognized in the same way as those of sister states, but not all states are willing to recognize Mexican or other migratory divorces of their own residents.

4. Choice of Law

In matters of choice of law the Supreme Court of the United States has been reluctant to limit the states' power to have their own legal rules. Its interferences in the field have been sporadic. No more can be said with certainty than that, apart from certain special topics of narrow scope, any state is free to decide a problem under any law that has some reasonable connection with the case. Only where the forum's connection with the case is so fortuitous that the application of its law was completely unforeseeable to the parties at the time they entered upon their transaction can the Supreme Court of the United States be expected to hold that the application of the forum's own substantive law deprives the losing party of his property without due process of law. Potentially the states' laws of choice of law might be considerably diverse. In fact they are all but variations upon a common theme, variations made by courts and, occasionally, by statute. However, a measure of unpredictability has been created by methodological uncertainties. Under the influence of *Story* cases involving interstate or international transactions or events were regarded as calling for the enforcement of foreign created rights rather than calling for a choice between rules of different laws. The basic question thus was that of determining where a particular right was created. Taking it for granted that it was generally up to the sovereign of a territory to decide whether or not a right shall arise out of an event occurring within the territory, one generally looked to the place where there had happened the last event necessary to let arise the right in question. In contract cases one was inclined to look to the law of the place where the acceptance was mailed, in tort cases to the law of the place where the impact had occurred, *etc.* By the principal draftsman of the Restatement of the Law of Conflict of Laws, published in 1934, *Joseph H. Beale*, this territoriality-vested rights theory was developed into a complete and consistent system. This system was attacked upon theoretical grounds as well as because of the impracticality of its results. *Beale*'s Restatement has come to be so thoroughly discredited that the formulation of an entirely new Restatement of Conflicts Law was initiated by the American Law Institute. The work on the Restatement Second was begun in 1953. Its completion was delayed by theoretical controversies and a feeling that the courts' groping efforts to reshape the field do not yet led themselves to the clear-cut articulation of a Restatement. The destruction of the vested rights-territoriatily theory has given the courts a sense of greater freedom. They are using it to soften and modify the rules which they have applied traditionally, paying heed to practical needs more than to learned theories. For the determination of rights in land, including those resulting from *régime matrimonial* and succession upon death, the *lex rei sitae* has remained decisive. Succession to movables continues to be determined by the law of the jurisdiction of which the decedent was a resident at the time of his death. Rights of movable matrimonial property are, at least on general principle, determined for each asset under the law of the place where the spouses resided at the time of its acquisition. In contract cases the courts continue in the first line to look to that law which was agreed upon by the parties, even though at times the formulas used by the courts reflect the theoretical doubts that have been expressed by some writers and refuted by others. In contract cases without a *stipulatio juris* the courts tend to abandon the mechanical approach which subjected problems concerning the conclusion of the contract to the *lex loci contractus* and problems concerning performance to the *lex loci solutionis*. They are now more inclined to look to the law of that place with which the contract has the most significant contact. In tort cases, too, the rule of *lex loci delicti* is no longer applied invariably. If an accident happens to the passenger or lessee of an automobile, or to the passenger of an airplane, a railroad train or a vessel, the courts increasingly incline to pay attention to the law of the place where the relationship was entered into or to the law of the place of which both parties are residents. American courts thus come to reach results corresponding to those reached by those European courts by which relations between carriers and passengers are characterized as belonging to the field of contract. Niceties like renvoi, characterization or preliminary question are discussed in scholarly writing, but rarely bother the practice of the courts. As of old, no problems of choice of law arise at all in proceedings for divorce, or adoption, or in applications for damages in cases of Workmen's Compensation. In such cases no court uses any law other than that of its own state. The court will inquire whether or not its state has jurisdiction to handle the case. Once it has answered that question affirmatively, the application of the substantive law of its own state follows automatically. Apart from the proceedings just mentioned, the courts are open to decisions under foreign law, but in the United States as elsewhere, there is a preference for the local law. Even though a case may have foreign contacts, the attorneys may be reluctant to open up the Pandora box of conflicts law. Besides, the ascertainment of the contents of a foreign legal system is troublesome and time consuming. Courts are reluctant *ex officio* to investigate even the law of a sister state, even though statutes widely authorize them to do so. In admitting experts to prove a foreign law, American courts are not quite so strict as those of England.

In all its branches, especially in that of choice of law, a pioneer spirit has come to permeate theoretical writing and judicial practice. Traditions are being broken, experiments are undertaken, and ideas, novel or believed to be novel, are propounded, opposed and tested. The practical results appear mostly sound even though some of the new theories are questionable.

5. Treaties

In matters of conflict of laws the United States adheres to fewer treaties than most other major nations. Since matters of private law predominantly belong to the sphere of state law, the United States has been reluctant to conclude treaties which might be regarded as encroachments on the sovereignty of the states and the constitutionality of which may not always be certain. Only with respect to those matters which by the Constitution of the United States are assigned to legislation by the federal government, have treaties been concluded without hesitation. But matters of state regulation have not been left entirely untouched. Provisions concerning succession on death are contained in numerous treaties of commerce and friendship, as are also guarantees of free access to courts or permission to consuls to examine witnesses, establish public documents or perform other acts of public authority.

X. SELECTIVE BIBLIOGRAPHY

1. *General observations.* – American law is complex. The methods of American legal thinking differ from those of other countries. On hardly any problem can "the law" be ascertained without intensive study of the cases, which are not always easy to understand.

2. The following works will help to introduce foreign readers to the law of the United States:

a. *Works by foreign authors: David,* Les grands systèmes de droit contemporains (ed. 4 Paris 1971); *idem,* Major Legal Systems in the World Today (*Brierley,* transl., London 1968); German version: *idem* (-*Grasman*), Einführung in die grossen Rechtssysteme der Gegenwart (Munich, Berlin 1966); *Zweigert and Kötz,* Einführung in die Rechtsvergleichung auf dem Gebiet des Privatrechts I (Tübingen 1969–1971) 291–311; *Tunc, A.,* Le droit des Etats-Unis d'Amérique (Paris 1964); *Tunc, A. and S.,* Le système constitutionnel des Etats-Unis d'Amérique (2 vol.) (Paris 1954); *idem,* Le droit des Etats-Unis d'Amérique. Sources et techniques (Paris 1955); *idem,* El Derecho de los Estados Unidos de América (*Elola,* transl., Mexico 1957); *Eckhoff,* Rettsvesen og Rettsvetenskap i USA (Oslo 1953); *Atkinson,* Vereinigte Staaten von Amerika: Rechtsvergleichendes Handwörterbuch I (Berlin 1929) 672–709; *Blumenwitz,* Einführung in das anglo-amerikanische Recht (Munich 1971).

b. *Works by American authors: Farnsworth,* Introduction to the Legal System of the United States (1963); *Chommie* (ed.), El Derecho de los Estados Unidos (3 vol.) (1963); *Berman* (ed.), Talks on American Law (1961); *Kinnane,* A First Book on Anglo-American Law (ed. 2, 1952); *Stone, F. F.,* Institutions fondamentales du droit des Etats-Unis (Paris 1965); *Fulda,* Einführung in das Recht der USA (Baden-Baden 1966); *Löwenstein,* Verfassungsrecht und Verfassungspraxis der Vereinigten Staaten (Berlin, Göttingen 1959); *Llewellyn,* Präjudizienrecht und Rechtsprechung in Amerika (Leipzig 1933); *Parker,* Das Privatrecht der Vereinigten Staaten von Amerika (Wien 1960); *idem,* Das öffentliche Recht, Verfassungsrecht und allgemeines Verwaltungsrecht der Vereinigten Staaten von Amerika (Wien 1963); *Sereni,* Studi di diritto comparato: Diritto degli Stati Uniti (Milano 1956); *Pascal,* Corso di diritto statunitense (Città di Castello 1953); *Rheinstein,* Common Law – Equity: *Giuffrè* (ed.), Enciclopedia del Diritto VII (Milan 1960) 914–972 (in Italian); *Pound,* Common Law: Encyclopaedia of the Social Sciences IV (New York 1937) 50–56.

The following American books may also serve as useful introductory reading:

Fryer and Orentlicher, Legal Method, Legal Systems (1967); *Mayers, L.,* The American Legal System. The Administration of Justice in the United States by Judicial, Administrative, Military and Arbitral Tribunals (1955); *Millar,* Civil Procedure of the Trial Court in Historical Perspective (1952); *Mayer, M.,* The Lawyers (New York, Evanston, Ill. and London 1967); *Blaustein and Porter,* The American Lawyer. A Summary of the Survey of the Legal Profession (1954); *Kalven, H. jr. and Zeisel,* The American Jury (1966); *Honnold* (ed.), The Life of the Law (London 1964).

3. The volume of *sources and texts* about American law is enormous. No list of even the leading collections and treatises can be compressed into the space allotted here. Fortunately, a bibliography of books specially suited for foreign law libraries has been combined with useful suggestions and brief descriptive notes in a book sponsored by the International Association of Law Libraries written by

Andrews, Charpentier, Marke and Stern, The Law of the United States of America. A Selective Bibliographical Guide (1965). The book contains a description of primary and allied materials, *i.e.,* collections of statutes and cases; a list of leading texts and periodicals, a chapter on reference materials, and a selective list of law book publishers.

Writings on American law in languages other than English are listed in

Coing, M., Bibliographie des études publiées sur le droit des Etas-Unis en des langues autres que l'anglaise (Paris 1967).

(Completed in April 1973)

Upper Volta

Roger Decottignies *
Seydou Madani Sy **

During the colonial period Upper Volta (*République de Haute-Volta*) was part of French West Africa. The Basic Law (*loi-cadre*) of 23 June 1956 created a Council of Government which was entrusted with the administration of the territory. After the referendum of 11 Dec. 1958 Upper Volta became a member state of the Community; and after that on 5 Aug. 1960 it became a sovereign and independent Republic. The Constitution (Const.) of 30 Nov. 1960 (JO *spécial* 3 Dec. 1960) laid down a presidential style of government, and it replaced the earlier Constitution of 25 Feb. 1959. From 1966 to 1971 the Constitution of 1960 was suspended by virtue of Regulation (*ordonnance*) no. 1 of 5 Jan. 1966 (JO 6 Jan. 1966). A new Constitution of the parliamentary type has been enacted by Presidential Decree of 29 June 1970 (JO 17 Feb. 1971).

The Republic of Upper Volta is a unitary state and its official language is French.

I. CONSTITUTIONAL SYSTEM

1. Nationality

The Law of 1 Dec. 1961 (JO 23 Dec. 1961) promulgated the Code of Nationality which is based with some variations on French law. The *acquisition* of nationality is determined according to rules deriving from a combination of both *jus sanguinis* and *jus soli*; but the law does not draw any distinction between legitimate and illegitimate descent and Voltaic nationality is conferred on any child born in Upper Volta who cannot claim any other nationality of origin. Marriage has the same effect on the wife's nationality as it does in French law. Nationality may be acquired by naturalisation or else, in cases where it has already been forfeited, by reinstatement. Naturalisation is subject to certain conditions; a five year period of residence in the country and a medical check, and furthermore the person to be naturalised must have been fully assimilated into the country's life. The naturalised citizen is temporarily not fully on a par with a born citizen.

The *loss* of a citizen's nationality may come about if he acquires either voluntarily or *ex officio* a foreign nationality or else if he behaves like the citizen of a foreign state or by his employment in a foreign public service. Furthermore if a person possesses by birth another nationality which has not been lost by the age of majority then he will lose his Voltaic nationality. Nationality may be pronounced forfeited on the occurrence of certain facts (set out by the law) within 10 years of its acquisition.

2. Territorial Division

Upper Volta is divided into four departments, the departments into circles (*cercles*), subdivisions (*subdivisions*) administrative posts (*postes administratifs*), rural units (*collectivités rurales*), local communities (*communes*) and villages.

3. State Organs

The President of the Republic is the Head of State. He is guardian of the Constitution and ensures the smooth functioning of the public powers and the continuity of the state. He is the protector of national independence, of the territorial integrity of the Republic and of the due observance of treaties, conventions and other international agreements (Const. of 29 June 1970, art. 24).

a. The *President* is elected for a five-year term by direct universal suffrage. He may exceptionally preside over the Council of Ministers, if he deems this necessary. At the instance of the Government or the National Assembly he may submit to popular referendum every project which appears to him to warrant an appeal to public opinion. The President appoints and discharges the Prime

* Professor at the Faculty of Law, University of Grenoble (France).

** Professor at the Faculty of Law, University of Dakar (Senegal).

Minister and the other ministers. He can dissolve the National Assembly. In times of grave crisis he may, after deliberation in the cabinet and consultation of the Presidents of the National Assembly and the Supreme Court, assume exceptional powers. The President signs regulations and decrees.

b. The *Government* consisting of a Prime Minister, ministers and state secretaries, is elected by the National Assembly on the proposal of the President (Const. art. 58). The Prime Minister fixes the broad trends of action and conducts state policy for which he is responsible. He presides over the Council of Ministers, directs the work of the Government and accounts to the President. The Prime Minister sees to the execution of the laws, and exercises the power to enact regulations.

c. The *National Assembly* is made up of 57 deputies who are selected for a five-year term by direct universal suffrage. It meets for two ordinary annual sessions and may hold extra-ordinary sessions. The National Assembly enacts laws in matters empowered by the Constitution and votes the budget. The deputies, concurrently with the Prime Minister, have the right to submit legislative bills. The National Assembly controls the activities of the Government and may present a motion of censure. The Prime Minister may, after deliberation in cabinet, ask for a vote of confidence for his program or for a declaration of general policy.

d. On the *local level* public powers are represented in the different administrative areas (*circonscriptions*) by the Prefect, the Sub-Prefect, the Head of sub-division or of the administrative post and by the Village Headman. The Prefect is the representative of the executive power in the department and he is responsible for carrying out the decisions of the Department Council. He is responsible to the government for the administration in his area and sees that laws and regulations (*lois et règlements*) are enforced. The Sub-Prefect is the officer responsible for administering a circle and he acts under the authority of the Prefect. It is his duty to observe all laws and regulations (*lois et décrets*) and to obey instructions issued by the government. He is helped in his responsibilities by the Heads of the sub-divisions and of the administrative posts and by the Village Headmen. The Prefect and the Sub-Prefect are appointed and dismissed by decree (*décret*). Rural units (*collectivités*) were reorganised by Law of 3 Oct. 1964 (JO 5 Nov. 1964), supplemented by Law of 28 July 1965 (JO 12 Aug. 1965). Finally, there are six local communities (*communes*) enjoying full rights and these are administered by a Municipal Council and a Mayor.

e. Upper Volta has an *Inspectorate General of Administrative Affairs* which carries out administrative enquiries and which keeps a check on the activities of public services and establishments (Regulation (*décret*) no. 141 of 22 April 1966, not published in the JO).

4. The Judiciary

The judicial authorities are organised so as to be separate from the legislative and executive powers; but the Public Prosecutor's Office represents the interests of the state in the principal courts.

a. The *judicial apparatus* was re-organised by Law of 10 May 1963 (JO 25 May 1963). However the system of customary courts was preserved on a transitional basis, and it was completed by instituting a Chamber of Annulment (*chambre d'annulation*) (Law of 12 July 1960, JO 9 July 1960). The Law of 10 May 1963 set up a Supreme Court.

The customary courts and the courts of first and second degree are responsible for hearing at first instance cases involving local law. The Justices of the Peace are competent to try petty offences (*contraventions*) and also those civil and commercial cases involving modern law over which they have been given jurisdiction. The full Tribunals of First Instance and the divisions of the tribunals (*sections de tribunal à effectif réduit*) sitting with a smaller bench have jurisdiction in matters arising under law of general application in both civil and commercial matters; in actions where no substantial sum is in issue, there is no right of appeal to a higher court. They also try offences (*délits correctionnels*). The Labour Courts have jurisdiction over individual labour disputes.

The Customary Appeal Court hears appeals from the decisions of the customary courts. The Court of Appeal at Ouagadougou hears appeals from judgments given at first instance in both civil and commercial matters and in offences as well. The court of Assizes is made up of judges (*magistrats*) and of jurors and has criminal jurisdiction.

The Chamber of Annulment has the duty of examining the legality of customary law decisions. The Supreme Courts consists of four chambers. The Constitutional Chamber settles conflicts of jurisdiction arising between the executive and the legislative powers in the state; it pronounces on the constitutional legality of laws and of international agreements; and it has jurisdiction over the referendum procedures and the election of the President of the Republic. The Judicial Chamber is the final court of appeal in modern law matters having power to reverse or amend judgments from lower courts. The Administrative Chamber is the court applying in the first instance law of general application dealing with contentious administrative matters. The Chamber of Account has jurisdiction over the state accounts and those of local units (*collectivités locales*), public establishments and any institution holding public funds.

b. In *criminal matters* the public interest is represented by the Public Prosecutor's Office who appears before Tribunals of First Instance through the Public Prosecutor and in the Court of Appeal through the Attorney General. Furthermore there is a Public Prosecutor's Office attached to the Supreme Court. In The Tribunals of First Instance the functions of the examining magistrate are separated from the public prosecution. In the tribunal divisions, however, the judge who presides over the division is responsible for judicial investigation.

II./III. SOURCES OF LAW AND EVOLUTION OF PRIVATE LAW

International sources of law originate in treaties, conventions and agreements concluded and ratified in accordance with the Constitution art. 53 to 56. Internal sources, apart from the Constitution which lays down the organisation of the various public authorities, may be divided into two categories according to whether they contribute to modern or traditional law.

1. *Modern law* is created by the enactment of legislative provisions, and the statutory material promulgated in this way is of a pretty varied character. Many of the enactments date from before independence; although they came into operation during the colonial period, they continue to have effect so long as they are not repealed by new provisions (Const. art. 76). Legislation passed since independence is published in the *Journal Officiel de la République de Haute-Volta*, a weekly gazette referred to in abbreviation by its initials JO. Several areas of the law have been codified since independence and the following codes could be mentioned in this connection: the Code of Nationality (Law of 1 Dec. 1961, *supra* I 1); the Investment Code (Law of 5 July 1961, JO 15 July 1961); the Tax Code (Law of 26 May 1965, JO 29 ept. 1965); the Mineral Code (Law of 26 May 1965, JO 29 Sept. 1965); the Registration Code (Law of 24 July 1963, JO 17 Aug. 1963, as amended on 13 Oct. 1964, JO 22 Oct. 1964). A Regulation (*décret*) dated 12 July 1966 (JO 21 July 1966) provides for the publication, which has not yet come about, of volumes of reports containing the regulations (*arrêtés*), judgments and decisions of the courts of Upper Volta. Certain decisions are published as well in private journals such as the Penant.

2. *Traditional law* stems from unwritten customs, which are largely based on the precepts of the Koran. The Muslim religion is very firmly established amongst the peoples of Upper Volta. Traditional law has not been officially reduced to writing, but customary courts frequently refer to it and they follow the Malikite interpretation of Muslim law. There are besides various private publications which afford an understanding of at least the essential rules of certain customs.

3. Corresponding to this duality in the sources of law is a *dual standard of legal regimes* in private law; the division between the two being particularly acute during the colonial period. The modern law borrowed from French legislation only applied to the barely significant fraction of the population who acquired citizenship (called, in the terminology of the end of the colonial period, French civil status). Traditional law remained the rule for the rest of the population. As an extreme result of this duality in the law two systems of courts were set up to deal with cases under French law and local law respectively. Nevertheless the borderline between the two legal regimes remained ill-defined by reason of the lack of clarity about the renunciation of traditional law. Conflicts between the two regimes were resolved in favour of modern law and conflicts within traditional law between customs were governed by Regulation (*décret*) of 3 Dec. 1931 art. 6. Upper Volta has preserved the distinction between the two legal systems and the former rules continue to apply under the Law of Judicial Organisation of 10 May 1963 (*supra* I 4a), which lays down that "as a transitional provision, the traditional law courts shall continue to function in accordance with the regulations in force for the time being" (ch. IV art. 24).

IV. CIVIL LAW

1. As far as *family institutions* go, the customary law applicable to the greater part of the population has some characteristics which contrast it with European law. The family is considered as including a whole group of people who share a common origin and who live a communal life under the authority of its head, usually the eldest man. A marriage under this system is destined to provide descendants and is of more interest to the two families who enter into an alliance than the young husband and wife. From this point of view the consent of the latter assumes less importance than the agreement of the heads of the two families. The dowry is the traditional symbol of this agreement, but varies in size according to the social importance of the family. Polygamy is permitted, but the husband is obliged to apportion his goods equally between his wives. A marriage may be terminated by the husband's repudiation of the wife in the manner prescribed by customary law.

2. In *property matters* which are not concerned with family law, especially in contract, tort and the transfer of movable property, recourse may be had to French law where there is an absence of customary law provisions to cover the case or where the parties agree. The Law of Judicial Organisation of 10 May 1963 (*supra* I 4a) has already been cited as providing that traditional law courts "shall continue to function in accordance with the regulation in force for the time being", but nervertheless in these matters recourse may be had to the classic procedures for ousting the jurisdiction of customary law – the choice of law is always open; modern law may be applied in a subsidiary role where custom is silent; and appeal may even be made to the concept of public policy. All these devices may lead to the application of rules originating in the former provisions of French law.

V. COMMERCIAL LAW

Commercial law continues to be made up of the provisions of French law which were in force at the time of independence. These are the Commercial Code and the provisions annexed to it. These additional provisions are the Law of 24 July 1867 concerning companies, and the Legislative Regulation (*décret-loi*) of 30 Oct. 1935 on negotiable instruments.

VI. ECONOMIC PLANNING AND DEVELOPMENT

Until just before independence Upper Volta had an essentially agricultural economy; there were hardly even the beginnings of industrialisation. However, some economic development schemes were undertaken between 1948 und 1959 under the various programmes of the French Overseas Territories Economic and Social Development Investment Fund (*Fonds d'Investissement pour le Développement Economique et Social des Territoires Français d'Outre-Mer*) (FIDES). Two plans were successively put into operation to improve the economic infrastructure at the lowest levels and to develop production, especially agricultural production. Since 1959 several programmes have been carried out with the assistance of the Aid and Co-operation Fund (*Fonds d'Aide et de Coopération*) (FAC) and of the Economic Development Fund (*Fonds Economique de Développement*) (FED) and thanks to the aid of certain Western European countries. With the coming of independence there became evident a greater concern with social and economic planning which resulted in a 15 year plan. An intermediate five year plan (1963–1967) was started in 1963. The Government of Upper Volta set itself four main guidelines in its development policy: to raise the standard of living of the mass of the population by a rapid increase in internal production, simultaneously to increase investment and consumption, to strengthen the means of development and to improve economic relations with other countries. The Government has devoted 50 per cent of available funds to investments producing a direct return, predominantly in the rural sector. After the events of January 1966 a plan for the period 1967–1970 was drawn up to set out the future policy and general direction for development to follow during that period. This document puts the accent on the role of the rural sector of the economy in which 94 per cent of the working population is employed. Priority is given to schemes which have the effect of increasing the production capacity of Upper Volta. Industrial development is regarded essentially as complementary to agricultural development since it is channelled so as to favour those industries using local agricultural products as raw material (*cf.* Circular no. 4 of the President of the Republic: JO 9 Feb. 1967).

VII. COPYRIGHT AND INDUSTRIAL PROPERTY RIGHTS

So far as concerns copyright the former rules borrowed from French law and the Law of 11 March 1957 continue to be applied. Industrial property was the subject of an Agreement at Libreville on 13 Sept. 1962. This Agreement set up for the member states of the African and Malagasy Economic Co-operation Organisation (*Organisation Africaine et Malgache de Coopération Economique*) (OAMCE) a common system for taking out rights by centralising administrative procedures within a single organisation. A deposit with the central organisation is equivalent to a deposit in each member state.

VIII. PRINCIPLES OF CIVIL AND COMMERCIAL PROCEDURE

In modern law cases civil and commercial procedure remains regulated by legislative provisions dating from before independence and any omissions or defects are made good by the practice of the courts who rely on the French Code of Civil Procedure as a written basis for their rulings. The outstanding characteristic of these pre-independence rules was the ease of access to justice accorded to individuals. Actions may be begun by a simple petition, and the parties may appear before the judge in concilation proceedings without having been summoned by prior notification. A concern to ensure that justice is swift is evidenced by the rule that it is the judge who sets the day for the submission of defences; at a hearing the judge may determine cases which he thinks are properly prepared. Furthermore there are no civil as distinct from commercial courts: the same court has jurisdiction in all cases.

The same simplicity is to be found in the procedure followed before the customary courts. An action is started by a petition made in writing or orally, and an appeal lodged in the same way. A party may appear by a representative chosen from his family or from the chief men of his community.

IX. PRIVATE INTERNATIONAL LAW

Nationality of Upper Volta has already been dealt with (*supra* I 1). The position of foreigners remains governed by the former provisions dealing with the conditions of entry and sojourn for non-residents. There are regulations imposing restrictions on certain professional activities. In the absence of contrary provisions enjoyment of civil rights is accorded to foreigners in accordance with the French CC art. 11, as interpreted by the courts. Similarly, in conflicts of laws and in matters of international procedure the courts of Upper Volta apply the rules which the French courts have developed on the basis of the provisions of the Civil Code.

X. SELECTIVE BIBLIOGRAPHY

On the law of the Francophonic African countries in general, see national report on Senegal *sub* XI.

1. Books and Articles

Chapter I: Kargougou, La justice en Haute-Volta: Penant 1964, 49–52.

Chapter IV: Diallo, Les droits de la famille dans la coutume mossi: Penant 1967, 13–31 and 151–165; *Yaguibou,* Le lévirat en pays kasséna et lobi: Rev. jur. pol. 1967, 64–74.

Chapter V: Balima, Notes on the Social and Labour Situation in the Republic of Upper Volta: 82 Int. Lab. Rev. 358–362 (1960).

Chapter VIII: Manual Industrial Property [Upper Volta]; *White and Ravenscroft* (ed.), Trade Marks [Upper Volta] 24 c.

2. Legislative Texts and Translations

General: Treaties and Cooperation Agreements Between France and Upper Volta signed at Paris on 24 April 1961: Clunet 1962, 795–825.

Chapter I: Constitution of Upper Volta as of 9 Nov. 1960: *Peaslee,* Constitutions I 1009–1023; Constitution of the Republic of Upper Volta as of June 14, 1970: *Blaustein and Flanz* (ed.), Constitutions IV [Upper Volta].

Chapter V: Loi no. 13–72 du 28 décembre 1972 portant Code de la Sécurité Sociale en faveur des travailleurs salariés: Documentation Législative Africaine 1973 no. 2 p. IV.

Chapter VI: Investment Law in the Republic of Upper Volta (Washington, D.C. 1963).

Chapter VII: Lois Droit d'Auteur II [Haute Volta].

(Completed in March 1973)

Uruguay

Enrique Vescovi *

Uruguay is a democratic republic. Its Constitution (Const.) starting with the first one dated 18 July 1830 – declares that it adopts "republican democracy" as its form of government (art. 82 par. 1). Its official name is Oriental Republic of Uruguay (*República Oriental del Uruguay*); the name originates from the fact that it is situated on the east (oriental) bank of the river Uruguay, that separates it from the Argentine Republic.

I. CONSTITUTIONAL SYSTEM

1. Nationality

In Uruguay, nationality is determined by the place of birth following the territorial concept (*jus soli*) that predominates in Latin America. It is for this reason that the Constitution considers persons "born in any part of the Republic's territory" (art. 74) *natural citizens*. Persons born in any foreign country of an Uruguayan father or mother who reside in the country and are registered in the register of citizens are also natural citizens.

This natural citizenship or nationality – both concepts coincide in our Constitution – is not lost even when naturalization papers are taken out in another country; in order to regain the rights granted by citizenship it is necessary only to again become a resident in the Republic and be registered in the register of citizens. A woman marrying a fellow national or a foreigner, keeps her original nationality in all cases.

In addition to natural citizens, there are *legal citizens*. These are foreigners to whom, upon certain conditions (particularly good behaviour, residence and work or capital), the rights of citizens are granted. Citizenship may be acquired by the following: (1) by those who have established a family in he Republic, have been resident for three years and have capital or work, a profession, a trade, an industry, employment, *etc.*; (2) by those who do not have a family and have five years residence; (3) by those to whom the General Assembly grants citizenship by special grace owing to notable services or outstanding merits.

Citizenship grants the right to participate in the government of our state, and enables a person to be an elector and elected. In addition citizenship is a requisite to hold public office or employment, except in the case of professors of higher education (art. 76). Natural citizenship is a requisite to be the President of the Republic. In order to exercise all other rights, there is no discrimination between citizens. Natural and legal citizens therefore have the same rights and obligations.

The Constitution enumerates several reasons for *suspension* of citizenship. These reasons include: physical or mental inaptitude preventing free and considered acts, to be tried for a criminal offence, or sentenced for an offence for the duration of the sentence, as well as for the exercise of morally dishonourable activities, according to law. The Constitution also includes as a reason for suspension not having attained the age of 18. (At that age citizenship is acquired in Uruguay and one may vote. Different ages are required to be elected, for example, 25 years of age to be a deputy, 30 to be a Senator, *etc.*). Then there are two final causes, applicable only to legal (foreign) citizens. The first is the lack of the good behaviour required for citizenship to be obtained. The second is "for taking part in social or political organizations that by means of violence or propaganda inciting to violence, tend to destroy the fundamental bases of nationality" (art. 80 no. 6). This article, incorporated since 1934, ratifies the absolute freedom to express opinion in force in our country. Only the possibility of preaching the destruction by violence of the fundamental bases of nationality is limited. These bases are, according to the Constitution, those mentioned in sections I and II of the same and providing for the general characteristics of the nation and its sovereignty and the personal liberties.

* Professor, Faculty of Law and Social Sciences, Montevideo.

2. Territorial Division

Uruguay is a unitary state sub-divided into 19 provinces, all with equal authorities and autonomy. The reduced size of country (180000 sq. kms) and its small population (2700000 inhabitants) are not compatible with the federal system. The departments do not have political subdivisions, there are only police and judicial sections. The seat of the national government is in the capital, Montevideo, on the banks of the River Plate, in the department with the same name.

3. State Organs

a. *General structure of the organs of power and state administration.* – According to the Constitution in force since 1967, sovereignty "shall be exercised directly by the Electoral Body in cases of election, initiative and referendum, and indirectly by the representative Powers" (art. 82 par. 2). Voting is compulsory; there are various sanctions for non-compliance in this respect (Law of 18 Sept. 1970).

The normal system is the representative system as the people limit themselves to electing the authorities. In some cases, the less frequent ones, direct action is taken. Thus an initiative plebiscite related to constitutional reform and approval and to ordinary legislation (initiative and referendum) is admitted. Referendums on municipal matters are also allowed, to repeal a provision by the legislative organ, the Departmental Council.

The system of state bodies is organized on the basis of a tripartite division of powers, headed by the Executive, with the central figure of the President of the Republic, with a bicameral Legislature and an independent judiciary. Alongside these traditional powers, other independent organisms have arisen, some of which have the nature of real "powers". This occurs with the Electoral Court, the Accounts Tribunal and the Contentious-Administrative Tribunal. Administrative decentralization instituting Autonomous Corporations and Decentralized Services (*Entes Autónomos y Servicios Descentralizados*) should also be mentioned.

b. *The Head of State and his powers.* – Executive power is exercised by the President of the Republic, who acts together with the respective minister or ministers or with the Council of Ministers. Since 1967 this system has taken the place of the Swiss-type collegiate system tried out in Uruguay (partially from 1917 to 1934 and wholly from 1952 to 1967).

The *President* is elected by popular suffrage every five years, on the last Sunday in November and his mandate begins the following 1 March. There are 11 ministers holding portfolios and a *Council of Ministers.* The Council is made up of the ministers and the President of the Republic presiding over it; the latter has a decisive vote in cases of a draw, even when the draw is a result of his own vote. This means that the President is a kind of Prime Minister, with a preponderant function. In addition, the President chooses and dismisses ministers and is the highest authority over them. In the Council, the President can propose any subject and the ministers can propose those related to their portfolios. Aside from this, the President may declare certain legislative bills to be urgent, approves general budgets, decrees the breaking-off of diplomatic relations and declares war, and may delegate the Executive's functions. These and the numerous other functions of this power are exercised by the President with the minister or ministers concerned (Const. art. 149–167).

The *President* has the normal powers of the Executive, such as preserving internal order and tranquillity and external security, the command of the Armed Forces, powers of initiative and veto with regard to laws, the appointment and dismissal of civil servants (in this case, barring exceptions, with Senate approval) and the direction of the Central Administration in general. He also has, as an extraordinary power, that of adopting *immediate security measures* in "serious or unforeseen cases of attack from abroad or internal upheaval" (art. 168 no. 17). In recent times, the Executive has resorted to these measures in the face of several trade-union disputes that paralyzed the country economically. According to the Constitution, the General Assembly must be given an account of the measures decreed and its resolutions on them must be followed. Since 1969 recourse to these measures has been so frequent as to justify saying that Uruguay has lived under a "state of exception", especially as concerns the fight against seditious organizations and, since 1973, also against the so-called "socio-economic" offenses.

c. *Legislative and executive powers.* – Legislative power is exercised by the General Assembly composed of two Chambers: the Senate and the Chamber of Representatives (Deputies). The former is composed of 30 members – plus the Vice-President of the Republic who is the President of the Senate and the General Assembly – and there are 99 Deputies.

The basic competence of the Legislature is that of *making laws* on all matters of general interest. There is no limitation as to subject, except that the law must conform to the Constitution.

The Executive has the *right of initiative*, which on certain subjects (increases in remunerations, institution of tax-exempted positions, minimum wages) are exclusive to it, and it has the right of *veto* which may be overruled by a three-fifth vote of the General Assembly. The 1967 Constitution introduced a limitation of the Legislature's powers with reference to laws, the draft bills of which are sent in by the executive power and declared by it to be "of urgent consideration" (art. 168 no. 7). In this case, if the Legislature does not throw out the bill expressly within the brief term established (45 days for each Chamber), the draft is considered to be approved. The Executive cannot introduce a draft bill of this type while the Chamber is considering a similar bill.

Aside from its law-making faculties, the Legislature must approve the budget proposals submitted by the Executive – voting the corresponding taxes and contributions – and approve the accounts rendered, in this manner keeping control of public finances. It makes the final decisions with regard to international relations, as it must approve or disapprove treaties concluded by the executive power, authorize the entry and exit of foreign troops on national territory, and declare war. It also has, among others, electoral functions as it elects the members of the most important bodies (Electoral Tribunal, Supreme Court of Justice, Accounts Tribunal and Contentious-Administrative Tribunal). It gives official approval for the appointment and promotion of diplomatic and military officials and for their dismissal.

Legislative functions are exercised by both Chambers, each of which acts separately (bicameral system). Both Chambers meet together in General Assembly in certain exceptional cases: the elections already mentioned, overruling a veto of the Executive against a law, approval of draft laws on which the Chambers have not reached an agreement, *etc.*

During parliamentary recess and barring extraordinary sessions, a Permanent Commission (four Senators and seven Representatives) is at work. It supervises the work of the Executive, and it can grant official approval and convoke the Legislature when necessary.

d. *Relations between the executive and legislative powers.* – The Uruguayan system is predominantly presidential, but it is not typical. It differs from the purely presidential system, such as that in the United States, and from the parliamentary system such as that in England or Italy.

We have seen that the President chooses and dismisses ministers, however, according to the Constitution the choice should be made "from among citizens who, having parliamentary support, assure their permanence in office" (art. 174 no. 4). Despite this expression, and although there is a censure mechanism it is very intricate and complex. Aside from the calling of ministers to the floor (interpellation) for explanations which does not lead – even in the case of censure – to the fall of the minister concerned, there is a form of censure by the General Assembly that, by special majority, can oblige the censured minister or ministers to resign. The President may disregard the vote of disapproval if the majority is less than three-fifths of the General Assembly and if it is maintained, he can dissolve Parliament and call new elections. If censure is maintained by the new Parliament then the ministers fall. An attempt has been made to establish a system in which Parliament can exercise control over the Executive, while trying to avoid the instability of the parliamentary system. At the same time, an effort has been made to provide the President of the Republic with special strength and authority so that he can govern and to limit the functions of the Legislature, the power that has worked least well in our country in recent times.

e. *Territorial authorities. Departmental governments. Decentralization.* – The unitary structure of our state does not impede an important administrative decentralization. The first, by territories, determines a division of the country in 19 departments with their own authorities. These authorities are principally an Intendant (*Ejecutivo*) and a Departmental Council (*Legislativo*) composed of 31 members. These Councillors and the Intendants are elected by popular election by the department's inhabitants. These elections, like the national ones, are effected simultaneously with the election of the President of the Republic.

Municipal authorities have full autonomy in all matters related to their department, they have their own sources of revenue, and can collect rates on territorial property, taxes, tariffs and contributions allowing them to carry out their functions on a departmental level without depending on the central power.

There is also an administrative decentralization for services that leads to the foundation of Autonomous Corporations and Decentralized Services (see *infra* VI).

4. The Judiciary

a. *The constitutional judiciary.* – It is the Supreme Court of Justice, highest organ of the judiciary, that is competent to try all violators of the

Constitution with no exceptions (Const. art. 239 no. 1).

It also has exclusive competence in declaring the unconstitutionality of laws (by reason of defects of form or contents) and of decrees issued by Departmental Councils. A declaration of unconstitutionally can be petitioned by a private citizen affected in his "direct personal and legitimate" interest (art. 258) or by a judge who has to decide a case. The declaration is valid only for the concrete case in question and the law is not repealed (art. 258 and 259).

b. *Organization of civil courts.* – Our judicial system – both civil and criminal – is centralized and it depends on the Supreme Court of Justice.

At the lowest rank are the Judges of the Peace distributed in the several sections in which each department is divided. They hear matters of minor importance (up to Ur $ 5000 that is approx. US $ 15) and some special cases. Appeal from their decisions lies to Lawyer Judges (*Jueces Letrados*). The Judges of the Peace are also officials of the civil registry where births, marriages and deaths are entered.

The Lawyer Judges in the First Instance are competent to hear all types of cases with no limitation as to the sum involved; they have their seat in capitals of departments and in important towns. There are specialized judges – in addition to penal judges – on the following subjects: treasury and contentious-administrative, minors, labour and customs.

Then there are Courts of Appeal in civil matters (four with seat in Montevideo) competent to hear appeals against decisions rendered by Lawyer Judges in the First Instance. Each bench is composed of three members.

The Supreme Court of Justice (five members) elected by the Legislature (General Assembly) is at the head of the system. Traditionally career magistrates are elected (generally from the Courts of Appeal, the preceding rank). It has certain judicial functions (appeals in the third instance allowed in certain cases, trial of diplomats, cassation in penal matters, unconstitutionality of the law, *etc.*) and administrative functions. The Supreme Court appoints all the country's judges and judicial officials, and supervises them, in this manner putting into practice the independence of this power from the state.

In penal matters, there are Investigating Judges (*Jueces de Instrucción*) for the investigation of offences, Judges of First Instance in penal matters and Courts of Appeal.

The organization of the courts is to be found in the Constitution (Section XV) and in the Codes on the Organization of Civil and Treasury Courts dated 19 Dec. 1933 and the Code of Criminal Investigation dated 31 Dec. 1878.

The Law of 10 July 1972 on national security has invested the Military Judges with enlarged jurisdiction, through the inclusion in the Military Penal Code (of 28 Jan. 1943) of offences relating to seditious activities. There are Military Investigation Judges, Military Judges of the First Instance and the Supreme Military Tribunal. The Supreme Court of Justice has competence to hear appeals on certain questions; in these cases, the court is augmented with two military members. The Military Courts with their judges who are soldiers and mostly non-lawyers, have gained great importance since thousands of civilians are subject to them.

c. *The administrative judiciary.* – Aside from the competence on this subject of Treasury and Contentious-Administrative Judges for law suits against the state, public law judgments, *etc.*, there is a Contentious -Administrative Tribunal similar to the equivalent French court. It is a separate court. The Constitution provides for the creation of other lower courts. It can annul (but not change) administrative acts (acts by the central and all decentralized administrations). Annulment must be based on violation of a rule of law or on an abuse of power, but only at the request of the interested party. Compensation may be claimed in the civil courts, if the act has been annulled, or the order upheld by three votes in five.

d. *Public prosecution and fiscal officers.* – At the top of the organization and dependent on the Executive, there is a Court Fiscal and Procurator General for the Nation (*Fiscal de Corte y Procurador General de la Nación*) who appears before the Supreme Court of Justice and is the head of the organization. The service is divided in three branches. Fiscals in civil matters (*Fiscales de lo Civil*) represent society in civil affairs, they also represent persons requiring particular care (minors, incapacitated and absent persons, *etc.*). Fiscals intervene in all cases in which the interests of these persons are involved, or in defence of the overall interest of society (in family matters, bankruptcies, *etc.*). Treasury Fiscals (*Fiscales de Hacienda*) are the representatives of the Treasury and safeguard its interests. They intervene in fiscal and state matters (contraband, taxes, claims against the state, *etc.*) Criminal Fiscals (*Fiscales del Crimen*) act as prosecutors, in defence of the public, in penal trials. In the Military Courts the duties are performed by Military Fiscals.

II. SOURCES OF LAW

In Uruguay, the only official source of law is legislation, that is to say the aggregate of all juridical regulations dictated by the competent authority.

Within legislation the *Constitution* takes the highest rank. All rules of a lower rank, including laws and codes, must comply with it; if they do not do so, they can be declared unconstitutional. The Constitution in force was ratified by a plebiscite on 27 Nov. 1966 and promulgated on 1 Feb. 1967.

1. After the Constitution in hierarchic order there are the *ordinary laws* (ordinary legislation) enacted by the Legislature. Laws (and codes) are made by the approval of the two Chambers of the Legislature and promulgation by the Executive followed by publication in the *Diario Oficial* and insertion in the *Registro Nacional de Leyes y Decretos*.

2. The *decrees of Departmental Councils* are the laws on the municipal (departmental) level. They are issued by the Departmental Legislature (*Junta*) and the Intendant has rights of initiative and veto equal to those of the President with regard to laws. They cover matters of municipal competence (traffic, building, public lighting, *etc.*).

3. Below, on the third rank, we must place the *decrees of the executive power*. They are issued by the Executive in the field of its competence to execute laws. Hierarchically they are placed below the law and the Constitution and therefore the Executive is bound by these superior rules. *Decree-laws* are excluded from our system, there being only those issued in the few periods of dictatorship in our history.

4. *Custom* is not a source of law in Uruguay. The Civil Code says: "Laws cannot be abrogated except by other laws; and it is useless to plead, against their observance, disuse or custom or practices contrary to them. Custom is not law, except in cases in which the law refers to it" (art. 9). This rarely occurs in our legal system, but is more frequent in commercial law.

5. *Case law* is not a source of law either. The Civil Code says in this respect in its Preliminary Chapter: "The legislator must explain or interpret the law in a generally binding manner only. Court decisions have no binding force except in the cases in which they have actually been issued" (art. 12). In Uruguay, the decision of a court does not lead to a binding precedent. Any judge, even the lowest one, can leave aside legal interpretations established by the courts or the Supreme Court and inaugurate new case law. There is not even the system of plenary decisions or cassation in civil matters, and this gives judges total freedom to interpret the law and adapt it to concrete cases.

In spite of the foregoing, case law is studied as an important (but not compulsory) precedent, and the courts open paths generally followed by judges. It is for this reason that collections of court decisions acquire importance.

III. BRIEF HISTORY OF THE EVOLUTION OF LAW

1. History of Private Law

The 1868 Civil Code (*infra* IV 1) inspired by the 1804 French Code, represented the ideology of the eighteenth century. It was proprietorial, individualistic, it only recognized the legitimate family, and it permitted an estate to be freely distributed by inheritance – exception being made of limitations in favour of the family (forced share). In matters concerning contracts, the will of the parties was of prime importance.

This Code has not been changed. In spite of the fact that later laws have modernized some aspects of those mentioned, the general structure of our civil law of the last century has been maintained. A Law of 22 May 1885 introduced civil marriage as compulsory and a prior requisite to an optional religious ceremony.

By Law of 12 July 1909 the recognition of natural children was admitted, later on the investigation of paternity. In 1916 illegitimate children were granted rights of succession almost equal (two-thirds) to those of legitimate children. The Constitution in force establishes as a principle that "Parents have the same duties toward children born out of wedlock as toward children born within it" (art. 42).

Starting in 1907, divorce was introduced in Uruguay by Law of 26 Oct. 1907. By Law of 2 Sept. 1913, for the first time in history, divorce following the wife's petition alone was approved. In 1946 (18 Sept.) married women were granted the same capacity as men. In Uruguay, women acquired civic rights (Law of 16 Dec. 1932) before full civil capacity.

In matters concerning property the original individualistic concept has evolved greatly and numerous limitations have been instituted for the benefit of the general public. In 1912 the Law on Expropriation (28 March) was approved; in 1927 (16 Dec.) a Law restricting evictions was approved, and it has since then been enlarged and amended always in the tenant's favour, by legally increasing contractual terms in his favour, barring exceptions (sole property, eviction owing to re-building, property to be occupied by the owner or his family, *etc.*). In rural matters, the limitations in favour of the tenant (rural labourer) are even stronger. Finally, we shall cite the law permitting separate interest in space in a building, or a floor, dated 25 June 1946.

On the subject of inheritance the strong limitations established through increasingly heavy taxation on the transmission of inherited estates must also be mentioned. On the subject of contracts successive limitations have been established to the system of the autonomy of will still predominating.

2. History of Commercial Law

The Uruguayan Commercial Code was approved on 26 May 1865 with a text similar to the Argentine one. The draft was prepared for the Argentine government by *Dalmacio Vélez Sársfield* (Argentine) and *Eduardo Acevedo* (Uruguayan). Our commercial law is very much behind the times, as that same 1865 Code is still in force. In spite of that, several laws have led to some evolution.

On the subject of commercial companies, the Code took into account partnerships, marketable share companies, limited partnerships, capital and industry companies and accidental or participation companies only. A 1933 Law created the limited liability company, a Law of 15 Aug. 1946 cooperatives (production and consumer) and a Law of 24 June 1948 financial investment companies. In addition, several laws subsequent to the Code have established rules on marketable share companies, such as a Law of 2 June 1893 on liquidation, a Law of 19 July 1909 on amendment of articles of association and a Law of 16 July 1917 on supervision. In addition there are various decrees regulating the administrative system and the control of assemblies.

The insurance system freely regulated by the Code was amended by a Law establishing the State Insurance Bank (*Banco de Seguros del Estado*) and granting it a monopoly on life insurance originally, later in 1926 it was extended to all risks.

Banking, cheques, *etc.* have also been regulated by legislation subsequent to the Code. Several drafts of a new Commercial Code for Uruguay are being studied by Parliament.

3. History of State Direction of Trade

Direction of trade in our country has always been in the hands of the executive power, with legislative approval for treaties with foreign countries.

Until 1932, the year in which the world crisis reached its peak, the system of free trade predominated in the country. In that year the Superintendancy of Exports and Imports was instituted in order to regulate all foreign trade. Subsequently it was suppressed and supervision has been carried out by the Bank of the Republic (*Banco de la República*). The 1967 Constitution transformed the Ministry for Industry into the Ministry for Industry and Trade. At present, the direction of trade is under this portfolio, notwithstanding the supervision of foreign exchange for imports and exports effected by the Ministry for Economy and Finance and the Bank of the Republic, an autonomous corporation operating in its orbit, and the Ministry for Foreign Affairs which also intervenes in matters relating to international trade.

IV. CIVIL LAW

1. Sources of Law

The Constitution contains certain general principles referring to property, the family, natural children, inheritance, *etc.* Despite this, the fundamental source of our private law is the Civil Code of 23 Jan. 1868 and various laws recorded in unofficial editions of the Code (the main unofficial edition is *Nin y Silva's*). On 6 April 1934 the Children's Code was approved. It contains all matters related to minority, including matters referring to the protection of minors, adoption, investigation of paternity, maintenance, penal system for minors, *etc.* Juvenile courts were also established.

Case law has established some evolutionary trends within the system of the Code, especially in the subjects of concubinage, damages, *etc.*

2. Persons

According to the Civil Code "all individuals of the human species are persons" and "the state, the treasury and the... associations recognized by public authority are considered legal entities" (art. 21). Aside from some public legal entities established by the law (autonomous corporations, municipalities, *etc.*) and other private entities that are by nature legal entities (commercial companies), in other cases the executive power – through the Minister for Culture – must expressly recognize the legal personality of societies or associations and can cancel it in cases of illegality.

Men (and women) are juridical persons from birth onwards, and for certain rights (gifts, succession) they are so from conception, until death. For the exercise of rights (capacity) majority which is acquired at the age of 21 is a requisite. Prior to that age certain acts can be effected (marriage at the age of 12 for women and 14 for men, civic rights are exercised from the age of 18). From the age of 18, children can be emancipated by their parents (or qualified as to age, if under guardianship), and remain in a condition of semi-capacity, especially in order to be able to engage in trade.

Incapacitated persons are subjected to guardianship if they are of full age, and to paternal authority or curatorship if they are minors. Paternal authority is exercised by both parents together. Guardianship (for those who have no parents) and curatorship imply the appointment of a person to represent the incapacitated person, under legal control. The law provides a classified list of relations to be appointed. If there are no relations, the guardian is appointed by the judge.

3. Family

The family is based on marriage. In Uruguay engagements or promises carry no legal weight. Only civil marriage celebrated before officials of the civil registry are valid. Marriage celebrated abroad in agreement with the laws of the country is also valid. The minimum age is 12 and 14, but until the ages of 23 and 25 the parents' consent is required and, in cases when there is irrational opposition, it can be replaced by that of the court. From the patrimonial point of view marriage leads to the conjugal partnership and all the goods acquired by either of the partners (except for those received through inheritance, legacy or gift) become after-acquired (community) property (*gananciales*). The marriage partners can agree – before marriage – to another system of marital property by contract (matrimonial capitulations). After the marriage, either of the parties can petition the judge to dissolve the property partnership and thereafter the system will be that of separation of property. If the marriage was celebrated abroad, under the system of separation of property, that system continues.

Marriage can be dissolved by divorce. There are three forms: by the desire of the wife alone, in which case it is sufficient that she attends three hearings (with a time lapse of six months and a year between them) and maintain her intention to divorce. Divorce can also be by mutual agreement and then both partners attend the hearings. In both these cases divorce is obtained without a ground being expressed and the judge decrees it automatically. The third case is when there is some cause (continual quarrels and disagreement, severe insults, adultery by the wife or the husband entailing scandal or the existence of a concubine, *etc.*). In that case it becomes an ordinary lawsuit and the judge decrees the divorce only if the cause is proved.

Descent may be legitimate or natural. Children born in wedlock are presumed legitimate (this qualification is proved by simple marriage and birth certificates). Natural descent requires recognition, which may be voluntary – by public document or at the act of registering the birth – or accorded by judicial decision, following a case for adjudication of paternity. Adoption is admitted. Adoptive legitimation exists especially for abandoned minors or children of unknown parents (or those who have lost their paternal authority). After a certain period, the child is registered as legitimate and all traces of its former descent are cancelled (a system similar to that in France and Chile).

4. Property

Our law divides property in corporeal or incorporeal according to whether it can be materially seized or not. The former is sub-divided into immovable or movable goods, according to whether they can or cannot be moved from one place to another. In addition there are immovables by destination.

In general, transactions concerning real estate (transmission, mortgage) are subject to a system of formality and publicity from which movable goods are excluded (barring exceptions such as motor vehicles which must be registered).

The Civil Code is based on a system of ownership defined as "the right to enjoy and dispose of a thing arbitrarily, without contravening the law or the rights of others" (art. 486).

Our legal system admits usufruct by means of which the usufructuary has the real right to enjoy another's property with the obligation of returning it to the owner. Its duration is limited (it can be for life or a maximum term of 30 years) and at the end of the said term it is consolidated with the property. The right of use (to use another's belongings or a portion of its income) and habitation (the privilege of living free of charge in another's house)are also admitted.

Ownership is limited by servitudes acquired for good cause or by prescription, and by expropriation. This is provided for in Const. art. 32, "fair and previous" compensation and a declaration by law of "public necessity or utility" being required. A recent constitutional provision allows the expropriation of property for economic development plans by means of prior payment of only 25 per cent of the rateable value of the property (art. 231 and 232). Two special areas are governed by separate codes: the Rural Code of 14 June 1941 (with important amendments by a Decree-Law of 13 Feb. 1943) and the Mining Code of 20 Jan. 1943.

5. Responsibility

The general principle of our law is that the debtor answers for his obligations with all his property, except for legitimate causes of preference: pledge, mortgage and privileges (CC art. 2372). Privileges only apply in the case of composition (civil debtor) or bankruptcy (trader). But the debtor answers with his patrimony only. In Uruguay, there is no imprisonment for debts, nor personal constraint for obligations. In addition, certain goods are declared unseizable (salaries, family heirlooms, movable goods in the family home, industrial, professional or trade tools, *etc.*) (CC Proc. art. 885).

With reference to responsibility for damages, any unlawful or damaging fact entails it. We are referring to civil responsibility as distinct from penal responsibility. It is graded according to the damage caused, without taking into account the victim's patrimony or the seriousness of the action. The Civil Code, following the French system, establishes the responsibility for one's own acts in cases of damage caused with intent, fault or negligence (art. 1319) and also the responsibility for the acts of persons depending on one, or for damage caused by the things one uses or which are under one's care (art. 1324). In these cases, there is a presumption of responsibility, and it allows proof to the contrary that all due care and attention have been taken to prevent the damage. The courts are very free in admitting this responsibility, although less so in estimating the amount of damage.

The statute of limitations for bringing action for responsibility in these cases is four years. It is shorter than the general period of limitation for personal obligations the term of which is 20 years, barring exceptions limiting it, particularly with reference to commercial papers (four years).

6. Contracts

Uruguay follows the Roman law system, with the amendments introduced by the *Napoleonic* Code on the subject of contracts. After referring to obligations and their sources (contracts, quasi-contracts, torts, quasi-torts and the law, CC art. 1246) the Civil Code defines a contract as "a convention by means of which one party is obliged... or both parties are reciprocally obliged to any type of performance, that is to say, to give, do or refrain from doing something" (art. 1247).

In general, contracts are governed by the autonomy of will and the absence of formalities. Real contracts – in which the main obligation implies the thing's tradition – and formal contracts are exceptions. The formality generally consists of a document in writing, or of the contract being established by a public notary – a qualified professional man of a private nature – and it is registered in a public registry.

Contracts for sale and purchase are formal when they refer to immovables. The sale of movable goods and the promise of sale of immovables are not solemn, but there is a registry in which promises of sale and purchases of immovables by instalments are registered, and they are governed by a special law protecting the promisee purchaser (Law of 17 June 1931).

A mortgage is a formal contract subjected to conditions of publicity (registration), legality, agreement (there can be no mortgage without agreement). The immovable remains charged without regard to changes in ownership. The mortgagee may ask for the sale of the property at public auction to recover, but a clause authorizing the creditor to become the owner of the estate privately is void. The Mortgage Bank (*Banco*

Hipotecario) – an autonomous corporation – has a monopoly on the issue of mortgage bonds on immovable belonging to third parties. It grants building loans with this money.

Leases are by mutual agreement, except those on rural immovables which are subject to the registration of the signed contract.

Labour contracts are regulated by an up to date legislation on labour, protecting the labourer. The wage is generally fixed in agreement with the minimums established by the Wages Councils (*Consejos de Salarios*) (made up of two worker delegates, two employer delegates and three delegates from the Executive) for each type of activity. The following are regulated: rest periods, working hours, payment of holidays (20 days a year and one additional day for every five years' seniority), the system of severance pay, barring notorious bad behaviour. Recently a Council on Prices and Wages Productivity (*Consejo de Productividad Precios y Salarios* – COPRIN) was instituted with nine members (five from the Executive, two employers and two workers), in order to fight inflationary factors, promote optimal production levels and achieve an equitable distribution of returns; it controls prices and wages in a uniform manner (Law of 16 Dec. 1968). COPRIN now takes over the field of operation of Wages Councils.

7. Inheritance

Inheritance can be by testamentary disposition or intestate. A will is always a formal document in Uruguay. Holographic and nuncupative wills are not valid (only in extreme cases of serious condition are the formalities decreased). A will must be written by a notary and be witnessed and if it is sealed he must sign the cover.

The testator is subject to certain limitations consisting of forced conjugal portion. The first consists of the compulsory shares for descendants and ascendants (except when there are just causes for disinheriting them) and reaches the half or three-quarters according to the number of compulsory heirs. The conjugal portion is a quarter, to which the spouse who owns no property is entitled. The testator may not set up testamentary trusts.

If there is no will, the system of call establishes various orders that exclude each other. The first calls the direct descending line (children, grandchildren, great-grandchildren), and the descendants (legitimate or natural) exclude all other heirs. The second order includes ascendants, the surviving spouse and natural children. The third includes legitimate brothers and sisters and adopted children. Then the adoptive father or mother and the other collateral kinsmen (cousins, nephews and nieces, aunts and uncles) to the fourth degree. When there is no heir, representation by his descendants is admitted. Then the inheritance reverts to the state.

Heavy estate duties are imposed on transmission on a scale proportional to the amount received and inversely proportional to the degree of kinship.

V. COMMERCIAL LAW

1. General Remarks

The Uruguayan legal system is founded on the freedom to work and trade established by the Constitution when it states that "all persons may devote themselves to labour, land cultivation, industry, trade, a profession..." (art. 36). This right includes nationals and foreigners equally, and it includes even those persons who have not entered the country legally. With practically no requisites – because registration is not indispensable – any inhabitant can engage freely in any trade or industry. He can also found any type of company or society, in accordance with legislative and regulatory provisions.

The Commercial Code dates from 26 May 1865. The contractual system which follows the civil one is founded, with a few exceptions, on the autonomy of will. Contracts, in general, are not subject to special formalities, but to the simple agreement of the wills of the parts (mutual agreement). Supervision of companies, including limited liability and marketable share companies is scanty, as legislation is very old fashioned and allows the company to be managed to the rules stipulated by the parts in the contract. Supervision is more directed to insuring payment of taxes.

2. Traders

The Commercial Code defines as traders those "who, having the capacity to contract, have registered in the registry and engage in commercial acts" (art. 1). In fact the essential point is the exercise of trade as a profession (art. 2). And a trader is a person who habitually engages in acts qualified by the Code, in an extended legal list, as commercial acts (art. 7). Among them are included mainly: purchase for resale, exchange operations, banking, brokerage and auctioneering, negotiation of bills of exchange, chartering, maritime trade, *etc.*

Registration (*matrícula*) is a registry in which traders must register (art. 32 and 34). Nevertheless lack of registration does not deprive a trader of his character as such. Registration constitutes a presumption in his favour and it allows him to benefit from the system of proof and other prerogatives granted by law. The capacity to engage in trade is the same as in general. It is for that purpose that minors who have reached the age of 18 can become qualified or emancipated. Traders who have gone bankrupt are incapacitated to engage in trade unless they are legally rehabilitated.

The Code deals with certain auxiliary agents of commerce in particular. Among them is the factor or "the person to whom a merchant entrusts the management of his businesses, or of a particular establishment" (art. 133). He is the trader's agent representing him and acting on his behalf. The powers he is granted must be registered in the registry. In spite of these formalities, traders are always responsible for the factors who act on their behalf in business, even when they do so without orders. In addition the following are mentioned as auxiliaries: brokers, auctioneers, stall-holders and managers of warehouses and carriers or haulage companies.

The Public Registry of Commerce is an administrative agency acting under the direction of the Judiciary and in it the most important commercial acts are registered. It carries out the registration of traders, it certifies the account books they must keep, enters the marriage contracts of traders, the various commercial contracts (including commercial companies), the powers granted to factors, *etc.*

3. Commercial Companies

In Uruguay commercial companies have separated legal personality from that of the partners in them, there being no confusion of the properties of either. Despite this, in the majority of companies the partners answer with their own property as well as with their contribution to the company. Exceptions are the types of companies in which responsibility is limited to contributions (marketable share companies, limited liability companies, and in partnerships for those partners whose responsibility is limited according to their investment; here the limitation of responsibility not allowed by our civil law is applied).

a. *Partnership* is the commercial company the Code considers as typical and it defines it as "a contract by means of which two or more persons join together, placing their property or labour, or some of these, in a common fund, with the intention of dividing the profit that may result" (Comm.C art. 387). Its characteristic is the partners' joint and several responsibility – with all their property – for the company's obligations. However, in order for one of the partners to be liable, the company must be insolvent.

b. In a *limited partnership* several people meet "for a commercial purpose", and some of the partners have joint and several responsibility while "the other or others are simple providers of capital, under the condition that they are responsible only to the extent of their contribution" (art. 425). The former is called a responsible partner (*socio solidario*) and the others are limited partners (*comanditarios*). If the share of the latter is embodied in shares, either nominative or bearer (art. 433), then we have a *limited partnership on shares.* These shares have all the advantages of those held in marketable share companies, they can be transferred by endorsement and fractionized to allow the entry of a number of share-holders.

c. The *limited liability company* established by Decree-Law of 26 April 1933, allows an association of persons contributing shares of capital and whose responsibility is limited to their shares. Shares are always personal (and nominative) and may be transferred by assignment, if permitted by the remaining partners. These companies therefore have a personal character distinguishing them from marketable share companies. There can be no more than 20 partners. The shares must have a minimum nominal value of Ur $ 100 (approx. US $ 0.30) and the capital must be fixed between Ur $ 5000 (approx. US $ 15) and Ur $ 1000000 (approx. US $ 3000); this last figure is rather low considering the devaluation of our currency. (There is much discussion of the limitation of individual liability, that is to say, a limited liability company with a single partner).

d. A *marketable share company* has no particular style as a firm and may not be called by the name of the shareholders, but the words "anonymous society" (*sociedad anónima*) have to be added to its name. There are no limitations as to the amount of capital, which is established in the articles of association, although it can be amended by the responsible bodies of the company. (It is the authorized capital and can be paid in only in part). Shares can be nominative or bearer. A recent law requires that the shares in agricultural and fishery companies (owners of rural real estate) be nominative (Law of 10 Jan. 1969). The operation of the company, its assembly, its board of directors – the number may vary from one to several directors with no limitations – its auditing – it can have an auditor or not – are subject to very few statutory rules and are governed, on the whole, by the company's articles of association drawn up by the founders, which govern the company after approval by the Judiciary, following the advice of the administrative organs dependent on the executive power.

e. *Financial investment companies*, wrongly called "holdings" (Law of 24 June 1948 and Decree of 20 Oct. 1948) are a special type of marketable share company. These companies, submitted to a privileged system including matters of taxation as their tax is consolidated, are those that have more than 51 per cent of their own assets (or those belonging to third parties) invested abroad, as well as those receiving more than 50 per cent of their total income from foreign sources. These companies have as their main purpose, directly or indirectly, to invest abroad in securities, bonds, shares, warrants, debentures, bills, real estate or movable goods for their own account or that of third parties. Among other things, they are forbidden to issue shares by public subscription or stock-exchange quotation, make application to public savings, or carry out banking operations, *etc.*

As a general rule, company *contracts* (and articles of association in marketable share companies) must be drafted in writing, and registered at the Public Registry of Commerce (although *de facto* companies are allowed).

It is compulsory that a summary of the contract of limited liability companies and the whole articles of association of marketable share companies be published in the *Diario Oficial* and in another newspaper.

With reference to *foreign companies* they are governed by the law of their domicile, in general, with regard to the form of contract, the way of acting, *etc.* In order to exercise the activities included in the object of their institution they must subject themselves to the rules of Uruguayan laws. Thus, for example, to take part in a tender in the country it is sufficient that the foreign company be constituted in accordance with the laws in its country. But if it wins the tender and wants to operate in Uruguay, it must constitute itself – or open a branch office – in accordance with our laws.

4. Banks

There are four official banks: Central, of the Republic, Mortgage and Insurance. In addition, there are a number of national and foreign banks. The Law of 10 Jan. 1938 regulating the national banking system, amended by the Law of 20 Feb. 1964, makes a distinction between banks, savings banks (*cajas populares*) and banking houses (*casas bancarias*). The first name is reserved to the entities authorized to engage in properly called banking activities (receive all manner of deposits in cash, carry out exchange operations, use cheques). Banking houses can not carry out these operations; savings banks are entities with less capital and are situated in the interior of the country.

The Central Bank created by the present Constitution with some of the functions of the Republic Bank controls the banking activity of the country; it authorizes the maximum interest rate banks may pay, it establishes the amount of investments, reserve stock, loan policy, and rediscounts, it grants authorizations for banks and branches to be opened and mergers to be made, *etc.* It carries out general control over the operation of private banks and it can decree interventions and, in case of liquidation (bankruptcy), it is the receiver (Law of 8 Sept. 1967).

Foreign banks and banking houses are free to operate in Uruguay, subject to certain conditions: that the law in their country allows Uruguayan banks to operate there, that their statutes do not prevent Uruguayan citizens from occupying superior office, that 50 per cent of Uruguayan personnel be employed, that the head office be responsible for operations, *etc.*

In other matters, foreign banks are subject to national legislation and Central Bank control.

5. Bills of Exchange and Cheques

Our law regulates bills of exchange as a contract entered into by persons resident in different places, by saying that "the bill is a written order by which one person charges the other with the payment of a sum of money. When it is sent for payment to a place or country different from that in which it is drawn, it presupposes an exchange contract and is considered as a bill of exchange" (Comm. C art. 788). It establishes that, in order to be transferred by endorsement, it must be issued to the order. In general, the rules on the form of issue and formalities of the bill shall be governed by the law of the place of issue, while the form of payment order, endorsement, acceptance, security, protest and acts necessary for the exercise and preservation of rights are governed by the law of the place in which the said acts are concluded (Montevideo Treaty 1889 on Commercial Law, revised 1939/1940 (*infra* IX 1) Ch. VI). The law of the place of execution governs the effects of the contract. With reference to the currency in which payment is made, the Commercial Code establishes that it be done in the currency stipulated in the contract. If the currency is not legal tender in the state, it shall be converted to legal currency at the rate of exchange in force on the day payment is due (art. 878). Our court decisions are not in agreement with the interpretation of this clause. Protest must be effected before 3 p.m. on the day following maturity. Despite this, lack of protest does not harm executive action against the drawer of the bill. Only action against the endorsers is prejudiced.

The cheque – governed by Laws of 24 March 1919 and 28 Nov. 1961 – is defined as "order of payment given to a bank in which the drawer has funds deposited – or credit..." (Law of 1919 art. 1). If it is drawn from outside the country, it is considered as a sight bill and is governed by its provisions. The law regulates transfer by endorsement, the obligation of banks to pay cheques in the order in which they are presented, the system of the Compensatory Chamber (clearing) and the power to block a cheque (which is not compulsory). It also establishes the rules on rejection owing to lack of funds and the civil responsibility (executive title) and penal responsibility (three months to four years imprisonment) for the drawer should he not deposit the funds within 48 hours.

6. Economic Offenses

The Law of 17 Nov. 1972 on economic offenses has introduced new offenses in the socio-economic field, especially those pertaining to usury in bills of exchange, illegal exchange transactions, *etc.* Their investigation is entrusted to a specialized and expert group set up to assist prevention and repression of socio-economic offenses. Jurisdiction rests with the ordinary courts, but the expertise and initiative of the special investigation group have endowed the new offenses with enhanced relevance.

VI. STATE DIRECTION OF TRADE

State direction of trade is basically in the hands of the executive power. However, the policies must be established by legislation. There are certain commercial and industrial autonomous corporations and decentralized services (Usinas y Teléfonos del Estado – U.T.E. – for power stations and telephones; Administración Nacional de Combustibles, Alcohol y Portland – A.N.C.A.P. – for fuels, alcohol and cement; Instituto Nacional de Colonización for colonization; Administración Nacional de Puertos for ports; four state banks; *etc.*). These institutions began to be established at the beginning of the century (Bank of the Republic 1896, Insurance Bank 1911, Mortgage Bank 1912, *etc.*) when a programme of socialization was initiated. They are an important part of our economy owing to the autonomy with which they act and they are called Autonomous Corporations or Decentralized Services according to the greater or lesser degree of autonomy they enjoy. They are directed by autonomous councils and carry out their services independently of the state powers, but subject to indispensable controls.

Under the Executive there is the Ministry for Industry and Commerce with the fundamental tasks of regulating all matters related to those subjects, and its activity branches out in various organizations and directions. The Ministry for Economy and Finances intervenes in matters within its competence (for example the direction of imports and exports) and the Ministry for Foreign Affairs intervenes in matters relating to international trade and treaties. They both act in conjunction with the Ministry for Industry and Commerce which has the overall direction in this field.

An important organization in the planning of the national economy is the Planning and Budgeting Office (*Oficina de Planeamiento y Presupuesto*) founded by a constitutional provision (Const. art. 230); it depends directly on the Presidency of the Republic and its Director has ministerial rank. This office carries out all national planning, both in the public and the private sector, it provides the resources to be employed in the different areas, evaluates the results, advises the President on matters related to the economic-financial operations of all state organizations and it prepares the draft of the General Expenses Budget. This is done every five years – for each term of government – and once approved by the Executive it is submitted to the Legislature which can amend it, but cannot increase expenses or payments. Then the executive power yearly presents a rendering of accounts and a budgetary balance sheet, following the same procedure, in which amendments to the five-year plan can be introduced. (All this subject is governed by Const. Section XIV).

It must be noted that industrial activity in Uruguay is governed by the system of free enterprise. There are a few state monopolies and the Constitution admits the possibility of admitting private capital not exceeding the amount of state capital in state organizations (art. 188), as well as that of granting monopolies to private citizens by legislative decision (art. 85 par. 17).

The Law of 14 Nov. 1941 governs *industrial privileges*. The executive power can grant them for a term of nine years for the exclusive exploitation of new industries or of those industries that have been abandoned for more than three years. Industries related to the production and processing of liquid or fuel oils and pharmaceutical or medicinal products are excluded. Privileges cannot be granted to industries that do not effect real transformations or that can be exploited by simple processes or complements to existing processes, or constitute a step in the development of others, *etc.* The privileged manufacturer must invest a certain capital sum, install his industry, keep it in operation, submit to technical inspections, *etc.*

VII. INDUSTRIAL PROPERTY RIGHTS AND COPYRIGHT

In Uruguay special legislation protects literary and artistic copyright and there is a special system of protection for industrial property.

1. Author's Rights

In Uruguay artistic and literary property rights are granted to the author. The Law of 17 Dec. 1937 governing this subject establishes thorough protection of intellectual output, by declaring that the author preserves the copyright during the whole of his lifetime and his heirs maintain it for a further 40 years (art. 14). This protection is even extended to collaborators, translators, interpreters and purchasers. This protection is granted whatever the work's nature and origin or the nationality of its author may be (art. 4). The concept of property is also wide as it is accorded to all literary, artistic or scientific creations and to all products of thought, science or art (art. 1). The right includes the faculty to transfer, reproduce, publish, translate, execute, broadcast, represent or authorize another to do so. The law institutes a registry to be kept at the National Library and it typifies and sanctions all infringements of the rights and illicit representation or use. The law itself establishes in art. 64 that the Executive shall address the International Bureau of Intellectual Copyright in Berne, in accordance with the 1886 Convention as revised in 1948 in Brussels, to communicate the enactment of this law and Uruguay's adhesion to that Convention. The Executive by Decree dated 2 May 1967 communicated Uruguay's adhesion to the above-mentioned Bureau.

2. Patents

The Law of 12 Dec. 1941 governs patents on inventions and protects two rights: one is a moral right, that of being recognized as the author of the invention, and the other is a substantive right, that of exclusive exploitation of new discoveries and inventions capable of being exploited industrially. The law considers as patentable new industrial products, new methods of producing them, new applications or combinations of methods. The following are not patentable: those without industrial character, such as purely theoretical or scientific inventions, credit or financial combinations, medicinal and chemical product compounds (but new processes for manufacturing them are patentable). Letters-patent (patents on inventions) protect exclusive exploitation for a 15-year term, and are issued to a specified person, but the holder may enter into agreements or partnerships for the exploitation of the patent (by a simple private document with the signatures authenticated by a notary).

3. Trade Marks

The Law of 4 Oct. 1940 (and Decree of 29 Nov. 1940) governs "Factory, Trade and Agricultural

Marks" and allows the registration of the names of objects, names of persons, emblems, illustrations, seals, fancy words or names, signs, *etc.* to distinguish manufactured goods, trade objects, agricultural and cattle products, *etc.* Ownership of the mark is granted for 10 years and it can be prolonged indefinitely.

All matters relating to marks, patents and privileges come before the Administration of Industrial Property (*Dirección de la Propiedad Industrial*) which depends on the Ministry for Industry and Commerce, and also acts as a public registry of such property.

A Law of 14 Sept. 1966 authorizes the executive power to petition for admission to the International Union of Industrial Property and in accordance with this the Legislature adhered to the Paris Convention for the Protection of Industrial Property of 20 May 1883 as revised in Lisbon on 3 Oct. 1958, and declared it applicable to our country by Decree of 7 Sept. 1967.

VIII. PRINCIPLES OF CIVIL PROCEDURE

1. Sources

Our proceedings are governed by the Code of Civil Procedure of 17 Jan. 1878 and the laws amending it (especially two statutes on the acceleration of proceedings of 1936 and 1965), and by the Code of Court Organization of 19 Dec. 1933 (*supra* I 4b). The Civil Code contains some provisions on proceedings (evidence) and so does the Commercial Code (bankruptcies, composition) and the Children's Code (*supra* IV 1), *etc.* The Constitution establishes general rules on the organization of the judiciary and fundamental principles of procedure. The Supreme Court of Justice is empowered to issue rulings which are orders to offices and in certain manner also regulate proceedings (especially on the subject of rotations, notices and judicial circuits).

2. Rules of Procedure

The Uruguayan procedure is predominantly subject to the control of the parties (*dispositivo*). It is characterized by a contradictory and written procedure, by freedom and equality of the parties, while a concentration of the proceedings in the interest of acceleration is lacking. The normal (typical) action develops – after an attempt to seek a settlement saving exceptional cases – with the statement of claim and the defense's reply in writing (and counterclaim when necessary), evidence, pleadings and judgment. The term for evidence is ordinarily 60 days – and has a first term (20 days) in which it is offered – with 10 more for the rebuttal, when applicable. The judge plays a more or less passive role in the development of the case and in the search for evidence. He must limit himself to weighing the evidence presented by the parties and can only order certain evidence to be produced "in order better to provide" before issuing his decision. A Law of 17 Aug. 1965, which has introduced cross-examination, also allows the judge to cross-examine witnesses on their sworn statements. Pleadings are also in writing and the petitioner pleads first and the defendant second. There are usually two instances in law suits; in those involving larger sums (over Ur $ 20000 = approx. US $ 60) in which the decision of the second instance overrules the first decision, a third instance before the Supreme Court is allowed. Law suits are therefore exceedingly slow and remedies for this defect have been attempted by means of several legislative amendments.

Aside from normal proceedings there are summary (abbreviated) and admonitory proceedings. This is the case with eviction and executive judgments in which the judge issues a decision in accordance with the claim and makes it effective (upon a formal appreciation). Only if the defendant objects within a peremptory term after notice, does confrontation of parties in the action take place.

Non-contentious jurisdiction carried out before Lawyer Judges is the object of a special regulation (granting of probate, *etc.*).

Commercial matters do not come before special courts and are governed by ordinary procedure.

3. Arbitration

The Code of Civil Procedure allows arbitration. In commercial matters it is compulsory in certain cases (commercial leases, art. 601) and by custom it is agreed in almost all commercial contracts, especially in those of commercial companies, in order to settle disputes between partners. Proceedings can be regulated in the contract by the parties or in an "arbitration agreement", and there are supplementary legislative rules providing for a simple and abbreviated procedure. International arbitration is also allowed, so long as it does not interfere with our principles of public order.

IX. PRIVATE INTERNATIONAL LAW

1. Sources of Law

Our codes, particularly the Civil and Commercial Codes, established rules to regulate extranational relations in conformity with the nationalistic spirit of their time of drafting. But soon afterwards our country, following a progressive tendency of the South American continent, entered into various treaties among which we shall mention the following as being the most complete: the Montevideo Treaties of 1889 – revised in 1939/1940 – in which Argentine, Peru, Bolivia and Paraguay, Chile and Brazil also participated although they ratified only certain treaties, as did Colombia, a participant in 1940. The Montevideo Treaties contain provisions on almost all subjects. Likewise our country ratified the *Bustamante* Code, initiated at the Pan-American Conferences, and approved with reservations by several American countries, that contains a complete regulation of private international law. In 1940, following the contemporary internationalist tendency, the rules of the Civil Code were adjusted to the Montevideo Treaties (Appendix art. 2393–2405). Uruguay has concluded a great number of treaties, impossible to enumerate here, with various countries and on many different branches of law.

2. General Principles

Without prejudice to the diversity to be found in the various treaties, we may say that Uruguay, following the tendency predominating in the majority of Latin American countries, is inclined towards the *lex domicilii* and not the *lex patriae.* Thus the law of domicile governs a person's status and capacity. Legal entities are governed by the law of the state that recognizes them, but for the exercise of acts they must conform to the law of the place in which they operate. The formalities of marriage are governed by the law of the place of celebration, but the personal relations between the spouses (including the dissolution of the marriage and relations with the children) are governed by the law of the domicile. On the other hand, marital property is governed by the law of the first domicile. Legal transactions are governed by the law of the place of performance and property is governed by the law of the place in which it is situated. This includes the subject of inheritances and implies, in accordance with the Montevideo Treaties, the splitting of the succession (CC art. 2393–2400). Therefore a separate estate exists in every country in which property is situated, independently of where the testator had died.

3. Rules of Procedure

There are also numerous treaties on this subject and the Montevideo Treaties contain a special treaty regulating procedure. Apart from this, the Appendix to the Civil Code also establishes, following the Montevideo Treaty, certain general principles: that the formalities of proceedings be governed by the law of the place of judgment; jurisdiction lies with the judges of the state whose law governs the disputed relation. Nevertheless, personal actions can also be brought, at the plaintiff's option, before the judges of the defendant's country of domicile (CC art. 2401–2403). The Code of Court Organization (*supra* VIII 1) establishes certain cases that are exceptions, in which a person not domiciled in the Republic may be sued (art. 40). The Code of Civil Procedure (*supra* VIII 1) regulates the procedure for execution of a foreign judgment. An *exequatur* is granted if it has been issued by a competent judicial authority and the party against whom judgment has been given has been legally summoned and notified (art. 511–519).

X. SELECTIVE BIBLIOGRAPHY

On the law of the Latin American countries in general, see national report on Argentine *sub* XI.

1. Books and Articles

General: Vescovi, Introducción al Derecho (1967); *Palamarchuk and Baccino Pons,* Bibliografía jurídica del Uruguay (1956); *idem,* Bibliografía jurídica del Uruguay. Artículos de doctrina. Notas de jurisprudencia (1963); *Clagett,* A Guide to the Law and Legal Literature of Uruguay (Washington, D.C. 1947).

Chapter I: Jiménez de Aréchaga, La Constitución nacional (1952); *Real and Freire,* Principios de Derecho público y constitucional (1948); *Winizky,* Survey of Constitutional Developments in Argentina and Uruguay: 8 Southwest L. J. 418–441 (1954); *Pérez Pérez,* Constitución de la República Oriental del Uruguay (1967); *Gros Espiel,* Esquema de la evolución constitucional del Uruguay (1970); *Korzeniak,* Curso de Derecho constitucional (1971); *Vescovi,* El proceso de inconstitucionalidad de la ley (1967); *Couture,* Curso sobre el Código de organización de los tribunales. Los órganos de poder judicial (1936); *Martínez Moreno,* Jurisdicción civil y militar (1971); Judicial System [Uruguay]; *Layerle,* Formas de intervención del Ministerio Público en materia civil (1960); *Tarigo,* Cursillo sobre el Código de organización de los tribunales (1972).

Chapter IV: Araújo, Arias Barbé, Cestau and López, Código civil anotado I (1949); *del Campo,* Derecho civil. Primer curso (1957–1962); *Gamarra,* Tratado de Derecho civil uruguayo (14 vol.) (1957–1972); *Peirano Facio,* Curso de contratos (5 vol.) (1959–1963); *Cerruti Aicardi,* La promesa de contratar (1952); *Couture,* 'Frustration of Contracts' in Uruguayan Law: 29 J. Comp. Leg. 13–15 (1947); *Peirano Facio,* Responsabilidad extracontractual (1954); *Eder,* Uruguay: Farm Leases: 5 Am. J. Comp. L. 275–277 (1956); *Gatti,* Estudios sobre Derecho de familia (1964); *Rodríguez Villalba,* Derecho de familia (1972); *Gatti,* Estudios sobre sociedad conyugal (1965); *Grompone,* Divorcio (1946); *Vaz Ferreira,* La légitimation adoptive au Brésil et au Chili et ses antécédents français et uruguayen: Rev.int.dr.comp. 1968, 309–315; *Irureta Goyena,* Curso de sucesiones (4 vol.) (1941–1949); *Gatti,* Estudios sobre sucesiones (1966); *Vaz Ferreira,* Tratado de las sucesiones (1967); *Cestan,* Curso de sucesiones (1948); *Gatti,* De las mandas o legados (1947); *idem,* Modalidad de la voluntad testamentaria (1954).

Chapter V: Araújo and Zabaleta, Código de comercio (1952); *Mezzera Alvarez,* Curso de Derecho comercial (1946–1948); *Rocca,* Derecho comercial (1947); *Cassinelli Muñoz,* A Statement of the Laws of Uruguay in Matters Affecting Business (ed. 5 Washington, D.C. 1971); *Kohlik and Rovelstad* (ed.), Commercial Laws IV [Uruguay]; *Ferro Astray,* Empresas controladas (1968); *Pérez Fontana,* La sociedad anónima en el Derecho uruguayo (1969); *idem,* Fusión de sociedades (1970); *Rippe,* Cooperativas (1969); *idem,* La concurrencia desleal (1970); *Price Waterhouse & Co.,* Doing Business in Uruguay. Information Guide (1959); *Labaure Casaravilla,* Las sociedades financieras (1949); *Clulow,* Las sociedades financieras de inversión en el Uruguay (1949); *Botta,* Compilación de las principales normas que regulan la actividad bancaria (1971); *Supervielle,* La naturaleza jurídica del depósito bancario (1955); *Pérez Fontana,* La reforma de la legislación sobre cheques (1966); *Echevarría Leúnda,* Cheques cruzados (1959); *Abal,* Manual de Derecho minero uruguayo (1969); *U.S. Bureau of Labor Statistics,* Labor Legislation in Uruguay (Washington, D.C. 1929); *Sanguinetti Freire,* Social Legislation in Uruguay: 59 Int.Lab.Rev. 271–296 (1949); *Sawacki,* Social Security Systems of Uruguay (Madison 1947); *Ferrin,* Old-age Pensions in Uruguay: 2 Comp. L.S. 523–526 (1936); *Tixier,* The Development of Social Insurance in Argentina, Brazil, Chile and Uruguay: 32 Int.Lab. Rev. 610–636, 751–779 (1935); *World Trade Information Service,* Establishing a Business in Uruguay (Washington, D.C. 1962).

Chapter VI: Overseas Business Report, Foreign Trade Regulations of Uruguay (Washington, D.C. 1966); *Pérez Fontana,* El control de la banca privada en el Uruguay (1966); *Hughes,* Excess Profits Tax, Uruguay's Law no. 10.957 (1945); The New Income Tax: 13 For.Tax.L.Bull, no. 1, 8–9, no. 2, 1–3 (1962); Foreign Tax News: Uruguay [Personal Income Tax]: 9 Canad.Tax.J. 133–134 (1961).

Chapter VII: Manual Industrial Property II [Uruguay]; *Kohlik and Rovelstad* (ed.), Commercial Laws Suppl. [Digest of Patent and Trademark Laws] [Uruguay]; *White and Ravenscroft* (ed.), Trade Marks [Uruguay]; *Freire,* Estudios sobre marcas de fábrica y comercio en la República Oriental del Uruguay (1966); *Valdés Otero,* Derechos de autor. Régimen jurídico (1953).

Chapter VIII: Barrios de Angelis, Apuntes de Derecho procesal (1959); *Couture,* Fundamentos de Derecho procesal civil (Buenos Aires 1950); *idem,* Estudios de Derecho procesal civil (1950); *Gallinal,* Manual de Derecho procesal (1925); *idem,* Estudios sobre el Código de procedimiento civil (9 vol.) (1916–1928); *Moretti,* Estudios de Derecho procesal (1966); *Zeballos,* Apuntes de Derecho procesal (1956); *Arlas,* Apuntes de Derecho procesal (1944); *Barrios de Angelis,* El juicio arbitral (1956); *Alfonsín,* Uruguay: *Sanders* (ed.), International Commercial Arbitration II 74–99.

Chapter IX: Alfonsín, Derecho internacional privado (1947); *idem,* Curso de Derecho internacional privado con especial referencia al Derecho uruguayo y a los Tratados de Montevideo de 1889 (1955); *idem,* Sistema de Derecho civil internacional (1961); *Vieira,* Tratados de Montevideo (1959); *Alfonsín,* Notes on Uruguayan

Judicial Decisions: Clunet 1958, 461–465.

2. Translations of Legislative Texts

Chapter I: Constitution of 1967: *Blaustein and Flanz* (ed.), Constitutions IV [Uruguay]; *Peaslee*, Constitutions IV [Uruguay] 1215–1287.

Chapter IV: Gesetz über die bürgerlichen Rechte der Frau vom 18. Sept. 1946: *Bergmann* (-Ferid), Internationales Ehe- und Kindschaftsrecht VI [Uruguay] 33; Kapitel XIII des Kindergesetzes vom 6. April 1934 (die Adoption): *ibidem* 34; Gesetz über die adoptive Legitimation vom 20. Nov. 1945: *ibidem* 36.

Chapter V: Act no. 10.945 of 1947 (Merchant Marine. Grant of National Flag): Nationality of Ships 195–197; Decree to Make Regulations Under the Labour Laws Respecting the Limitation of Hours of Work in Industry, Commerce and Offices as of 29 Oct. 1957: 38 ILO Leg.Ser., Uruguay 1 (1957) 1–21.

Chapter VI: Act no. 10.759 of 4 June 1946 on Investigation of Trusts: Restrictive Business Practices. Annex C. United Nations Official Records, Suppl. no. 11B (New York 1953) 229.

Chapter VII: Law no. 9739 concerning Literary and Artistic Copyright as amended up to 25 Feb. 1938, and Decree concerning Regulations under Law no. 9739 on Copyright: Copyright Laws II [Uruguay] Item 1–5; Trademarks. Procedure. Applications and Oppositions: 67 Pat. & T.M.Rev. 5 (1968); Trademarks Decree no. 649/1967 of 28 Sept. 1967, effective 13 Oct. 1967: 66 Pat. & T.M.Rev. 43–44 (1967).

3. Periodicals

Revista de Derecho, Jurisprudencia y Administración (since 1963, monthly); Revista de la Facultad de Derecho y Ciencias Sociales (since 1950, quarterly); La Justicia Uruguaya (since 1940, daily); Revista de Derecho Comercial (since 1946, quarterly).

(Completed in June 1973)

Volume I

NATIONAL REPORTS

Viktor Knapp · Chief Editor

GENERAL OUTLINE OF THE NATIONAL REPORTS*

*A prefatory note by the Chief Editor explaining the structure of the reports of volume I will be found before the first entry under letter "A". This prefatory note also contains the Chief Editor's comments on certain political issues and on some problems of public international law in connection with the selection and order of presentation of the various entries.

Kolibri 360 GmbH
Ferdinand-Jühlke-Straße 7
99095 Erfurt, Deutschland
produktsicherheit@kolibri360.de